Jeffrey Herf

Zweierlei Erinnerung

Jeffrey Herf

Zweierlei Erinnerung

Die NS-Vergangenheit im geteilten Deutschland

Aus dem Amerikanischen von
Klaus-Dieter Schmidt

Propyläen

Die Deutsche Bibliothek – CIP-Einheitsaufnahme

Herf, Jeffrey:
Zweierlei Erinnerung : die NS-Vergangenheit im geteilten Deutschland / Jeffrey Herf. Aus dem Amerik. von Klaus-Dieter Schmidt. – Dt. Ausg. – Berlin : Propyläen, 1998
Einheitssacht.: Divided memory <dt.>
ISBN 3-549-05698-2

Titel der amerikanischen Originalausgabe:
Divided Memory. The Nazi Past in the Two Germanys
Published by Harvard University Press, Cambridge, MA 1997

Satz: Utesch GmbH, Hamburg
Druck und Verarbeitung: Wiener Verlag, Himberg bei Wien
ISBN 3 549 05698 2
Printed in Austria

Gedruckt auf alterungsbeständigem Papier
mit chlorfrei gebleichtem Zellstoff

Für Sonya, Nadja und Ernst

Inhalt

Einleitung

Geschichte ist das Reich von Zufall und Entscheidung. Über Geschichte zu schreiben bedeutet daher, die Vergangenheit in ihren Möglichkeiten zu rekonstruieren, als diese sich noch nicht zu scheinbar unabweislichen Strukturen verfestigt hatten. In diesem Buch kehre ich zu den Zufällen und Entscheidungen zurück, die mit der Entstehung der politischen Erinnerung an Nationalsozialismus und Holocaust im geteilten Deutschland verbunden sind. Wie auch heute überall, gab es in den ersten Nachkriegsjahren unzählige Stimmen, die entweder glaubten, Vergessen und Amnestie seien Voraussetzungen für Frieden und Stabilität in der Zukunft, oder die meinten, daß die Verbrechen der Vergangenheit eine Diktatur der Rache rechtfertigten. Meine Sympathie gilt jedoch den anderen, die ihre Hoffnungen auf eine liberale Demokratie gesetzt haben, in der klare Erinnerung und Recht ohne Verzug herrschen. Ich hoffe, daß die Erkenntnis, warum diese Erwartungen damals unerfüllt blieben und in der Folgezeit nur teilweise verwirklicht worden sind, dazu beitragen wird, ihnen unter anderen Bedingungen besser gerecht zu werden.

Thema dieser Studie ist die Frage, wie antifaschistische deutsche Politiker den Nationalsozialismus als Zeitgenossen interpretierten und wie sie sich später daran erinnerten, wenn sie in der Politik während der Besatzungszeit, in den beiden deutschen Staaten und im vereinten Deutschland führend in Erscheinung traten. Im Mittelpunkt steht die Mischung aus Überzeugungen und Interessen, Ideologie und Machtstreben, welche die politische Erinnerung und die öffentliche Darstellung der NS-Zeit sowie die aus der Vergangenheit gezogenen Lehren bestimmte. Von besonderem Interesse sind dabei die Rolle der jüdischen Frage* und des Holocaust im deutschen Nachkriegsgedächtnis sowie die Vielzahl um den Vorrang streitender deutscher Interpretationen.

Zeitlich liegt der Schwerpunkt der Untersuchung auf den prägenden Jahren der antifaschistischen Emigration, auf der Besatzungszeit und der Frühphase der beiden deutschen Staaten bis in die fünfziger Jahre. In dieser Zeit bildeten sich die Bruchlinien der geteilten Erinnerung heraus. Damals nahmen die paradoxe und für viele Zeitgenossen enttäuschende Unterdrückung der jüdischen Frage in Ostdeutschland und ihre Aufarbeitung in Westdeutschland Gestalt an. Zum Verständnis der Entwicklungen, die zur Teilung der politischen Erinnerung führten, erscheint es notwendig, sie in den historischen Kontext der Ideologien und Erfahrungen der deutschen und europäischen Geschichte vor 1945 und in den internationalen Zusammenhang der wechselnden und sich umkehrenden Allianzen vom Zweiten Weltkrieg bis zum Kalten Krieg einzuordnen. Gezeigt werden soll, welche Rolle die politische Erinnerung bei der Herausbildung von Demokratie und Diktatur in der deutschen Geschichte nach 1945 spielte.

Mich interessierte, wie sich überkommene Ansichten und zeitgenössische innen- und außenpolitische Interessen auf die Darstellung der NS-Zeit durch die politische Führung der deutschen Nachkriegszeit auswirkten. Insbesondere stellten sich mir vier Fragen. Erstens: Warum brachten deutsche Politiker nach 1945 angesichts der breiten Unterstützung, welche die Nationalsozialisten erfahren hatten, das Thema des Holocaust und der anderen NS-

* Im zeitgenössischen kommunistischen und sozialistischen Denken wurde der Begriff »Judenfrage« benutzt. Er besaß dort nicht notwendigerweise antisemitische Implikationen, bezeichnete also nicht wie für die Antisemiten ein »Problem«, das es zu »lösen« galt, sondern wurde als umfassender Verweis auf die Stellung von Juden in der deutschen und europäischen Gesellschaft verstanden. Abgesehen von Zitaten aus entsprechenden Quellen wird im Folgenden jedoch dafür der Terminus »jüdische Frage« (im Original »the Jewish Question«) gebraucht.

Verbrechen überhaupt zur Sprache? Zweitens: Warum war die Erinnerung an die NS-Vergangenheit entlang der politischen Bruchlinien geteilt? Das heißt, warum entwickelten sich in Westdeutschland ein öffentliches Gedenken an den Holocaust und Verständnis für die Nöte der jüdischen Überlebenden, während entsprechende Regungen und ihre Protagonisten im »antifaschistischen« Ostdeutschland nach den ersten, diskussionsfreudigen Monaten und Jahren der Besatzungszeit unterdrückt wurden? Drittens: Welche Beziehung gab es zwischen der Erinnerung an die NS-Verbrechen und der liberalen Demokratie im Westen einerseits und der kommunistischen Diktatur im Osten andererseits? Und wie gingen – in Westdeutschland – die demokratische Rechte und Linke an Themen wie Erinnerung und Gerechtigkeit heran? Viertens: Wie beeinflußte der Kalte Krieg im geteilten Deutschland die Diskussion über die jüdische Katastrophe?

Aus der Perspektive der Kriegs- und ersten Nachkriegszeit gesehen, waren die spätere Unterdrückung jüdischer Themen im Osten und deren verständnisvolle Diskussion im Westen keineswegs vorhersehbar oder zwangsläufig. Im Gegenteil stellte diese Entwicklung für viele, die noch von der Solidarität im Kampf gegen den Nationalsozialismus durchdrungen waren, ein unerwartetes Paradox dar. Zur Aufgabe des Historikers gehört es, die Möglichkeiten und Zufälle der Vergangenheit zu rekonstruieren. In diesem Zusammenhang bedeutet dies, die Hoffnungen auf ein umfassendes Gedenken darzustellen, die in der Emigration, in den Konzentrationslagern des Dritten Reichs sowie im Nürnberger Interregnum nach dem Ende des Zweiten Weltkriegs und vor der vollen Entfaltung des Kalten Krieges gehegt worden waren.

Nach dem deutschen Angriff auf den »jüdischen Bolschewismus« im Juni 1941 glaubten nicht wenige politische Führer bis in die erste Nachkriegszeit, die natürliche Heimat der öffentlichen Diskussion über jüdische Themen sollte und würde eher im sowjetischen als im westlichen Besatzungsgebiet zu finden sein. Jedoch waren es nicht die Sowjetzone und später die DDR, sondern die westlichen Besatzungszonen und anschließend die Bundesrepublik Deutschland, wo die politische Führungsschicht den Themen Antisemitismus und jüdische Katastrophe einen zentralen Platz im öffentlichen Diskurs einräumte. Darüber hinaus war es die Bundesrepublik, nicht die DDR, die den Überlebenden des Holocaust finanzielle Wiedergutmachung anbot, enge Beziehungen zu Israel aufnahm, dem Holocaust einen herausragenden Platz im politischen Gedächtnis der Nation zuwies und nach unglückseliger Verzögerung auch zunehmend Prozesse gegen mutmaßliche NS-Verbrecher durchführte. In Ostdeutschland dagegen wurden jüdische Themen in den Darstellungen der NS-Zeit nur am Rande behandelt; die ostdeutsche Führung weigerte sich, Zahlungen an jüdische Überlebende oder an Israel zu leisten, verfolgte jene kommunistischen Politiker, die der jüdischen Frage mehr Beachtung verschaffen wollten, und ließ schließlich sogar den bewaffneten Feinden Israels beträchtliche Unterstützung zukommen.

Um dieses Paradox zu erklären und sowohl die Existenz als auch die Themen der öffentlichen Erinnerung an die NS-Verbrechen nachvollziehen zu können, ist ein Vorgang zu berücksichtigen, den ich mit dem Begriff der *vielfältigen Restauration* bezeichne.[1] Darunter verstehe ich Kontinuitäten, welche die Zeit nach 1945 mit politischen Traditionen der Weimarer Republik und der antifaschistischen Emigration verbanden. In beiden Teilen Deutschlands beruhten die Darstellungen der NS-Zeit auf der vielfältigen Restauration nicht- beziehungsweise antifaschistischer politischer Traditionen, die 1933 unterbrochen worden waren. Wieder aufgegriffen wurden sie von einer Generation von Politikern, die 1945 ins politische Leben zurückkehrten. Da die politischen Opponenten des NS-Regimes entweder im Ausland Asyl gefunden hatten oder in die »innere Emigration« gegangen waren, waren viele Führer der nicht- beziehungsweise antifaschistischen Weimarer Parteien 1945 noch am Leben. In beiden Teilen Deutschlands bestand die politische Führungsschicht der ersten Nachkriegszeit ausnahmslos aus Politikern, die zwischen 1900 und 1933 bereits im politikfähigen Alter gewesen waren und Nationalsozialismus, Zweiten Weltkrieg und Holocaust nicht in den prägenden Jugendjahren, sondern in reiferem Alter miterlebt hatten. Auf westdeutscher Seite war Konrad Adenauer, nach dem Krieg Chef der Christdemokraten und erster Kanzler der Bundesrepublik, zwischen 1917 und 1933 Oberbürgermeister von Köln gewesen. Kurt Schumacher, nach dem Krieg Parteivorsitzender der Sozialdemokraten, hatte in der Weimarer Republik dem Reichstag angehört. Theodor Heuss, der erste Präsident der Bundesrepublik, war in der Weimarer Zeit neben seiner Tätigkeit als Journalist und Dozent an der Deutschen Hochschule für Politik in Berlin in der liberalen Politik aktiv gewesen. Ernst Reuter, in den entscheidenden ersten Jahren des Kalten Krieges Oberbürgermeister beziehungsweise Regierender Bürgermeister von Berlin, war als sozialdemokratischer Politiker der Weimarer Republik ins Konzentrationslager gekommen und nach seiner Entlassung in die Türkei emigriert. Auf ostdeutscher Seite repräsentierten Walter Ulbricht, der eigentliche Kopf der DDR-Regierung, Otto Grotewohl, Mitvorsitzender der SED und Ministerpräsident der DDR, Wilhelm Pieck, der erste Präsident der DDR, und Paul Merker, als Opfer die Schlüsselfigur der »antikosmopolitischen« Säuberungen von 1950 bis 1956, allesamt die Wiederbelebung einer alten politischen Tradition.

Angesichts der Apokalypse von Krieg und Holocaust wurden die ererbten Traditionen und Ideologien dieser Führungsgestalten zu um so wertvolleren Maßstäben für die Interpretation der Vergangenheit und die Gestaltung der Gegenwart. Wenngleich Kommunisten und Sozialisten ihrer Erbschaft mehr vertrauten als ernüchterte Konservative und Liberale, interpretierten sie doch alle den Nationalsozialismus anhand eines seit langem etablierten Interpretationsmusters. Die enorme Wirkung der Siegermächte in der Besatzungszeit war nicht hauptsächlich darin begründet, daß sie vorher fremde Ideen wie liberale Demokratie beziehungsweise Kommunismus eingeführt haben. Ihr Hauptbeitrag zur politischen Entwicklung im Nachkriegsdeutschland bestand vielmehr darin, daß sie nach der militärischen Niederlage des NS-Regimes auch dem Nationalsozialismus als organisierter politischer Kraft ein Ende bereiteten und die Wiederbelebung deutscher nicht- beziehungsweise antifaschistischer Traditionen förderten, die 1933 erstickt worden waren. Die militärische Macht und Besatzungspolitik der Alliierten ermöglichten es dem »anderen Deutschland«, die Bühne zu betreten, und dessen Erinnerungen beruhten auf Interpretationen des Nationalsozialismus, die bis in die Weimarer Republik zurückreichten. Wie wir sehen werden, ist die Unterdrückung jüdischer Themen in Ostdeutschland, wenn man sie in diese langfristige Perspektive rückt, weniger überraschend, als es auf den ersten Blick der Fall ist.

In der damaligen Zeit erschien die Vorstellung durchaus plausibel, daß einerseits Kommunisten und Juden eine gemeinsame Basis finden und andererseits die Westzonen durch die Restauration des Kapitalismus zum Hort reueloser Amnesie werden würden. Sowohl Kapitalisten als auch konservative Politiker waren mit stark ramponiertem Ansehen aus der deutschen Katastrophe hervorgegangen. Sozialdemokraten und Kommunisten dagegen hatten bei aller Unterschiedlichkeit gegen die Nationalsozialisten gekämpft. Die Nationalsozialisten hatten neben ihrem Hauptfeind, den Juden, auch diese politischen Gegner verfolgt und einen Rassenkrieg gegen die Völker Osteuropas und der Sowjetunion geführt. Würde die von der NS-Barbarei geschaffene unfreiwillige Gemeinschaft der Opfer nicht auch in der Nachkriegszeit Bestand haben, insbesondere angesichts der Tatsache, daß eines dieser Opfer, die Sowjetunion, mit Recht das Verdienst für sich in Anspruch nahm, den Hauptanteil zum militärischen Sieg über das NS-Regime beigetragen zu haben? Jedem Marx- oder Stalinzitat, das antisemitische Vorurteile nährte, stand eine Erklärung aus der Kriegszeit gegenüber, in der Kommunisten ihre Solidarität mit den verfolgten Juden ausdrückten.

Nach 1945 erschien es daher vielen als folgerichtig, daß die natürliche Heimat für jene, die vom »Hitlerfaschismus« am gnadenlosesten verfolgt worden waren, das »antifaschistische« kommunistische Regime in Ost-Berlin sei. Dafür mußte man allerdings gegenüber dem sowjetischen Totalitarismus blind sein, was angesichts der Leidensgeschichte und des erlösenden Sieges der Sowjetunion sowie der Erinnerungen an Auschwitz relativ leichtfiel. Die anfängliche sowjetische Unterstützung für den neuen Staat Israel schien darauf hinzudeuten, daß die Schrecken des Zweiten Weltkrieges und des Holocaust tatsächlich eine Wende in den kommunistischen Ansichten über Antisemitismus und Judentum herbeigeführt hatten.[2] Jenen, die noch frische Erinnerungen an Auschwitz und Treblinka hatten, dürfte die kommunistische Diktatur kaum als schlechteste aller möglichen Welten erschienen sein. Angesichts der allgemeinen Unterstützung, die dem NS-Regime in Deutschland zuteil geworden war, könnte man eine solche Haltung sogar fast als angemessen bezeichnen. Auch in Westdeutschland hatte man die Tatsache, daß viele Deutsche die Nationalsozialisten bis zum bitteren Ende vorbehaltlos unterstützt hatten, noch gut im Gedächtnis. War eine Demokratie für die Deutschen so kurz nach Auschwitz und der Operation »Barbarossa« nicht der Gipfel der Torheit? In Ost-Berlin bestärkte die Erinnerung an die NS-Zeit, wie wir sehen werden, die marxistisch-leninistische Neigung, solch ein gefährliches Volk durch eine zweite deutsche Diktatur im Zaum zu halten.

Es gab deutsche Kommunisten, besonders unter jenen, die aus der Emigration im Westen heimkehrten, die es als logische Folge des kommunistischen Antifaschismus ansahen, den jüdischen Anliegen auf neue, verständnisvollere Weise Gehör zu schenken. Die Entstehung und Enttäuschung der daraus erwachsenen Erwartungen nehmen einen zentralen Platz in dieser Studie ein. Aufgrund der Öffnung der ostdeutschen Archive ist es heute möglich, die erstaunliche Geschichte der Unterdrückung dieser Hoffnungen durch die »antikosmopolitische« Säuberung in Ostdeutschland nachzuvollziehen. Die kommunistische Unterdrückung der jüdischen Frage, deren Mittelpunkt der Fall des nichtjüdischen Kommunisten Paul Merker war, stellt eines der bezeichnendsten Kapitel der Geschichte der frühen DDR dar. Ihm kommt eine Bedeutung zu, wie sie der Prager Slansky-Prozeß und die Dreyfusaffäre für das Verständnis der tschechischen beziehungsweise französischen Geschichte besitzen. Aufgrund ihres Gewichts und der jetzt möglichen Schließung der Wissenslücken wird der kommunistischen und ostdeutschen Perspektive in dieser Studie wesentlich mehr Platz eingeräumt, als es bisher üblich war.

Aber auch in der vertrauteren Geschichte Westdeutschlands ist die Beziehung zwischen Erinnerung, Gerechtigkeit und Demokratie ausgesprochen komplex. 1983 schrieb der Philosoph Hermann Lübbe, eine »gewisse Stille« hinsichtlich der NS-Vergangenheit sei das »sozialpsychologisch und politisch nötige Medium der Verwandlung unserer Nachkriegsbevölkerung in die Bürgerschaft der Bundesrepublik Deutschland« gewesen.[3] Genau diese Haltung lag Adenauers Handeln zugrunde, die Einsicht nämlich, daß der Preis für die Integration derjenigen Deutschen, die sich durch ihre Überzeugungen und Taten im Dritten Reich belastet hatten, im Verschweigen der Verbrechen dieser Jahre bestand. Erinnerung und Gerechtigkeit hätten eine Revolte von rechts hervorrufen können, welche die immer noch zerbrechliche Demokratie unterminiert hätte. Also mußte sie auf dem brüchigen Fundament verzögerter und daher verweigerter Gerechtigkeit und geschwächter Erinnerung erbaut werden. Wenn diese Analyse zutrifft, konnten die Deutschen entweder Erinnerung und Gerechtigkeit oder die Demokratie stärken, aber nicht alles zugleich. Diese immanente Spannung stellte eines der zentralen Themen der westdeutschen Nachkriegsgeschichte dar. In der Wahl von 1949 bot Kurt Schumacher den Westdeutschen die Option einer Demokratisierung mit der klaren Verpflichtung auf Erinnerung und Gerechtigkeit an. Aber der Sieg Adenauers machte deutlich, daß Zurückhaltung im öffentlichen Gedenken an die NS-Vergangenheit ein entscheidender Faktor war, wenn schon nicht für die Erhaltung der Demokratie, so doch für den Wahlsieg der CDU. Erst in den sechziger Jahren ließ sich eine Wählermehrheit von dem Argument überzeugen, mehr Demokratie zu wagen erfordere mehr Erinnerung und Gerechtigkeit.[4]

Angesichts der von Adenauer vertretenen Mischung aus Zustimmung zu finanzieller Wiedergutmachung an jüdische Überlebende und der Weigerung, die juristische Aufarbeitung der NS-

Verbrechen mit Nachdruck voranzutreiben, fanden sowohl die ostdeutschen Kommunisten als auch die westdeutsche Linke eine zynische Erklärung für die herausragende Stellung jüdischer Themen in Erinnerung und Politik Westdeutschlands. Danach war die Beschäftigung mit der jüdischen Frage alles andere als eine Auseinandersetzung mit der Vergangenheit, nämlich ein geschickter Schachzug der Konservativen, um das Gedenken an das Schicksal der Juden und eine vordergründige Sympathie für sie – den »Philosemitismus« – für eine Machtpolitik der schlimmsten Art in Dienst zu nehmen: die moralische Rehabilitation ihrer früheren Peiniger.

Was hätte wirkungsvoller sein können, als den Holocaust zu benutzen, um das Ansehen jener Eliten wiederherzustellen, die sich durch ihr Handeln während der NS-Zeit belastet hatten? Eine solche Erklärung wirft jedoch zwei Probleme auf. Erstens vernachlässigt sie die Tatsache, daß die Idee von Wiedergutmachungszahlungen selbst in Adenauers eigener Partei und Wählerschaft nur auf wenig Begeisterung stieß. Die belasteten Eliten drängten sich nicht danach, den überlebenden Juden Entschädigungen zu zahlen. Wichtiger jedoch ist, zweitens, die allzu selten erwähnte zentrale Rolle, die Kurt Schumacher und seine Nachfolger an der Spitze der SPD in der öffentlichen Diskussion über jüdische Fragen spielten. Adenauer wird mit Recht sein Einsatz für die Wiedergutmachung und die Unterstützung Israels zugute gehalten. Ein Anliegen dieses Buchs ist es jedoch, die Aufmerksamkeit auf die demokratische Linke zu lenken, die in Westdeutschland jüdische Themen in den Vordergrund rückte.

Die negativen Auswirkungen, die der schnelle Übergang von der Entnazifizierung zum Kalten Krieg auf die Erinnerung an die NS-Vergangenheit ausübte, sind von Kritikern der westlichen Politik seit langem hervorgehoben worden. Jedoch waren wegen des raschen Wechsels der Bündnisse beim Übergang zum Kalten Krieg die Solidarität und die Leidenschaften aus der Kriegszeit in beiden Teilen Deutschlands bald obsolet, zuzeiten peinlich und sogar gefährlich. Der Antikommunismus des Kalten Krieges neigte nicht dazu, die Erinnerung an die Verbrechen an der Ostfront zu stärken, während im Ostblock allein schon die Erwähnung des sowjetischen Kriegsbündnisses mit den »westlichen Imperialisten« den Verdacht der Untreue hervorrief. Im Spannungsfeld der beiden Gegensatzpaare Faschismus und Antifaschismus sowie Kommunismus und Antikommunismus fielen nicht in diese Kategorien passende Ereignisse und Themen wie der Holocaust durchs Raster.[5] In den folgenden Kapiteln werde ich immer wieder darauf zurückkommen, daß die vergessene oder ungenügende Erinnerung an die jüdische Katastrophe in den Nachkriegsjahren untrennbar mit dem Vergessen des Zweiten Weltkrieges und des von Winston Churchill zutreffend so genannten »unnatürlichen Bündnisses« zwischen der Sowjetunion und dem Westen, das den Sieg über den Nationalsozialismus ermöglicht hatte, verbunden war.

Der Begriff der Vergangenheitsbewältigung bezieht sich auf weit mehr als die Worte und Taten einer politischen Führung, denn die Konfrontation mit den NS-Verbrechen bildete ein zentrales Thema und in vielen Fällen *das* zentrale Thema der intellektuellen, journalistischen, literarischen, kinematographischen, theologischen, juristischen und wissenschaftlichen Tätigkeit. Daneben sind auch Aspekte des Alltagslebens und Überlebens im Dritten Reich thematisiert worden, die wenig oder nichts mit dem großen politischen Drama von Aggression und Völkermord zu tun hatten. Ich habe aufgrund mehrerer inhaltlicher und methodologischer Überlegungen beschlossen, mich darauf zu konzentrieren, was die politischen Führer in bezug auf die jüdische Katastrophe sagten und taten.

Methodologisch waren zwei Gründe ausschlaggebend. Erstens ermöglicht es die Beschränkung auf die engere Perspektive der Politik, wenn auch um den Preis der Vernachlässigung des gesamten gesellschaftlichen und kulturellen Lebens, die Betrachtung über einen längeren Zeitraum auszudehnen. Infolgedessen können in diesem Buch die Kontinuitäten und Brüche der deutschen politischen Kultur vor und nach der Zäsur von 1945, von den dreißiger Jahren bis hin zur Einführung des Gedenktages an die Opfer des

Nationalsozialismus im Januar 1996, betrachtet werden. Diese längere Zeitspanne ist wichtig, um auf das Gewicht und die zentrale Rolle von Antisemitismus und jüdischen Themen in der deutschen Geschichte eingehen zu können. Die Auswirkung politischer Haltungen auf die Entscheidung, wann öffentliche Darstellungen beginnen sollten – 1933 oder 1945 – und was sie enthalten und was beiseite lassen sollten, wird deutlicher, wenn man die Herausbildung von Erinnerung und Interpretation über einen längeren Zeitraum nachvollzieht.

Zweitens bin ich der Ansicht, daß die Geschichte der Politik und jene der Überzeugungen, Ideen, Ideologien und Darstellungen untrennbar miteinander verbunden sind. Indem ich über Politiker, über ihre Diskurse und Erinnerungen schreibe, hoffe ich nachzuweisen, wie stark die Politik die Art und Weise bestimmt, in der eine Gesellschaft über ihre Vergangenheit nachdenkt, und gleichzeitig die Aufmerksamkeit darauf zu lenken, wie sehr umgekehrt Traditionen und Interpretationsmuster das politische Leben bestimmen. Eine politische Geschichte, die davon ausgeht, daß »bloße« Ideen nicht zählen, sondern nur »Interessen«, ist ebenso weit von der politischen Realität entfernt wie eine Kultur- und Geistesgeschichte, die zwar Diskurse und Erinnerungen wiedergibt, deren politische Bedeutung aber als selbstverständlich voraussetzt oder schlicht ignoriert. In dieser methodologischen Auseinandersetzung habe ich mich stets für die Mitte entschieden, das heißt für den Punkt, an dem sich die Linien von Bedeutung und Macht schneiden.

Auf der Ebene der historischen Bestandsaufnahme ist der Blick auf die politische Führung außerdem nötig, um dem verbreiteten Mißverständnis entgegenzutreten, die deutschen Politiker hätten bis in die sechziger Jahre hinein so gut wie nichts über die NS-Vergangenheit gesagt. Tatsächlich haben sie, wenngleich in unterschiedlichem Maß und mit stark voneinander abweichenden Interpretationen, die öffentliche Erinnerung an die NS-Zeit seit Kriegsende geprägt. Darüber hinaus läßt ihr Diskurs über die Vergangenheit Rückschlüsse auf ihre Haltung zu Themen wie Entnazifizierung, Wiedergutmachung und Strafverfolgung von Kriegsverbrechen und Verbrechen gegen die Menschlichkeit sowie zu Israel und dem Konflikt mit den Arabern zu. Vor allem aber beruht die Konzentration aufs Politische in diesem Buch auf einer Überzeugung, die ich mit der politischen Gründergeneration Nachkriegsdeutschlands teile: daß nämlich sowohl die Hauptursachen von Zweitem Weltkrieg und Holocaust als auch die wichtigsten Instrumente zur Verhinderung von neuerlicher Aggression und Völkermord nach 1945 politischer Natur sind. Zwar vermochten Politiker nicht, die Seelen der Tausenden zu reinigen, die Morde begangen hatten, noch konnten sie Antisemitismus und Rassenhaß gänzlich aus einer Gesellschaft tilgen, deren entsprechende Traditionen durch zwölf Jahre des diktatorischen Fanatismus verfestigt worden waren. Aber es stand in ihrer Macht, der Gerechtigkeit zum Durchbruch zu verhelfen und eine wahrhaftige öffentliche Erinnerung an die NS-Verbrechen zu entwickeln. In einer Zeit, in der die Erinnerung durch politische Interessen und ideologische Überzeugungen gespalten wurde, gingen sie allerdings mit höchst unterschiedlichem Engagement und uneinheitlicher Haltung an diese Aufgabe heran.

Das Wort »Erinnerung« läßt an den Einfluß unbewußter Prozesse denken, die zu ihrer Unterdrückung oder Verkümmerung führen. Bei der Untersuchung der öffentlichen, bewußt ausgearbeiteten Interpretationsmuster bestätigt sich dagegen eine ernüchternde Einsicht des Philosophen und Soziologen Theodor W. Adorno, der 1959 in einem mittlerweile klassischen Essay über die Bewältigung der NS-Vergangenheit schrieb: »Die Tilgung der Erinnerung ist eher eine Leistung des allzu wachen Bewußtseins als dessen Schwäche gegenüber der Übermacht unbewußter Prozesse.«[6] Mit anderen Worten, die Schwäche der öffentlichen Erinnerung an die Verbrechen der NS-Vergangenheit war dem Wirken dieses »allzu wachen Bewußtseins« zu verdanken, das sich nur zu gut dessen erinnerte, was es in der politischen Diskussion lieber nicht behandelt sehen wollte.

Der Begriff der vielfältigen Restauration impliziert, daß nicht nur die Auslöschung, sondern auch das Weiterbestehen und die Art der öffentlichen Erinnerung der Vielfalt der Formen entsprach, die dieses »allzu wache Bewußtsein« im Nachkriegsdeutschland annahm. Am Beginn der Begriffsbildung standen die Beobachtungen von Walter Dirks, der zusammen mit Eugen Kogon die linksliberale, katholische kulturpolitische Zeitschrift *Frankfurter Hefte* herausgab und 1950 den bis dahin dem Beharrungsvermögen der Kräfte des Kapitalismus und der konservativen Eliten vorbehaltenen Restaurationsbegriff erweiterte, indem er ihn auch auf die Wiederanknüpfung an kommunistische, sozialdemokratische und christdemokratische Traditionen anwandte.[7] Auf der Grundlage dieses Ansatzes konnte in jüngerer Zeit Thomas Nipperdey von »einer Mehrzahl unterschiedlicher, ja gegensätzlicher Kontinuitäten« in der deutschen Geschichte sprechen.[8] Ein anderer deutscher Historiker, Reinhart Koselleck, hat auf klassische Themen der interpretativen Sozialwissenschaften zurückgegriffen, um auf die Dauer und Kontinuität von politischer Kultur und politischen Traditionen hinzuweisen, insbesondere in Perioden der Veränderung oder Krisenzeiten, wenn die Menschen Quellen der Sinngebung am meisten benötigen.[9] Der Zweite Weltkrieg und die deutsche Niederlage stellten sicherlich eine Krise dar, in der die Restauration alter Traditionen den Deutschen die Möglichkeit eröffnete, in dem Chaos und der Verwirrung ihrer Zeit einen Sinn zu finden.

Neben der vielfältigen Restauration der politischen Kultur gab es eine Reihe von Brüchen, am augenfälligsten jene, die aus dem Tod von Millionen von Menschen im schrecklichsten Krieg der westlichen Geschichte folgten. Das deutsche und europäische Judentum war ausgelöscht worden. Vier Millionen Deutsche, Soldaten wie Zivilisten, hatten ihr Leben gelassen. Der Nationalsozialismus war als bestimmende politische Kraft in der deutschen Gesellschaft vernichtet worden. Militarismus und fraglose Anerkennung von Autorität waren diskreditiert. Die preußischen Junker hatten ihre Macht und ihren Einfluß verloren. Der nationalsozialistische Kult maskuliner Aggressivität war zum Gegenstand des Spotts geworden und schied als Ausgangspunkt einer neuen militärischen

Aggression aus. Faschismus und Nazismus hatten jedes intellektuelle und moralische Ansehen verloren.[10] Schließlich ersetzte Adenauer die alten antiwestlichen Ressentiments durch die neue Tradition eines westdeutschen Konservatismus, der sowohl die demokratischen Werte als auch eine geopolitische Westorientierung umfaßte.

Auch auf der Linken fanden Veränderungen statt. Der entzweiende Bruderkampf zwischen Sozialdemokraten und Kommunisten nahm die Form des Kalten Krieges zwischen West- und Ostdeutschland an, der die SPD zugleich um einen Großteil ihrer Wählerschaft brachte, die ihr in den frühen Nachkriegswahlen eine Mehrheit hätte bescheren können. Andererseits beendete diese Trennung das Dilemma von Weimar, als das Vorhandensein einer kleinen, aber schlagkräftigen Kommunistischen Partei der SPD zwar nicht allzu viele Wähler abspenstig gemacht, aber um so mehr in die Arme der Rechten getrieben hatte, so daß ein Wahlsieg der SPD ausgeschlossen war. Im Gegensatz zum Nachkriegsitalien, wo die kommunistische Gefahr eine fünfzigjährige konservative Herrschaft sicherstellte, fiel es der SPD angesichts des Fehlens einer Kommunistischen Partei in Westdeutschland leichter, 1959 in Bad Godesberg den Schritt in die Mitte zu vollziehen und zehn Jahre später erstmals eine Bundestagswahl zu gewinnen. Gleichzeitig vergrößerte die Möglichkeit eines sozialdemokratischen Wahlsiegs den Druck zugunsten einer harten Haltung gegenüber der NS-Vergangenheit.

Die Nachkriegserinnerung hatte jedoch bereits Gestalt anzunehmen begonnen, als die Nationalsozialisten triumphierten, ihre politischen Gegner entweder im Exil oder in der »inneren« Emigration waren oder in den Gefängnissen und Konzentrationslagern des Dritten Reichs saßen. Bevor Traditionen erneuert werden können, müssen sie erhalten werden. Diesem Thema sowie den Auswirkungen des Exils auf heimische Traditionen wollen wir uns nun zuwenden.

Kommunistische Darstellungen des Antifaschismus

Berlin – Moskau – Ost-Berlin
1928–1945

Nach 1945 bezog sich die offizielle ostdeutsche Erinnerung an die NS-Zeit auf eine intakte »antifaschistische« Tradition, die ihren Ursprung in der Weimarer Republik hatte und während der NS-Herrschaft in der Moskauer Emigration fortgeführt worden war. In diesem Kapitel soll dieser Hauptstrang des kommunistischen Antifaschismus nachgezeichnet werden, der einen Diskurs hervorbrachte, durch den die kommunistische Diktatur zum Teil der im Kampf gegen die faschistische Diktatur befindlichen demokratischen Welt wurde. Wer die Sowjetunion und die kommunistischen Parteien kritisiere, so argumentierten die Kommunisten, unterstütze »objektiv« den Faschismus. Auch wer die Verfolgung der Juden in den Mittelpunkt des kommunistischen Antifaschismus zu rücken versuchte, hatte den Boden einer auf den Klassenkampf und die Vorreiterrolle der Sowjetunion fixierten Politik verlassen.

Nachdem Ernst Thälmann, der Vorsitzende der KPD, 1933 verhaftet worden war, wurde Wilhelm Pieck sein Nachfolger und neben einem anderen Mitglied des Politbüros der KPD, Walter Ulbricht, zunächst in Paris und dann in Moskau zur führenden Gestalt der kommunistischen Emigration.[1] Ulbricht leitete von 1935 bis 1938 zusammen mit Franz Dahlem und Paul Merker das Auslandssekretariat der KPD. Während des anschließenden Aufenthalts in Moskau bewies er seine Loyalität gegenüber Stalin und festigte seine Vorherrschaft in der KPD, die es ihm später ermöglichte, potentielle Rivalen, die wie Dahlem aus dem Konzentrationslager oder wie Merker aus dem westlichen Exil heimkehrten, aus dem Rennen zu werfen, so zum mächtigsten Mann der KPD und dann der SED aufzusteigen und von 1949 bis 1971 die Geschicke des ostdeutschen Staates zu lenken. Pieck, ein Mitkämpfer Rosa Luxemburgs und Gründungsmitglied der KPD, blieb im Exil Vorsitzender der KPD und war später bis 1960 Präsident der DDR. Die Reden- und Aufsatzsammlungen von Ulbricht und Pieck, die Anfang der fünfziger Jahre erschienen, enthielten die maßgeblichen Texte der kommunistischen Darstellung der NS-Zeit. Deren Grundzüge, die Unterbewertung der eigenständigen Wirksamkeit der NS-Ideologie und die Feindseligkeit gegen die Sozialdemokratie, sollten auf Dauer charakteristische Elemente des kommunistischen Antifaschismus bleiben.

Vor allem folgende Themen waren für die Herausbildung der Nachkriegserinnerung bestimmend. Das erste und augenfälligste war die berühmte These der Komintern, der Faschismus sei im wesentlichen ein diktatorischer, terroristischer und imperialistischer Finanzkapitalismus, weshalb der Nationalsozialismus – den die Kommunisten stets »deutschen Faschismus« nannten – hauptsächlich durch die Marxsche Analyse von Kapitalismus und Klassenkampf zu erklären sei. Die antisemitische Ideologie wurde als Überbauphänomen abgetan. Zweitens erklärten sich die deutschen Kommunisten für schuldlos am Zusammenbruch der Weimarer Republik und dem Aufstieg des Nationalsozialismus. Die Verantwortung dafür, beharrten sie, trügen die Sozialdemokraten, weil sie sich in den Weimarer Jahren geweigert hätten, gemeinsame Sache mit den Kommunisten zu machen.

Allerdings waren es die Kommunisten, wie sie im privaten Gespräch gelegentlich selbst zugaben und wie es von Historikern hinreichend dokumentiert worden ist, die trotz des Aufstiegs des Nationalsozialismus jedes Bündnis mit Sozialdemokraten und bürgerlichen Parteien ablehnten und erstere als »Sozialfaschisten« verunglimpften. Ihr Parteivorsitzender, Thälmann, verwischte unablässig die Unterschiede zwischen der Weimarer Demokratie und einer autoritären Herrschaft.[2] In einer »Resolution über den Kampf gegen den Faschismus« vom 4. Juni 1930 erklärte das Politbüro der KPD, dieser sei »undenkbar ohne den schärfsten Kampf gegen die Sozialdemokratische Partei und ihre Führerschaft, die eine entscheidende Waffe der Faschisierung Deutschlands darstellt«.[3] Im November 1931 fügte das ZK hinzu: »Die Sozialdemokratie ist unser Hauptfeind im Proletariat. Gegen die Sozialdemokratie führen wir den Hauptschlag in der gegenwärtigen Periode des Klassenkampfs.«[4] Noch im August und September 1932 denunzierte die KPD-Führung auf dem 12. Plenum des Exekutivkomitees der Komintern (EKKI) in Moskau die Zusammenarbeit mit den Sozialdemokraten gegen die Nationalsozialisten als »rechtsopportunistische ›Schwanzpolitik‹«.[5] Und auf einer im Oktober 1932 in Berlin abgehaltenen Parteikonferenz der KPD bezog sich Thälmann zustimmend auf Stalins Einschätzung, Faschismus und Sozialfaschismus seien keine gegensätzlichen Ideologien, sondern »Zwillinge«.

Ein drittes Element des kommunistischen Antifaschismus mit nachhaltiger Wirkung auf die Nachkriegsinterpretationen war der dialektische Gedanke, politische Katastrophen seien das Vorspiel zum Sieg des Kommunismus.[6] In einer 1934 in New York erschienenen Broschüre mit dem Titel *We Are Fighting for a Soviet Germany* schrieb der neue KPD-Vorsitzende Wilhelm Pieck, zehn Monate der faschistischen Herrschaft hätten »die Voraussage der Kommunistischen Internationale bestätigt«, daß der Faschismus nicht in eine Periode der Reaktion einmünden würde und daß »die Einrichtung der Hitlerdiktatur die Entwicklung der revolutionären Kräfte tatsächlich vorübergehend behindern, sie aber nicht aufhalten« könne.[7] Später bestärkten ihn der sowjetische Sieg über Hitlerdeutschland und das Unvermögen der Deutschen, den Nationalsozialismus selbst zu stürzen, in seinem kommunistischen Vertrauen auf ein dialektisches »glückliches Ende« des Klassenkampfs, während seine Hoffnung, die Deutschen könnten Bedeutendes dazu beitragen, erschüttert worden war.

Viertens war die KPD, je mehr sie aus Überzeugung oder Opportunismus bemüht war, sich als führende antifaschistische, demokratische und *nationale* Kraft zu präsentieren, um so weniger bereit, als Verteidiger der Juden aufzutreten. Schon in der Weimarer Zeit hatte sie ihre nationalistische Seite offenbart, indem sie mit der Rechten darin wetteiferte, den Versailler Vertrag zu attackieren.[8] Ein Nationalismus, der sich sowohl aus dem Marxismus-Leninismus als auch aus der überlieferten deutschen Ablehnung des Westens speiste, sollte zu einem Hauptaspekt der Kontinuität nach 1945 und unter dem SED-Regime nach 1949 werden.

Fünftens trug der marxistisch-leninistische Reduktionismus zusammen mit der Ansicht, Ideologie sei hauptsächlich ein Instrument für andere Zwecke, zur Marginalisierung der jüdischen Frage bei. Für die Kommunisten war der Antisemitismus vor allem ein Werkzeug der Kapitalistenklasse zur Verwirrung, Spaltung und Schwächung der Arbeiterklasse und keine Ideologie mit eigener Geschichte und Konsequenzen, die von der Geschichte des Kapitalismus unabhängig waren. Kommunisten, welche die Ansicht vertraten, der nationalsozialistische Antisemitismus besitze eine eigenständige politische Bedeutung, waren die Ausnahme. Problematisch an der kommunistischen Theorie waren allerdings nicht nur ihre Blindstellen und Vernachlässigungen, sondern auch die eigene aktive Feindseligkeit gegenüber Juden. Seit Marx' Schrift über die Judenfrage hatte eine starke Unterströmung des Marxismus die Juden mit Kapitalismus und Bürgertum identifiziert. Obwohl Hitler gegen den »jüdischen Bolschewismus« eiferte, waren die Kommunisten gespalten in jene, die Sympathie für einen anscheinend natürlichen Verbündeten hegten, und jene, die das Judentum dem internationalen Kapital, dem Klassenfeind, zurechneten.[9]

Der sechste Grund für die Verdrängung und Marginalisierung der jüdischen Frage, einschließlich des Holocaust, waren die tief in die marxistische und kommunistische Tradition eingebetteten Ansichten über Religion und Gesellschaft. Bekanntermaßen lautete das kommunistische Urteil über die Religion, sie sei das »Opium des Volkes«, eine mit der Existenz der Klassengesellschaft und des Kapitalismus verknüpfte »notwendige Illusion«. Die Revolution würde durch die Ausschaltung des Kapitalismus und die Schaffung einer klassenlosen sozialistischen und schließlich kommunistischen Gesellschaft zum Verschwinden sowohl der Religion als auch des religiösen Hasses, einschließlich des Antisemitismus, führen.

Daher bestehe keine besondere Notwendigkeit, der jüdischen Frage mehr Aufmerksamkeit als anderen religiösen Themen zu widmen. Die These einer Dialektik der Aufklärung, von Theodor W. Adorno und Max Horkheimer auf Nationalsozialismus und Holocaust bezogen, bietet eine plausiblere Erklärung des Wütens gegen das Anderssein, wie es für die Kommunisten des 20. Jahrhunderts charakteristisch ist, auch wenn sie selbst sich als Erben des aufklärerischen Rationalismus und Universalismus betrachteten.

Im Zuge der Stalinisierung der KPD wurde auch Stalins Aufsatz über die nationale Frage von 1913 maßgeblich. »Eine Nation«, heißt es dort, »ist eine historisch entstandene stabile Gemeinschaft von Menschen, entstanden auf der Grundlage der Gemeinschaft der Sprache, des Territoriums, des Wirtschaftslebens und der sich in der Gemeinschaft der Kultur offenbarenden psychischen Wesensart.« Und weil den Juden diese Merkmale fehlten, seien sie keine Nation.[10] Nachdem die Bolschewiken an die Macht gekommen waren, erwiesen sie sich jedoch als ideologisch flexibel: Sie erkannten den Juden örtliche Autonomie zu und erwogen sogar, ihnen ein autonomes Gebiet – Birobidschan – zuzugestehen, in das sie ziehen könnten. Die anfängliche sowjetische Sympathie für Israel in den Jahren 1947 und 1948 beruhte auf der »stalinistischen« Anerkennung des jüdischen Anspruchs auf den Status einer Nation. Aus dieser schwankenden Position zur jüdischen Frage erklärt sich, warum der kommunistische Antifaschismus für jene, die den Antisemitismus bekämpften, eine Hoffnung darstellen konnte. Auch ist bei unserem Thema die Wechselwirkung zwischen politischen Ereignissen und variierenden kommunistischen Auffassungen über den Nationalsozialismus zu beachten. Einfacher gesagt, die Parteilinie konnte sich verändern.

Auf ihrem im Juli und August 1935 in Moskau stattfindenden VII. Weltkongreß ersetzte die sowjetisch dominierte Komintern die bisherige ultralinke Linie durch den Ruf nach einer Volksfront gegen den Faschismus, in der sich Kommunisten mit Sozialdemokraten und Liberalen zusammentun sollten. Pieck verurteilte jetzt die früheren kommunistischen Angriffe auf Demokratie und Sozialdemokraten. Einerseits hätten die Kommunisten Ende der zwanziger Jahre die faschistische Gefahr dort, wo sie vorhanden gewesen sei, nämlich in der »Hitlerbewegung«, unterschätzt; andererseits sei es ein ebenso großer Fehler gewesen, »daß man den Faschismus sogar dort sah, wo er noch gar nicht existierte«, nämlich bei einigen sozialdemokratischen Regierungen Europas.[11] Auf demselben Kongreß machte Walter Ulbricht das vernichtende Eingeständnis, die KPD habe »nicht rechtzeitig die notwendigen Schlußfolgerungen aus der veränderten Situation gezogen und ... auch weiterhin den Hauptstoß gegen die Sozialdemokratie« gerichtet, »zu einem Zeitpunkt, als sie den Hauptstoß schon gegen den Faschismus hätte richten müssen«.[12] Allerdings wurde diese Einschätzung der eigenen Fehlleistungen damals nicht an die breite Öffentlichkeit getragen.

Vom 3. bis 15. Oktober 1935 fand in Moskau die sogenannte Brüsseler Konferenz der KPD statt, auf der Pieck die Wende zur Volksfrontpolitik verkündete. Seine Rede, die kurz darauf in Frankreich als Broschüre mit dem Titel *Der neue Weg zum gemeinsamen Kampf für den Sturz der Hitlerdiktatur* herauskam, wurde zum zentralen Text der KPD der Volksfrontzeit. Pieck gab jetzt öffentlich zu, daß die KPD ihren »Kampf gegen die Sozialdemokratie in ein richtiges Verhältnis zu dem Kampf gegen den angreifenden Faschismus [hätte] bringen müssen«. Statt die faschistische Bewegung zu attackieren, habe die Partei die Sozialdemokratie und die »bürgerliche Demokratie« als Hauptfeinde bekämpft. Deshalb habe sie es nicht vermocht, »die Arbeiterklasse für den Kampf gegen den Faschismus zu mobilisieren«. Durch die »Unterschätzung der faschistischen Gefahr« habe sie sich selbst »daran gehindert, ernsten Kurs auf die Schaffung der Einheitsfront mit den sozialdemokratischen Arbeitern zu nehmen«. Wegen ihrer Angriffe auf die Sozialdemokratie müsse die KPD die Verantwortung dafür tragen, daß es in Deutschland nicht wie in Frankreich zur Schaffung einer Volksfront gekommen sei.[13] Folge des Kurswechsels der Komintern und der zugehörigen Selbstkritik war ein abrupter Umschwung der KPD-Politik zugunsten der »Aktionseinheit« mit allen »antifaschistischen Kräften«, einschließlich der bislang so verachteten Sozialdemokraten.[14] Nach Piecks Rede begriffen sich die Kommunisten selbst als Glied der Ursachenkette, an deren Ende der Machtantritt der Nationalsozialisten gestanden hatte. Im Rückblick gesehen, ist Piecks Eingeständnis als Äußerung einer nüchternen, ehrlichen Selbsterkenntnis ein ebenso bemerkenswertes wie seltenes Ereignis.

Beunruhigend war jedoch ein anderer Aspekt der Rede, die Tatsache nämlich, daß Pieck die Kritik des EKKI-Generalsekretärs Georgi Dimitroff aufnahm, die KPD sei in der Weimarer Zeit nicht nationalistisch genug aufgetreten. Insbesondere habe sie »große Versäumnisse« im Kampf gegen den Versailler Vertrag aufzuweisen gehabt und es nicht verstanden, »das nationale Gefühl der Massen bei unserer Agitation zu berücksichtigen«. Sie müsse jetzt für die »restlose Beseitigung des Versailler Diktats und für die freiwillige Wiedervereinigung aller durch dieses Diktat auseinandergerissenen Teile des deutschen Volkes in einem freiheitlichen Deutschland« eintreten.[15]

Auf der sogenannten Berner Konferenz der KPD, die vom 30. Januar bis 1. Februar 1939 in der Nähe von Paris stattfand, kam Pieck auf das Thema des mangelnden Nationalismus zurück, indem er forderte, die KPD müsse den »Gegensatz zwischen der Politik des Hitlerfaschismus und den Interessen der deutschen Nation« in ihrer Agitation deutlich herausarbeiten und dürfe Worte wie »Nation« und »Volk« nicht länger meiden: »Die Nation vor dem Untergang retten, heißt also, ihre Verräter und Verderber, den Hitlerfaschismus und das Trustkapital, stürzen. Das ist höchste nationale Tat in dieser Epoche.«[16] Die nationale Saite anzuschlagen, stand aber offenbar im Widerspruch zur Verteidigung der Juden, die in Hitlerdeutschland das große »Andere« darstellten.

Dennoch schlugen sich die Kommunisten angesichts der Verfolgung durch die Nationalsozialisten auf die Seite der deutschen Juden. Als Reaktion auf das antijüdische Pogrom vom 9. November 1938 gab die KPD im Exil eine Sonderausgabe der illegalen Parteizeitung *Die Rote Fahne* heraus, in der das ZK die Ereignisse nachdrücklich verurteilte; sie hätten »vor der gesamten Menschheit die Ehre Deutschlands mit tiefster Schmach bedeckt«, und alle »anständigen Deutschen« würden die Angriffe auf wehrlose Juden verabscheuen. Weiter heißt es in der Erklärung:

> Der Kampf gegen die Judenpogrome ist deshalb ein untrennbarer Teil des deutschen Freiheits- und Friedenskampfes gegen die nationalsozialistische Diktatur. Daher muß dieser Kampf in vollster Solidarität mit unsern jüdischen Mitbürgern von all jenen geführt werden, die von der Hitlerdiktatur geknechtet werden! ... Die Kommunistische Partei wendet sich an alle Kommunisten, Sozialisten, Demokraten, Katholiken und Protestanten, an alle anständigen und ehrbewußten Deutschen mit dem Appell: Helft unseren gequälten jüdischen Mitbürgern mit allen Mitteln! ... Die deutsche Arbeiterklasse steht an erster Stelle im Kampf gegen die Judenverfolgung ... Die Befreiung von der Schande der Judenpogrome wird zusammenfallen mit der Stunde der Befreiung des deutschen Volkes von der braunen Tyrannei.[17]

Diese Erklärung steht in der Geschichte der deutschen Kommunisten einzigartig da. Niemals davor und danach hat die KPD oder später die SED derart emphatisch ihre Solidarität mit den von den Nationalsozialisten verfolgten Juden ausgedrückt und das Schicksal des »deutschen Freiheits- und Friedenskampfes« derart mit dem der Juden verknüpft, und Ulbricht sollte sie in der Nachkriegszeit nicht in den Kanon der ruhmreichen Momente des kommunistischen Antifaschismus aufnehmen.[18]

Pieck sah als revolutionärer Optimist in dem Pogrom ein Zeichen für Hitlers Furcht vor dem Widerstand des Volks gegen seine Kriegsdrohung vom September 1938. Durch das Pogrom habe das NS-Regime versucht, »das deutsche Volk einzuschüchtern und dessen wachsenden Widerstand zu brechen«. Opfer der Nationalsozialisten seien aber nicht nur die Juden, sondern »die werktätigen Massen insgesamt, gegen die sich diese Exzesse richten«. Arbeiterklasse und KPD fühlten sich »mit der verfolgten jüdischen

Bevölkerung solidarisch verbunden und sehen in deren Verteidigung die Wahrung ihrer eigenen Interessen«.[19]

Der typisch kommunistische Aspekt an Piecks Ausführungen war die Abwehr des Gedankens, die nationalsozialistischen Angriffe auf das deutsche und europäische Judentum könnten um ihrer selbst willen erfolgen und nicht mit dem Ziel, die Arbeiterklasse zu schwächen oder die »werktätigen Massen insgesamt« einzuschüchtern. Diese Auffassung der Judenverfolgung als Instrument für andere politische Zwecke kam auch in Ulbrichts Beschreibung des Pogroms als einer »Waffe der faschistischen Kriegspolitik« zum Ausdruck. Seiner Ansicht nach sollte durch das Pogrom die »Massenopposition zersplittert« und »die Einigung von Arbeitern und Bauern, von Intellektuellen und Mittelständischen und allen freiheitliebenden Menschen in Deutschland verhindert werden … Die Sache der verfolgten und gemordeten Juden ist die Sache aller gesitteten Menschen. Die Sache der Juden ist die Sache des Friedens, der Freiheit und der Menschlichkeit.« Ulbricht sah den Antisemitismus also immer noch durch das Prisma des Klassenkampfs als Instrument oder Waffe für andere Zwecke. Unterschätzung und Fehlinterpretation waren allerdings etwas anderes als Feindseligkeit und Gleichgültigkeit. Ulbricht verankerte die Sorge um die »verfolgten und gemordeten Juden« vielmehr fest im Gefüge des kommunistischen Antifaschismus. Verblüffend ist, besonders angesichts der späteren Gegnerschaft der DDR gegen Israel, daß Ulbricht sogar die Juden in Palästina gegen die Angriffe der Nationalsozialisten in Schutz nahm: »Täglich hetzt der deutsche Rundfunk gegen die Juden von Palästina und in den Kolonien, um durch Aufpeitschung des Rassenhasses den faschistischen Einfluß unter den Arabern zu verstärken und die Eroberung der Kolonien durch den deutschen Faschismus vorzubereiten.«[20] In seine Aufsatz- und Redensammlung über die Geschichte der deutschen Arbeiterbewegung nahm Ulbricht diesen Artikel nicht auf. Er wäre eine peinliche Erinnerung an die Solidarität mit den Juden gewesen, die in scharfem Kontrast zur ablehnenden Haltung der DDR-Regierung gegenüber dem jüdischen Staat gestanden hätte.[21]

Der Kern der KPD-Führung, darunter Pieck und Ulbricht, verbrachte die Kriegsjahre in Moskau, wo man mit eigenen Augen die von der deutschen Wehrmacht verursachten Leiden beobachten konnte. 1955 widmete Ulbricht seine Darstellung dieser Jahre den »heroischen Kämpfern der Sowjetarmee …, denen das deutsche Volk die Befreiung vom Faschismus zu verdanken hat, und auch den namenlosen Helden des illegalen antifaschistischen Kampfes«.[22] Im zweiten Band seiner gesammelten Reden und Aufsätze, der die Jahre 1933 bis 1945 umfaßt, nahm der deutsche Widerstand gegen den Nationalsozialismus dennoch nur ganze sechs der sechshundertsechzehn Seiten ein.[23] Die »antifaschistische Opposition in Deutschland« blieb in Ulbrichts Darstellung eine Randerscheinung. Darüber hinaus behauptete er, die Kommunisten seien die »einzige politische Kraft in Deutschland« gewesen, die den Widerstand gegen das Hitlerregime organisiert habe.[24]

Ulbricht sah in der UdSSR das Hauptopfer des Nationalsozialismus und den Ursprung seiner Niederlage. Der deutsche Überfall auf die Sowjetunion war das »größte Verbrechen der deutschen Geschichte«. Erst die »Schläge der Sowjetarmee« hätten die Legende von der Unbesiegbarkeit der deutschen Wehrmacht zerstört und »weitere Kreise des deutschen Volkes für Argumente der Vernunft und der Realität zugänglich« gemacht.[25] Der Sieg der Roten Armee in Stalingrad, der die Wende des Krieges einläutete, habe die militärische, politische, moralische und ökonomische Überlegenheit der Sowjetunion demonstriert, den Widerstand gegen die Nationalsozialisten sowohl im Regierungsapparat als auch »in den Reihen der Werktätigen« ermutigt und das Interesse der Vereinigten Staaten und Großbritanniens an der Einrichtung einer zweiten Front in Europa gesteigert, weil sie verhindern wollten, daß die Rote Armee allein den Sieg über Hitlerdeutschland errang.[26] So wie Ulbricht die Kommunisten als die einzige wirklich antifaschistische Kraft in Deutschland betrachtete, so sah er in der Sowjetunion die führende Macht des antifaschistischen Widerstandes unter den Beteiligten am Zweiten Weltkrieg. Als Realist wußte er die Macht von Staaten einzuschätzen und fabulierte daher nicht über einen weitverbreiteten deutschen Widerstand.

Der von Herbert Baum geführten Widerstandsgruppe jüdischer Kommunisten in Berlin ließ Ulbricht das zweifelhafte Lob zuteil werden, Baum habe seine Mitkämpfer dazu erzogen, »das Wesen des Faschismus nicht nur im Terror gegen die Juden, sondern in der Unterdrückung des ganzen deutschen Volkes zu sehen und deshalb aktiv für den Sturz des Faschismus zu kämpfen«. Für die Verschwörer vom 20. Juli 1944 hatte er dagegen nur Verachtung übrig. Ihr Handeln habe zu den »Projekten und Bestrebungen« gehört, »den deutschen Monopolherren über den verlorenen Krieg hinweg ihre Macht zu erhalten und einen Ausweg auf Kosten und zum Schaden des deutschen Volkes und der anderen Völker zu finden«.[27]

Die Loyalität der deutschen Kommunisten in Moskau galt zuallererst Stalin und dem Sowjetregime. Trotz der Gründung eines Jüdischen Antifaschistischen Komitees führten der Krieg und der Holocaust zu keiner grundlegenden Änderung ihrer Ansichten zur jüdischen Frage.[28] Statt dessen richteten sie ihre Appelle in Radiosendungen an die deutschen Invasionstruppen und die Kriegsgefangenen. Piecks Rundfunkansprachen während des Krieges belegen sein Bestreben, die Deutschen dem NS-Regime abspenstig zu machen, sowie den Zusammenbruch seiner Hoffnung auf einen Aufstand des deutschen Volks. Im April 1942 rief er die Deutschen auf, den Ruf Deutschlands, »der von Hitler durch seine Kriegsverbrechen und seine Barbareien in der ganzen Welt geschändet wurde«, wiederherzustellen.[29] Drei Monate später nannte er die »Hitlerclique« den »Todfeind des deutschen Volkes«. Der Krieg werde im Interesse einer »kleinen Räuberbande von Plutokraten und Nazibonzen« geführt. Insbesondere der »imperialistische Raubkrieg gegen die Sowjetunion« sei das »größte nationale Verbrechen am deutschen Volk«. Nur durch den Sturz dieser »plutokratisch-faschistischen Clique« könnten die Deutschen den Untergang verhindern.[30] Wenn sie jedoch abwarteten, bis die Nationalsozialisten von außen besiegt wurden, würden sie sich mit der »schweren

Schuld beladen, mit dieser Verbrecherbande bis zum Ende gegangen zu sein«.[31]

Pieck berichtete in seinen Rundfunkansprachen auch ausführlich über die von den Deutschen an der Ostfront begangenen Greueltaten. So teilte er seinen Hörern mit, seit 1939 seien mehr als neunhunderttausend Polen ermordet worden oder verhungert; mehrere Hunderttausend seien in Konzentrationslager eingesperrt und fast zwei Millionen als Zwangsarbeiter nach Deutschland verschleppt worden. Daneben hob er die außerordentliche Grausamkeit des im Gang befindlichen Krieges gegen die Juden hervor: »Besonders aber haben es die SS-Banden in Polen auf die Ausrottung der jüdischen Bevölkerung abgesehen. Schon über 700000 Juden wurden ermordet. Hunderttausende jüdischer Familien sind in Konzentrationslagern zusammengepfercht und sterben an Hunger und Seuchen.« Mit erschütternden Einzelheiten beschrieb Pieck seinen Zuhörern die »unerhörten Verbrechen[, die] von der Nazibande an der russischen Zivilbevölkerung begangen« wurden. Es sei »keine Bestialität ausdenkbar, die nicht von diesen SS-Bluthunden an russischen Menschen begangen« werde. Das deutsche Volk, wiederholte er, könne die Achtung der anderen Völker nur zurückgewinnen, wenn es die Nationalsozialisten verjage.[32] Diese Beschwörung der NS-Greuel und die vergebliche Hoffnung auf einen Aufstand in Deutschland sollten nachhaltige Auswirkungen auf die ostdeutsche Nachkriegspolitik haben.

Piecks Eindrücke wurden von den anderen führenden deutschen Kommunisten im Moskauer Exil geteilt, die sich ebenfalls an den Bestrebungen, die Moral der deutschen Truppen an der Ostfront zu untergraben, beteiligten. Zu diesem Zweck wurde im Juli 1943 von Kriegsgefangenen, KPD-Führung und emigrierten deutschen Schriftstellern das Nationalkomitee »Freies Deutschland« (NKFD) ins Leben gerufen, dem im September desselben Jahres die Gründung des Bundes Deutscher Offiziere (BDO) folgte, einer Organisation von kriegsgefangenen deutschen Offizieren. In dem auf der Gründungsversammlung des NKFD beschlossenen »Manifest an die Wehrmacht und an das deutsche Volk« hieß es:

> Wenn das deutsche Volk sich weiter willenlos und widerstandslos ins Verderben führen läßt, dann wird es mit jedem Tag des Krieges nicht nur schwächer, ohnmächtiger, sondern auch schuldiger. Dann wird Hitler nur durch die Waffen der Koalition gestürzt. Das wäre das Ende unserer nationalen Freiheit und unseres Staates, das wäre die Zerstückelung unseres Vaterlandes. Und gegen niemanden könnten wir dann Anklage erheben als gegen uns selbst.
>
> Wenn das deutsche Volk sich jedoch rechtzeitig ermannt und durch seine Taten beweist, daß es ein freies Volk sein will und entschlossen ist, Deutschland von Hitler zu befreien, erobert es sich das Recht, über sein künftiges Geschick selbst zu bestimmen und in der Welt gehört zu werden. Das ist der einzige Weg zur Rettung des Bestandes, der Freiheit und der Ehre der deutschen Nation.[33]

Je länger der Krieg dauerte, desto wütender wurden die Moskauer Emigranten auf ihre Landsleute. Der Schriftsteller und ehemalige Spanienkämpfer Erich Weinert, KPD-Mitglied und Vorsitzender des NKFD, wies die Ansicht zurück, Hitler halte sich allein durch Terror an der Macht. »Auch euer Gehorsam ist es«, redete er den Deutschen ins Gewissen, »eure Schicksalsergebenheit, die Arbeit, die ihr ihnen willig leistet, ist es. Euer feiges Schweigen und Zögern ist es, was Hitler immer noch die Möglichkeit gibt, ... sich als Führer des deutschen Volkes aufzuspielen.« Dabei stünden den Deutschen Mittel zur Verfügung, um »diese Macht zu brechen« – Bummelstreiks oder die völlige Arbeitsniederlegung zum Beispiel; sie müßten »nur den Willen haben, sie anzuwenden«.[34] Die NS-Verbrechen auf der einen Seite und andererseits das Ausbleiben eines Aufstandes war kaum vereinbar mit der These, der Nationalsozialismus sei nur die Terrorherrschaft einer kleinen Clique von Kapitalisten, Militaristen und NS-Funktionären, die nicht die Unterstützung des Volkes besäßen. So bereitete die NKFD-Führung, während sie die Sprache der antifaschistischen Volksfront im Munde führte, die Rechtfertigung für die Errichtung einer Nachkriegsdiktatur über ein nicht vertrauenswürdiges, entehrtes Volk vor.

Vom 19. Juli 1943 bis zum 3. November 1945 gab das NKFD die Moskauer Ausgabe der Zeitung *Freies Deutschland* heraus. Dem Publikationsort und dem Bemühen der KPD entsprechend, die Deutschen zum Sturz des NS-Regimes zu bewegen, waren deren Hauptthemen die großen Schlachten an der Ostfront, die Auswirkungen des Krieges auf Deutschland und der Beitrag der Sowjetunion und der Roten Armee zu den Kriegsanstrengungen. Vom Frühjahr 1945 nahmen die Enthüllungen über das volle Ausmaß der NS-Verbrechen bis zu zwanzig Prozent der Zeitungsseiten ein.[35] Nachdem die Rote Armee im Frühjahr 1945 die Todeslager befreit hatte, brachte das *Freie Deutschland* auch Berichte über das Schicksal der Juden in Auschwitz und Maidanek.[36]

Obwohl das NKFD die jüdische Katastrophe wahrnahm, bekräftigte es nicht ausdrücklich die 1938 von der KPD verkündete Solidarität mit den Juden. Im Gegenteil achtete es zumindest in der Öffentlichkeit auf eine gewisse Distanz. Im Mai 1942, zehn Monate, bevor die sowjetischen Hoffnungen durch den Sieg in Stalingrad auflebten, bekannten die im Jüdischen Antifaschistischen Komitee zusammengeschlossenen prominenten jüdischen Kommunisten, als Juden der Sowjetunion sprächen sie mit Stolz zu den Juden der ganzen Welt. Im einzelnen gingen sie in ihrer Erklärung auf die Verfolgung der europäischen und sowjetischen Juden ein, die »von viehischen Hitleristen geprügelt, gefoltert und ermordet werden«, bezeichneten die Rote Armee als die »Hoffnung der ganzen Menschheit« und betonten, im Sommer 1942 würde sich »das Schicksal der gesamten Menschheit« und damit auch das des jüdischen Volkes entscheiden.[37] Von den deutschen Exilkommunisten in Moskau allerdings war trotz der Existenz des Jüdischen Antifaschistischen Komitees kein öffentlicher Ausdruck eines politischen oder ideologischen Wandels zu vernehmen. Sie blieben sogar noch angesichts des an und hinter der Ostfront stattfindenden Holocaust bei ihren Vorkriegsansichten zur jüdischen Frage.

Diese orthodoxe Sicht schlug sich auch in den für die Schulung deutscher Kriegsgefangener ausgearbeiteten Lehrplänen in deutscher Geschichte und Politik nieder. Antisemitismus war demnach der »prägnanteste Ausdruck des kannibalischen Wesens der [nazistischen] Rassentheorie«.[38] Vor allem sei er, so die Richtlinien für einen 1942 abgehaltenen Kurs, ein »Mittel in den Händen der Reaktion, um die Unzufriedenheit der Massen ... auf die Geleise eines mörderischen Bruderkrieges gegen die werktätigen jüdischen Massen« umzulenken. Die »Nazihalunken« benutzten dieses Mittel »zur Schwächung der Kräfte des deutschen Volkes und zur Sprengung seines Kampfs gegen den Faschismus«, während sie selbst es »zur persönlichen Bereicherung durch die Aneignung der Vermögen der jüdischen Bourgeoisie« einsetzten.[39] In einem Lehrplan von 1944 wurde der »Vernichtungsfeldzug des Hitlerfaschismus gegen andere Rassen« als Thema einer einzigen von zwanzig Lehrstunden angeführt, und in der wurde immer noch die Lehre verbreitet, der Antisemitismus sei ein »Werkzeug der deutschen Faschisten«, um die unzufriedenen Massen von den »wirklich Schuldigen« abzulenken und »breite Schichten des Volkes gegen die sogenannten jüdischen Plutokraten in England und Amerika sowie gegen die ›Judenherrschaft‹ in Rußland usw. zu mobilisieren«.[40]

Natürlich fehlte damals nicht nur den Kommunisten das Verständnis für die zentrale Bedeutung des Antisemitismus und des Holocaust. Weder die Vereinigten Staaten noch Großbritannien rückten die jüdische Katastrophe in den Mittelpunkt ihrer Analysen und Strategien. Genausowenig erkannten sie die herausragende Stellung, die Hitler dem Krieg gegen die Juden einräumte. Angesichts der Nähe der Tatorte zur sowjetischen Frontlinie war diese Fehleinschätzung verhängnisvoll. Bis heute ist kein Beleg dafür aufgetaucht, daß die Moskauer Exilkommunisten die sowjetische Regierung jemals gedrängt hatten, ihr Heer oder ihre Luftwaffe einzusetzen, um den Betrieb der faschistischen Todeslager zu verhindern oder zu verzögern.

Der ebenfalls nach Moskau emigrierte Dichter Johannes R. Becher, nach dem Krieg Mitglied des ZK der SED, Kulturminister der

DDR und einer der führenden ostdeutschen Intellektuellen, setzte sich 1944 in einem als Beitrag für eine innerparteiliche Diskussionsgruppe gedachten und damals nicht veröffentlichten Essay mit der faschistischen Rassentheorie auseinander, die er als Pseudowissenschaft und »System bewußter Verdrehungen und Fälschungen« charakterisierte. Diese »ideologische Verseuchung« der Deutschen habe »maßgeblich dazu beigetragen, den Haß und die Verachtung der ganzen fortschrittlichen Menschheit auf Deutschland zu lenken. Die faschistischen Pseudowissenschaftler sind genauso wie die imperialistischen ›Wirtschaftsführer‹ und die Parteiführer der NSDAP Verräter an der deutschen Nation und Verbrecher an der Menschheit.«[41]

Anschließend ging Becher zwar ausführlich auf die historischen Ursprünge der modernen Rassentheorie ein, ließ die spezifisch antijüdischen Züge der NS-Ideologie aber weitgehend außer acht. Oberste Priorität der Kommunisten hatte die Verteidigung der Sowjetunion gegen die nationalsozialistischen Invasoren. Ein anderer Grund für Bechers Zurückhaltung mochte in dem Bestreben der deutschen Emigranten gelegen haben, sich als die wahren Repräsentanten der deutschen Nation im Gegensatz zu den faschistischen »Verrätern« zu profilieren. Eine wiederholte explizite Solidarisierung mit den Juden wäre diesem Anspruch abträglich gewesen. Denn bei von der Propaganda verblendeten Deutschen hätte sie der nationalsozialistischen These von der Zusammengehörigkeit von Judentum und Bolschewismus den Anschein von Glaubwürdigkeit verleihen können.[42] Trotz solcher Mängel und des Opportunismus der Auffassungen der Moskauer Emigranten über den Antisemitismus hegten manche Kommunisten die Hoffnung, die generelle kommunistische Ablehnung des faschistischen Rassismus würde nach dem Krieg zu einer Erneuerung und Vertiefung der im November 1938 ausgedrückten Solidarität mit den verfolgten Juden führen.

Der alliierte Sieg über den Nationalsozialismus hatte für die in Moskau weilenden deutschen Kommunisten einen bitteren Nachgeschmack. In einer Rundfunkansprache vom 4. Mai 1945 drückte Wilhelm Pieck die Ambivalenz zwischen Freude einerseits sowie

Wut und Scham andererseits aus. Jedem »ehrlichen, anständigen Deutschen«, erklärte er, schlage das Herz höher angesichts des Sieges der Roten Armee »über die Kräfte der Finsternis, über den Rassenwahnsinn und die Völkervernichtung, die der Hitlerismus verkörpert. ... Aber in diese Freudenbotschaft mischt sich das bittere, quälende Bewußtsein, daß sich das deutsche Volk nicht selbst von dieser Mörderbande befreite, sondern ihr bis zuletzt folgte und sie bei ihren Kriegsverbrechen unterstützte.« Von Hitlers anfänglichen Erfolgen geblendet, hätten die Deutschen die Warnungen der Antifaschisten nicht hören wollen und das »Nazigift der imperialistischen Raubideologie« in sich aufgenommen. »Ihr wurdet zu Werkzeugen des Hitlerkrieges«, hielt Pieck den Deutschen vor, »und habt damit eine große Mitschuld und Verantwortung auf euch geladen. Jetzt werdet ihr diese Schuld gegenüber den anderen Völkern abtragen und den deutschen Namen wieder reinwaschen müssen von seiner Beschmutzung durch die Hitlerschande.«[43]

Die Niederlage vor Augen, hatten die Deutschen bis zum bitteren Ende weitergekämpft. Georgi Dimitroff sagte im Gespräch mit Pieck, die Mehrheit der Deutschen wäre glücklich gewesen, wenn Hitler den Krieg gewonnen hätte.[44] Allein in der Schlacht um Berlin zwischen dem 16. April und dem 1. Mai 1945 waren auf sowjetischer Seite 300000 Soldaten gefallen und verwundet worden oder wurden vermißt; insgesamt waren eine halbe Million Opfer zu beklagen.[45] Die deutschen Emigranten kehrten als realistische Machtpolitiker nach Deutschland zurück. Piecks unterschwelliger Hang zur Romantik hatte sich zusammen mit der Hoffnung auf einen Aufstand der Deutschen verflüchtigt. Wenn sowjetische Soldaten deutsche Frauen vergewaltigten, die Sowjetunion eine harte Besatzungspolitik verfolgte oder ehemalige Konzentrationslager ihrerseits mit politischen Gefangenen füllte, dann erinnerten sich Ulbricht, Pieck und Genossen daran, daß die Anti-Hitler-Koalition und insbesondere die Rote Armee Deutschland befreit hatten, nicht die Deutschen. Während die kommunistischen Hoffnungen auf eine deutsche Revolution zerstoben waren, schien der sowjetische Sieg die marxistisch-leninistische Überzeugung zu bestätigen, daß sich die Geschichte gemäß einer blutigen und tragischen, aber auch triumphierenden dialektischen Logik vollziehe. Die zurückkehrenden Emigranten standen ihren deutschen Landsleuten ebenso wütend, beschämt und verbittert gegenüber, wie sie den sowjetischen Befreiern Dankbarkeit entgegenbrachten, beides tiefsitzende Gefühle, die nachhaltige Folgen haben sollten.

Für die Kommunisten war der Zweite Weltkrieg mit dem Bündnis der Anti-Hitler-Koalition eine Art Erneuerung der Volksfront-Ära gewesen, und in den ersten Monaten nach Kriegsende befleißigten sie sich weiterhin der Sprache der Demokratie, die den Diskurs des Antifaschismus der Kriegszeit geprägt hatte. Die Kontinuitäten und gemischten Gefühle der zurückkehrenden Emigranten wurden in dem Aufruf offenbar, den die KPD am 11. Juni 1945 an das deutsche Volk richtete. Von Anton Ackermann, dem Chefredakteur des Moskauer NKFD-Rundfunksenders »Freies Deutschland«, geschrieben, von Georgi Dimitroff gegengelesen und von den ZK-Mitgliedern unterzeichnet, faßte dieser für den ostdeutschen Kommunismus grundlegende Text die Kriegserfahrungen der Kommunisten zusammen und behandelte sowohl die Frage der Schuld an der deutschen Katastrophe als auch die aus ihr zu ziehenden Lehren für die Zukunft. Zu der langen Liste derjenigen, deren »Politik der Aggression und der Gewalt, des Raubes und des Krieges, der Völkervernichtung« das deutsche Volk »vor der gesamten gesitteten Menschheit mit schwerer Schuld und Verantwortung beladen« hatte, gehörten Hitler, Göring, Himmler, Goebbels, die Mitglieder der NSDAP, die deutschen Generale, Imperialisten, Arbeitgeber und Großbanken. Als Verbrechen der Nationalsozialisten wurden der Anschluß Österreichs, die Zerstückelung der Tschechoslowakei, die Eroberung und Unterdrückung Polens, Dänemarks, Norwegens, Belgiens, Hollands, Frankreichs, Jugoslawiens und Griechenlands sowie die Bombardierung englischer Städte genannt. Als »größtes und verhängnisvollstes Kriegsverbrechen Hitlers« aber wurde der »heimtückische, wortbrüchige Überfall auf die Sowjetunion« herausgehoben:

Deutsche Arbeiter! Konnte es ein größeres Verbrechen als diesen Krieg gegen die Sowjetunion geben?

Und ungeheuerlich sind die Greueltaten, die von den Hitlerbanditen in fremden Ländern begangen wurden. An den Händen der Hitlerdeutschen klebt das Blut von vielen, vielen Millionen gemordeter Kinder, Frauen und Greise. In den Todeslagern wurde die Menschenvernichtung Tag für Tag fabrikmäßig in Gaskammern und Verbrennungsöfen betrieben. …

Millionen Kriegsgefangene und nach Deutschland verschleppte ausländische Arbeiter wurden zu Tode geschunden, starben an Hunger, Kälte und Seuchen.

Die Welt ist erschüttert und zugleich von tiefstem Haß gegenüber Deutschland erfüllt angesichts dieser beispiellosen Verbrechen, dieses grauenerregenden Massenmordens, das von Hitlerdeutschland als System betrieben wurde.

Wäre Gleiches mit Gleichem vergolten worden, deutsches Volk, was wäre mit dir geschehen?

In der Hervorhebung der Sowjetunion und einer gewissen Verschwommenheit in der Benennung der Opfer folgte der Aufruf dem während des Krieges entwickelten Agitationsmuster. Gleichzeitig kam aber auch unmißverständlich zum Ausdruck, welche Schuld und Schande der Nationalsozialismus über Deutschland gebracht hatte. Statt sich in Selbstmitleid wegen der über sie hereingebrochenen Katastrophe zu ergehen, sollten die Deutschen sich glücklich schätzen, daß die Besatzer sie nicht so schrecklich behandelten, wie sie andere behandelt hatten.

Darüber hinaus atmete der Aufruf noch den Geist der Anti-Hitler-Koalition. Außer der Sowjetunion wurden auch England und die Vereinigten Staaten als Mitglieder der Vereinten Nationen genannt, die für Gerechtigkeit, Freiheit und Fortschritt gekämpft hätten: »Die Rote Armee und die Armeen ihrer Verbündeten haben durch ihre Opfer die Sache der Menschheit vor der Hitlerbarbarei gerettet« und so auch dem »schaffenden deutschen Volk … Frieden und Befreiung aus den Ketten der Hitlersklaverei gebracht«. Der Sieg über den Nazismus war also noch nicht monopolisiert, auch kein Nullsummenspiel der Anerkennung und Nichtanerkennung zwischen der Sowjetunion und den westlichen Demokratien, sondern ein gemeinsames Verdienst der Alliierten.

Der großen Mehrheit der Deutschen begegnete der Aufruf mit tiefem Zorn, der einen merkwürdigen Gegensatz zur traditionellen marxistischen Vorstellung darstellte, derzufolge Schuld und Verantwortung nur einer kleinen herrschenden Klasse anzulasten waren:

> Um so mehr muß in jedem deutschen Menschen das Bewußtsein und die Scham brennen, daß das deutsche Volk einen bedeutenden Teil Mitschuld und Mitverantwortung für den Krieg und seine Folgen trägt.
>
> Nicht nur Hitler ist schuld an den Verbrechen, die an der Menschheit begangen wurden! Ihr Teil Schuld tragen auch die zehn Millionen Deutsche, die 1932 bei freien Wahlen für Hitler stimmten, obwohl wir Kommunisten warnten: »Wer Hitler wählt, der wählt den Krieg!«
>
> Ihren Teil Schuld tragen alle jene deutschen Männer und Frauen, die willenlos und widerstandslos zusahen, wie Hitler die Macht an sich riß, wie er alle demokratischen Organisationen ... zerschlug und die besten Deutschen einsperren, martern und köpfen ließ. Schuld tragen alle jene Deutsche, die in der Aufrüstung die »Größe Deutschlands« sahen und im wilden Militarismus, im Marschieren und Exerzieren das alleinseligmachende Heil der Nation erblickten.
>
> Unser Unglück war, daß Millionen und Abermillionen Deutsche der Nazidemagogie verfielen, daß das Gift der tierischen Rassenlehre, des »Kampfes um Lebensraum«, den Organismus des Volkes verseuchen konnte.
>
> Unser Unglück war, daß breite Bevölkerungsschichten das elementare Gefühl für Anstand und Gerechtigkeit verloren und Hitler folgten, als er ihnen einen gutgedeckten Mittags- und Abendbrottisch auf Kosten anderer Völker durch Krieg und Raub versprach.

So wurde das deutsche Volk zum Werkzeug Hitlers und seiner imperialistischen Auftraggeber.[46]

Ursache des deutschen Unglücks war demnach die Massenunterstützung für die Nationalsozialisten, wobei die Verweise auf die »Millionen und Abermillionen« und die »breiten Bevölkerungsschichten«, die ihnen anhingen, recht unvermittelt neben der überkommenen Ansicht des deutschen Faschismus als Werkzeug einer kleinen Elite von NS-Führern, Militaristen und Imperialisten standen, deren Terror vor allem dazu diente, eine potentiell rebellische Bevölkerung niederzuhalten.

Die KPD forderte in ihrem Aufruf die Schaffung einer antifaschistischen Demokratie, lieferte aber auch eine Rechtfertigung für die Errichtung einer undemokratischen Herrschaft, indem sie – anstatt den antifaschistischen deutschen Widerstand zu preisen – an die breite Unterstützung des NS-Regimes durch die Deutschen erinnerte. Während der Zeit der Volksfrontpolitik, des Krieges an der Ostfront und der ersten Nachkriegsmonate präsentierten sich die Sowjetunion und die europäischen Kommunisten als Teil der Welt der gegen den Nazismus aufmarschierten Demokratien. Gleichzeitig hatte die NS-Zeit eine neue Rechtfertigung für eine Diktatur hinterlassen. Für die Jakobiner und Leninisten war es ein irregeleitetes und »unmoralisches« Volk, das durch eine Erziehungsdiktatur im Zaum gehalten werden mußte. Die ihrem Volk mißtrauenden deutschen Kommunisten fügten dem eine weitere Begründung für die Errichtung ihrer Diktatur hinzu: den demokratischen Antifaschismus.[47] Statt sich um die Kommunisten zu scharen, hatte dieses »gefährliche« Volk bis zum bitteren Ende für die Nationalsozialisten gekämpft. So konnte jetzt der Hinweis auf Mitschuld und Mitverantwortung der Deutschen die Herrschaft der Kommunisten legitimieren und eine demokratische Verfassung der Deutschen zumindest für die nächste Zukunft diskreditieren.

Der Aufruf der KPD enthielt auch das Eingeständnis eigener Fehler: »Wir deutschen Kommunisten erklären, daß auch wir uns schuldig fühlen, indem wir es ... infolge einer Reihe unserer Fehler nicht vermocht haben, die antifaschistische Einheit der Arbeiter, Bauern und Intelligenz entgegen allen Widersachern zu schmieden«, einen erfolgreichen Aufstand gegen das NS-Regime durchzuführen und so »jene Lage zu vermeiden, in der das deutsche Volk geschichtlich versagte«. Verglichen mit Piecks Äußerungen auf dem VII. Weltkongreß der Komintern war der Hinweis auf eine »Reihe unserer Fehler« allerdings eine ausgesprochen milde Formulierung, die nichts über die katastrophalen Folgen der Angriffe auf den »Sozialfaschismus« aussagte. Für jene, die sie wie Kurt Schumacher miterlebt hatten, ging ein solches Eingeständnis nicht annähernd weit genug. Aber auch er drückte, wie weiter unten gezeigt wird, seine Enttäuschung über den mangelnden Widerstand der Deutschen gegen den Nationalsozialismus aus.

Die altvertraute Kritik an den Sozialdemokraten wurde im Aufruf der KPD wiederholt. Demnach hatte sich der Nationalsozialismus nach 1918 in Deutschland ausbreiten können, weil man die Schuldigen am Ersten Weltkrieg nicht bestraft, keine wahrhafte Demokratie aufgebaut und der Reaktion freie Hand gelassen hatte und weil die »Antisowjethetze einiger demokratischer Führer Hitler den Weg ebnete und die Ablehnung der antifaschistischen Einheitsfront die Kraft des Volkes lähmte«. Deshalb forderte der Aufruf: »Keine Wiederholung der Fehler von 1918!« Zu den zu vermeidenden Fehlern gehörte an vorderster Stelle der Antikommunismus. Die Kommunisten hätten in bezug auf den Faschismus von Anfang an recht gehabt. Leider hätten die Deutschen nicht auf ihre Warnungen gehört. Das deutsche Volk habe vor der Geschichte versagt, aber die deutschen Kommunisten ständen in einer Tradition des »entschiedenen Kampfes gegen Militarismus, Imperialismus und imperialistischen Krieg«.

Ungeachtet der scharfen Kritik an den Deutschen und der darin enthaltenen Rechtfertigung einer neuen Diktatur über sie versprach der Aufruf die Errichtung einer Demokratie. Die 1848 begonnene »bürgerlich-demokratische Umwälzung« solle durch die Beseitigung feudaler Überreste und die Ausschaltung des preußischen Militarismus vollendet werden. Das sowjetische System zu übernehmen wäre falsch, »denn dieser Weg entspricht nicht den gegenwärtigen Entwicklungsbedingungen in Deutschland«. Statt dessen sollte ein »antifaschistisches, demokratisches Regime, eine parlamentarisch-demokratische Republik mit allen demokratischen Rechten und Freiheiten für das Volk« geschaffen werden. Nach dem restlichen Text des Aufrufs zu urteilen, wurden die zurückgekehrten Emigranten jedoch, je länger sie über die Verbrechen der NS-Vergangenheit nachdachten, um so skeptischer in bezug auf die Klugheit einer Entscheidung für eine deutsche Demokratie.

In ihrer Entschlossenheit, eine harte Besatzungspolitik zu verfolgen, um den Nationalsozialismus restlos zu vernichten, unterschieden sich die sowjetischen Kommunisten und ihre deutschen Verbündeten nicht von den Amerikanern und Briten. Anfangs stimmten die Vereinten Nationen sowohl in der Zielvorstellung eines entnazifizierten, demokratischen Deutschland als auch in der Absicht überein, diejenigen vor Gericht zu bringen, denen Kriegsverbrechen und Verbrechen gegen die Menschlichkeit zur Last gelegt wurden. Mit dem Ruf nach Gleichheit vor dem Recht, Säuberung der Bildungs- und Forschungseinrichtungen, »Aufklärung über den barbarischen Charakter der Nazi-Rassentheorie«, akademischer und künstlerischer Freiheit sowie »Anerkennung der Pflicht zur Wiedergutmachung« des anderen Völkern durch die deutsche Invasion zugefügten Schadens lag der KPD-Aufruf auf einer Linie mit der westlichen Besatzungspolitik. Aber er sprach sich auch für die Bildung eines »Blocks der antifaschistischen, demokratischen Parteien« aus, darunter KPD, SPD und Zentrumspartei, der die »feste Grundlage für die völlige Liquidierung der Überreste des Hitlerregimes und für die Aufrichtung eines demokratischen Regimes« bilden sollte.[48]

Die tiefe Verbitterung der Sozialdemokraten über die Kommunisten aufgrund deren Rolle in der Weimarer Republik, die zwölf Jahre währende NS-Propaganda gegen den »jüdischen Bolschewismus« und der enorme Haß, der vom Krieg an der Ostfront zurückgeblieben war, machten es allerdings unwahrscheinlich, daß Kommunisten, wie demokratisch gesinnt sie auch immer sein mochten, freiwillige Partner für einen »Block der antifaschistischen, demokratischen Parteien« finden würden. Bei der demokratischen Linken bestimmten weiterhin Führungsgestalten wie Kurt Schumacher die Szene, die das neue kommunistische Bekenntnis zur Demokratie mit äußerster Skepsis aufnahmen. Für einen Erfolg der kommunistischen Bestrebungen wäre es erforderlich gewesen, daß die sozialdemokratischen Politiker der Weimarer Zeit entweder sich nicht mehr an die damaligen Angriffe und den Hitler-Stalin-Pakt erinnerten oder sich zwar erinnerten, aber angesichts des sowjetischen Beitrags zur Niederlage des Nationalsozialismus bereit waren, alles zu vergeben und zu vergessen. Doch die Politik der sowjetischen Besatzungsbehörden und der zurückgekehrten kommunistischen Emigranten verringerte die ohnedies geringe Bereitschaft zur Zusammenarbeit unter den deutschen Antifaschisten noch weiter. Durch ihre Handlungsweise nach Kriegsende bestätigten die Kommunisten nur das Argument ihrer Kritiker, der kommunistische Antifaschismus enthalte eine Reihe von Rechtfertigungen für die Errichtung einer zweiten totalitären Diktatur in Deutschland.

Für die Kommunisten bedeutete Macht auch das Monopol zur Interpretation der Vergangenheit. Der Zahl der Schriften und dem politischen Rang der Autoren nach zu urteilen, maßen sie der Darstellung der jüngsten Vergangenheit enormen Wert bei. So wurden von Walter Ulbrichts während des Krieges geschriebener Analyse des NS-Regimes *Legende vom deutschen Sozialismus* bis zum Dezember 1945 50000 Exemplare ausgeliefert, und bis Januar 1947 kamen weitere 300000 Exemplare hinzu.[49] Ab 1952 erschienen weitere Auflagen, jetzt aber unter dem neuen Titel *Der faschistische deutsche Imperialismus.* Damit wurde Ulbrichts Buch, das die Kontinuität des kommunistischen Antifaschismus von der Weimarer Republik bis in die Nachkriegszeit behandelte, zu dem maßgeblichen Text der ostdeutschen Interpretation des NS-Regimes.

Sein ursprünglicher Titel deutet darauf hin, daß es Ulbricht zunächst darum ging, die Vorstellung zurückzuweisen, der »Nationalsozialismus« hätte irgend etwas mit Sozialismus zu tun, statt wie später eine enge Verbindung zwischen der Spitze des NS-Regimes und führenden deutschen Industriellen zu beschwören. In Ulbrichts Augen war der Nationalsozialismus weder national noch sozialistisch gewesen, sondern der Todfeind des deutschen Volks, eine »offene Terrorherrschaft der reaktionärsten, chauvinistischsten, imperialistischsten Elemente des deutschen Finanzkapitals«.[50] Indem er statt von »Nationalsozialismus« und »Nationalsozialisten« von »Faschismus« und »Faschisten« sprach, kennzeichnete er das Hitlerregime weniger als Produkt der Besonderheiten der deutschen Geschichte und Gesellschaft, sondern vielmehr als Ausdruck einer allgemeinen Krise des Kapitalismus. Dem seit den zwanziger Jahren im kommunistischen Diskurs allgegenwärtigen Begriff des Faschismus konnte offenbar auch die Tatsache nichts anhaben, daß das NS-Regime von einer Koalition unter Führung der Sowjetunion und der beiden wichtigsten kapitalistischen Demokratien besiegt worden war.

Dennoch stellte Ulbricht als deutscher Kommunist den Nationalsozialismus in die Perspektive der deutschen Geschichte. Der »Hitlerfaschismus« habe sich als die *»Zusammenfassung, Entwicklung, Vertiefung alles Reaktionären in der deutschen Geschichte«* erwiesen und den Endpunkt einer Kette von Niederlagen der demokratischen Kräfte gebildet. Im Bauernkrieg und in der Reformation, 1848 und 1918/19 hätten die reaktionären Kräfte wiederholt ihre Stellung gestärkt und die fortschrittlichen Kräfte geschlagen. Den Demokraten in Deutschland sei es nicht gelungen, eine siegreiche bürgerlich-demokratische Revolution durchzuführen, was die deutsche Einigung verzögert und zur Folge gehabt habe, daß sie schließlich nur unter dem Diktat der reaktionären Junker erreicht worden sei. 1914 habe sich die Führung der Arbeiterklasse als unfähig erwiesen, den deutschen Imperialismus aufzuhalten, während es 1918 noch keine revolutionäre Partei gegeben habe, die sich an die Spitze des Massenkampfs für eine revolutionäre Lösung der Krise des Imperialismus und der Nation hätte setzen können.[51] Wenn diese marxistische Variante der These vom deutschen Sonderweg zutraf, hätte sie eine erhebliche Schwächung der Anklage gegen den Kapitalismus im allgemeinen bedeutet.

Ulbricht wußte, wie sich die Geschichte als Quelle sowohl der rückblickenden Rechtfertigung als auch der aktuellen Legitimation nutzen ließ. Die Spaltung zwischen Kommunisten und Sozialdemokraten in der Weimarer Republik legte er vollständig letzteren zur Last. Unter dem »Einfluß der vom Monopolkapital inszenierten antikommunistischen Hetze« hätten sie sich gegen die Volksaktion gewandt, die Einheit der Arbeiterklasse zerstört und damit die Überwindung der Macht des Monopolkapitals vereitelt. »Die faschistische Diktatur hätte verhindert werden können, wenn ... die gemeinsame Kraft der Arbeiterorganisationen voll eingesetzt worden wäre, die Macht der Reaktionäre ... zu brechen.«[52] Die Folgerungen für die Politik nach 1945 waren klar: In dem Maß, in dem die SPD den Kommunismus bekämpfte und ihren Frieden mit einem reformierten Kapitalismus machte, wiederholte sie die Fehler der Weimarer Zeit. Wer wie die Sozialdemokraten eine Reform des Kapitalismus anstrebte, hatte nichts aus der Vergangenheit gelernt. Ulbrichts Text war ein Muster ideologischer Wendigkeit. Da die Kommunisten in der Vergangenheit stets recht gehabt hätten, sollten sie in Zukunft regieren, wenn nötig allein, und wenn nur eine kleine mächtige Gruppe die unglücklichen Deutschen zum Opfer gemacht hatte, war der Boden bereitet für kommunistische Appelle an die deutsche Nation.

Eine andere Folgerung aus der *Legende vom deutschen Sozialismus* bestand darin, daß das Gewicht der auf den Schultern der im KPD-Aufruf vom Juni 1945 genannten »Millionen und Abermillionen« Menschen lastenden Schuld um so leichter wurde, je ausschließlicher das Augenmerk auf die kapitalistischen Eliten gerichtet wurde. Laut Ulbricht lag die Verantwortung bei »dreihundert deutschen Rüstungsindustriellen und Bankherren«, die in der Unterstützung der Nationalsozialisten einen Ausweg aus der Wirtschaftskrise gesehen hätten. Diese »Hochverräter an den nationalen Interessen des deutschen Volkes« seien für Hitlers Machtübernahme und beide Weltkriege verantwortlich gewesen.[53] Woraus folgte, daß die Kommunisten die wahren Repräsentanten des Volks waren, nicht die Nationalsozialisten. Für Ulbricht bestand die Bewältigung der NS-Vergangenheit offenbar in der Beseitigung des Kapitalismus. Alles andere war leere Rhetorik. Im Ergebnis bedeutete diese Ansicht, die »Millionen und aber Millionen« von Deutschen von der im Aufruf vom Juni 1945 und von den Moskauer Exilkommunisten erhobenen Anklage der Mitschuld und Mitverantwortung freizusprechen. Die Schuldzuweisung an die wenigen Mächtigen entlastete die zum Opfer gewordene, machtlose Masse, die sich jetzt am Aufbau einer antifaschistischen sozialistischen Demokratie beteiligen konnte.

Ulbrichts Analyse von Antisemitismus und jüdischer Katastrophe bewegte sich innerhalb des ökonomistischen und instrumentalistischen Interpretationsmusters der dreißiger und vierziger Jahre. Nach 1933, schrieb er, habe der Hitlerfaschismus mit der Zerstörung von KPD, SPD und Gewerkschaften sowie Pogromen gegen die Juden begonnen, durch die »als Vorbereitung für die geplante Vernichtung der Angehörigen anderer Völker im Kriege« Rassenhaß geweckt worden sei. Zwar erwähnte Ulbricht die Todeslager »mit ihren Gaszellen, Todeswagen, Galgen, Scheiterhaufen, Massengräbern, Menschenverbrennungsöfen, denen Millionen unschuldiger Männer, Frauen und Kinder zum Opfer fielen«, aber er unterließ jeden Hinweis darauf, daß ihr Hauptzweck die Vernichtung der europäischen Juden war. Konkret erwähnte er nur die »Massenvernichtung der Zivilbevölkerung und der Kriegsgefangenen in Polen und in den besetzten Sowjetgebieten«. Sein Mitgefühl und seine Bewunderung galt der Sowjetunion, dem Hauptopfer der Nationalsozialisten und dem Hauptträger der Befreiung von ihnen.[54]

In den ersten Nachkriegsjahren, die das »Nürnberger Interregnum« genannt werden können, stand bei Ulbricht und seinen Mitstreitern allerdings noch die Unterstützung der Massen für die Nationalsozialisten und ihre Verstrickung in deren Verbrechen im

Mittelpunkt. Am 25. Juni 1945 hielt Ulbricht auf der ersten Sitzung der Funktionäre der Berliner KPD-Organisation eine Rede, in der er erklärte, der »Weg der imperialistischen Eroberung, … des Rassenhasses und des Vernichtungskrieges gegen andere Völker« hätte »in jedem Fall« zur Katastrophe führen müssen. Der Ausgang des Krieges habe »die Überlegenheit der Sowjetdemokratie über die Nazityrannei erwiesen« und den Revolutionären von 1917 und ihren Anhängern Recht gegeben. Auch für das deutsche Volk hätte die Niederlage Hitlers »zu einem großen historischen Sieg … werden können, wenn es verstanden hätte, die militärische Schwächung des Hitler-Regimes auszunutzen und aus eigener Kraft das Naziregime zu stürzen«. Es sei eine Tragödie, »daß es einer Bande von Verbrechern gehorcht hat«. Die Erkenntnis dieser Schuld sei die »Voraussetzung dafür, daß unser Volk endgültig mit dem reaktionären Vergangenen bricht und entschlossen einen neuen Weg geht«.

In seiner Rede kam Ulbricht viermal auf das Thema der Mitverantwortung der Deutschen zu sprechen. Diese bestand seiner Ansicht nach darin, daß sie die Machtübernahme der Nationalsozialisten hingenommen, die »Haßpropaganda gegen das französische, polnische, russische und englische Volk zugelassen«, Hitlers Siegen applaudiert und sich eingebildet hatten, anderen Völkern überlegen zu sein. Ulbrichts kategorisches Urteil lautete, daß »die deutsche Arbeiterklasse und das schaffende Volk geschichtlich versagt haben«. Nur wenn das deutsche Volk »von tiefer Scham erfaßt ist darüber, daß es diese barbarischen Verbrechen zugelassen hat«, könne es »die innere Kraft aufbringen, einen neuen, einen demokratischen, einen fortschrittlichen Weg zu gehen, der allein die Zukunft der Nation sichern kann«.[55] Ein solches Eingeständnis der Scham war sicherlich wünschenswert und die Voraussetzung für den Beginn eines neuen Weges.

Hervorzuheben ist die Ambivalenz der kommunistischen Haltung und Ideologie während des Nürnberger Interregnums, die in Ulbrichts Äußerungen ihren Niederschlag gefunden hatte. Seit den zwanziger Jahren hatten die Kommunisten die schmerzliche Erfahrung gemacht, daß in Deutschland die überwältigende Mehrheit sowohl den deutschen als auch den sowjetischen Kommunismus verabscheute, jedoch »Millionen und Abermillionen« von Deutschen das NS-Regime unterstützt hatten und Tausende und Abertausende an dessen Verbrechen beteiligt gewesen waren. Selbst wenn die Deutschen nach dem Krieg ihre Scham über die NS-Verbrechen ausdrückten, warum sollte irgend jemand einer solchen verspäteten Reuebekundung Glauben schenken? Wenn die Kommunisten von Schuld und Scham sprachen, bekräftigten sie nur, daß mit diesen Deutschen in nächster Zukunft keine Demokratie zu machen war. Proteste gegen die »antifaschistische« Herrschaft nach dem Krieg konnten und wurden als »objektiv« und häufig auch »subjektiv faschistisch« verurteilt. Wer eine Volksherrschaft der Deutschen verlangte, die gegen ein antifaschistisches Regime opponierten, forderte in Wirklichkeit die Herrschaft von Millionen, die den Nazismus unterstützt hatten. Auf diese Weise legitimierte die Erinnerung an den Nazismus eine »antifaschistische« Diktatur gegenüber der Demokratie des Volkes.

Ulbricht und seine Genossen wollten sichergehen. Einerseits hatten sie ihrer Ansicht nach durch die Enteignung der Kapitalisten und Großgrundbesitzer die Wurzeln des Nationalsozialismus ausgerissen. Andererseits hielten sie eine harte Besatzungspolitik für notwendig, weil sie sich, ungeachtet der orthodoxen marxistischen Ansicht zum Verhältnis von Kapitalismus und Faschismus, nur zu bewußt waren, wie groß die Massenunterstützung der Nationalsozialisten gewesen war. Verständlicherweise zögerten sie aber, öffentlich zuzugeben, daß ihre Diktatur auf dem Mißtrauen gegenüber der Mehrheit der Deutschen beruhte.[56] Die in der Sprache von Schuld und Scham vermittelte lebendige Erinnerung daran, wieviel Anklang die Nationalsozialisten bei den Massen gefunden hatten, war nicht geeignet, die Absicht, »mehr Demokratie zu wagen«, zu vertiefen; statt dessen bestärkte sie die Bereitschaft der deutschen Kommunisten, eine zweite deutsche Diktatur zu errichten.

Der Widerspruch zwischen dem öffentlichen Bekenntnis demokratischer Absichten und der diktatorischen Praxis der Kommunisten wurde eines der zentralen Themen des Kalten Krieges. Gleichzeitig stand man in beiden deutschen Staaten mit der Frage, wie ein Volk regiert werden sollte, das in einem derartigen Ausmaß ein verbrecherisches Regime unterstützt hatte, vor dem vielleicht gravierendsten Dilemma der Nachkriegspolitik. Während des Nürnberger Interregnums benutzten die Kommunisten die Sprache der Volksfront, von Piecks Rede über den neuen Weg und des Antifaschismus der Kriegszeit und vermieden den radikalen Weg eines schnellen Übergangs zum Sozialismus.[57] Sie verurteilten den Rassismus, setzten sich für die Umerziehung der deutschen Jugend ein,[58] lenkten die Aufmerksamkeit auf die zentrale Rolle des sowjetischen Beitrags zum Krieg, erwähnten aber auch, daß die westlichen Verbündeten nationalsozialistische Angebote für einen Separatfrieden zurückgewiesen hatten, »da die demokratischen Großmächte gewillt waren, gemeinsam bis zur Vernichtung des Nazismus zu kämpfen und auch nach dem Kriege aufs engste zusammenzuarbeiten«. Weiterhin betonten sie die »moralische Pflicht für das deutsche Volk«, Wiedergutmachung für die in der Sowjetunion angerichteten materiellen Schäden zu leisten. Die Wiedergutmachung an den von den Nationalsozialisten geschädigten Völkern sei eine »Ehrenpflicht jedes Antifaschisten, eine Ehrenpflicht jedes Deutschen«.[59] Über die Themen, die ihre westlichen Kriegsverbündeten beschäftigten, sprachen die Kommunisten nicht: weder über ihre Attacken gegen den »Sozialfaschismus« noch über die Säuberungen und den Terror des Stalinregimes oder den Hitler-Stalin-Pakt, noch brachten sie die flüchtigen Augenblicke der Solidarität mit den Juden in Erinnerung.

Vor und nach 1945 stand die Sowjetunion im Mittelpunkt der kommunistischen Darstellungen des Antifaschismus. Die Juden waren Konkurrenten um knappe politische und emotionale Ressourcen. Ihr Schicksal nahm in den Gedanken und Gefühlen der deutschen Kommunisten auch nicht annähernd einen solchen Platz ein wie das Drama der Sowjetunion. Während sie den rassistischen Charakter des Krieges an der Ostfront bemerkten – obwohl sie ihn für gewöhnlich einen »imperialistischen« Krieg nannten –, erwähnten sie die jüdische Katastrophe nur selten, wenn überhaupt, und deren zentrale Rolle in der NS-Politik blieb in ihren Äußerungen völlig ausgespart. Das Trauma des Nationalsozialismus und der erlösende Sieg der Sowjetunion bestärkten sie in ihren kommunistischen und häufig stalinistischen Überzeugungen. Abgesehen davon, wie nützlich ein geschlossenes ideologisches System in verwirrenden Zeiten sein kann, schien der Sieg der Sowjetunion deren Ideologie zusätzlich mit dem Segen der Geschichte versehen zu haben. In dieser Hinsicht erwies sich Ulbricht in seinem Respekt vor jenen, denen die listige Geschichte den Sieg geschenkt hatte, als orthodoxer Hegelianer. Der große Verlierer des Zweiten Weltkrieges war das europäische Judentum. Weiter unten werde ich zeigen, daß der Holocaust nicht in die kommunistischen Pläne für die nach Kriegsende vorgesehenen Sieges- und Gedenkparaden paßte.

Zusammenfassend läßt sich sagen, daß sowohl Interesse als auch Ideologie und Erfahrung ihren Anteil daran hatten, daß die Verfolgung der europäischen Juden für die dominierenden Kräfte der deutschen kommunistischen Bewegung eine marginale Erscheinung blieb. Einer der auffälligsten Aspekte der vielfältigen Restauration in der Nachkriegszeit war dagegen die Betonung der Kontinuität des kommunistischen deutschen Antifaschismus vor und nach 1945. Das instrumentalisierte theoretische Erbe, die überkommene herabsetzende Assoziation der Juden mit dem Kapitalismus, der Vorrang des Dramas vom sowjetischen Leid und Sieg vor der jüdischen Tragödie sowie das Bestreben, sich als wahre Repräsentanten der oft geschlagenen deutschen Nation darzustellen, taten das Ihre, um die jüdische Frage zum Randproblem zu machen.

In der deutschen Emigrantengemeinde in Mexiko-Stadt, weit entfernt von Stalins Moskau, rückte die jüdische Frage infolge des intensiven Austauschs zwischen kommunistischen und jüdischen Emigranten zum ersten und einzigen Mal in der Geschichte des deutschen Kommunismus im 20. Jahrhundert ins Zentrum der Aufmerksamkeit. Dieser kurzen und bald unterdrückten Episode wollen wir uns jetzt zuwenden.

Von der Peripherie ins Zentrum

Deutsche Kommunisten und die jüdische Frage Mexiko-Stadt, 1942–1945

Kommunisten geht es nach Marx' berühmter Feuerbach-These darum, die Welt zu verändern. Die Geschichte der deutschen Exilkommunisten in Mexiko-Stadt läßt den Schluß zu, daß die Welt gelegentlich auch Kommunisten verändert. Zumindest ließ das Exil Elemente der kommunistischen Tradition in den Vordergrund rücken, die in Europa und im Moskauer Exil im Hintergrund blieben. Mexiko war während des Zweiten Weltkriegs das zweitgrößte Zentrum des kommunistischen Exils. Die Entfernung von Moskau, die Erfahrungen der Volksfrontjahre in Paris, der Beginn der Judenverfolgung in Europa und die große Zahl europäischer Juden, die in Mexiko Zuflucht gesucht hatten, schufen das Umfeld für die intensivste Diskussion der jüdischen Frage in der Geschichte des deutschen Kommunismus. Die Folge war eine neue Betonung jener Teile der kommunistischen Überzeugungen, die in Europa nur marginal behandelt wurden. Einer der Kommunisten, der mithalf, dies eine Mal das jüdische Leid von der Peripherie ins Zentrum der Darstellung des kommunistischen Antifaschismus zu rücken, war Paul Merker, das einzige Mitglied des Politbüros der KPD, das nicht in Moskau oder in einem deutschen Gefängnis war.

Die mexikanische Regierung war den deutschen Kommunisten dankbar für die Unterstützung der Republikaner im Spanischen Bürgerkrieg. Für die vor dem Nationalsozialismus fliehenden Kommunisten andererseits lag Mexiko auf der über den Pazifik führenden Westroute nach Moskau. Nach dem japanischen Angriff auf Pearl Harbor war diese Route jedoch versperrt, und die Vereinigten Staaten, die noch nie besonders erpicht darauf gewesen waren, Kommunisten aufzunehmen, neigten nach dem Hitler-Stalin-Pakt noch weniger dazu.

Anfang der dreißiger Jahre lebten in Mexiko rund 20000 überwiegend osteuropäische Juden. 1943 war die jüdische Gemeinde in der Stadt auf 25000 Personen angewachsen, von denen rund 3000 aus Deutschland und Österreich geflohen waren.[1] Bezeichnenderweise übertraf der Einfluß der Kommunisten ihren Anteil an den Emigranten bei weitem. Die deutschsprachigen Kommunisten gründeten in Mexiko zwei Organisationen, die Bewegung Freies Deutschland in Mexiko (BFD) und das Lateinamerikanische Komitee der freien Deutschen, Sitz Mexiko (LAK). Der ostdeutsche Historiker Wolfgang Kießling hat die Mitgliederzahl des BFD für Ende 1944 auf 400 Personen geschätzt, zuzüglich 800 Sympathisanten,[2] während nach Angaben des westdeutschen Historikers Fritz Pohle in ganz Lateinamerika nur 200 deutsche kommunistische Emigranten und zwischen 2000 und 4000 Helfer lebten. Die Zahl der deutschen Kommunisten in Mexiko gibt er mit sechzig an, davon mehr als die Hälfte »jüdischer Herkunft«.[3] Demzufolge befanden sich die nichtjüdischen »politischen« Flüchtlinge aus Deutschland einer zunehmend selbstbewußter werdenden jüdischen Gruppe gegenüber in der Minderheit. In Moskau sahen sich die deutschen Exilkommunisten ebenso wie in Mexiko mit den jüdischen Opfern des Nationalsozialismus konfrontiert, doch trotz einer ähnlichen ethnischen Zusammensetzung aus deutschen Kommunisten, Juden und Osteuropäern schufen die unterschiedlichen politischen Bedingungen und der Abstand vom starren Kriegskommunismus stalinistischer Prägung in beiden Städten ein völlig anderes Diskussionsklima.

Zwischen Sommer 1940 und Frühjahr 1942 war ein beeindruckender Kreis der literarischen und intellektuellen Führungsschicht der KPD aus Vichy-Frankreich über Spanien, Portugal und Casablanca nach Mexiko geflohen, und im Exil bedeutete politische Tätigkeit, zu schreiben und zu publizieren. Im November 1941 gründeten die ersten Ankömmlinge in Mexiko, darunter viele Juden, neben dem BFD die Zeitschrift *Freies Deutschland* (*Alemania*

Libre) und den Heinrich-Heine-Klub,[4] zu dessen Präsidentin die Schriftstellerin Anna Seghers gewählt wurde. Chefredakteur des *Freien Deutschland* wurde von der dritten Ausgabe an Alexander Abusch, der frühere Chefredakteur der *Roten Fahne.* In der in einer Auflage von 3500 bis 4000 Exemplaren verbreiteten Zeitschrift erschienen Essays und Kritiken deutscher Emigranten wie Ernst Bloch, Lion Feuchtwanger, Otto Katz (alias André Simone), Egon Erwin Kisch, Jürgen Kuczynski, Heinrich Mann, Ludwig Renn und Anna Seghers, Erklärungen des Moskauer NKFD und Artikel zur jüdischen Frage von weniger bekannten Figuren wie Rudolf Feistmann, Leo Katz und Leo Zuckermann. Außerdem unterhielt die Zeitschrift Kontakte zu deutschen Emigranten in London und New York sowie Lateinamerika. Seit 1943 wurde zusätzlich die *Demokratische Post* herausgegeben, eine zweiwöchentlich erscheinende Zeitschrift mit einer Auflage von 2000 bis 3000 Exemplaren, die örtliche Neuigkeiten über die deutsche Kolonie in Mexiko verbreitete. Schon Mitte 1942 hatte die Gruppe einen Verlag gegründet, El Libro Libre (Das freie Buch). Zur Koordination der antifaschistischen Aktivitäten in Lateinamerika riefen der Schriftsteller Ludwig Renn als Präsident – er war bereits Präsident der BFD – und Paul Merker als Sekretär zum Jahreswechsel 1942/43 das LAK ins Leben, das eigenen Angaben zufolge 1944 in ganz Lateinamerika 2000 bis 4000 Mitglieder zählte.[5]

Ein öffentlicher Ausdruck jüdischer Identität und jüdischen Selbstbewußtseins war die Mitgliedschaft in der Menorah, einer 1940 gegründeten Organisation deutschsprachiger jüdischer Flüchtlinge. Zu ihren Mitgliedern aus dem Kreis der deutschen Kommunisten zählten Rudolf Feistmann, Erich Jungmann und Leo Zuckermann.[6] Die Menorah veranstaltete Kammermusikabende, Lesungen sowie politische Vorträge und Diskussionen, bot ihren Mitgliedern soziale Unterstützung, Rechtshilfe und medizinische Betreuung an und besorgte Juden, die noch in Internierungslagern in Vichy-Frankreich festgehalten wurden, mexikanische Einreisevisa.[7] Sie war ein Zentrum des wachsenden jüdischen Selbstbewußtseins innerhalb des deutschsprachigen kommunistischen Exils. Aus dieser Mischung von intellektuellem Talent und Distanz zu Moskau sowie aus der schöpferischen Anspannung und Verzweiflung des Exils und der Reaktion auf die aus Europa eintreffenden schrecklichen Nachrichten entstand die neue Betonung der jüdischen Frage. Ein weiterer Faktor war der Einsatz von Paul Merker, der in den meisten anderen Fragen ein orthodoxer deutscher Kommunist und Repräsentant der Komintern war.

Merker, die Zentralfigur in den großen Kontroversen über die jüdische Frage in der Geschichte des deutschen Kommunismus des 20. Jahrhunderts, war selbst kein Jude.[8] Am 2. Februar 1894 in Oberlößnitz bei Dresden als Sohn einer protestantischen Arbeiterfamilie geboren, verließ er im Alter von vierzehn Jahren die Volksschule und arbeitete bis 1914 in Hotels in Dresden und Hamburg. Nachdem er bereits 1911 der Gewerkschaft der Hotel- und Restaurantangestellten beigetreten war, bewirkten die Erlebnisse als Soldat im Ersten Weltkrieg seine Radikalisierung. 1918/19 nahm er in Dresden an der gescheiterten Novemberrevolution teil, und als 1920 die Unabhängige Sozialdemokratische Partei Deutschlands mit der KPD fusionierte, wurde er Mitglied der KPD und arbeitete in der Gewerkschaftsabteilung des ZK. 1924 zog er als kommunistischer Abgeordneter des Wahlbezirks Ost-Düsseldorf in den Preußischen Landtag ein, dem er bis 1932 angehörte. In der KPD setzte er sich 1925 für Thälmanns Wahl zum Vorsitzenden und damit für die Stalinisierung der Partei ein. 1927 wurde er Mitglied von ZK und Politbüro, wo er weiterhin mit Gewerkschaftsfragen befaßt war. Im selben Jahr wurde er in Moskau, wo er 1926 bei der Komintern zu arbeiten begonnen hatte, in den Zentralvorstand der Roten Gewerkschaftsinternationale (RGI) gewählt, deren Vorsitzender er zwei Jahre später wurde. In dieser Eigenschaft arbeitete er eng mit dem Moskauer RGI-Funktionär Solomon Losowski zusammen, einem von vielen jüdischen Genossen, die er durch seine Arbeit bei der Komintern kennenlernte.[9]

In Deutschland war Merker ein leidenschaftlicher Verfechter der Angriffe auf die SPD, insbesondere auf den sozialdemokratischen

Berliner Polizeipräsidenten Karl Friedrich Zörgiebel, der nach gewalttätigen Auseinandersetzungen zwischen Kommunisten und Nationalsozialisten sowie Kommunisten und Sozialdemokraten ein Demonstrationsverbot erlassen hatte. Als die KPD im März 1930 auf den Kurs einer »Volksfront von unten« einschwenkte, das heißt eines Bündnisses zwischen Kommunisten und Sozialdemokraten gegen die »konterrevolutionäre« SPD-Führung, wurde Merker zum Sündenbock für den Fehler der Angriffe auf die gesamte SPD gemacht und seiner Posten in der KPD und bei der RGI enthoben.

1931 schickte die KPD-Führung Merker nach Moskau, und Komintern und RGI sandten ihn und eine Genossin, seine spätere Ehefrau, Margarete Menzel-Merker, in die Vereinigten Staaten, wo sie sich unter den Decknamen Paul und Margarete Franke von 1931 bis 1933 aufhielten. Merker nahm in dieser Zeit an Sitzungen des ZK der Kommunistischen Partei der USA teil, freundete sich mit dem Parteiführer Earl Browder an und veröffentlichte unter den Pseudonymen Max Fischer und Siegfried Willner mehrere Artikel in der theoretischen Zeitschrift der Partei.[10] Außerdem half er bei der Gewerkschaftsorganisation in der Stahl-, Textil- und Automobilindustrie und beteiligte sich aktiv an Bergarbeiterstreiks in Pennsylvania, Indiana, Ohio und Kentucky, an Arbeitslosendemonstrationen in Pittsburgh und Chicago sowie an den Hungermärschen nach Washington. Nach seiner Rückkehr nach Moskau im Juni 1933 wurde Merker Leiter der anglo-amerikanischen Abteilung der RGI und reiste 1933 und 1934 im Rahmen von Untergrundaktivitäten gegen die Nationalsozialisten nach Berlin.[11] 1935 nahm er in Moskau am VII. Weltkongreß der Komintern und an der anschließenden Brüsseler Konferenz der KPD teil. Danach leitete er bis 1939 zusammen mit Walter Ulbricht und Franz Dahlem das Auslandssekretariat der KPD, das kurzzeitig in Prag residierte, bevor es 1935 nach Paris verlegt wurde, wo es bis 1939 blieb.[12] In Paris folgte Merker der Parteilinie und ersetzte die früheren Attakken gegen die Sozialdemokraten durch Begeisterung für die Volksfront. Gleichzeitig freundete er sich mit dem ebenfalls emigrierten

Schriftsteller Heinrich Mann an und teilte das Exilschicksal mit der wachsenden Zahl kommunistischer und jüdischer Flüchtlinge aus Deutschland.

Merkers Reaktion auf die Nachricht vom Abschluß des Hitler-Stalin-Pakts ist umstritten. Während Tausende den Kommunisten den Rücken kehrten, blieb er loyal. Dennoch berichtete Anton Akkermann, der sich damals in Paris aufhielt, KPD- und Komintern-Funktionären in Moskau, Merker sei beim Eintreffen der Nachricht vor Wut in die Luft gegangen und habe gesagt, es sei »immer dasselbe, was die ausländischen Kommunisten aufbauen, wird durch die Außenpolitik der Sowjetunion wieder zerschlagen«.[13] Obwohl Merker darauf beharrte, daß Ackermanns Aussage falsch sei, wurde sie später als Beweis seiner Untreue gegenüber der Sowjetunion gegen ihn verwendet.

Der Pakt umfaßte unter anderem die sowjetische Zusage, antinazistische Aktivitäten der kommunistischen Parteien zu unterbinden und damit auch die Verurteilung der nationalsozialistischen Judenverfolgung seitens der Kommunisten einzustellen. Für deutsche Exilkommunisten in Vichy-Frankreich bedeutete dies zwischen 1939 und 1941 die Verbringung in Internierungslager, zuerst in Paris, dann in Vernet und Les Milles in Südfrankreich. Merker, Dahlem und andere wurden in Vernet interniert. Nachdem Merker die Flucht gelungen war, versuchte er erfolglos, Dahlem und andere Internierte ebenfalls zu befreien, während er sich um Visa für sich selbst, seine Frau und andere deutsche Kommunisten kümmerte, um Südfrankreich zu verlassen und über Mexiko nach Moskau zu reisen. Ermöglicht wurde die Flucht der durch den Krieg von Moskau abgeschnittenen deutschen Kommunisten von einem amerikanischen Linken, Noel Field, von einer »Madame Esmiol«, die in der Marseiller Verwaltung für die Erteilung von Visa verantwortlich war, von Mitarbeitern des mexikanischen Konsulats in Marseille, von der in New York ansässigen jüdischen Flüchtlingsorganisation Hizem und von dem ebenfalls von New York aus operierenden Antifaschistischen Flüchtlingskomitee.[14] Im Mai 1942 reiste Merker von Marseille nach Casablanca, wo er sich an Bord des portugiesischen Schiffs *Guiana* begab. Zwei Monate später war er in Mexiko-Stadt. Die Reisekosten hatte das New Yorker Antifaschistische Flüchtlingskomitee beglichen. In den oberen Rängen der ostdeutschen Regierung sollten diese nebensächlichen Details von Merkers Flucht aus Europa zu heftig diskutierten Aspekten des Vorwurfs pro-westlicher – und jüdischer – Konspiration werden.

Im Exil fand Merker die Zeit, nachzudenken und zu schreiben. Wie andere politische Emigranten nutzte er die Gelegenheit, den Kampf mit seinen alten politischen Gegnern, den Sozialdemokraten, fortzusetzen. Aber er hegte auch kritische Gedanken darüber, was die Kommunisten gegen die Judenverfolgung in Europa getan und nicht getan hatten. In seinem 1944 erschienenen Buch *Das Dritte Reich und sein Ende,* dem zweiten Band von *Deutschland – Sein oder Nichtsein?,* seinem Hauptwerk über den Nationalsozialismus, ging er auch auf die Fehler des deutschen Sozialismus in bezug auf die jüdische Frage ein. Seine Kritik galt vor allem der 1893 von August Bebel gegebenen Definition des Antisemitismus als »Sozialismus der dummen Kerle«, denn schon damals sei der Antisemitismus wesentlich mehr gewesen: »Er war ein Mittel der äußersten Reaktion, das Volk zu solchen dummen Kerlen zu erziehen ...« Man müsse sich intensiver bemühen, ihn »in Gemeinschaft mit allen liberalen Kräften zu bekämpfen«, um ihn »bereits innerhalb der imperialistisch-kapitalistischen Ära zurückzudrängen«, und dies zu einem Grundbestandteil des Kampfs für die Demokratie in Deutschland machen. Ganz im Ton des radikalen Kommunismus fuhr Merker fort, die »zunehmend opportunistische Entartung zahlreicher Führer der deutschen Sozialdemokratie« in der Ära des Imperialismus habe die Arbeitermassen gehindert, »die Bedeutung des Kampfes gegen den Antisemitismus zu erkennen«. Damit stünden die deutschen Sozialisten in scharfem Kontrast zum französischen Liberalismus, wie ihn Émile Zola und Anatole France in der Dreyfusaffäre vertreten hätten. Außerdem habe die SPD »niemals die gewaltige Bedeutung des Kampfes gegen Rassismus und Antisemitismus [erkannt], den die russische

Sozialdemokratie unter Führung Plechanows und Lenins entfaltete«.[15] Obwohl sich Merkers Kritik gegen die deutsche Sozialdemokratie von vor 1914 richtete, war ihre Anwendbarkeit auf die KPD der zwanziger und dreißiger Jahre kaum zu übersehen.

Zwölf Jahre später hatte Merker erneut Gelegenheit, über die Gründe für sein Interesse an der jüdischen Problematik nachzudenken. In einer »Stellungnahme zur Judenfrage« von 1956 erwähnte er sowohl den im deutschen Offizierskorps des Ersten Weltkriegs vorherrschenden Antisemitismus als auch die Rolle, die Juden wie Karl Marx und Rosa Luxemburg in der Geschichte des Sozialismus gespielt hatten. Auch sein USA-Aufenthalt hatte einen bleibenden Eindruck hinterlassen. Er erinnerte sich, in New York und Chicago Gelegenheit gehabt zu haben, »das Leben jüdischer Proletarier kennenzulernen«, und wies darauf hin, daß »ca. 75 Prozent der Mitglieder der KPUSA jüdischer Herkunft« gewesen seien und in der Textilarbeitergewerkschaft Juden eine »starke Minderheit« gebildet hätten. Bemerkenswert fand er die jüdische Solidarität mit den Schwarzen im Kampf gegen den »weißen Chauvinismus« und die Unterstützung, welche die Kommunistische Partei und streikende Arbeiter von Juden erfuhren. Er erinnerte an die jüdischen Familien, die ihn und andere Kommunisten 1933 und 1934 unter großem persönlichen Risiko in Berlin versteckt hatten. Sowohl aus politischer Überzeugung als auch aufgrund persönlicher Erfahrung, schrieb er, hätte der »mörderische Antisemitismus des Hitlerfaschismus« in ihm einen »entschiedenen Gegner« gefunden. Als die Nationalsozialisten die Judenverfolgung verschärften, sei ihm immer stärker zu Bewußtsein gekommen, »daß der Kampf der deutschen Arbeiterklasse gegen den Antisemitismus unzulänglich gewesen war, und es schien mir besonders die Pflicht nicht-jüdischer Menschen zu sein, entschieden gegen den Antisemitismus aufzutreten«. In Mexiko habe sich diese Überzeugung noch verstärkt. Er hob die Unterstützung von seiten jüdischer Flüchtlinge hervor, die vor vielen Kommunisten dagewesen seien und »zahlreiche Genossen« bei sich aufgenommen und verpflegt, ihnen bei der Arbeitssuche geholfen, sie und ihre Familien im

Heinrich-Heine-Klub bewirtet und über die Menorah finanziell zur Gründung der Zeitschriften *Freies Deutschland* und *Alemania Libre* beigetragen hätten.[16] Merker kann nicht der einzige gewesen sein, dem solche Unterstützung von Juden zuteil wurde. Aber er ist der einzige kommunistische Führer, der diese Gesten mit einem umfassenden, die Juden einschließenden Verständnis des Antifaschismus erwiderte.

Bevor ich mich Merkers Schriften zu jüdischen Themen zuwende, möchte ich kurz auf seine Argumente für ein Bündnis zwischen der Sowjetunion und dem Westen eingehen. Von seinem ersten Artikel im *Freien Deutschland* im August 1942 bis in die letzten Kriegsmonate rief Merker unermüdlich zur Einheit der Verbündeten gegen die Nationalsozialisten auf.[17] Im Oktober 1942 versicherte er, die freien Deutschen stünden »auf dem Boden der Atlantik Charter und des englisch-russischen Beistandspaktes«.[18] Anfang 1944 kritisierte er jene »antinazistischen Deutschen«, denen immer noch nicht der grundlegende Unterschied klar sei »zwischen dem Krieg der imperialistischen Großmächte von 1914/18 und dem gegenwärtigen demokratischen der Alliierten«, und betonte erneut die Notwendigkeit der »Zementierung des Bündnisses zwischen den Vereinigten Staaten von Nordamerika, der Sowjetunion, Großbritannien und China«.[19] Kurz vor Kriegsende, angesichts der Gerüchte über Bemühungen der deutschen Diplomatie um einen Separatfrieden mit den Westmächten und den Aufbau einer gemeinsamen antisowjetischen Front, wiederholte er diesen Aufruf zur Einheit der Anti-Hitler-Koalition. Die Alliierten seien keine Feinde, sondern Verbündete im Kampf gegen den gemeinsamen Feind, den Nationalsozialismus.[20] Im März 1945 wandten sich Merker und die Führung der Freien Deutschen in Mexiko mit einer Grußadresse an »alle Soldaten der Vereinten Nationen«, deren Kampf für demokratische Freiheit zugleich ein Kampf dafür sei, »daß Deutschland endlich von dem düstern Erbe einer jahrhundertelangen Reaktion befreit wird«.[21] Diese Beschwörung der Einheit der Anti-Hitler-Koalition befand sich einerseits in voller

Übereinstimmung mit der sowjetischen Politik und bestärkte andererseits die Illusion, die Sowjetunion gehöre tatsächlich in die Reihe der im Krieg mit Hitlerdeutschland stehenden Demokratien. Nach 1947, als die Sowjetunion wieder ins alte ideologische Fahrwasser der Attacken gegen den westlichen Imperialismus eingeschwenkt war, sollte Merkers Lob der westlichen Demokratien auf ihn zurückfallen.

Die positiven Äußerungen über Roosevelt und Churchill könnte man als pflichtgetreuen Ausdruck der sowjetischen Politik der Kriegszeit abtun. Doch in bezug auf seine mexikanischen Schriften zur jüdischen Frage sieht die Sache anders aus. Seine zwischen 1942 und 1945 im *Freien Deutschland* erschienen Artikel und seine Darstellung des Nationalsozialismus in den zwei Bänden von *Deutschland – Sein oder Nichtsein?* waren die einzigen Publikationen eines führenden Mitglieds der KPD – und ab 1946 der SED –, in denen die jüdische Frage in den Mittelpunkt einer kommunistischen Analyse des Nationalsozialismus gerückt wurde. Sein erster Artikel über die jüdische Frage, der im Oktober 1942 unter dem Titel »Hitlers Antisemitismus und wir« im *Freien Deutschland* erschien, war auch der bedeutendste. Er begann mit den Sätzen:

> Wenn alle deutschen Flüsse Tinte und alle deutschen Wälder Federstile wären, so würden sie nicht ausreichen, um die unzähligen Verbrechen zu beschreiben, die der Hitlerfaschismus gegen die jüdische Bevölkerung begangen hat. Wo gibt es heute eine jüdische Familie aus Deutschland, die nicht beraubt und nicht auf das tiefste gedemütigt wurde, von der nicht Angehörige in Konzentrationslager gesperrt, ermordet oder in den unfreiwilligen Selbstmord getrieben wurden?

Dabei, so Merker weiter, habe der »Ausrottungsfeldzug des Hitlerfaschismus« gegen die deutschen Juden gerade erst begonnen. Unterdessen sei er »auf alle von Hitler unterjochten Länder und Gebiete ausgedehnt« worden. Die Zahl der Opfer gehe in die Hunderttausende. Es folgte die traditionelle kommunistische Interpretation: »Der Antisemitismus ist für die reaktionärsten Teile der herrschenden deutschen Monopolisten und Großgrundbesitzer nichts als ein Mittel, sich zu bereichern.« Aber Merkers Analyse endete nicht beim üblichen Instrumentalismus. Er hatte begriffen, was andere führende Kommunisten nicht wahrnehmen wollten, daß nämlich die NS-Rassenideologie über die Interessen des Kapitals hinaus eine eigenständige Bedeutung besaß.

Deshalb sprach er zwar wie die Moskauer Emigranten von der Mitverantwortung des deutschen Volks, fügte aber im Unterschied zu ihnen hinzu, diese Schuld rühre daher, daß es »die Verbrechen seiner herrschenden Klasse gegen die jüdische Bevölkerung zuließ«, wofür nicht nur die Nationalsozialisten verantwortlich seien, sondern auch die »reaktionären Klassen, die Monopolisten und Junker«, die intellektuellen Advokaten des Antisemitismus und die Weimarer Politiker, die vor der Reaktion kapituliert hätten. Nur jene Antifaschisten, die im Kampf gegen den Nationalsozialismus »unablässig ihre Freiheit und ihr Leben aufs Spiel setzten«, könnten »sich freisprechen von der Verantwortung für die ungeheuerlichen Folgen des Antisemitismus« und seien daher die natürlichen Verbündeten der jüdischen Flüchtlinge. Der Antisemitismus sei »schwärzeste Reaktion« und könne niemals fortschrittlich sein. Die Stellung zum Antisemitismus sei das Kriterium dafür, ob jemand fortschrittlich oder reaktionär sei. Die »Progressivkräfte«, die sich aus allen Demokraten, vor allem aber der »klassenbewußten Arbeiterklasse« zusammensetzten, kämpften gegen den »monopolistischen imperialistischen Despotismus«, und die jüdischen Mitbürger stünden an ihrer Seite: »Ihr Todfeind ist der gleiche, ihr Kampf und Schicksal stimmen überein.« Die Zukunft der deutschen Juden sei »untrennbar verbunden mit dem Befreiungskampf der Arbeiter und des Mittelstandes«. Sogar Angehörige der deutsch-jüdischen Bourgeoisie, von Bankiers des 19. Jahrhunderts bis zu den jüdischen Kapitalisten in der Weimarer Republik, seien Opfer des Antisemitismus geworden. In der Sowjetunion dagegen, wo der Antisemitismus laut Merker von Staats wegen bekämpft wurde, hätten die Juden eine glänzende Zukunft vor sich. Er verstieg sich sogar zu der Behauptung, die Oktoberrevolution habe durch die Vernichtung von Zarismus und Kapitalismus den Juden in der Sowjetunion »vollkommene Gleichstellung«, religiöse Freiheit und soziale Fortschritte gebracht.

Offensichtlich zustimmend erwähnte Merker die »wesentliche Stärkung des jüdischen Nationalgefühls«. Auf der Friedenskonferenz nach dem Sieg über den Nationalsozialismus müsse auch die »Frage der Schaffung eines jüdischen Nationalstaates« behandelt werden, und zwar »ungeachtet aller bisherigen Prinzipien, Erwägungen und Vorurteile, dem Wunsch der Juden Rechnung tragend«. Darüber hinaus müßten die bürgerlichen Rechte der Juden in allen anderen Staaten wiederhergestellt und ihre »vollkommene nationale Gleichstellung ... mit den übrigen Nationalitäten in den einzelnen Ländern« gesichert werden. Obwohl Merker es nicht ausdrücklich sagte, hätte dies die Rücknahme der in Stalins Aufsatz über die nationale Frage enthaltenen Leugnung der Existenz einer jüdischen Nationalität erfordert. Die Notwendigkeit, alles andere dem »Sieg der Alliierten über die Achse« unterzuordnen, schloß nicht aus, »Klarheit zu schaffen über das, was die jüdische Bevölkerung von dem kommenden Regime in Deutschland ... zu erwarten hat«. Folglich müßten die »nichtjüdischen deutschen Antifaschisten, zu denen ich selbst gehöre, ... entschieden eintreten ... für die durch das Weltpogrom in so furchtbare Bedrängnis geratene jüdische Bevölkerung«. Dies sei sowohl »im Interesse ihrer jüdischen Mitbürger« als auch in dem »ihres eigenen Kampfes für die internationale Lösung der durch die Judenverfolgung geschaffenen Probleme«. Damit ging Merker weit über die Forderung nach einem jüdischen Staat innerhalb der Sowjetunion hinaus, indem er andeutete, daß sich dieser Staat dort befinden sollte, wo die Juden ihn gründen wollten. Kein anderer führender deutscher Kommunist hat derart emphatisch die Gemeinsamkeit der Interessen von Juden und Kommunisten hervorgehoben oder sich derart unmißverständlich für die Schaffung eines jüdischen Staats eingesetzt.

Zu den ersten Gesetzen der »kommenden deutschen Volksregierung«, schrieb Merker weiter, sollten solche gehören, die Antisemitismus und Rassenhaß verbieten. Sondergerichte sollten sich mit antisemitischer Propaganda und rassistischen Taten befassen und die für die Verfolgung des europäischen Judentums Verantwortlichen bestrafen. Die Staatsbürgerschaft von Juden müsse automatisch wiederhergestellt werden. Rückkehrwilligen seien die Reisekosten und jenen, die sich in einem anderen Land ansiedeln wollten, die Kosten der Auswanderung von der öffentlichen Hand zu erstatten. Darüber hinaus sollte die neue deutsche Regierung Wiedergutmachung für die »jüdischen Staatsbürgern zugefügten wirtschaftlichen Schäden« leisten, unabhängig davon, ob die Betroffenen nach Deutschland zurückkehrten oder nicht. Jüdischen Flüchtlingen müßten Wohnungen zur Verfügung gestellt werden, und der Staat sollte ihnen finanziell unter die Arme greifen, bis sie in der Lage seien, einen Beruf ihrer Wahl auszuüben. Kinder, die in die Emigration getrieben oder in Konzentrationslager gesperrt worden waren, sollten eine kostenlose Ausbildung erhalten. Eine neue demokratische Regierung, versicherte Merker den »jüdischen Freunden und Kampfgenossen«, werde Mittel und Wege finden, »in Deutschland den Antisemitismus für immer auszurotten«, was sowohl der Gerechtigkeit zum Sieg verhelfen als auch dem Wiederaufbau des jüdischen Lebens im nachfaschistischen Deutschland dienen werde.[22]

Nach der Veröffentlichung von Merkers Aufsatz erhielt das *Freie Deutschland* eine Reihe kritischer Leserbriefe, auf die Merker in der Ausgabe vom März 1943 antwortete. In den Einwänden wurden die weiterwirkende Assoziation der Juden mit dem Kapitalismus und die Grenzen des Verständnisses der NS-Ideologie unter den Exilkommunisten deutlich. Zum ersten, so wurde kritisiert, wolle Merker den »früheren jüdischen Bankiers und Großkapitalisten ihre Millionen zurückgeben«, worauf Merker entgegnete, natürlich würden »die Rothschilds« ihre Monopolstellung nicht zurückerhalten, aber die Entschädigung der Juden müsse ausreichend sein, um ihre »voll-gleichberechtigte Wiedereingliederung in das wirtschaftliche und gesellschaftliche Leben Deutschlands in kürzester Frist« zu erreichen. Zweitens, wandte ein Leser ein, müsse bei der Entschädigung die Klassenzugehörigkeit der Opfer berücksichtigt werden, was Merker mit dem Hinweis konterte, die »nazistischen Gangster und die arischen Plutokraten« hätten »alle Juden ausgeplündert, ohne Rücksicht auf deren Klassenzugehörigkeit«. In bezug auf die Wiedergutmachung könne weder die Klassenzugehörigkeit noch der moralische Charakter des einzelnen eine Rolle spielen. Entscheidend sei »nur das Ausmaß des erlittenen materiellen und moralischen Schadens«.

Drittens wurde gefragt, warum nur Juden Wiedergutmachung erhalten sollten. Hätten die politisch Verfolgten – also die Kommunisten, die Kämpfer gegen den Faschismus – nicht einen größeren Anspruch darauf? Die Frage der Unterschiede und Ähnlichkeiten der Verfolgung von Kommunisten einerseits und Juden andererseits traf einen besonders empfindlichen Nerv. Merker betonte in seiner Erwiderung die Unterschiede. Die Juden seien als »schutzlose, nationale, religiöse oder kastenmäßige Minderheit« vom Hitlerfaschismus verfolgt worden, um die Aufmerksamkeit von seinen »Welteroberungsplänen« abzulenken. Ohne Wiedergutmachung und Ausrottung des Antisemitismus seien der »Sieg der Freiheit und die Sicherung der Demokratie unmöglich«. Das jüdische Volk habe das gleiche Recht auf Wiedergutmachung wie jedes andere, das von Hitler überfallen und unterdrückt worden sei. Dagegen sei für die Verfolgung der Kommunisten nicht entscheidend gewesen, wer sie waren, sondern, was sie taten. Diejenigen, die wegen ihrer politischen Ansichten verurteilt worden seien, hätten dies nicht als Angehöriger einer »nationalen, religiösen oder kastenmäßigen Minderheit« ertragen müssen. Sie hätten aus freiem Willen den Kampf gegen den Nationalsozialismus aufgenommen. »Antifaschistische Kämpfer« könnten daher »keine materielle Entschädigung für die [freiwillig] gebrachten Opfer erwarten«. Ihre Entschädigung seien »jede gewonnene Schlacht und der schließliche Sieg, die Errichtung einer demokratischen Macht«. In der nach dem Krieg geführten Debatte über die Hierarchie der »Kämpfer gegen den« und »Opfer des« Nationalsozialismus sollte Merkers Unterscheidung zwischen politischen und jüdischen NS-Opfern zu einem heftig umstrittenen Thema werden. Zum Schluß betonte Merker, daß alles, was er gesagt habe, in gleichem Maße für die jüdische Bevölkerung der von Hitler besetzten Länder gelte.[23]

Nach Merkers Ansicht reichten wirtschaftliche Veränderung und politische Demokratisierung im Nachkriegsdeutschland für die »moralische Überwindung des Nazismus« nicht aus. Entscheidend sei, schrieb er im Oktober 1943, »unserem Volke zu Bewußtsein zu bringen, daß es, weil es dieses Weltverbrechen duldete, zum Mitverantwortlichen daran geworden ist, und daß diese Mitverantwortung nicht durch die demokratische Umwälzung allein ausgeglichen werden kann, sondern nur durch die Anerkennung der moralischen Verpflichtung zur Wiedergutmachung der von den Hitlerarmeen verursachten Schäden«. Eine künftige demokratische Regierung Deutschlands habe diese moralische Verpflichtung auf sich zu nehmen.[24] Anders gesagt, eine Regierung, die nicht zur Wiedergutmachung bereit wäre, würde ihre moralische Verpflichtung nicht erfüllen.

Wie ihre Genossen in Moskau waren auch die deutschen Kommunisten in Mexiko tief enttäuscht über das Fehlen eines wirkungsvollen deutschen Widerstandes. Merker sah darin einen weiteren Grund, weshalb nach 1945 Wiedergutmachung geleistet werden mußte. Darüber hinaus war er mehr als die Emigranten in Moskau und anderswo bereit, die kommunistische Führung in den Kreis jener aufzunehmen, die Kritik verdient hatten. Öffentlich zur Sprache kam dieses Thema in einem im Mai und September 1945 im *Freien Deutschland* veröffentlichten Briefwechsel zwischen Merker und Wilhelm Koenen, einem alten Kommunisten, der von 1946 bis zum seinem Tod 1964 dem ZK der SED angehören sollte. Anlaß war die Frage, ob es bei Kriegsende in Deutschland »progressive Kräfte« gab oder nicht. Koenen betonte die »reaktionäre Rolle des deutschen Volkes und die weitgehende faschistische Verseuchung der Arbeiterschaft«, die vor den Verbrechen des NS-Regimes die Augen geschlossen und »Verrat an den Interessen der Arbeiterklasse« geübt habe.[25] Hinsichtlich der Mitverantwortung der Deutschen an den NS-Verbrechen stimmte Merker zwar mit Koenen überein, aber im Unterschied zu diesem war er überzeugt, daß die Schuld auch diejenigen traf, die rechtzeitiges, vereintes Handeln gegen den Nationalsozialismus vor 1933 unmöglich gemacht hatten, einschließlich der antinazistischen politischen Führung, das heißt der KPD-Führung. Daher trugen seiner Ansicht nach auch jene, die zur Emigration gezwungen worden waren, wie das ganze deutsche Volk eine Mitverantwortung für das Hitlerregime. »Wir aber, Du und ich«, schrieb er in seinem Brief, »gehören zu dieser Arbeiterklasse und haben deshalb vor der Welt auch unseren Teil der Mitverantwortung für das Fiasko ihres Kampfes zu übernehmen.«

Daraus folgte eine vergleichsweise optimistische Sicht der Chancen einer demokratischen Nachkriegsordnung. Denn obwohl in Deutschland kein antinazistischer Aufstand stattgefunden hatte, war Merkers »Vertrauen in den guten Kern unseres Volkes, in die deutsche Arbeiterklasse, unerschüttert« geblieben. Da er die Gefahren des Untergrundkampfes in der NS-Diktatur persönlich erlebt hatte, war es ihm unmöglich, »die deutschen Arbeiter einfach als kleinbürgerliche Spießer und Klassenverräter abzutun«. Auch lasse sich der mangelnde Widerstand nicht mit dem Verweis auf die »ideologischen Folgen des Dreißigjährigen Krieges« und die »politische und nationale Fehlentwicklung des deutschen Volkes« erklären. Solch eine Argumentation sei undialektisch und vernachlässige sowohl die »revolutionären Leistungen und freiheitlichen Erfolge [des] fortschrittlichen Teiles« des deutschen Volks als auch den besonderen Charakter des deutschen Kapitalismus und Imperialismus. Diese Einseitigkeit sei »sogar eine gefährliche Entlastung der für die Tragödie unseres Volkes wirklich Verantwortlichen, eine Entlastung verräterischer Führer ehemaliger politischer und gewerkschaftlicher Organisationen, eine Entlastung der Monopolkapitalisten, Junker und der nazistischen Gangster«. Mitverantwortlich sei das deutsche Volk vor allem für die Machtübernahme der Nationalsozialisten und dafür, »daß es dem nazistischen Überfall auf die Sowjetunion nur einen kaum sichtbaren Widerstand entgegenstellte«. Die Schuld jedoch liege bei jenen, die zuvor die Aktionseinheit verhindert hätten.[26]

Wenn die Ursachen des Nationalsozialismus weit in die Vergangenheit zurückreichten und die gesamte deutsche Geschichte als seine Vorgeschichte erschien, wurden die aktuellen Fragen menschlichen Tuns und moralischer Verantwortung am Ende der Weimarer Republik unter dem Gewicht eines retrospektiven historischen Determinismus begraben. Wer die deutsche Geschichte und die Deutschen allgemein verdammte, machte es unmöglich, die individuelle Schuld und Verantwortung festzustellen und zu sühnen. Und wenn die Deutschen ein Volk von Rassisten und Mördern waren, lag die Notwendigkeit einer Diktatur der Tugend, getragen von einer politisch-moralischen Elite – der Kommunistischen Partei zum Beispiel –, der es gelungen war, aus dieser Kontinuität auszubrechen, auf der Hand. Doch sowohl Merkers unerschütterliches »Vertrauen in den guten Kern unseres Volkes« als auch sein Hinweis, daß die Kommunisten ebenfalls politische Fehler begangen hätten, untergrub die mögliche Rechtfertigung einer zweiten deutschen Diktatur, die auf der Voraussetzung unfehlbarer Führer und eines kollektiv schuldigen Volks beruhte.

Merkers Überzeugung, daß die kommunistische Führung für die Katastrophe in Deutschland mitverantwortlich war, kam in zwei seiner Artikel im *Freien Deutschland* zum Ausdruck, einem »Brief an einen Freund« vom April 1944 und »Die Juden und das neue Deutschland« vom Oktober 1945. In ersterem sprach er sich zum einen unmißverständlich für die Schaffung eines jüdischen Staats aus und forderte zum anderen die Rückgabe der deutschen Staatsbürgerschaft an jene Juden, die in ein neues Deutschland zurückkehren wollten. Die nationalsozialistische Judenverfolgung sei nur möglich gewesen, »weil unser Volk, beeinflußt von schwachen und falschen Führern, nicht rechtzeitig die ungeheure Gefahr erkannte und sich dagegen erhob«. Dies habe »uns nicht-jüdischen, wenn auch antinazistischen Deutschen das moralische Recht genommen, in diesen Fragen eine Meinung zu äußern«. Die BFD müsse infolgedessen »jede Äußerung des Leides, der Wut, des Hasses und des Mißtrauens der Juden dem deutschen Volk gegenüber verstehen und achten« und den »Drang der deutschen Juden nach Teilnahme am Aufbau eines eigenen nationalen jüdischen Staatswesens als berechtigt anerkennen«.

Es ist anzunehmen, daß nicht jeder der »schwachen und falschen Führer«, die Merker im Sinn hatte, Sozialdemokrat war. Offensichtlich war er eher als die Moskauer Emigranten bereit, eine gewisse Mitschuld der deutschen Kommunisten an den Irrtümern und Fehlern, die den Machtantritt Hitlers ermöglicht hatten, zuzugeben und deshalb dafür zu plädieren, daß auch eine kommunistische Nachkriegsregierung die moralische Last der NS-Verbrechen mitzutragen hatte. Was die Juden betraf, so konnten sie Antifaschisten sein, ohne darin einen Gegensatz zu ihrem Judentum zu sehen. Zionisten, so Merker, könnten gleichzeitig BFD-Mitglieder sein. Die jüdischen Mitglieder verträten durch ihre Arbeit für Wiedergutmachung und gegen Antisemitismus die Interessen der jüdischen Deutschen in der BFD und zeigten »durch die Zusammenarbeit mit nicht-jüdischen deutschen Antinazis der Gesamtheit der Juden ..., daß das deutsche Volk nicht nur aus Nazis und Antisemiten besteht«. Mit anderen Worten, Merker vertrat die Ansicht, daß Juden, Kommunisten wie Nicht-Kommunisten, ihre spezifische Identität nicht der universalisierenden Logik des Klassenkampfs unterordnen mußten. Was die NS-Verbrechen und das Fehlen eines innerdeutschen Widerstandes betraf, so mußten nicht die Juden demonstrieren, daß sie gute Kommunisten, sondern die Deutschen, daß sie keine Antisemiten waren.

Anschließend wandte sich Merker dem »fundamentalen Unterschied ... zwischen dem Schicksal der antifaschistischen Politiker, die Hitler zum Opfer fielen, und dem Schicksal der von dem Nationalsozialismus gequälten jüdischen Bevölkerung« zu. Erstere seien frei gewesen, »sich am Kampfe gegen das Regime zu beteiligen oder beiseite zu stehen«, und hätten »aus eigenem freien Entschluß und auf eigenes Risiko« gehandelt. Ihre Belohnung werde der Sieg über Hitler und der Aufbau eines freien, demokratischen

Deutschland sein. Dagegen seien die Juden, die sechshundert Jahre lang so viel zur deutschen Kultur beigetragen hätten, von den Nationalsozialisten nicht wegen ihrer politischen Ansichten oder Handlungen verfolgt worden, sondern weil sie Juden waren: »Deshalb wurden sie von Hitler als Landfremde erklärt und als feindlicher Volksteil behandelt.« Weil die nichtjüdischen Deutschen dies nicht verhindert hätten, müßten sie jetzt die Juden als »nationale Minderheit« anerkennen und gewährleisten, daß ihnen »der durch die Nazihorden zugefügte unermeßliche moralische und wirtschaftliche Schaden ebenso ersetzt [wird] wie jeder anderen von Hitler unterjochten Nation«. Für Merker war die jüdische Katastrophe aber nicht nur Grund für Schuldgefühle und Scham, sondern auch eine Ursache von Wut und einem Gefühl des Verlusts angesichts der Zerstörung eines deutsch-jüdischen Deutschlands, das er geschätzt hatte. Angesichts des Ausmaßes dieses Verlusts gehörten die Durchsetzung von Gerechtigkeit und das Angebot von Wiedergutmachung zu den »Voraussetzungen für eine Wiederherstellung Deutschlands als Kulturnation«.[27]

Merker konnte annehmen, mit diesen Argumenten der Volksfrontmentalität der Anti-Hitler-Koalition zu genügen. Doch in Moskauer Emigrantenkreisen waren sie, wie gesehen, alles andere als geläufig. Im dortigen Diskurs hatten die konkreten Begriffe »Deutscher« und »Jude« vielmehr dem abstrakten, verallgemeinernden Vokabular von »Kapitalist«, »Faschist«, »Imperialist« und namenlosen »Opfern des Faschismus« Platz gemacht. Konkrete Bezeichnungen wie »Sowjetunion«, »Stalin« und »Rote Armee« bestätigten als Ausnahmen die Regel. Dem vorherrschenden antifaschistischen Diskurs der deutschen Kommunisten zufolge waren dessen Teilnehmer Antifaschisten, die nur zufälligerweise Deutsche und so auch nur zufälligerweise mit der Last der deutschen Geschichte beladen waren. Der konkrete, greifbare und spezifische Charakter von Merkers Vokabular und Argumentation, ihre Verwurzelung in der Geschichte von Deutschen und Juden, hob sich deutlich von den Abstraktionen der orthodoxen kommunistischen Sprache ab.

In seinen letzten mexikanischen Artikeln über jüdische Themen, die im Oktober 1945 erschienen, beschäftigte sich Merker mit der Frage, ob die militärische Niederlage Hitlerdeutschlands auch »einen allgemeinen vernichtenden Schlag gegen den Antisemitismus« bedeute, der mit der »Beseitigung der ökonomischen und politischen Macht des Finanzkapitals« einhergehen müsse. Diese Formulierung legt den Schluß nahe, daß die Überwindung des Kapitalismus nicht notwendigerweise auch das Ende des Antisemitismus mit sich bringen mußte. Es war denkbar, daß in einem kommunistischen Deutschland weiterhin Antisemitismus vorhanden war. Zur Bewältigung der NS-Vergangenheit war offenbar mehr nötig als die Beseitigung des Kapitalismus und die Enteignung der Junker.[28]

Merker schrieb häufig über die Verantwortung der Deutschen für die NS-Verbrechen, und obwohl er zwischen Deutschen und Nationalsozialisten unterschied, waren doch »Millionen« zu Nationalsozialisten oder deren Helfern geworden und hatten im Namen Deutschlands Verbrechen verübt. Sogar Demokraten konnten nicht von Schuld freigesprochen werden: »Wer will bestreiten, daß es wiederholt Gelegenheit gab, wo die deutschen Antinazis – hätten sie sich einmütig erhoben – die Errichtung der Herrschaft des Nazismus in Deutschland verhindern konnten. Aber diese Gelegenheiten wurden niemals ausgenützt.« Nicht die Deutschen, sondern die Alliierten hätten den Nationalsozialismus besiegt. Jetzt, nach dem Ende des Krieges, so bekräftigte Merker seine schon bekannte Forderung, müßten die antifaschistischen Politiker »die volle Mitverantwortung des deutschen Volkes für die Verbrechen der nazistischen Banditen anerkennen und somit die Berechtigung der von den Vereinten Nationen erhobenen Forderungen nach Wiedergutmachung und Sicherheit«.[29] Wieder ließ er die Möglichkeit anklingen, daß die KPD nicht umhin könne, einen Teil der Last der deutschen Verantwortung auf ihre Schultern zu nehmen.

Am 2. Februar 1944 hielt Vicente Lombardo Toledano, der Präsident des Lateinamerikanischen Gewerkschaftsbundes (NCTAL), auf einem Bankett zu Merkers fünfzigstem Geburtstag eine Rede über »Zweierlei Deutsche«, in der er der Hinterlassenschaft Hitlers das überaus positive Marxsche Erbe gegenüberstellte. Merker bezeichnete er als einen »Nachkommen des großen Deutschlands, einen legitimen Sohn jenes Karl Marx«, der darüber hinaus das Beste der Brüderschaft der Arbeiterklasse aller Länder und ihrer universellen Werte repräsentiere. In Mexiko bildeten die Flüchtlinge »mit den mexikanischen Antifaschisten eine gemeinsame Familie«. Der Krieg habe den »großen Nutzen, daß er uns von einem Ende der Welt zum andern reisen ließ«, und durch persönlichen Kontakt sei man »stärker denn je zu Brüdern« geworden. So habe er, Toledano, jenes Deutschland kennengelernt, das die Nationalsozialisten zu zerstören versuchten.[30]

In seiner Antwort dankte Merker »vor allem meinem Freund Ernst Thälmann«, den französischen Gaullisten und seinen Kameraden aus dem Untergrundkampf in Vichy-Frankreich, »meinen zahlreichen jüdischen Freunden in Deutschland, die mir und vielen meiner Kameraden, trotz eigener größter Gefährdung, Unterschlupf und Hilfe gewährt haben«, seinen mexikanischen Freunden und Margarete Menzel-Merker, »die auch im illegalen Kampf an meiner Seite stand und durch ihren Mut und ihre Umsicht mich in meiner Arbeit schützte und sie oft erst ermöglichte«. Die »freundliche Ehrung« seiner Gastgeber verstand er als Ausdruck ihrer Überzeugung, »daß die Deutschen nicht nur aus den Nazibestien bestehen, sondern daß in Deutschland und in der Emigration deutsche Freiheitskämpfer vorhanden und tätig sind, die sich in eine Front mit den Vereinigten Nationen gestellt haben«. Weil diese Kämpfer wüßten, »wie groß die Schuld ist, die auf dem deutschen Volke lastet«, träten sie für die bedingungslose Kapitulation und die freiwillige Wiedergutmachung der NS-Verbrechen ein. Bei den deutschen Antifaschisten komme zum Schmerz über diese Verbrechen die »Scham des tiefverletzten nationalen Stolzes«. Um so rücksichtsloser werde man »mit den Nazis ins Gericht gehen«. Die alliierten Armeen und Titos Partisanen in Jugoslawien seien die »entscheidenden Kräfte auch für die Befreiung des deutschen Volkes« und damit die Vorkämpfer für die Ausrottung des Antisemitismus, die Sicherung von wirklicher Freiheit und Gleichheit sowie die Durchsetzung der »uneingeschränkten Selbstbestimmung der jüdischen Bevölkerung«.[31] Wie die späteren Ereignisse zeigen sollten, hielt sich Merker an dieses Versprechen.

Neben seinen Artikeln schrieb Merker in Mexiko sein bereits erwähntes Hauptwerk, *Deutschland – Sein oder Nichtsein?*. Obwohl Heinrich und Thomas Mann, Ernst Bloch und andere Intellektuelle das Buch lobten, blieb es nach dem Krieg weitgehend unbekannt.[32] In Ostdeutschland verhinderte das SED-Regime seine Veröffentlichung, und in der Faschismusdiskussion der westdeutschen Linken spielte es kaum eine Rolle. Teils historische Rechtfertigung, teils eingehende Analyse, ist es dennoch ein faszinierendes Zeugnis des deutschen Kommunismus, das den Vergleich mit einer anderen, ebenfalls 1944 erschienenen marxistischen Interpretation eines linken deutschen Emigranten geradezu herausfordert – Franz Neumanns *Behemoth* –, wenngleich Merker der eigenständigen Dynamik der NS-Rassenideologie und der jüdischen Katastrophe stärkeres Gewicht beimaß. In dieser Hinsicht stand das Buch auch in scharfem Kontrast zu Ulbrichts *Legende des deutschen Sozialismus.* Merkers Analyse der Instrumente von Terror und Ideologie hatte unter den kommunistischen Schriften der vierziger Jahre nicht ihresgleichen.

Im ersten Band, *Von Weimar zu Hitler,* konstatierte Merker, daß *alle* politischen Strömungen der Weimarer Republik, einschließlich der Kommunisten, die »Gefahr der Reaktion und des Nazismus nicht in vollem Ausmaße erkannten und darum nicht rechtzeitig ihre kämpfende Einheit gegen Hitler geschaffen haben«. Die Hauptschuld gab er jedoch der SPD-Führung, die davor zurückgeschreckt sei, mit der Legalität zu brechen und sich für einen militärischen Aufstand zu entscheiden, der 1932 seiner Ansicht nach gute Erfolgsaussichten gehabt habe. Mit diesem Angriff auf die deutsche Sozialdemokratie blieb Merker auf der Linie der KPD.[33] Eine andere Haltung nahm er im zweiten Band, *Das Dritte Reich und sein Ende,* ein, indem er die herausragende Bedeutung der Ideologie für die Politik der Nationalsozialisten hervorhebt. Merker beginnt nicht mit einer Darstellung der ökonomischen Basis, sondern mit einer Geschichte des Antisemitismus vom Altertum bis zum modernen Europa und zu Deutschland und den Nationalsozialisten, einschließlich der Rolle der SS, der er allein vierzig Seiten widmet, worauf der Reihenfolge nach Hitlers Außenpolitik, die Umwandlung der Wirtschaft im Dritten Reich sowie die Wehrmacht und ihr Zusammenbruch behandelt werden. Von den 498 Textseiten beschäftigen sich nur 65 mit Wirtschaftsthemen. Denn, fragt Merker, waren nicht der Rassismus und Antisemitismus der »Kern aller nazistischen Theorien«? Hatten sie nicht den Weg gewiesen »zur Errichtung der totalen Staatsmacht, zur Vorbereitung des totalen Krieges und zur Ausrottung aller Gegner, die sich dem Faustrecht entgegenstellten«? Durch rassistische und antisemitische Indoktrination seien Hunderttausende dazu gebracht worden, »den Massenmord freudig durchzuführen«.

Zum Holocaust machte er genaue Angaben. Danach waren die Juden 1940 in Konzentrationslager in Polen geschickt worden, womit die »systematische Vernichtung jüdischer Einwohner von Deutschland, Polen, der baltischen Sowjetrepubliken, Weißrusslands und der Ukraine« begonnen habe. Im Winter 1940/41 habe die SS die »Todesfabriken in Maidanek« und andernorts errichtet, und im Herbst 1941 hätten die »fabrikmäßigen Massenmorde« begonnen. Einen 1943 in Moskau stattfindenden jüdischen Kongreß hätten Hitler und Himmler als Beweis dafür angesehen, daß Judentum und Bolschewismus ein und dasselbe seien und die Juden hinter dem Bündnis zwischen Roosevelt und Stalin stünden, weshalb ihre Auslöschung notwendig sei.[34] Dieser Bezug auf die Wechselwirkung zwischen Ideologie und internationalen Beziehungen im Zusammenhang mit dem Holocaust war für alle politischen Lager einzigartig. *Deutschland – Sein oder Nichtsein?* war ein unausgewogenes, wenn auch brillantes und ikonoklastisches Buch. Für viele von Merkers Genossen war es zu »voluntaristisch« und schenkte der jüdischen Katastrophe zuviel Aufmerksamkeit; Sozialdemokraten, die in dieser Analyse mit Recht Nachklänge des Sozialfaschismusvorwurfs der Weimarer Zeit entdeckten, war es zu radikal, und in der angespannten Atmosphäre nach dem Auseinanderbrechen der Anti-Hitler-Koalition fiel nachteilig auf, wie sehr es die Rolle der Westmächte beim Sieg über den Nationalsozialismus rühmte. Weder das Buch noch sein Autor paßte in die Kategorien des ostdeutschen Antifaschismus.

In Mexiko arbeitete Merker mit jüdischen Kommunisten wie Leo Zuckermann, Rudolf Feistmann, Leo Katz und Otto Katz (alias André Simone) zusammen, die im *Freien Deutschland* und in der *Demokratischen Post* ebenfalls über die jüdische Katastrophe schrieben.[35] Im August 1943 sprachen Solomon Mikhoels und Itzak Feffer, die Führer des Moskauer Jüdischen Antifaschistischen Komitees, in einer Veranstaltung in Mexiko-Stadt, in der auch der sowjetische Botschafter in Mexiko, Konstantin Jumanski, gleichfalls ein Jude, eine Rede hielt. Otto Katz hielt die Beziehung zur jüdischen Gemeinde in Mexiko über B'nai B'rith und ihren Repräsentanten, Adolfo Fastlicht, aufrecht. Im Herbst 1944 erschien das erste Heft einer spanischsprachigen Monatszeitschrift, der *Tribuny Israelita*, in der auch viele Autoren des *Freien Deutschland* publizierten.[36] Leo Katz, ein österreichischer jüdischer Kommunist und Schriftsteller im mexikanischen Exil, veröffentlichte im *Freien Deutschland* Aufsätze über die Judenverfolgung in Europa. Seiner Ansicht nach war die »Lösung der Judenfrage in der Sowjetunion ... ein leuchtendes Beispiel dafür, wie ein jahrtausendealtes Problem durch die Oktoberrevolution aus der Welt geschafft wurde«.[37]

Im Licht der nachfolgenden Entwicklung in Ost-Berlin sind Leo Zuckermanns Aktivitäten in Mexiko von besonderer Bedeutung. Zuckermann, am 25. Juni 1908 im polnischen Lublin geboren und seit 1927 KPD-Mitglied, hatte in Berlin und Bonn Jura studiert und anschließend als Rechtsanwalt gearbeitet. 1933 emigrierte er nach Frankreich, engagierte sich 1934/35 in Paris für die Volksfront, verbrachte 1935 einige Zeit in Spanien, arbeitete anschließend in Paris bei der Unterstützung politischer und jüdischer Flüchtlinge und kam nach Kriegsausbruch in ein Internierungslager, aus dem ihm 1941 die Flucht nach Marseille und weiter nach

Mexiko gelang.[38] In seinen Artikeln im *Freien Deutschland* setzte er sich für den »Rechtsanspruch der deutschen Juden auf Wiedergutmachung« ein. Die Rechtsgrundlage der »kommenden deutschen Republik« müsse mit dem übereinstimmen, was »Präsident Roosevelt als den Kampf um die vier Freiheiten gekennzeichnet« habe. Zuckermann pflichtete Merkers Forderung bei, daß eine künftige deutsche Regierung den deutschen Juden Wiedergutmachung leisten, sämtliche NS-Rassengesetze abschaffen und geraubtes Vermögen seinen Eigentümern zurückgeben müsse. Merkers Artikel im *Freien Deutschland* besaßen für Zuckermann nicht nur politische Bedeutung, sondern auch »juristisch den Wert erster Entwürfe zu einer neuen deutschen Verfassung«.[39] Wie Merker betrachtete er die Wiedergutmachung als integralen Bestandteil des Kampfs gegen den Nationalsozialismus und als Hauptanzeichen dafür, wie sehr die Nachkriegsdeutschen bereit sein würden, die Bürde der NS-Vergangenheit auf sich zu nehmen. Außerdem stellte Zuckermann fest, daß der Krieg gegen die Juden die Haltung vieler der Kommunistischen Partei angehörender oder ihr nahestehender Juden, die vorher bereit gewesen seien, die spezifisch jüdischen Anliegen dem Universalismus des Klassenkampfs unterzuordnen, verändert habe. Im Januar 1945 schrieb er in einem Artikel in der *Tribuna Israelita,* der Faschismus habe »für das Judentum auf der ganzen Welt eine völlig neue Situation« geschaffen, »der sich auch die Juden nicht entziehen konnten, die über Generationen hinweg in einen extrem weit fortgeschrittenen Assimilationsprozeß eingebunden gewesen waren«. Sie alle würden sich jetzt der Forderung nach einem jüdischen Staat, einer jüdischen Republik in der Sowjetunion und einer jüdischen Brigade in der britischen Armee anschließen.[40]

Alexander Abusch war einer dieser stark assimilierten deutsch-jüdischen Kommunisten in Mexiko, in deren Augen die jüdische Frage weiterhin einer kommunistischen Variante des aufklärerischen Humanismus untergeordnet blieb.[41] Neben seiner Tätigkeit als Chefredakteur des *Freien Deutschland* verfaßte Abusch ein Buch über den *Irrweg einer Nation,* das 1946 in Berlin erschien und zu einem ostdeutschen Standardwerk über die Wurzeln des Nationalsozialismus wurde. Auf diesem von der Reformation zum Nationalsozialismus führenden Irrweg hatte Abusch zufolge die Reaktion mehrmals über ein fortschrittlicheres und freieres Deutschland gesiegt. Unter den Faktoren, die zum Nationalsozialismus beigetragen hatten, nannte er den Antisemitismus in einem Atemzug mit dem preußischen Militarismus, dem Haß auf Slawen und Franzosen, der Lehre von der Herrenrasse und den mittelalterlichen Phantasien eines europäischen Reichs der Deutschen. Dabei mischte er eindringliche Beschreibungen mit auffallender Unklarheit in bezug auf die Identität der Opfer:

> Kinder in Hemdchen, halb entblößte Frauen, Männer in Unterhosen – Menschen, gelähmt von irrem Entsetzen – vor langen Gräben, in die sie dann fielen, hingemäht durch die Maschinengewehre der SS-»Sonderkommandos«. Die riesigen Verbrennungsöfen und düsteren Schlote der »Todesfabriken«, in denen Millionen Menschen in Asche verwandelt wurden. Die Gaskammern mit ihren eingebauten Gucklöchern, in denen Menschen unter wissenschaftlich exakter Kontrolle erstickt wurden. Die wie Holzscheite aufgestapelten dünnen Leichen der Verhungerten. Die Lagerhäuser voll von Kleidern und Schuhen der Opfer … Maidanek, Auschwitz, Mauthausen, Buchenwald, Bergen-Belsen, Dachau und die anderen Vernichtungslager verschmelzen zu einem Bild, unauslöschbar aus Deutschlands Geschichte.

Trotz aller Einzelheiten, mit denen die NS-Verbrechen beschrieben werden, fehlt doch der Hinweis, daß die überwältigende Mehrheit der Opfer Juden waren.[42]

Die Hauptschuld an der Unfähigkeit der deutschen Linken, die Nationalsozialisten zu stoppen, gab Abusch den Sozialdemokraten. Andererseits begrenzte er den Kreis der Verantwortlichen nicht auf eine Handvoll Imperialisten, Militaristen und NS-Führer, noch zollte er wie Merker dem »guten Kern« der deutschen Arbeiterklasse Tribut. Angesichts der Unterstützung für die Nationalsozialisten und des fehlenden Widerstandes gegen sie unter den Millionen Angehörigen der deutschen Mittelschicht, einschließlich der Gebildeten, sei es »historisch falsch«, die Deutschen vor allem als »im Schlaf überfallene Opfer« Hitlers darzustellen. Während Abusch jene lobte, die den Nationalsozialisten widerstanden hatten, bemerkte er gleichzeitig ihre »Isolierung vom eigenen Volke«.[43] Aufgabe der Intellektuellen nach 1945 sei es, Deutschland von diesem langen Irrweg abzubringen und die Traditionen des deutschen und europäischen Humanismus wiederaufzunehmen. Wie den Moskauer Emigranten diente der Gedanke an die deutsche Geschichte und die breite Unterstützung des Nationalsozialismus auch Abusch dazu, die Notwendigkeit einer autoritären Führung zu rechtfertigen, welche die Deutschen aus der Wüste der Irrtümer und Illusionen der Vergangenheit ins gelobte Land des Antifaschismus führen sollte.

Daß die jüdische Frage im mexikanischen Exil derart in den Vordergrund trat, war eine höchst bemerkenswerte Entwicklung in der Geschichte des deutschen Kommunismus im 20. Jahrhundert. Daran mitgewirkt hatten, wie schon erwähnt, bestimmte Elemente der kommunistischen Tradition, die besonderen Umstände des Exils und der Eindruck, den die Geschehnisse selbst hervorriefen. In den ersten Jahren des Kalten Krieges handelten Stalin und die Stalinisten der kommunistischen Nachkriegsregime in Mittel- und Osteuropa jedoch so, als hätte der Antifaschismus der Kriegszeit nicht das geringste mit der Solidarität mit den verfolgten Juden zu tun gehabt. Statt an die entsprechenden Stränge der eigenen Tradition und die Notlage der Kriegszeit anzuknüpfen, wodurch das jüdische Thema in Mexiko von der Peripherie ins Zentrum gerückt war, betrachteten Stalin und die Nachkriegskommunisten Merker, Zuckermann und andere als Kern einer internationalen Verschwörung von amerikanischen Imperialisten, jüdischen Kapitalisten und Zionisten. In Wirklichkeit interessierten sich die US-Regierung und amerikanische jüdische Organisationen zwar für das deutsche kommunistische Exil in Mexiko, aber dieses Interesse glich in nichts dem Bild der Verschwörung, das der Ostblock während der »antikosmopolitischen« Säuberungen der fünfziger Jahre im Ostblock malte.

Das kommunistische Exil in Mexiko bildete wie viele andere Episoden der politischen Emigration ein Treibhaus an geistiger Kreativität, aber auch an tiefem, aus Unsicherheit und Verzweiflung geborenem Neid und Haß. Als Paul Merker 1942 in Mexiko eintraf, stand er augenblicklich vor einer unangenehmen Aufgabe. Georg und Henny Stibi, zwei KPD-Mitglieder, die er aus Paris kannte, beschuldigten Otto und Leo Katz, englische Spione zu sein. Merker kam bei seiner Untersuchung jedoch zu dem Schluß, daß die Vorwürfe haltlos waren, und enthob Georg Stibi der Posten, die er in der BFD bekleidete. Nach seiner Rückkehr nach Ost-Berlin 1946 schrieb Merker einen zweihundertseitigen Bericht über den Konflikt mit den Stibis in Mexiko, den Erich Jungmann, Alexander Abusch und Walter Janka, der Merker nahestand und später den Ostberliner Aufbau Verlag leitete, lasen und zum Zeichen ihrer Zustimmung gegenzeichneten.[44] Sie alle stimmten mit Merker darin überein, daß weder Otto noch Leo Katz für Großbritannien oder die USA spioniert hatten.

Aus den Akten des SED-Archivs geht hervor, daß die Rückkehrer aus Mexiko aufgefordert wurden, die Intrigen, Eifersüchteleien, gegenseitigen Anschuldigungen, Auseinandersetzungen und Verbindungen unter den deutschen Exilkommunisten in Frankreich und Mexiko detailliert darzustellen.[45] Als die Anti-Hitler-Koalition auseinanderbrach und dem Kalten Krieg Platz machte, gerieten Kommunisten, die wie Merker und Zuckermann in den Westen emigriert waren und im Geist des kommunistischen Antifaschismus der Kriegszeit jüdische Themen sowie den amerikanischen und britischen Beitrag zum Krieg gegen Hitlerdeutschland hervorgehoben hatten, in den Verdacht der Spionagetätigkeit. In diesem Kontext wurden Meinungsverschiedenheiten im nachhinein als Verrat und wie im Fall von Merkers und Zuckermanns Ansichten zur jüdischen Frage als Beteiligung an einer antikommunistischen Verschwörung ausgelegt. Eine Säule dieser Verschwörung war angeblich der US-Geheimdienst. Die Akten des Office of Strategic Services (OSS), des FBI sowie der diplomatischen und militärischen Nachrichtendienste der USA zeichnen ein nüchterneres, jedoch überaus aufschlußreiches Bild davon, wie amerikanische Beamte die deutschen Kommunisten in Mexiko wahrgenommen und mißverstanden haben.

Wenn amerikanische Geheimdienstoffiziere 1941 und 1942 an »subversive Aktivitäten« in Mexiko und Lateinamerika dachten, dann hauptsächlich an jene von Nationalsozialisten, Japanern, Italienern und spanischen Falangisten oder deren Agenten. Im Sommer oder Frühherbst 1941 hatte Colonel William J. Donovan, der Direktor des OSS, ein Komitee ins Leben gerufen, das die »Möglichkeit einer Ausnutzung der wirtschaftlichen und politischen Schwäche Lateinamerikas durch die Deutschen« zwecks »Diversion« von der Atlantikschlacht und dem Krieg in Europa untersuchen sollte.[46] Von Januar 1941 bis August 1942 sandte FBI-Direktor J. Edgar Hoover achtundsiebzig Memoranden über subversive Aktivitäten in Mexiko an Donovan, von denen eines kommunistische Aktivitäten behandelte, während die restlichen siebenundsiebzig sich mit Spionage und Unterwanderung durch deutsche, japanische, italienische und spanische Agenten beschäftigten.[47] Als Informanten gewann das FBI auch mexikanische Linke, von denen einige der Kommunistischen Partei Mexikos nahestanden oder angehörten. Am 17. Januar 1942 leitete Hoover einen auf den 29. November datierten Bericht weiter, »der angeblich von Vicente Lombardo Toledano, dem Präsidenten des Bundes der Lateinamerikanischen Arbeiter, auf deren Anforderung für hohe kommunistische Quellen angefertigt worden ist«. Darin wurden die Namen und Kontakte von Personen aufgeführt, die »im Auftrag der Nazipartei in Mexiko« arbeiteten. Die Liste, teilte Hoover mit, habe man in den USA von einem amerikanischen kommunistischen Funktionär erhalten.[48] Auch Toledanos journalistische Einschätzung der »Nazipartei in Mexiko« in der mexikanischen Zeitung *El Popular* hielt Hoover für wertvoll genug, um sie Donovan am 23. Februar 1942 mitzuteilen.[49] Merker traf erst im Juni 1942 in Mexiko ein, nach diesen beiden Berichten vom Herbst 1941 und Winter 1942, als die amerikanischen Befürchtungen über NS-Aktivitäten in Mexiko und Lateinamerika bereits nachgelassen hatten, da die unmittelbare Bedrohung der USA zurückgegangen war. Im FBI-Archiv sind keine weiteren Berichte über Toledano vorhanden. Mit jüdischen Themen hatten die beiden vorliegenden nichts zu tun.

Das OSS wollte sich von antifaschistischen Schlagworten nichts vormachen lassen und betrachtete die kommunistischen Emigranten in Mexiko als Moskaus Agenten, deren Zusammenarbeit mit dem Westen während des Krieges nichts an ihrer grundsätzlichen Ablehnung der westlichen Demokratien änderte.[50] Am 4. November 1942 berichtete die OSS-Abteilung für Ausländische Nationalitäten, es gebe »erhebliche Beweise, um anzunehmen, daß die Bewegung Freies Deutschland für Anweisungen der Komintern empfänglich ist, wenn sie nicht sogar direkt von ihnen abhängt«.[51] Die deutschen Kommunisten in Mexiko machten keinen Hehl aus ihren Anschauungen und Aktivitäten, was beim OSS die Befürchtung auslöste, sie könnten aus ihrer während des Krieges betriebenen öffentlichen – nicht verdeckten – antifaschistischen Agitation politischen Nutzen ziehen.[52]

Auch Paul Merker wurde vom OSS im Auge behalten. Seine Ankunft in Mexiko datierte es auf den 14. Juni 1941.[53] Am 6. Oktober 1942 berichtete der Marinenachrichtendienst (ONI), Merker unternehme den Versuch, »das kommunistisch orientierte Freie Deutschland an die Spitze der antinazistischen Bewegung im gesamten Nord- und Lateinamerika sowie im Britischen Empire zu setzen«, und sei mit mehreren Personen in den USA, Chile und Brasilien in Verbindung getreten. Aus derselben Quelle stammt ein Bericht vom 24. Dezember 1942, dem zufolge Merker in der Zeitschrift *Freies Deutschland* einen Artikel veröffentlicht hatte, »in dem er Reparationen für deutsche Juden und die Rückkehr von deutschen Juden nach Deutschland auf Kosten des deutschen Staates fordert«. Weiter heißt es, die Spionageabwehr wünsche mehr Informationen über Merker.[54] Dies war das einzige Mal, daß ein amerikanischer Nachrichtendienst Merkers Ansichten zu jüdischen Fragen registrierte, und dies geschah offensichtlich aus der Befürchtung heraus, er würde das Thema benutzen, um den unerwünschten kommunistischen Einfluß in Mexiko zu vergrößern. Trotz der Anti-Hitler-Koalition betrachteten die amerikanischen Nachrichtendienste die kommunistischen Emigranten nicht als antifaschistische Waffenbrüder, sondern als potentielle Bedrohung.[55]

Hoovers Bild von Merker war von der antikommunistischen Grundhaltung geprägt, für die er zu Recht berühmt ist. Am 22. September 1943 übermittelte er dem stellvertretenden Außenminister Adolf A. Berle eine auf Merkers Artikeln und öffentlichen Äußerungen, auf abgefangenen Briefen und den Informationen von vierundzwanzig ungenannten Quellen fußende Darstellung von Merkers politischen Aktivitäten in den Vereinigten Staaten, wo er in den dreißiger Jahren die »Infiltration von CIO, AFL und anderen großen Gewerkschaften leitete«, sowie in Frankreich und Mexiko. Besonders hob Hoover Merkers Verbindung zur Sowjetunion hervor. Auf einer im Oktober 1942 in Mexiko-Stadt abgehaltenen Konferenz über den NS-Terror habe Merker den Widerstand der Freien Deutschen gegen Hitler und den Antisemitismus sowie die Forderung nach der Errichtung einer zweiten Front betont, und in einer Veranstaltung zu Ehren des fünfundzwanzigsten Jahrestages der Oktoberrevolution habe er die kommunistische Revolution gepriesen.

Eine von Hoovers Quellen schrieb, Merkers *Was wird aus Deutschland?* verdeutliche, daß er, »während er vorgibt, für Deutschland eine demokratische Zukunft anzustreben, mit seiner grundlegenden Ideologie der kommunistischen Parteilinie folgt«. Außerdem berichtete Hoover, Merker sei im Heinrich-Heine-Klub aktiv, den er als eine »kommunistische Tarnorganisation« bezeichnete, »die für die ›Harmlosen‹ unter den deutschen Emigranten eingerichtet wurde und angeblich eine literarische Gesellschaft, tatsächlich aber höchst politisch ist«. In einem »gemeinsam mit Ludwig Renn veröffentlichten Rundfunkaufruf in Deutsch, der vorgeblich gegen die Judenverfolgung der Nazis gerichtet ist«, fand

Hoover eine Argumentation und Ideologie wieder, die »identisch sind mit ähnlichen Appellen von deutschen Kommunisten und Komintern-Quellen in den Vereinigten Staaten«. Weit davon entfernt, die Verfolgung der europäischen Juden als Gelegenheit dafür zu nutzen, Agenten in die kommunistischen Bewegungen einzuschleusen, betrachtete Hoover Merker vielmehr als geschickten Kominternfunktionär, der sich der jüdischen Frage bediente, um politisch »Harmlose« zu bekehren.[56]

Im letzten Bericht eines amerikanischen Nachrichtendienstes über Paul Merkers Aufenthalt in Mexiko berichtete der Militärattaché an der US-Botschaft in Mexiko im Januar 1946, Merker und Renn seien Ende Dezember 1945 gemeinsam in Richtung Sowjetunion abgereist, um in eine neue deutsche Regierung einzutreten, »die die Russen einsetzen werden und an deren Spitze Marschall von Paulus stehen wird«. Ihre Reisekosten würden vermutlich von der sowjetischen Botschaft in Mexiko beglichen.[57] Den amerikanischen Nachrichtendiensten ging es immer darum zu beweisen, daß Merker ein Kommunist und als solcher ein Werkzeug der sowjetischen Außenpolitik war. Daß Merker und andere Führer der BFD Kommunisten waren, die sich häufig in den höchsten Tönen über Stalin, die Rote Armee und die Sowjetunion äußerten, wußte aber jeder Leser des *Freien Deutschland*. Auch das eine Mal, als die amerikanischen Nachrichtendienste Merkers Interesse an der jüdischen Frage erwähnten, geschah es im Zusammenhang mit dem Verdacht, daß ein alter Kominternagent dieses Thema für kommunistische und sowjetische Zwecke ausbeuten könnte. Kurz, die amerikanischen Nachrichtendienste begegneten Merker und seinen Genossen in Mexiko mit Argwohn bis Feindseligkeit.

Die US-Regierung nutzte das jüdische Thema offenkundig nicht, um die kommunistische Bewegung zu infiltrieren. Was aber taten die privaten jüdischen Organisationen in den USA? Organisationen wie der Jüdische Weltkongreß (WJC) versuchten jüdische Leben in Europa zu retten und den Nationalsozialismus zu bekämpfen. Dabei nahmen sie zu vielen Emigranten Verbindung auf, darunter auch zu Merker und Zuckermann und anderen deutschen Kommunisten in Mexiko.[58] Auf Merkers und Zuckermanns Bemühungen um die jüdische Frage wurde das New Yorker WJC-Büro im November 1943 durch den Bericht eines Dr. Gerhard Jacoby aufmerksam,[59] der schrieb, daß auf dem ersten Kongreß der BFD intensiv über die jüdische Frage diskutiert worden sei. Führende Persönlichkeiten des Kongresses seien Ludwig Renn, Anna Seghers und Paul Merker, die in einer an den Jacoby-Bericht angehefteten Notiz als »frühere deutsche Kommunisten« bezeichnet wurden.[60] Auch die BFD-Forderung nach Verstaatlichung von Großindustrie und Großgrundbesitz in Deutschland erwähnte Jacoby in seinem Bericht. Wenn es eine Gemeinsamkeit gab, dann nicht, wie es die Nachkriegslegende wollte, in bezug auf die Rettung jüdischen Eigentums, sondern hinsichtlich der Rettung jüdischer Leben und der Überwindung des Nationalsozialismus. Weder das Bild von gerissenen Kommunisten, die »harmlose«, naive Juden manipulierten, noch das von reichen, mächtigen Juden, die verzweifelte emigrierte Kommunisten korrumpierten, trifft die Wirklichkeit des Zusammenwirkens deutscher Kommunisten und Juden während des Krieges in Mexiko. Wie gesehen, entwickelten die Exilkommunisten ihre Ansichten zu jüdischen Themen auf der Grundlage ihrer eigenen, seit langem bestehenden Überzeugungen.

In Mexiko hatten geographische Lage, richtiger Zeitpunkt und politische Anschauungen bewirkt, daß die jüdische Frage von der Peripherie ins Zentrum des kommunistischen Denkens rückte. Merker und Zuckermann kehrten in der Hoffnung aus dem Exil zurück, diesen Perspektivenwechsel im Berlin der Nachkriegsjahre beibehalten zu können, und für diese treuen Kommunisten, die ihre Ansichten zur jüdische Frage als logische Folge aus dem kommunistischen Antifaschismus der Kriegszeit verstanden, schien diese Hoffnung in der offenen, labilen Periode des Nürnberger Interregnums zwischen Kriegsende und Beginn des Kalten Krieges nicht illusorisch zu sein.

Das Nürnberger Interregnum I

Der Kampf um Anerkennung in Ost-Berlin 1945–1949

In Ost-Berlin entbrannte nach dem Ende des Krieges eine Debatte darüber, wie die politische Erinnerung an die NS-Zeit zu gestalten sei. Selbstverständlich war die an Moskau orientierte Darstellung, in der die jüdische Katastrophe an den Rand gedrängt wurde, ideologisch und politisch dominant. Dennoch konnten sich in der unmittelbaren Nachkriegszeit auch Heimkehrer aus dem westlichen Exil und aus Mexiko sowie Rückkehrer aus den Konzentrationslagern, die jüdischen Themen ein größeres Gewicht einräumen wollten, in den oberen Etagen der KPD und des sich herausbildenden Regierungsapparates Gehör verschaffen. Bei den Juden unter ihnen vergrößerte der persönliche Verlust von Verwandten und Freunden die Dringlichkeit, mit der sie den Massenmord am europäischen Judentum in der kommunistischen Erinnerung zu verankern versuchten.[1] Tatsächlich konnten die alten Kommunisten in der relativen Offenheit der ersten Nachkriegsjahre einsichtige Gründe dafür vorbringen, warum die jüdische Frage von der Peripherie ins Zentrum des kommunistischen antifaschistischen Denkens gerückt werden sollte.

Der gewichtigste Grund waren die Folgen des Krieges und die von ihm hervorgebrachte Solidarität. Daß die jüdische Katastrophe in den Gedanken der sowjetischen Kommunisten nicht an erster Stelle rangierte, bedeutete nicht, daß sie von ihnen vergessen wurde. Es gab das Jüdische Antifaschistische Komitee; Stalin war ein Bündnis mit Roosevelt und Churchill eingegangen, und die Rote Armee hatte die Todeslager in Polen befreit. Allerdings mußte sich die Erinnerung an das jüdische Leid neben der Erinnerung an die Leiden anderer behaupten. Im Verlauf des nationalsozialistischen Rassenkrieges gegen den »jüdischen Bolschewismus« im Osten waren rund 25 Millionen sowjetische Soldaten und Zivilisten, fast 6 Millionen Polen (davon 3 Millionen Nichtjuden) und weitere Millionen Menschen in anderen Ländern Mittel- und Osteuropas ums Leben gekommen. Und dennoch, mußte man nicht annehmen, daß sich selbst als antifaschistisch definierende Regime aufgrund des gemeinsamen Leids und der Solidarität der Kriegszeit die natürliche Heimat der Erinnerung an den Holocaust sein würden? Wem konnte man es vorwerfen, wenn er glaubte, daß der Sieg in einem Krieg von vorher unbekannten Dimensionen gegen ein Regime, das den Antisemitismus ins schrecklichste Extrem getrieben hatte, die kommunistischen Ansichten über die Juden geändert haben könnte?

Statt das menschliche Mitleid auf alle auszudehnen, insbesondere auf die am schärfsten Verfolgten, konnten die Erinnerungen an den Krieg im Osten allerdings auch einen Wettstreit der Trauernden um die begrenzten Ressourcen der Anerkennung auslösen. Die Erinnerung konnte zu einem Nullsummenspiel werden, in dem die Aufmerksamkeit für die einen auf Kosten der anderen ging. Wenn darüber hinaus der Tenor der Nachkriegsdarstellungen von der Zahl der Überlebenden und ihrem politischen Gewicht bestimmt wurde, dann mußte die Vernichtung des europäischen Judentums selbst zu einer bedeutenden, wenn nicht der wichtigsten Ursache der anhaltenden Marginalisierung des Holocaust werden. 1945 lebten in der sowjetischen Besatzungszone nur noch etwa 4500 jüdische Überlebende.[2] Es lag auf der Hand, daß die Erinnerung an die jüdische Katastrophe ohne die Unterstützung nichtjüdischer Meinungsführer weder im Osten noch im Westen einen herausragenden Platz in der deutschen politischen Erinnerung einnehmen würde.

Aber es war auch möglich, daß das kommunistische Denken erneut von Stalins Leugnung einer jüdischen Nationalität beherrscht werden würde. Das sowjetische Bündnis mit den Westmächten brach nach 1945 auseinander, und die antijüdische Strömung im kommunistischen Denken mochte den Krieg überlebt haben. Statt zur Revision der ideologischen Traditionen konnte der sowjetische Sieg auch zur Wiederherstellung ihrer orthodoxesten Formen führen. Der Terror der Säuberungen der dreißiger Jahre konnte von neuem beginnen, diesmal mit antisemitischer Zielrichtung. Zumindest konnte das Erlebnis der sowjetischen und kommunistischen Leiden und der Erlösung durch den Sieg die ungemilderte jüdische Tragödie in den Hintergrund drängen. In der relativen Offenheit der unmittelbaren Nachkriegszeit stand der Ort des Holocaust in der kommunistischen Erinnerung noch nicht endgültig fest. Zwischen 1945 und 1948 gab es in der sowjetischen Besatzungszone sowohl in der Öffentlichkeit als auch hinter den Kulissen auf Partei- und Regierungsforen lebhafte Diskussionen über die Wiedergutmachung, die Art des offiziellen Gedenkens, die Helden und Opfer des antifaschistischen Kampfs und die Folgen des Dritten Reichs für Demokratie und Diktatur der Nachkriegszeit.

In den ersten Monaten nach Kriegsende wurde die deutsche Öffentlichkeit mit den entsetzlichen Einzelheiten über die Todeslager konfrontiert. Die *Deutsche Volkszeitung*, die Tageszeitung der KPD in der Besatzungszeit, brachte an prominenter Stelle Artikel über die von den Nationalsozialisten begangenen Kriegsverbrechen und Verbrechen gegen die Menschlichkeit, über die deutsche Schuld und Verantwortung, die bevorstehenden Kriegsverbrecherprozesse, die Anschuldigungen gegen die deutsche Industrie, die Pflicht zur Wiedergutmachung an den von den Nationalsozialisten unterjochten Völkern sowie Einzelheiten über Auschwitz und andere »Todesfabriken«. Auslöser der bedeutendsten öffentlichen Debatte über die NS-Verbrechen waren die Berichte über den Nürnberger Prozeß gegen die Hauptkriegsverbrecher. Ein Jahr lang, von Oktober 1945 bis Oktober 1946, war die sowjetisch kontrollierte Presse voller Artikel über die Anklagen, Zeugenaussagen, Beweiserhebungen und Urteile des Prozesses gegen die NS-Führer. Neben der von den Alliierten in allen Besatzungszonen durchgeführten Zerschlagung der NS-Organisationen trugen vor allem die in Nürnberg vorgelegten Beweise dazu bei, jeden Zweifel daran auszuräumen, daß die NS-Kriegsverbrechen und das gegen die Menschlichkeit gerichtete Verbrechen eines den gesamten Kontinent umfassenden Genozids tatsächlich begangen worden waren. In der Nachkriegszeit konnte kein Politiker in beiden Teilen Deutschlands an der Tatsache der NS-Verbrechen zweifeln. Schweigen und Marginalisierung, nicht Leugnung, wurden zur vorherrschenden Art des Ausweichens vor einer störenden Vergangenheit. Kommunisten und Nichtkommunisten stritten darum, wer am besten erklären konnte, wie der Nationalsozialismus und seine Verbrechen möglich gewesen waren, nicht darüber, ob sie geschehen waren. Durch die Präsentation von Kausalketten und chronologischen Abfolgen, die von der »Naziaggression« zur Niederlage vom Mai 1945 führten, erinnerten die Nürnberger Ankläger die Deutschen daran, daß die Ursachen ihrer Nöte in der Politik des NS-Regimes lagen.

Obwohl die Kriegsverbrechen in Nürnberg mehr Aufmerksamkeit auf sich zogen als die Verbrechen gegen die Menschlichkeit, befaßten sich die Prozesse wesentlich eingehender mit der jüdischen Katastrophe, als häufig angenommen wird.[3] Was die Berichterstattung betraf, so zollten die westdeutschen Zeitungen der Judenverfolgung mehr Aufmerksamkeit als die ostdeutschen, die besonders die NS-Verbrechen in der Sowjetunion hervorhoben. Am 22. Juni 1945 bezeichnete die *Deutsche Volkszeitung* den 22. Juni 1941 als »schwärzesten Tag deutscher Geschichte« und den Angriff auf die Sowjetunion mit den Worten des KPD-Aufrufs vom 11. Juni 1945 als das »größte und verhängnisvollste Kriegsverbrechen«.[4] Der erste ausschließlich dem Holocaust gewidmete Artikel der *Deutsche Volkszeitung* erschien erst am 15. Dezember 1945.[5] Dennoch war die jüdische Katastrophe, obwohl sie in der sowjetischen Besatzungszone weniger Beachtung fand als in den Westzonen, unübersehbar in die generelle kommunistische Verurteilung des Faschismus inbegriffen.

Die öffentliche Sprache der Erinnerung hing mit der in der Besatzungszeit betriebenen Politik von Entnazifizierung und juristischen Verfahren zusammen. Im Potsdamer Abkommen vom August 1945 hatten sich die Alliierten verpflichtet, in ihren Besatzungszonen eine tiefgreifende Entnazifizierung durchzuführen. Allein im ersten Nachkriegsjahr enthoben die Sowjets 390478 frühere NSDAP-Mitglieder ihrer Posten. Bis April 1947 wurden von 262 Entnazifizierungskommissionen, die sich hauptsächlich aus Angehörigen der neugegründeten SED zusammensetzten, 850000 ehemalige NSDAP-Mitglieder geprüft; über 65000 Personen wurden Strafen verhängt. Im Februar 1948 erklärte die Sowjetische Militäradministration in Deutschland (SMAD) die Entnazifizierung in ihrer Besatzungszone für erfolgreich abgeschlossen. Bis April 1948 verloren 520000 ehemalige NSDAP-Mitglieder oder 2,7 Prozent der Bevölkerung Ostdeutschlands ihre Posten. Wenngleich bei einer Säuberung diesen Ausmaßes die Versuchung groß war, die Anklage der Mittäterschaft zu benutzen, um politische Gegner auszuschalten, die den Kommunisten aus irgendeinem anderen Grund mißfielen, führte sie dazu, daß die alten, belasteten Eliten in erheblichem Umfang ausgeschaltet wurden.[6]

Bis 1950 verurteilten ostdeutsche Sondergerichte mehr als 12500 Personen wegen Kriegsverbrechen. 100 Verurteilte wurden hingerichtet; zwischen 200 und 300 erhielten lebenslange Freiheitsstrafen. Mit Artikel 3 der Kontrollratsdirektive 38 vom 12. Oktober 1946 hatten die sowjetischen und ostdeutschen Ankläger ein mächtiges Instrument in der Hand. Danach war jeder zur Verantwortung zu ziehen, der nach dem 8. Mai 1945 »durch Propaganda für den Nationalsozialismus oder Militarismus oder durch Erfindung und Verbreitung tendenziöser Gerüchte den Frieden des deutschen Volkes oder den Frieden der Welt gefährdet hat oder möglicherweise noch gefährdet«.[7] Die Direktive wurde zu einer wirkungsvollen Waffe gegen Kritiker des ostdeutschen Regimes, die auch in internen Parteisäuberungen eingesetzt wurde. Sowjetischen Dokumenten zufolge waren zwischen 1945 und 1950 122671 Personen in den Lagern in der sowjetischen Besatzungszone inhaftiert, von denen 42889 »infolge von Krankheit« verstarben. Jüngere Forschungen deuten darauf hin, daß die tatsächlichen Zahlen eher bei 240000 Insassen und zwischen 78500 und 95700 Todesfällen liegen.[8]

1950 wurden dem Innenministerium der DDR nach sowjetischen Angaben 14202 Gefangene übergeben. 12770 waren in die Sowjetunion gebracht und 6680 in Kriegsgefangenenlager überführt worden. Mehr als ein Drittel der Lagerinsassen war gestorben.[9] 1964 gab die DDR bekannt, daß insgesamt 12807 Verurteilungen im Zusammenhang mit der NS-Zeit erfolgt seien, davon 11274 zwischen 1948 und 1950. Im Jahr 1950 führten allein die Waldheim-Prozesse zu 4092 Verurteilungen, darunter 49 Todesstrafen, 160 lebenslange Haftstrafen und 2914 Gefängnisstrafen von mehr als zehn Jahren. Die Prozesse, die zwischen April und Juni 1950 stattfanden, wurden propagandistisch als Beleg für die entschlossene Aufarbeitung der NS-Vergangenheit durch die DDR gefeiert, riefen jedoch eher Zweifel an der behaupteten ostdeutschen Rechtsstaatlichkeit hervor. In vielen Fällen wurde nicht nach dem Beweis der individuellen Verantwortung für Verbrechen entschieden, sondern aufgrund der Mitgliedschaft in Organisationen wie NSDAP, SS und Wehrmacht. Die Urteile von Waldheim wurden zu berüchtigten Beispielen für eine willkürliche, ungerechte Geheimjustiz, die das Etikett »Naziverbrecher« als Freibrief benutzte, der es ihr ermöglichte, nicht nur mutmaßliche Kriegsverbrecher, sondern auch »Verdächtige« anzuklagen, die aus anderen Gründen den Unwillen der Behörden auf sich gezogen hatten.[10]

Während in den Westzonen die individuelle Verantwortung im Vordergrund stand, operierte die antifaschistische Justiz in der sowjetischen Zone mit Kategorien der sozialen Klasse. Adel, Offizierskorps und Mittelstand wurden als Anhänger des Nationalsozialismus betrachtet, während die Arbeiterklasse a priori als antifaschistisch galt.[11] In Justiz, Schulen und Staatsdienst führte die sowjetische Entnazifizierung zur Bildung von neuen, politisch unbelasteten Eliten. Ende 1950 gehörten zum Beispiel 89 Prozent der Staatsanwälte und 63 Prozent der Richter der SED an.[12] Später verwiesen die Kommunisten als Beweis ihrer Entschlossenheit, die NS-Vergangenheit zu überwinden, voller Stolz auf die Säuberungen, die sich vorteilhaft von der größeren Kontinuität der Eliten in den Westzonen abhob.

Unter den nach Ost-Berlin zurückkehrenden Kommunisten versuchten jene, die als politische Gefangene in Konzentrationslagern gesessen hatten, mit einigem Erfolg, Inhalt und Form der politischen Erinnerung mitzugestalten. Dabei bewiesen sie eine Großzügigkeit und ein Mitgefühl, die in der anschließenden Kodifizierung des ostdeutschen Antifaschismus weitgehend verlorengehen sollten. Die führende Gestalt unter den ehemaligen KZ-Insassen in KPD und SED war Franz Dahlem, der sowohl die Gestapohaft als auch das KZ Mauthausen überlebt hatte. Unmittelbar nach der Befreiung des Lagers durch amerikanische Truppen im Mai 1945 hatte er eine Rede über »Probleme unserer künftigen Arbeit in Deutschland« gehalten, in der er die NS-Verbrechen und den deutschen Kapitalismus leidenschaftlich verurteilte, dem deutschen Volk eine »Kollektivschuld« attestierte und einen radikalen Bruch mit der NS-Vergangenheit forderte. Bemerkenswert an der Rede war, daß sie sowohl politische Stellungnahme als auch Augenzeugenbericht war und im Gegensatz zum späteren Nullsummenspiel aller Opfer des Nationalsozialismus gleichermaßen gedachte:

> Wir [die kommunistischen Insassen von Mauthausen] waren selbst jahrelang ohnmächtige Zeugen, wie jeder Jude im KZ Mauthausen totgeschlagen, in den elektrischen Zaun oder in die Postenkette gejagt wurde, wie Woche für Woche planmäßig die kriegsgefangenen russischen Offiziere und besonders die Politkommissare füsiliert oder durch Genickschuß erledigt wurden. Wir erlebten die planmäßige Ausrottung der Intelligenz Polens und der Tschechoslowakei, der kommunistischen Kader verschiedener Länder, der gefangenen Partisanen und Männer der Widerstandsbewegungen aus Jugoslawien, Griechenland, aus Frankreich, Belgien, Italien, die gehängt, abgespritzt, vergiftet oder durch einfaches Verhungern- und Erfrierenlassen getötet wurden. Wir mußten zähneknirschend noch in den letzten zwei Wochen zusehen, wie 3000 zu Skeletten abgemagerte Menschen wankend zur Gaskammer getrieben und im letzten Moment vor

dem Zusammenbruch noch 40 unserer besten österreichischen Parteigenossen getötet wurden. Wir selbst sind ja nur dank der raschen Schläge der verbündeten Nationen der vorgesehenen Vernichtung des Lagers und damit dem Tod entronnen.

Durch die Genauigkeit, mit der Dahlem die Mordmethoden beschrieb und die Opfer benannte, unterschied sich seine Darstellung von der sonst üblichen politischen Verurteilung des Nationalsozialismus. Es war nicht das letzte Beispiel dafür, daß die persönlichen Erfahrungen in beiden Teilen Deutschlands entscheidenden Einfluß auf die Erinnerung der politischen Führer besaßen. Nach Dahlems Ansicht mußte ein Antifaschist, der diese Bezeichnung verdiente, begreifen, daß der »Haß gegen alles Deutsche ... ganz reale Grundlagen« hatte und daß es »gewaltiger Beweise der Erneuerung des deutschen Volkes« bedurfte, »bevor die Menschheit wieder Vertrauen zu Deutschland gewinnt«. Die »ideologische Verseuchung des deutschen Volkes«, einschließlich der »großen Masse der deutschen Jugend«, mit der »chauvinistischen, imperialistischen Ideologie« der Nationalsozialisten stelle in den kommenden Jahren eine gewaltige Aufgabe für die Antifaschisten dar. Von der persönlichen Erfahrung in ihrer kommunistischen Weltanschauung bestärkt, rangierte die Demokratie, also die Herrschaft eines Volks, das soeben einen Massenmord begangen oder zumindest zugelassen hatte, bei Dahlem und anderen kommunistischen Überlebenden der Konzentrationslager ziemlich weit unten auf der Liste der Mittel für die Überwindung der NS-Vergangenheit.

Die frühere Politik der KPD betrachtete Dahlem noch kritischer, als Merker es in Mexiko getan hatte. Warum, fragte er, war die KPD, die im März 1933 immerhin fünf Millionen Wählerstimmen erhalten hatte und über eine aktive Untergrundorganisation verfügte, nicht in der Lage gewesen, die deutsche Arbeiterklasse zu mobilisieren und eine wirkungsvolle Widerstandsbewegung aufzubauen? Dieses »Versagen der Partei und der Arbeiterklasse« sei das »niederdrückendste Kapitel, ... das große Minus, das am Beginn unserer Arbeit zur Wiederaufrichtung und Konstituierung der deutschen Arbeiterklasse und eines neuen Lebens in Deutschland auf uns lastet«. Deshalb müsse die politische Erneuerung von den Widerstandskämpfern ausgehen, »denen der Haß gegen den Faschismus in Fleisch und Blut übergegangen ist und für die es keinerlei Kompromisse mit irgendwelchen faschistischen Überbleibseln gibt«. Sie besäßen den Mut, »dem deutschen Volk die ganze Wahrheit über seine Mitschuld an den Verbrechen des Naziregimes zu sagen«, und seien bereit, »die Verantwortung zu übernehmen, um diese Kollektivschuld Deutschlands zu tilgen und an Unrecht und Schaden gutzumachen, was menschenmöglich ist«. In der Anerkennung der »Mitschuld des deutschen Volkes« und der Bereitschaft zur »Tilgung dieser Schuld« beständen die »grundlegenden Voraussetzungen für jeden Neuaufbau in Deutschland«.

Der Begriff »Kollektivschuld« war wörtlich zu verstehen. Dahlem verurteilte sowohl »SS-Banditen« als auch Wehrmachtssoldaten und deutsche Arbeiter, die den ganzen Krieg über Waffen hergestellt hatten, während »große Teile des deutschen Volkes in stillschweigender Duldung der Massenverschleppung der vielen Millionen ausländischer Männer, Frauen und Kinder in die deutsche Sklaverei und Ausbeutung zuschauten; viele Bürger und Bauern haben davon profitiert«. Die »Antibolschewistenhetze« habe zu furchtbaren Mißhandlungen an Kriegsgefangenen geführt. Tatsache sei weiterhin, »daß das deutsche Volk schweigend die Ausrottung von Millionen Juden aus ganz Europa durch Gestapo und SS ertragen« habe. Das »Gift des Antisemitismus« sei den Deutschen derart »tief ins Blut gedrungen, daß breite Schichten die jüdischen Mitmenschen als minderwertig betrachteten und ihre Vernichtung mit großer Gleichgültigkeit hinnahmen«.

Als Deutscher habe er, Dahlem, diese Tatsachen mit »Scham und Wut« zur Kenntnis genommen. Doch für die politische Erneuerung sei es notwendig, daß das deutsche Volk sich diesen Wahrheiten stelle und das Ausmaß erkenne, in dem sich »breiteste Volksschichten« der imperialistischen und faschistischen Ideologie sowie rassistischen Vorstellungen von der eigenen Überlegenheit und der Unterlegenheit anderer Völker ergeben und die »Hitler-politik aktiv oder duldend unterstützt« hätten. Vieles sei »überhaupt nicht wieder gutzumachen«, aber um die »Sühne dieser Schuld kommt das deutsche Volk nicht herum ... Nur auf Grund der Selbsterkenntnis des eigenen tiefen Absinkens in den ideologischen Sumpf des Nationalsozialismus und der Mitschuld an seinen Verbrechen, nur auf Grund ehrlicher Selbstkritik und des ehrlichen Willens zur Wiedergutmachung gibt es einen Wiederaufstieg des deutschen Volkes auf neuen Grundlagen.« Selbst ein Opfer, stellte sich Dahlem ebenfalls in die große Perspektive der deutschen Geschichte und Schuld, denn die Kehrseite des Vorwurfs der Kollektivschuld war die Suche nach einer anderen, weniger schuldbeladenen Gruppe von Deutschen, welche beim Aufbau eines neuen Deutschland die Führungsrolle übernehmen konnte.[13]

Einige Monate später, am 9. September 1945, hielt Dahlem aus Anlaß des vom Hauptausschuß »Opfer des Faschismus« (OdF) beim Berliner Magistrat organisierten ersten Gedenktages für die Opfer des Faschismus in Ost-Berlin eine Rede, in der er die Ansicht vertrat, daß die Führer des antinazistischen Widerstandes auch die Nachkriegspolitik bestimmen sollten. Daneben richtete er den »Dank der Bevölkerung an die siegreiche Rote Armee und an die Heere der Vereinten Nationen, denen allein die Befreiung des deutschen Volkes vom Hitlerjoch und der Beginn eines neuen demokratischen Lebens zu danken ist«, und gedachte des Todes von Ernst Thälmann, von KPD-Mitgliedern und von Angehörigen der Internationalen Brigaden im Spanischen Bürgerkrieg. Diese Opfer, versicherte er, seien nicht umsonst gewesen.[14] Die Erinnerung an die gemeinsamen Opfer und die Solidarität zwischen Kommunisten und Nichtkommunisten, Deutschen und Gefangenen aus anderen Ländern bildete die Grundlage für eine politische Einheit im Innern und erste Kontakte mit den Nachbarn Deutschlands. Wie die meisten aus Ost und West zurückgekehrten Emigranten verspürte auch Dahlem Dankbarkeit gegenüber den Alliierten und Wut auf die Deutschen.

Angesichts dieser häufig wiederholten antifaschistischen Erklärungen durfte man erwarten, daß die Kommunisten die jüdische

Leidensgeschichte in ihre Nachkriegsdarstellungen aufnahmen. Tatsächlich verkündete der Berliner Hauptausschuß der OdF am 26. September 1945 mit einer Schlagzeile auf der Frontseite der *Deutschen Volkszeitung:* »Juden sind auch Opfer des Faschismus«, weshalb auch ihnen die diesem Personenkreis zugebilligten Ehrungen und Vorrechte zustünden. Auch der Vorsitzende des Hauptausschusses, Ottomar Geschke, Gründungsmitglied der KPD, ehemaliger Spanienkämpfer und Gefangener in Buchenwald und Sachsenhausen, setzte sich für die Einbeziehung der jüdischen Katastrophe in die antifaschistische Erinnerung an den Krieg ein. Dem Hauptausschuß gehörte unter anderen Julius Meyer an, ebenfalls KPD-Mitglied und eine führende Gestalt der in Ost-Berlin lebenden Juden. Meyer war Leiter der vom OdF-Hauptausschuß eingerichteten Betreuungsabteilung für »rassisch Verfolgte«, das heißt für Juden.[15] Sowohl die Erklärung des zweiten Sonntags im September zum Gedenktag für die Opfer des Faschismus als auch Meyers Zugehörigkeit zur OdF-Führung deuteten darauf hin, daß die Vernichtung des europäischen Judentums einen angemessenen Platz in den kommunistischen Gedenkritualen finden würde.

Ein weiteres Zeichen der Einbeziehung der jüdischen Katastrophe kam von Johannes R. Becher, der in der im Januar 1946 erschienenen ersten Ausgabe des *Aufbau,* der führenden kulturpolitischen Zeitschrift der SED, einen Aufsatz mit dem Titel »Deutschland klagt an!« veröffentlichte, in dem er die in seinen Moskauer Schriften anzutreffende Ungenauigkeit in bezug auf den Antisemitismus aufgab. Jetzt drückte er seine Solidarität mit den Juden ebenso unzweifelhaft aus wie seine Wut und Scham über die Enthüllungen von Nürnberg:

> Was den Juden angetan wurde, wurde uns angetan. Die Judenverfolgungen, die systematische Ausrottung unserer jüdischen Mitbürger hat uns solch eine Bürde von Schmach aufgeladen, daß wir daran noch lange zu tragen haben werden, wenn der Staub der Naziverbrecher längst in alle Winde verweht sein wird.

> Im Namen des Märtyrertums unserer jüdischen Mitbürger klagen wir ebenso an, wie wir für alle wegen ihres Glaubensbekenntnisses Verfolgten und den Märtyrertod Gestorbenen brüderlich eintreten.

Die in Nürnberg vor Gericht stehenden NS-Führer würden erst dann der Vergangenheit angehören, »wenn wir alles das in uns selbst und in unserem deutschen Volk bereinigt haben werden, was dazu beigetragen hat, daß diese NS-Kriegsverbrecher sich an die Macht schwingen und ihre Verbrechen ausüben konnten«.[16] Das Schandmal war groß und saß tief, und nicht nur wenige, sondern viele trugen es. In Mexiko hatten Merker und Zuckermann geschrieben, daß es für den Aufbau der Nachkriegsdemokratie wesentlich sei, sich der jüdischen Frage zu stellen. Doch das Nachdenken über das Ausmaß der deutschen Unterstützung für das NS-Regime konnte auch zum entgegengesetzten Schluß führen, daß einem derart in die NS-Verbrechen verstrickten Volk keine Demokratie anvertraut werden konnte und durfte. Auf diese Weise konnte die Erinnerung an die düstere Vergangenheit die Neigung verstärken, eine neue Diktatur der antifaschistischen Aufklärung zu errichten, und diejenigen rechtfertigen, die ein irregeleitetes Volk läutern und umerziehen wollten.

Walter Ulbricht und Wilhelm Pieck zogen im Herbst 1945 andere Lehren aus der deutschen Geschichte. Beide sprachen am 9. November 1945 auf einer Großdemonstration, mit der in Ost-Berlin nicht der Pogromnacht von 1938, sondern der gescheiterten Novemberrevolution von 1918 gedacht wurde. Die Spaltung der deutschen Arbeiterklasse, forderten sie, müsse jetzt überwunden werden. Nach 1918 habe eine gespaltene Linke den Sieg der Faschisten ermöglicht. Nach 1945 sei eine geeinte Partei von Kommunisten und Sozialdemokraten notwendig, um in einer zweiten Wiederaufbauzeit die 1918/19 verpaßten Chancen zu nutzen. Andernfalls würde die Spaltung der deutschen Linken, so wie sie den Machtantritt der Nationalsozialisten ermöglicht habe, ein zweites 1918 nach sich ziehen, das heißt eine Nachkriegszeit, in der die

Hoffnung auf grundlegende soziale, politische und ökonomische Veränderungen enttäuscht würde.

Die Kommunisten behaupteten, eine »Einheitsfront der antifaschistisch-demokratischen Kräfte« zu führen, deren Ziel die Wiederherstellung der Demokratie und die Verhinderung des Wiederauflebens des Faschismus sei. Mit dieser Lehre aus den Ereignissen vom November 1918 gaben sie den antikommunistischen Sozialdemokraten in Berlin zu verstehen, daß die SPD durch die Weigerung, sich einer Partei der »Einheit« anzuschließen, die Schuld an der Spaltung der Linken und einer dadurch ermöglichten konservativen Restauration tragen würde. Nicht in den kommunistischen Aufruf zur Einheit einzustimmen heiße, die Arbeiterklasse und die Nation zu spalten. So wie der Antikommunismus zur imperialistischen Restauration nach 1918 geführt habe, so werde er jetzt im besten Fall die Entnazifizierung erschweren und im schlimmsten einer nazistischen Restauration zum Durchbruch verhelfen. Da die Kommunisten Antifaschisten waren, unterstützten ihre Gegner »objektiv« den Faschismus.[17]

Wie weiter unten gezeigt wird, gab es Aspekte des Antifaschismus der Kriegszeit, die den kommunistischen Nachkriegsregime peinlich waren. Dennoch hatte die Verknüpfung der Sowjetunion und der Kommunisten mit dem »demokratisch-antifaschistischen Kampf« den emotionalen Vorteil, die Kommunisten in die Reihen der Demokraten einzuordnen, während ihre Gegner »objektiv« in den Geruch des Nationalsozialismus gerieten. Die Erinnerung an die NS-Vergangenheit allein verbürgte keine liberalen, demokratischen Absichten. Weder Ulbrichts parteiische Bilanz der Weimarer Politik noch Dahlems lebendige Erinnerungen an die Schrecken von Mauthausen legitimierten den Aufbau dessen, was sie die antifaschistisch-demokratische Ordnung nannten. Für sie enthielt die Erinnerung an die NS-Verbrechen die Rechtfertigung einer zweiten deutschen Diktatur.

Das Wort »Wiedergutmachung« drückte im Grunde aus, daß der Anstand es verlangte, den Überlebenden des NS-Regimes zu helfen, obwohl nichts die durch die NS-Verbrechen verursachten

Verluste »wiedergutmachen« konnte. In der Wiedergutmachungsfrage verschmolz die symbolische Politik der Erinnerung mit der praktischen Politik der Verteilung sozialer Vorrechte und finanzieller Kompensationen für Opfer des Faschismus. Da der KPD-Aufruf vom Juni 1945 nur allgemein von der »Pflicht zur Wiedergutmachung für die durch die Hitleraggression den anderen Völkern zugefügten Schäden« gesprochen hatte, kam es zwischen 1945 und 1948 in der kommunistischen Verwaltung in einer Reihe von Fragen zum Streit. Wer waren diese »anderen Völker«? Schlossen sie die Juden ein? Und sollten kommunistische »Helden« des politischen Widerstandes gegen das NS-Regime gegenüber den »rassisch Verfolgten« bevorzugt behandelt werden? Außerdem floß in die Debatte darüber, ob jemand Opfer, Held oder sogar Feind der Arbeiterklasse war, auch die historische marxistische Assoziation von Judentum und Kapitalismus ein.[18]

Ein Ergebnis dieser Debatte war eine klare moralische Hierarchie der Überlebenden der nationalsozialistischen Verfolgung. Kommunistische »Kämpfer« rangierten vor jüdischen »Opfern«. Juden, die als »rassisch verfolgt« eingestuft wurden, erhielten zwar eine höhere Rente als der durchschnittliche DDR-Bürger, aber weniger als die »Kämpfer gegen den Faschismus«. Sie konnten außerdem fünf Jahre eher in Rente gehen als üblich, kostenlos öffentliche Verkehrsmittel benutzen und zusätzliche Urlaubstage in Anspruch nehmen. Aber trotz ihrer Anerkennung als »Opfer des Faschismus« bot Ostdeutschland keine Wiedergutmachungszahlungen für Einzelpersonen oder den Staat Israel als Entschädigung für erlittene Leiden an.

Jüdische Opfer des Nationalsozialismus und ihre nichtjüdischen Verbündeten traten dafür ein, daß die im KPD-Aufruf versprochene Wiedergutmachung auch Juden zugute kommen müsse.[19] Anfangs versuchten die Kommunisten, die Zahl der »Opfer des Faschismus« zu begrenzen, indem sie vor allem Kommunisten, aber auch einige Nichtkommunisten – evangelische Pfarrer, katholische Priester und Sozialdemokraten –, die sich aktiv im politischen Widerstand engagiert hatten, diese Einstufung zubilligten. Die Mehrheit der Juden, Zigeuner, Zeugen Jehovas und Homosexuellen sollten nicht als »Opfer des Faschismus« gelten. Im Herbst 1945 erkannten die Berliner OdF-Ausschüsse 2352 Personen als Opfer politischer Verfolgung und 6000 Personen, überwiegend Juden, als »rassisch Verfolgte« an.[20]

1947 erklärte der Publizist Alfred Kantorowicz, ein jüdisch-deutscher Kommunist, in einer Rede vor OdF-Vertretern den Unterschied zwischen »Opfern« und »Kämpfern«. Es treffe zwar zu, sagte er, daß die Mehrheit dem Faschismus »zum Opfer gefallen« sei, viele aber seien »nicht in diesem passiven Sinn Opfer, sondern wesentlich Kämpfer« gewesen. Für sie sei der Nationalsozialismus kein Schicksal gewesen, »das sie überfiel«, sondern der »Todfeind, den sie rechtzeitig in seiner Entsetzlichkeit erkannt hatten und dem sie sich bewußt zum Kampf stellten«. Die Veteranen des antifaschistischen Widerstandes hätten daher die Pflicht, darauf zu achten, daß das Martyrium und der Tod ihrer Kameraden nicht umsonst gewesen seien. Diese »ehrenhafte Vergangenheit« sei die Grundlage politischer Legitimität in der Nachkriegszeit. Es war unmißverständlich, daß Kantorowicz eine herabsetzende Gegenüberstellung von angeblicher jüdischer Passivität und aktivem »antifaschistischen Widerstand« im Sinn hatte, wobei er letzteren als wesentlich ehrenhafter und prestigeträchtiger ansah.[21]

Dennoch war die OdF-Organisation die wichtigste Institution, in der Juden mit den ostdeutschen Kommunisten über ihre Anliegen sprechen konnten. Schon im Sommer 1945 kämpften Probst Heinrich Grüber, ein evangelischer Theologe und Kirchenführer, sowie Julius Meyer und Heinz Galinski, der spätere Vorsitzende der Jüdischen Gemeinde West-Berlins, dafür, Juden als Opfer des Faschismus anzuerkennen oder, in der Sprache der Zeit, »die rassisch Verfolgten in den Kreis der ... Opfer des Faschismus einzubeziehen«. Meyer, der ab 1949 der Volkskammer angehörte, wurde in Berlin zum Direktor der OdF-Abteilung für »rassisch Verfolgte«. Durch die Bemühungen von Meyer, Grüber und Geschke wurde der OdF-Hauptausschuß zur ersten Institution in der sowjetischen Besatzungszone, die betonte, in einem antifaschistischen und demokratischen Deutschland müsse anerkannt werden, daß Juden »auch Opfer des Faschismus« seien, und öffentlich erklärte, »rassisch Verfolgte« seien jetzt in den Kreis der anerkannten »Opfer des Faschismus« aufgenommen.[22]

Am 26. Oktober 1945 definierte Karl Raddatz, Organisationssekretär der Berliner OdF, auf einer Konferenz in Leipzig vor zweihundert Funktionären aus der gesamten sowjetischen Besatzungszone erneut die bekannten zwei Kategorien von OdF – »Kämpfer gegen den Faschismus« und »Opfer des Faschismus« – und bedauerte, daß sich der Name der Ausschüsse generell auf »Opfer des Faschismus« beziehe und den Unterschied verdecke zwischen der »aktiven Seite« der ersteren, die im »bewußten politischen Kampf« gestanden hätten, und letzteren, »die trotz ihrer Passivität Opfer wurden«. Die moralische und politische Elite bildeten die »politischen Überzeugungskämpfer«. Dazu gehörten sowohl Kommunisten als auch Widerstandskämpfer aus den Reihen der katholischen und evangelischen Kirche, die Teilnehmer am Staatsstreichversuch vom 20. Juli 1944, Ehepartner und Kinder von ermordeten Antifaschisten, politische Emigranten, Spanienkämpfer und aus politischen Gründen aus der Wehrmacht desertierte Soldaten. Zu den »Opfern des Faschismus« gehörten jüdische Überlebende, Zigeuner und Familienangehörige, die für die Taten von Verwandten bestraft worden waren. Sowohl »Kämpfer« als auch »Opfer« sollten soziale Hilfen erhalten. Die im Westen geforderte Wiedergutmachung für Juden kommentiert Raddatz mit dem Hinweis, auch die »antifaschistischen Kämpfer« hätten »für all die Jahre, die sie gelitten haben, eine Entschädigung zu beanspruchen«.[23]

Trotz des von Raddatz ausgedrückten Mitgefühls für das jüdische Leid war die im Gegensatz von Kämpfer und Opfer beziehungsweise aktiv und passiv enthaltene abschätzige moralische und Prestigeunterscheidung nicht zu überhören, und der erstere Part des Gegensatzpaars war dabei, die Schlacht um die Vorherrschaft in der kommunistischen Erinnerung zu gewinnen. Doch die Schlacht war noch nicht vorüber. Unter den OdF-Funktionären war eine Debatte im Gang, in der abweichende Stimmen laut wurden. Auf der Konferenz in Leipzig sprach sich Heinz Brandt, ein jüdisches KPD-Mitglied, Überlebender des Zuchthauses Brandenburg und der Lager Auschwitz, Buchenwald und Sachsenhausen und von 1945 bis 1953 Leiter der OdF-Kulturabteilung, ebenso wie Julius Meyer und Leon Löwenkopf, der Vorsitzende der Jüdischen Gemeinde in Dresden, für die Anerkennung der Juden als Opfer des Faschismus aus.[24] Löwenkopf fragte jene Delegierten, die zögerten, den jüdischen Opfern dieselbe Behandlung zukommen zu lassen, ob sie nicht gesehen hätten, »was sich überall in Deutschland abgespielt hat«. Auf Meyers und Löwenkopfs Redebeiträge erwiderte Jenny Matern, KPD-Mitglied und Frau von Hermann Matern, einem der mächtigsten Männer der Partei: »Die Frage der finanziellen Unterstützung – das möchte ich ganz offen und ehrlich aussprechen – spielt in diesen [jüdischen] Kreisen eine besondere Rolle, die oft nicht sehr glücklich ist.«[25] Im ostdeutschen Diskurs über den kommunistischen Antifaschismus wirkten untergründig die alten antisemitischen Stereotypen des Juden als Kapitalisten und als passivem Schwächling weiter.

Nach Einschätzung des früheren ostdeutschen Historikers Olaf Groehler haben die Kommunisten auf der Leipziger Konferenz die Dimensionen des Holocaust und das Ausmaß des nazistischen Antisemitismus »kaum ausreichend wahrgenommen« und ihre Politik auf diesem Feld nur aus taktischen Erwägungen heraus entwickelt, wodurch sie sich nicht von vielen Nichtkommunisten unterschieden. In den OdF-Ausschüssen – das ist zu beachten – kamen die jüdischen Anliegen und die kommunistische Solidarität mit den Juden im selben Maß zum Ausdruck wie in der ganzen sowjetischen Besatzungszone. Dies lag zum einen daran, daß die »rassisch Verfolgten«, also die Juden, die Mehrheit der Opfer des Faschismus ausmachten, und zum anderen an der gemeinsamen Erfahrung der Verfolgung, die bei einigen Kommunisten das Verständnis für die jüdische Leidensgeschichte vergrößert hatte.[26]

Im Kontext dieser frühen Diskussionen wurde am 18. Juni 1946 in der sowjetischen Besatzungszone die erste Richtlinie für die Wiedergutmachung erlassen, deren Zielgruppe 15536 »Kämpfer gegen den Faschismus« und 42287 »Opfer des Faschismus« umfaßte.[27] In den ersten Nachkriegsjahren verlangte der Antifaschismus eine moralisch anständige Haltung zur jüdischen Frage. Von jüdischer Seite wurde darauf hingewiesen, wahre Antifaschisten müßten den jüdischen Opfern des Faschismus mindestens soviel Hilfe leisten wie die Verwaltungen in den westlichen Besatzungszonen. Aber die während des Nürnberger Interregnums geführte Debatte über die Notwendigkeit, dem exemplarischen Vorgehen im Westen nachzueifern, sollte das Auseinanderbrechen der Kriegskoalition und den Beginn des Kalten Krieges nicht überstehen. Im Gegenteil betrachteten die ostdeutschen Kommunisten die herausragende Stellung jüdischer Themen in den Westzonen und später in der Bundesrepublik als Beweis für ein höchst bedauerliches »zweites 1918«, das heißt für die Restauration der diskreditierten alten Ordnung.

Die Auseinandersetzung über die Erinnerung an die »politischen« Opfer des Nationalsozialismus im Gegensatz zu der an die »jüdischen« Opfer wurde auch auf der Gründungskonferenz der Vereinigung der Verfolgten des Naziregimes (VVN) im Februar 1947 deutlich. Während Franz Dahlem die »Pest des Antisemitismus« verurteilte, setzte sich Karl Raddatz zwar für die »stark umstrittene Frage der Wiedergutmachung« ein, wies aber eine, wie er sich ausdrückte, »kapitalistische Wiedergutmachung« zurück. Generell betonte er die Pflicht zur Wiedergutmachung sowohl an den »geschädigten Völkern« als auch an den Kämpfern gegen den Faschismus »im Sinne der sozialen Gerechtigkeit«. Der Schwerpunkt von Dahlems Ausführungen lag dagegen auf dem »politischen« Widerstand. Stolz bemerkte er, daß die meisten der zweihundertfünfzehn Delegierten führende Stellungen in Regierung, Verwaltung, Wirtschaft und Kultur der sowjetischen Besatzungszone einnahmen. Die Widerstandskämpfer, erklärte er, bildeten den Kern des anderen, besseren Deutschland, um den herum sich das neue Deutschland entwickeln könne. Ihre besondere Verantwortung bestehe darin, die Geschichte des antifaschistischen Widerstandes weiterzugeben. Aus der Erfahrung der Konzentrationslager zog

Dahlem für die Politik der Nachkriegszeit die Lehre, daß die in den Lagern gefundene Einheit von Kommunisten und Sozialdemokraten erhalten bleiben müsse. Deshalb kritisierte er die »Spaltungspolitik« von SPD-Führern wie Franz Neumann, Louise Schröder, Otto Suhr und Kurt Schumacher, die »heute die Solidarität des gemeinsamen Erlebens« und die Einheit des antifaschistischen Kampfs verleugneten. »Vielleicht«, sagte Dahlem, »hat es doch einen Sinn, wenn man diese Genossen an die Zeiten erinnert, wo Hitler uns in den Kzs vereinigte.« Wenn ein anderes, besseres Deutschland Gestalt annehme, werde die »vorbildliche Solidarität der Kommunisten und Sozialdemokraten in den Kzs mit den ausländischen Häftlingen« der Lager und des Untergrundkampfs Früchte tragen.[28] Doch diesen kurzzeitigen Erinnerungen an die Solidarität der Kriegszeit standen das gegenseitige Mißtrauen und der Antagonismus zwischen Kommunisten und Sozialdemokraten entgegen, von denen die Geschichte der deutschen Linken seit der Spaltung im Ersten Weltkrieg beherrscht worden war.

Im Juli 1947 kehrte Paul Merker als eine der führenden, wenn nicht die führende Gestalt des kommunistischen Exils im Westen nach Berlin zurück. Noch in Abwesenheit ins Zentralsekretariat (ZS) des Parteivorstandes der SED gewählt, kümmerte er sich dort um die Bodenreform, die Enteignung der preußischen Großgrundbesitzer und das Flüchtlingsproblem. Außerdem schaltete er sich in der Abteilung für Arbeit und Sozialfürsorge, in der er in dieser Zeit arbeitete, in die Debatte über die Wiedergutmachungspolitik ein und vertrat wie schon in Mexiko die Auffassung, die jüdische Erinnerung müsse mit der des kommunistischen Widerstandes gleichgestellt werden. Aber mehr noch als im Exil befand er sich in Ost-Berlin, wo sich schon vor seiner Rückkehr die Ansehenshierarchie von Kämpfern und Opfern herausgebildet hatte, mit seiner Meinung über die Priorität der Wiedergutmachung an Juden im Widerspruch zum Hauptstrom der Partei.

Ende 1945 hatte er einen Freund, den jüdischen Kommunisten Helmut Eschwege, in bezug auf die kommunistische Nachkriegshaltung zur jüdischen Frage um Rat gebeten, und im Februar 1946 die Antwort erhalten, eine neue deutsche Regierung solle folgende Erklärung abgeben:

> Das deutsche Volk erwartet, daß das Vertrauen der Juden zu ihm in der Zukunft zurückkehren möge. Dies hofft es durch seine künftige Führung und Taten zu beweisen. Das deutsche Volk anerkennt durch aktive oder passive Beteiligung in seiner überwiegenden Mehrheit am Hitlersystem seine Schuld gegenüber den Juden und hofft, den wenigen überlebenden Juden und jüd[ischen]. Gemeinschaften durch weitgehendste Wiedergutmachung der wirtschaftlichen und körperlichen Schäden einen Teil seiner Schuld abzutragen.

Nach dem 30. Januar 1933 verlorengegangenes jüdisches Eigentum sollte nach Eschweges Vorstellungen zentralen jüdischen Organisationen übereignet werden, während Juden, die im Ausland lebten oder dies vorhatten, bei der Wiedererlangung ihres Eigentums von der Regierung unterstützt werden sollten. Darüber hinaus sollte sie erklären, das deutsche Volk betrachte dies »nicht als Ersatz für die Vernichtung jüdischen Lebens, sondern als wichtigen Akt der Gerechtigkeit«.

Weiter mußte eine neue Regierung nach Eschweges Ansicht ihre Absicht bekunden, Nationalsozialisten und Antisemiten aus dem öffentlichen Leben auszuschließen und die für das jüdische Leid Verantwortlichen zur Rechenschaft zu ziehen. Der Antisemitismus mußte bekämpft und Juden die volle Staatsbürgerschaft gewährt werden. Außerdem zog Eschwege aus Krieg und Holocaust den Schluß, daß eine Änderung von Stalins Haltung zur nationalen Frage nötig sei. Die deutsche Regierung solle verkünden, daß es den Juden freistehe, »nationale Minderheitsrechte zu beanspruchen«. Stalin erkenne ihnen in seiner »grundlegenden Schrift über die nationale Frage« von 1913 dieses Recht zwar ab, »doch ist die Entwicklung seit 1933 so, daß neue Gesichtspunkte dieses Problem in anderem Licht erscheinen lassen«.[29] In Eschweges Schreiben spiegelte sich die Hoffnung mancher alter Kommunisten jüdischer wie nichtjüdischer Herkunft wider, daß auch Stalin angesichts der »Entwicklung seit 1933« seine Ansicht zur nationalen Frage ändern würde. Deshalb nahmen er und Merker an, daß sich die kommunistische Nachkriegspolitik von seinen Vorschlägen leiten lassen würde. Im Regierungsapparat drängte Merker zunächst die OdF-Ausschüsse und dann die VVN, sich für ein Gesetz über die Wiedergutmachung an jüdischen Überlebenden einzusetzen. Aus den hochherzigen Gefühlen der Reden und Artikel im Exil waren Argumente in der Debatte über die Regierungspolitik geworden.

Auch in der SED trat Merker als Mitglied des ZS (1946–1950) und des Politbüros (ab Januar 1949) für die Wiedergutmachung, eine schärfere Bekämpfung des Antisemitismus und bessere Sozialleistungen für die rund tausendfünfhundert Juden in der sowjetischen Besatzungszone ein.[30] Zusammen mit Helmut Lehmann, dem für Arbeit und Sozialfürsorge zuständigen ZS-Sekretär, und unterstützt von Leo Zuckermann, der 1947 nach Berlin zurückgekehrt war, erwartete Merker eine Regelung der Wiedergutmachung und forderte, den Kampf gegen den Antisemitismus in der sowjetischen Besatzungszone zu intensivieren sowie jüdischen Überlebenden bei ihren Anstrengungen, ihr geraubtes Eigentum zurückzuerhalten, zu unterstützen.[31]

Im Januar 1947 nahm Jenny Matern die von OdF und VVN aufgebrachte Unterscheidung zwischen »Kämpfern gegen den Faschismus« und »Opfern des Faschismus« in eine Richtlinie der Deutschen Verwaltung für Arbeit und Sozialfürsorge auf, wobei sich diese Unterscheidung auch hier wieder in vielen Fällen mit der von »politischen« Gegnern, vor allem Kommunisten, und »rassisch Verfolgten«, wie den Juden, deckte. Regelungen über die Entschädigung einzelner Juden oder jüdischer Institutionen für von den Nationalsozialisten geraubtes oder zerstörtes oder von der neuen, sowjetisch kontrollierten Verwaltung enteignetes Eigentum enthielt die Richtlinie nicht. Darüber hinaus stellte sie ein Mittel der politischen Kontrolle dar, denn gewährte Leistungen konnten widerrufen werden, wenn ein Begünstigter, ob Kämpfer oder Opfer, der »Aufforderung, sich für den Aufbau eines antifaschistischen demokratischen Deutschlands einzusetzen, ohne triftigen Grund nicht« nachkam. Die Juden wurden unter den Opfern des Faschismus als letzte genannt und dann auch nur mit vagen Umschreibungen wie »Opfer der Nürnberger Gesetzgebung« und »Sternträger«.[32]

Nachdem 1946 und 1947 in den westlichen Besatzungszonen Gesetze zur Regelung von Wiedergutmachungszahlungen an jüdische Überlebende beschlossen worden waren, forderte Löwenkopf Ende Mai 1947 Merker auf, die SED zu drängen, ein ähnliches Gesetzesvorhaben anzuschieben, was er besonders auch deshalb für notwendig erachtete, weil sich die Liberal-Demokratische Partei (LDP) in Dresden für eine umfassende Wiedergutmachung ausgesprochen hatte.[33] Wenige Tage später drückte Merker in einer Denkschrift an Ulbricht und das ZS-Mitglied Max Fechner seinen Unmut über die Verzögerung bei der Behandlung der jüdischen Frage in der SED und der Verwaltung der sowjetischen Besatzungszone aus. Schon vor längerer Zeit habe er »die Genossen des OdF ersucht, einen Entwurf für die vorläufige Regelung der Entschädigung jüdischer Opfer des Faschismus auszuarbeiten«, doch leider seien sie »nicht zu bewegen gewesen, einen solchen Entwurf aufzustellen, so daß nunmehr die Initiative von der LDP in einer Frage ergriffen wird, die bei ihrer internationalen Bedeutung kompliziert ist und in der wir eine vertretbare Einstellung herausarbeiten müssen«. Er selbst sei »gern bereit, an der Regelung der Frage mitzuwirken«. Angesichts der aktiven Politik sowohl in den Westzonen als auch in einer der nichtkommunistischen Parteien in der sowjetischen Besatzungszone sei der mangelnde Einsatz der SED für die Wiedergutmachung an den Juden ein politischer Fehler.[34]

1947 und 1948 drängten Julius Meyer, Leo Löwenkopf, Heinz Galinski und Heinrich Grüber weiter auf die Ausarbeitung eines ostdeutschen Wiedergutmachungsgesetzes, während Merker und Zuckermann die in Jenny Materns Richtlinie getroffene Unterscheidung zwischen aktiven, heldenhaften kommunistischen Kämpfern und passiven, unheroischen jüdischen Opfern kritisierten. Statt dessen sollten bei der Wiedergutmachung, wie es in einer Denkschrift aus Lehmanns Abteilung vom 8. August 1947 hieß, für alle OdF, ungeachtet dessen, ob sie aus politischen, rassischen oder religiösen Gründen verfolgt worden waren, *»die gleichen Grundsätze gelten.* Der allgemeinen Bewegung zuwiderlaufende Sonderregelungen zugunsten der einen oder anderen OdF-Gruppe sind abzulehnen.«[35]

Nachdem Merker und Lehmann im Januar 1948 den Entwurf eines Wiedergutmachungsgesetzes fertiggestellt hatten, drängten sie unter Hinweis auf die bereits in Kraft befindlichen Gesetze in den Westzonen auf eine schnelle Beschlußfassung durch die Landesparlamente der sowjetischen Besatzungszone. Im Gegensatz zu Jenny Materns Richtlinie wurde in dem Gesetzentwurf nicht zwischen Kämpfern und Opfern unterschieden, und politisch und rassisch Verfolgte wurden gleichgestellt. Als »Verfolgte des Naziregimes« (VdN) sollten jene betrachtet werden, »die aus demokratischen Beweggründen am Widerstand gegen den nationalsozialistischen Staat teilgenommen haben und deswegen Verfolgungen des NS-Regimes ausgesetzt waren, sowie solche Personen, die wegen ihrer religiösen Einstellung oder auf Grund der nazistischen Rassengesetze verfolgt wurden«. Diesem Personenkreis sollte ohne Bevorzugung einzelner Gruppen die gleiche Behandlung zuteil werden, das heißt, jeder, der in diese Kategorie fiel, sollte Mitglied der VVN werden und als solches in den Genuß einer Vielzahl von Sozialleistungen sowie Vorteilen im Bildungsbereich und bei den Renten kommen, die ihm helfen sollten, sein zerstörtes Leben, seine Familie und seine berufliche Laufbahn wieder aufzubauen.

In vielen Wohnungen, in denen früher Juden oder politische Emigranten gewohnt hatten, lebten jetzt andere Bewohner, die von der Verfolgung profitiert hatten. Nach Merkers und Lehmanns Vorstellungen sollte den früheren Bewohnern das Recht zugestanden werden, in ihre ehemaligen Häuser und Wohnungen zurückzukehren. Wenn eine Wohnung von Menschen belegt sei, die wußten oder »wissen mußten«, daß sie einem jetzigen VdN gehörte, gelte »diese Wohnung als Leerraum« und sei »den VdN zur Verfügung zu stellen«. Könne ein VdN seine Wohnung nicht zurückerhalten, würde er vom Staat eine einmalige Zahlung für eine »seiner sozialen Stellung angemessene« Wohnung erhalten.

Weiterhin schlugen Merker und Lehmann vor, für die praktische Durchführung der Wiedergutmachungsregelung einen teilweise mit VdN besetzten Regierungsausschuß zu bilden, der »in der Zeit vom 30. Januar 1933 bis zum 8. Mai 1945 aus Gründen der Rasse, Religion, Weltanschauung oder politischen Gegnerschaft gegen den Nationalsozialismus« verlorengegangenes Vermögen, soweit es nicht nach 1945 in Staatsbesitz übergegangen war, seinen ursprünglichen Eigentümern zurückerstatten sollte. Diese Aufgabe sollte schnell und »im Einzelfalle durch geeignete Maßnahmen, die durch den Nationalsozialismus zugefügten Schäden auf Kosten der Nutznießer [der nationalsozialistischen Räuber] wiedergutzumachen«, erledigt werden. War das Opfer tot, sollten nahe Verwandte die Wiedergutmachung erhalten. Lebte es im Ausland, konnten in Deutschland wohnende Verwandte die Ansprüche geltend machen. Die Wiedergutmachung sollte »rasch und vollständig« erfolgen, ohne verfahrenstechnische Verzögerungen. Waren Augenzeugen der Verbrechen tot oder nicht verfügbar, sollte eine eidesstattliche Erklärung der Berechtigten genügen, und zwar selbst dann, wenn derjenige, der sie abgegeben hatte, verstorben war. Schließlich wurden im von Leo Zuckermann geschriebenen Paragraph 56 die Rechte jener VdN anerkannt, die nach 1945 außerhalb Deutschlands lebten. Doch der Entwurf mit seiner umfassenden Auffassung des Antifaschismus wurde nicht zum Gesetz.[36]

Im April 1948 legte Leo Zuckermann in einem Artikel in der *Weltbühne* öffentlich die Argumente dar, die er und Merker in Mexiko vertreten hatten und in der Verwaltung der sowjetischen Besatzungszone weiterhin vertraten. Obwohl die Nationalsozialisten sowohl politische Gegner als auch Juden verfolgt hätten, schrieb er, seien die Gründe der Verfolgung verschieden gewesen. Die politische Gegnerschaft sei das Ergebnis der freien Entscheidung gewesen, das Risiko der Verfolgung und des Verlusts von Freiheit, Gesundheit und Leben auf sich zu nehmen. Der »Lohn« dieses

Kampfs sei nicht mit Geld aufzuwiegen. Für Antifaschisten bedeute es Wiedergutmachung, am Aufbau eines neuen, demokratischen Staats teilzunehmen. Es sei eine »dem deutschen Volk obliegende Ehrenpflicht«, die physischen und psychischen Wunden derjenigen zu heilen, die ein solches Risiko eingegangen seien, um den Faschismus zu besiegen.

Im Unterschied dazu, fuhr Zuckermann fort, seien die Juden verfolgt worden, »weil sie Juden waren, nicht aber, weil sie gegen das 3. Reich konspirierten«, also nicht für das, was sie taten, sondern für das, was sie waren. Den Nationalsozialisten sei es bei der Judenverfolgung »nicht um die Beseitigung eines politischen Gegners im Innern, sondern um die Ausrottung einer nationalen Minderheit« gegangen. Aus diesem »grundlegenden Unterschied« zwischen der Verfolgung von politischen Gegnern und von Juden ergebe sich eine »unterschiedliche Wiedergutmachung«. Den Juden nach 1945 diese zu verweigern hieße, sich mit der Barbarei des Nationalsozialismus und seiner Ideologie zu identifizieren, was ein antifaschistischer Staat weder tun könne noch dürfe. Das Problem der Wiedergutmachung an im Ausland lebenden Juden und kollektiver Ansprüche des jüdischen Volks könne am besten gelöst werden, wenn der vom 1947 angenommenen UN-Teilungsplan für Palästina vorgesehene jüdische Staat geschaffen worden sei.

Amerikanischen Forderungen, von den Nationalsozialisten enteignete Fabriken und Geschäfte den im Ausland lebenden jüdischen Alteigentümern zurückzugeben, hielt Zuckermann die Frage entgegen, ob dies nicht bedeuten würde, die Wiedergutmachung »in den Dienst ausländischer Wirtschaftsinteressen« zu stellen, und fuhr dann fort:

> Der Wiedergutmachungsanspruch, der sich auf dem Verlust von nahezu sechs Millionen Menschen aufbaut, der unsagbares Leid und Ströme von Tränen verkörpert, hat dem Aufbauwerk des jüdischen Volkes und ihm ausschließlich zu dienen. Er ist nicht das Instrument einer bestimmten Minderheit zur Erwei-

> terung ihrer egoistischen wirtschaftlichen Machtpositionen. Das jüdische Volk lehnt es ab, den ihm zustehenden Anspruch für imperialistische Zwecke, sei es zugunsten jüdischer oder nicht jüdischer Gruppen, mißbrauchen zu lassen. Ein solcher Mißbrauch gefährdet die moralische Basis der gesamten Wiedergutmachung und den politisch-erzieherischen Zweck, dem er dient.[37]

Im Gegensatz dazu blieben in Deutschland lebende Juden, einschließlich der zurückgekehrten Emigranten, Teil der deutschen Wirtschaft, weshalb ihnen nach Zuckermanns Vorstellungen ihr von den Nationalsozialisten geraubtes Eigentum zurückgegeben werden sollte. Mit seinem Hinweis auf einen möglichen Mißbrauch der Wiedergutmachung durch ausländische imperialistische Kräfte reagierte er auf seine innerparteilichen Gegner, die jüdische Wiedergutmachungsansprüche im abwertenden Sinn mit dem Kapitalismus und nicht näher bezeichneten internationalen Mächten assoziierten. Schon in dieser frühen Nachkriegszeit wurde die Erinnerung an die NS-Vergangenheit von politischen Auseinandersetzungen über finanzielle Fragen überlagert.

Der Gesetzentwurf von Merker und Lehmann bedeutete für die sich formierende orthodox-kommunistische Haltung zur Wiedergutmachungsfrage eine Herausforderung und löste sowohl in der SED als auch in der deutschen Verwaltung und den Länderparlamenten der sowjetischen Besatzungszone eine heftige Diskussion aus. Am 30. April 1948 berichtete Zuckermann, damals Mitarbeiter der für die Verbindung zu den Länderverwaltungen zuständigen ZS-Abteilung, Merker von einer kürzlich angelaufenen »politischen Kampagne ... gegen die politische Konzeption der Wiedergutmachung«. Die Gegner säßen in der Justizabteilung des ZS und in der Deutschen Zentralverwaltung für Justiz, dem späteren Justizministerium der DDR. Ihre Einwände seien:

> 1. Die Ausgewanderten haben überhaupt keine Ansprüche mehr. Warum sollen wir ihnen noch was nachwerfen?

2. Wenn wir einen Schadenersatz anerkennen, dann stärken wir nur die jüdischen Kapitalisten.
3. Die Umsiedler bekommen ja auch nichts, warum sollen die Juden was bekommen. Das ist nicht gerecht. Auch sie müssen die allgemeine Verarmung durch den Krieg mittragen.
4. Die jüdischen Emigranten gehören nicht zur Arbeiterklasse. Wir gehen in der Ostzone den Weg zum Sozialismus, infolgedessen haben wir kein Interesse daran, zusätzlich neue Bürden auf die Arbeiterklasse abzuwälzen.
5. Wenn wir einen Kollektivanspruch eines jüdischen Staates anerkennen, dann erkennen wir auch die Ansprüche der Monopol- und Trustherren an.
6. Die Sowjetunion lehnt heute die Verantwortung des deutschen Volkes für den Hitlerkrieg ab und handelt nach anderen Grundsätzen.[38]

Vier Tage darauf schrieb Merker an Wilhelm Pieck, um seine Unterstützung für eine umfassende, die jüdische Frage einschließende Wiedergutmachungspolitik zu erlangen. Wiedergutmachung müsse als »Ehrenpflicht des demokratischen Staates betrachtet werden«. Weiter schrieb er:

> Was die sogenannten Rasseverfolgten betrifft, so spielt hier die nationale Frage eine Rolle. Die jüdische Bevölkerung wurde ausgeplündert und fast vernichtet, aus sogenannten rasse-politischen Gründen. Es handelte sich also um die Vernichtung einer nationalen bzw. religiösen Minderheit, die von dem deutschen Volke geduldet worden ist. In diesem Falle kann sich auch unsere Zone bestimmten Maßnahmen zur teilweisen materiellen Wiedergutmachung des angerichteten Schadens nicht entziehen. Dabei kann es sich jedoch nicht darum handeln, nun den jüdischen Großkapitalisten ihre früheren Vermögen, Betriebe oder Banken zurückzugeben. Was zurückgegeben werden muß ist: das Eigentum der jüdischen Gemeinden, das mobile und immobile Eigentum von jüdischen Privatpersonen, soweit sie in

der Zone leben, unter Ausschluß aller derjenigen Dinge, die in Staatshand übergegangen sind. Ferner ist es notwendig, die jüdischen Vermögenswerte, die sich heute noch unrechtmäßig im Besitze von Nazis oder anderen reaktionären Elementen befinden, zu registrieren und unter treuhänderische Verwaltung zu stellen.[39]

Pieck antwortete darauf nicht.

Auch Zuckermanns und Merkers noble Ansicht, der Sieg sei sein eigener Lohn und über die Sorge um die physische und psychische Gesundheit hinaus sei eine Wiedergutmachung an politisch Verfolgten nicht erforderlich, sorgte in der SED für Aufregung. Aus der Sicht der Gegner hatten Zuckermanns Argumente, welche historischen Meriten sie auch haben mochten, den entscheidenden Nachteil, das jüdische Leid auf dieselbe Stufe wie das der Kommunisten zu stellen. Für Kommunisten, die das Judentum mit dem Kapitalismus gleichsetzten, kam Wiedergutmachung für von den Nationalsozialisten geraubtes Eigentum einer Zahlung an den Klassenfeind gleich, der aufgrund seiner internationalen Natur außerhalb der sich entwickelnden sozialistischen deutschen Nation stand.

Am 13. Mai 1948 kamen Befürworter und Gegner des Gesetzentwurfs von Merker und Lehmann in der ZS-Abteilung für Arbeit und Sozialfürsorge in Ost-Berlin zusammen. Am nächsten Tag schickte Götz Berger, ein mit der Wiedergutmachungsfrage befaßter Mitarbeiter der Justizabteilung des ZS, Fechner und Ulbricht einen Bericht über die Sitzung, in dem er seine Erleichterung darüber ausdrückte, daß ein von Zuckermann vorgeschlagener, »äußerst bedenklicher« Zusatzparagraph, der »eine Anmeldung der Ansprüche zugunsten der Auslandsbefindlichen vorsah, ... erfreulicherweise wieder zurückgezogen worden« sei. Statt dessen sollten nur in Deutschland lebende Personen das Recht erhalten, Wiedergutmachung zu beantragen. Berger merkte an, daß er und Ernst Melsheimer, der spätere Generalstaatsawalt der DDR und Chefankläger in vielen politischen Prozessen vor deren Oberstem Gericht, gegen den Vorschlag Einspruch erhoben hätten. Die Gefahr solcher Konzepte sei in den Äußerungen der »Vertreter der jüdischen Vermögensinteressen, der Genossen Löwenkopf und Meyer«, offenbar geworden, die verlangt hätten, von den Nationalsozialisten oder nach 1945 in der sowjetischen Besatzungszone in Staatseigentum überführte Vermögenswerte entweder zurückzugeben oder in vollem Umfang Entschädigungen dafür zu zahlen. Solche Vorschläge, so Berger, seien gefährlich. Nicht nur würden sie »unseren Staat außerordentlich belasten«, sie seien auch »vom sozialistischen Standpunkt aus nicht zu verantworten ..., denn diese Regelung würde ja nichts anderes bedeuten, als daß die Sozialisierung vor dem jüdischen Kapital halt machen sollte und daß jüdischen Kapitalisten Sondervergünstigungen gegenüber allen anderen Kapitalisten eingeräumt werden sollen«.[40] In den Begriffen »jüdisches Kapitel« und »jüdischer Kapitalist« trat eine verblüffende Beständigkeit des antisemitischen Diskurses zutage. Nicht weniger mißtönend klingt Bergers Ansicht, die Last der nazistischen Judenverfolgung auf sich zu nehmen würde den Aufbau des Sozialismus in Deutschland behindern.

Am 16. Juni 1948 schrieb Zuckermann an Ulbricht, um die »groben Unwahrheiten« in Bergers Darstellung zurückzuweisen. Die Auffassung, die er in der *Weltbühne* dargelegt habe, befinde sich in Übereinstimmung sowohl mit den sowjetischen Positionen in den Waffenstillstandsvereinbarungen mit Italien, Österreich, Rumänien und Ungarn als auch mit den Erklärungen kommunistischer Parteien des Auslands. Berger wende sich nicht nur gegen Entschädigungen für die jüdische Bevölkerung, sondern auch gegen die »Wiedergutmachungsverpflichtungen des deutschen Volkes als solche«. Seine Darstellung stehe »in direktem Gegensatz zur marxistischen Stellungnahme zum nationalen Problem, wie sie Lenin und Stalin ausführlich behandelt haben«.[41] Zu diesem Zeitpunkt war Zuckermanns Verweis auf seine kommunistischen Quellen noch erfolgreich. Doch die in der Wiedergutmachungsdebatte vorgebrachte Verknüpfung von Judentum, Kapitalismus und Ausländern sollte bald in öffentlichkeitswirksamerer Form wieder auftauchen, als die innerparteilichen Kritiker von 1947/48 in den fünfziger Jahren zu Staatsanwälten, Anklägern und feindseligen Zeugen wurden.

Am 15. Mai 1948 wurde sowohl in der VVN-Presse als auch in Westdeutschland der Entwurf für ein »Gesetz zur Rechtsstellung der Verfolgten des Naziregimes« (VdN-Gesetz) veröffentlicht. Nachdem er in den ostdeutschen Länderparlamenten beraten und abgeändert worden war, stimmten im November 1948 SED und VVN dem Gesetz zu und leiteten es an die SMAD weiter. Da es dort unerledigt liegenblieb, forderte Ottomar Geschke, inzwischen Vorsitzender der VVN in der sowjetischen Besatzungszone, Merker am 18. Februar 1949 brieflich auf, das mittlerweile gebildete Politbüro der SED dazu zu bewegen, bei der SMAD »mit aller Energie« auf die Annahme des Gesetzes zu drängen. Er erinnerte Merker daran, daß die sowjetische Besatzungszone durch das zweifelhafte Unterscheidungsmerkmal gekennzeichnet sei, die einzige Besatzungszone zu sein, in der noch kein Wiedergutmachungsgesetz verabschiedet wurde. In Form des Unmuts der VVN-Mitglieder habe die SED jetzt den politischen Preis dafür zu zahlen. Es gebe keine Kreiskonferenz der VVN, »in der nicht einmütig gefaßte Resolutionen gegen die Verschleppung des Gesetzes und nicht energische Forderungen nach sofortiger Verabschiedung erhoben werden«, und keine Sitzung des Rates der VVN, »in der nicht auf dieses Nicht-Vorhandensein eines VdN-Gesetzes in der Sowjetischen Zone hingewiesen wird«. Die bevorstehende Hauptkonferenz der VVN drohe zu einer »politischen Katastrophe« zu werden.[42]

Doch Merker war, obwohl er das Fehlen eines solchen Gesetzes in der »antifaschistischen« Besatzungszone betrüblich fand, nicht der richtige Ansprechpartner für solche Kritik. Nach Ulbrichts Ansicht zum Beispiel bestand kein Grund, der westlichen Politik der Wiedergutmachung an »jüdischen Kapitalisten« zu folgen. Vielmehr war die herausragende Stellung der jüdischen Frage in seinen Augen ein Beweis für die kapitalistische Restauration im Westen Deutschlands, und die internationalen Beziehungen der Widerstandsorganisationen in der sowjetischen Besatzungszone, ob nun zu Deutschen in den Westzonen oder Juden in den USA und Israel, erinnerten nicht an die umfassende Solidarität des Antifaschismus der Kriegszeit, sondern erregten in der SED auf höchster Ebene den Verdacht subversiver westlicher Einflußnahme.[43]

Erst am 5. Oktober 1949, zwei Tage vor der Gründung der DDR und fast vier Jahre nach dem Beginn der Debatte über das Thema, erließ die deutsche Verwaltung der sowjetischen Besatzungszone eine »Anordnung zur Sicherung der rechtlichen Stellung der anerkannten Verfolgten des Naziregimes«, die zwischen zumeist kommunistischen »Kämpfern« und überwiegend jüdischen »Opfern« unterschied, die offensichtlich nicht denselben Status und dasselbe Ansehen besaßen.[44] In dem Gesetz wurden Leistungen für die Gesundheitsversorgung, Wohnraum und Beschäftigung der anerkannten VdN geregelt. Eine Rückgabe von durch die Nationalsozialisten geraubtem Eigentum an einzelne Juden oder jüdische Gemeinschaften wurde ausgeschlossen. Wie Jenny Materns Richtlinie von 1947 machte auch die Verordnung von 1949 politisches Wohlverhalten zur Voraussetzung der Gewährung der in ihr vorgesehenen Vergünstigungen. In den folgenden Jahren sollten viele Begünstigte aus diesem Grund ihren Leistungsanspruch verlieren. Am 10. Februar 1950 erließ die Regierung der DDR die Durchführungsbestimmungen zu der Verordnung, die Juden zwar zu den vom NS-Regime Verfolgten zählte, aber keine der in den westlichen Besatzungszonen beschlossenen vergleichbare Wiedergutmachungsregelung enthielt.[45] Dieses Ergebnis der Wiedergutmachungsdebatte zwischen 1946 und 1950 war ein Sieg jener, die glaubten, daß es keine besondere deutsche Verantwortung gegenüber den Juden gebe und der Begriff der Wiedergutmachung vor allem auf die deutschen Verpflichtungen gegenüber der Sowjetunion anzuwenden sei.[46] Merker, Zuckermann und ihre Verbündeten in der VVN waren geschlagen. Während die öffentliche antifaschistische Rhetorik beibehalten wurde, machte der Ausgang der Wiedergutmachungsdebatte klar, daß die während des Krieges in Mexiko und anderswo beschworene Solidarität zwischen Kommunisten und Juden nachließ. Damit war ein Kapitel der Dialektik der

Aufklärung in der neueren Geschichte des Kommunismus abgeschlossen, in dem eine universalisierende, monopolistische Rationalität über den Partikularismus, in diesem Fall der halsstarrigen jüdischen Andersartigkeit, triumphiert hatte.

Gestritten wurde auch über Symbole und Gedenkzeremonien, wobei wiederum die VVN eine bedeutsame Rolle spielte, indem sie die politische Ausrichtung der Feiern in ehemaligen Konzentrationslagern zum Gedenken an die Befreiung bestimmte. Vom 9. bis 11. April 1948 nahmen dreitausend Menschen in Buchenwald an einer solchen Feier unter dem Motto »Kämpfer gegen den Faschismus, Kämpfer für den Frieden« teil. Es war die erste Gedenkfeier nach dem Krieg, mit der die Kommunisten die Erinnerung an die NS-Vergangenheit für ihre Propaganda gegen die Politik des Westens in Dienst nahmen. Stefan Heymann, ein Funktionär der VVN, entbot den Teilnehmern einen düsteren Gruß:

> Wir grüßen die 55000 Opfer des KZ Buchenwald. Wir grüßen die 4 Millionen ermordeten Juden und Polen von Auschwitz ..., die Millionen ermordeten in anderen KZ's ..., die Zehntausende, die mutig ihr Leben auf dem Schafott beendet haben ..., die vielen 1000 Opfer, die tapferen Widerstandskämpfer in Spanien, Frankreich, Jugoslawien, Polen und anderen Ländern Europas. Unser ganz besonderer Gruß gilt aber den unsterblichen Helden der alliierten Armeen, vor allem der sowjetischen Armee, durch deren Schläge der deutsche Faschismus zusammenkrachte.

Heymann drückte Solidarität mit denen aus, die von den Nationalsozialisten verfolgt worden waren und die gegen sie gekämpft hatten, und schloß die Juden ausdrücklich in den Kreis von Erinnerung, Opfertum und Märtyrertum ein. Der wichtigste Bezug zwischen Vergangenheit und Gegenwart war für ihn allerdings, daß man »als Kämpfer gegen den Faschismus stets Kämpfer für den Frieden« war.[47] Der Antifaschismus beruhe auf einer »internationalen Kampfgemeinschaft«, drücke aber auch die »Interessen der deutschen Nation« aus. Nunmehr sollten die früheren Widerstandskämpfer diese Interessen gegen neuerliche antikommunistische Hexenjagden, Antisemitismus und Rassismus sowie Kriegsvorbereitungen verteidigen. So wurde versucht, das politische und moralische Ansehen des Widerstandes gegen den Nationalsozialismus und »vor allem der sowjetischen Armee« für außenpolitische Zwecke der Sowjetunion zu nutzen.[48] Implizit bedeutete dies, daß jeder, der sich von den Kommunisten absetzte, damit auch das Erbe des antifaschistischen Widerstandes aufgab.

Gemäß der relativen politischen Offenheit des Nürnberger Interregnums gehörten Julius Meyer und Heinz Galinski ebenfalls zu den Rednern auf dieser Gedenkveranstaltung. Galinski hob hervor, daß der »Begriff des Antisemitismus auch in diesem Kreis [der VVN] erläutert werden« müsse. Im Nachkriegsdeutschland gebe es weiterhin Antisemitismus. Deshalb begrüße er die Entscheidung der Verwaltung der sowjetischen Besatzungszone, ihn zu einer Straftat zu machen. Es müsse daran erinnert werden, daß der Antisemitismus ein hervorstechendes Merkmal der »Reaktion« gewesen sei. Zwischen rassisch und politisch Verfolgten, also zwischen Juden und Kommunisten, müsse Solidarität herrschen:

> Kameradinnen und Kameraden! vergessen wir eins nicht. Der Antisemitismus ist nicht nur eine Frage, die uns Juden angeht. Sie geht alle an. Der Antisemitismus ist immer eine Generalprobe für die Reaktion. ... Gelingt diese Generalprobe, dann ist der Weg für die Reaktion frei. Infolgedessen geht mein Appell an alle, mit uns zusammen zu kämpfen, mit uns zusammenzustehen in dem großen Kampf, in den wir jetzt wieder hineingetrieben worden sind. Genau so wie wir für den politischen Kämpfer die größte Hochachtung empfinden, gerade weil er aus Überzeugung damals den Kampf gegen Hitler aufgenommen hat, aus demselben Grunde verlangen wir eine Anerkennung all derer, die aus rassischen oder weltanschaulichen Gründen den Weg in die KZs angetreten haben. Es ist hier vielleicht das Kapi-

tel hellster Geschichte Deutschlands, die unlösliche Verbundenheit aller rassisch und politisch Verfolgten.[49]

Auch Meyer unterstrich die Verbindung zwischen politisch und rassisch Verfolgten. Deutsche und Juden kämpften ähnliche Schlachten, die Juden in Palästina für ein Heimatland, die Deutschen für einen gerechten Frieden und eine eigene Regierung. Dieser gemeinsame Kampf für Gerechtigkeit »muß uns verbinden«, beschwor er sein Publikum und erinnerte an den jüdischen Widerstand in Auschwitz, an die »arischen« Ehefrauen, die bei der Gestapo gegen die Verhaftung ihrer jüdischen Männer protestiert hatten, und an die Unterstützung der Juden durch die Sowjetunion. Was er aber nicht wolle, seien leere Versprechungen, wie man sie den Juden in der Vergangenheit gegeben habe.[50]

Walter Bartel, Vorsitzender des Internationalen Buchenwald-Komitees, Mitarbeiter Piecks und später Historiker des antinazistischen Widerstandes, verband die Erinnerung an den Antifaschismus ebenfalls mit dem »gegenwärtigen Kampf um den Frieden«. Dabei akzeptierte er die von Meyer und Galinski vorgebrachte Kritik und unterstrich, daß jede Erscheinungsform des Antisemitismus der demokratischen Entwicklung in Deutschland zuwiderlaufe. Alle, ob politisch oder rassisch Verfolgte, müßten »mit aller Kraft gegen jede Form und Äußerung des Antisemitismus kämpfen ... Wer einen unserer jüdischen Kameraden angreift, der greift uns an und der soll sich nicht wundern, wenn die Antwort politisch, proletarisch und sehr drastisch ist.«[51] Solange jüdische Kommunisten und ihre Verbündeten in der SED in der Lage waren, sich bei solchen Anlässen zu äußern, umfaßte die kommunistische Erinnerung an den antifaschistischen Widerstand auch die später aus der Mode gekommene Erinnerung an die Judenverfolgung.

Die sich herausbildende ostdeutsche Position in der jüdischen Frage war untrennbar mit der Haltung zu Israel verbunden. 1947 und 1948 kam Otto Grotewohl, der spätere Ministerpräsident der DDR, insgeheim mit Julius Meyer und israelischen Vertretern zusammen, denen gegenüber er vage die Möglichkeit der Aufnahme diplomatischer Beziehungen zu dem neuen jüdischen Staat andeutete.[52] Paul Merkers Ansichten waren bekannt und eindeutig. In einer Rede bei der VVN sagte er 1948, die deutsche Nachkriegsdemokratie werde danach beurteilt werden, wie sie einerseits die Überlebenden des politischen Widerstandes und andererseits jene behandle, die aufgrund der »verbrecherischen nazistischen Rassenpolitik« verfolgt worden seien. Sie müsse »nationalen Bestrebungen [für einen jüdischen Staat in Palästina] die gebührende Achtung und Würdigung entgegenbringen«.[53] Im Februar desselben Jahres erschien in der SED-Parteizeitung *Neues Deutschland* und in längerer Fassung in der *Weltbühne* ein Aufsatz Merkers über den »Krieg in Palästina«, in dem er sich für den »neuen Staat des jüdischen Volkes« einsetzte. Die Ablehnung des UN-Plans, Palästina zwischen Juden und Arabern aufzuteilen, interpretierte er als Ausdruck der Interessen »amerikanisch-englischer Ölgesellschaften« im Nahen Osten. Während der NS-Zeit hätte der englische Imperialismus Rückschläge erlitten, weil »Agenten Hitlers« bei arabischen Fürsten und Kriegsherren um Unterstützung für den deutschen Imperialismus warben, wobei sie vom »England-feindlichen und antisemitischen Großmufti von Jerusalem Haj Amin el Husseini jede Unterstützung« erhalten hätten. Doch nach der Niederlage von Stalingrad sei Ribbentrops Traum, die Völker des Nahen Ostens zu unterwerfen, zu Ende gewesen.

Laut Merker war die restriktive Einwanderungspolitik des britischen Imperialismus schuld daran, daß »Hunderttausende« Juden den »nazistischen Mördern zum Opfer« gefallen waren. Trotzdem hätten fünfundvierzigtausend Juden in der britischen Armee in Syrien und im Libanon sowie gegen Rommels Afrikakorps in Nordafrika und gegen Mussolinis Truppen in Ägypten, Libyen und Griechenland gekämpft. Daß die britische Regierung die Schaffung eines jüdischen Staates ablehne, sei zu verurteilen. Sie befinde sich damit »in völliger Übereinstimmung mit den reaktionären Standesinteressen der arabischen Fürsten und Feudalherren, die in der Errichtung eines modernen, fortschrittlichen, demokratischen Staates der Juden auf dem Territorium Palästinas eine Gefährdung ihrer absolutistischen Herrschaft« sähen. Der UN-Teilungsplan vom November 1947 sei das Ergebnis des »zähen Kampfes der Massen des jüdischen Volkes um eine nationale Heimstätte«. Es könne, »wenn auch nur in geringfügiger Weise, helfen, das unermeßliche Unrecht wieder gutzumachen, das dem jüdischen Volk seit 1800 Jahren und besonders in der letzten Epoche durch den Nazismus und Faschismus zugefügt wurde, wenn das jüdische Volk ihn selbst auszunutzen versteht«.

Israel, so Merker weiter, sehe sich der Ablehnung durch britische Regierung, amerikanische Ölinteressen und Arabische Liga gegenüber. Letztere plane, den neuen jüdischen Staat mit einer Armee anzugreifen, der auch »nazistische und faschistische Elemente« angehören sollten. Dem jüdischen Staat sei am besten mit einer Politik gedient, die auf Unabhängigkeit achte, gute Beziehungen zu seinen arabischen Nachbarn pflege und die Abhängigkeit von den »imperialistischen Großmächten« vermeide. Weiterhin sollte er »enge freundschaftliche Beziehungen« zur Sowjetunion, zu den »Ländern der neuen Demokratie« in Osteuropa und zu den »Kräften des Fortschritts der ganzen Welt« eingehen.[54] Zwischen der kommunistischen Linken und dem neuen Staat Israel bestand aus Merkers Sicht eine natürliche Verbindung: Die Unterstützung Israels war die logische Folge der kommunistischen Gegnerschaft gegen Rassismus und Antisemitismus und der Aufarbeitung der NS-Vergangenheit.[55]

Am 12. Juni 1948 gab das ZK der SED eine Presseerklärung zu Israel heraus, deren Einleitung aus der Feder von Merker stammte, der Israel in einen Kampf gegen den Imperialismus verstrickt sah:

> Im Kampfe um Palästina stoßen gewaltige Interessen des angloamerikanischen Imperialismus zusammen. ... Die jüdische werktätige Bevölkerung kämpft um ihre Heimstätte. Ihr nationales Bewußtsein ist durch den furchtbaren Terror des Nazismus und Faschismus gegen das jüdische Volk stark gewachsen. Das befähigt sie zu außerordentlichen Kampfesleistungen. ... Der Kampf der jüdischen Werktätigen in Palästina ist ein fort-

> schrittlicher Kampf. Er richtet sich nicht gegen die werktätigen Massen der Araber, sondern gegen deren Bedrücker. Er findet die Unterstützung der Sowjetunion und der gesamten fortschrittlichen Menschheit.[56]

Zum Unglück für Merker und die in der SBZ lebenden Juden sollte die Liste der zur »fortschrittlichen Menschheit« gezählten Kräfte innerhalb des folgenden Jahres einer drastischen Revision unterzogen werden.

Die Teilung der Erinnerung entlang den Frontlinien des Kalten Krieges trat in den 1948 in der VVN ausbrechenden Auseinandersetzungen zwischen kommunistischen und nichtkommunistischen Vertretern des Widerstandes gegen das NS-Regime offen zutage. Einer der wichtigsten Köpfe, die der VVN den Rücken kehrten, war Eugen Kogon, der selbst sieben Jahre Häftling in Buchenwald war und als Herausgeber der *Frankfurter Hefte* in den fünfziger und sechziger Jahren eine herausragende Rolle im intellektuellen Leben Westdeutschlands spielten sollte. Sein 1946 erschienenes Buch *Der SS-Staat,* an dem übrigens Stefan Heymann als Rechercheur mitgearbeitet hatte, wurde zu einer klassischen Darstellung der Schrecken der Konzentrationslager. In einem 1949 hinzugefügten Kapitel befaßte sich Kogon mit der Reaktion der Deutschen auf ihre Vergangenheit seit 1945, wobei er außer dem antinazistischen auch den Widerstand gegen die »Schatten ... des sowjetischen Gewaltsystems« anführte und die seit 1945 in der sowjetischen Besatzungszone entstandenen politischen Gefängnisse neben die Konzentrationslager stellte und so das Erbe des antinazistischen Widerstandes gegen die Nachkriegspolitik der Sowjetunion in Ostdeutschland wendete. Die wegen ihrer Rasse, Religion oder politischen Überzeugung von den Nationalsozialisten Verfolgten, schrieb er, müßten jetzt »gegen die neuen schreienden Ungerechtigkeiten angehen, überall, in der Welt und in Deutschland, ganz besonders aber den Sowjetrussen gegenüber und in der deutschen Ostzone«. Ihr Eingreifen würde mehr Eindruck machen als der von jeder anderen Seite, ganz sicher als der von Deutschen, deren Proteste »wegen früherer eigener Schuld, eigener Schwäche ... nur allzu leicht wertlos« seien. Der bisherige Antifaschismus hatte nach Kogons Ansicht seine moralische Kraft verloren, weil er sich »nicht auch gegen das neue Unrecht richtet«. Bei den Deutschen hoffte er auf ein »heilsames Grauen vor jeder Art von Konzentrationslagern«.[57]

Im Mai 1949 befaßte sich Kogon in einem Artikel in den *Frankfurter Heften* mit dem Bruch zwischen kommunistischem und nichtkommunistischem Antifaschismus. Die während des Krieges gehegte Hoffnung, die Antifaschisten würden auch im Nachkriegsdeutschland geeint bleiben, führte er aus, habe sich als allzu optimistisch herausgestellt. Als politische Kraft sei der antinazistische Widerstand zur historischen Erinnerung geworden. Die Organisationen, die diese Erinnerung pflegten, spielten eine »eher gefährliche und traurige« Rolle. Im Osten meine »Antifaschismus« die Kritik des westlichen Kapitalismus, während die westliche Ablehnung der totalitären Diktatur sich in der Regel gegen die kommunistischen Nachkriegsregime richte. An die Stelle des gemeinsamen Feindes der Vergangenheit sei der Feind von heute getreten. Während der nichtkommunistische Widerstand stets die individuelle Freiheit verteidigt habe, zunächst gegen Hitler und dann gegen Stalin, seien die Kommunisten »Soldaten des Klassenkampfs« geblieben und benutzten die von ihnen beherrschten Organisationen der ehemaligen Widerstandskämpfer als Instrumente der internationalen Politik, um die Aufmerksamkeit von der diktatorischen Entwicklung in den kommunistischen Ländern abzulenken. Im selben Maß, wie sie zu Vehikeln der sowjetischen Politik verkämen und es unterließen, Menschenrechtsverletzungen in der sowjetischen Besatzungszone anzuprangern, hätten die VVN und andere Widerstandsorganisationen ihre moralische Glaubwürdigkeit verloren.[58]

Einige Wochen später veröffentlichte Stefan Heymann, inzwischen stellvertretender Leiter der Abteilung für Parteischulung, Kultur und Erziehung des ZK der SED, auf der Frontseite der

VVN-Wochenzeitung *Die Tat* eine wütende Erwiderung auf Kogon, dessen Gerede von Konzentrationslagern und kommunistischem Terror eine einzige Lüge sei, die »nur den Kriegshetzern und Neofaschisten« nutze. Die »antifaschistische Front in Europa« zu spalten und zu schwächen bedeute, »einer Wiederkehr des Faschismus Tür und Tor zu öffnen. Das mag Herrn Kogon unangenehm in den Ohren klingen, der ganz zweifelsohne ein überzeugter Kämpfer gegen den deutschen Faschismus war. Mit seinem Artikel bereitete er jedoch »einer neofaschistischen Bewegung den Weg«.[59] Nach dieser Logik mußte jede Kritik an Kommunisten zu diesem Resultat führen, da sie ja per Definition Antifaschisten waren. Ihre Kritiker hatten sich demzufolge vom wirklichen Antifaschismus abgewendet. Als nützliches Mittel zur Immunisierung gegen jede Kritik kommunistischer Politik hatte der Antifaschismus den Nationalsozialismus überlebt.

Wenn ein linkskatholischer Intellektueller wie Kogon mit dem »Mythos« des antifaschistischen Widerstandes brach, war es eine Sache; eine ganze andere war es, wenn ein deutscher jüdischer Kommunist wie Leo Zuckermann die Hoffnung auf eine Erneuerung der Solidarität zwischen Kommunisten und Juden aufgab. Als im März 1949 in Moskau ein Zeitungsartikel erschien, in dem »Kosmopoliten ohne Vaterland« angegriffen wurden, interpretierte man ihn im Westen als Beginn einer neuen antisemitischen Kampagne in der Sowjetunion. Vor dem Hintergrund seiner Erfahrungen seit der Rückkehr nach Ost-Berlin hätte Zuckermann den Artikel als Zeichen dafür verstehen können, daß für Kommunisten mit seinen Ansichten die Tage gezählt waren. Doch statt dessen stellte er in einem Artikel in der *Tat* fest: »Die reaktionäre Presse hat eine neue antisowjetische Hetze gestartet ... über eine angebliche ›antisemitische Kampagne‹ in der Sowjetunion ... Wer vermag den Zweck dieser Lügen nicht zu erkennen? Die Werktätigen jüdischer Abstammung sind auf das tiefste mit der Sowjetunion und mit dem von ihr verkörperten Gesellschaftsaufbau verbunden.« Während die Sowjetunion Hunderttausenden vor den

Nationalsozialisten fliehender polnischer Juden ihre Grenze geöffnet habe, hätten die Vereinigten Staaten »durch gesetzliche Komplikationen das Asylrecht praktisch zunichte« gemacht. Es sei die Rote Armee gewesen, »die den faschistischen Kannibalen niederzwang und die noch lebenden Juden vor den Gaskammern von Maidanek, Auschwitz und vielen anderen Todesfabriken im wahren Sinne des Wortes rettete«. Darüber hinaus habe die Sowjetunion als erstes Land der Welt den Staat Israel anerkannt und entscheidend dazu beigetragen, daß andere Mitglieder der Vereinten Nationen diesem Schritt folgten. In England, Frankreich und den USA habe der Antisemitismus seit Kriegsende stetig zugenommen. Die »jüdischen Werktätigen« hätten aus den Erlebnissen unter dem Nationalsozialismus gelernt, »daß Antisemitismus und Nationalitätenhaß eine der kapitalistischen Gesellschaft innewohnende Eigenschaft ist«.

Dagegen sei der Jude in den sozialistischen Ländern »zu einem neuen Menschen, zu einem gleichen unter gleichen geworden ..., der als sowjetischer Mensch aufs tiefste im sozialistischen Vaterland verwurzelt ist«. Dort bekämpften die Regierungen den Antisemitismus, und die jüdischen Werktätigen, schrieb Zuckermann, hätten begriffen, daß »die jüdische Frage als Ganzes nicht durch die Errichtung des israelischen Staats gelöst werden kann«, sondern den »Sieg des Sozialismus« und der »großen Prinzipien der internationalen Solidarität der Arbeiter über Nationalismus, Faschismus und Rassismus« erfordere:

> Diese tiefe Verbundenheit der jüdischen Werktätigen in den kapitalistischen Ländern mit der sozialistischen Sowjetunion und ihrer Armee versuchen die Reaktionäre aller Nationalitäten, einschließlich der jüdischen, zu untergraben. Deshalb veröffentlichen sie in regelmäßigen Abständen gefälschte Nachrichten über antisemitische Maßnahmen in der Sowjetunion und in den volksdemokratischen Staaten. Reaktionäre jüdische Organisationen, deren Leitungen mit den herrschenden Kreisen der Vereinigten Staaten personell und finanziell verbunden sind,

lehnten eine Beteiligung an der Weltfriedenskonferenz in Paris ab. Sie sind mit den Kriegsvorbereitungen gegen den fortschrittlichen Sektor der Menschheit verstrickt und möchten durch ihre Falschmeldungen antisowjetische Stimmungen erzeugen, die jüdischen Werktätigen desorientieren und sie in das imperialistische Kriegslager hineinziehen. Gegen diese Manöver kennen die jüdischen Werktätigen nur eine Antwort: Niemals werden wir gegen die Befreier von Maidanek und Auschwitz kämpfen![60]

Die »Befreier von Maidanek und Auschwitz«, die den Nationalsozialismus besiegt hatten, konnten unmöglich Antisemiten sein. Trotzdem entsprachen die Meldungen der Wahrheit. Die »Befreier« waren tatsächlich dabei, prominente Vertreter des Jüdischen Antifaschistischen Komitees aus der Partei auszuschließen, zu verhaften und in einigen Fällen sogar zu ermorden.[61] Es waren dieselben Männer, die an Juden überall auf der Welt appelliert hatten, der Sowjetunion in ihrer schwersten Stunde beizustehen, und die zu diesem Zweck im August 1943 nach Mexiko gereist waren.

Paul Merker blieb bis zum Frühjahr 1950 Mitglied des SED-Politbüros. Am 21. Dezember 1949 dankte er Stalin, dem »besten Freund des deutschen Volkes«, anläßlich seines siebzigsten Geburtstags »für die Befreiung von dem nazistischen Joch und für das unserem Volk geschenkte Vertrauen«. In seinem Geist führe man den »Kampf gegen den amerikanischen Imperialismus, für die Einheit Deutschlands und für die Sicherung des Friedens«. Mit »stalinscher Energie« werde man »die Friedensverträge 1950 erringen«.[62] Mit Ausnahme seiner Ansichten in der jüdischen Frage entsprach Merkers Haltung dem Geist des beginnenden Kalten Krieges. Auch seiner alten Feindschaft gegenüber den Sozialdemokraten blieb er treu, indem er 1949 in einem Buch mit dem Titel *Sozialdemokratismus. Stampfer, Schumacher und andere Gestrige* die berüchtigten Angriffe wiederholte, die er in den letzten Jahren der Weimarer Republik gegen die SPD gerichtet hatte. In einer am 3. Februar 1950 im sowjetischen Kulturzentrum in Ost-Berlin gehaltenen Rede faßte er seine Ablehnung von Sozialdemokratie und Westmächten zusammen. Die westdeutsche Regierung, sagte er, sei eine »Quisling-Regierung übelster Sorte«, eine »Marionetten-Regierung«, die Deutschland an die Seite des »anglo-amerikanischen Imperialismus und seiner deutschen Agenten« führen wolle. Es sei »nicht das erste Mal, daß diese deutschen Herren nach einem verlorenen Krieg sich ohne Zögern den ehemaligen Feinden verkaufen, um gemeinsam gegen das eigene Volk und gegen die fortschrittliche Menschheit vorzugehen. Ich erinnere nur an 1919 und 1920.« Und wie damals unterstützten die Sozialdemokraten, die »Schumacher-Clique«, diese Kräfte, das heißt den »anglo-amerikanischen Imperialismus und die deutschen Herren von Eisen, Stahl und Chemie, die Verantwortlichen für den nazistischen Krieg«. Dagegen kämpften die Kommunisten mit Hilfe der Sowjetunion einen »unerschütterlichen Kampf gegen die Versklavung Deutschlands«, für den Frieden und gemeinsam mit der »nationalen Befreiungsbewegung im Westen Deutschlands« für die »Wiederherstellung der Einheit und Unabhängigkeit«.[63]

Merker war ein treuer Kommunist, für den der Kalte Krieg in dieser Hinsicht eine Abkehr von der vergleichsweise moderaten Volksfrontpolitik zurück zur Radikalität der zwanziger Jahre darstellte, einschließlich der Angriffe auf die Sozialdemokratie. An seinen sowohl öffentlich als auch innerhalb des Partei- und Regierungsapparats aktenkundigen Ansichten in der jüdischen Frage änderte diese orthodoxe Grundhaltung nichts. Doch während sie im Krieg und in der frühen Nachkriegszeit noch toleriert werden konnte, wurde sie nach dem Auseinanderbrechen der Kriegskoalition und der Herausbildung der neuen Frontlinien des Kalten Krieges zur untragbaren Häresie. Jetzt sollte sich der Unterdrükkungsapparat, gegen dessen Schaffung er als Politbüromitglied keinen Einspruch erhoben hatte, gegen ihn wenden. Belastend waren vor allem die internen Schriften aus der Besatzungszeit und die Publikationen im mexikanischen Exil, auf die sich seine Gegner im Kampf um Macht und Einfluß im Politbüro berufen konnten, wenn sie sein Mitgefühl für die Juden gegen ihn ins Feld führten.

Mit dem Nürnberger Interregnum ging auch die von Merker und Zuckermann beschworene Solidarität zwischen Kommunisten und Juden zu Ende. Für Merker war 1950 kein gutes Jahr, denn in Ost-Berlin begann die Verfolgung der »Kosmopoliten«.

Säuberung vom »Kosmopolitismus«

Die jüdische Frage in Ostdeutschland 1949–1956

Im Jahre 1948 zerbrach das Bündnis der Kriegszeit endgültig. An seine Stelle traten die Fronten des Kalten Krieges. Dabei wurden sowohl im Osten als auch im Westen die aktuelle Politik in die Vergangenheit projiziert. So mutierten frühere Solidaritätsbekundungen im besten Fall zu politischen Peinlichkeiten und zogen schlimmstenfalls den Verdacht des Verrats nach sich. Im sowjetischen Machtbereich wurden aus den antifaschistischen Verbündeten von 1941 bis 1945 wieder die imperialistischen Westmächte. Die Stalinsche Allianz mit ihnen war jetzt ein flüchtiges, peinliches Kapitel, das zynisch als Zweckbündnis oder folgenreicher als Quelle subversiver Ideen von Demokratie und menschlicher Freiheit betrachtet wurde, was Kommunisten, die im westlichen Exil gewesen waren, generell verdächtig machte. Den aus Stalins Moskau Heimgekehrten fiel es nicht schwer, ihre Version des Antifaschismus in den Dienst des Kalten Krieges zu stellen. Dagegen befanden sich die Rückkehrer aus dem Westen, Juden und alle, die eine so dramatische Abkehr von ihren Bindungen und Erinnerungen nicht vornehmen wollten oder konnten, in einer prekären Lage, zumal mit der Verdrängung des Bündnisses der Sowjetunion mit dem Westen untrennbar die Marginalisierung der jüdischen Katastrophe verknüpft war.

Der neue Antagonismus zwischen den kommunistischen Staaten und dem Westen deckte sich teilweise mit älteren und jüngeren antiwestlichen und antiliberalen Strömungen des deutschen Nationalismus und verstärkte sie. Dieses Zusammenspiel forcierte die Marginalisierung des Holocaust in der kommunistischen Erinnerung, heizte die Säuberung der kommunistischen Bewegung von jenen an, die weiterhin für die Solidarität zwischen Kommunisten und Juden eintraten, und bildete das Fundament für vier Jahrzehnte einer antijüdischen Politik im Innern und nach außen.

Seit der Mitte des 19. Jahrhunderts hatten deutsche Liberale und Sozialisten die Ansicht vertreten, daß die Bekämpfung des Antisemitismus ein integraler Bestandteil des Kampfs für die Demokratie sei. Nun stellten die Säuberung von »Kosmopoliten« und eine von der Regierung erzeugte Welle des Antisemitismus umgekehrt wichtige Schritte zur Festigung der »antifaschistischen« Diktatur in Ostdeutschland dar. Dies ist eine der groteskesten Ironien der deutschen Geschichte nach 1945.

Der um sich greifende Kalte Krieg brachte eine Restalinisierung der SED mit sich, durch die sie sich, im kommunistischen Jargon gesprochen, in eine »Partei neuen Typus« nach dem Vorbild der KPdSU verwandelte. Krieg und Besatzung hatten die Unterschiede zwischen Kommunisten und Nichtkommunisten verwischt. Jedes dritte der zwei Millionen SED-Mitglieder kam 1948 aus der Sozialdemokratie. Restalinisierung bedeutete, daß jedweder Vorspiegelung einer Parität von Kommunisten und Sozialdemokraten wie auch den Lockerungen, die die Volksfrontpolitik und der Krieg in die kommunistischen Parteien gebracht hatten, ein Ende gesetzt wurden. Ein Anzeichen dafür war die Schaffung einer Zentralen Parteikontrollkommission (ZPKK), die unter Führung von Hermann Matern Abweichungen aufdeckte und ideologische Konformität erzwang. Einen Höhepunkt der Stalinisierung bildete im Januar 1949 die Erste Parteikonferenz der SED. Am 24. Januar hatte der Parteivorstand auf seiner 16. Tagung ein Politbüro gewählt, das die Partei nach den Vorgaben von Marx, Lenin und Stalin führen sollte. Diesem neuen Führungsgremium gehörten die alten Kommunisten Wilhelm Pieck, Franz Dahlem, Paul Merker und Walter Ulbricht sowie die ehemaligen SPD-Mitglieder Otto Grotewohl, Friedrich Ebert und Helmut Lehmann an.[1]

Zwischen 1949 und 1953 wurden die wesentlichen Instrumente der stalinistischen Diktatur in der DDR geschaffen. Artikel 6 der ostdeutschen Verfassung erklärte die Aufwiegelung zu Rassen- und

Völkerhaß, die Förderung von »Boykotthetze gegen demokratische Einrichtungen und Organisationen« sowie »Handlungen gegen die Gleichberechtigung« zu Verbrechen.[2] Mit Hilfe solcher verschwommener Formulierungen ließen sich politische Abweichler bequem kriminalisieren und ausschalten. Allein im Jahr 1950 verurteilte das im Dezember 1949 geschaffene Oberste Gericht der DDR über 78000 Angeklagte wegen politischer Vergehen, wobei es fünfzehnmal die Todesstrafe verhängte.[3] Am 8. Februar 1950 wurde das Ministerium für Staatssicherheit (MfS) gegründet. Obwohl im ostdeutschen Parlament, der Volkskammer, auch andere Parteien vertreten waren, lag das Machtmonopol bei der SED. Auf dem vom 20. bis 24. Juli in Ost-Berlin abgehaltenen III. Parteitag forderte die SED-Führung, den Kampf gegen die »Tito-Clique«, gegen Trotzkisten und sozialdemokratische Relikte in der SED zu verschärfen. Die Parteimitglieder sollten sich mit gesteigerter »revolutionärer Wachsamkeit« der Aufgabe widmen, »die bürgerlich-nationalistischen Elemente und alle sonstigen Feinde der Arbeiterklasse und Agenten des Imperialismus, unter welcher Flagge sie auch segeln, zu entlarven und auszumerzen«.[4] Infolge der Untersuchungen der ZPKK und örtlicher Kontrollkommissionen wurden im Jahr darauf hundertfünfzigtausend Mitglieder, überwiegend frühere Sozialdemokraten, aus der SED ausgeschlossen.

Die gewaltige Übermacht der kommunistischen Repression richtete sich gegen Nichtkommunisten. Aber auch die eigenen Reihen waren betroffen. Paul Merker wurde prominentestes Opfer des stalinistischen Apparats, der aufgebaut wurde, gerade als er sich auf dem Höhepunkt seiner Macht befand. Wie gesehen, verband er orthodox-kommunistische Ansichten mit Solidarität für die jüdischen Überlebenden. Doch im Rahmen der mit dem Beginn des Kalten Krieges wechselnden Bündnisse wurde sein Mitgefühl mit den Juden unzeitgemäß und demzufolge zu einer politischen Belastung. Auf dem III. Parteitag der SED wurde er nicht wieder ins Politbüro gewählt. Stalin und seine Gefolgsleute im Ostblock entledigten sich, während sie ihr Staatsschiff wendeten, um gegen die westlichen Imperialisten Front zu machen, des überschüssigen, sperrigen Gepäcks der Erinnerung an den Zweiten Weltkrieg und den Holocaust. Hintergrund der antikosmopolitischen Kampagne waren neben Stalins persönlichem Hang zu Paranoia und Antisemitismus die Beziehungen von Juden in den Westen. Während der Zweite Weltkrieg die Verbindungen mit dem Westen und mit Juden im Westen ausgedehnt hatte, sollte der Kalte Krieg den Sowjetblock gegen deren subversive Auswirkungen abschotten. Die Kampagne begann am 12. Januar 1948 mit der Ermordung von Solomon Mikhoels. Im November desselben Jahres verbot die sowjetische Regierung dann das Jüdische Antifaschistische Komitee und verhaftete seine Führung.[5] Im März 1949 erschien in der deutschsprachigen Moskauer Zeitschrift *Neue Zeit* ein Artikel zur »Entlarvung des bürgerlichen Kosmopolitismus«, in dem dieser als Hauptelement der reaktionären bürgerlichen Ideologie und des amerikanischen Imperialismus beschrieben wurde.[6] In bezug auf Israel ersetzte die Sowjetunion ihre anfängliche Unterstützung durch eine anhaltende Feindschaft.

Die antikosmopolitische Kampagne war augenscheinlich von Stalin initiiert und inspiriert, doch die ostdeutschen Kommunisten steuerten ihren eigenen unverwechselbaren Beitrag bei. 1943 in Moskau hatte Walter Ulbricht die Frage »Wer ist der Feind der deutschen Nation?« in einem gleichnamigen Buch noch mit dem Verweis auf die Nationalsozialisten und die deutsche Großindustrie beantwortet, wogegen er die Kommunisten als die wahrhaften Repräsentanten der Nation präsentierte. 1949 in Ost-Berlin stellte er sie wiederum als Verteidiger der Nation dar, allerdings gegen eine neue Bedrohung. Wie Pieck gab er den Vereinigten Staaten und Großbritannien sowie jenen Deutschen, die sich wie die Sozialdemokraten um Schumacher geweigert hatten, mit den Kommunisten zusammenzugehen, die Schuld an der deutschen Teilung. Auf einer Parteikonferenz im Mai 1949 erklärte er, die SED sei diejenige Partei, die sich »gegen die Spaltung und für die Einheit Deutschlands« einsetze. Sich von der obsoleten Rhetorik des Kriegsbündnisses verabschiedend, projizierte er die Frontlinien des Kalten Krieges in die Vergangenheit zurück: Das wahre amerikanische und britische Kriegsziel sei nicht die Demokratisierung und Entmilitarisierung Deutschlands gewesen, sondern die »*Vernichtung Deutschlands als selbständiger Staat*«. Angesichts der »Spaltung und Kolonisierung Westdeutschlands« durch Amerika rief Ulbricht zum Kampf gegen die Kräfte auf, »die Deutschland kolonisieren und das deutsche Volk – und damit vor allem die Arbeiterbewegung – versklaven wollen«. Was im Westen über die »Gemeinschaft der europäischen Völker« geäußert werde, ähnele »im wesentlichen der faschistischen Propaganda, die Hitler gemacht hat«. Der Kosmopolitismus sei *»nichts anderes als die Ideologie des westlichen Militärblocks, als die Ideologie des Atlantikblocks, als die Ideologie zur Vorbereitung von militärischen Aggressionen«*. Im Gegensatz zu dieser imperialistischen Ideologie und zum kosmopolitischen Betrug an der Nation stünden die Kommunisten auf dem Standpunkt der »Wahrung der nationalen Interessen, der Beachtung seiner nationalen Eigenarten und der freundschaftlichen Beziehungen zwischen den einzelnen Völkern und zwischen ihren Staaten«.[7] Im Juli 1949 sekundierte Pieck, die Kommunisten würden das deutsche Volk gegen die »akute Gefahr« des Verlusts der nationalen Unabhängigkeit und der aus dem Marshallplan und der Einbeziehung Westdeutschlands ins westliche Bündnis folgenden Kolonisierung verteidigen.[8]

Indem sie die Last einer dunklen Vergangenheit abwarfen, sprachen Ulbricht und Pieck voller Selbstvertrauen als Führer einer zukunftsorientierten antikolonialen Revolte gegen eine westliche Vorherrschaft in Deutschland. Bemerkenswert ist, daß die Kommunisten innerhalb von nur drei Jahren die Deutschen aus dem Kreis der in die NS-Verbrechen verstrickten »Millionen und aber Millionen« ausgenommen und in ein Volk unschuldiger Opfer des amerikanischen Imperialismus verwandelt hatten. Kommunistischer Nationalismus ging Hand in Hand mit der Aufgabe, die Deutschen von ihrer schwierigen Vergangenheit zu entlasten. Darüber hinaus stellte Ulbricht unmißverständlich klar, daß in der Sowjetzone die gegenwärtige politische Haltung mehr zählte als vergangene Taten:

> Gegenwärtig ist der Maßstab dafür, wer ein friedliebender Mensch ist und die Einheit Deutschlands will, nicht, welches Mitgliedsbuch jemand früher hatte, ob er der Hitler-Partei angehörte oder nicht, sondern der einzige Maßstab ist: Bist du für einen Friedensvertrag, bist du gegen den Atlantikpakt, durch den Westdeutschland zur Kriegsbasis gemacht werden soll, bist du für die Einheit Deutschlands, bist du dafür, daß nach Abschluß des Friedensvertrages die Besatzungstruppen zurückgezogen werden, oder bist für eine vierzigjährige Besetzung und Kolonisierung Westdeutschlands? So einfach steht die Frage. Wer heute unter diesen Bedingungen die Frage zur Diskussion stellt: Ist der Betreffende früher Mitglied der Nazipartei gewesen oder nicht?, der arbeitet gegen die Bildung der Nationalen Front.[9]

Durch solche Äußerungen wurde nicht nur ehemaligen Mitgliedern von NSDAP und NS-Regierung das Tor geöffnet. Ulbricht ging wesentlich weiter. Nach seinem Maßstab reichten korrekte politische Ansichten in der Gegenwart aus, um die Vergangenheit auszulöschen, während jene, die – vielleicht vom Geist des Antifaschismus verleitet – die NS-Vergangenheit anderer »zur Diskussion stellten«, jetzt als Bedrohung der nationalen Einheit galten. Die neuen Außenseiter waren alte Kommunisten, die nicht fähig oder willens waren, ihre Überzeugungen dem Wechsel der Bündnisse anzupassen – und natürlich jene unverbesserlichen Kosmopoliten, die Juden.

Bewältigung der NS-Vergangenheit bedeutete einfach: Zerschmettert den Kapitalismus. Nach kommunistischem Verständnis lagen die Wurzeln des Nationalsozialismus im Kapitalismus. Da diese in Ostdeutschland ausgerissen worden waren, während man sie in Westdeutschland neu eingepflanzt hatte, konnte nur jenseits der ostdeutschen Grenzen ein neuer Faschismus entstehen. Damit bezog sich Antifaschismus nicht mehr ausschließlich und nicht einmal vorrangig auf die NS-Vergangenheit; vielmehr richtete er sich gegen die westdeutsche Gegenwart. Antifaschismus und Nationalsozialismus waren sowohl örtlich als auch zeitlich getrennt worden.

Die umfassendste Darstellung der ostdeutschen Auffassung des Kosmopolitismus war eine zwischen Oktober und Juli 1949 in der theoretischen und kulturellen Monatszeitschrift *Einheit* erschienene vierteilige Artikelreihe des ZK-Mitglieds Ernst Hoffmann, Volkskammerabgeordneter und Mitarbeiter des DDR-Kulturministeriums. Als erstes unterschied Hoffmann zwischen gutem proletarischen Internationalismus und schlechtem bürgerlichen Kosmopolitismus. Marxisten wüßten, daß das proletarische Klassenbewußtsein, wie in Deutschland geschehen, »zeitweilig verschüttet werden« könne, sich aber auch, wie nach dem Krieg in Ostdeutschland, mit Hilfe der »Kräfte der Regeneration und des Aufstiegs zum sozialistischen, internationalistischen Klassenbewußtsein« neu entwickeln lasse. Durch Kosmopolitismus und Kosmopoliten würden die Erneuerung des Klassenbewußtseins und die Nation jedoch gefährdet. Der Kosmopolitismus habe sich als das »Ideal des ›Geldmenschen‹« entpuppt, eines »vaterlandslosen Gesellen«, dessen Weltanschauung aus »völliger Gleichgültigkeit gegenüber dem Schicksal seiner Heimat und seines Volkes«, »zynischer Verachtung aller moralischen Bindungen und Verpflichtungen« und »Verschacherung und Verrat seines Volkes« bestehe. Er stelle das »vollkommenste Abbild kapitalistischer Ausbeutung« dar, indem er alle menschlichen und nationalen Bindungen und Traditionen auflöse und »nur eins übrigläßt: die nackte, brutale kapitalistische Ausbeutung im Weltmaßstab«. Zu »abstrakten, schemenhaften Ausbeutungsobjekten« wolle er die arbeitenden Menschen der ganzen Welt verwandeln und trachte danach, »sie aus dem Zusammenhang mit ihrem Volk und ihrer Klasse herauszureißen und ihrer nationalen Eigenart zu berauben«. Der Kosmopolitismus bilde die andere Seite des amerikanischen Imperialismus und Nationalismus, und seine Agenten in Westdeutschland seien die Quelle des Hasses auf die Sowjetunion, Polen und die anderen slawischen Völker.[10]

Obwohl Hoffmann die Juden nicht explizit erwähnte, dürften

sich seine Leser, erfahrene, gebildete kommunistische Intellektuelle, darüber im klaren gewesen sein, daß seine Beschreibung einen ziemlich vollständigen Katalog der traditionellen antisemitischen Klischees darstellte. Manche mögen sich auch daran erinnert haben, daß die Nationalsozialisten die Vereinigten Staaten mit ähnlichen Anwürfen attackiert hatten; zudem war ihnen vielleicht aufgefallen, daß Hoffmann hinsichtlich der rassistischen Implikationen des Kosmopolitismus zwar anführte, der Rassenhaß richte sich gegen Polen und Slawen, den Antisemitismus aber unerwähnt ließ. Für deutsche Kommunisten im Jahr 1949 konnte kein Zweifel daran bestehen, daß diese Kosmopoliten Juden waren und westdeutsche Politiker wie Adenauer oder Schumacher sowie die angloamerikanischen Imperialisten die »Untergrabung der nationalen Existenz des deutschen Volkes« betrieben und durch ihre Ablehnung der Kommunisten die Nation spalteten.[11] In Gestalt der Attacken auf den Kosmopolitismus tauchten in der Frühphase des Kalten Krieges die antiwestlichen Ressentiments des deutschen Nationalismus, der deutsche »Sonderweg« in neuen Kleidern, mit Macht wieder auf. Begonnen hatte Stalin die antikosmopolitische Säuberung, doch die Einzelheiten der Denunziation der angeblichen riesigen Verschwörung stammten von den nationalen kommunistischen Führungen. Bislang ist kein Beleg dafür gefunden worden, daß die ostdeutsche Führung Widerstand gegen die Kampagne geleistet oder sie kritisiert hätte. Immerhin schlug die Moskauer Initiative in Ost-Berlin vertraute ideologische Töne an und stellte darüber hinaus eine wirkungsvolle Waffe zur Verfügung, mit der die aus sowjetischem Exil Heimgekehrten ihre potentiellen Rivalen aus dem westlichen Exil ausbooten konnten.

Innerhalb der SED war es Aufgabe der am 16. September 1948 ins Leben gerufenen ZPKK, »Spione und Saboteure« sowie »korrupte Elemente« zu verfolgen.[12] Als ihr Vorsitzender war Hermann Matern, Gründungsmitglied der KPD, Angehöriger von Ulbrichts Moskauer Gruppe und seit 1946 ZS- beziehungsweise ZK-Mitglied, bis zu seinem Tod im Jahr 1971 der Großinquisitor der SED und der Hauptgarant für politische Konformität. Nachdem 1950 noch das MfS mit seinen engen Verbindungen zur Justiz geschaffen worden war, hatte die SED die Schlüsselelemente des neuen totalitären Regimes installiert.[13]

Da in kommunistischen Parteien die korrekte Linie von gestern heute eine Abweichung sein konnte, interessierten sich die Wächter der Orthodoxie des Augenblicks besonders für die Vergangenheit, und die aus dem mexikanischen Exil heimgekehrten Emigranten, die gelegentlich »die Mexikaner« genannt wurden, störten mit ihren Ansichten über jüdische Themen die von der SED entwickelte Konzeption des Antifaschismus. Sowohl für Merker als auch für Zuckermann ließ sich eine lange Liste von Äußerungen aufstellen, die als kosmopolitisch verunglimpft werden konnten. Sie waren in den Westen emigriert, nicht in den Osten, und hatten öffentlich das atlantische Kriegsbündnis gutgeheißen. Nach dem Krieg hatten sie sich für die Wiedergutmachung an den Juden und für gute Beziehungen zu Israel eingesetzt. In der Geschichte des deutschen Kommunismus stellten Merkers Reden und Publikationen in Mexiko und seine Einmischung in die Wiedergutmachungsdebatte in Ost-Berlin die bedeutendste, genauer gesagt die einzige tiefgreifende Auseinandersetzung mit der jüdischen Katastrophe durch ein Mitglied des Politbüros der KPD und des ZS beziehungsweise ZK der SED dar. Als diese Ansichten zuerst ausgedrückt wurden, entsprachen sie einer Strömung – wenn auch nur einer Nebenströmung – des deutschen und europäischen kommunistischen Denkens. In der Perspektive des Kalten Krieges und der antikosmopolitischen Kampagne mußten sie jedoch verdächtig erscheinen. Warum, fragten die Inquisitoren, sollte ein *Kommunist* diesen Themen Beachtung schenken? Nach den heute zugänglichen Akten von SED und Stasi zu urteilen, war das Verschweigen der jüdischen Frage durch den ostdeutschen Antifaschismus eine Folge der Unterdrückung einer Minderheitentradition sowohl unter Kommunisten als auch unter Nichtkommunisten.

Im September 1949 löste der Budapester Rajk-Prozeß eine Reihe spektakulärer Schauprozesse gegen führende Mitglieder der kommunistischen Parteien Ungarns, Bulgariens, der Tschechoslowakei und Ostdeutschlands aus. Die meisten von ihnen waren Juden, und alle hatten während des Krieges in Frankreich Kontakt mit einem gewissen Noel Field gehabt, einem amerikanischen Linken, der möglicherweise einer der kommunistischen Parteien angehörte und vielen vor dem Nationalsozialismus geflohenen Linken half, darunter auch einigen deutschen Kommunisten, die sich über Vichy-Frankreich auf dem Weg nach Mexiko befanden.[14] In der Spionagehysterie der fünfziger Jahre verwandelte sich Field in den kommunistischen Anklagen jedoch aus einem Linken in einen »amerikanischen Agenten«. Sogar Helden des Widerstandes waren nicht vor Verdächtigungen gefeit. Im Oktober 1949 wurde Franz Dahlem die Verantwortung für Kaderfragen in der SED abgenommen, weil seine Aktivitäten in Frankreich Argwohn erregt hatten. Anfang Juni 1950 vernahm das ZPKK Rudolf Feistmann, einen Freund von Merker, Zuckermann und Otto Katz, der in der *Demokratischen Post* häufig über jüdische Themen geschrieben hatte. Er starb am 9. Juni angeblich an einer Lebensmittelvergiftung; wahrscheinlicher ist jedoch, daß er Selbstmord beging, um sich nicht weiteren Verhören stellen zu müssen.[15] Andere, die in Mexiko gewesen waren oder Noel Field gekannt hatten, verloren ihre Posten oder wurden herabgestuft.

Am 24. August 1950 eröffneten ZK und ZPKK der SED mit einer Erklärung über die »Verbindungen ehemaliger deutscher politischer Emigranten zu dem Leiter des Unitarian Service Committee Noel H. Field« offiziell die von der Field-Affäre ausgelöste Säuberung in Ostdeutschland.[16] Der Erklärung zufolge hatten der Rajk-Prozeß und andere Untersuchungen Merker als Agenten des anglo-amerikanischen Imperialismus entlarvt. Infolge ihrer Verbindung zu dem »amerikanischen Agenten« Field und ihrer angeblichen Unterstützung des Klassenfeindes wurden Merker, Leo Bauer, Bruno Goldhammer, Willi Kreikemeyer, Lex Ende und Maria Weiterer ihrer Regierungsämter enthoben und aus der SED ausgeschlossen.[17] Merker erhielt eine Arbeitsstelle als Gaststättenleiter; andere kamen ins Gefängnis.

Laut SED-Erklärung hatte Field mit der Unterstützung von Emigranten das Ziel verfolgt, die kommunistischen Parteien zu unterwandern und den antifaschistischen Widerstand in Europa zu schwächen. Dies wurde angeblich dadurch bestätigt, daß Merker und andere nach Mexiko gegangen waren, statt in Frankreich zu bleiben. Zu ihren politischen Sünden gehörten fehlendes Vertrauen zur Sowjetunion nach Abschluß des Hitler-Stalin-Pakts sowie mangelndes Verständnis für dieses Abkommen und für den Charakter des amerikanischen Imperialismus. Sie hätten sich von Roosevelts fortschrittlicher Haltung dazu verleiten lassen, »in jedem Amerikaner einen Antifaschisten zu sehen und den Beauftragten des USA State Department als Verbündeten der Arbeiterklasse zu betrachten«, und seien so dumm gewesen anzunehmen, »das Ziel der amerikanischen, englischen, französischen Imperialisten bestände in der Befreiung der Völker Europas vom Faschismus«. Auf Geheiß amerikanischer Imperialisten hätten sie die Entfaltung einer antifaschistischen Widerstandsbewegung in Deutschland sabotiert, um die Verlagerung von deutschen Truppen an die Ostfront zu erleichtern und zu verhindern, daß der innere deutsche Widerstand Hitler stürzte. Damit war angeblich das Ziel verfolgt worden, ein geteiltes Nachkriegsdeutschland zu schaffen, dessen westliche Hälfte als »Aufmarschbasis gegen die Sowjetunion« genutzt werden sollte.[18]

Der Wahnsinn dieses paranoiden Konstrukts hatte Methode, und zwar eine, die ein bezeichnendes Licht auf die offizielle Erinnerung an die NS-Vergangenheit in Ostdeutschland wirft. Vor dem Hintergrund der Tatsache, daß Merkers Ansichten in der jüdischen Frage allgemein bekannt sowie Bauer und vielleicht auch Lex Ende Juden waren, wurde, erstens, die Verbindung zwischen Kosmopolitismus, Illoyalität, Spionage und Judentum hervorgehoben. Die ZPKK befragte die Beschuldigten auch ausführlich über Kontakte, die sie während des Krieges zu Juden gehabt hatten.[19] Zweitens wurde ihnen vorgeworfen, daß sie den Geist der Anti-Hitler-Koalition ernst genommen, das heißt im Bündnis mit dem Westen mehr gesehen hatten als ein Zweckbündnis mit dem Klassenfeind.

Drittens wurde mit der Einschätzung, Churchills England und Roosevelts Amerika hätten nicht die Absicht gehabt, Europa vom Nationalsozialismus zu befreien, sondern ein antisowjetisches Bollwerk in Europa schaffen wollen, der Antagonismus des Kalten Krieges zurück in die Kriegsjahre projiziert. Mit anderen Worten, die westlichen Demokratien waren nicht nur gegenwärtig Feinde, sondern angeblich auch im Kampf gegen die Nationalsozialisten keine Antifaschisten gewesen, was implizit hieß, daß die Sowjetunion als einzige Großmacht wahrhaft an der Befreiung vom Nationalsozialismus interessiert gewesen war. Viertens setzte die Erklärung voraus, daß man das vier Jahre währende sowjetische Bündnis mit dem Westen verdrängte. Darüber hinaus schufen die in der Field-Affäre vorgebrachten Anklagen ein Klima der Furcht, in dem sogar Familienangehörige sich von den Beschuldigten zu distanzieren versuchten. Merker bezeichnete die Geschehnisse, die zu seinem Parteiausschluß führten, als den »schwärzesten Tag meines Lebens« und sorgte sich um seine Familie.[20]

Die jüdische Frage schwang in der Field-Affäre mit, bildete aber nicht ihr Hauptthema. Als öffentliches Ereignis war es das kommunistische Gegenstück zu den in den USA stattfindenden großen Spionageprozessen des Kalten Krieges. Wäre die antikosmopolitische Kampagne mit der Field-Affäre zu Ende gegangen, wäre der Fall Merker nur als ein Spionagefall in Erinnerung geblieben, der wie der von Alger Hiss oder den Rosenbergs mit dem raschen Wechsel der Bündnisse beim Übergang zum Kalten Krieg verknüpft war, als ein Kapitel in der Geschichte von Disziplinierung und Bestrafung, die den mannigfaltigen Verbindungen zwischen Kommunisten und Nichtkommunisten während des Zweiten Weltkrieges folgte. Angesichts dessen, daß Merker zwei Jahre in den USA, sechs in Frankreich und vier in Mexiko verbracht hatte, hätte sein Fall auch einfach ein weiteres Beispiel des Mißtrauens und der Paranoia sein können, mit dem viele Kommunisten jenen begegneten, die vor den Nationalsozialisten in den Westen geflohen waren. Die Field-Affäre markierte jedoch nur den Beginn der Schwierigkeiten für Merker und viele andere, weniger prominente

»Kosmopoliten«, die im Westen im Exil gewesen waren. Aus den Akten der ZPKK geht hervor, daß Merkers Beziehungen zu Juden und seine öffentlichen Äußerungen zur jüdischen Frage bereits im Herbst 1950 eine gewichtige Rolle bei dem Vorwurf spielten, er sei ein Agent des amerikanischen Imperialismus und des Zionismus. Antisemitische Vorurteile waren zu einem Mittel der Konsolidierung der Macht der Moskauer Emigranten bei der Ausschaltung potentieller Rivalen aus den Reihen der »Mexikaner« geworden.

Dennoch gelang es einigen Kommunisten »jüdischer Abstammung«, ihren Hals und ihren Posten zu retten. Statt vor den Säuberungen zu fliehen und sich den 2,6 Millionen Menschen anzuschließen, die von 1949 bis zum Mauerbau 1961 die DDR verließen, erkämpften sich einige Parteimitglieder, wie etwa Alexander Abusch, ihre alte Stellung in der SED zurück. Nach der Rückkehr nach Berlin im Jahr 1946 hatte sich Abusch im kommunistisch initiierten Kulturbund zur demokratischen Erneuerung Deutschlands engagiert, und als er im Juli 1950 als Spätfolge seiner Kontakte zu Noel Field während des Krieges aller Funktionen enthoben wurde, befand er sich auf dem besten Weg in höchste kulturpolitische Ämter. Ein Jahr später stand er bei der Partei jedoch wieder in Gnade und arbeitete erneut im Kulturbund. 1954 bis 1956 war er Stellvertreter des Kulturministers Johannes R. Becher und in den folgenden zwei Jahren Staatssekretär im Kulturministerium. Im Februar 1957 wurde er ins ZK der SED kooptiert. Den Höhepunkt seiner kulturpolitischen Macht erreichte er, als er 1958 bis 1961 das Amt des Kulturministers ausübte und in dieser Eigenschaft die Errichtung der Mahnmale für die Opfer des Faschismus in Buchenwald und Sachsenhausen überwachte.

Hinsichtlich der Unterdrückung der jüdischen Frage in Ostdeutschland ist Abuschs Wiederaufstieg mindestens so aufschlußreich wie Merkers Sturz. Am 18. Juli 1950, einen Monat vor Veröffentlichung der Erklärung zur Field-Affäre, schloß die ZPKK Abusch aus dem Sekretariat des ZK aus und verbot ihm die Ausübung jeglicher Funktion in der Partei.[21] Kurz nachdem er von der Entscheidung erfahren hatte, schrieb er Walter Ulbricht einen

Brief, in dem er ihn »in der schwierigsten Situation meines Lebens« bat, »für die *Beschleunigung* des Verfahrens zu sorgen, für die schnelle Gegenüberstellung mit denjenigen, die falsche Behauptungen über mich aufstellen«. Andernfalls sei er »politisch vernichtet, bevor noch die Dinge geklärt sind«.[22] Abusch wurde als Mitschuldiger verdächtigt. Immerhin war er in Mexiko-Stadt Chefredakteur des *Freien Deutschland* gewesen. Als er im November 1950 von der ZPKK über seine Beziehungen zu jüdischen Organisationen in Mexiko befragt wurde, betonte er jedoch, daß er zwar aus einer jüdische Familie stamme, sich aber nicht für jüdische Belange interessiere und nicht mit Merkers Ansichten in der jüdischen Frage übereinstimme, die er im *Freien Deutschland* publiziert habe.[23] ZPKK und ZK waren davon nicht überzeugt und beschlossen, die Entscheidung über den Verlust seiner Funktionen aufrechtzuerhalten, was unter anderem damit begründet wurde, daß er im *Freien Deutschland* »Merkers falsche Auffassungen zur Frage der jüdischen Emigration in der Nationalitätenfrage und der restlosen Entschädigung« veröffentlicht habe.[24]

Am 19. März 1951 bat Merker Abusch brieflich um ein Treffen. »Du wirst Dir vorstellen können«, schrieb er, »daß es um mich sehr einsam geworden ist, und wahrscheinlich geht es Dir nicht viel besser.« Er wolle mit ihm über eine »möglichst lückenlose Darstellung unserer Arbeit in Mexiko« sprechen.[25] Der Brief wurde wahrscheinlich von der Stasi abgefangen und traf erst am 12. April bei Abusch ein, der ihn aus Furcht, mit dem in Ungnade gefallenen Merker in Verbindung gebracht zu werden, umgehend Ulbricht zeigte. Am 15. Mai rief Merker bei Abusch an, wo er jedoch nur dessen Frau Hilde erreichte, obwohl sich ihr Mann im selben Zimmer aufhielt. Auf Merkers Wunsch, mit Abusch zu sprechen, entgegnete sie: »Wir haben nichts miteinander zu besprechen«, und legte auf. Abusch informierte sofort Ulbricht über den Anruf, der seinerseits die wechselseitigen Briefe und Notizen von Merker und Abusch an das ZK-Mitglied Erich Mielke weiterleitete, den damaligen Staatssekretär im Ministerium für Staatssicherheit, dessen Chef er 1957 werden sollte.[26] Indem er sich direkt an Ulbricht wandte, hoffte Abusch zu demonstrieren, daß er nichts mit Merker zu tun haben wollte und wie sehr ihm seine Rehabilitierung am Herzen lag.

Um seine Treue gegenüber der Partei zu beweisen und den Vorwurf der Verbindung mit seinen »mexikanischen« Genossen zu entkräften, unterschrieb Abusch am 30. Mai 1951 eine Verpflichtungserklärung als Mitarbeiter der Stasi: »Ich verpflichte mich, der Partei nach besten Kräften behilflich zu sein, in Zusammenarbeit mit den Organen der Staatssicherheit, in der Aufdeckung von Parteifeinden und anderer Feinde der Arbeiterklasse, im Interesse der Partei und der Arbeiterklasse, für den Sozialismus. Gleichzeitig gelobe ich, über diese Verpflichtung und über alles, was mir im Zusammenhang damit zur Kenntnis gelangt, gegenüber jedermann, auch meiner Frau, zu schweigen.«[27] Abuschs Tätigkeit für die Stasi, die ihn als »geheimen Informator« (GI) mit dem Decknamen »Ernst« führte, dauerte bis zum Oktober 1956.[28] Da er mit allen prominenten ostdeutschen Intellektuellen bekannt war, konnte er Ulbricht und Mielke einen wertvollen Einblick in den Kreis der kulturellen Elite verschaffen. So begann im Sommer 1951 seine Rehabilitierung, durch die er seine Parteiämter zurückerhielt und die Arbeit im Kulturbund wiederaufnehmen konnte.

Doch es war kein einfacher Prozeß. Am 18. April 1953 faßte die Stasi ihre Beschuldigungen gegen Abusch zusammen, die darauf hinausliefen, daß er die falschen Leute gekannt und die falschen Ansichten geäußert hatte. In Vichy-Frankreich hatte er Kontakt zu Willi Kreikemeyer gehabt, der 1950 im Zuge der Field-Affäre aus der SED ausgeschlossen und verhaftet worden war. Weiterhin war Abusch angeblich mit Fields Hilfe nach Mexiko gelangt, und Merker hatte erwähnt, daß Abusch ihm beigepflichtet habe, als er den von Georg Stibi gegen Otto Katz erhobenen Spionagevorwurf zurückwies. Geschickt nutzten ZPKK und Stasi die politischen und persönlichen Konflikte und Eifersüchteleien des mexikanischen Exils für ihre Zwecke aus. Am 31. Dezember 1952 hatte die Stasi Götz Berger verhört, den Mitarbeiter der Justizabteilung von ZS beziehungsweise ZK der SED, der sich gegen Merkers und Zuckermanns Wiedergutmachungspolitik ausgesprochen hatte. Seine Aussage belastete Merker, Zuckermann und Abusch schwer. Berger zufolge hatte Abusch als Chefredakteur der *Weltbühne* die Veröffentlichung einer von ihm verfaßten kritischen Antwort auf Zukkermanns Artikel über die Wiedergutmachung an den Juden abgelehnt. Abusch habe ihn darauf hingewiesen, daß Zuckermann »Berater des ZK für jüdische Fragen« sei. Weiteren Schaden richtete Erich Jungmann an, ein anderer »Mexikaner«, der aussagte, Abusch habe enge Beziehungen zu Otto Katz unterhalten, ihn verteidigt und dabei geholfen, seine »falsche Politik« zu verbreiten; außerdem habe er »zionistische Auffassungen« geäußert. Wenn Stasi und ZPKK Bergers und Jungmanns Aussagen beim Wort nahmen, mußten sie den Schluß ziehen, daß Abusch alles andere als ehrlich gewesen war, als er versicherte, keinerlei Interesse an jüdischen Fragen zu haben.

Tatsächlich beklagten sich die Stasioffiziere über die Qualität von Abuschs Berichten, die sie seit dem 12. Oktober 1951 erhalten hatten. Am ausführlichsten schreibe er über Personen wie Katz oder Merker, von denen man bereits wisse, daß sie Agenten seien, oder über Verstorbene wie Rudolf Feistmann. Man erhalte den Eindruck, daß er die »noch ungenügend aufgeklärten Fälle verschleiern und die betreffenden Personen decken« wolle. Bislang habe er »noch nicht wesentlich dazu beigetragen, die feindliche Tätigkeit in der westlichen Emigration … zu erkennen«. Abuschs ganzes Bestreben sei es, sich reinzuwaschen und »seine eigenen Belastungen durch Unwissenheit (auf Grund des diktatorischen Verhaltens Merkers in Mexiko) zu verniedlichen«. Durch selbstkritische Erklärungen wolle er seine Parteitreue unter Beweis stellen, »ohne aber der Partei bei der Untersuchung nennenswerte Hilfe zu leisten«. Deshalb wurde empfohlen, Abusch »in schärferer Art zu verhören« und ihn »unter Anwendung von Druckmitteln … konkret zu den uns interessierenden Fragen schreiben zu lassen«.[29]

Abusch vollführte einen Drahtseilakt, indem er weit genug mit der Stasi zusammenarbeitete, um rehabilitiert zu werden und sein politisches Überleben zu sichern, dabei aber so wenigen Menschen wie möglich zu schaden. Ihm war bewußt, daß der Spionagevorwurf gegen Merker absurd war. Seine eigene Verteidigung beruhte auf der Behauptung, daß Merker in Mexiko als das Politbüromitglied, das er war, diktatorisch geherrscht hatte, was ihm gestattete, seine Ansichten zu jüdischen Themen gegen Abuschs Willen zu veröffentlichen. Unter diesem Blickwinkel gesehen, waren die im *Freien Deutschland* erschienenen Artikel für Abusch weniger belastend. So unwahrscheinlich die These von der »Minidiktatur« auch war, sie hatte den gewünschten Erfolg. Abuschs Fall illustriert die harten Bedingungen für Kommunisten »jüdischer Abstammung«, die sich in der Führungsspitze von SED und DDR-Regierung halten wollten. Der Gedanke, die Erinnerung an die jüdische Katastrophe oder die Unterstützung Israels hervorzuheben, verbot sich von selbst.

Leo Zuckermann war Abuschs Weg verschlossen. Zu lang war die Spur seiner Schriften. Am 10. November 1950 wurde Zuckermann, damals Staatssekretär und Chef der Kanzlei von DDR-Präsident Pieck, vom ZPKK-Mitglied Herta Geffke vernommen. »Wir wollten besonders etwas über die politische Linie in bezug auf die jüdische Frage wissen«, erklärte sie, ebenso über Menorah, die Organisation der deutschsprachigen Juden in Mexiko. Dabei kam auch die Entscheidung der deutschen Kommunisten in Mexiko zur Sprache, sich an den Aktivitäten der jüdischen Gemeinde zu beteiligen. Auf die Frage, ob er selbst an ihnen teilgenommen habe, antwortete Zuckermann: »Ja. Wir sind reingegangen. Es war die damalige Zeit der Judenverfolgung, um gewissermaßen die Solidarität zu zeigen.« Das sei eine »eigenartige Haltung«, warf Geffke ein, worauf Zuckermann versicherte, man habe damit die Absicht verfolgt, die Juden in die Organisation des Freien Deutschland einzubinden. Ob er denn nicht gewußt habe, fragte Geffke, »daß Mitglieder der jüdischen Gemeinde zum amerikanischen Nachrichtendienst geholt wurden«. Außerdem erkundigte sie sich nach Merker und Otto Katz und deren Einsatz für die Wiedergutmachung in Mexiko und Ost-Berlin.[30]

Drei Tage später schrieb Zuckermann an Geffke, um seine orthodoxen Ansichten zur jüdischen Frage unter Beweis zu stellen. 1948 habe er sich öffentlich gegen die Regelung in der amerikanischen Besatzungszone ausgesprochen, die eine Wiedergutmachung auch an Juden vorsah, die emigriert waren und sich nicht wieder in Deutschland niedergelassen hatten. Mit seiner Feststellung, daß dies ein »zusätzlicher Versuch des Eindringens ausländischen Kapitals und zur Überfremdung der deutschen Wirtschaft« sei, habe er sich »erregte Zwischenrufe des bekannten amerikanischen Vermögenskommissars für Bayern, Dr. Auerbach«, eingehandelt. Außerdem habe er auf einer 1948 oder 1949 abgehaltenen Sitzung von VVN-Mitgliedern aus allen Besatzungszonen öffentlich klargestellt, daß man in der sowjetischen Besatzungszone die »echte Wiedergutmachung in der Herstellung solcher politischer und gesellschaftlicher Verhältnisse erblicke, die eine Wiederholung des Nationalsozialismus unmöglich machen. Die Rückgabe von Vermögenswerten sei ein übler Scherz, wenn SS und Wehrwirtschaftsführer wieder entscheidende Positionen in Verwaltung und Wirtschaft wie in Westdeutschland bekleiden.« Darüber hinaus habe das Wiedergutmachungsgesetz, das er zusammen mit der VVN und der Abteilung für Arbeit und Sozialfürsorge (an deren Aufbau er und Merker beteiligt gewesen waren) entworfen habe, »mit den Gesetzen im Westen nichts gemein«. Es habe das Staatseigentum unberührt gelassen und sich nur auf in Deutschland lebende Personen sowie Eigentum bezogen, »das sich nachweislich durch Nazienteignung noch in Privatbesitz befindet«. Ein »allgemeiner Schadensersatz« sei in diesem mit »den Freunden«, das heißt den sowjetischen Besatzungsbehörden, abgestimmten Gesetzesentwurf nicht vorgesehen gewesen. Bei »vielen jüdischen Mitgliedern der VVN« sei dies auf heftige Kritik gestoßen, »und ich selbst hatte viele scharfe Diskussionen bei der Kommentierung und Verteidigung des Entwurfes«.[31]

Zuckermanns Rechtfertigungsversuch zeigt, wie dramatisch sich die Politik in der jüdischen Frage unter den Bedingungen des Kalten Krieges und der antikosmopolitischen Säuberung gewandelt hatte. Nur zwei Jahre zuvor hatten VVN-Funktionäre noch verlangt, Ostdeutschland dürfe sich bei der Wiedergutmachung nicht vom Westen ausstechen lassen, und jetzt, im Herbst 1950, bestand Zuckermanns *Verteidigung* in der Zurückweisung der Vermutung, seine Ansichten könnten dieser Forderung entsprechen oder von den sowjetischen Wiedergutmachungsplänen abweichen. War er etwa nicht von einem Vertreter der amerikanischen Besatzungszone und sogar von vielen jüdischen VVN-Mitgliedern kritisiert worden? Sein Schreiben an Geffke spiegelt die Furcht vor der Anklage des Verrats und der Untreue wider, in der jene Kommunisten – Juden wie Nichtjuden – in der Sowjetzone lebten, die sich für die jüdischen Überlebenden eingesetzt hatten. Das politische Überleben erforderte, daß man *nicht* mit Juden und der Forderung nach Wiedergutmachung an im Ausland lebenden Holocaustopfern oder nach Rückgabe von Immobilien, die in den Besitz der öffentlichen Hand übergegangen waren, in Verbindung gebracht wurde. 1948 war es noch möglich gewesen vorzuschlagen, sich die westdeutsche Wiedergutmachungspolitik zum Vorbild zu nehmen. Im Sommer 1950 dagegen galt dieser Vorschlag als Beweis verräterischer Sympathien für den Westen.

Offenbar wogen Zuckermanns Abweichungen in der jüdischen Frage schwerer als seine Verteidigung. Er konnte seine Stellung als Piecks Kanzleichef noch bis zum 1. Mai 1951 halten, obwohl er schon am 27. November 1950, einige Wochen nach dem ZPKK-Verhör, in einem Brief an Walter Ulbricht um seine Ablösung gebeten hatte. Zur Begründung schrieb er: »Unter dem tiefen Eindruck der nazistischen Judenverfolgung habe ich Fehler gemacht, die ... mein Verbleiben in unmittelbarer Nähe des Parteivorsitzenden und Staatspräsidenten sowie der Regierung nicht gestatten. Sollte die Partei mich mit einer anderen Aufgabe betrauen, so werde ich bemüht sein, sie mit ganzer Kraft zu erfüllen.«[32] Jetzt war ihm die Ursache seiner Fehler klar: Der »tiefe Eindruck« der Vernichtung der europäischen Juden hatte ihn zu solchen Irrtümern verleitet wie der Unterstützung des neuen Staates Israel und dem Einsatz für die Wiedergutmachung an jüdischen Überlebenden.

Die erste Notiz in der Stasiakte über Zuckermann trägt das Datum vom 14. Juni 1951 und gibt den Geist der antijüdischen Säuberung wieder: Im Unterschied zu früheren SED-Dokumenten wird Zuckermanns Staatsangehörigkeit diesmal mit »Deutsche Staatsangehörigkeit (Jude)« angegeben. Auch seine »bürgerliche Herkunft« wird erwähnt, ebenso wie die Tatsache, daß er in Mexiko mit Merker, Abusch und Leo Bauer zusammenarbeitete, von denen einige »z. Zt. für den amerikanischen und englischen Geheimdienst« tätig seien. Den in Mexiko verbliebenen »deutschen Emigranten (Juden)« habe er versprochen, ihre »Interessen innerhalb Deutschlands als Rechtsanwalt in bezug der Rückgabe ihrer Vermögen ... zu vertreten«. Am Schluß vermerkte die Aktennotiz, daß er »enge Beziehungen zu den deutschen Juden, die während der Nazizeit in England, Amerika und Frankreich waren«, unterhalte.[33] Am 27. Juni 1951 unterschrieb Mielke die Anordnung, durch die Zuckermann formell unter Verdacht gestellt wurde, ein ausländischer Agent zu sein. Dem MfS-Dokument zufolge beriet Zuckermann als Rechtsanwalt noch in Mexiko lebende deutsche Juden, die ihr geraubtes Eigentum wiederzuerlangen suchten: »Von einer Reihe von Emigranten hat er Gelder angenommen. Mit diesen Leuten steht er noch heute in Verbindung und erhält weiterhin Gelder und Pakete.«[34] Solche internationalen Beziehungen erregten augenscheinlich Mißtrauen.

Wahrscheinlich als Reaktion auf den wachsenden Druck sandte Zuckermann am 18. Juli 1951 ein zweites, ausführlicheres Rechtfertigungsschreiben an das ZK der SED. Es ist eines der erschütterndsten Dokumente erfolgloser Selbsterniedrigung und Abbitte in der Geschichte der antikosmopolitischen Säuberung in Ostdeutschland. Zunächst gab er zu, daß es »imperialistischen Spionageagenturen« gelungen sei, »innerhalb der kommunistischen Emigration in den kapitalistischen Ländern Agenten und Spione zu werben«. In der aktuellen »Periode des verschärften und zunehmenden Kampfes gegen den Imperialismus« habe er es für angebracht gehalten, daß »die Funktion des Chefs der Präsidialkanzlei von einem Genossen wahrgenommen wird, der nicht durch seinen Aufenthalt während der Emigration in Zweifel gezogen werden konnte«. Deshalb habe er die Partei gebeten, ihn von dieser Funktion zu befreien. Der größte Teil des Schreibens war jedoch der Erklärung gewidmet, wieso er 1947 nach der Rückkehr aus dem Exil der Jüdischen Gemeinde von Berlin beigetreten war:

> Natürlich war ich weder religiös noch etwas ähnliches geworden. Jedoch hatten mich die Judenmassaker der Nazis zusätzlich zu den anderen Greueln, die Ausrottung vieler Verwandter und Bekannter, aufgewühlt. Als ich nach meiner Rückkehr nicht nur einer weit verbreiteten Interessenlosigkeit der Bevölkerung gegenüber diesen Massenvernichtungen, sondern sogar offen antisemitischen Stimmungen trotz aller Ereignisse begegnete und auf der anderen Seite die aus den Lagern Zurückkommenden kennenlernte, tat ich diesen Schritt, weil ich nicht daran dachte, meine jüdische Abstammung zu leugnen. Da der Beitritt nicht mit der Abgabe eines religiösen Bekenntnisses verbunden war, hielt ich dies in der damaligen Situation für einen Solidaritätsakt mit den jüdischen Verfolgten.
>
> Rückblickend muß ich sagen, daß die Handlung eine falsche, sentimentale Reaktion war. Ich will sie keineswegs entschuldigen, aber doch dadurch verständlich machen, daß ich aus einer ostjüdischen Familie stamme, in der jiddisch und russisch gesprochen wurde, in der gewisse jüdische Traditionen und nationale Reste viel stärker vorhanden waren, als das bei den Juden in Deutschland der Fall war.[35]

Seither, schloß Zuckermann, sei das Problem des Nachkriegsantisemitismus und der Stellung der Jüdischen Gemeinde durch die soziale Entwicklung in der DDR gelöst worden. Dieses bemerkenswerte Schriftstück ist ein weiterer Beweis für das Ausmaß der Anpassung, durch die Kommunisten »jüdischer Abstammung« ihre Stellung innerhalb der Machtelite zu behaupten versuchten. Die Emigration in den Westen stellte nach dem Krieg eindeutig ein Hindernis dar, aber wie Abusch und andere bewiesen, war es nicht unüberwindbar. Doch Zuckermanns Schwierigkeiten waren in seiner aktiven Teilnahme an jüdischen Aktivitäten sowohl in Mexiko als auch in Ost-Berlin begründet. Als Erklärung dafür hätte man nicht auf den abwegigen Verdacht verfallen müssen, daß er amerikanischer oder britischer Spion war; ein Hinweis darauf, daß er Jude war, hätte völlig ausgereicht. Aber die ostdeutsche Führung hatte so wenig Verständnis für die jüdische Katastrophe oder war ihr gegenüber so unsensibel, daß es ihr nicht intuitiv einleuchtete, warum ein Jude in Deutschland seine Solidarität mit den jüdischen Opfern des Nationalsozialismus ausdrücken wollte. Darüber hinaus paßte Zuckermanns Beobachtung eines verbreiteten Antisemitismus in Ostdeutschland nicht in das von der Führungsspitze gepflegte Bild des antifaschistischen Staats. Deshalb glaubte Zuckermann, seine politische Stellung und vielleicht nicht nur sie retten zu können, indem er seine menschliche Reaktion auf den Holocaust als falsch und sentimental bezeichnete.

Stasi und ZK ließen sich davon nicht beeindrucken. Am 5. August 1951 ordnete der leitende Stasioffizier in diesem Fall an, alle an Zuckermann geschickten Briefe dem MfS vorzulegen.[36] Ende September, mehrere Monate, nachdem er seinen Posten als Chef der Präsidialkanzlei aufgegeben hatte, wurde Zuckermann zum Professor ernannt und an der Deutschen Verwaltungs-Akademie »Walter Ulbricht« in Forst Zinna, der Elitebildungsstätte für angehende Regierungsbeamte, insbesondere solche im diplomatischen Dienst, Dekan der Fakultät für Internationales Recht.[37] Ein Jahr später, im Herbst 1952, nahm die Stasi ihn unter schärfere Beobachtung.[38] Wie schon im französischen und mexikanischen Exil war sein Schicksal untrennbar mit dem seines Freundes Paul Merker verknüpft. Er war zwar weder so schnell noch so tief gestürzt wie Merker, wußte aber, wie prekär seine Lage war. Je tiefer Merker fiel, desto schlimmer stand es auch um seine Freunde.

Merkers Schicksal war mit dem Ausgang des Schauprozesses gegen Rudolf Slansky, dem zweitmächtigsten Mann der Kommunistischen Partei der Tschechoslowakei, und gegen andere hochrangige Kommunisten in Prag im November 1952 besiegelt. Die vierzehn Angeklagten, von denen elf Juden waren, wurden schuldig befunden, Agenten des amerikanischen Imperialismus und des Zionismus zu sein. In drei Fällen wurden lebenslängliche Haftstrafen verhängt. Die anderen elf Verurteilten, darunter Slansky und der ehemalige tschechoslowakische Botschafter in Ost-Berlin, Otto Fischl, wurden am 30. November gehängt. Während des Prozesses waren Geständnisse der zweifelhaftesten Art vorgelegt worden, in denen behauptet wurde, Merker sei mit Slansky und Fischl konspirativ verbunden gewesen. Mit einem Kommentar über den Slansky-Prozeß im *Neuen Deutschland* begann am 26. November 1952 die Suche nach einem deutschen Slansky, wobei Merker in einem Atemzug mit Fischl und Katz genannt wurde.[39]

Am selben Tag, an dem in Prag die Verurteilten des Slansky-Prozesses hingerichtet wurden, eröffnete in Ost-Berlin das MfS ein »Untersuchungsverfahren« gegen Merker als einem angeblichen »Agenten imperialistischer Geheimdienste«, in deren »Dienst und Auftrag« er sich »vor und nach 1945« betätigt habe. Damit habe er ein Verbrechen gemäß Artikel 6 der Verfassung der DDR und der ursprünglich im Rahmen der Entnazifizierungsmaßnahmen erlassenen Direktive 38 des Alliierten Kontrollrats begangen, beides Bestimmungen, die von den Kommunisten regelmäßig gegen Dissidenten und Opponenten wie Merker angewandt wurden.[40] Am 3. Dezember 1952 wurde Merker in Luckenwalde in der Nähe seines Wohnhauses von Stasimitarbeitern festgenommen und nach Berlin in die »Haftanstalt 1« in Untersuchungshaft gebracht.[41] Zweieinhalb Wochen später, am 19. Dezember, kam die Stasi zu dem Schluß, daß Zuckermann und seine Familie sich nicht mehr in Ostdeutschland aufhielten. Tatsächlich hatte sich Zuckermann nach den Urteilen und Hinrichtungen im Slansky-Prozeß gesagt, daß es an der Zeit sei zu gehen, und war am 14. Dezember mit seiner Frau und seinen Kindern nach West-Berlin geflohen. Nach einigen Monaten in Westdeutschland emigrierte er zum zweiten Mal und diesmal endgültig nach Mexiko, wo er sich als Rechtsanwalt niederließ. Er war einer der hochrangigsten Kommunisten, die jemals aus der DDR flohen, und seine Flucht war im Westen ein Medienereignis.[42]

Mit der Veröffentlichung ihrer »Lehren aus dem Prozeß gegen das Verschwörerzentrum Slansky« am 20. Dezember führten ZK und ZPKK den entscheidenden Schlag gegen Merker und zerstörten damit die letzte schwache Hoffnung darauf, daß jüdische Belange in den richtungweisenden Gremien der ostdeutschen Regierung angemessen Gehör finden würden, während gleichzeitig die Aussicht auf einen Berliner Schauprozeß gegen einen deutschen Slansky Gestalt annahm. Die »Lehren« sind eines der Schlüsseldokumente zur jüdischen Frage in der ostdeutschen Geschichte. Ihr Verfasser, Hermann Matern, verdammte in ihnen die »verbrecherische Tätigkeit der zionistischen Organisationen«, die gemeinsam mit »amerikanischen Agenten« versuchten, die osteuropäischen Volksdemokratien zu vernichten. Den Vorwurf des Antisemitismus vorwegnehmend, erklärte Matern, der Slansky-Prozeß habe gezeigt, »daß es eine Methode dieser Verbrecher war, wachsame, fortschrittliche Genossen durch die Bezichtigung des Antisemitismus zu diskreditieren«. Doch die »zionistische Bewegung« habe »nichts gemein mit Zielen der Humanität und wahrhafter Menschlichkeit«. Sie werde vielmehr »beherrscht, gelenkt und befehligt vom USA-Imperialismus« und diene »ausschließlich seinen Interessen und den Interessen der jüdischen Kapitalisten«. Merker war nach Materns Ausführungen durch seine Freundschaft mit Otto Katz in die Slansky-Verschwörung verwickelt. Trotz ihrer Treueschwüre gegenüber der Sowjetunion hätten die Angeklagten versucht, »die Werktätigen mit dem Gift des Chauvinismus und Kosmopolitismus, mit der reaktionärsten bürgerlichen Ideologie zu verseuchen«. Kurz, die angebliche Verflechtung von Kosmopolitismus, Judentum und Zionismus war klar ersichtlich.[43]

Die Verwendung von Begriffen wie »Vergiftung« oder »Verseuchung« hatte eine lange Tradition in der Geschichte des deutschen und europäischen Antisemitismus. Wieder identifizierten führende deutsche Politiker die Juden öffentlich als internationalistische Kosmopoliten, statt sie als echte Angehörige der Nation anzusprechen. Wieder, und dies nur sieben Jahre, nachdem die nationalsozialistische Vorstellung einer jüdischen Weltverschwörung im Genozid geendet hatte, wurde von der Verschwörung einer mächtigen, wenn auch zahlenmäßig kleinen Gruppe gesprochen, die eine Existenzbedrohung von Partei und Staat darstelle. Und wieder definierte sich ein deutscher Nationalismus, diesmal in kommunistischer Färbung, im Gegensatz zu einer kapitalistischen, entwurzelten, internationalen jüdischen Verschwörung. Sigrid Meuschel zufolge sah die SED in einem »Patriotismus mit zugleich antisemitischen und antikapitalistischen Zügen ... die Chance, die rechte und linke Kritik an den westlich-kapitalistischen Gesellschaften zu vereinen und die eigene Ordnung der Kritik zu entziehen«.[44]

Zum Beweis der Vorwürfe verwies Matern auf Merkers Veröffentlichungen in Mexiko, auf die Hilfe mit Mitteln und Visa, die er 1941 vom New Yorker Gemeinsamen Antifaschistischen Flüchtlingskomitee für die Reise von Frankreich nach Mexiko erhalten hatte, auf seine Begegnungen mit Vertretern dieses Komitees und des Jüdischen Weltkongresses in Mexiko, auf sein öffentliches Eintreten für die finanzielle Wiedergutmachung an Juden im Nachkriegsberlin, auf seine Unterstützung für Israel und auf seine Freundschaft mit Otto Katz und seinen Einsatz für dessen Verteidigung. Nach Materns Meinung hatte sich die mexikanische Ausgabe des *Freien Deutschland* unter Merkers Einfluß der »Verteidigung der Interessen zionistischer Monopolkapitalisten« verschrieben. Es gebe keinen Zweifel mehr, »daß Merker ein Subjekt der USA-Finanzoligarchie ist, das die Entschädigung der jüdischen Vermögen nur forderte, um dem USA-Finanzkapital das Eindringen in Deutschland zu ermöglichen«. Dies sei die »wahre Ursache seines Zionismus«. Für sein Interesse an der Wiedergutmachungsfrage sei unter anderem seine Bekanntschaft mit J. P. Warburg verantwortlich, einem Angehörigen der berühmten deutsch-jüdischen Bankiersfamilie, der während des Krieges Direktor des U. S. Information Service in Mexiko-Stadt gewesen sei. Das heißt, Matern unterstellte, daß Merker sich für die Juden einsetzte, weil er von amerikanischen Imperialisten dafür bezahlt wurde. Darin liege die Ursache für Merkers nach Kriegsende erhobene Forderung nach »Finanzierung der Auswanderung jüdischer Kapitalisten nach Israel« und des Transports »jüdischer Bürger deutscher Nationalität« in ein Land ihrer Wahl. Im Rückblick erschien Matern die Kooperation und Solidarität zwischen deutschen Kommunisten im westlichen Exil einerseits und amerikanischen jüdischen Organisationen sowie amerikanischen Kommunisten, Linken und Liberalen andererseits als eine weitere Spionageverschwörung von »Imperialisten« und »jüdischen Kapitalisten«.

Am meisten entrüstete Matern aber Merkers Forderung, die Wiedergutmachung allen Juden zukommen zu lassen, unabhängig davon, ob sie nach 1945 nach Deutschland zurückgekehrt oder im Ausland geblieben waren. Merker habe die »aus den deutschen und ausländischen Arbeitern herausgepreßten Maximalprofite der Monopolkapitalisten in angebliches Eigentum des jüdischen Volkes« umgemünzt. In Wirklichkeit seien »bei der ›Arisierung‹ dieses Kapitals nur die Profite ›jüdischer‹ Monopolkapitalisten in die Hände ›arischer‹ Monopolkapitalisten übergewechselt«. Damit verwendete Matern nicht nur für den Raub jüdischen Eigentums einen aus der rassistischen NS-Sprache stammenden Begriff – den der »Arisierung« –, sondern er erneuerte auch die Verknüpfung von Judentum und Kapitalismus im öffentlichen Diskurs, indem er Merkers Eintreten für die jüdischen Überlebenden zu einem Handeln im Dienst »jüdischer Monopolkapitalisten« verfälschte und den Gedanken von sich wies, daß die Juden von den Nationalsozialisten als Opfer ausgewählt worden waren. Er zitierte Stalins Aussage, daß die Juden keine Nation seien, und warf Merker vor, er verlasse die »marxistisch-leninistische Theorie der nationalen Frage« und begebe sich »auf die Plattform des von Lenin und Stalin stets bekämpften kleinbürgerlich-opportunistischen ›Bund‹, der als Garantie gegen die Assimilation der Juden die national-kulturelle Autonomie forderte«.

Anschließend wandte sich Matern Merkers Rolle in der Wiedergutmachungsdebatte der unmittelbaren Nachkriegszeit und der Konkurrenz um Geld und Ansehen unter den Opfern des Faschismus zu und warf Merker vor, er habe sich nicht um jüdische Arbeiter oder die Opfer des Nationalsozialismus in Osteuropa und der Sowjetunion gekümmert, sondern »vor allem an die reichen jüdischen sogenannten Wirtschaftsemigranten« gedacht, »mit denen Merker, André Simone und andere deutsche Emigranten in Mexiko in engster Verbindung standen«. Diese engen Beziehungen zu reichen Juden seien der Grund dafür, warum Merker Unterstützung für die Ausreise nach Palästina verlange. Besonders rieb sich Matern an Merkers Argument aus der Kriegszeit, dem zufolge die politischen Gegner des Nationalsozialismus im Unterschied zu den Juden die Wahl gehabt hätten, sich am Kampf gegen den Nationalsozialismus zu beteiligen oder nicht. In seinen Augen war Merkers Lob für den Mut der kommunistischen Antifaschisten nichts anderes als der verabscheuungswürdige Versuch gewesen zu suggerieren, gegenüber den Opfern und Leiden des jüdischen Volkes zählten deren Opfer und Leiden nicht.[45] Es war jedoch Matern, nicht Merker, der die Erinnerung an die Vergangenheit in ein Nullsummenspiel verwandelte, in dem die Anerkennung jüdischen Leids nur auf Kosten der Anerkennung des Leids anderer, einschließlich der kommunistischen Widerstandskämpfer, erfolgen konnte. Stalin und die Stalinisten vertraten einen eifersüchtigen Gott. Neben den Leiden der Sowjetunion und der deutschen Kommunisten wollte Matern keine anderen anerkennen. Deshalb mißdeutete er Merkers Würdigung der freiwilligen Entscheidung der Kommunisten, gegen die Nationalsozialisten zu kämpfen, als Ausdruck der Verachtung für ihre Leiden, was Merker niemals gesagt hat.

Die Säuberung zog sogar Juden in Mitleidenschaft, die unbezweifelbar orthodoxe Kommunisten waren. Am 29. Dezember 1952 wurde das von Gerhart Eisler geleitete Amt für Information bei der Regierung der DDR aufgelöst, und Albert Norden verlor seine Stellung als Leiter der Presseabteilung dieses Amtes.[46] Nachdem Merker in Ungnade gefallen war, nutzten seine alten Feinde die Gelegenheit, Beweise für seine verräterische Vergangenheit zur Verfügung zu stellen. Am 31. Dezember 1952 stellte Götz Berger in einem Schreiben an Matern Merkers Rolle in der Wiedergutmachungsdebatte von 1948 dar. Merker und seine Gefolgsleute hätten sich für die volle Wiedergutmachung der von Juden erlittenen Schäden eingesetzt. Für seinen Widerspruch gegen Merkers Haltung nannte Berger drei Gründe: Erstens wäre ein solcher Schadenersatz »zu einem großen Teil jüdischen, jetzt amerikanischen bzw. amerikanisch orientierten Kapitalisten zugute« gekommen, wie es in der Weimarer Republik geschehen sei, als ein »sehr großer Teil des Berliner Hausbesitzes« in die Hände ausländischer, häufig jüdischer Eigentümer gelangt sei. Zweitens hätten aus einer solchen Regelung Faschisten ebenso ihren Nutzen gezogen wie Antifaschisten, die ihr Eigentum verloren hatten. Und drittens sollte Wiedergutmachung Opfern des Faschismus eine sichere Existenz ermöglichen und das Wiederaufleben des Rassenhasses verhindern. Merker und seine Anhänger hätten auf Bergers Argumente erwidert, »jede Verweigerung der hundertprozentigen ›Wiedergutmachung‹ bedeute eine Sanktionierung der Naziverfolgungen und eine ›nochmalige Enteignung‹ der Juden«. Darüber hinaus hätten sie sich »zionistischen Gedankengängen« angeschlossen, eine doppelte Staatsbürgerschaft in Israel und Deutschland gefordert und wie Leo Zuckermann von einem »jüdischen Volk«, einer »›jüdischen nationalen Minderheit‹ in Deutschland« und ähnlichen Dingen gesprochen, »die mehr oder minder aus dem Gedankenarsenal des Zionismus stammten«. Berger nannte Leo Zuckermann, Kurt Nettball, Julius Meyer und Leon Löwenkopf als Anhänger Merkers und fügte vage hinzu, »daß Merker in Mexiko jüdischen Kreisen gegenüber Verpflichtungen eingegangen ist, sich für sie einzusetzen«.[47]

Ganz im Stil der im Gang befindlichen Säuberung verkehrte Berger politische Nichtübereinstimmung in ein Verbrechen. Indem er Merkers Äußerungen in Mexiko mit der Wiedergutmachungsdebatte im Ost-Berlin der Nachkriegszeit verband, lieferte er eine weitere Erklärung für Merkers Handeln nach dem Krieg, die nämlich, daß er ein gekaufter Agent sei, der von jüdischen Kapitalisten in Mexiko und Juden in New York bezahlt werde, die ihm und seiner Frau 1941 die Flucht nach Mexiko ermöglicht hatten. Nach Auffassung Bergers sowie von ZK und ZPKK war Merkers

Einsatz für jüdische Belange keineswegs Ausdruck einer tiefen moralischen und politischen Überzeugung, sondern nur die Rückzahlung von Schulden an reiche Juden, die Geld und Eigentum zurückwollten.

Am 25. März 1953 erhielt Hermann Matern Post von Otto Winzer, Zuckermanns Nachfolger als Chef der Präsidialkanzlei und später ein hochrangiger Mitarbeiter des Außenministeriums, bevor er 1965 bis 1975, als die ostdeutsche »antizionistische« Nahostpolitik stärker zum Tragen kam, das Amt des Außenministers ausübte. Er informierte den Chef der ZPKK darüber, daß er unter Zuckermanns Papieren eine Erklärung gefunden habe, die »wegen ihrer besonderen politischen Wichtigkeit unbedingt zu veröffentlichen« sei. Zu Winzers Erstaunen hatte Zuckermann »in Bausch und Bogen alle Juden, auch die jüdischen Bankiers und Großkapitalisten, von jeder Schuld am Aufkommen des Faschismus freigesprochen«.[48] In dem 1947 entstandenen unveröffentlichten Aufsatz, auf den sich Winzer bezog, hatte Zuckermann unter dem Titel »Erkenntnis, nicht Mitschuld« den Vorwurf zurückgewiesen, den er damals offenbar in Ost-Berlin gehört oder gelesen hatte, die Juden trügen eine Mitschuld am Aufstieg der Nationalsozialisten. Er verwies auf das Augenscheinliche: 1933 hatten Juden nur 0,97 Prozent der deutschen Bevölkerung ausgemacht. Wenngleich die deutschen Juden die beispiellose Mordwut der Nationalsozialisten unterschätzten, sei es ein »unfruchtbares Unternehmen, gewissermaßen rückblickend eine Schuld konstruieren zu wollen, damit ist niemand geholfen«.

Am empörendsten fand Winzer vermutlich Zuckermanns Überzeugung, daß das Wohlergehen des jüdischen Volks untrennbar mit dem Vorhandensein der Demokratie verknüpft sei und die Juden die Absicht hatten, Juden zu bleiben. Obwohl der Hitlerfaschismus die Ausrottung der Juden in der ganzen Welt proklamiert habe, so Zuckermann, und es ihm gelungen sei, sechs Millionen von ihnen auszulöschen, habe er sein Programm nicht verwirklichen können: »Das jüdische Volk lebt, zwar um 1/3 vermindert, aber es ist entschlossener denn je, weiterzuleben und das jüdische

Leben wieder aufzubauen.« Ohne rechtsstaatliche, demokratische Rahmenbedingungen könne es jedoch »keine lebensfähige Entwicklung des jüdischen Volkes« geben; dann erwache die Gefahr einer erneuten Bedrohung für jene, die den Hitlerfaschismus überlebt haben. Eine der wichtigsten Erkenntnisse aus den Jahren der Verfolgung laute: »Das Schicksal des jüdischen Volkes ist untrennbar mit der Demokratisierung der Welt verknüpft.«[49] Damit war Zuckermann in zwei Punkten von der Parteilinie abgewichen: Erstens war die kommunistische Orthodoxie der Meinung, Juden und Judentum würden in der klassenlosen Gesellschaft aufgehen. Zweitens erregten Zuckermanns retrospektiv festgestellte abweichende Ansichten in der jüdischen Frage den Verdacht, er hätte sich »bürgerlichen« Demokratievorstellungen angeschlossen.

Daß ein hochrangiger Angehöriger einer »antifaschistischen« deutschen Regierung, statt eine mögliche Kollektivschuld der Deutschen zu diskutieren, auf diesen Aufsatz reagierte, indem er auf eine angebliche Mitschuld der Juden am Aufstieg des Nationalsozialismus einging, zeigt, wie bizarr der interne Diskurs in den oberen Rängen der SED geworden war. Nur wenige Dokumente fangen die antisemitische Tonlage im Ost-Berlin der damaligen Zeit so gut ein wie Winzers Brief an Matern. Daß solch ein herzloser, bigotter Mann zur einflußreichsten Gestalt in der Außenpolitik der DDR werden konnte, unterstreicht, daß nicht nur eine antizionistische Politik, sondern auch tiefsitzende antijüdische Ressentiments die späteren ostdeutschen Äußerungen über den Nahen Osten bestimmten.

Am 6. Januar 1953 wurde Julius Meyer, damals Vorsitzender der Jüdischen Gemeinde Ost-Berlins und des Verbandes Jüdischer Gemeinden in der DDR sowie Mitglied der Volkskammer und des Vorstandes der VVN, von der ZPKK über seine Israelreisen, die Wiedergutmachungsdebatte und seine Kontakte mit Israelis verhört.[50] Meyer erwähnte, Merker und Zuckermann hätten 1948 der Forderung zugestimmt, »daß man alles Eigentum, das den Juden geraubt wurde, ihnen wieder zurückgeben werde«. Außerdem berichtete er über eine Sitzung zur Wiedergutmachungsfrage in Otto Grotewohls Büro in Ost-Berlin, an der neben Grotewohl und ihm selbst Zuckermann sowie Vertreter Israels teilgenommen hatten. Er erinnere sich sehr gut, »daß der Genosse Grotewohl sagte: ›Wir sind geneigt, Verhandlungen zu führen, jedoch müssen erst diplomatische Beziehungen zwischen beiden Ländern [der DDR und Israel] hergestellt werden.‹«[51] In der ZPKK-Akte über Meyer sind darüber hinaus zwei Israelreisen im Jahr 1949, Reisen nach Westdeutschland und sein Interesse am Thema der Wiedergutmachung für in Israel lebende Juden aufgeführt.[52]

Eine Woche nach der Vernehmung, am 13. Januar, floh Meyer mit seiner Familie nach Westdeutschland und von dort weiter in die USA. Mit ihm verließen die Vorsitzenden von drei der acht Jüdischen Gemeinden in der DDR das Land: Helmut Lohser (Leipzig), Leo Löwenkopf (Dresden) und Günther Singer (Erfurt).[53] Am selben Tag verkündete die sowjetische Nachrichtenagentur TASS die Aufdeckung eines jüdischen »Ärztekomplotts«, das für den Tod führender Regierungsmitglieder verantwortlich sei.[54] Am 16. Januar wurde in Ost-Berlin der nichtkommunistische DDR-Außenminister Georg Dertinger verhaftet,[55] und drei Tage später berichtete die *New York Times*, Einsatzkommandos der ostdeutschen Polizei seien »auf der Jagd nach ›zionistischen Spionen‹ in Wohnhäuser und Büros von Juden eingedrungen«, hätten »Papiere und Ausweise beschlagnahmt und den Juden befohlen, in der Nähe ihrer Häuser zu bleiben«. Hans Jendretzky, damals Kandidat des Politbüros des ZK der SED, bezeichnete die Juden als »Staatsfeinde« und forderte, sie aus dem öffentlichen Leben zu entfernen.[56] Am 21. Januar meldete die *New York Times*, dreihundertfünfundfünfzig Juden, ein Viertel der verbliebenen jüdischen Bevölkerung, seien geflohen; zurückgeblieben seien hauptsächlich die Alten und Kranken. Am selben Tag gab die ostdeutsche Regierung bekannt, die vier geflohenen jüdischen Gemeindeführer seien aus der VVN ausgeschlossen worden, weil sie sich durch ihre Flucht als zionistische Agenten zu erkennen gegeben hätten.[57] Einen Monat später, am 23. Februar, löste sie die VVN auf und ersetzte die Organisation, in der es Juden möglich gewesen war, ihre Ansichten und Forderungen geltend zu machen, durch ein umorganisiertes, politisch zuverlässiges Komitee der antifaschistischen Widerstandskämpfer.

Die Flucht der jüdischen Führer war für einige westliche Zeitungen ein großes Ereignis. So berichtete die *New York Times* an prominenter Stelle über die Flucht und ihre Gründe,[58] und die Flüchtlinge selbst erklärten in einem Interview mit der Zeitung der amerikanischen Besatzungsbehörden, der *Neuen Zeitung*, daß sie Ostdeutschland aus Furcht davor verlassen hätten, zu Angeklagten in einem Schauprozeß nach dem Vorbild des Slansky-Prozesses zu werden. Laut Meyer gab es keinen Antisemitismus im deutschen Volk, sondern »nur einen Antisemitismus in der SED, der aus hochpolitischen Gründen von Moskau gesteuert wird«. Die Juden in Ostdeutschland befürchteten eine »Wiederholung der Pogrome von 1938«; deshalb ließen sie »alles stehen und liegen, um nicht wieder in Konzentrationslagern zu landen«. Der rassisch motivierten Verfolgung unter Hitler stellte Meyer die politischen Gründe gegenüber, die hinter den Maßnahmen der SED standen. Danach wurden mit der Säuberung vier Ziele verfolgt: Man wollte die Sympathie der arabischen Länder gewinnen, die Verbindungen zwischen den in der DDR lebenden Juden und ihren Verwandten und Freunden im Westen kappen, die Juden als Sündenböcke für wirtschaftliche Probleme präsentieren und potentielle Kritiker Ulbrichts ausschalten. Den Entschluß zur Flucht hatten die jüdischen Gemeindeführer gefaßt, als das ZK der SED nach dem Slansky-Prozeß von ihnen verlangte, das im September 1952 unterzeichnete Wiedergutmachungsabkommen zwischen der Bundesrepublik und Israel zu verurteilen und öffentlich zu erklären, daß das Gemeinsame Spendenkomitee, das jüdischen Überlebenden im Nachkriegseuropa geholfen hatte, ein amerikanisches Spionagewerkzeug, der Zionismus das gleiche wie der Nationalsozialismus, der israelische Präsident David Ben-Gurion ein Agent des amerikanischen Imperialismus und die amerikanische Justiz verbrecherisch sei, weil sie die Rosenbergs verurteilt hatte. Außerdem sollten sie verkünden, daß die

Wiedergutmachung für die von Juden erlittene Ungerechtigkeit auf die Ausbeutung des deutschen Volks hinauslaufe.[59]

Bald nach seiner Ankunft in West-Berlin am 14. Dezember 1952 hatte sich Leo Zuckermann mit amerikanischen Stellen in Verbindung gesetzt, um sich vor ostdeutschen Bemühungen, ihn ausfindig zu machen und nach Ost-Berlin zurückzubringen, zu schützen. Als er im Februar 1953 in München von Offizieren des CIC, der Gegenspionage der US Army, vernommen wurde, berichtete er, daß er seit dem Rajk-Prozeß von 1950 und in zunehmendem Maß nach den im Zuge der Field-Affäre gegen Merker, Lex Ende, Maria Weiterer und Leo Bauer vorgebrachten Anklagen Gegenstand einer SED-Untersuchung gewesen sei. Diese Untersuchung habe im April 1951 zu seinem Rücktritt vom Posten des Chefs der Präsidialkanzlei geführt, und der Slansky-Prozeß habe dem ganzen die Krone aufgesetzt. Er habe seine Flucht zu planen begonnen, weil er gewußt habe, daß er infolge seiner früheren Beziehung zu dem jüngst hingerichteten Otto Katz »gegenwärtig unter der Anklage des Verrats« stehe.[60]

Obwohl im Winter 1952/53 auf den Titelseiten westlicher Tageszeitungen über die Säuberung berichtet wurde, ging sie lediglich als Randereignis in die Nachkriegsgeschichte ein. Dennoch markierte sie in der ostdeutschen Geschichte den entscheidenden Moment der politischen Auseinandersetzung über die jüdische Frage. Merkers Verhaftung und die Flucht von Zuckermann, Meyer und anderen führenden Juden bedeuteten das endgültige Ende des Einflusses von jüdischen wie nichtjüdischen Kommunisten, die sich für jüdische Interessen einsetzten, auf die ostdeutsche Politik und damit auch das der spärlichen Reste der jüdisch-kommunistischen Solidarität der Kriegszeit.

Am 31. Dezember 1952 berichtete Alexander Abusch in dem Versuch, sich von dem Vorwurf der Mitschuld zu befreien, der Stasi, Leo Katz sowie Leo Zuckermann und dessen Frau Lydia hätten in Mexiko eine »jüdisch-chauvinistische, das ganze deutsche Volk ohne jede Unterscheidung verurteilende politische Linie« vertreten. Diese »falsche Linie« habe damals zu »scharfen Auseinandersetzungen« geführt. Am schärfsten habe sich aufgrund ihrer »damaligen völligen chauvinistischen, deutschfeindlichen Haltung« Lydia Zuckermann geäußert.[61] Inmitten der Säuberung reichte es allerdings nicht aus, Namen zu nennen und andere mit Dreck zu bewerfen. Zwischen Januar und März 1953 verfaßte Abusch unter dem Titel »Meine Fehler in Mexiko und ihre aktuellen Lehren« eine umfangreiche Selbstkritik, die in seine Stasiakte aufgenommen wurde und auf drastische Weise vor Augen führt, wozu sich ein jüdischer Kommunist versteigen mußte, um sich in der Führungsspitze der SED zu halten. Der ZK-Beschluß über die »Lehren aus dem Prozeß gegen das Verschwörerzentrum Slansky«, schrieb Abusch, habe gezeigt, daß »wir Genossen der deutschen Gruppe in Mexiko nicht genügend revolutionäre Wachsamkeit geübt haben« gegenüber den »raffinierten imperialistischen Zersetzungs- und Infiltrationsmethoden«.

Weiter gab er zu, daß er es Merker gestattet habe, im *Freien Deutschland* »diese absurde antileninistische Theorie« zu verbreiten, »die Juden in Deutschland seien eine nationale Minderheit«. Darüber hinaus habe er es versäumt, Merkers 1944 erschienenen Artikel »Deutsche Aussenpolitik in Vergangenheit und Zukunft« zu kritisieren, in dem dieser »offenkundig den Kosmopolitismus und damit die imperialistische Ausplünderung eines kommenden demokratischen Deutschlands befürwortet hat«. Er, Abusch, habe einen »ungenügenden Kampf gegen diese falschen Theorien geführt« und nicht erkannt, »daß sie den revolutionären Prinzipien von Marx, Engels, Lenin und Stalin zutiefst feindlich waren«. Es wäre seine Pflicht als Parteimitglied gewesen, »die Feindlichkeit der Theorien Merkers in der jüdischen Frage rechtzeitig zu erkennen und entschieden zu bekämpfen«. Auch in dieser Frage hätte er die »Lenin-Stalinsche Theorie des Imperialismus« anwenden müssen. Daß er es nicht getan habe, stelle »vor allem meinen schweren ideologischen Fehler in Mexiko« dar. Nachdem er seine Fehler eingesehen habe, unterstütze er »vorbehaltlos die Beschlüsse unseres ZK vom 24. August 1950 [in der Field-Affäre] und vom 4. Januar 1953 [über die Lehren aus dem Slansky-Prozeß]«.

Diese schweren Fehler habe er begangen, schrieb Abusch weiter, weil er nicht gewußt habe, daß Merker »in Marseille mit dem amerikanischen Spionageleiter Field zusammengearbeitet hatte«, und weil ihm die »trotzkistische Haltung Merkers zum Abschluß des deutsch-sowjetischen Nichtangriffspaktes im Jahre 1939 unbekannt« gewesen sei. Was Merkers Artikel »Hitlers Antisemitismus und wir« betreffe, so sei er »plötzlich, ohne jede vorherige Diskussion in der Gruppe« veröffentlicht worden. Abusch bezeichnete ihn rückblickend als einen Versuch, die »klare Linie der Zeitschrift zugunsten des Zionismus zu verfälschen«. Insgesamt gesehen, habe Merker in Mexiko ein »persönliches Regime« errichtet, in dem es weder »Parteidemokratie« noch Kritik und Selbstkritik gegeben habe und sowohl eine Diskussion über die jüdische Frage auf der Grundlage marxistisch-leninistischer Prinzipien als auch die »Entlarvung des Spions André Simone, der seine verbrecherische Tätigkeit sehr schlau zu tarnen verstand«, verhindert worden sei. Im Gegensatz zu Merker habe er, Abusch, sich aber stets bemüht, die führende Rolle der Sowjetunion, die unvergänglichen Leistungen der Roten Armee, die Forderung nach einer zweiten Front und den »großen nationalen Kampf der illegalen deutschen Antifaschisten und der heroischen Kader der KPD unter Führung Ernst Thälmanns und Wilhelm Piecks« hervorzuheben. Dennoch habe auch er aufgrund seiner Vernachlässigung des Marxismus-Leninismus zu den Fehlern der mexikanischen Gruppe beigetragen.

Wie Abusch versicherte, hatte er in Mexiko »in einer erbitterten Diskussion gegen einige Verfechter jüdisch-chauvinistischer Auffassungen wie Zuckermann« gestanden, obwohl er von Zionisten öffentlich wegen seines »unzweideutigen Eintretens für das deutsche Volk scharf angegriffen« worden sei. Trotzdem habe er, indem er die Veröffentlichung von Artikeln von Merker, Simone, Zuckermann und Erich Jungmann im *Freien Deutschland* zuließ, »Konzessionen an den jüdischen Chauvinismus« gemacht. Derlei Abweichungen vermeiden und klar zwischen Freund und Feind unterscheiden könne man »einzig und allein durch die ständige tiefe und selbstkritische Überprüfung unserer Politik im Sinne der marxistisch-leninistischen Grundsätze«. Die *»entscheidende Lehre«* aus den Fehlern der deutschen Gruppe und aus seinen persönlichen Fehlern in Mexiko bestehe darin, das »Eindringen feindlicher Ideologien und imperialistischer Agenten in unsere Partei« durch »größte politische Wachsamkeit« zu verhindern, keine »ideologische Sorglosigkeit« zu dulden und die »revolutionäre Wissenschaft des Marxismus-Leninismus« zur »lebendigen Grundlage unserer täglichen Politik« zu machen. Die Partei müsse »für jeden Genossen das Höchste sein«. Seine eigene Selbstkritik solle dazu dienen, »jeden Genossen zu größerer Wachsamkeit und zum schärfsten Kampf gegen imperialistische Agenten und alle Feinde der Arbeiterklasse zu mobilisieren«. Vor allem aber übernähme er selbst die »ernste Verpflichtung, in meiner Arbeit für den Sozialismus zu beweisen, daß ich die Lehren aus meinen vergangenen Fehlern aufrichtig und konsequent gezogen habe«.

Abusch schloß seine Selbstkritik mit der Versicherung, daß Antizionismus nicht mit Antisemitismus identisch sei. Die »werktätigen und fortschrittlichen Juden der ganzen Welt« verstünden sehr gut, »daß jeder Mensch jüdischer Abstammung, der seine Kraft loyal der schöpferischen Arbeit widmet, bei uns wie jeder andere Deutsche die volle Gleichberechtigung und die großen Möglichkeiten des sozialistischen Lebens besitzt«. Während Rassenhaß in der DDR als Verbrechen angesehen werde, hätten in Westdeutschland die Monopolkapitalisten und ihre amerikanischen Auftraggeber die »Massenmörder von Maidanek, Treblinka und Auschwitz wieder in Amt und Würden« gesetzt, »weil sie sie als ›erprobte‹ Kommandeure der westdeutschen Vasallen-Armee zur Vorbereitung des amerikanischen Krieges auf deutschem Boden verwenden wollen«. Die »gründliche Säuberung unserer Republik von allen Spionagenestern der Imperialisten« sei ein Teil des »patriotischen Kampfes gegen die amerikanische Politik der Spaltung und Kriegsvorbereitung, für die Einheit unseres deutschen Vaterlandes und den Frieden«. Um auch noch den letzten Zweifel daran zu zerstreuen, daß er die Treue zur Partei über die zu »jüdischen

Chauvinisten« wie Zuckermann stellte, teilte Abusch der Stasi mit, Zuckermanns Haus befinde sich »in der Nähe von Paris ... nach seiner eigenen Erzählung im Ort Eaubonne (Departement Seine et Oise)«.[62]

Es ist zu bezweifeln, daß »fortschrittliche Juden« oder wenigstens jüdische Liberale der ganzen Welt außerhalb der kommunistischen Parteien Abusch beigepflichtet hätten. Anfang Januar 1953 nahmen die Meldungen über die Spionagevorwürfe der SED sowie Merkers Verhaftung, Zuckermanns Flucht und die generelle Ausschaltung der wenigen im öffentlichen Leben Ostdeutschlands verbliebenen Juden einen herausragenden Platz in deutschen und amerikanischen Zeitungen ein. In der *New York Times* vom 6. Januar bestritt James P. Warburg, daß er während des Krieges jemals in Mexiko gewesen war.[63] Am nächsten Tag meldete dieselbe Zeitung, Zuckermann habe amerikanischen Beamten gegenüber erklärt, er erwarte eine »Massenflucht von Staatsbeamten aus der Sowjetzone, die der Verhaftung und dem Prozeß entgehen wollten«.[64] Am 8. Januar berichtete die Zeitung, Westberliner Juden sprächen von einer sich ausweitenden Säuberung gegen die zweitausendsiebenhundert Juden in Ostdeutschland; insbesondere habe man es darauf abgesehen, die Juden aus dem öffentlichen Leben zu verdrängen.[65] Westliche Beobachter bezweifelten allerdings, daß Antisemitismus die treibende Kraft hinter den Ereignissen war, und meinten, als gehörte beides nicht zusammen, die größere Sorge der ostdeutschen Führung sei vielmehr das »Ausmaß, in dem Parteimitglieder in den Jahren des Exils von westlichen Ideen infiziert« worden seien.[66]

Westdeutsche Juden nahmen den Antisemitismus in Ostdeutschland weniger gleichmütig auf. Am 9. Januar befaßte sich der Aufmacher auf der Titelseite der *Allgemeinen Wochenzeitung der Juden in Deutschland*, der einzigen Zeitung, die von noch in Deutschland lebenden Juden für ein jüdisches Publikum publiziert wurde, mit der ostdeutschen Säuberung und Materns Lehren aus dem Slansky-Prozeß und zog Parallelen zwischen Gegenwart und NS-Vergangenheit. Angesichts der »deutlichen antisemitischen

Schwenkung des kommunistischen Regimes« sei es logisch, daß der »nächste Schlag gegen die Wiedergutmachung des den Juden von der nationalsozialistischen Gewaltherrschaft angetanen Unrechts fallen« mußte. Mit der Charakterisierung der Wiedergutmachung als »Verschiebung von deutschem Volksvermögen« habe das ZK der SED aber alle Erwartungen übertroffen. Weiter hieß es:

> Die Juden sollen als »Feinde des deutschen Volkes« hingestellt werden. Es ist noch nicht so lange her, daß diese Formel von einem Regime gebraucht wurde, das schmählich untergegangen ist. Niemand hätte es für möglich gehalten, daß sie überhaupt jemals wieder aufgegriffen werden könnte, am wenigsten nur sieben Jahre nach dem Zusammenbruch des Naziregimes und von einer Partei, deren Mitglieder von den Nazis nicht weniger unerbittlich verfolgt wurden als die Juden.
>
> Die Juden, die in den Jahren 1933 bis 1939 bettelarm über die Grenzen Deutschlands gejagt wurden, werden heute von der SED als »Monopolkapitalisten« beschimpft. Die Wegnahme ihres Vermögens wird umgelogen in die »Überführung der Profite jüdischer Monopolkapitalisten in die Hände arischer Monopolkapitalisten«. Wenn dazu noch behauptet wird, die in Deutschland lebenden Juden dürften von der Schuld an dem 1933 errungenen Sieg des Faschismus nicht freigesprochen werden, so darf man fragen, ob diejenigen, die so etwas sagen, noch im Vollbesitz ihrer geistigen Fähigkeiten sind. Das Andenken der sechs Millionen von den Nazis ermordeten Juden ist wohl niemals in so unerhörter Weise geschändet worden, wie es hier geschah.

Das Gemeinsame Spendenkomitee, wurde in dem Artikel weiter ausgeführt, sei keineswegs ein amerikanisches Spionageinstrument gewesen, sondern habe die jüdischen Überlebenden der Lager ernährt. Der Autor fragte sich, welchen Zweck solche Geschichtsverfälschungen haben könnten. Wollte die SED den »neonazistischen Elementen, die neuerdings wieder allzu stark in Erscheinung treten, Vorschub leisten«? Wurde hier ein »neues Bündnis zwischen Nationalsozialismus und Kommunismus vorbereitet«, ähnlich dem des Hitler-Stalin-Pakts von 1939? Während man die Beantwortung dieser Fragen der Zukunft überlassen müsse, stehe jedoch eines schon fest, daß nämlich den »Juden in den Ländern des Ostblocks neue und außerordentlich gefährliche Feinde erstanden sind«. Das dort verbreitete Bild der Juden erinnere an das im zaristischen Rußland und in Hitlerdeutschland vorherrschende und appelliere »an die niedrigsten Instinkte«. Die SED habe ein Kesseltreiben auf die Juden begonnen, die von den Nationalsozialisten aus Deutschland vertrieben worden seien und jetzt angeblich ein Verbrechen begingen, wenn sie Wiedergutmachung verlangten. Offenbar sei die jüngste Vergangenheit »aus dem Gedächtnis derjenigen ausgelöscht, die die Erklärung des SED-Zentralkomitees verfaßt haben«. Übriggeblieben sei »nur die kalte Staatsraison«. In Zukunft müsse jeder, der »in Westdeutschland für die Wiederherstellung des Rechts eintritt, ... damit rechnen, in Ostdeutschland als Volksverräter angeprangert zu werden«.[67]

Die *Allgemeine Wochenzeitung* setzte das SED-Regime nicht mit dem der Nationalsozialisten gleich, sondern wies darauf hin, daß es nach außen wie nach innen bereit war, den deutschen Nationalismus und Antisemitismus als »Geheimwaffe des kalten Krieges« einzusetzen.[68] Sowohl in Europa, einschließlich Deutschlands, als auch in Asien, Afrika und dem Nahen Osten benutzten die Kommunisten die Ideen des Feindes der Vergangenheit, den »faschistischen Nationalismus«, um die Massen für den Kalten Krieg gegen den Westen zu mobilisieren. Aber so bedeutsam die Ereignisse des Winters 1952/53 auch für jüdische Beobachter und einige westliche Journalisten waren, in den wichtigsten Darstellungen der Frühphase des Kalten Krieges spielen sie nur eine Nebenrolle. Aus verständlichen Gründen zieht der Volksaufstand vom 17. Juni 1953 wesentlich mehr Aufmerksamkeit auf sich als die Verfolgung einiger Kommunisten durch andere Kommunisten hinter den Kulissen einer geheimniskrämerischen Diktatur. Dennoch bestätigte der Ausbau der diktatorischen Herrschaft in dieser Phase Merkers und Zuckermanns Feststellung der engen Verbindung von Antisemitismus und Diktatur in der neueren deutschen Geschichte.

Merker blieb bis zum März 1955 in »Untersuchungshaft«, in der er – besonders intensiv zwischen Dezember 1952 und März 1953 – von Offizieren der Stasi und des sowjetischen Geheimdienstes (damals die KGB-Vorgänger MGB beziehungsweise MWD) verhört wurde, oft zweimal am Tag und bis spät in die Nacht. 1953 und 1954 wurden in Vorbereitung auf einen spektakulären Schauprozeß gegen einen deutschen Slansky auch sämtliche führenden Gestalten des französischen und mexikanischen Exils verhört.[69] Merkers über tausend hand- und maschinengeschriebene Seiten umfassende Stasiakte zeigt, daß die Stasi hinsichtlich der hinter dem Fall stehenden Theorie, der Verdächtigen, der Verhörstrategien, der Zeugen und Aussagen weitgehend der von der ZPKK-Untersuchung der Jahre 1950 bis 1952 vorgegebenen Linie folgte. Weiterhin finden sich in der Akte die Urteilsbegründung in dem vom Obersten Gericht der DDR am 29. und 30 März 1955 abgehaltenen Geheimprozeß und der ebenso geheime Beschluß von 1956, den Spionagevorwurf aufzugeben und Merker aus der Haft zu entlassen, ebenso die Mitschriften der Verhöre, Berichte über Merkers Gespräche mit seinem Zellengenossen, einem Stasispitzel, Protokolle der Vernehmungen des Angeklagten und der Zeugen während der Prozeßvorbereitung, die Anklage der Staatsanwaltschaft sowie die Zeugenliste.[70] Merkers Fall war das Schlüsselereignis der Unterdrückung der jüdischen Frage in den oberen Rängen der ostdeutschen Partei- und Staatsführung, und seine Akte stellt demgemäß ein bedeutendes Zeugnis dieses Vorgangs dar. Obwohl der Fall nicht genügend öffentliche Aufmerksamkeit auf sich zog, um Merker zum deutschen Slansky oder Dreyfus zu machen, war er für die Geschichte des Antisemitismus und der jüdischen Belange in Ostdeutschland von derselben Bedeutung wie diese beiden historischen Ereignisse für die neuere Geschichte der Tschechoslowakei und Frankreichs.

Wenn Merker zum deutschen Slansky aufgebaut werden sollte, war dafür ein öffentlicher Schauprozeß nötig, was wiederum ein öffentliches Geständnis des Angeklagten voraussetzte, das Merker hartnäckig verweigerte. Mit Ausnahme des Verhörs am 12. Dezember 1952, neun Tage nach seiner Verhaftung, wies Merker während der zweieinhalb Jahre dauernden »Untersuchungshaft« alle gegen ihn erhobenen Anklagen zurück. An jenem Tag hatte er aufgrund von Drohungen gegen seine Frau, die er ebenfalls in Haft glaubte, und gegen seine Familie ein offenbar von den Vernehmungsoffizieren verfaßtes Protokoll unterschrieben, in dem er gestand, eine »feindliche Verbindung zu dem Beauftragten des amerikanischen Geheimdienstes Noel FIELD« gehabt zu haben und zum »Helfershelfer des Imperialismus« geworden zu sein. Grund dafür sei gewesen, daß er in der Emigration »vom Marxismus abwich, den Imperialismus falsch einschätzte und abgestumpft wurde gegenüber seinen Methoden des Kampfes gegen die Arbeiterbewegung«. Aufgrund des »Fehlens eines normalen Parteilebens während dieser Zeit im kapitalistischen Ausland« sei das »ideologische Niveau« gesunken, was das Eindringen »parteifeindlicher Strömungen« ermöglicht habe. Darüber hinaus sei er »ebenfalls von der Illusion befallen« gewesen, »daß die rooseveltsche Politik und die Erklärungen über die Hilfe für die politische Emigration im Interesse fortschrittlicher, ihrem Charakter nach antiimperialistischer Bewegungen sein könne«. Diese Anfälligkeit habe Field sich zunutze gemacht.[71] Mit den seit der Field-Affäre gegen ihn erhobenen Hauptvorwürfen, nämlich den Anklagen im Zusammenhang mit dem Slansky-Prozeß und der jüdischen Frage, hatte dieses Geständnis, das vermutlich aus dem Schockerlebnis seiner Verhaftung heraus zustande kam, nichts zu tun. Auf jeden Fall beharrte Merker von da an auf seiner Unschuld und betrachtete die Vorwürfe gegen ihn als groteske Verletzung dessen, was er unter marxistisch-leninistischer Rechtlichkeit verstand.

Spätestens nach Verhören wie dem vom 16. Januar 1953 mußte Merker klar gewesen sein, daß die jüdische Frage eine zentrale Rolle bei der Säuberung spielte. Eine Woche nach Julius Meyers Verhör durch die ZPKK und am Tag von dessen Flucht in den Westen fand folgendes Verhör statt:

Frage: Hatten Sie Verbindungen zu dem Geschäftsträger des Staates Israel in der DDR?
Antwort: Ich kenne diesen Geschäftsträger nicht.
Frage: Hatten Sie Verbindungen zu jüdischen Organisationen in der DDR?
Antwort: Nein. Zu jüdischen Organisationen in der DDR hatte ich keine Verbindungen.
Frage: Kennen Sie den Vorsitzenden der »Jüdischen Gemeinde«?
Antwort: Nein. Ich kenne den Juden Meyer, Julius, der eine aktive Arbeit für die Juden in Berlin leistet.
Frage: Standen Sie in Verbindung mit Meyer, Julius?
Antwort: Ja, ich stand 1946 und 1947 mit Meyer in Verbindung.
Frage: Welchen Charakter hatte die Verbindung?
Antwort: Im Frühjahr 1947 bildete ich eine Kommission zur Vorbereitung eines Gesetzes zur Entschädigung der Opfer des Faschismus, die den Teil des Gesetzes, der die Juden betraf, bearbeiten sollte. Dieser Kommission gehörte Meyer ebenfalls an.
Frage: Wer hat Sie beauftragt, eine solche Kommission zu bilden?
Antwort: Das ZS der SED, dem ich damals angehörte, faßte einen solchen Beschluß.
Frage: Wer machte den Vorschlag dazu?
Antwort: Ich selbst.
Frage: Welche Stellung nehmen Sie zu den jüdischen Angelegenheiten?
Antwort: Ich nehme die Stellung ein, daß den Juden, denen Wohnungen, Einfamilienhäuser oder Läden, Werkstätten enteignet wurden, dieses ehemalige Eigentum zurückgegeben wird.
Frage: Forderten Sie die Rückgabe kapitalistischen Besitzes von Juden?
Antwort: Nein.[72]

Das Verhör vom 3. März 1953 bildete ein gespenstisches Spiegelbild zu der aus der McCarthy-Ära in Amerika bekannten Frage: »Sind Sie jetzt oder waren Sie jemals Mitglied der Kommunistischen Partei?« Auch in diesem Verhör ging es um Merkers Verbindungen zu jüdischen Organisationen:

> Frage: Sind Sie Mitglied jüdisch-zionistischer Organisationen?
> Antwort: Ich gehöre keiner jüdisch-zionistischen Organisation an und habe nie einer angehört.
> Frage: Standen Sie in Verbindung zu jüdisch-zionistischen Organisationen?
> Antwort: Nein, ich hatte keine Verbindungen zu jüdisch-zionistischen Organisationen.
> Frage: Ist die »HICEM«, mit der Sie nach Ihren früheren Aussagen in Verbindung standen, keine jüdisch-zionistische Organisation?
> Antwort: Die »HICEM« ist eine jüdische Organisation zur Organisierung von Kreisen jüdischer und anderer Emigranten. 1941 und 1942 hat die »HICEM« im Auftrag des »Antifascist Refugee Committee« in New York mir Schiffsplätze zur Ausreise aus Frankreich besorgt.
> Frage: Mit welchen sonstigen jüdischen Organisationen standen Sie in Verbindung?
> Antwort: Mit keiner. 1944, zu meinem 50. Geburtstag, gratulierten mir FASTLICHTER (Adolfo Fastlicht), der Vorsitzende einer jüdischen Organisation in Mexiko, an deren Bezeichnung ich mich nicht erinnere, und ein anderer Vertreter dieser oder einer anderen jüdischen Organisation. Sonst nahm ich in Mexiko noch an zwei Pressekonferenzen der in Mexiko bestehenden jüdischen Organisationen teil, als Vertreter der Zeitschrift »Freies Deutschland«, auf denen ein Vertreter des »jüdischen Weltkongresses« sprach.[73]

Wie oben erwähnt, gab es in Mexiko tatsächlich Kontakte zwischen deutschen Kommunisten und dem WJC. Das New Yorker Antifaschistische Flüchtlingskomitee half Kommunisten, aus Frankreich zu fliehen. Aber ebenso wie sich die WJC-Vertreter darüber im klaren waren, daß es nicht zu den obersten Prioritäten der emigrierten deutschen Kommunisten gehörte, das Eigentum ausländischer jüdischer Kapitalisten zu retten, wandten sich Merker und Zuckermann nur im Rahmen des gemeinsamen Kampfs gegen das NS-Regime an den WJC. In einer Zeit, in der die Grenzen zwischen Kommunisten und Nichtkommunisten verschwammen, war dies eine naheliegende Verbindung. Doch davon war in dem Vernehmungsprotokoll nicht die Rede.

Trotz der langen Untersuchungshaft blieb Merker bei seiner Weigerung, ein öffentliches Geständnis abzulegen. In einem Gesuch um Verlängerung der Untersuchungshaft vom 15. Januar 1954 hieß es, der Angeklagte habe nach einjährigen Verhören »noch in keiner Weise seine verbrecherischen Handlungen gestanden«. Durch sein »verstocktes und hartnäckiges Leugnen« werde der »Untersuchungsverlauf erschwert«.[74] Die Verhöre liefen ab, als hätte es das NS-Regime, die Judenverfolgung und sogar den »antifaschistischen Widerstand« nie gegeben. Wie der Jacoby-Bericht klargestellt hatte, war der WJC nicht mit deutschen Kommunisten in Mexiko in Verbindung getreten, um verlorenes Eigentum zurückzuerhalten, sondern um jüdische Leben zu retten. Vergleiche zwischen westlichem Antikommunismus und östlichem Antikosmopolitismus sollten nicht überstrapaziert werden, aber in einer Hinsicht glichen sie sich. Sowohl McCarthy-Anhänger als auch jene, die gegen »Kosmopoliten« vorgingen, handelten, als hätte es das Bündnis zwischen der Sowjetunion, Großbritannien und den Vereinigten Staaten weder gegeben noch geben dürfen und als sei es aus dem Gedächtnis zu streichen.

Merkers Stasiakte enthält umfangreiche handschriftliche Berichte seines Zellengenossen, der zu ihm gelegt worden war, um ihn zu einem Geständnis zu bewegen. Er wurde zweimal täglich verhört; ihm wurde der Tod und die Vernichtung seiner Familie angedroht, falls er nicht zur Zusammenarbeit bereit war.[75] Sein für die Stasi spitzelnder Zellengenosse bezeichnete ihn als »alten verschlagenen Fuchs«, der »weder seinen noch andere Namen« nenne, und berichtete über sein quälendes Grübeln über die Alternative, seine Familie zu retten, indem er die Namen von Freunden und Bekannten preisgab und so die Verhaftung eines »großen Kreises von Personen« besiegelte, oder aber standhaft zu bleiben und keine Namen zu nennen. »Mein Gewissen wäre dann sauber geblieben«, erläuterte Merker diese Option, obwohl sie seine Familie in Gefahr bringen würde; außerdem würde er die Achtung vieler Genossen in Deutschland und im Ausland behalten. Der Stasispitzel kommentierte dies mit der Bemerkung, seiner Meinung nach werde »M. bei der Vernehmung mehr erzählen, wenn seine Familie in Gefahr ist«.[76] Von Merker hatte er erfahren, daß seine Vernehmer das Geständnis von ihm verlangten, ein Zionist zu sein, der die DDR an Israel und die jüdischen Kapitalisten verkaufen wolle. Sie hätten ihm gesagt, sie würden in Ost-Berlin einen »zweiten Fall Slansky« organisieren, und hervorgehoben, daß die in Prag Verurteilten Juden gewesen seien, die Verbindungen nach England und Frankreich gehabt und »Milliarden« verdient hätten. Er selbst habe den Vernehmern daraufhin gesagt, er habe keine solchen Verbindungen und sei kein Agent.[77]

Bis Anfang Februar 1953 hatte Merker fünfundachtzig Verhöre über sich ergehen lassen müssen. Als sein Zellengenosse ihn fragte, ob er draußen nicht Freunde habe, die ihm helfen könnten, erwiderte er, von seinen Freunden dürfe es »keiner wagen, meiner Frau etwas zu geben« oder bei einem Besuch in seinem Haus beobachtet zu werden. Täten sie es trotzdem, würden sie »als Parteifeinde entlarvt und auch festgenommen«. Darüber hinaus glaubte Merker, daß der »engste Kreis im ZK sich nicht darüber einig wird, ob ich entledigt werden soll oder am Leben bleibe, denn die Verantwortung will keiner übernehmen«. Aber warum, fragte der Stasispitzel, seien die kommunistischen Parteien Frankreichs, Mexikos und der USA ihm nicht zu Hilfe gekommen? »Die Freunde im Ausland«, antwortete Merker, »können auch nicht helfen, denn sie können nur ihrem ZK schreiben«, und dann würde man sie ebenfalls als »Feinde der Partei« betrachten. Das einzige, was er tun könne, sei, weiterhin seine Unschuld zu beteuern und zu hoffen, daß seine Vernehmer den Versuch aufgeben würden, seinen Widerstand zu brechen.[78]

Seine deutschen und sowjetischen Vernehmer erklärten ihm, sein Aufsatz »Hitlers Antisemitismus und wir« von 1942 habe ihn als »Judenknecht« kenntlich gemacht, und verspotteten ihn als »König der Juden«, als jemanden, der »von den Juden gekauft« worden sei und die Absicht gehabt habe, »die DDR an die Juden zu verschachern«.[79] Daß er im französischen und mexikanischen Exil mit Juden, Kommunisten wie Nichtkommunisten, in Verbindung gestanden und von ihnen Unterstützung erhalten hatte, sahen sie als weiteren Beweis seiner Beteiligung an einer Spionageverschwörung an. Die Flucht aus Europa mit Hilfe des New Yorker Gemeinsamen Antifaschistischen Komitees, seine Bekanntschaften mit Juden, die das *Freie Deutschland* finanziell unterstützten, seine Verteidigung von Otto Katz in Mexiko und ihre fortbestehende Freundschaft im Nachkriegsdeutschland, sein angeblicher Wutausbruch in Paris im Jahr 1939, nachdem er vom Abschluß des Hitler-Stalin-Pakts erfahren hatte, und seine in Mexiko veröffentlichten Artikel und Bücher: Das alles bestätigte in den Augen seiner Vernehmer den Verdacht, daß er Agent einer Verschwörung ausländischer jüdischer Kapitalisten und amerikanischer Imperialisten sei.

Zwischen 1950 und 1954 vernahmen ZPKK und Stasi jeden, der im Exil in Frankreich oder Mexiko gewesen war, darunter über zwanzig Personen, die Merker gekannt hatten.[80] Parteitreue und individueller Überlebenswille führten zusammen mit dem Druck der Vernehmungen dazu, daß die Zeugen bereit waren, gegen einen in Ungnade gefallenen früheren Freund auszusagen, oder die Gelegenheit ergriffen, alte Rechnungen mit dem jetzt machtlosen Merker zu begleichen. Im Mai 1953 rief Matern erneut zu erhöhter Wachsamkeit gegenüber »Spionen und Agenten« auf. Die Säuberung forderte in Gestalt von Franz Dahlem ein weiteres prominentes Opfer. Der große Held des antifaschistischen Widerstandes wurde wegen »völliger Blindheit« gegenüber den »Versuchen imperialistischer Agenten, in die Partei einzudringen«, das heißt wegen seiner Bekanntschaft mit Noel Field in Frankreich, aus dem ZK ausgeschlossen und aller Parteiämter enthoben.[81]

Nach der antikosmopolitischen Säuberung des Winters 1952/53 waren unangemessene Behandlung und Verschweigen von jüdischen Belangen nicht mehr nur das Resultat der Unzulänglichkeiten der kommunistischen Theorie von Faschismus und Antifaschismus. Merkers Verhaftung und die damit zusammenhängende Säuberung der SED von denen, die seine Ansichten teilten, demonstrierten vielmehr nachdrücklich, wie die Staatsmacht eingesetzt wurde, um politische Konformität zu erzwingen. Was Matern den Parteimitgliedern als »Lehre« mit auf den Weg gab, war der Hinweis, daß jeder, der auf ähnliche Weise wie Merker an die jüdische Frage heranging, jetzt nicht mehr nur eine »falsche Linie« verfocht, sondern eine in doppelter Hinsicht gefährliche – für die Partei und für sich selbst. Von einigen halsstarrigen Altkommunisten wie Merker abgesehen, hatte jeder in der Partei diese Botschaft empfangen.

Am 14. Mai 1953, demselben Tag, an dem Matern Dahlems Sturz bekanntgab, hielt Anton Ackermann eine vertrauliche Rede vor dem ZK, in der er von Merkers Pariser Reaktion auf den Hitler-Stalin-Pakt berichtete. Vor dem Zweiten Weltkrieg, so Ackermann, habe sich »in den Reihen selbst der kommunistischen Emigranten in den westlichen kapitalistischen Ländern eine gefährliche Ideologie« breitgemacht. Merker sei »Hauptexponent« dieser Ideologie gewesen, die darin bestanden habe, »in den westlichen Ländern und ihren Regierungen Verbündete gegen Hitler zu sehen«. Aus der Tatsache der »auch in dieser Zeit vorhandenen Gegensätzlichkeiten unter imperialistischen Mächten in manchen Fragen« habe er den »falschen und gefährlichen Schluß« gezogen, »den imperialistischen Charakter dieser Regierungen entweder weitgehend zu unterschätzen oder ganz zu leugnen«. Eine solche Ansicht bedeute das »Verlassen des prinzipiellen Standpunktes des Marxismus-Leninismus und das Herabsinken auf die Position des Sozialdemokratismus«.[82]

Ackermann ging über die Feststellung, das Kriegsbündnis zwischen der Sowjetunion und den Westmächten sei die Ausnahme gewesen, welche die seit 1917 geltende Regel der Feindseligkeit bestätige, hinaus, indem er der Vergangenheit die Antagonismen des Kalten Krieges überstülpte. Dieses Vorgehen sollte ein beständiges Element der Auslöschung der Erinnerung an die Anti-Hitler-Koalition bleiben. Sich an die während des Krieges vorhandene Solidarität mit dem Westen zu erinnern, galt jetzt als Ausdruck einer »gefährlichen Ideologie«. In diesem Sinne hatte sich Merker der Unterstützung der Anti-Hitler-Koalition schuldig gemacht. Ackermann ignorierte, daß während des Krieges sogar Stalin und die Komintern diese Haltung eingenommen hatten. Während der amerikanische Nachrichtendienst Merker als gerissenen Kominternagenten eingeschätzt hatte, der hinter dem Nebel des Antifaschismus der Kriegszeit den Einfluß der Sowjetunion vergrößern wollte, sahen Ackermann und das SED-Politbüro in ihm einen Gefangenen der Illusion, die Vereinigten Staaten und Großbritannien seien natürliche Verbündete im Krieg gegen Hitlerdeutschland gewesen.[83] Anfang der fünfziger Jahre war die deutliche Erinnerung an den Antifaschismus der Kriegszeit gefährlich geworden. Darüber hinaus diente die Anklage gegen Merker und jene Kommunisten, die es gewagt hatten, Kritik am Hitler-Stalin-Pakt zu üben, dazu, die peinliche Erinnerung an die Tatsache zu unterdrücken, daß die Sowjetunion zwischen dem Abschluß des Pakts 1939 und dem deutschen Angriff 1941 den Antifaschismus in Wort und Tat aufgegeben hatte.

Nachdem die Stasi Hunderte von Stunden jeden verhört hatte, der Merker in Frankreich, Mexiko, Ost-Berlin oder Prag begegnet war, wählte sie Erich Jungmann, Alexander Abusch, Henny Stibi und Leo Katz als Hauptzeugen für Merkers Verbindungen zu »Agenten imperialistischer Geheimdienste« aus.[84] Aus den Akten über die Säuberung ergibt sich ein bedrückendes Bild davon, wie ein totalitäres Regime menschliche Solidarität zerstört, indem es den einzelnen zwingt, sich selbst zu retten.[85] Abusch, zum Beispiel, leugnete, jemals einen langen Bericht über die mexikanischen Jahre mit einer eingehenden Darstellung der Auseinandersetzung zwischen Stibi und Otto Katz zu Gesicht bekommen zu haben, obwohl Merker hartnäckig behauptete, daß er ihn gelesen und ge-

gengezeichnet habe.[86] Merkers Freund Erich Jungmann sprach von dessen »diktatorischem Regime« in Mexiko, das der Parteiorganisation großen Schaden zugefügt habe, gab aber zu, in Mexiko mit Merkers Ansichten übereingestimmt zu haben. Im März 1953, einen Monat nach seiner Vernehmung, wurde Jungmann wegen angeblich prozionistischer Haltung von seinem Posten als Chefredakteur einer SED-Bezirkszeitung abgelöst.[87]

Darüber hinaus verkehrten die Logik der Säuberung und Spionageängste Meinungsverschiedenheiten in eine Frage von Treue und Verrat. So hatte Merker den jüdisch-österreichischen Kommunisten Leo Katz gegen Henny Stibis Spionagevorwurf verteidigt. Katz hatte in seinen im *Freien Deutschland* erschienenen Artikeln eine orthodox-marxistische Analyse des europäischen Antisemitismus vorgelegt und eine territoriale Lösung innerhalb der Sowjetunion befürwortet. Merkers Eintreten für einen jüdischen Staat in Palästina oder seine Ansichten in der Wiedergutmachungsfrage hatte er nicht geteilt, und in seinem für die ZPKK verfaßten Bericht über Merkers Aktivitäten in Mexiko vom 13. März 1953 zeigte er sich nicht für dessen Hilfe in Mexiko erkenntlich. Vielmehr erklärte er, Zuckermann, dessen mexikanische Anwaltspartnerin Carmen Otero und Otto Katz hätten die »Verbindungen zwischen Paul Merker und den reichen Juden Amerikas« hergestellt.[88] Im Verhör durch die Stasi wiederholte er am 12. Mai 1954 im wesentlichen seine Darstellung für die ZPKK, fügte jedoch hinzu, Merkers »zionistische Linie« sei »bekanntlich vom State Department der USA ins Leben gerufen« worden.[89] Kurz nach seiner Rückkehr nach Wien erlitt Katz einen tödlichen Schlaganfall.[90]

Auch Johann Schmidt, der Ehemann von Anna Seghers, gab in seiner Stasivernehmung am 4. Mai 1954 die bereits öffentlich bekannten Vorwürfe wieder, denen zufolge Merkers Politik in Mexiko von »blindem Vertrauen zu den imperialistischen Staaten USA, England und Frankreich« und dem Glauben an ihren ernsthaften Wunsch, während des Krieges mit der Sowjetunion zusammenzuarbeiten, geprägt gewesen sei. Weiter bemerkte Schmidt, daß Merker »besonders enge Beziehungen zu jüdischen Industriellen und Großkaufleuten unterhielt«, die er »nicht als Kapitalisten, also Klassengegner, sondern nur als Opfer des Faschismus« betrachtet und als Geldquelle benutzt habe.[91] Wiederholt machten Zeugen aus dem WJC, B'nai B'rith und dem Antifaschistischen Flüchtlingskomitee Organisationen von klischeehaften »reichen Juden«, und alle suchten in ihren Gedächtnissen nach Anzeichen einer nichtexistenten internationalen Verschwörung. Die Alternative, sich an die Wahrheit zu erinnern, wäre weitaus gefährlicher gewesen.

Margarete Menzel-Merker hatte die Angriffe auf ihren Mann von Anfang an zurückgewiesen. Am 18. Mai 1953 berichtete die ZPKK, daß sie »sehr verbittert ist, die Verhaftung ihres Mannes nicht versteht und immer wieder beteuert, daß er unschuldig sei«. Sie sehe die Angelegenheit nicht vom Standpunkt der Partei, sondern nur von ihrem eigenen.[92] Vier Tage später zog die ZPKK den Schluß, daß es nicht angebracht sei, »die Genossin Merker weiterhin als Mitglied der Partei zu führen«, und schlug vor, sie vor die örtliche Parteikontrollkommission zu laden und sie zu fragen, »ob sie bereit ist, schriftlich zu erklären, daß sie von den Handlungen ihres Mannes abrückt«. Mit ihrer gegenwärtigen Einstellung zu den »trotzkistischen Handlungen ihres Mannes« könne sie nicht länger Mitglied der Partei sein.[93] Margarete Merker distanzierte sich nicht von ihrem Mann und wurde aus der SED ausgeschlossen.

Hinzu kamen Merkers eigene veröffentlichte Äußerungen, die in der mißgünstigen Interpretation der Stasi in mancher Hinsicht noch schwerer wogen als die zur Untermauerung des Vorwurfs der Spionageverschwörung eingeholten Zeugenaussagen. Ein Stasioffizier verwandte 1953 elf Monate darauf, Merkers in Mexiko veröffentlichte Schriften zu studieren, wobei er nach der üblichen Methode den Frontverlauf des Kalten Krieges über das anders geartete Bündnismuster des Zweiten Weltkriegs legte. Auf diese Weise fand er ernste Sünden heraus: Illusionen über den Imperialismus, mangelnde Beschäftigung mit der Sowjetunion, Freude über alliierte Siege über die Nationalsozialisten in Nordafrika, Sizilien, Korsika und Italien, Verherrlichung der amerikanischen Demokratie, überschwengliche Würdigung der Leistungen der »amerikanischen Armee und ihrer Ziele, ohne dabei die ruhmvollen Siege der Sowjetarmee zu erwähnen«, und die Neigung, eher Churchill als Stalin zu zitieren. Da Merker, wenn er von der Mitschuld des deutschen Volks an den NS-Verbrechen sprach, gleichzeitig auch auf jene Deutschen hinwies, die gegen den Nationalsozialismus gekämpft hatten, folgerte sein Stasikritiker, er fordere »von der internationalen Arbeiterbewegung, daß sie das Versagen der deutschen Arbeiterklasse nicht kritisieren solle«. Dies, obwohl ZPKK und Stasi ihm kurz zuvor noch »jüdischen Chauvinismus« und mangelndes Vertrauen in die deutsche Arbeiterklasse vorgeworfen hatten.

Angreifbar fand der Stasikritiker auch Merkers Eintreten für Israel. Der Zionismus diene dem amerikanischen Imperialismus und spioniere die sozialistischen Länder aus. Zionisten würden die nationalen Interessen des Landes, dem sie angehörten, verraten. Ihre Behauptung, eine Nation zu sein, sei völlig unmarxistisch. Stalin habe festgestellt, daß die Juden keine Nation seien und sich assimilieren würden. Mit seinen Artikeln über die Wiedergutmachung sei es Merker in Wirklichkeit um die Rückgabe von Eigentum an jüdische Kapitalisten gegangen. Aber es sei bekannt, »daß die jüdischen Kapitalisten die Arbeiter genauso ausgeplündert haben wie die nazistischen Kapitalisten«. Von einer »progressiven Haltung« könne bei ihnen »ebensowenig gesprochen werden wie bei den nazistischen Kapitalisten«. Merkers Forderung nach staatlicher Unterstützung für Juden laufe auf »Raub deutschen Eigentums durch ausländische Mächte mit Hilfe der jüdischen und kapitalistischen Elemente« hinaus, und mit seiner Meinung, daß sich Deutschland nach Kriegsende der europaweiten wirtschaftlichen Erholung verschreiben müsse, habe er den »Standpunkt des Kosmopolitismus, der amerikanischen Lehre über die Ausplünderung fremder Länder«, eingenommen und wolle die »deutsche Industrie und die deutschen Rohstoffe den amerikanischen Imperialisten in die Hände spielen«. Weiterhin hatte er nach Dafürhalten seines Stasikritikers Stalins Ansichten zu Nationalismus und jüdischer Frage widersprochen, und da Stalin selbstverständlich recht hatte und die sowjetische Politik der Anti-Hitler-Koalition aus dem offiziellen Gedächtnis gestrichen worden war, war es unvorstellbar, daß jemand Überzeugungen gehabt haben konnte, wie Merker sie in Mexiko geäußert hatte. Daher mußten sie auf Einflußnahme von außen, durch amerikanischen Imperialismus, Zionismus und Juden, zurückzuführen sein. Falls dem Stasimann bewußt gewesen sein sollte, daß nicht alle Juden »reiche Kapitalisten« oder »zionistische Agenten« waren, hat er es nicht erwähnt. Insgesamt fällt an diesem Überblick über Merkers Schriften der Mangel an Mitgefühl, die Verwendung von Klischees und der tiefe Argwohn gegenüber den jüdischen Opfern des Nationalsozialismus auf.[94]

1954 wurden in Budapest alle gegen Noel Field und seine Frau Herta erhobenen Spionagevorwürfe fallengelassen. Die Field-Affäre war vorüber. Aber Merker wurde nicht aus der Haft entlassen. Wie gesehen, hatte sich der Schwerpunkt der Verhöre im Winter und Frühjahr 1953 auf die Slansky-Verschwörung und die jüdische Frage verlagert. Vielleicht war Ulbricht aufgegangen, wie unverständlich es der Außenwelt gewesen wäre, wenn eine vorgeblich antifaschistische Regierung wie die ostdeutsche einen alten Kommunisten wegen Beteiligung an einem internationalen jüdisch-zionistischen Spionagekomplott angeklagt hätte. Möglicherweise war er nach Stalins Tod auch nicht sicher, wie es mit der antikosmopolitischen Kampagne im Ostblock weitergehen würde. Auf jeden Fall wurde Merker im März 1955 endlich vor Gericht gestellt, auch wenn es anstelle eines Schauprozesses nur ein Geheimprozeß war, was er bis zum Zusammenbruch des alten DDR-Regimes im November 1989 und zur Öffnung der Stasiarchive bleiben sollte.[95] Weder Paul noch Margarete Merker versuchten, in den Westen zu fliehen oder den Fall innerhalb oder außerhalb der DDR bekanntzumachen. Die Prozeßdokumente wurden zunächst im Justizministerium aufbewahrt, bevor sie der Stasi übergeben wurden.

Merkers Verurteilung stützte sich auf Artikel 6 der Verfassung der DDR und das Alliierte Kontrollratsgesetz Nr. 10 vom 20. Dezember 1945 in Verbindung mit der Kontrollratsdirektive 38 vom 12. Oktober 1946.[96] So wurde dieser Mann, der sein Leben lang Kommunist gewesen war und zu den prominenten Gestalten des antifaschistischen Exils gehört hatte, auf der Grundlage eines Gesetzes abgeurteilt, das erlassen worden war, um ein Wiederaufleben des Nationalsozialismus im Nachkriegsdeutschland zu verhindern. Die Bewältigung der NS-Vergangenheit bestand jetzt offenbar auch darin, alte Kommunisten ins Gefängnis zu werfen. Am 30. März 1955 verhängten die Richter des Obersten Gerichts der DDR eine achtjährige Haftstrafe über Merker.

Die fünfzehnseitige Urteilsbegründung ist eines der wichtigsten Dokumente der Geschichte der jüdischen Frage im deutschen Kommunismus des 20. Jahrhunderts. Sie lehnte sich eng an Materns Vorwürfe von 1952/53 und die Stasiverhöre an und verkehrte Merkers politische Einschätzungen während seines Aufenthalts in Frankreich (1936–1942) und Mexiko (1942–1946) in verbrecherische Handlungen. Außerdem demonstrierte die Urteilsbegründung die Überwindung der »bürgerlichen« Trennung von politischen und rechtlichen Institutionen und Vorstellungen. Nach der erfolgreichen Ausbreitung des Sozialismus nach dem Zweiten Weltkrieg, heißt es in dem Text, hätten die Imperialisten neue Wege finden müssen, um den Sozialismus »von innen heraus zu zersetzen«. Ihre Lösung habe darin bestanden, führende Mitglieder kommunistischer Parteien zu korrumpieren, unter Druck zu setzen und dann im Interesse des Kapitalismus zu benutzen. In den Prozessen gegen Kostoff in Bulgarien, gegen Rajk in Ungarn und insbesondere gegen Slansky in Prag sei diese Methode entlarvt worden. Sie hätten gezeigt, daß die »Renegaten« versucht hätten, die kommunistischen Parteien zu zersetzen, die Sowjetunion zu vernichten und den Kapitalismus »in der ganzen Welt wieder zum allein herrschenden Wirtschaftssystem zu machen«. Merker habe diese Absicht »in engster Beziehung zu der Verschwörergruppe Slansky in der ČSR« verfolgt.

Es wurde erwähnt, daß die »jüdische Hilfsorganisation ›HICEM‹« – das New Yorker Antifaschistische Flüchtlingskomitee –

Merker die Flucht aus Frankreich ermöglicht habe. Darüber hinaus hätten ihm in der Résistance arbeitende Gaullisten des französischen Geheimdiensts geholfen, deren Gefallen er erwidert habe, indem er selbst ein Agent ihres Dienstes geworden sei. Mitschuld durch Bekanntschaft spielte eine große Rolle in der Urteilsbegründung. Merkers Freundschaft mit Otto Katz, der im Slansky-Prozeß als »internationaler Spion, Zionist und Trotzkist« verunglimpft worden war, diente als zusätzlicher Beweis seiner Spionagetätigkeit. Auch seine Bekanntschaft mit dem amerikanischen Kommunistenführer Earl Browder, der nach Auffassung des Gerichts den »Kampf der Völker gegen den Faschismus entscheidend geschwächt« hatte, wurde gegen ihn ins Feld geführt.

Entscheidendes Gewicht wurde Merkers Schriften und Aktionen in bezug auf die jüdische Frage beigemessen. Das Gericht malte das Bild eines alten Kommunisten, der sich dazu verleiten ließ, »Agent des amerikanischen Imperialismus« zu werden. Dabei sei die führende Rolle des politischen Exils in Mexiko auf das »sog. ›Latein-amerikanische Komitee der Freien Deutschen‹« übergegangen, »das unter starkem Einfluß kapitalistischer jüdischer Emigranten stand«. In diesem Komitee, in dem Merker eine »hervorragende Rolle spielte, wurde eine Nachkriegspolitik für Deutschland propagiert, die nicht den Interessen des deutschen Volkes, sondern denen des amerikanischen Imperialismus entsprach«. Als Beweis dienten Merkers im *Freien Deutschland* veröffentlichte Artikel, in denen er sich für die »Entschädigung der jüdischen Kapitalisten nach Maßgabe ihrer Verluste ohne Ausnahme, gleichgültig, ob sie nach Deutschland zurückkehren oder im Ausland verbleiben wollten«, und für die Anerkennung der nach Deutschland zurückkehrenden jüdischen Emigranten als nationaler Minderheit eingesetzt habe. Weiterhin habe er Entschädigungszahlungen an antifaschistische Widerstandskämpfer abgelehnt, »weil sie keine nationale, religiöse oder kastenmäßige Minderheit darstellten«, sondern aus Überzeugung gegen den Faschismus gekämpft hätten. Schließlich habe er verlangt, die deutschen Ressourcen für den Wiederaufbau Europas zur Verfügung zu stellen. Dies sei eine

»vom amerikanischen Monopolkapital inspirierte Konzeption«, und Merkers Eintreten für das jüdische Volk sei eine Folge dessen, daß er sich in Mexiko auf die »Kreise der emigrierten jüdischen Kapitalisten« gestützt habe, sowie seiner »ständigen Verbindung mit zionistischen Kreisen ..., insbesondere mit deren Organisation ›Jüdischer Weltkongreß‹«.

Nach der Lektüre der Urteilsbegründung wäre niemand auf die Idee gekommen, daß es eine Zeit gegeben hatte, in der Kommunisten ihre Solidarität mit den deutschen und europäischen Juden ausdrückten, oder daß es während des Holocaust das Hauptziel des WJC gewesen war, jüdische Leben zu retten und die Nationalsozialisten zu besiegen. Statt dessen setzte das Gericht offenbar voraus, daß sich jüdische und kommunistische Loyalität gegenseitig ausschlossen. In diesem Sinne führte es aus, daß sich Merker, um »sich einen Rückhalt in der Emigration zu schaffen, ... nicht auf die politische, sondern auf die rassische Emigration« gestützt habe. Mit solchen Argumenten erklärten und diskreditierten die Richter des Obersten Gerichts Merkers Bestreben, die jüdische Katastrophe ins Zentrum der kommunistischen antifaschistischen Politik zu rücken, als Folge seiner Korruption durch jüdische Kapitalisten und clevere Geheimdienste, in deren Schuld er gestanden habe. Diese Verknüpfung von Judentum, Kapitalismus und finanzieller Korruption als Kernpunkt der Argumentation macht aus der Begründung des gegen Merker ergangenen Urteils ein herausragendes Dokument in der Geschichte des deutschen und europäischen Antisemitismus.[97]

Zehn Monate später, am 27. Januar 1956, kurz vor Chruschtschows »Geheimrede« und der Periode der Entstalinisierung, wurde Merker aus dem Zuchthaus Brandenburg-Görden entlassen.[98] Am 14. April schrieb er an Wilhelm Pieck, um auf seine volle politische Rehabilitierung zu drängen. Er gab Lawrenti Berija und den Sowjets die Schuld an seiner Behandlung, beharrte auf seiner Unschuld in allen Anklagepunkten und bezeichnete seine Verfolgung als »verbrecherische Abirrung vom Marxismus-Leninismus«. Im Gefängnis habe er sich bemüht, die Partei daran zu hindern, ihn »zum Träger und zur zentralen Figur eines großen politischen Sensationsprozesses in Berlin zu machen« und einen »Prozeß zu arrangieren, der sich letzten Endes als eine schwere Schädigung der Partei ausgewirkt hätte«. Niemals würde er seine kommunistischen Überzeugungen aufgeben, aber er werde nicht ruhen, bis er verstanden habe, warum noch »nach der Entlarvung Berias und nach der Klärung der Field-Angelegenheit« auf der Grundlage unhaltbarer Anklagen ein Prozeß gegen ihn durchgeführt worden sei. Im Prozeß habe er dennoch auf einen Verteidiger verzichtet, »um dazu beizutragen, die unbedingte Geheimhaltung der Verhandlungen zu sichern« und so »zu verhüten, daß Feinde der DDR mein Auftreten ausnützen könnten«. Auch in Zukunft würden er und seine Frau Stillschweigen über die Sache bewahren.[99]

Im April und Mai 1956 gelangte eine ZK-Kommission zur Überprüfung von Angelegenheiten von Parteimitgliedern unter Vorsitz von Herta Geffke zu dem Schluß, die aus dem Slansky-Prozeß stammenden Spionagevorwürfe gegen Merker seien »ungenügend bewiesen«, weshalb er »durch Aufhebung des Urteils und durch Freispruch zu rehabilitieren« sei.[100] Am 29. Juli nahm das ZK den Bericht der Kommission an, und am nächsten Tag schrieb Walter Ulbricht an Merker: »Die unter Berücksichtigung neuer Gesichtspunkte durchgeführte Nachprüfung ergab, daß die Dir zur Last gelegten Anschuldigungen in der Hauptsache politischer Natur sind, die eine strafrechtliche Verfolgung nicht rechtfertigen.«[101] Merker bemängelte in seiner Antwort, verärgert über das Ausbleiben der vollen Rehabilitierung, die »unklare Formulierung des Beschlusses« und bat um Aufklärung darüber, welche politischen Einwände gegen ihn vorgebracht würden und wann er mit seiner vollen politischen Rehabilitierung rechnen könne. Doch diese blieb aus, und Merker kehrte nicht wieder in hohe Partei- und Regierungsämter zurück.[102]

Am 13. Juli 1956 kamen dieselben Richter und Staatsanwälte, die Merker verurteilt hatten, erneut zu einer Geheimsitzung zusammen und hoben im Sinne des ZK-Beschlusses das Urteil gegen

Merker auf, sprachen ihn frei und belasteten den Staat mit den Kosten des Verfahrens. Das Gericht folgte der Ansicht des Staatsanwalts, daß nach der Veröffentlichung der Dokumente des XX. Parteitags der KPdSU – mit Chruschtschows »Geheimrede« – und der Neueinschätzung des Slansky-Prozesses die »Beweiskraft der verlesenen Protokolle und Urteilsteile aus diesem Verfahren nicht mehr ausreicht, um eine Verurteilung Merkers zu begründen«. Sein Verhalten zwischen 1936 und 1946 wurde nicht mehr als »strafrechtlich bedeutsam« angesehen. Wie Ulbricht in seinem Brief deutlich machte, blieben seine Ansichten aus dieser Periode jedoch weiterhin politisch unannehmbar.[103]

In den SED-Akten befindet sich ein weiterer Beweis für die Verbindung zwischen Merkers Ansichten zur jüdischen Frage und seinem politischen Sturz. Als er nach seiner Entlassung seine vollständige Rehabilitierung verlangte, wurde er von der ZPKK aufgefordert, auf die Anschuldigungen einzugehen, die Matern und das ZK im Dezember 1952 gegen ihn erhoben hatten. Daraufhin legte Merker am 1. Juni 1956 eine bemerkenswerte, achtunddreißig Seiten umfassende »Stellungnahme zur Judenfrage« vor. Darin schrieb er, seine deutschen und sowjetischen Vernehmer seien überzeugt gewesen, daß er ein Agent der USA, Israels oder »zionistischer Organisationen« sein müsse, weil er sich im Zweiten Weltkrieg so sehr für jüdische Angelegenheiten eingesetzt habe. Einen Beweis dafür, daß er Jude sei, hätten sie nicht gefunden. Also hätten sie sich gefragt, warum ein nichtjüdischer deutscher Kommunist der jüdischen Frage solche Aufmerksamkeit schenken sollte, wenn er kein Agent des amerikanischen Imperialismus oder der Zionisten und jüdischen Kapitalisten war. Auf diese Schlußfolgerung erwiderte Merker:

> Ich bin weder Jude noch Zionist – ein Verbrechen wäre wohl keines von beiden –, ich hatte nie die Absicht, nach Palästina zu fliehen, auch habe ich die Bestrebungen des Zionismus nicht unterstützt. Ich habe ... lediglich die Auffassung zum Ausdruck gebracht, daß, nachdem die Juden durch den Hitlerfaschismus

> ausgeplündert, auf das tiefste beleidigt, aus ihren Heimatländern vertrieben und Millionen von ihnen, nur weil sie Juden waren, ermordet worden sind, zwischen den Juden verschiedener Länder das Gefühl engster Verbundenheit und das Sehnen nach einem eigenen, jüdischen Lande entstanden ist. Und weiter, daß besonders wir Deutschen, da sich der Hitlerfaschismus unter uns herausgebildet hat und es uns nicht gelungen war, durch Aktionen der werktätigen Massen die Errichtung seiner Herrschaft und damit seine Verbrechen zu verhindern, dieses Gefühl der Juden, das der Ausdruck der aufs tiefste Beleidigten und Empörten war und das ich als Stärkung des jüdischen Nationalgefühls bezeichnete, nicht ignorieren oder bekämpfen dürfen.

Er erinnerte daran, daß die Sowjetunion 1947 eine Zwei-Staaten-Lösung in Palästina gutgeheißen habe, verwies auf die Kritik des sowjetischen Außenministers Andrej Gromyko am Einfluß der amerikanischen Erdölinteressen auf die Nahostpolitik der USA und erwähnte, daß die israelischen Kommunisten während des Zweiten Weltkriegs in der Hagana gegen die Arabische Legion gekämpft hatten. Obwohl er kein aktiver Unterstützer eines jüdischen Staates gewesen sei, glaube er doch, daß es falsch gewesen wäre, »damals gegen die [jüdischen] Bestrebungen aufzutreten«. Als die SED 1953 den Zionismus als Agentur des amerikanischen Imperialismus verurteilt habe, statt ihn als Bewegung der Juden anzuerkennen, sei es »geschichtlich unzutreffend« gewesen, denn die zionistischen Bestrebungen, in Palästina einen jüdischen Staat zu schaffen, seien »sowohl bei den englischen als auch bei den amerikanischen Imperialisten auf heftigen Widerstand« gestoßen, wogegen die »Massen der Juden in den verschiedenen Ländern« und auch die Sowjetunion sie unterstützt hätten. »Niemand«, fügte Merker hinzu, »wird behaupten wollen, daß die Sowjetunion damals eine ›Agentur des amerikanischen Imperialismus‹ gefordert habe.« Die Unterstützung eines jüdischen Staates sei die logische Folge des kommunistischen Widerstandes gewesen – eine Ansicht, die der damaligen Israelpolitik von DDR und Sowjetunion diametral entgegengesetzt war.

Was dem ZK den Umgang mit Merker erschwerte, war sein Beharren darauf, daß seine Ansichten zur jüdischen Frage nichts mit der ihm vorgeworfenen Korrumpierung durch jüdische Kapitalisten zu tun hätten, sondern auf seinem Selbstverständnis als deutscher Kommunist beruhten. So hob er Karl Liebknechts und Rosa Luxemburgs Beitrag zum deutschen Kommunismus hervor und erinnerte an die amerikanischen jüdischen Kommunisten in New York und Chicago, die für die Rassengleichheit in den USA gekämpft hätten, und an die deutschen Juden in Berlin, die ihn versteckt hätten, als er sich 1934 im kommunistischen Untergrund befunden habe. Den Vorwurf, daß seine erste Sorge den jüdischen Kapitalisten gelte, wies er zurück, und er bekräftigte seine Auffassung, daß deutsche Sozialisten zuwenig getan hätten, um den Antisemitismus in den Kampf um die Demokratie in Deutschland einzubeziehen. Kurz, seine Erklärung gab Ulbricht, Matern und den anderen Mitgliedern von ZPKK und ZK zu verstehen, daß er trotz seiner Haft an seinen lange gehegten, oft geäußerten und jetzt angeblich falschen Ansichten zur jüdischen Frage festhielt.[104]

Im Juli 1956 inspizierte das ZK die Trümmer der Säuberung nach den Affären um Field und Slansky. Dabei wurde unter anderem der Parteiausschluß von Margarete Merker rückgängig gemacht. »Sie war 1953 ausgeschlossen worden«, hieß es im Bericht der ZK-Kommission zur Überprüfung von Angelegenheiten von Parteimitgliedern lapidar, »weil sie es ablehnte, ihren Mann (Paul Merker) als imperialistischen Agenten zu bezeichnen.«[105] Obwohl auch Merker wieder in die SED aufgenommen wurde, gelangte er nie wieder in eine hohe Funktion. Öffentlich unternahm er keine Anstrengungen um Wiedergutmachung der an ihm begangenen Ungerechtigkeit, und er äußerte sich nie wieder über jüdische Themen. Auf der anderen Seite gab die SED keine Erklärung heraus, in der sie die gegen ihn erhobenen Vorwürfe sowie seine Verhaftung und Verurteilung aufgrund von Anklagen, deren Haltlosigkeit Ulbricht von Anfang an bekannt gewesen war, bedauert hätte.

Merker starb am 13. Mai 1969. Im *Neuen Deutschland* erschien ein Nachruf, und ZK-Mitglied Kurt Seibt würdigte in seiner bei der Beerdigung gehaltenen Trauerrede seinen Beitrag zum Klassenkampf. Weder Nachruf noch Trauerrede enthielten ein einziges Wort über seine Verfolgung oder seine Bemühungen um jüdische Belange in Mexiko und Ost-Berlin.[106] Im selben Jahr hatte man es Merker gestattet, seine Erinnerungen an die Bewegung Freies Deutschland zu veröffentlichen. Aber er sagte kaum etwas zur jüdischen Frage und nichts über die Säuberungen nach dem Krieg.[107]

Die Gründe für die Marginalisierung und das Verschweigen der jüdischen Katastrophe in Ostdeutschland lagen in seit langem vorherrschenden Traditionen des Marxismus-Leninismus, in der Wechselwirkung von deutschem Antisemitismus und deutschem Kommunismus sowie in der Instrumentalisierung der jüdischen Frage durch Stalin und die ostdeutschen Stalinisten, um Opponenten in den ersten Jahren des Kalten Krieges in den Geruch der Untreue zu bringen. Dies führte zur Unterdrückung jener deutschen Kommunisten, Juden wie Nichtjuden, die sich an das Versprechen der Solidarität hielten und ein Nachkriegsdeutschland mit einer erneuerten jüdischen Gemeinschaft anstrebten. Während Moskau den allgemeinen Umriß der Verfolgungen vorgab, zeichnen die Akten von SED und Stasi das Bild eines SED-Zentralkomitees, das sich einig darin war, Merker zu Fall zu bringen. Die Einzelheiten über den deutschen Zweig der angeblichen Verschwörung in der westlichen Emigration zu liefern, blieb dem Fleiß und Erfindungsreichtum von ZPKK und Stasi überlassen. Ulbricht und Matern benutzten Merkers Äußerungen der Solidarität mit den Juden aus dem Krieg und der unmittelbaren Nachkriegszeit als mächtige Waffe für die Konsolidierung der diktatorischen Macht des ersteren. Pieck, der archetypische Altkommunist, der sowohl Merker als auch Zuckermann gut kannte und die Absurdität der Anklagen gegen sie begriffen haben mußte, setzte seine Macht und sein Ansehen nicht ein, um die antikosmopolitische Säuberung zu stoppen. Jedenfalls gibt es weder ein Anzeichen für eine Fraktionsbildung oder Debatte in der Parteiführung noch einen Hinweis auf einen Versuch, die Verfolgung Merkers zu zügeln oder sich ihr zu widersetzen. Der Stalinismus in der DDR war nicht nur ein Importartikel aus der Sowjetunion.

Auch die Entstalinisierung der nächsten vier Jahrzehnte milderte die Folgen von Merkers Sturz, Haft und teilweiser Rehabilitierung kaum ab. Es gab im SED-Regime Juden in führenden Positionen. Doch sie bewiesen, wie Alexander Abusch es Anfang der fünfziger Jahre in seiner Auseinandersetzung mit der ZPKK aus Überzeugung wie aus dem Instinkt fürs politische Überleben betont hatte, ein auffälliges Desinteresse an jüdischen Themen. Sich anders zu verhalten hätte politischen Sturz, öffentliche Verurteilung, Gefängnishaft oder Emigration bedeutet. Für jüdische Kommunisten waren die Bedingungen von Assimilation und Aufstieg in der DDR ebenso streng wie in Deutschland vor Hitler, wenn nicht noch strenger. Die Säuberung von Kosmopoliten und die Unterdrückung der jüdischen Frage waren die ersten Folgen der Festigung der Diktatur in Ostdeutschland.

Darüber hinaus weckte die Verknüpfung von Judentum, Kapitalismus, amerikanischem Imperialismus, Frankreich und Israel tiefsitzende, dauerhafte antisemitische Traditionen des antiwestlichen deutschen Nationalismus, in dem die ideologischen Ursprünge des Nationalsozialismus gelegen hatten. Wie der Fall Merker zeigte, distanzierten sich auch die ostdeutschen Kommunisten, während sie eine auf dem *deutschen* Antifaschismus beruhende Herrschaft aufbauten, von den Juden und dem sattsam bekannten Katalog der »anderen«, der Außenseiter der neueren deutsche Geschichte. Der »Sonderweg«, das heißt die deutsche Abkoppelung von der westlichen Entwicklung, überlebte die Vernichtung Hitlerdeutschlands und wirkte in verschiedenen Zusammenhängen in Ost-Berlin weiter. Merkers politischer Fehler war gewesen, seine fortbestehende Solidarität mit den Juden noch in einem Augenblick auszusprechen, als die Kommunisten versuchten, sich glaubwürdig als Wortführer einer geeinten deutschen Nation darzustellen.

Dennoch waren die antijüdischen und zuzeiten antisemitischen

Züge der ostdeutschen Politik und politischen Kultur nicht nur und nicht einmal in erster Linie Residuen des alten antiwestlichen »Sonderwegs« in seiner kommunistischen Inkarnation. Wie zum Beispiel die Fälle Abusch und Norden belegen, waren diese Politik und die in ihr zum Ausdruck kommenden Ressentiments auch in der kommunistischen Überzeugung verwurzelt, jede religiöse Tradition, einschließlich der jüdischen, sei das peinliche Relikt einer unaufgeklärten Vergangenheit. Während einige Kommunisten die Juden angriffen, weil sie diese mit dem westlichen Imperialismus in Verbindung brachten, hielten andere, wie Abusch und Norden, den modernen, aufgeklärten, fortschrittlichen Kommunismus für unvereinbar mit der Pflege der jüdischen Traditionen und Interessen. Die von ihnen betriebene Marginalisierung jüdischer Themen, einschließlich des Holocaust, beruhte weniger auf der Ablehnung der westlichen Rationalität als vielmehr auf einer Dialektik der Aufklärung in der Geschichte des modernen Kommunismus. Sie hingen einer auf Voltaire, die deutsche Aufklärung und Marx zurückgehenden, säkularisierenden rationalistischen Tradition an, die auf die hartnäckige Weigerung des jüdischen »anderen«, seine Grundsätze der kommunistischen Vernunft unterzuordnen, mit zunehmender Gereiztheit reagierte.

Vielfältige Kontinuitäten gab es aber nicht nur im Hinblick auf die deutschen politischen Traditionen, sondern auch in diesen selbst. Die offizielle Erinnerung des SED-Regimes bezog sich ebensosehr auf die Tradition der Unterdrückung von Minderheiten innerhalb des deutschen Kommunismus wie auf jene der Unterdrückung von nicht- und antikommunistischen Ansichten. Im Zuge der antikosmopolitischen Säuberung wurde nicht nur die Vernichtung des europäischen Judentums verdrängt und aus der offiziellen kommunistischen Erinnerung gestrichen, sondern auch das Kriegsbündnis der Sowjetunion mit dem Westen. Der offizielle kommunistische Antifaschismus der Nachkriegszeit gründete auf dem Vergessen des »real existierenden« Antifaschismus der Vereinten Nationen im Zweiten Weltkrieg. »Auschwitz« zu vergessen bedeutete, auch »Mexiko« aus dem Gedächtnis zu verbannen, das heißt jene Momente, in denen deutsche Kommunisten den großen »anderen« der deutschen Geschichte, den Juden, ihrer Solidarität und Freundschaft versichert hatten. Diese Momente waren ein ständiger Stachel in der Immoralität und Selbstvergessenheit dessen, was in Ost-Berlin aus dem Antifaschismus geworden war. Deshalb wurden sie aus der Geschichte des deutschen Kommunismus entfernt und in eine andere, von westlicher Spionage und jüdischer Verschwörung handelnde Geschichte eingebaut.

Die Unterdrückung der jüdischen Frage in Ostdeutschland verweist auf einen Grundzug kommunistischer Politik und Erinnerung, darauf nämlich, daß fürs politische Überleben die Fähigkeit notwendig war, vergangene Positionen zu vergessen und neue, den alten häufig diametral entgegengesetzte anzunehmen. Wer nicht vergessen konnte oder die vergangene Orthodoxie nicht aufgeben wollte, befand sich in Gefahr. Die Geschichte der kommunistischen Parteien und Regierungen ist übersät mit den Leichen jener, die unfähig oder unwillig waren, die politische Farbe zu wechseln, oder es nicht schnell und überzeugend genug getan hatten. Wenn die gestern richtige Linie heute zur Irrlehre geworden war, befanden sich besonders jene in einer prekären Lage, die öffentliche Erklärungen abgegeben hatten, und da der kühne Ausdruck jeder Meinung gefährlich werden konnte, wenn die Parteilinie sich änderte, wurden in Säuberungen die Ängstlichen und die sklavisch Gehorsamen belohnt. So wurden Amnesie, Ängstlichkeit und Opportunismus zu Elementen des politischen Erfolgs. Wer ein langes institutionelles Gedächtnis, unerschütterliche Überzeugungen und eine feste Meinung besaß, mußte früher oder später einem System zum Opfer fallen, das die Fähigkeit belohnte, vergangene Positionen zu vergessen oder als politische Irrtümer zu verurteilen.

Die Säuberung vom Winter 1952/53 stellte die entscheidende und unumkehrbare Wende in der Behandlung jüdischer Belange und der Politik der Erinnerung in Ostdeutschland dar. Von geringfügigen Modifikationen in den achtziger Jahren abgesehen, wurde keine der grundlegenden Entscheidungen dieser Periode prinzipiell revidiert. Während manche ostdeutsche Romanautoren und

Filmemacher sich mit Antisemitismus und Holocaust beschäftigten, blieb dieses Thema in der offiziellen antifaschistischen politischen Kultur eine Randerscheinung. Die Säuberungen und Prozesse dieser Jahre hinterließen Wunden, die nie verheilten, und formten eine Erinnerung und eine Politik, die im Lauf der Zeit die Kluft zwischen Kommunisten und der großen Mehrheit der Juden innerhalb und außerhalb Ostdeutschlands immer weiter vertiefte. Auf die Säuberungen wurde viel Zeit und Energie hochrangiger Funktionäre verwendet, Ressourcen, die man in diesen kritischen Jahren der Untersuchung der NS-Vergangenheit hätte widmen können, statt sie für die groteske Suche nach angeblich von den Opfern des Nationalsozialismus geschmiedeten Verschwörungen zu verschwenden. Die antikosmopolitische Säuberung schuf den Rahmen, in dem sich die Kodifizierung der ostdeutschen politischen Erinnerung an die NS-Vergangenheit vollzog.

Erinnerung und Politik in Ostdeutschland

Von Ulbricht zu Honecker

Das in der antikosmopolitischen Kampagne geschaffene Muster der Erinnerung an den Nationalsozialismus blieb bis zum Zusammenbruch des SED-Regimes 1989 bestehen. Der Säuberung folgte die Kodifizierung, Institutionalisierung und Verbreitung der in ihr zum Tragen gekommenen Vorurteile und Ressentiments sowie deren Übersetzung in Politik. Merkers und Zuckermanns Überzeugung, daß der Kampf gegen den Antisemitismus und das Schicksal der deutschen Demokratie miteinander verknüpft seien, sollte bald auf spektakuläre Weise bestätigt werden. Am 17. Juni 1953, nur ein halbes Jahr nach der Veröffentlichung der »Lehren aus dem Prozeß gegen das Verschwörerzentrum Slansky«, kam der in Ostdeutschland vorhandene Protest gegen wirtschaftliche Mängel und politische Unterdrückung offen zum Ausbruch, und nachdem die Revolution ihre Kinder im Politbüro gefressen hatte, überwältigte sie jetzt mit sowjetischen Panzern ein gefährliches Volk. In den Monaten vor dem Aufstand hatten sich ZK-Mitglied und Staatssicherheitsminister Wilhelm Zaisser und der Chefredakteur des *Neuen Deutschland,* Rudolf Herrnstadt, für eine Lokkerung des stalinistischen Kurses ausgesprochen. Zaisser hatte während der antikosmopolitischen Kampagne an der Spitze der Stasi gestanden, und unter Herrnstadt, einem Juden, hatte das *Neue Deutschland* auf der Titelseite die Angriffe auf Merker und andere »zionistische Spione« veröffentlicht. Im Juli 1953 wurden auch sie wegen »fraktioneller Tätigkeit« aus dem ZK und der SED ausgeschlossen. Jetzt fielen diejenigen, die sich bereitwillig an der Säuberung beteiligt hatten, ihr selbst zum Opfer. Die Unterdrükkung der jüdischen Frage war zu einem konstitutiven Element der

Festigung der zweiten deutschen Diktatur im 20. Jahrhundert geworden.

Widerspruch wurde in Ostdeutschland teilweise durch das Sicherheitsventil der Flucht in den Westen abgeleitet. In den fünfziger Jahren – vor dem Mauerbau – stimmten zehn Prozent der Bevölkerung auf diese Weise mit den Füßen ab. Für die linken und liberalen Intellektuellen, die anderswo in Osteuropa möglicherweise Dissidentenbewegungen angeführt hätten, war dagegen die politische Kultur des Antifaschismus entscheidend für die Abmilderung ihrer Kritik an dem »antifaschistischen« Regime. Nach Sigrid Meuschels Beobachtung standen auch sie unter dem »Trauma des Nationalsozialismus und solidarisierten sich eher mit einer Partei [der SED], deren Antifaschismus sie teilten …, als mit einer Gesellschaft, der sie nicht trauten«. Die im KPD-Aufruf ausgedrückten Gefühle vom Mai 1945 in bezug auf die »Millionen und aber Millionen« von Deutschen, die Hitler gefolgt waren, hatten sich nicht verflüchtigt. Potentielle Dissidenten unter den Intellektuellen befürchteten, offene Kritik des Stalinismus des SED-Regimes würde die Ostdeutschen dazu verleiten, die moralische Last der NS-Verbrechen zu relativieren oder zu verringern, und »Faschisten« und »Imperialisten« im Ausland in die Hände spielen. Auf diese Weise immunisierte die offizielle Erinnerung an die NS-Zeit das »antifaschistische« ostdeutsche Regime gegen jegliche Kritik, denn Gegner des antifaschistischen Staatswesens mußten »objektiv« Faschisten sein. Im bipolaren Manichäismus von Faschismus und Antifaschismus war es durchaus sinnvoll, Entnazifizierungsgesetze für die Verurteilung von Altkommunisten wie Merker heranzuziehen sowie den Arbeiteraufstand vom Juni 1953 als »faschistische Provokation« und die Berliner Mauer als »antifaschistischen Schutzwall« zu bezeichnen. Meuschel bemerkt dazu, der Antifaschismus habe sich mit den »Vorbehalten der Intelligenz gegenüber Gesellschaft und Demokratie zu einem heillosen Syndrom« verbunden, »das der Kritik am Stalinismus enge Grenzen setzten«.[1] Wer, um Albert Hirschmanns Begrifflichkeit zu benutzen, nicht den »Ausgang« gewählt hatte, stellte jetzt fest, daß die Anforderungen der »Loyalität« der Möglichkeit der »Rede« enge Grenzen setzten.[2] So wurde die offizielle Erinnerung an die NS-Diktatur zu einem entscheidenden Mittel der Konsolidierung der kommunistischen Diktatur, indem sie diese vor Kritik bewahrte und ihre Kritiker in die Defensive drängte.

Wie gesehen, hatte der ostdeutsche Kampf gegen den Faschismus zunehmend weniger mit der NS-Vergangenheit und dafür immer mehr mit dem Kalten Krieg zu tun. Die Kommunisten hielten die Erinnerung lebendig, um sie für die aktuelle Politik zu instrumentalisieren. So wurde der seit dem Nürnberger Interregnum im Herbst 1945 alljährlich im September begangene Internationale Gedenktag für die Opfer des Faschismus für den gegenwärtigen »Friedenskampf« genutzt. Im September 1950 fand an diesem Tag in Berlin eine große Friedensdemonstration statt,[3] und 1951 beging die VVN den Gedenktag als »Kampftag gegen Krieg und Faschismus«. Die Feiern an diesem Tag sollten sowohl das »Vermächtnis der im Kampfe gegen den Hitlerfaschismus grausam hingemordeten Millionen zum Bewußtsein bringen« als auch sicherstellen, daß dieser »in der Gegenwart im unbeugsamen, tatentschlossenen Friedenskampf« fortgeführt wurde. Weiter hieß es im Aufruf der VVN von 1951: »Elf Millionen aufrecht gegen den Hitlerfaschismus kämpfende Männer und Frauen aller europäischen Nationen sind für die Sache des Friedens und der Menschlichkeit leid- und qualvoll, aber doch voll Zuversicht in den Tod gegangen ... Alle, die sich damals dem Faschismus entgegenstellten, die ihm Widerstand entgegensetzten, ... waren in erster Linie Kämpfer für den Frieden.«

Tatsächlich hatte die große Mehrheit der Ermordeten weder im politischen noch im militärischen Sinn gegen den Faschismus gekämpft, und genausowenig hatte sie im »Friedenskampf« gestanden, was immer das bedeutet haben mochte. Sie hatten ums Überleben gekämpft und waren einfach Menschen gewesen, die von den Nationalsozialisten als Mordopfer ausersehen worden waren. Im Grunde waren diese modifizierten Gedenktage hegelianische Momente, denn sie konzentrierten sich hauptsächlich auf die vergangenen Taten der Kommunisten und interpretierten eine nicht zu erlösende, sinnlose Tragödie in ein erlösendes Martyrium um, das zum siegreichen Ende der Geschichte beigetragen habe. Damit wurde dem vergangenen Heroismus ein spezifischer ideologischer Zweck unterstellt, der den gegenwärtigen »Friedenskampf« der sowjetischen Diplomatie stärkte. Gedenken bedeutete so nicht Trauer und Melancholie, sondern das erhebende »Vermächtnis der Helden des antifaschistischen Widerstandskampfes«. Vor allem Ernst Thälmann wurde zum Vorbild, dem die »Nachlebenden im Kampf um den Frieden nacheifern« sollten. Der »Geist aller vom Faschismus ermordeten Kämpfer« sollte die Deutschen beflügeln, damit sie im Friedenskampf ihr Bestes gaben. Gleichheit der Frauen hieß an diesen Gedenktagen, daß auch sie in das Pantheon der erlösenden Märtyrer des deutschen Widerstandes aufgenommen wurden. 1951 verglichen die Kommunisten die amerikanische Politik in Europa und im Koreakrieg mit Hitlers Aggressionen. Sie fördere das »Wiedererstehen des deutschen Imperialismus und Militarismus« und den Aufstieg von Kriegsverbrechern in verantwortliche Positionen.[4] Das heißt, der vergangene »Kampf gegen den Faschismus« ging nahtlos in die aktuellen Attacken auf die Bonner Regierung über. Für die Gegenwart bedeutete die Bewältigung der NS-Vergangenheit den Kampf gegen den angeblich in Bonn zutage getretenen »Faschismus«. Eine der schwerwiegendsten Anklagen gegen die Bundesrepublik lautete, daß die Bonner Führung im Gegensatz zum antifaschistischen Regime in Ost-Berlin sich weigere, sich der Vergangenheit zu stellen und ihre Last zu tragen.

Auf Fotos vom Gedenktag von 1951 sind große Porträts von Thälmann, Schilder mit der Aufschrift »Widerstand gegen Krieg und Faschismus«, rote Fahnen und große Massen zu sehen, die antiimperialistischen Reden lauschen. Diese Bilder strömen eine Atmosphäre militanter Gegenwärtigkeit und Siegesgewißheit aus. Auf einem Foto von der Großdemonstration für die Opfer des Faschismus im September 1950 ist ein Spruchband zu sehen, auf dem in Deutsch, Französisch und Russisch zu lesen ist: »Es lebe der

Friede«.[5] Nur vier Monate vor Merkers Verhaftung und der Veröffentlichung der »Lehren« aus dem Slansky-Prozeß demonstrierten die Gedenkfeiern des VVN in Ravensbrück noch eine umfassende Erinnerung an die Opfer des Faschismus. Auf einem Foto von diesem Tag ist festgehalten, wie der VVN-Funktionär Walter Bartel vor einem Plakat eine Rede hält, auf dem steht: »1933–1945: Es wurden ermordet«. An der Spitze der anschließenden Aufzählung standen »6000000 Juden«, gefolgt von »4000000 Angehörigen verschiedener Nationen« und »1000000 Deutschen«.[6] Ungewöhnlich an diesem Foto ist, daß die Juden als erste in der Liste der Opfer des Nationalsozialismus aufgeführt sind, aber es offenbart auch eine gewisse Verwirrung, denn tatsächlich sind vier Millionen Deutsche im Zweiten Weltkrieg ums Leben gekommen, von denen die meisten jedoch Soldaten waren, und keine Zivilisten, die auf dieselbe Art und Weise ermordet worden wären wie Zivilisten an der Ostfront oder Insassen von Konzentrationslagern.[7]

Obwohl an diesen Gedenktagen viele Tränen vergossen worden sein müssen, enthält das SED-Fotoarchiv nur zwei Aufnahmen, die schlichten menschlichen Kummer und Schmerz wiedergeben. Beide stammen vom 9. September 1951; das eine zeigt Vertreter der Jüdischen Gemeinde von Berlin, die mit ernsten, angespannten Gesichtern einen Kranz mit einer mit Davidssternen bedruckten Schleife niederlegen.[8] Auf dem anderen ist eine Delegation ehemaliger Widerstandskämpfer zu sehen, die in Buchenwald der dort ums Leben gekommenen Mitglieder der französischen Résistance gedenken. Wie üblich flattern Fahnen als kämpferische Zeichen des Sieges im Wind, aber darunter sind zwei weinende Frauen zu sehen, und auch die Männer scheinen mehr über den Verlust ihrer Kameraden als über die helle sozialistische Zukunft nachzudenken.[9] Solche Gefühlsbezeugungen waren die Ausnahme. Typisch waren Fotos von entschlossen dreinblickenden Männern und Frauen sowie militanten Kindern und Jugendlichen, die mit roten Fahnen im »Friedenskampf« durch frühere Konzentrationslager marschierten.

In diesen hegelianischen Momenten verband sich die Trauer um gefallene Märtyrer mit dem heroischen Geist der Erlösung durch den Sieg des Kommunismus und der Roten Armee. Am Gedenktag für die Opfer des Faschismus wurde Widerstandskämpfern gedacht, die trotz Folter nicht zusammengebrochen waren und unbeugsame Tapferkeit bewiesen hatten. Die Einbeziehung von Frauen und Kindern in diese heroische Erinnerung spiegelt sich in zwei Fotos von der im September 1952 abgehaltenen »Friedenskundgebung der Frauen« im ehemaligen KZ Ravensbrück exemplarisch wider. Auf dem einen tragen Junge Pioniere Flaggen ihrer Organisation, dem Kinderverband der SED, der im übrigen den Namen »Ernst Thälmann« trug, an den Verbrennungsöfen des KZ vorbei. Das andere Foto zeigt Irma Thälmann und vier andere Frauen an der Spitze einer Gruppe fahnentragender Frauen beim Einmarsch in das ehemalige KZ. So sehr diese Frauen getrauert haben mögen, auf dem Foto tragen sie die entschlossene Miene des Vertrauens in den Fortschritt und den endgültigen historischen Sieg zur Schau.[10]

Auf einem Foto von einer Veranstaltung der VVN anläßlich des vierzehnten Jahrestages der »Kristallnacht« am 9. November 1952 wird diese heroische, auf die Gegenwart bezogene Dimension ebenfalls deutlich. Es zeigt im Hintergrund eines Podiums, auf dem führende VVN- und SED-Funktionäre Platz genommen haben, zwei Transparente, die verkünden: »Es lebe die feste, unverbrüchliche Deutsch-Sowjetische Freundschaft«, und: »Gegen Rassen- und Völkerhetze – Gegen Brudermord und Krieg – Für Frieden und Völkerverständigung!«[11] Diese Feiern verbreiteten einen unermüdlichen »fortschrittlichen« Erlösungswillen, denn obwohl sie aus Anlaß vergangener Verluste stattfanden, waren sie ganz dem Sieg in Gegenwart und Zukunft gewidmet. Wie die allgegenwärtigen sozialistisch-realistischen Standbilder Ernst Thälmanns verknüpften sie öffentliche Trauer mit einer alles durchdringenden historischen Kraftmeierei, mit Optimismus und Zukunftsgläubigkeit. Sie bestärkten die Identifikation mit den Siegern der Geschichte und den Helden des antifaschistischen Widerstandskampfs, nicht mit einer verlorenen Sache wie jener der Juden. Der Tod jüdischer Opfer paßte nicht in hegelianische Erzählungen über die List der Geschichte, die Leiden durch Erfolg krönte.[12]

Den Juden in Deutschland wurde vor dem Ersten Weltkrieg oft vorgeworfen, sie würden sich nicht genügend assimilieren, indem sie ihre patriotische Treue zum Kaiserreich demonstrierten. Angesichts dessen ist es besonders bemerkenswert, daß es das selbsternannte antifaschistische Deutschland war, wo Kommunisten jüdischer Abstammung die Assimilationsbedingungen noch weiter verschärften. Diesen wenigen, höchst assimilierten Juden, die nach der antikosmopolitischen Säuberung noch in der SED verblieben waren, wollen wir uns jetzt zuwenden. Sie waren die Erben des Karl Marx des 1843 geschriebenen Aufsatzes über die Jüdische Frage, und sofern der deutsche Nationalismus, wie Liah Greenfeld geschrieben hat, ein Bestandteil des Marxschen Denkens ist, waren sie auch die legitimen Erben dieser Traditionslinie.[13] Ihrem Selbstverständnis nach waren die in der ostdeutschen Führung verbliebenen Juden deutsche Patrioten und Anwälte einer fortschrittlichen, antifaschistischen, aber auch entschieden deutschen Nation. Sie verteidigten dieses sozialistische, humanistische Deutschland gegen die Heimat des Kosmopolitismus, die Vereinigten Staaten. Dies *nach* Auschwitz zu tun kann als Hyperassimilation bezeichnet werden, die radikaler und vollständiger war als die ihrer Vorgänger in der Aufklärung.

1953 gab es nur noch wenige Juden in führenden Positionen, und sie taten, vorsichtig ausgedrückt, wenig, um ihre jüdische Identität zu kultivieren. Es waren widerstandsfähige Persönlichkeiten, die zuerst den Nationalsozialismus und dann die antikosmopolitische Säuberung überlebt hatten. Zwei von ihnen sollen hier näher betrachtet werden: Albert Norden und Alexander Abusch.[14] Der spektakuläre Wiederaufstieg des letzteren bis zum Kulturminister und lebenslangen ZK-Mitglied wurde bereits erwähnt. Um zur »Rede« fähig zu sein, mußte er jedoch seine Loyalität beweisen. 1949, vor der Field-Affäre, aber nach Beginn des Kalten Krieges hatte er in der Schrift *Stalin und die Schicksalsfragen der deutschen Nation* die sowjetische Außenpolitik von den zwanziger Jahren bis zur »Rettung der europäischen Zivilisation« im Zweiten Weltkrieg verteidigt.[15] Von zahllosen Stalin-Zitaten untermauert, vertrat Abusch, der Autor des *Irrwegs der Nation,* jetzt die Ansicht, Stalin und die Sowjetunion hätten die Deutschen und ganz Europa vor den Konsequenzen der furchtbaren historischen Fallkurve Deutschlands bewahrt. Es läßt sich nicht feststellen, welche Mischung aus Überzeugung, Angst und Opportunismus Abusch veranlaßt haben mag, diesen unglückseligen Text zu verfassen; er belegte auf jeden Fall seine Entschlossenheit, in die Reihen der kommunistischen Elite zurückzukehren. Ein Resultat dieses Bemühens bestand darin, daß Abusch eine Schlüsselrolle bei der Kodifizierung der ostdeutschen Erinnerung an den Nationalsozialismus spielte. In einer Aufsatzsammlung von 1954 stellte er unter dem Titel *Restauration oder Renaissance* der »Restauration« der Reaktion in Westdeutschland die »Renaissance« des Humanismus im Osten gegenüber.

In Westdeutschland waren Abusch zufolge jene, die sich durch ihr Verhalten unter der NS-Diktatur belastet hatten, wieder in Amt und Würden gelangt und stellten sich einer »redlichen, intellektuellen Auseinandersetzung über die deutsche Vergangenheit« entgegen. Die Assoziation der DDR mit dem Erinnern und der Bundesrepublik mit dem Vergessen sollte ein beständiges Thema der ostdeutschen Kulturpolitik bleiben. Auf der Grundlage der Erinnerung an den deutschen Faschismus sowie aus Mißtrauen gegenüber der liberalen Demokratie rechtfertigte Abusch darüber hinaus die Zensur. In der DDR gebe es »keine Freiheit für Werke, die den Krieg als unvermeidlich hinstellen und den Haß gegen andere Völker schüren«. Letzteren könne man getrost den Westdeutschen überlassen, deren »ganzer Büchermarkt durch die sogenannte soldatische Literatur überschwemmt, barbarisiert und militarisiert« werde. Die Erfahrung seiner Generation lehre, daß »Freiheit für militaristische und kriegshetzerische Literatur, für den mörderischen Ungeist der SS ... Unfreiheit für die humanistische Literatur« bedeute. Aus der jüngsten deutschen Geschichte, »aus ihrer noch nicht vergessenen blutigen Wirklichkeit« wisse man, daß die Faschisten, sobald sie an die Macht kämen, die humanistische Kultur unterdrückten. Deshalb sei eine Zensur für »militaristische Literatur« ein geringer Preis, wenn man den »Geist der Humanität und des Friedens in unserem Volk ... verbreiten und den Ungeist des Militarismus, der SS und des Krieges ... schlagen« wolle. Die logische Folgerung daraus lautete, daß eine Erziehungsdiktatur notwendig sei, um die Wiederkehr der faschistischen Diktatur zu verhindern.

Von der westdeutschen Demokratie hielt Abusch nicht viel. Aus seiner Sicht sprach die »militärische Lobpreisung der Unmenschlichkeit ... zwar, genau wie unter Hitler, im Namen des ›Abendlandes‹«, aber auch die im Westen »überlebenden Massenmörder von Auschwitz und Maidanek« gäben sich »in ihrer offiziellen Ideologie amerikanisch-kosmopolitisch ›europäisch‹«. Die »Kriegsverträge von Bonn und Paris« über die westdeutsche Wiederbewaffnung und den Beitritt der Bundesrepublik zur NATO seien die »direkte Fortsetzung der sogenannten Europapolitik der SS«. In ihnen verschmelze die Vorstellung eines von der SS beherrschten Europa »ideologisch mit der kosmopolitischen ›Europa‹-Politik amerikanischer Couleur«. Während Adenauer die Integration Westdeutschlands in die atlantischen und europäischen Strukturen als Barriere gegen das Wiederaufleben des deutschen Nationalismus und Ende des deutschen antiwestlichen und antidemokratischen Konservatismus verstand, sah Abusch darin eine Wiederholung der Entwicklung nach dem Ersten Weltkrieg, als die Kräfte der alten Ordnung mit Hilfe internationaler, »kosmopolitischer« Kreise wiederbelebt wurden. Wenn der deutsche Irrweg beendet werden sollte, konnte der Anstoß nach Abuschs Ansicht nur aus Moskau kommen, nicht aus Washington, Paris oder London.

Mit Stolz hob Abusch die engen Verbindungen zwischen Intellektuellen und politischer Macht in Ostdeutschland hervor, die in der Schaffung eines Kulturministeriums ihren Ausdruck gefunden hätten. Auf den Vorwurf westdeutscher Beobachter, Johannes R. Becher stelle die Kunst in den Dienst der Politik, entgegnete Abusch, die apologetische Tradition der deutschen Intellektuellen habe sich für das Überleben des deutschen Humanismus in der Politik als katastrophal erwiesen. In »unserer Republik aber wurde der reale Humanismus zur Macht, werden auch die hohen Gedanken und Träume der Genien der deutschen Dichtung zur Wirklichkeit«.[16] Nach der Niederschlagung des Aufstands vom 17. Juni 1953 predigten er und Becher den künstlerischen Realismus und gaben ästhetische Maßstäbe vor, um die »deutsche Kultur gegen Dekadenz und kosmopolitische Entwurzelung in Schutz« zu nehmen.[17] Damit kann Abusch die zweifelhafte Ehre für sich in Anspruch nehmen, zu den wenigen jüdischen Intellektuellen in der neueren Geschichte zu zählen, die Attacken gegen die »kosmopolitische Entwurzelung« geritten haben.

Albert Norden war einer der einflußreichsten Kommunisten jüdischer Herkunft in der ostdeutschen Führung. Der zum überzeugten Kommunisten gewordene Sohn eines Rabbis gehörte zu den Gründungsmitgliedern der KPD und war vor und nach 1933 Chefredakteur verschiedener kommunistischer Zeitungen. 1932 emigrierte er zunächst nach Paris und Prag, bevor er 1941 nach New York ging, wo er bis 1946 blieb. 1949 wurde er unter dem Pressechef der DDR-Regierung, Gerhart Eisler, deren Pressesprecher, was er blieb, bis er, wie erwähnt, 1952 seinen Posten verlor. Als Professor für Geschichte an der Ostberliner Humboldt-Universität landete er jedoch auf den Füßen, und ab 1954 übte er als Mitglied des Präsidiums des Nationalrats der Nationalen Front auch wieder ein politisches Amt aus. Im Jahr darauf stieg er ins ZK der SED auf und wurde zu dessen Sekretär für Agitation. Seit 1958 war er Mitglied des Politbüros, dem er bis 1981 angehörte.[18] Am bekanntesten wurde er in beiden Teilen Deutschlands wegen seiner führenden Rolle in der Nationalen Front und im sogenannten Ausschuß für Deutsche Einheit. In diesen Positionen lenkte er die ostdeutsche Propagandaoffensive gegen die Bundesrepublik.

Nach vierjährigem Aufenthalt in New York publizierte Norden zusammen mit zwei anderen kommunistischen deutschen Emigranten, seinem späteren Chef Gerhart Eisler und dem Historiker Albert Schreiner, unter dem Titel *The Lessons of Germany. A Guide to Her History* ein Buch über die Lehren aus der deutschen Geschichte. Nach Auffassung der Autoren ließen sich die deutschen

Kapitalisten und Imperialisten nicht »umerziehen« und müßten daher als mächtige soziale Klasse ausgeschaltet werden. Hoffnung liege für Deutschland allein in der Umerziehung der Arbeiterklasse. Aber wie 1945 alle deutschen Kommunisten sahen auch Norden, Eisler und Schreiner die deutsche Arbeiterklasse in einem düsteren Licht. Die Schuld an deren Desorganisation, Demoralisierung und Korrumpierung gaben sie den Sozialdemokraten. Aber aus welchem Grund auch immer, die deutsche Arbeiterklasse hatte es versäumt, den Nationalsozialismus zu stürzen. Statt dessen sei die Befreiung vom Nationalsozialismus das »Werk fremder Völker«. Im Unterschied zur Arbeiterklasse anderer Länder, die gegen den Nationalsozialismus gekämpft hätten, habe die »deutsche Arbeiterbewegung unter der Naziherrschaft ihren tiefsten Stand erreicht«. Ihr Verhalten stehe »in völligem Widerspruch zu ihrer historischen Rolle und vielen ihrer positiven Traditionen«. Bis sie einen Weg gefunden habe, »sich durch Taten selbst von den Konsequenzen ihrer Passivität und ihrer Dienstbarkeit für den Nationalsozialismus zu reinigen«, könne sie sich selbst und die Nation nicht auf eine höhere Stufe heben und das »Vertrauen der Völker und Arbeiterbewegungen anderer Länder wiedergewinnen«.

Norden und seine Mitautoren wiesen zwar darauf hin, daß »allein in drei polnischen ›Vernichtungslagern‹ – Maidanek, Sobibur [sic!] und Osviecim-Birkenau – ... über fünf Millionen Kriegsgefangene und Zivilisten ... aus allen von den Nazis beherrschten Ländern ermordet« worden seien, gaben aber keine nähere Auskunft über die Identität der Opfer. Am Ende beschworen sie dann trotz ihres Abscheus vor den NS-Verbrechen und der negativen Einschätzung der deutschen Arbeiterklasse eine erstaunliche Verknüpfung zwischen den vor der deutschen Nation liegenden Aufgaben und der Eliminierung des Nationalsozialismus: »Die Ausmerzung des deutschen Nationalsozialismus und Militarismus ist die entscheidende nationale Aufgabe der Deutschen, ohne die sie keinen einzigen Schritt vorankommen können.« Sie hofften auf eine »neue deutsche Nation«, so daß Deutschland aufhöre, »identisch zu sein mit Bestialität« und nicht mehr der »furchtbare Alptraum der Völker der Welt« wäre.[19]

Mittelpunkt von Nordens Karriere in der ostdeutschen Führung war das Bemühen um die Schaffung einer neuen deutschen Nation. In der Emigration hatte er sich in über dreißig Artikeln zumeist mit Faschismus und Antifaschismus beschäftigt. Die 1965 in zwei Bänden unter dem Titel *Die Nation und wir* gesammelten Aufsätze behandelten neben der Appeasementpolitik unter anderem die Versuche der Sowjetunion, dem Nationalsozialismus 1933 entgegenzuwirken, sowie die Rolle des deutschen Kapitalismus beim Aufstieg des Nationalsozialismus und den Nutzen, den er aus ihm zog. Den Antisemitismus betrachtete Norden als Werkzeug, das die Nationalsozialisten benutzten, um die Sorge des Mittelstands über die »kapitalistische Anarchie« auf die Juden abzulenken. Bei der Analyse von Hitlers *Mein Kampf*, einschließlich der Vorstellungen über die Expansion nach Osten, behandelte er weder den Platz des Antisemitismus in Hitlers Ideologie und Politik noch die Verbindungen zwischen Antisemitismus und Antikommunismus in der NS-Ideologie im allgemeinen. Auch in seinen nach dem Krieg geschriebenen Aufsätzen blieb die jüdische Katastrophe unerwähnt.

In den dunkelsten Tagen der antijüdischen Säuberung von 1952/53 geriet Norden aufgrund seiner jüdischen Herkunft und des Exils in New York unter den Verdacht, sich mit dem kosmopolitischen Virus infiziert zu haben. Seine 1952 erschienene Aufsatzsammlung *Um die Nation* erfüllte insofern zwei für seine Rückkehr in die Partei- und Staatsführung wesentliche Voraussetzungen. Erstens demonstrierte er seine Glaubwürdigkeit in Sachen Antiamerikanismus und zerstreute damit die Vermutung, er könne von seinem vierjährigen Aufenthalt in New York »Illusionen« über Dinge wie den antifaschistischen Charakter der Vereinigten Staaten im Zweiten Weltkrieg zurückbehalten haben. Zweitens diente er sich dem Regime als einzigartiger Aktivposten an, nämlich als jüdischer Kommunist, der zugleich deutscher Nationalist war und dadurch, daß er ins Horn des Antikosmopolitismus stieß, nicht nur seine

Loyalität bewies, sondern auch alle zu widerlegen schien, die behaupteten, die Säuberung habe antisemitische Wurzeln.

Die deutsche Geschichte seit dem Dreißigjährigen Krieg wird in *Um die Nation* als eine Abfolge von versäumten Gelegenheiten dargestellt, bei denen Teilung und Reaktion über Einheit und Fortschritt siegten. Die Teilung Deutschlands nach 1945 und die Entstehung des »zweiten westdeutschen Separatstaats« war nur ein weiteres Glied in dieser Kette der durch die Kräfte der Reaktion bewirkten Teilungen. Für Norden erinnerte das westliche Bündnis an die Angebote des besiegten Hitlerregimes, eine gemeinsame Front gegen die Sowjetunion zu bilden. Weit davon entfernt, mit den antiwestlichen Elementen der NS-Ideologie zu brechen, befand er, die nach 1945 von der herrschenden Klasse Deutschlands getroffene Entscheidung, sich dem westlichen Bündnis anzuschließen, stehe im Einklang mit ihrem engstirnigen Klasseninteresse und im Widerspruch zur »Einheit der Nation«. Das »Verbrechen« der deutschen Teilung sei wiederum von »ausländischen Komplizen« – den USA, England und Frankreich – begangen worden, die einen Teil Deutschlands in ihre »reaktionäre und aggressive Außenpolitik« einspannen wollten. Dieselben Finanzkapitalisten, die schon nach dem Ersten Weltkrieg versucht hätten, Deutschland zu teilen, hätten erneut den Mammon über die nationale Einheit gesetzt und den anglo-amerikanischen Teilungsplan übernommen. Die »Imperialisten von 1933 und 1939 bis 1945« seien die »Imperialisten von heute«. Jetzt stürmten und drängten die Feinde der Gewerkschaft und Befürworter des »Aufbaus einer faschistisch untermauerten kapitalistischen Diktatur … für die Westorientierung. *Die Hitlerimperialisten von gestern sind die Kosmopoliten von heute*«, denn sie hülfen mit, »Westdeutschland unter das kaudinische Joch der USA zu beugen«. Heute opferten die einstigen Unterstützer des Nationalsozialismus Deutschland den Plänen der Westmächte. Zwar hätten amerikanisches und deutsches Monopolkapital dieselben Interessen, aber diese liefen in beiden Fällen den »nationalen Interessen Deutschlands strikt zuwider« und würden »mit der totalen Vernichtung

Deutschlands enden, da sie zum dritten Weltkrieg auf deutschem Boden führen«. Die Frage, »auf die nur das Proletariat und seine Verbündeten die rettende Antwort geben können«, laute: »Finanzkapital *oder* die Nation«. Norden stand eindeutig auf seiten der Nation gegen das Kapital.

Mit solchen Slogans drehte er die übliche Beziehung von Links und Rechts zur Nation um, denn jetzt waren die Kommunisten die wahren Nationalisten, während Adenauer und Schumacher die Nation den amerikanischen Interessen opferten. Den auch Generalvertrag genannten Deutschlandvertrag zwischen der Bundesrepublik und den drei Westmächten von 1952 bezeichnete Norden als »Generalvertrag des nationalen Hochverrats«, der »tausendfach schlimmer als das Versailler Friedensdiktat« sei. Jetzt werde in Westdeutschland eine »ausländische Tyrannei« errichtet, die auf die »Abdankung der Nation« hinauslaufe: »Zum erstenmal seit Napoleons Zeiten sind deutsche Truppen einem ausländischen Tyrannen unterworfen.« Durch die amerikanische Politik sei Westdeutschland zu einem auf Dauer besetzten Land geworden, das seine nationale Unabhängigkeit verloren habe. Dagegen war der Kommunismus laut Norden Ostdeutschland nicht von der Sowjetunion aufgezwungen worden, sondern von Marx und Engels bis hin zum politischen Handeln von Pieck, Grotewohl und Ulbricht tief in der deutschen Geschichte verwurzelt.[20] Deshalb seien Marxismus und Kommunismus stärker als der internationale Kapitalismus mit der deutschen Geschichte verwoben. Zum Gesetz des »untergehenden Finanzkapitals« werde der »nationale Verrat«, während das Proletariat in intakten nationalen Traditionen verwurzelt sei.[21]

Die Westorientierung der Bundesrepublik bildete zusammen mit der Ausschaltung der radikal-konservativen Ablehnung des Westens eines der zentralen Themen der intellektuellen und politischen Nachkriegsgeschichte Westdeutschlands. In marxistisch-leninistischer Sprache luden Norden und andere ostdeutsche Politiker und Intellektuelle traditionelle deutsche antiwestliche Ressentiments mit einem verblüffend schamlosen Pathos nationaler

Befreiung auf. Nach ihrer Ansicht gab es in der deutschen Geschichte nach 1945 nur eine einzige Kontinuität oder Restauration, und die fand im Westen Deutschlands statt, nicht im Osten. In vieler Hinsicht erinnere diese bedauernswerte Entwicklung an die Zeit nach dem Ersten Weltkrieg; wie 1918 sei 1945 die Hoffnung auf ein sozialistisches und kommunistisches Deutschland durch eine Mischung von anglo-amerikanischer Intervention, innerer Reaktion und sozialdemokratischem »Betrug« enttäuscht worden, allerdings mit dem Unterschied, daß nach 1945 die Ausdehnung dieser Restauration auf den Osten Deutschlands durch die Macht der Sowjetunion verhindert worden sei.[22]

In dem bemerkenswerten Aufsatz »Kosmopolitismus – die Ideologie der transatlantischen Räuber« griff Norden 1952 zwar den Diskurs des Antikosmopolitismus auf, löste ihn aber von seinen ursprünglichen Angriffszielen ab. Indem er seine Einschätzung wiederholte, die »Hitlerimperialisten von gestern« seien die »Kosmopoliten von heute«, richtete er den Vorwurf des Kosmopolitismus nicht mehr gegen die Juden, sondern wieder gegen den »Vater des Kosmopolitismus«, den Kapitalismus, insbesondere den amerikanischen. Darüber hinaus sprach er von einer »Geistesverwandtschaft« zwischen amerikanischer Politik und Nationalsozialismus. Hitlers Streben nach einem Weltstaat und die Politik von Harry S. Truman und John Foster Dulles würden sich nur darin unterscheiden, ob der deutsche oder der amerikanische Imperialismus über das »globale Imperium« herrschen sollte: »Die Triebkräfte waren und sind in beiden Fällen die gleichen, nämlich der Drang des Finanzkapitals nach der Beherrschung der Welt.«[23] Die Einzigartigkeit der NS-Diktatur im Vergleich zu anderen kapitalistischen Staaten zu verwischen oder zu leugnen war ein Grundzug der kommunistischen Interpretation der NS-Vergangenheit und sollte es bleiben.

Wenngleich Nordens Angriff auf den Kosmopolitismus Materns Antisemitismus fehlte, schwangen in ihm doch die antiwestlichen Ressentiments und der »deutsche Antikapitalismus« des vor 1945 vorherrschenden rechten deutschen Nationalismus mit. Auch dieser hatte dem amerikanischen Geschäftsgeist die Kultur der Alten Welt gegenübergestellt. Nach Auschwitz war es jedoch, gelinde gesagt, merkwürdig, daß ein führender deutscher Kommunist jüdischer Herkunft einem angeblich zerstörerischen amerikanischen Kosmopolitismus eine wohl als gutartig begriffene deutsche nationale Identität gegenüberstellte und die Parallelen zwischen seiner antikosmopolitischen Attacke im Kalten Krieg und den von den Nationalsozialisten gehegten antiwestlichen Ressentiments entweder übersah oder nebensächlich fand.[24]

In auffallendem Kontrast zu Nordens entschiedener Verteidigung der deutschen Nation stand seine Gleichgültigkeit gegenüber dem Verschwinden der Juden aus ihr. Er teilte Marx' Vision einer deutschen Revolution, die zur »Emanzipation« der Welt von den Juden führen würde. An den in Ostdeutschland lebenden jüdischen Schriftsteller Arnold Zweig schrieb er im Mai 1959, mit der »klassenlosen Gesellschaft, der wir in der DDR entgegengehen, werden die paar tausend Juden bei uns sich völlig assimilieren, ein Prozeß, der schon in Gang ist«. Da der Antisemitismus ein Produkt des Imperialismus sei, werde er nur durch das Erreichen des Sozialismus verschwinden.[25] Anscheinend war die deutsche Nation, die Norden erhalten wollte, weniger anachronistisch als die Juden, deren Verschwinden durch Assimilation er gleichmütig konstatierte.

Abusch und Norden waren Überlebende der Säuberung und kannten die Grenzen des Diskurses über Nationalsozialismus und jüdische Katastrophe in der SED – und den Preis, den ihr Überschreiten kostete. Deshalb folgte aus der Zugehörigkeit von Juden zur Führungsspitze der DDR – unter den Bedingungen einer restriktiveren Assimilation als im Deutschland vor Hitler – nicht die Einbeziehung der jüdischen Frage in die ostdeutsche Erinnerung an die NS-Vergangenheit.

1958 und 1961 weihte die ostdeutsche Führung in den früheren Konzentrationslagern Buchenwald und Sachsenhausen die beiden ostdeutschen Hauptgedenkstätten für die Opfer des Faschismus ein. Es waren steinerne Versinnbildlichungen der nach den Säuberungen von 1949 bis 1956 vorherrschenden Ideen. Sowohl Ministerpräsident Otto Grotewohl, der 1958 in Buchenwald die Einweihungsrede hielt, als auch SED-Chef Walter Ulbricht, der 1961 in Sachsenhausen sprach, entdeckten in den vergangenen Leiden einen politischen Sinn. Beide Reden waren grundlegende Äußerungen der offiziellen antifaschistischen Erinnerung in Ostdeutschland, und in beiden wurde eher gefallener Soldaten gedacht als um unschuldige Opfer getrauert.

Die Planung für die Gedenkstätten hatte 1954 mit der Bildung eines Komitees unter Vorsitz Grotewohls begonnen, das Kulturminister Becher und seinem Stellvertreter Abusch die Leitung der konkreten Planungsarbeit anvertraute. Weitere Mitglieder waren Ernst Thälmanns Witwe Rosa, Walter Bartel, Propst Heinrich Grüber, Stefan Heymann, Jenny Matern, Anna Seghers, Hans Seigewasser und Arnold Zweig. In einer Denkschrift von 1954 schrieb Grotewohl, Hauptzweck der Gedenkstätten sei, »der jungen Generation die Schmach der Vergangenheit vor Augen zu führen, damit sie daraus ihre Lehren zieht«. Doch zugleich müsse durch sie der »Weg in die Zukunft gewiesen werden« und »zum Ausdruck kommen, daß es der Lebens- und Kampfeswille war, der sich in den Konzentrationslagern unter den Häftlingen ... im Widerstand gegen die nazistische Barbarei entwickelte«. Erinnerung an die Vergangenheit sei mit Mahnungen an die Gegenwart und Zukunft zu verbinden, während das Vermächtnis des Widerstandes in der Politik des ostdeutschen Antifaschismus lebendig sei. Zwar seien die Gedenkstätten den Leiden der Opfer gewidmet, vor allem aber sollten sie als »weithinragende Zeichen des Sieges über den Faschismus« von der »unüberwindlichen Kraft der antifaschistischen Kämpfer« künden.[26] Sie waren in Stein umgesetzte hegelianische Momente, die weniger dem Nachdenken über eine nicht wiedergutzumachende Tragödie dienten als vielmehr den Zweck hatten, auf der Grundlage der Erinnerung an den Heroismus der Vergangenheit das Vertrauen in die Zukunft zu stärken. In einem Aufruf des Planungskomitees wurden Grotewohls Vorgaben aufgegriffen:

Den Toten zur Ehre, den Lebenden zur Pflicht! Diese Worte mahnen jeden! Sie rufen uns zur Tat! Wieder ist der deutsche Militarismus zur Hauptgefahr für den Frieden in Europa geworden. Wieder bedroht er die Sicherheit und Unabhängigkeit der Völker. Wieder fordert die militaristische und faschistische Meute in Westdeutschland offen zu neuer Aggression gegen die friedliebenden Völker auf.

Verurteilt wurde die westdeutsche Absicht, »faschistischen Mördern« und »alten Nazigeneralen« Atomwaffen und Raketen in die Hände zu geben. Weiterhin forderte der Aufruf den sofortigen Stop von Atomwaffentests, die Schaffung einer atomwaffenfreien Zone in Mitteleuropa sowie Verhandlungen über Abrüstung, Entspannung und Frieden.[27] Wenn die DDR-Außenpolitik das Vermächtnis der Opfer von Buchenwald fortführte, war Widerspruch gegen sie mehr als nur ein politischer Irrtum, nämlich eine Entweihung der geheiligten Erinnerung an die Opfer des Faschismus. Die deutliche Botschaft der Gedenkstätten von Buchenwald und Sachsenhausen lautete, daß die DDR Erbe und Nachfolger der antifaschistischen Widerstandskämpfer sei, während die Bundesrepublik in die Fußstapfen der Faschisten getreten sei.

In seiner Rede auf der Einweihungsfeier der Gedenkstätte Buchenwald am 14. September 1958 pries Grotewohl das »Heldentum der europäischen Widerstandskämpfer«, an deren antifaschistisches Vermächtnis die DDR anknüpfe. Künftige Generationen würden in der Gedenkstätte vom »unvergänglichen Ruhm« ihres Kampfs gegen die Tyrannei und für Freiheit, Frieden und Menschenwürde erfahren. Von Buchenwald aus würden die »Lebenden zum Handeln« aufgerufen und gemahnt, »im Kampf gegen den Faschismus nicht zu erlahmen«. Offenbar waren die »Millionen und aber Millionen« von Deutschen, die Hitler gefolgt waren, entweder verschwunden, oder ihnen war vergeben worden. Vorbei die Zeit, in der dem deutschen Volk der Vorwurf gemacht worden war, Hitler nicht gestürzt zu haben. An seine Stelle war die militante Identifikation mit dem deutschen und europäischen Widerstand getreten. Vorbei aber auch die öffentliche Bekundung der Solidarität zwischen »politischen« und »rassischen« Opfern des Nationalsozialismus, die zwischen 1945 und 1948 von Veteranen des kommunistischen Widerstandes auf Gedenkfeiern ausgedrückt worden war. »Widerstand« gegen Krieg und Faschismus bedeutete jetzt die Ablehnung der westdeutschen Wiederbewaffnung; das Engagement im Kalten Krieg galt als Akt der Vergangenheitsbewältigung, und der Begriff »Faschismus« bezog sich ebensosehr auf die Bundesrepublik der fünfziger Jahre wie auf die NS-Vergangenheit.

Aus Grotewohls Sicht war die Einweihungsfeier in Buchenwald eine »Kampfdemonstration gegen die Vorbereitung eines imperialistischen Atomkrieges, der das deutsche Volk und die Menschheit heute besonders von Westdeutschland aus bedroht«. Obwohl 1945 militärisch besiegt, seien die Wurzeln des Hitlerfaschismus nur in der DDR ausgerissen worden, wo die »große Idee der antifaschistischen Kämpfer verwirklicht und ein Staat des Friedens geschaffen« worden sei. Die beiden deutschen Staaten hätten auf völlig unterschiedliche Art und Weise auf die NS-Vergangenheit reagiert. Während man im Osten »aus den Fehlern der deutschen Geschichte gelernt« und »gute und richtige Lehren« aus ihr gezogen habe, sei der westdeutsche Staat ein »Hort der Reaktion, in dem die Militaristen und Faschisten wieder zur Macht gelangt sind und dessen aggressiver Charakter sich in seinen reaktionären Taten zeigt«. Unter Hinweis auf die Suezkrise von 1956 verurteilte Grotewohl die »Aggressionshandlungen Amerikas und Englands im Nahen Osten gegen die arabischen Völker« und rief zum Kampf gegen die Bonner Unterstützung dieser Politik auf. Die jüdische Katastrophe erwähnte er nicht. Im Gegenteil nutzte er die Gelegenheit der Einweihung der ersten großen Gedenkstätte für die Opfer des Nationalsozialismus in Ostdeutschland, um den Arabern im Nahostkonflikt den Beistand der DDR zuzusichern. Gerade das deutsche Volk habe die Verpflichtung, eine »einheitliche gesamtdeutsche Volksbewegung gegen die Atomkriegsvorbereitungen« ins Leben zu rufen, die eine atomwaffenfreie Zone in Europa sowie »Freundschaft und Verständigung zwischen allen Völkern« erreichen solle.[28] Mit anderen Worten, die Bewältigung der NS-Vergangenheit bedeutete vor allem, die sowjetische Außen- und Militärpolitik zu unterstützen.

Am 24. April 1961, vier Monate, bevor er den Bau der Berliner Mauer anordnete, fuhr Ulbricht nach Sachsenhausen, um die neue Mahn- und Gedenkstätte einzuweihen, die Helden der Vergangenheit zu preisen und ihr Erbe für sich in Anspruch zu nehmen. Das *Neue Deutschland* berichtete auf der Titelseite davon. Schätzungsweise zweihunderttausend Menschen hatten sich zu der Einweihungsfeier versammelt. Redner aus dreiundzwanzig Ländern, darunter Repräsentanten der Regierungen des Warschauer Paktes und westlicher kommunistischer Parteien, ergriffen das Wort. In einem »Appell von Sachsenhausen« wurden die Anwesenden aufgerufen, für Frieden, Humanismus und Völkerfreundschaft einzutreten, »damit der Wahnsinn eines Atomkrieges verhindert und die Abrüstung Wirklichkeit wird. … Unser Kampf gegen Faschismus und Militarismus, den viele von uns vor 16 Jahren mit der Zerschlagung des Hitler-Reiches beendet wähnten – er ist nicht zu Ende!« Das Hitlerregime sei zerstört worden, aber der »Ungeist des Militarismus und Faschismus feiert in der westdeutschen Bundesrepublik Wiederauferstehung und bedroht erneut den Frieden Europas«.[29] Ulbricht hielt eine klassische politische Trauerrede, in der er die nationale Vergangenheit mit Gegenwart und Zukunft verband und Grundsätzliches zur ostdeutschen Erinnerung an die NS-Vergangenheit sagte:

> In tiefster Verehrung verneigen wir uns an dieser Stätte vor unseren teuren Toten, den Kämpfern gegen Krieg, Faschismus und Militarismus, den Opfern des Naziterrors. Dem Gedenken und der Mahnung ist diese Stätte geweiht: dem Gedenken an die ungezählten Märtyrer und Helden des antifaschistischen Widerstandskampfes, der Mahnung – gerichtet an unsere wie die uns folgenden Generationen –, nie wieder zuzulassen, daß faschistische und militaristische Barbarei über unser Volk und andere Völker hereinbrechen.

> Jeder Fußbreit dieses Bodens ist getränkt mit dem Blut und dem Todesschweiß Zehntausender Märtyrer aus vielen Nationen, Zehntausender Menschen verschiedenster Weltanschauungen. Hier wurden sie gehetzt und zu Tode gequält, gefoltert und hingemordet, nur weil sie ihr Volk, nur weil sie Freiheit, Frieden und Demokratie mehr liebten als das eigene Leben, weil sie Sozialisten waren, weil sie Völkerhaß und Völkermord verabscheuten, weil sie ihr Leben dem Humanismus und der Völkerfreundschaft geweiht hatten.

Weder Folter noch Terror hätten ihren Kampfgeist brechen können. Der Widerstand »unter den unmenschlichen Bedingungen der Menschenvernichtungsfabrik Sachsenhausen ist ein schmerzvolles, aber ehrenvolles Kapitel der heroischen Geschichte« des antifaschistischen Kampfs der deutschen Kommunisten und anderer Antifaschisten. Innerhalb und außerhalb der Konzentrationslager und Folterkammern hätten »Menschen der verschiedensten Weltanschauungen den unerhört opferreichen Kampf gegen das blutbesudelte Hitler-Regime« geführt und damit die Zukunft der deutschen Nation gerettet. Tausende von Kommunisten, Sozialdemokraten, sowjetischen und britischen Kriegsgefangenen, Bürgern von Polen, Luxemburg, Jugoslawien, Holland, Belgien, Dänemark, Österreich, Ungarn, der Tschechoslowakei und Frankreich seien in Sachsenhausen ermordet worden. Daß in Sachsenhausen oder anderswo Juden ermordet wurden, erwähnte Ulbricht nicht.

Um nicht falsch verstanden zu werden: Einiges von dem, was Ulbricht sagte, entsprach der Wahrheit. Es gab »Märtyrer und Helden«, die »nur« wegen ihrer politischen Überzeugungen und Handlungen ermordet worden waren, und viele starben einen heroischen Tod im Kampf gegen den Faschismus. Aber das Falsche überwog die Wahrheit. In Sachsenhausen und anderen Konzentrationslagern wurden Juden nicht wegen ihrer politischen Ansichten oder Handlungen ermordet, sondern einfach, weil sie Juden waren. Doch für Ulbricht nahm die kleine Minderheit der deutschen Widerstandskämpfer unter den Opfern des Nationalsozialismus offensichtlich eine Sonderstellung ein. Für Solidarität mit den Juden war in diesen Gedenkfeiern kein Platz. Es war etwas Herzloses und arrogant Gegenwartsbezogenes an dem Stolz, mit dem Ulbricht die vergangenen Leiden für seine Zwecke nutzbar machte. Wie inzwischen üblich, fand die jüdische Katastrophe in all diesen Darstellungen des vergangenen Martyriums keine Erwähnung. Dennoch bestand Ulbricht darauf, daß die DDR im Unterschied zur Bundesrepublik die Lehren der Weltkriege beherzigt habe: »Wir haben Wiedergutmachung geleistet, soweit das überhaupt möglich war. Wir haben den militaristischen und reaktionären Ungeist, der die deutsche Vergangenheit unheilvoll beeinflußte, bewältigt, indem wir Nationalsozialismus und Militarismus mit der Wurzel ausgerottet haben.« Vermutlich meinte er mit der Wiedergutmachung die Reparationen an die Sowjetunion und die Pensionen für anerkannte Opfer des Faschismus, denn die DDR hat sich beharrlich geweigert, Entschädigungen an jüdische Überlebende des Holocaust zu zahlen.

Ulbricht zog eine direkte Linie vom antifaschistischen Widerstand im KZ Sachsenhausen zur ostdeutschen Propagandakampagne gegen Westdeutschland, indem er den Geist der Anti-Hitler-Koalition und des Potsdamer Abkommens, der in Ost-Berlin anscheinend noch lebendig war, der »Remilitarisierung und Refaschisierung Westdeutschlands« und der »Überantwortung von Atomwaffen an Hitlers Generale«, die jetzt in Bonner Diensten standen, gegenüberstellte. Dagegen habe in der DDR das »andere Deutschland Wurzeln geschlagen«. Kampfgefährten und Freunde seien »gemeinsam in Sachsenhausen gestorben, damit wir gemeinsam ihr Werk vollenden und den Menschen Freiheit, Demokratie und den Frieden sichern«.[30] Ulbrichts Rede verdeutlichte, daß die Erinnerung an die Märtyrer der Vergangenheit integraler Bestandteil der aktuellen ostdeutschen Politik geworden war. Wessen Tod nicht für gegenwärtige politische Zwecke vereinnahmt werden konnte, der wurde ignoriert. An die Stelle der Rede von den »Millionen und aber Millionen« NS-Anhängern war die Ausweitung der Aura des antifaschistischen Martyriums auf die gesamte »antifaschistische« DDR getreten.

Nach den Reden in Sachsenhausen führten politische Würdenträger einen Marsch aus der Gedenkstätte hinaus an. Das Foto dieses Marschs ist ein symbolisches Abbild der ostdeutschen Erinnerung an die NS-Zeit. Es zeigt Ulbricht an der Spitze des Zuges, hinter dem der Schornstein des Konzentrationslagers zu erkennen ist. Neben Ulbricht marschieren Rosa Thälmann sowie Grotewohl und andere Politbüromitglieder an der Spitze des Zuges, der auf beiden Seiten durch ein Spalier von ostdeutschen Soldaten flankiert wird. Das Foto könnte den Titel tragen: »Der Kommunismus erhebt sich wie Phönix aus der Asche der Niederlage«. Es war ein überaus hegelianischer Moment, in dem der historische Triumph und die Identifikation mit den Helden und Siegern der Geschichte jene mit ihren tragischen, unerlösten Opfern vergessen ließ. Nur vier Monate später sollte das Regime die Berliner Mauer errichten, um den Flüchtlingsstrom in den Westen zu unterbrechen.

Nach den berüchtigten Waldheim-Prozessen, der antikosmopolitischen Säuberung und dem jüdischen Exodus von 1952/53 sowie dem Aufstand vom 17. Juni 1953 befand sich das ostdeutsche Regime in einer schwachen Position. Angesichts der hundertfünfzigbis zweihunderttausend Menschen, die jedes Jahr die DDR verließen, eröffnete die Führung eine Propagandakampagne gegen die »Nazis in Bonn«.[31] Massenflucht, wirtschaftliche Probleme, erfolglose diplomatische Bemühungen um internationale Anerkennung und die Zustimmung der Sozialdemokraten zur NATO-Mitgliedschaft der Bundesrepublik waren Zeichen für die Isolation des Regimes im Äußeren und mangelnder Akzeptanz im Innern. Mit einer ideologischen Offensive gegen Westdeutschland konnte von den inneren Schwierigkeiten und den eigenen Menschenrechtsverletzungen abgelenkt werden.[32] Herzstück der Kampagne war die antifaschistische Ideologie Ost-Berlins. Wie das DDR-Regime behauptete, waren in Westdeutschland ehemalige Mitglieder der NSDAP und Amtsträger des Dritten Reichs in wichtigen öffentlichen Positionen verblieben, in denen sie die antikommunistische und »revanchistische« Politik Hitlers fortsetzten.

Eine Schlüsselannahme der Propagandaoffensive bestand in dem Gedanken, daß für die Entscheidung darüber, wer Nationalsozialist gewesen war und wer nicht, allein die Handlungen und Verstrickungen der *Vergangenheit* entscheidend seien und die *gegenwärtige* Haltung keine Rolle spiele – kurz, einmal Nazi, immer Nazi. Die Vorstellung von »Jugendsünden«, denen Einsicht, Umkehr und »Entradikalisierung« folgten, fand keine Berücksichtigung.[33] Doch die Ostdeutschen hatten dieses Vorgehen nicht erfunden. Auch westdeutsche Politiker, Journalisten und Intellektuelle mit fleckenloser antikommunistischer Weste kritisierten die von Adenauer seit 1949 vorgenommene Restauration alter Eliten. Welches Maß an Heuchelei und Eigeninteresse darin enthalten gewesen sein mochte, sei dahingestellt; jedenfalls lieferte Adenauers Ablehnung einer tiefgreifenden Säuberung des westdeutschen Establishments der SED-Führung ihre wirkungsvollste Munition im Kalten Krieg. Doch ihre eigenen Verletzungen der Menschenrechte, einschließlich solcher Vorkommnisse wie der antikosmopolitischen Kampagne, schwächten die Kraft ihrer Kritik und machten es den Westdeutschen relativ leicht, sie zurückzuweisen.

An der Spitze der ostdeutschen Propagandatruppen stand Albert Norden in seiner Eigenschaft als Sekretär des Ausschusses für Deutsche Einheit, der 1954 vom Ministerrat geschaffen worden war, um den vier Siegermächten den Willen der DDR zu signalisieren, die deutsche Spaltung zu überwinden. Zwischen 1957 und 1963 wiederholte Norden in zahllosen Pressekonferenzen, Reden und Artikeln unermüdlich den Vorwurf, in Adenauers Regierungsapparat ebenso wie in Justiz, Militär, Wirtschaft, Diplomatie und intellektuellem Leben der Bundesrepublik seien ehemalige Nationalsozialisten und Kriegsverbrecher aktiv. Im Mai 1957 verteilte er auf einer Pressekonferenz eine Dokumentation mit dem Titel »Gestern Hitlers Blutrichter – heute Bonner Justiz-Elite«, in der 118 Richter und Staatsanwälte aus der NS-Zeit genannt wurden, die in Westdeutschland weiterhin in der Justiz tätig waren. Am 14. Oktober 1957 folgte eine Presseerklärung über »Hitlers Sonderrichter – Stützen der Adenauer-Regierung«, in der westdeutsche Richter aufgeführt werden, die »Kommunisten und Sozialdemokraten, Beteiligte am 20. Juli 1944 und bürgerliche Pazifisten, Pfarrer, Arbeiter, Intellektuelle und Bauern unter das Fallbeil« gebracht hätten, »weil sie Widerstand gegen den Faschismus leisteten, ausländische Sender abhörten, ihre Abscheu gegen den Krieg äußerten oder Kritik am Nazisystem übten«.[34] 1959 veröffentlichte der Ausschuß ein Buch mit dem Titel *Wir klagen an! 800 Nazi-Blutrichter – Stützen des militaristischen Adenauer-Regimes*, in dem diesen Richtern vorgeworfen wurde, sie hätten als »willige Werkzeuge des deutschen Imperialismus und Militarismus Tausende deutsche und ausländische Bürger ... unter das Fallbeil gezerrt«. Der Bundesregierung wurde unterstellt, sie verschleiere diese Untaten und breche, indem sie solche Personen beschäftige, »bewußt und systematisch« internationale Abkommen über die Demokratisierung Deutschlands, was die Bundesrepublik zum »Gefahrenherd eines neuen Krieges« mache.[35] Im Gegensatz dazu hätten die führenden Politiker der DDR, versicherte Norden, allesamt am antifaschistischen Widerstandskampf teilgenommen.[36] Kurz, der Unterschied zwischen Ost- und Westdeutschland war der zwischen Vergangenheitsbewältigung und ihrem Fehlen.

Nordens Anklagen blieben nicht auf der Ebene einer allgemeinen Verurteilung von Kapitalismus und Imperialismus stehen; er zeigte vielmehr auf einzelne »Mörder über Westdeutschland«, deren Bloßstellung die Pflicht des Ausschusses für Deutsche Einheit als »Gewissen der Nation« sei. Fast sechshundert Richter aus der NS-Zeit nähmen jetzt einflußreiche Positionen in der westdeutschen Justiz ein, erklärte Norden, um dann fortzufahren: »Hitlers Opfer sind Adenauers Opfer, und Hitlers Mordrichter sind heute Adenauers Richter.« Nicht nur habe Westdeutschland es versäumt, NS-Verbrecher ihrer gerechten Strafe zuzuführen, der »Staat Adenauers« habe auch die »Massenmörder wieder in Amt und Würden gebracht«. Wieder würden die »Hitlerfaschisten« auf dem Richterstuhl Antifaschisten, das heißt KPD-Mitglieder, ins Gefängnis stecken. Daß die Bundesrepublik der Aufstellung amerikanischer Atomwaffen zugestimmt habe, sei das Werk der Nationalsozialisten in Bonn, der »Wegbereiter einer neuen Terrorpolitik gegen das deutsche Volk und die Völker Europas«.[37]

Zwei der meistbeachteten Aktionen Nordens waren die vor dem Obersten Gericht der DDR geführten »Prozesse« gegen Theodor Oberländer und Hans Globke im April 1960 beziehungsweise Juli 1963. Der damalige bundesdeutsche Vertriebenenminister Oberländer wurde nach neuntägigem Schauprozeß, wie kaum anders zu erwarten, der Beteiligung an Kriegsverbrechen für schuldig befunden. Laut Norden hatte Adenauer seit 1953 von dieser verbrecherischen Vergangenheit gewußt, Oberländer aber trotzdem nicht fallengelassen. Ein Staatswesen, das eine solche Person in einem öffentlichen Amt dulde, wolle die »faschistische Vergangenheit ›unbewältigt‹ lassen ..., weil es neue Revanchekriege und Aggressionsakte plant«, und brauche für diesen Zweck die »alten Kräfte, die Deutschland schon zweimal an den Rand des Verderbens führten«.

Hans Globke war eines der Hauptziele der Propagandaangriffe der SED. Obwohl er als Beamter des Dritten Reichs am Kommentar zu den antisemitischen Nürnberger Rassegesetzen mitgearbeitet hatte, war er von Adenauer zum Chef des Bundeskanzleramts berufen worden. In den fünfziger Jahren war die Globke-Affäre eine offene Wunde in der westdeutschen Politik. Ost-Berlin riß sie nur noch weiter auf. Globke wurde der unmittelbaren Verstrikkung in den Massenmord an den Juden beschuldigt, und sein Name wurde zum Symbol für das Scheitern der Entnazifizierung in der Bundesrepublik.[38] Der im Juli 1963 abgehaltene, ebenfalls neuntägige Prozeß gegen ihn, nach Einschätzung eines Historikers »eine der aufwendigsten Propagandaaktionen seit Gründung der DDR«,[39] war als Spiegelbild des Jerusalemer Eichmann-Prozesses gedacht.

Hätte Norden eine für seine Zwecke passende Figur erfinden müssen oder Adenauer den Kommunisten ein verführerisches Angriffsziel bieten wollen, sie hätten keine bessere Wahl als Globke treffen können. Als einer von Adenauers engsten Beratern besaß er enormen Einfluß auf sensible Personalentscheidungen in der westdeutschen Regierung. Norden nannte ihn den »Eichmann von Bonn«, der »Himmlers rechte Hand« gewesen sei und in »perfekter Zusammenarbeit« mit Eichmann gestanden habe. Wenngleich Norden diese Anwürfe nicht untermauerte, traf es doch zu, daß Globke dem NS-Regime gedient hatte, und Adenauers westdeutsche Kritiker fragten, ob es in der Bundesrepublik wirklich niemanden ohne eine umstrittene Vergangenheit gebe, der das Bundeskanzleramt leiten könne. Und überhaupt, was hatte jemand, der auch nur im entferntesten mit den Nürnberger Rassegesetzen in Verbindung gebracht werden konnte, in der westdeutschen Regierung zu suchen? Für Norden war die Antwort klar: »Adenauers Solidarisierung mit Globke beweist, daß dieser keine Einzelerscheinung und kein Schönheitsfehler, sondern die Verkörperung der Identität der Adenauerschen mit der Hitlerschen Politik ist.«[40] Der Prozeß gegen Globke werde bestätigen, daß die Chefs der NS-Mörder »heute den Ton angeben in Verwaltung, Geheimdienst, Armee und Justiz Westdeutschlands«. An seinem Ende befand das »gute Deutschland ..., das die Vergangenheit bewältigt und überwunden hat«, Globke erwartungsgemäß der Beteiligung an der Vernichtung des europäischen Judentums schuldig und verurteilte den westdeutschen Kanzleramtschef in Abwesenheit wegen Verbrechen gegen die Menschlichkeit zu lebenslanger Haft.[41]

Das waren absurde, aber wirkungsvolle Übertreibungen. So grotesk es insbesondere nach der antikosmopolitischen Säuberung war, daß die ostdeutsche Diktatur mit Steinen auf die westdeutschen Demokraten warf, war ein großer Teil der öffentlichen Meinung im In- und Ausland von Globkes Auslassungen über die Feinheiten des Überlebens unter dem NS-Regime nicht überzeugt. Es war eine Sache, einen Mann wie Globke im Privatleben in Ruhe zu lassen; eine völlig andere war es, wenn der Bundeskanzler ihn zu seinem engsten Mitarbeiter machte. Diesen Unterschied vermochte Adenauer trotz seiner Beschwörung einer christlich inspirierten moralischen Erneuerung nicht nachzuvollziehen. So war es eine der bitteren Ironien der deutschen Nachkriegsgeschichte, daß Leo Zuckermann aufgrund seines offenen Eintretens für jüdische Belange als Piecks Kanzleichef zurücktreten mußte, Globkes Stellung dagegen ungeachtet seiner Verstrickung in die antisemitische Gesetzgebung der Nationalsozialisten nie gefährdet war.

Im Juli 1965 fuhren Norden und die Nationale Front in Gestalt des *Braunbuchs. Kriegs- und Naziverbrecher in der Bundesrepublik und in Westberlin* das schwerste Geschütz in der ostdeutschen Schmutzkampagne über die Zugehörigkeit ehemaliger Nationalsozialisten zum westdeutschen Establishment auf. Das *Braunbuch* enthielt, wie es in der Einführung heißt, »die Namen von über 1800 schwerbelasteten führenden Nazi-Funktionären und Kriegsverbrechern, die sich heute ungehindert in entscheidenden Stellungen des westdeutschen Staats- und Wirtschaftsapparats betätigen oder aber hohe Staatspensionen für ihre ›verdienstvolle‹ Tätigkeit im ›Dritten Reich‹ beziehen«. Diese ehemaligen Nationalsozialisten stünden der Bestrafung der Kriegsverbrecher im Wege und vermittelten ihren Ungeist an die nachfolgenden Generationen.[42] Für jene, die gegenüber den Rechtfertigungen der Generationen, die unter dem Nationalsozialismus gelebt hatten, skeptisch geworden waren, insbesondere für die in den sechziger Jahren entstehende westdeutsche Neue Linke, war das *Braunbuch* nicht so leicht als kommunistische Propaganda und folglich falsch abzutun. Ein Teil des Schmutzes blieb haften.

Wie oben erwähnt, hatte Walter Ulbricht im Mai 1949 festgestellt, für die Beantwortung der Frage, wer für Frieden und deutsche Einheit sei und wer nicht, seien die gegenwärtigen Ansichten wichtiger als die vergangenen Handlungen. Ein Jahrzehnt später konfrontierten ihn westdeutsche Beobachter mit dem Vorwurf, es gebe ehemalige Nationalsozialisten in *seiner* Führung. Seit 1952 publizierte der zur Untersuchung der Unrechtshandlungen des SED-Regimes in West-Berlin gegründete Untersuchungsausschuß freiheitlicher Juristen gemeinsam mit dem Bonner Ministerium für innerdeutsche Angelegenheiten Berichte über politische Repressionen und Menschenrechtsverletzungen in der DDR. 1958 erschien dann die erste von fünf Ausgaben der Broschüre *Ehemalige Nationalsozialisten in Pankows Diensten,* in der die Namen, der politische Hintergrund und die Positionen von fünfundsiebzig früheren NSDAP-Mitgliedern genannt wurden, die bedeutende Stellungen in Politik, Verwaltung, Presse und Wissenschaft der DDR bekleideten. Auf die ostdeutschen Vorwürfe gegen die Bundesrepublik ging der Untersuchungsausschuß nur insofern ein, als er erklärte, »daß die Kommunisten nicht den geringsten Anlaß für ihre hetzerischen Angriffe gegen die Bundesrepublik haben, weil sie selber wichtige Schlüsselstellungen ihres Staates ehemaligen Nationalsozialisten zur Verfügung stellten«. Mindestens neunundzwanzig Volkskammerabgeordnete seien Mitglieder der NSDAP gewesen, und auch in technischen Bereichen wie dem Gesundheitssystem, der Wasserversorgung und dem Maschinenbau seien hohe Posten mit ehemaligen Nationalsozialisten besetzt. Doch nicht nur wissenschaftlich oder technisch qualifizierte ehemalige Nationalsozialisten seien in Ostdeutschland erfolgreich; betroffen seien auch heiklere Bereiche wie Justiz, Journalismus und Universitäten.

Mit besonderem Stolz stellte die DDR der Kontinuität in der westdeutschen Justiz die Säuberung ihres Justizapparates gegenüber. Dabei hatte auch sie ihre Leichen im Keller. Dem Untersuchungsausschuß zufolge war Kurt Schumann, der von 1949 bis 1960 in der Periode zahlloser Schau- und Geheimprozesse Präsident des Obersten Gerichts der DDR war, 1937 im Alter von neunundzwanzig Jahren der NSDAP beigetreten. Wahrscheinlich hatte er seine Sünden bereut, nachdem er an der Ostfront in sowjetische Kriegsgefangenschaft geraten war. Auch in der Redaktion des *Neuen Deutschland* und in Parteiverlagen waren ehemalige Nationalsozialisten untergekommen, ebenso in Universitäten. Nachdem Ostdeutschland mehrfach die Weiterbeschäftigung von ehemaligen Nationalsozialisten an westdeutschen Hochschulen angegriffen hatte, berichtete der Untersuchungsausschuß, die Rektoren der Universitäten von Greifswald und Jena, der Technischen Universitäten von Dresden und Freiburg, der Akademie für Staats- und Rechtswissenschaft »Walter Ulbricht« in Potsdam-Babelsberg und sogar der Humboldt-Universität in Ost-Berlin seien allesamt NSDAP-Mitglieder gewesen.[43] Der Fall von Herbert Kröger, 1954 bis 1964 Rektor der Akademie für Staats- und Rechtswissenschaft, war typisch für viele, die als relativ junge Männer in die NSDAP eingetreten waren, sich dann aber in sowjetischer Kriegsgefangenschaft auf die Seite der Kommunisten geschlagen hatten. Er war 1933 mit zwanzig Jahren der NSDAP und 1938 nach dem Abschluß seines Jurastudiums der SS beigetreten. In Kriegsgefangenschaft schloß er sich dem Nationalkomitee Freies Deutschland an, und nach der Rückkehr nach Deutschland begann sein stetiger Aufstieg von der Professur an der Potsdamer Akademie zur Wahl in die Volkskammer und schließlich zum Rektor der Bildungsstätte für den Elitenachwuchs in Staat und Justiz.[44]

Im Januar 1965 versicherte Josef Streit, der Nachfolger Ernst Melsheimers im Amt des Generalstaatsanwalts, kein einziger Angehöriger der Justiz, der Nationalen Volksarmee, des Bildungswesens oder einer anderen Einrichtung des Staatsapparats der DDR sei mit einer NS-Vergangenheit belastet. Dagegen berichtete der Untersuchungsausschuß freiheitlicher Juristen im selben Jahr, in der Volkskammer seien immer noch ehemalige NSDAP-Mitglieder vertreten; zwölf frühere Nationalsozialisten seien Mitglieder oder Kandidaten des ZK der SED und fünf Minister. Auch die Chefredakteure des *Neuen Deutschland* und der Zeitschrift *Deutsche Außenpolitik* seien Nationalsozialisten gewesen.[45] Ein gewisser Franz Gold, der 1938 in die NSDAP eingetreten sei, während des Krieges dem NKFD angehört und später beim Aufbau der Stasi mitgewirkt habe, sei jetzt Leiter der für den Personenschutz der führenden Funktionäre zuständigen Abteilung.[46]

Der Fall von Ernst Großmann illustriert, daß sogar die Mitgliedschaft in der SS einer erfolgreichen Laufbahn nicht im Wege stand, wenn sie auch nicht von Dauer war. Großmann war 1938 im Alter von siebenundzwanzig Jahren in die NSDAP und 1940 in die SS eingetreten, die ihn 1944 zum Unterscharführer beförderte. Seit

1940 hatte er als Angehöriger der SS-Totenkopfdivision in Oranienburg/Sachsenhausen und als SS-Wache im KZ Sachsenhausen gedient. Nach dem Krieg hatte er flink die Uniform gewechselt und war in die SED eingetreten, hatte an der Organisation der Landwirtschaft mitgearbeitet und war von 1952 bis 1954 Kandidat des ZK gewesen. Anschließend war er Mitglied des ZK, bis er 1959 nach der Enthüllung seiner SS-Vergangenheit und Tätigkeit als KZ-Wache in der zweiten Auflage der *Ehemaligen Nationalsozialisten in Pankows Diensten* wegen »falscher Angaben über seine Vergangenheit« aus dem ZK ausgeschlossen wurde. Parteimitglied blieb er jedoch.[47]

Einen ähnlich bizarren Verlauf hatte das Leben von Ernst Melsheimer genommen. Obwohl er von 1928 bis 1932 der SPD angehört hatte, wurde er 1933 Landgerichtsrat in Berlin und war von 1937 bis zur Eroberung der Stadt durch die Rote Armee Richter am dortigen Landgericht. 1936 hatte er sich einer NS-Organisation für Richter angeschlossen. Nach Kriegsende wurde er zunächst Mitglied der KPD und ein Jahr später der SED. Ab 1946 amtierte er als Vizepräsident der Deutschen Zentralverwaltung für Justiz, was er bis 1949 blieb. Danach bekleidete er von Dezember 1949 bis zu seinem Tod im Jahr 1960 den Posten des Generalstaatsanwalts der DDR. In dieser Eigenschaft arbeitete er eng mit Hilde Benjamin zusammen, die von 1949 bis 1953 Vizepräsidentin des Obersten Gerichts und anschließend bis 1967 Justizministerin war, um sowohl öffentliche als auch geheime politische Prozesse unter anderem gegen abweichlerische Kommunisten wie Paul Merker, Max Fechner, Wolfgang Harich und Walter Janka zu führen.[48] Ein an seinem fünfzigsten Geburtstag am 9. April 1947 aufgenommenes Foto zeigt einen lächelnden Melsheimer an einem Tisch mit Walter Ulbricht und Hilde Benjamin.[49] Seine rasche Wandlung vom NS-Richter zum Kollegen von Ulbricht und Benjamin bleibt ein ungelöstes Rätsel.

Auch im ostdeutschen Journalismus gab es genügend peinliche Episoden. Nach dem Sechstagekrieg von 1967 war dem durch die Verfolgung von NS-Kriegsverbrechern bekannten Simon Wiesenthal die Ähnlichkeit des Vokabulars der ostdeutschen Attacken gegen Israel mit der NS-Sprache aufgefallen, und 1968 gab er eine Dokumentation mit dem Titel »Die gleiche Sprache: Erst für Hitler, jetzt für Ulbricht« heraus, in der er ehemalige Nationalsozialisten nannte, die bei der offiziösen ostdeutschen Presse arbeiteten, darunter der Pressechef der DDR-Regierung, Kurt Blecha, der Chefredakteur der *Deutschen Außenpolitik*, Hans Walter Aust, und mehrere Redakteure des *Neuen Deutschland*. Insgesamt enthielt Wiesenthals Liste »39 Personen, die der NSDAP angehörten und in der NS-Zeit einflußreiche Posten hatten, heute aber in der Presse, im Rundfunk und in den Propagandastellen der DDR mindestens den gleichen Einfluß besitzen«, womit eine »sehr einfache Erklärung für die Terminologie der DDR-Zeitungen« vorliege: Der Grund, warum die ostdeutsche Propaganda wie die der Nationalsozialisten klinge, sobald man die Worte »Israeli« durch »Jude« und »fortschrittliche Kräfte« durch »Nationalsozialismus« ersetze, sei in der Tatsache zu suchen, daß sie von früheren NS-Propagandisten verfaßt werde.[50] Tatsächlich hatte die ostdeutsche Ablehnung Israels ihre Wurzeln in sowjetischen und deutschen kommunistischen Traditionen. Diese antiwestlichen, »antikosmopolitischen« und zuzeiten antisemitischen Strömungen überlappten sich jedoch mit dem rechten Antisemitismus und dessen nationalistischen Verschwörungstheorien.

Im westdeutschen Regierungsapparat gab es zwar wesentlich mehr ehemalige Nationalsozialisten als im ostdeutschen, aber das Bild eines unbefleckten antifaschistischen, von allen ehemaligen Nationalsozialisten gesäuberten Staats entsprach eher der antifaschistischen Mythologie als der Realität. Ebenso wie der Kalte Krieg gegen die Sowjetunion bei Antikommunisten in Westdeutschland vertraute Töne anschlagen konnte, mochte für andere Veteranen des Dritten Reichs der offizielle Antifaschismus und mit antisemitischen Beimengungen versetzte Antikosmopolitismus in Ostdeutschland anziehend sein. Die einen fühlten sich von Wiederbewaffnung und westlichem Bündnis gegen den gottlosen Kommunismus angesprochen, die anderen von einem Antifaschismus, der die deutsche Nation gegen Kosmopoliten und Zionisten verteidigte. Wenn die Entscheidung darüber, ob jemand ein »friedensliebender Mensch« war, stärker von seinen gegenwärtigen Anschauungen als von seinen vergangenen Taten abhing, dann unterschied sich Ulbrichts Haltung gegenüber der NS-Vergangenheit von Amtsträgern nicht sonderlich von der seines Gegenspielers Adenauer. In beiden Teilen Deutschlands waren ein Kalter Krieg zu führen und neue Institutionen mit Personal zu besetzen, und es gab viele ehemalige Nationalsozialisten, die wertvolle Fähigkeiten besaßen. Gegenüber jenen, die ihre Jugendsünden einsahen und in der Gegenwart von Nutzen waren, bewiesen beide deutsche Regierungen großes Verständnis für die Komplexität der politischen Verstrickungen in einem »totalitären« oder »faschistischen« Regime. Dieses Verständnis für die historischen Nuancen und politischen Feinheiten verschwand jedoch sofort, wenn es um im jeweils anderen Teil Deutschlands ansässige ehemalige Nationalsozialisten ging. Im Kalten Krieg war dieser Aspekt der öffentlichen Erinnerung an die NS-Vergangenheit mehr von der Staatsräson als von leidenschaftlichem Gerechtigkeitssinn bestimmt.

Die Außenpolitik der DDR, einschließlich der vierzigjährigen feindseligen Haltung gegenüber Israel, wurde von derselben Ideologie und Sprache geprägt wie ihre Innenpolitik und hing wie diese von der Sowjetunion ab. In einem entscheidenden Punkt ging sie jedoch qualitativ über das Verschweigen oder Verdrängen der Vergangenheit hinaus. Durch die Unterstützung von Staaten und Bewegungen, die sich im Krieg mit Israel befanden, leistete die DDR, die sich als Erbe des antifaschistischen Widerstandes begriff, Beihilfe zu Angriffen auf Juden in Israel. Gewiß bewegten sich die Ostdeutschen im Rahmen der sowjetischen Politik gegenüber Israel und dem Westen allgemein; doch in den fünfziger und sechziger Jahren empfanden viele deutsche Kommunisten, die sich noch gut an die Bekundungen der Solidarität mit den verfolgten Juden erinnerten, die Politik der DDR als Schock. Der Gedanke, daß der »antifaschistische« ostdeutsche Staat in den arabisch-israelischen

Kriegen zum Mitkämpfer auf arabischer Seite werden könnte, war für diese altgedienten Kommunisten unannehmbar. Die Feindseligkeit gegenüber Israel beruhte jedoch nicht auf der Unterdrükkung der NS-Vergangenheit, sondern auf der einer bestimmten Interpretation dieser Zeit durch die damals vorherrschende, nicht weniger »alte« und kommunistische Interpretation, die aber zu entgegengesetzten Schlußfolgerungen führte. Ostdeutschland unterstützte die Feinde Israels nicht trotz, sondern wegen ihrer offiziellen antifaschistischen Ideologie.

Natürlich entsprach die ostdeutsche Politik gegenüber Israel im großen ganzen der Außenpolitik der Sowjetunion, und als diese von anfänglicher Unterstützung Israels zu anhaltender Feindschaft wechselte, zog die DDR pflichtschuldig und häufig auch enthusiastisch mit. Hinzu kam, daß die Gründung eines jüdischen Staates nur schwer und in vielen Punkten gar nicht mit den auf Assimilation setzenden, säkularen Thesen des Marxismus vereinbar war. Daher resultierte der Wandel der ostdeutschen Politik gegenüber Israel von bloßer Gleichgültigkeit und Kühle zu aktiver Feindseligkeit aus einem Zusammenspiel von kommunistischer Ideologie, sowjetischer Machtpolitik und Wettstreit mit dem anderen Teil Deutschlands. Für die DDR waren die arabischen Feinde Israels ein Schlüssel zur diplomatischen Anerkennung, die Bonn zu verhindern suchte. Gute Beziehungen zu Israel hätten der DDR nur die Feindschaft der Araber eingebracht. Wenn statt dessen auch nur ein einziger arabischer Staat diplomatische Beziehungen zu Ost-Berlin aufnehmen sollte, würden vielleicht andere folgen, was wiederum die breite internationale Anerkennung nach sich ziehen konnte. Deshalb vertiefte die DDR im selben Maß, wie die Beziehungen zwischen der Bundesrepublik und Israel enger wurden, ihre Verbindungen zu den Arabern. Gefördert wurde diese Annäherung zwischen Ost-Berlin und den Feinden Israels ironischerweise durch die ostdeutschen Anklagen gegen die Rolle ehemaliger Nationalsozialisten in Bonn.

Die ostdeutschen Bemühungen um die arabischen Staaten begannen bereits 1953 mit der Unterzeichnung eines Handelsabkommens mit Ägypten.[51] 1955 verkündete die Bundesrepublik die sogenannte Hallstein-Doktrin, mit der Bonn die Alleinvertretung für das deutsche Volk beanspruchte und die Anerkennung Ostdeutschlands durch dritte Staaten zum »unfreundlichen Akt« gegenüber Bonn erklärte.[52] Ost-Berlin hielt sich daraufhin an die arabischen und andere nicht paktgebundene Staaten, um die Isolation aufzubrechen. Zu diesem Zweck wurden 1955 und 1956 Handelsabkommen mit dem Libanon, Syrien und dem Jemen geschlossen, während die DDR gleichzeitig die Aggression Israels und seiner Unterstützer brandmarkte.[53]

Auch Otto Grotewohl, dessen Rede bei der Einweihung der Mahn- und Gedenkstätte Buchenwald so entscheidend für die Instrumentalisierung der Erinnerung an den Nationalsozialismus für den Kalten Krieg war, spielte eine wichtige Rolle bei der Verknüpfung der von der DDR behaupteten antifaschistischen Legitimation und ihrer Politik gegenüber dem Nahen Osten. Am 24. Juni 1957 beschwor er in einem Brief an den ägyptischen Präsidenten Gamal Abd el-Nasser die Gefahren einer Vereinigung Deutschlands unter westdeutschen Auspizien und im »Block der imperialistischen Mächte«. Das politische Leben der Bundesrepublik werde in zunehmendem Maße von Kräften bestimmt, »die dem verbrecherischen Hitlerfaschismus dienten oder sogar zu seinen Initiatoren zählten«. In der Erinnerung der Menschheit seien die mörderischen Taten des Hitlerfaschismus noch immer lebendig. Nie wieder dürften die »Kräfte des Faschismus und Militarismus ... Gelegenheit erhalten, die Macht in die Hand zu nehmen und erneut den Frieden zu bedrohen«. Eine deutsche Vereinigung unter westdeutschen Bedingungen würde auf ein atomar bewaffnetes Deutschland und die »Restauration jener gesellschaftlichen Kräfte in ganz Deutschland hinauslaufen, die den Faschismus geboren haben, den zweiten Weltkrieg entfesselten und den dritten vorbereiten«. Dies könne die DDR nicht zulassen. Im Interesse des Friedens und um ein geeintes, atomar bewaffnetes Deutschland zu verhindern, sei es wichtig, daß Ägypten und die DDR freundschaftliche Beziehungen zueinander unterhielten.[54] Das Vermächtnis des Antifaschismus zu erfüllen bedeutete somit, enge Beziehungen zum Hauptfeind Israels aufzubauen.

In der Suezkrise stellte sich Grotewohl öffentlich auf die Seite Ägyptens,[55] und nachdem er im Januar 1959 Ägypten und den Irak besucht hatte, wurden in Berlin und Kairo Generalkonsulate eingerichtet.[56] Gleichzeitig nutzte die DDR die westdeutschen Wiedergutmachungszahlungen an Israel als willkommenes Mittel, um einen Keil zwischen Bonn und die arabischen Staaten zu treiben. Grotewohl sprach am 2. November 1956 von »sogenannten Reparationen, die Israel in seinem Kampf gegen die nationalen Unabhängigkeitsbewegungen der Völker des Nahen Ostens verwendet«.[57] 1958 betonte der stellvertretende Minister für Außenhandel und Innerdeutschen Handel, Gerhard Weiß, auf einer in Bagdad abgehaltenen Pressekonferenz einer ostdeutschen Handelsdelegation, während die DDR »zu Israel keinerlei Beziehungen« habe, trage die Bundesrepublik mit den »sogenannten Reparationszahlungen wesentlich zur materiellen und moralischen Stärke Israels« bei, welche sich wiederholt in der »imperialistischen Politik der Feindschaft gegen die Araber« geäußert habe.[58] Diesen Aspekt der westdeutschen Vergangenheitsbewältigung anzugreifen, sollte ein Hauptmittel der ostdeutschen Außenpolitik bleiben. 1958 und 1959 unterstützte die DDR die Araber öffentlich in ihrem »Kampf gegen den Imperialismus« und die »amerikanisch-englische Aggression« und die israelische Politik im Nahen Osten.[59]

1965 krönte Walter Ulbricht, seit 1960 Vorsitzender des Staatsrats und damit Staatsoberhaupt der DDR, ein Jahrzehnt immer enger werdender Beziehungen zwischen der DDR und Ägypten mit einem einwöchigen Besuch in Kairo. Am 7. März, fünf Tage nach Ulbrichts Rückkehr nach Ost-Berlin, gab die Bundesrepublik ihre Entscheidung bekannt, Israel die Aufnahme diplomatischer Beziehungen vorzuschlagen, und am 14. März nahm Israel das Angebot zu entsprechenden Verhandlungen mit der Bundesrepublik an. Noch am selben und am nächsten Tag stimmte die Mehrheit der dreizehn Staaten der Arabischen Liga für den Abbruch der diplomatischen Beziehungen zu Bonn, und sechs Länder – Ägypten, der Irak, der Jemen, Algerien, der Sudan und Kuwait – ließen ihre Bereitschaft erkennen, die DDR völkerrechtlich anzuerkennen und diplomatische Beziehungen zu ihr aufzunehmen.[60] So führte die Aufnahme formeller Beziehungen zwischen der Bundesrepublik und Israel zusammen mit dem ostdeutschen Werben um die arabischen Staaten zum größten diplomatischen Erfolg, den die DDR bis zu diesem Zeitpunkt hatte verbuchen können: der Anerkennung durch Staaten, die nicht zum Ostblock gehörten, was gleichzeitig eine schwere Niederlage für die westdeutsche Hallstein-Doktrin und Bonns Alleinvertretungsanspruch darstellte. Umgekehrt betrachtet, zahlte die Bundesrepublik einen hohen diplomatischen Preis für ihre proisraelische Politik.

Während und unmittelbar nach seiner Ägyptenreise erläuterte Ulbricht, was ein deutscher Staatschef in der Hauptstadt von Israels Feind zu suchen hatte. Er sprach vom »gemeinsamen Kampf« gegen gemeinsame Feinde und verurteilte »alle Versuche des internationalen Monopolkapitals, Israel als imperialistischen Vorposten im arabischen Raum auszubauen und die Palästinafrage zur Verschärfung der Spannungen im Nahen Osten auszunutzen«.[61] Die Solidarität des »deutschen Volkes und ganz besonders der Bürger der Deutschen Demokratischen Republik« habe sich am »heldenmütigen Kampf« Ägyptens gegen die »imperialistische Aggression« entzündet. Beide Länder träfen sich auf dem gemeinsamen Boden von Antiimperialismus und Sozialismus.[62] In einer gemeinsamen Erklärung unterstützten Ulbricht und Nasser »alle Rechte des arabischen Volkes von Palästina, einschließlich seines unveräußerlichen Rechtes auf Selbstbestimmung«, und verurteilten die »aggressiven Pläne des Imperialismus«, Israel zur Speerspitze der Kampagne gegen die Araber zu machen.[63] Darüber hinaus unterzeichneten die beiden Regierungen ein Abkommen über den drastischen Ausbau des Austauschs auf universitärem, kulturellem und sportlichem Gebiet.[64]

Zurück in Ost-Berlin, warf Ulbricht der Bundesrepublik und der NATO in einem Rundfunkinterview vor, den »imperialistischen Militärstützpunkt Israel« zu benutzen, um gegen die Araber eine »Vorwärtsstrategie« zu verwirklichen, wie sie gegen die DDR bereits angewandt werde. Weiter sagte er:

> Wir haben niemals das Problem des Staates Israel mit dem Problem der Sühne und Wiedergutmachung für das von dem verbrecherischen Hitlerregime den jüdischen Bürgern Deutschlands und anderer europäischer Staaten angetane Leid und Unrecht verwechselt.
>
> Es ist jedenfalls ein Hohn auf Sühne und Wiedergutmachung, wenn in Westdeutschland Naziverbrecher, die für die Ermordung von Millionen jüdischer Männer, Frauen und Kinder verantwortlich sind, frei umherlaufen und einflußreiche Ämter bekleiden. Und andererseits liefert die Regierung des westdeutschen Staates – zur Tarnung und Abschirmung der Übeltäter – gegen die arabischen Völker bestimmte schwere Waffen und anderes Kriegsgerät geschenkweise an den imperialistischen Stützpunkt Israel.

Weit davon entfernt, wegen des Ausbleibens von ostdeutschen Wiedergutmachungszahlungen in die Defensive zu gehen, zog Ulbricht die Motive der westdeutschen Zahlungen in Zweifel und erklärte, die besondere Stellung der jüdischen Dimension der NS-Vergangenheit in der Bundesrepublik sei kein echter Versuch ihrer Bewältigung, sondern ein Mittel zur »Tarnung und Abschirmung der Übeltäter«. In seinen Augen war allein schon die Tatsache der herausragenden Bedeutung der jüdischen Frage in der Bundesrepublik Ausdruck des *Scheiterns* der Vergangenheitsbewältigung. Nur durch den Bruch mit den aggressiven imperialistischen Traditionen der Vergangenheit könne Westdeutschland sich glaubwürdig als friedlicher Staat präsentieren. Die »gefährliche Konservierung nazistischer Verbrecher und ihrer Ideen im Bonner Staatsapparat« habe andere Völker mißtrauisch gemacht, die »mit Recht« forderten, »daß in Westdeutschland die nazistische Vergangenheit – und teilweise auch Gegenwart – endlich einmal restlos bewältigt wird«. Ulbrichts Interviewer, Gerhart Eisler, der Vorsitzende des Staatlichen Rundfunkkomitees, meinte dazu, Ulbricht und die DDR-Führung hätten die Anerkennung Ägyptens aufgrund ihres nachgewiesenen Antiimperialismus und Antikolonialismus erreicht. In der DDR, fügte er hinzu, sei die imperialistische und nazistische Vergangenheit »längst bewältigt«, worin ihm Ulbricht beipflichtete.[65]

Fünf Tage darauf kam Ulbricht in seinem Reisebericht vor dem Staatsrat auf diese Thesen zurück. Die westdeutschen Bemühungen um die Herstellung diplomatischer Beziehungen zu Israel, erklärte er, seien »nichts anderes als eine Ermunterung der aggressiven Bestrebungen der herrschenden Klasse Israels«, und fuhr fort:

> Dabei mißbraucht die westdeutsche Regierung schamlos das Argument der Wiedergutmachung für die Verbrechen des Hitlerregimes an jüdischen Bürgern. Eine Wiedergutmachung bedeutet doch wohl in erster Linie die Beseitigung der Ursachen für die Verbrechen des deutschen Faschismus durch die Entmachtung der Kräfte, die den deutschen Faschismus an die Macht brachten, und daß die Kriegsverbrecher, die die Schandtaten des deutschen Imperialismus ausgeführt haben, ihrer gerechten Bestrafung zugeführt werden.[66]

Folgt man dieser Argumentation, hatte die Unterstützung der Feinde des jüdischen Staats nichts mit Antisemitismus und versäumter Bewältigung der NS-Vergangenheit zu tun. Die westdeutsche Wiedergutmachungspolitik war demnach einfach eine gute Investition, welche die Aufmerksamkeit von der personellen Kontinuität und der geringen Zahl von Kriegsverbrecherprozessen ablenkte. Obwohl die DDR nicht einen Pfennig an Entschädigungen an jüdische Überlebende gezahlt hatte, beharrte Ulbricht darauf, seine Regierung habe im Unterschied zu der Adenauers die Lehren aus der NS-Vergangenheit gezogen.

Die Ostdeutschen machten sich die Vergangenheitsbewältigung allzu leicht. Selbst wenn man annimmt, die westdeutschen Wiedergutmachungszahlungen seien nur ein cleveres und zynisches Ablenkungsmanöver gewesen, folgt daraus keineswegs, daß man die jüdischen Entschädigungsforderungen zurückweisen mußte, wie es die DDR tat. Daß der offizielle Ostberliner Antifaschismus der Erinnerung an die jüdische Katastrophe nie einen herausragenden Platz eingeräumt hat, wurde bereits gezeigt. Genausowenig läßt sich der moralische oder logische Schluß ziehen, Ulbrichts Kritik an der Bundesrepublik ziehe notwendigerweise eine feindselige Haltung gegenüber Israel nach sich. Gewiß konnte Ost-Berlin als treuer Verbündeter und Satellit Moskaus nicht offen gegen die sowjetische Nahostpolitik opponieren. Aber wie gesehen, waren in der antikosmopolitischen Säuberung jene wenigen deutschen Kommunisten ausgeschaltet worden, die zumindest für Zurückhaltung im Nahostkonflikt plädiert hätten, und in den heute zugänglichen Dokumenten findet sich kein Hinweis darauf, daß Ulbricht oder sein Nachfolger Honecker jemals versucht haben, die sowjetische oder arabische Feindseligkeit gegenüber Israel zu mäßigen. Im Gegenteil betrachteten beide den »Kampf gegen den Zionismus« als bedeutendes Kapitel in der Geschichte des ostdeutschen Antifaschismus.

Einige Wochen nach Ulbrichts Ägyptenreise hieb Lothar Bolz, von 1953 bis 1965 DDR-Außenminister, in dieselbe Kerbe wie der Staatsratsvorsitzende. In den Augen jedes Arabers, sagte er, gebe es einen wesentlichen Unterschied zwischen der DDR und der Bundesrepublik, ihre »Haltung zur Israelfrage und zur Jüdischen Frage«. Doch beide Fragen seien »voneinander grundverschieden« und »in gewissem Sinne entgegengesetzt«. Sie miteinander zu vermengen diene nur dem Zweck, »den wahren Inhalt der Israelfrage hinter der Jüdischen Frage zu verbergen«. Anschließend entwikkelte Bolz eine merkwürdige Sicht der ostdeutschen Geschichte:

> Wer hat auf seinem Territorium unnachsichtige Judenmörder zur Rechenschaft gezogen? Wer hat auf seinem Territorium den Antisemitismus mit allen Wurzeln ausgerottet? Die Deutsche Demokratische Republik! Wer hat schon immer gegen die Schmach des Antisemitismus und der Judenverfolgung ge-

> kämpft? Die deutsche Arbeiterbewegung, die Kommunisten und alle Antifaschisten, jene, die heute in der Deutschen Demokratischen Republik an den leitenden Stellen stehen. Wo wurde allen Opfern des Faschismus ohne Unterschied der sogenannten »Rasse« Wiedergutmachung geleistet und Ehre zuteil? In der Deutschen Demokratischen Republik. Wo aber wird der Versuch gemacht, sich mit Geld von der Ausrottung der Wurzeln des Rassismus und der Bestrafung der Schuldigen loszukaufen? In Westdeutschland. Und wo wird das verachtet? In unserer Republik.[67]

Mangels politischer Freiheit gab es niemanden, der öffentlich eine Gegendarstellung der Wiedergutmachungsdebatte der unmittelbaren Nachkriegszeit, der antikosmopolitischen Säuberung sowie der Marginalisierung und des Verschweigens des Holocaust bei den offiziellen Gedenkfeiern hätte vorbringen können. Daher konnte Bolz ungestraft behaupten, im Nahostkonflikt für die Feinde Israels Partei zu ergreifen habe nichts mit Antisemitismus zu tun, und die westdeutsche Unterstützung Israels sei ein Beweis dafür, daß sich die Bundesrepublik der Bewältigung der NS-Vergangenheit entziehe. In den zwanziger und dreißiger Jahren hatte die radikale Rechte den Weimarer Staat als eine Republik der Juden beschimpft. Jetzt attackierten ostdeutsche Diplomaten die Bundesrepublik mit der klassischen antisemitischen Assoziation von Judentum und Geld. Anstelle der »sogenannten ›Rasse‹« spielte in ihrer Interpretation nur der Kampf zwischen Imperialisten und Antiimperialisten eine Rolle. Leider stand Israel auf der Seite der ersteren und hatte deshalb aufgehört, zum erlauchten Kreis der Opfer des Faschismus zu zählen. Wie schon in der Faschismusdebatte der zwanziger und dreißiger Jahre besaß der Marxismus-Leninismus auch im antiimperialistischen Diskurs des Kalten Krieges den großen Vorteil, ein Thema aus der deutschen Geschichte herausnehmen und auf die Ebene überhistorischer Abstraktionen heben zu können, in diesem Fall jenes des Kampfs zwischen Imperialismus und nationalen Befreiungsbewegungen. Das Vokabular des Antifaschismus und Antiimperialismus befreite seine Benutzer von der Last der deutschen Geschichte – unter anderem durch die politische und psychologische Solidarität zwischen Ostdeutschen und Arabern gegen die »zionistischen Aggressoren«.

Einige ägyptische Journalisten scheint dieser ostdeutsche Taschenspielertrick verblüfft zu haben. Im August 1965 bemerkte ein Reporter der ägyptischen Zeitung *Akhbar el Yom* im Interview mit Ulbricht, die westdeutsche Regierung habe gesagt, einer der Gründe für ihre Unterstützung Israels sei ein »Schuldgefühl, das sie für die Leiden der Juden während des Naziregimes Buße tun ließe«, worauf Ulbricht erwiderte, die westdeutschen Wiedergutmachungszahlungen hätten »nichts zu tun mit einer Sühne für die an vielen Millionen jüdischer Bürger, Polens, der Sowjetunion, Frankreichs, Belgiens, Österreichs, Ungarn und vieler anderer Länder durch das Hitlerregime begangenen schweren Verbrechen«. Darüber hinaus sei es »durch nichts gerechtfertigt«, daß sich Israel zum »Generalerben« der von den Nationalsozialisten ermordeten europäischen Juden erkläre. Daß »intellektuelle und tatsächliche Teilhaber an der massenhaften Ermordung jüdischer Menschen während des Hitlerfaschismus heute mit hohen Ämtern im Staatsapparat« der Bundesrepublik betraut seien, mache deren Wiedergutmachungszahlungen zur Farce. Warum zahle sie keine Wiedergutmachung für die Leiden anderer Völker in Osteuropa und der Sowjetunion?

Die »wirklichen Ursachen der allseitigen Unterstützung Israels durch die westdeutsche Regierung« lägen in den »Interessen des westdeutschen Imperialismus und Neokolonialismus«. Wer wahrhafte Wiedergutmachung leisten, die Schuld büßen und die Opfer des Faschismus ehren wolle, müsse die Wurzeln von Faschismus, Imperialismus sowie Rassen- und Völkerhaß ausreißen, und dies sei »nur von der Deutschen Demokratischen Republik erfüllt« worden: »Alle Opfer des Hitlerterrors, alle Verfolgten des Naziregimes – ob Juden oder Nichtjuden – werden in unserem Staat gleichbehandelt.« Sie würden hoch geachtet und erhielten besondere Pensionen. Viele würden leitende Positionen in Staat und Wirtschaft bekleiden. Gegenüber dem Staat Israel aber habe die DDR »weder ein Schuldgefühl noch eine Verpflichtung«.[68] Jene, die erfolglos für die Gleichstellung von »Kämpfern gegen den« und »Opfern des« Faschismus gekämpft hatten, und die aus Partei und Staat entfernten »Kosmopoliten« müssen Ulbrichts strahlendes Bild der DDR mit Erstaunen zur Kenntnis genommen haben. Es zeichnete unübersehbar die Konturen der geteilten Erinnerung nach: Die Erinnerung an die jüdische Katastrophe war nur für den Westen ein Thema – den Westen, der die Leiden der anderen Opfer des Nationalsozialismus ignorierte.

Der Sechstagekrieg von 1967 machte eine breitere Weltöffentlichkeit auf die seit langem bestehenden ostdeutschen Ansichten aufmerksam. In einer berühmt gewordenen Rede verurteilte Ulbricht am 15. Juni 1967 in Leipzig die Vereinigten Staaten, die Bundesrepublik und die »israelische Aggression« im Nahen Osten.[69] Wiederholt brandmarkten ostdeutsche Sprecher die »israelische Aggressionspolitik«, beschrieben Israel als »imperialistische Speerspitze« eines »antiarabischen Komplotts zwischen Bonn und Tel Aviv« und bezeugten ihre Solidarität mit den arabischen Staaten.[70] Am 9. Juni 1967 veröffentlichte Albert Norden eine »Erklärung von Bürgern der DDR jüdischer Herkunft«, in der die militärische Aggression Israels verurteilt wurde. In einer Denkschrift darüber, wie der Krieg in den ostdeutschen Medien behandelt werden sollte, regte er am selben Tag an, »zu unterstreichen, daß hier so verfahren wurde, wie Hitler am 22. Juni 1941 die Sowjetunion bei Nacht und Nebel überfiel. ... Wenn die westdeutsche imperialistische Presse, Rundfunk und Fernsehen Nasser frech als ägyptischen Hitler verleumden, so kann und muß gerade an Hand der Tatsachen des 5. Juni nachgewiesen werden, wie die israelischen Imperialisten Hitlers völkerrechtswidrige Taktiken und Überfallmethoden genau imitieren.«[71] Wer war besser geeignet, den skandalösen Vergleich zwischen Israelis und NS-Mördern zu ziehen, als ein Kommunist jüdischer Herkunft? Nordens Bemühungen, prominente jüdische Schriftsteller und Persönlichkeiten des öffentlichen Lebens zur Unterzeichnung antiisraelischer Manifeste zu bewegen, hatten nur bescheidenen Erfolg. Andererseits waren die meisten jüdischen Kommunisten, die Widerspruch gegen die ostdeutsche

Politik hätten einlegen können, entweder geflohen oder aus dem politischen Leben gedrängt worden.

1969 nahm die DDR diplomatische Beziehungen zu Ägypten, dem Irak, dem Sudan, Syrien und Südjemen auf. Zwei Jahre später besuchte Yasser Arafat zum ersten Mal die DDR, und im August 1973 eröffnete die Palästinensische Befreiungsorganisation (PLO) eine Vertretung in Ost-Berlin, die erste im Ostblock, und traf mit der DDR Vereinbarungen über die Lieferung von Waffen und Ausrüstungen, die Unterstützung von Studenten und die medizinische Behandlung von verwundeten PLO-Kämpfern und Waisenkindern. In den siebziger Jahren reisten Arafat und andere hohe PLO-Funktionäre regelmäßig nach Ost-Berlin, um für die Hilfe der DDR zu danken und mit ostdeutschen Politikern Solidaritätsadressen auszutauschen.[72]

Erich Honecker, der 1971 Ulbrichts Platz in Partei und Staat übernahm und bis zum Zusammenbruch des SED-Regimes herrschte, vertiefte die Beziehungen zu den arabischen Staaten, der PLO und Arafat weiter. 1975 wurde die ostdeutsche Delegation bei den Vereinten Nationen in das Komitee für die Verwirklichung der unveräußerlichen Rechte des palästinensischen Volks gewählt. In der UNO und auf zahllosen internationalen Konferenzen schloß sich die DDR Resolutionen an, in denen die israelische Aggression verurteilt und die Solidarität mit den Arabern, der PLO und anderen »nationalen Befreiungsbewegungen« beschworen wurde. 1975 stimmte sie für die Resolution, die Zionismus mit Rassismus gleichsetzte. Dabei beharrte sie, wie es Peter Florin, der Ständige Vertreter der DDR bei den Vereinten Nationen, im November 1975 in einer Sitzung über die »Palästinafrage« ausdrückte, unvermindert auf der Behauptung: »Wir sind Gegner des Antisemitismus und bekämpfen ihn ebenso wie den Zionismus.«[73] 1980 wurde die PLO-Vertretung in Ost-Berlin in den Rang einer Botschaft erhoben. Im selben Jahr prangerte die ostdeutsche Regierung das Camp-David-Abkommen als »imperialistische Separatpolitik« an.[74] Während die Einzelheiten über die Ausbildung und Ausrüstung arabischer und palästinensischer Terroristen geheimgehalten wurden, konnte man die Tatsache der militärischen Zusammenarbeit den allgemein zugänglichen Artikeln des *Neuen Deutschland* entnehmen, in denen über Treffen Honeckers mit »Militärdelegationen« der PLO berichtet wurde.[75]

Wenn es um die israelische Politik ging, scheuten Sprecher der DDR vor keinem rhetorischen Exzeß zurück. Am 24. September 1982 reagierte der ostdeutsche Vertreter bei den Vereinten Nationen auf die Massaker in den libanesischen Palästinenserlagern Sabra und Shatilla, indem er vor der UN-Vollversammlung erklärte, »Staatsterrorismus und Genozid-Verbrechen« seien »fester Bestandteil der Politik Israels«, und »Völkermord am palästinensischen Volk« sei die Methode, mit der die »herrschenden Kreise« Israels das palästinensische Problem lösen wollten.[76] Die DDR war das einzige Land des Ostblocks, das bis 1989 keine diplomatischen Beziehungen zu Israel unterhielt. Ihre Unterstützung für die Feinde Israels war unerschütterlich.

Thomas Mann hatte 1945 in der Bibliothek des US-Kongresses in seiner berühmten Rede über »Deutschland und die Deutschen« gesagt, es gebe keine zwei Deutschlands, ein gutes und ein böses, sondern nur eines, das einige seiner Tugenden in den Dienst des Bösen gestellt habe. Darum sei es niemandem möglich, seine Zugehörigkeit zum »bösen, schuldbeladenen Deutschland ganz zu verleugnen und zu erklären: ›Ich bin das gute, das edle, das gerechte Deutschland im weißen Kleid, das böse überlasse ich euch zur Ausrottung.‹«[77] Dennoch taten die ostdeutschen Kommunisten genau dies. Sie gaben sich als das gute Deutschland aus, das die Last des bösen nicht zu tragen hatte. Statt dessen behaupteten sie, Teil eines weltweiten Kampfs gegen Imperialismus und Rassismus zu sein. Das ostdeutsche Argument, die logische Folgerung aus dem Antifaschismus sei, den bewaffneten Feinden des jüdischen Staats zu helfen, zeigt, wie weit eine totalitäre Ideologie den gesunden Menschenverstand durch Phantasien und die Last lokaler Erkenntnis und Erinnerung durch Theorien über eine universale Befreiung ersetzt hatte.

Das Nürnberger Interregnum II

Zweierlei Erinnerung in den Westzonen 1945–1949

Die politischen Führer, die während des Nürnberger Interregnums in den Westzonen in den Vordergrund traten, unterschieden sich von den ostdeutschen in einer Hinsicht grundsätzlich: Sie glaubten alle an die liberale Demokratie und die absolute Notwendigkeit, eine weitere deutsche Diktatur zu verhindern. In bezug auf die Verwirklichung der Gerechtigkeit und die Installierung einer öffentlichen Erinnerung an die NS-Vergangenheit hatte diese Entscheidung für die Demokratie jedoch ein fundamentales, anhaltendes Dilemma zur Folge. Während Ideologie und Erfahrung der NS-Zeit bei den Kommunisten das Mißtrauen gegenüber einer deutschen Demokratie vertieft hatten, standen diese bei den Demokraten im Westen bei dem Versuch, die Herrschaft eines Volks zu errichten, das bis zum bitteren Ende für den Nationalsozialismus gekämpft hatte, im Widerspruch zueinander.

In der Besatzungszeit wurde diese Spannung zurückgehalten, da die Siegermächte dem geschlagenen Volk Entnazifizierung und umfangreiche Prozesse verordneten. Doch die politische Kultur der Westzonen wurde nicht weniger von einer vielfältigen Restauration geprägt wie die der Ostzone. Die führenden Politiker der Nachkriegszeit – Konrad Adenauer, Kurt Schumacher und Theodor Heuss – waren alle bereits vor 1933 im politikfähigen Alter gewesen, und sie hatten alle das NS-Regime abgelehnt, obwohl nur Schumacher von sich behaupten konnte, es aktiv bekämpft zu haben. In diesem Kapitel geht es um ihre ersten Erklärungen und Erinnerungen an die NS-Zeit. Im Osten wie im Westen äußerte sich die Macht der Sieger sowohl in der Verhaftung Tausender NSDAP-Mitglieder und Angehöriger des nazistischen Regierungsapparats als auch in der Ermutigung und Unterstützung jener deutschen Politiker, die 1933 unterlegen und ins Exil oder die inneren Emigration getrieben worden waren. Die daraus resultierende Auswahl war nicht durch »Antifaschisten« in Ost-Berlin und »Nazis« in Bonn gekennzeichnet, sondern durch unterschiedliche Arten von nicht- und antinazistischen Politikern, unterschiedliche Ausprägungen des »anderen Deutschland«. In der politischen Kultur beider Teile Deutschlands kamen keine bis dahin unbekannten Traditionen zum Vorschein; es fand vielmehr eine radikale Umschichtung der bestehenden deutschen Traditionen statt. Das Nürnberger Interregnum beruhte in West wie Ost auf einer Mischung aus Auflagen, Repression und Selektion.

Von 1945 bis 1947 ließ sich die amerikanische Besatzungspolitik von der am 26. April 1945 von Präsident Truman erlassenen Direktive JCS 1067 leiten und richtete ihr Hauptaugenmerk auf die Entnazifizierung. Deutschland, hieß es in der Direktive, werde »nicht zum Zweck der Befreiung, sondern als besiegtes Land besetzt«.[1] Durch die Besatzung sollte sichergestellt werden, daß Deutschland nicht noch einmal den Frieden bedrohte. Demokratie würde das Endergebnis der Entnazifizierung sein. Diese Politik wollte nicht populär sein. Doch im September 1946 vollzog US-Außenminister James F. Byrnes einen Kurswechsel, als er in einer Rede in Stuttgart sagte, es sei »niemals Absicht der amerikanischen Regierung« gewesen, »dem deutschen Volk das Recht zu versagen, seine eigenen inneren Angelegenheiten wahrzunehmen, sobald es in der Lage sein würde, dies auf demokratische Art und unter Achtung der Menschenrechte und grundsätzlichen Freiheiten zu tun«. Den Vereinigten Staaten schwebe keine »lang anhaltende ausländische Diktatur« über Deutschland vor; vielmehr solle dem deutschen Volk die »Hauptverantwortung für die Behandlung seiner eigenen Angelegenheiten bei geeigneten Sicherungen übertragen werden«.[2]

Trotz der unglücklichen Wortwahl verwies Byrnes mit der Gegenüberstellung von »lang anhaltender ausländischer Diktatur« und erhoffter demokratischer Erneuerung in Deutschland auf die

Spannung zwischen Demokratie und Erinnerung. Die Entnazifizierung war in großen Teilen der deutschen Bevölkerung äußerst unbeliebt. Immerhin hatten am 8. Mai 1945 acht Millionen Deutsche der NSDAP angehört,[3] die zusammen mit ihren Freunden und Familien einen beträchtlichen, gegen jede ernsthafte juristische Abrechnung und öffentliche Erinnerung eingestellten Wählerblock bilden würden. Implizit hatten die westlichen Alliierten die Spannung zwischen Demokratie auf der einen Seite sowie Erinnerung und Gerechtigkeit auf der anderen erkannt. Zumindest in der frühen Nachkriegszeit konnte man entweder Demokratie oder Gerechtigkeit durchsetzen, aber nicht beides, und mit den Nürnberger Kriegsverbrecherprozessen, umfangreichen Entnazifizierungsmaßnahmen und der Anklage von Tausenden von Deutschen wegen des Verdachts auf Kriegsverbrechen und Verbrechen gegen die Menschlichkeit legten die Alliierten das Schwergewicht unverkennbar auf Gerechtigkeit und Erinnerung. Eine deutsche Demokratie hielten im Mai 1945 weder die Sowjetunion noch die Westalliierten für in nächster Zukunft notwendig oder wünschenswert. Zuerst war die Arbeit der Gerechtigkeit zu erledigen, und die würde von den Siegern ausgeführt werden müssen. Die Byrnes-Rede war das erste Anzeichen dafür, daß das Auseinanderbrechen der Kriegskoalition und der beginnende Kalte Krieg das Gleichgewicht der alliierten Politik zugunsten der frühen Schaffung einer demokratischen Herrschaft in Westdeutschland verschob, auch wenn dies, wie es der Fall sein sollte, weniger Erinnerung und Gerechtigkeit bedeutete.

Die Alliierten konnten Politiker, die nazistische oder neonazistische Ideen vertraten, von der Mitwirkung in der Politik der Westzonen ausschließen, und sie nutzten diese Möglichkeit. Andererseits erkannten die deutschen Politiker, daß der Einsatz für die Entnazifizierung und eine offene Sprache in bezug auf die Verbrechen der NS-Zeit einen bedeutenden Teil der Wählerschaft verprellten, der bei nationalen Wahlen den Ausschlag geben konnte und gab. Die Lehre daraus lautete, daß man entweder offen über die NS-Vergangenheit sprechen oder Wahlen gewinnen konnte. Den Kommunisten war dieser Zwiespalt unbekannt. Sie errichteten die Diktatur einer angeblich aufgeklärten Elite. Doch demokratische Politiker, welche die NS-Vergangenheit zur Sprache bringen wollten, standen vor einem Dilemma: Bei der Mehrheit der Wähler war ihr Anliegen unpopulär. Umgekehrt sahen sich demokratische Politiker, denen es widerstrebte, die jüngste Vergangenheit zu thematisieren, einer beständigen Versuchung gegenüber: Schweigen gewann Wähler.

Daneben waren die ersten Nachkriegsjahre jene der Desillusionierung der breiten Mehrheit und der »Entradikalisierung« der Eliten. Hitler hatte nicht nur Unheil gebracht, sondern war auch gescheitert, und mit ihm der Mythos der rassischen Unbesiegbarkeit und Überlegenheit der Deutschen. In scharfem Kontrast zu 1918/19 war die militärische Niederlage diesmal unbezweifelbar. Es gab keine zweite Dolchstoßlegende, mit der das Militär die Verantwortung für die nationale Katastrophe den zivilen Demokraten hätte in die Schuhe schieben können. Das Land war besetzt, und es gab keine deutsche Regierung mehr.[4] Obwohl die Nationalsozialisten zwölf Jahre lang ihren Heroismus hervorgehoben hatten, zogen Tausende Funktionäre aus Partei und Staat die allgemeine Verachtung auf sich, als sie sich angesichts der Niederlage dem unterzogen, was ein Historiker die »Selbstentnazifizierung« durch Selbstmord genannt hat.[5]

Desillusionierung schlug allerdings selten in eine Leidenschaft für Gerechtigkeit bei der Verfolgung der Verbrechen der NS-Zeit um. So war die Initiative der Sieger in diesen entscheidenden Jahren unabdingbar. Sie machte das Nürnberger Interregnum von 1945 bis 1947 zur goldenen Zeit der juristischen Konfrontation mit der NS-Vergangenheit. Mit ihren Maßnahmen stellten die Alliierten sicher, daß NSDAP und NS-Bewegung unwiederbringlich ausgeschaltet wurden. Zwischen 1945 und 1949 internierten die Westalliierten 200000 ehemalige NS-Funktionäre, 100000 davon allein in der amerikanischen Zone.[6] Im ersten Halbjahr 1946 verloren in den drei Westzonen 150000 Personen ihre Stellungen in Regierung und Verwaltung; hinzu kamen 73000 entlassene Mitarbeiter von

Handel und Industrie. Von 1946 bis 1948 mußten 13 180 300 Menschen in der amerikanischen Zone sowie 669 000 in der französischen und über zwei Millionen in der britischen einen Fragebogen über ihre Aktivitäten in der NS-Zeit ausfüllen. Weniger als ein Prozent der Befragten wurde als »schuldig« oder »belastet« betrachtet.[7] Ein deutscher Historiker hat diese Entnazifizierungsverfahren bitter als »Mitläuferfabrik« beschrieben, die ehemalige Nationalsozialisten eher rehabilitierte als bestrafte.[8] Doch trotz der teilweise schweren Mängel konnte die alliierte Entnazifizierung in der Besatzungszeit die NSDAP zerschlagen und trug dazu bei, daß sie und ihre Möchtegernnachfolger nach 1945 am Rand von Politik und Gesellschaft gehalten wurden.

Insgesamt fanden die Mitarbeiter der amerikanischen Militärregierung (OMGUS) jedoch reichlich Beweise für antisemitische und antidemokratische Ressentiments.[9] 1946 schrieb einer von ihnen, Moses Moskowitz, die bloße Anwesenheit von jüdischen Überlebenden in Lagern für Displaced persons und von zurückkehrenden Emigranten rufe Feindseligkeit hervor, denn diese Juden seien die »Ankläger, die die Deutschen verfolgen und fortfahren werden, sie zu verfolgen, bis die Tausenden oder Millionen von Deutschen, die persönlich an der Vernichtung der Juden beteiligt waren, vor den Richter gebracht worden sind«.[10] In wöchentlichen OMGUS-Berichten aus Bayern von 1945/46 wurde von weiterbestehendem und sogar »ansteigendem« Antisemitismus gesprochen.[11] In einem OMGUS-Bericht vom März 1947, der in den vorangegangenen zwei Jahren durchgeführte Umfragen zusammenfaßte, hieß es, vier von zehn Deutschen seien »so stark vom Antisemitismus durchdrungen, daß es äußerst zweifelhaft ist, daß sie gegen offene Handlungen gegen Juden Einspruch erheben würden«. Vermutlich würden weniger als zwei von zehn solchen Handlungen tatsächlich Widerstand entgegensetzen.[12]

Richard und Anna Merritt kommen in ihrer Analyse der OMGUS-Umfragen der vierjährigen Besatzungszeit zu dem Schluß, daß etwa 15 bis 18 Prozent der Erwachsenen unverbesserliche Nationalsozialisten geblieben waren. Zwischen 47 und 65 Prozent der

Deutschen waren von 1945 bis 1947 der Meinung, der Nationalsozialismus sei eine gute Idee gewesen, die nur schlecht ausgeführt wurde. Die Zahl jener, die ihn als schlechtes Konzept betrachteten, war sogar von 41 auf 30 Prozent gesunken. Laut einer Umfrage vom März 1948 waren 1946 bis 1948 zwischen 55 und 65 Prozent der Deutschen der Ansicht, manche menschliche Rassen seien »mehr zum Herrschen geeignet als andere«. Eine OMGUS-Umfrage von 1947 kommentieren Richard und Anna Merritt mit der Feststellung, es sei »nicht schwer zu zeigen, daß im Nachkriegsdeutschland eng mit der nationalsozialistischen Ideologie verbundene Ansichten weiterbestanden«. 15 Prozent der Deutschen in der amerikanischen Besatzungszone, einschließlich West-Berlins, befürworteten die Unterdrückung linker Parteien; 18 Prozent meinten, ein Diktator sei wichtig für die Schaffung einer starken Nation; 29 Prozent konnten sich mit einer Zensur von regierungskritischen Schriften anfreunden; und 33 Prozent fanden, daß Juden nicht dieselben Rechte haben sollten wie andere. Richard und Anna Merritts Folgerung lautet: »Von vielleicht einem unter sechs Menschen konnte gesagt werden, er vertrete explizit Naziansichten.« Im Dezember 1946 stufte die mit Meinungsumfragen befaßte OMGUS-Abteilung 21 Prozent der Deutschen als antisemitisch und weitere 18 Prozent als äußerst antisemitisch ein, was zusammen einen potentiellen Wählerblock von 39 Prozent ergab. Hauptergebnis der Umfrage von 1947 war, daß zwar die »meisten Deutschen im großen ganzen demokratische Ansichten« hatten, eine bedeutende Minderheit aber »im großen ganzen« undemokratisch und immer noch von antisemitischen und autoritären Ansichten durchdrungen war. Mit dem Aufbau demokratischer Institutionen wurde aus dieser Minderheit eine Bürgerschaft, die willens und in der Lage war, ihre Wählerstimme gegen das Versprechen der Politiker einzutauschen, einen Schlußstrich unter die Vergangenheit zu ziehen.[13]

Bevor die Alliierten den Deutschen erlauben würden, sich selbst zu regieren, mußten sie dafür sorgen, daß ihnen selbst und der Weltöffentlichkeit die Verbrechen der NS-Zeit vor Augen geführt wurden. Zwischen dem 20. November 1945 und dem 1. Oktober 1946 stand der internationale Militärgerichtshof in Nürnberg im Mittelpunkt dieses Vorhabens. Berichte über den Prozeß wurden im Rundfunk und in den Zeitungen der Besatzungsmächte verbreitet. Im Hauptprozeß und den von 1946 bis 1949 abgehaltenen zwölf Folgeprozessen wurde nachgewiesen, daß Hitler und sein Regime den Zweiten Weltkrieg als Aggressions- und Rassenkrieg begonnen, den Massenmord am europäischen Judentum und an Millionen anderen Menschen in den Konzentrations- und Todeslagern befohlen und ausgeführt und sich dabei auf die Mitarbeit von Zehntausenden von Beamten und Militärs gestützt hatten. Laut einer OMGUS-Umfrage nach Abschluß des Prozesses gegen die Hauptkriegsverbrecher fanden 55 Prozent der Deutschen die Urteile gerecht, 21 Prozent zu mild und nur 9 Prozent zu hart. Insgesamt 78 Prozent bezeichneten den Prozeß als fair.[14]

In den Folgeprozessen wurde darüber hinaus die Komplizenschaft von SS-»Intellektuellen«, Ärzten, Richtern, Diplomaten, Beamten, Industriellen und der Wehrmachtführung bestätigt.[15] Außerdem wurden zwischen November 1945 und Oktober 1947 vor amerikanischen, britischen und französischen Kriegsgerichten Prozesse gegen untergeordnetes Personal der Konzentrationslager Buchenwald, Dachau, Flossenbürg, Mauthausen und Dora-Mittelbau, gegen Beteiligte am Euthanasieprogramm und die Verantwortlichen für den Tod von 1200 abgeschossenen amerikanischen Piloten geführt. Von 1517 durch amerikanische Gerichte Verurteilten erhielten 324 die Todesstrafe und 247 eine lebenslange Haftstrafe; von den Briten wurden 1085 Personen verurteilt, 240 von ihnen zum Tode, von den Franzosen 2107 bei 104 Todesstrafen. Allein 1946 und 1947 lieferten die amerikanischen Besatzungsbehörden 3914 Personen an sechzehn europäische Länder zur Aburteilung aus, zwei Drittel davon an Polen und Frankreich. Insgesamt wurden in den drei Westzonen von den Besatzungsmächten 5025 Personen wegen Kriegsverbrechen und Verbrechen gegen die Menschlichkeit verurteilt, 806 von ihnen zum Tode, von denen 486 tatsächlich hingerichtet wurden.[16]

Die Nürnberger und andere alliierte Prozesse hinterließen in beiden Teilen Deutschlands tiefe Spuren in der Erinnerung an den Nationalsozialismus. In ihnen war zweifelsfrei nachgewiesen worden, daß Kriegsverbrechen und Verbrechen gegen die Menschlichkeit begangen worden waren und daß sie direkte Folgen der von den NS-Führern getroffenen Entscheidungen gewesen waren. Damit trug Nürnberg wesentlich dazu bei, Nationalsozialismus und Faschismus in Deutschland und Europa auf Jahrzehnte hinaus zu diskreditieren, die Leugnung des Holocaust in beiden Teilen Deutschlands zu einer politischen Randerscheinung zu machen und der Öffentlichkeit ein detailliertes Bild der Verbrechen des NS-Regimes zu vermitteln. Angesichts der in Nürnberg vorgelegten Beweise stellte kein führender Politiker in Ost- oder Westdeutschland öffentlich in Abrede, daß das NS-Regime tatsächlich einen Genozid am europäischen Judentum begangen und an der Ostfront einen Rassenkrieg geführt hatte. Nach Nürnberg galten Äußerungen eines derartigen historischen Revisionismus als Versuche, durch die Behauptung, es habe keine Kriegsverbrechen und Verbrechen gegen die Menschlichkeit gegeben, den Nationalsozialismus wiederzubeleben. Für die tonangebenden Politiker in beiden Teilen Deutschlands war die Frage nicht, *ob*, sondern *wie* und *warum* diese Taten begangen worden waren und *was* getan werden mußte, damit die Deutschen nie wieder etwas dergleichen tun würden.

Wenngleich die Kriegsverbrechen eine weitaus größere Rolle spielten als die Verbrechen gegen die Menschlichkeit, wurden in Nürnberg umfangreiche Beweise über die Verfolgung der europäischen Juden präsentiert.[17] In der deutschen Öffentlichkeit drehte sich die politische Debatte über die NS-Vergangenheit in beiden Teilen Deutschlands nicht darum, ob die Verfolgung stattgefunden hatte, sondern darum, welches Gewicht verschiedenen Verfolgungstaten beizumessen war. Im Folgenden soll gezeigt werden, wie die Nürnberger Urteile, die Politik der westlichen Besatzungsmächte, die politischen Überzeugungen der führenden deutschen Politiker und die Fähigkeit jüdischer Überlebender, sich Gehör zu verschaffen, zusammen bewirkten, daß die nazistische Judenverfolgung im Westen des Landes einen prominenteren Platz in der öffentlichen Diskussion einnahm als im Osten.

Die Nürnberger Prozesse schufen einen öffentlichen Rahmen der politischen Geschichte, an dem sich die individuelle Erinnerung orientieren konnte. Waren die Deutschen vor allem mit ihren Nachkriegsleiden beschäftigt und vergaßen bequemerweise deren Vorgeschichte, so führten ihnen die Nürnberger Richter die Kausalbeziehung zwischen Aggression und nationalsozialistischen Verbrechen einerseits und dem Elend der Nachkriegszeit andererseits vor Augen. Durch die Vertreibung aus den Ostgebieten und die Vergewaltigungen in der sowjetischen Besatzungszone wurden die Deutschen mit den Folgen des Rassenkrieges im Osten konfrontiert.[18] Angesichts der Monstrosität der Verbrechen des NS-Regimes, der Schrecken der nationalsozialistischen Invasion Osteuropas und der Sowjetunion und der Anwesenheit der Sowjetunion als Besatzungsmacht, zeigten die Alliierten wenig Neigung, die Leiden der Deutschen nach 1945 ins Blickfeld zu rücken. Während der Nürnberger Prozesse wurde wiederholt die Kausalkette zu den Folgen von 1933 und dem, was die Deutschen vor 1945 getan hatten, zurückverfolgt, und auch nachdem der Kalte Krieg die Aufmerksamkeit für das Verhalten der Sowjetunion nach 1945 geweckt hatte, blieben die Enthüllungen von Nürnberg ein zwar zunehmend dissonanter und unbequemer, aber nie verklingender Kontrapunkt.

In Nürnberg war darüber hinaus die These von der Kollektivschuld des gesamten deutschen Volks zurückgewiesen und das Prinzip der individuellen politischen und moralischen Verantwortung bestätigt worden. Damit wurde die im apologetischen Diskurs des deutschen Kulturkonservatismus so bedeutsame Rede von Schicksal und Bestimmung durch die Analyse politischer Kausalität und moralischer Verantwortung ersetzt.[19] Die Erkenntnis von Nürnberg lautete, daß Menschen und ihre politischen Entscheidungen Auschwitz möglich gemacht hatten – nicht das Sein, das Schicksal, die instrumentelle Vernunft, die Aufklärung, die

Modernität oder das Abendland. Mit den Worten des deutschen Gelehrten Herbert Jäger hatten die Prozesse »auf einmal das leere, anonyme Bild der totalitären Vergangenheit mit Gestalten bevölkert, die aus ihm nicht wieder zu verbannen sind«.[20] Der Hinweis auf die Unbegreiflichkeit der schrecklichen Vergangenheit konnte zum Vorwand dafür werden, die Schuldigen nicht zu bestrafen. Daher hieß die Botschaft an die Nachkriegsdeutschen, daß politische Folgen begreifbare politische Ursachen haben. Erinnerung und Begreifen der NS-Verbrechen sollte zu politischem Engagement führen, nicht zum Rückzug aus der Politik. Insofern waren die Entnazifizierung sowie die Nürnberger und die anderen alliierten Gerichtsverfahren trotz ihrer Mängel in beiden Teilen Deutschlands unabdingbare Voraussetzungen für die öffentliche Erinnerung an die von den Nationalsozialisten verübten Kriegsverbrechen und Verbrechen gegen die Menschlichkeit.

Der Kalte Krieg beendete mit seinen neuen Bündnissen und Prioritäten das Nürnberger Interregnum. Obwohl der Antikommunismus die Oberhand über die Entnazifizierung zu gewinnen begann, können die Auswirkungen des Kalten Krieges auf die Bereitschaft, sich der NS-Vergangenheit zu stellen, leicht übertrieben werden. Denn auch wenn es den Kalten Krieg nicht gegeben hätte oder wenn er nicht so bald ausgebrochen wäre, hätte jeder Schritt in Richtung Demokratie in Deutschland jenen Wählern Einfluß verschafft, die weitere Kriegsverbrecherprozesse ablehnten. Deshalb hätte mehr Demokratie zu diesem frühen Zeitpunkt auf jeden Fall weniger Erinnerung und Gerechtigkeit bedeutet. Wie gesehen, bestärkte die Spannung zwischen Antifaschismus und Volksherrschaft die Kommunisten in ihrem alten Mißtrauen sowohl der Demokratie als auch den Deutschen gegenüber und entsprach ihrer Absicht, eine zweite deutsche Diktatur zu errichten. Im Gegensatz dazu sahen die westdeutschen politischen Führer in der Demokratie das geeignete Gegenmittel zum NS-Regime, nicht in einer anderen Diktatur. Doch Handlungsweise und Vorlieben liberaler Demokraten paßten nicht zum Besatzungsregime und seiner strengen Entnazifizierungspolitik. Der Volkswille, gleich, ob er eine

Mehrheit oder eine mächtige, ausschlaggebende Minderheit repräsentierte, konnte eine ernsthafte Auseinandersetzung mit der Vergangenheit blockieren, und es gab politische Führer, die das Stillschweigen über vergangene Verbrechen für nötig hielten, um die Demokratie aufbauen zu können, die man brauchte, um eine Wiederholung zu verhindern.

Schon im Frühjahr 1946 brachte Konrad Adenauer, die beherrschende Gestalt der westdeutschen Politik von dem Zeitpunkt an, als er die Führung der CDU in der britischen Zone übernahm, bis zu seinem Rücktritt als Bundeskanzler im Jahr 1963, seine Ansicht über das Verhältnis von Politik und Erinnerung unmißverständlich zum Ausdruck: Um eine Erneuerung des deutschen Nationalismus und Nationalsozialismus auszuschließen, mußten ökonomische Erholung und politische Demokratie Vorrang vor der juristischen Bewältigung der Verbrechen der NS-Vergangenheit haben. Adenauer setzte sich für Maßnahmen ein, die für die Wähler wesentlich weniger irritierend waren, nämlich die Wiedergutmachung an jüdischen Überlebenden und gute Beziehungen zu Israel. Indem er sowohl eine tiefgehende Säuberung des westdeutschen Establishments als auch weitere Prozesse gegen Angeklagte ablehnte, denen man Kriegsverbrechen und Verbrechen gegen die Menschlichkeit vorwarf, repräsentierte er die Wünsche zumindest eines erheblichen Teils der Wählerschaft.

1933, mit siebenundfünfzig Jahren, schien Adenauers politische Karriere, die bereits vor 1914 begonnen hatte, zu Ende zu sein. Danach beteiligte er sich weder am antinazistischen Widerstand noch floh er ins Ausland, wurde aber dennoch mehrmals von der Gestapo festgenommen. Am gefährlichsten war die Verhaftung im August 1944 nach dem fehlgeschlagenen Staatsstreich vom 20. Juli, nach der er zweieinhalb Monate in einem Gefängnis bei Köln festgehalten wurde; auch seine Frau wurde für zehn Tage ins Gefängnis gesteckt. 1945 kehrte er, neunundsechzigjährig, aus der inneren Emigration in einem Benediktinerkloster mit nicht nur unveränderten, sondern durch seinen Katholizismus bestärkten Überzeugungen zurück. Die NS-Zeit war nicht seine prägende Zeit gewesen, und die Lehren, die er aus ihr zog, beruhten auf seit langem gehegten Anschauungen. Kurt Schumacher nannte ihn den »Kanzler der Alliierten«, Walter Ulbricht eine Marionette des amerikanischen Imperialismus und einen Verräter an der Nation. Doch seine Ansichten über die NS-Vergangenheit verdankte er weder der amerikanischen noch der britischen oder französischen »Umerziehung«.

Als Oberbürgermeister von Köln in den Jahren 1917 bis 1933 hatte er sich mit beeindruckenden Leistungen in der Kommunalpolitik einen Ruf als gemäßigter Konservativer erworben. Darüber hinaus besaß er als führender Politiker der katholischen Zentrumspartei und Präsident des preußischen Staatsrats Einfluß auf die nationale Politik. Auf dieser Ebene unterstützte er Franz von Papens auf Vollmachten des Reichspräsidenten gestützte Regierung und sprach sich für die Einbeziehung der Nationalsozialisten in die preußische Regierung aus, allerdings nicht aus Sympathie für sie, sondern weil er wie das konservative politische Establishment im allgemeinen Hitler unterschätzte und glaubte, die Regierungsbeteiligung der Nationalsozialisten würde jedermann ihre Inkompetenz vor Augen führen. Er vertraute auf Papens präsidiale Vollmachten und hoffte, die Nationalsozialisten würden sich zum Eintritt in die Regierung verleiten lassen.[21] Seine Abneigung gegen Hitler und die Nationalsozialisten war echt, und obwohl er kein Held des antinazistischen Widerstandes war, bekam er die Folgen der Machtergreifung der Nationalsozialisten am eigenen Leib zu spüren. Nachdem er im März 1933 als Kölner Oberbürgermeister angeordnet hatte, die NS-Fahnen zu entfernen, die in Vorbereitung auf einen Besuch Hitlers an den Rheinbrücken aufgehängt worden waren, mußte er wenig später seinen Posten als Stadtoberhaupt räumen. Im Juni 1934 war er im Zuge der Röhm-Affäre für einige Tage in Haft. Drei Jahre später schloß er mit der Stadt Köln eine Vereinbarung, die ihm 153000 Reichsmark einbrachte, mit denen er sich in Rhöndorf, einem wohlhabenden Vorort am Westufer des Rheins, rund zehn Kilometer südlich von Bonn, ein Haus baute, in dem er zurückgezogen und ungestört lebte, bis er 1944 erneut von der Gestapo verhaftet wurde.

In dieser Zeit schickte ihm sein lebenslanger Freund, der in Belgien geborene jüdisch-amerikanische Geschäftsmann Dannie Heinemann, regelmäßig Geld. Auch der Bankier Robert Pferdmenges und Adenauers Bruder August, ein erfolgreicher Rechtsanwalt, unterstützten ihn finanziell. Mit diesen Zuwendungen und den regelmäßigen Zahlungen der Stadt Köln war Adenauers Auskommen mehr als nur gesichert. Zwar stand er sich nicht so gut wie vor 1933, aber er erlitt nicht die Unsicherheit und Armut der Emigranten und Hitlergegner, mußte nicht emigrieren und kam nicht ins Konzentrationslager, sondern lebte das Leben eines wohlhabenden Pensionärs, der jede politische Aktivität unterließ. Als jemand, der für von Papen und die Regierungsbeteiligung der Nationalsozialisten eingetreten war, hatte er anfangs keinen Grund, sie zu fürchten. Obwohl er Mitglied der christlichen Gewerkschaft im Rheinland war und andere führende Zentrumspolitiker wie Jakob Kaiser sich am Widerstand beteiligten, kritisierte Adenauer den Widerstand als Produkt der preußischen Aristokratie oder billigte ihm keine realistischen Erfolgsaussichten zu.[22] Aus Furcht vor einer neuen Dolchstoßlegende, sollte der Staatsstreich erfolgreich verlaufen, beteiligte er sich auch nicht an der Verschwörung vom Juli 1944. Obwohl er nach 1945 andeutete, daß er besser über die NS-Verbrechen informiert gewesen war als die meisten Deutschen, setzte er nicht sein Leben aufs Spiel, um den Versuch zu unternehmen, den Krieg im Osten und die Endlösung der Judenfrage zu stoppen.

Nach dem gescheiterten Putsch vom 20. Juli 1944 wurde Adenauer am 25. August verhaftet, zwei Wochen später aufgrund einer Krankheit aber wieder entlassen. Als er sich anschließend versteckte, wurde seine Frau festgenommen, die dem Druck der Gestapo erlag und ihr mitteilte, wo ihr Mann zu finden sei. Aus Verzweiflung darüber und von der Einsamkeit im Gefängnis zermürbt, versuchte sie zweimal erfolglos, sich das Leben zu nehmen.[23] Diesmal blieb Adenauer bis zum 26. November 1944 in Haft, und nach seiner Freilassung blieb er unter ständiger Überwachung durch die Gestapo. Obwohl viele wesentlich mehr zu leiden hatten als er, war sein Leben im Dritten Reich nicht einfach. Als seine Frau im März 1948 im Alter von vierundfünfzig Jahren starb, sah er darin die Folge einer »Krankheit, die wahrscheinlich mit ihrem Aufenthalt im Gestapo-Gefängnis zusammenhängt«.[24] Der Schock seines eigenen Gefängnisaufenthalts und des auf die Selbstmordversuche in Gestapohaft zurückzuführenden Todes seiner Frau verstärkte sicherlich seinen Haß auf die Nationalsozialisten. Vor dem Hintergrund dieser gemischten Geschichte von politischen Fehleinschätzungen und dem unheroischen Realismus eines Überlebenden sowie der Antipathie gegenüber den Nationalsozialisten erlebte Adenauers politische Karriere, die 1933 zu Ende gegangen zu sein schien, nach 1945 einen erstaunlichen Aufschwung.

Bei Kriegsende war er neunundsechzig Jahre alt, und als er 1949 zum ersten Kanzler der Bundesrepublik Deutschland gewählt wurde, war er dreiundsiebzig. Ins historische und allgemeine Bewußtsein ging er als Symbol für den restaurativen Charakter dieser Periode ein. Dennoch bewirkte diese älteste und konservativste politische Führungsgestalt der Nachkriegszeit einen entscheidenden Durchbruch in der deutschen politischen Kultur. Sein Aufstieg war ein Signal für die Verwestlichung des deutschen Konservatismus, das heißt die Verdrängung der vor 1945 vorherrschenden antiwestlichen Ressentiments.[25] Da die Welt um ihn herum sich verwandelt hatte, konnte er zum Anwalt der Veränderung werden, während seine Ansichten dieselben blieben. Sein politischer Katholizismus und das mit ihm zusammenhängende Mißtrauen gegenüber der preußischen Autoritätsgläubigkeit waren von der Verfolgung des Katholizismus im Kaiserreich geformt worden. Doch mit der Vernichtung des Nationalsozialismus, der von den protestantischen Kirchen im allgemeinen unterstützt worden war, rückte Adenauer vom Rand des Vorkriegskonservatismus ins Zentrum eines neuen, westdeutschen Konservatismus.

In seiner ersten Nachkriegsrede, die er am 1. Oktober 1945 als wiedereingesetzter Oberbürgermeister von Köln vor der Stadtverordnetenversammlung und Vertretern der britischen Militärregierung hielt, war das Leid der Deutschen sein Thema. Im Mittelpunkt standen die in Köln angerichteten Zerstörungen, deren »unglaubliches Elend« er jenen »Fluchwürdigen« anlastete, die 1933 an die Macht gelangt seien und den »deutschen Namen vor der ganzen zivilisierten Welt mit Schmach« bedeckt, »unser Reich zerstört« und das Land in das »tiefste Elend gestürzt« hätten. »Wir«, fuhr er fort, »Sie und ich, sind nicht die Schuldigen an diesem Elend. Wir, Sie und ich, sind dazu gezwungen, gezwungen durch die Liebe zu unserem Volke, das wir nicht vollends untergehen lassen wollen, diese schwere und furchtbare Bürde auf uns zu nehmen, um wenigstens die allerschlimmsten Notstände zu beseitigen.«[26] Daß sich Adenauer auf die Leiden der Bevölkerung von Köln beschränkte und hervorhob, weder er noch seine Zuhörer trügen die Schuld an dieser Katastrophe, machte bei der britischen Besatzungsmacht keinen günstigen Eindruck. Am 6. Oktober 1945 wurde er aus seinem Amt entfernt und ihm jede politische Tätigkeit verboten. Ein Kritikpunkt war auch, daß frühere Nationalsozialisten wieder in der Stadtverwaltung beschäftigt wurden und »antifaschistische Parteien« unterrepräsentiert waren. Im Dezember 1945 wurde ihm jedoch die Rückkehr ins politische Leben gestattet, und im Januar 1946 wurde er zum Vorsitzenden der neugegründeten Christlich-Demokratischen Union in der britischen Besatzungszone gewählt.[27]

Tatsächlich hatte er intensiver über die Lehren aus der deutschen Geschichte nachgedacht, als seine Rede vermuten ließ.[28] Sein erster großer Beitrag zum Verhältnis von deutscher Vergangenheit und Gegenwart war eine Rede, die er am 26. März 1946, wieder als Oberbürgermeister, in der Kölner Universität hielt. »Wie war es möglich«, fragte er, daß die Weimarer Republik zusammenbrach, die Nationalsozialisten an die Macht kamen, den Zweiten Weltkrieg auslösten, »Verbrechen größten Ausmaßes« begingen und die Deutschen auf der ganzen Welt verabscheut wurden? Wie würden sie ihr »furchtbares Geschick« nach 1945 tragen? Seit 1933 habe er sich »oft geschämt, ein Deutscher zu sein, in tiefster Seele geschämt«. Er habe vielleicht »mehr als manche andere von den Schandtaten, die von Deutschen an Deutschen begangen wurden, von den Verbrechen, die an der Menschheit geplant wurden«, gewußt. »Aber jetzt«, verkündete er, »bin ich wieder stolz darauf, ein Deutscher zu sein. Ich bin so stolz darauf, wie ich es nie zuvor, auch nicht vor 1933 und nicht vor 1914, gewesen bin.« Ursache dieses Stolzes sei der Mut, mit denen die Deutschen ihr Nachkriegsschicksal ertrügen. Daß Adenauer im März 1946, während die Besatzungszeitungen voller Berichte über den Nürnberger Kriegsverbrecherprozeß waren, von neugewonnenem Nationalstolz sprechen konnte, mutet sonderbar an. Doch er fuhr fort, die Deutschen könnten den Weg in eine bessere Zukunft nur finden, wenn sie versuchten, die Vergangenheit zu verstehen. Zwar fordere er »kein Schuldbekenntnis des gesamten deutschen Volkes«, aber eine »Gewissenserforschung« läge im eigenen Interesse der Deutschen und sei für die Erneuerung notwendig.

Anschließend zeichnete er ein vernichtendes Bild der unglückseligen Erbschaft der jüngsten deutschen Geschichte, wobei er wie Kommunisten und Sozialdemokraten Breite und Tiefe der Unterstützung des Nationalsozialismus in Deutschland hervorhob:

> ... der Nationalsozialismus hätte nicht zur Macht kommen können, wenn er nicht in breiten Schichten der Bevölkerung vorbereitetes Land für seine Giftsaat gefunden hätte. Ich betone, in breiten Schichten der Bevölkerung. Es ist nicht richtig, jetzt zu sagen, die Bonzen, die hohen Militärs oder die Großindustriellen tragen allein die Schuld. Gewiß, sie tragen ein volles Maß an Schuld, und ihre persönliche Schuld, derentwegen sie vom deutschen Volk vor deutschen Gerichten zur Rechenschaft gezogen werden müssen, ist um so größer, je größer ihre Macht und ihr Einfluß waren. Aber breite Schichten des Volkes, der Bauern, des Mittelstandes, der Arbeiter, der Intellektuellen, hatten nicht die richtige Geisteshaltung, sonst wäre der Siegeszug des Nationalsozialismus in den Jahren 1933 und folgende im deutschen Volk nicht möglich gewesen.
>
> Das deutsche Volk krankt seit vielen Jahrzehnten in allen seinen Schichten an einer falschen Auffassung vom Staat, von der

> Macht, von der Stellung der Einzelperson. Es hat den Staat zum Götzen gemacht und auf den Altar erhoben. Die Einzelperson, ihre Würde und ihren Wert hat es diesem Götzen geopfert. Die Überzeugung von der Staatsomnipotenz, von dem Vorrang des Staates und der im Staat gesammelten Macht vor allen anderen, den dauernden, den ewigen Gütern der Menschheit, ist in zwei Schüben in Deutschland zur Herrschaft gelangt. Zunächst breitete sich diese Überzeugung von Preußen ausgehend nach den Freiheitskriegen aus. Dann eroberte sie nach dem siegreichen Krieg von 1870/71 ganz Deutschland.

Die andere Seite der Medaille der preußischen Anbetung des autoritären Staats sei die Vernachlässigung des Werts des einzelnen. Denker wie Herder und Hegel hätten den »Volksgeist« gefeiert und in ihm eine Verkörperung von Vernunft und Moralität erblickt. Der Staat sei von den Deutschen zu einem »fast göttlichen Wesen« erhoben worden, und die dazugehörige Abwertung der Einzelperson habe den Militarismus gestärkt, der zum »beherrschenden Faktor im Denken und Fühlen breitester Volksschichten« geworden sei. Durch diese autoritäre, militaristische Geisteshaltung sei der Boden für den Nationalsozialismus bereitet worden.

Als weitere deutsche Tradition, die den Nationalsozialismus ermöglicht habe, nannte Adenauer den Materialismus, vor allem die »materialistische Weltauffassung des Marxismus«. Diese habe die Zentralisierung der politischen und wirtschaftlichen Macht gefördert und eine Klassenkampflehre verbreitet, welche die Freiheit des einzelnen abgewertet und der Diktatur den Weg geebnet habe. Er ging sogar so weit zu sagen, der Nationalsozialismus sei »nichts anderes« gewesen »als eine bis ins Verbrecherische hinein vorangetriebene Konsequenz der sich aus der materialistischen Weltanschauung ergebenden Anbetung der Macht und Mißachtung, ja Verachtung des Wertes des Einzelmenschen«. Zusammen mit der preußischen Vergöttlichung des autoritären Staats und der Wirtschaftskrise habe der Materialismus einer Lehre zum Aufstieg verholfen, »die nur den totalen Staat und die willenlos geführte Masse kannte, eine Lehre, nach der die eigene Rasse die Herrenrasse und das eigene Volk das Herrenvolk ist und die anderen Völker minderwertig, zum Teil vernichtungswürdig sind, nach der aber auch in der eigenen Rasse und im eigenen Volk der politische Gegner um jeden Preis vernichtet werden muß«.[29]

Für Adenauer bedeutete die Überwindung des Nationalsozialismus den Bruch mit bestimmten zentralen Aspekten der bisherigen nationalen Identität und politischen Traditionen Deutschlands. Obwohl er sich zurückhaltender über die NS-Vergangenheit äußerte als Ulbricht und Schumacher, war sein Interesse an der Geschichte von Ideen und kulturellen Traditionen andererseits nicht durch Theorien getrübt, die solche Ideen hauptsächlich als Mittel zur Durchsetzung von Klasseninteressen interpretierten. Daher war er eher als seine linken Zeitgenossen geneigt, die autonome Kraft der rassistischen und antisemitischen Ideologie wahrzunehmen. Im Gegensatz sowohl zum generalisierenden Diskurs des kommunistischen Antifaschismus als auch zur konservativen Kulturkritik, die in der deutschen Geschichte übernationale Kräfte am Werk sahen, stellte sich Adenauer die konkrete Frage, was in ihr falsch gelaufen war.[30] Scharfe Kritik übte er am deutschen Idealismus und Romantizismus, am preußischen Dirigismus und Militarismus sowie an den antiindividualistischen und antiwestlichen Strömungen des deutschen Konservatismus, die ihren radikalen Endpunkt in der »Volksgemeinschaft« gefunden hatten.

Daß Adenauer nach 1945 ins Zentrum der Christdemokratie rückte, war Ausdruck des ideologischen Wandels in der deutschen Politik. Während der frankophile, westlich orientierte und katholisch geprägte rheinländische Konservatismus von der Peripherie ins Zentrum rückte, wurde der preußische Konservatismus an den Rand gedrängt, was auch die geographische Verlagerung des Schwergewichts nach Westen widerspiegelte.[31] Bis zu einem gewissen Punkt vertrat Adenauer also eine kritische Sicht zentraler Aspekte der neueren deutschen Geschichte und ihres Beitrags zum Aufstieg des Nationalsozialismus. Obwohl er ein nicht näher definiertes »Wir« allzu schnell von aller Schuld entlastete, drückte er doch deutlich seine Überzeugung aus, daß der Nationalsozialismus in der deutschen Gesellschaft auf breite Unterstützung gestoßen war. Den Ort des Antisemitismus in der europäischen und deutschen Geschichte und seine Rolle in der Vorgeschichte des Nationalsozialismus ließ er allerdings unerwähnt.

Obwohl er Oberbürgermeister einer Großstadt war, stellte Adenauer der entwurzelten Modernität Berlins gern das Bild eines tugendhaften, kleinstädtischen Rheinlands gegenüber. Aus seiner Sicht bedeutete Verwestlichung eher eine Vertiefung christlicher Überzeugungen als die zunehmende Säkularisierung einer nihilistisch gewordenen Gesellschaft. Der Schlüssel dafür sei, wie er in seiner Kölner Rede ausführte, die Wiederherstellung des »christlichen Naturrechts« als dem Gegenmittel zu preußischer Staatsgläubigkeit und marxistischem Materialismus, das zu einer Staats-, Wirtschafts- und Kulturauffassung führen werde, »die neu ist gegenüber der in Deutschland seit langem üblichen«. Nach dieser Auffassung sei »weder der Staat noch die Wirtschaft, noch die Kultur Selbstzweck«, die vielmehr eine »dienende Funktion gegenüber der Person« hätten. Das christliche Naturrecht biete anstelle der kollektivistischen und staatsgläubigen Tradition des deutschen Konservatismus die Grundlage für eine liberale, individualistische Definition der Beziehungen von Staat und Individuum. Zweck der Erziehung sei es nicht, die Bereitschaft zu stärken, »sich kontrollieren und führen zu lassen«, sondern den Willen und die Fähigkeit zu entwickeln, »sich als freier Mensch verantwortungsbewußt in das Ganze einzuordnen«. Adenauers Rede markierte den Anfang dessen, was man eine »antiautoritäre Rechte« nennen könnte; anders gesagt, hatte im modernen deutschen Konservatismus der seit langem vorhandene katholische Skeptizismus die Oberhand über die Anbetung der Staatsmacht gewonnen.

In Adenauers Augen war der Nationalsozialismus heidnisch und atheistisch, und nach 1945 sah er in der Christdemokratie das notwendige Gegengewicht zur säkularen Linken. Der Westen und das Christentum waren für ihn ungetrübt positive Traditionen. So wie er in seiner ansonsten überaus kritischen Sicht der neueren deutschen Geschichte den Antisemitismus übersah, verlor er kein Wort über die jahrhundertealte Tradition des christlichen Antisemitismus und deren Beitrag zum deutschen und nazistischen Antisemitismus. Im Gegenteil fand er, Deutschland leide nicht unter zuviel, sondern unter zuwenig Christlichkeit. Die Nationalsozialisten hätten versucht, Deutschland, eine der »religionslosesten und unchristlichsten« Nationen Europas, zu entchristianisieren. Nach seiner Auffassung mußte die Demokratisierung mit einer Rechristianisierung einhergehen. Die fehlende kritische Analyse der antisemitischen Seite der christlichen Tradition und der Rolle der katholischen Kirche während des Dritten Reichs sollte ein blinder Fleck im westdeutschen Nachkriegskonservatismus bleiben.

Adenauer wollte Nationalsozialismus und Militarismus in Deutschland ausrotten. Aktive Nationalsozialisten, hohe Militärs und bestimmte Wirtschaftsführer mußten zur Verantwortung gezogen und aus ihren Positionen entfernt werden. Hatte er anfangs noch gefordert, vor deutschen Gerichten Prozesse gegen jene zu führen, die sich Verbrechen hatten zuschulden kommen lassen, so meinte er jetzt, im März 1946, bereits, man solle die »Mitläufer, diejenigen, die nicht andere unterdrückten, die sich nicht bereicherten, keine strafbaren Handlungen begangen haben, ... endlich in Ruhe lassen«. Einfache Soldaten und untergeordnete ehemalige Nationalsozialisten könnten in die CDU aufgenommen werden, »wenn sie zunächst auch keine Funktion ... ausüben sollen«. Würde man »harmlose Mitläufer und Soldaten, die glaubten, ihre Pflicht zu erfüllen«, bestrafen, würde man damit geradezu einen »verstiegenen und extremen Nationalismus« heranzüchten. Angesichts der täglichen Enthüllungen im seit über vier Monaten laufenden Nürnberger Prozeß war es bemerkenswert, daß Adenauer nur zehn Monate nach der deutschen Kapitulation in bezug auf die Vernehmung früherer NSDAP-Mitglieder durch die Alliierten bereits einen überdrüssigen Ton anschlug.

Tatsächlich hatten die Vernehmungen gerade erst begonnen. Im März 1946 kann Adenauer unmöglich die Identität und Zahl der Deutschen gekannt haben, die an Kriegsverbrechen und Völkermord beteiligt gewesen waren. Auch wer ein »harmloser Mitläufer« gewesen war und wer nicht, kann er schlechterdings nicht gewußt haben. Indem er im Wissen um die Nürnberger Enthüllungen deutschen Soldaten, die nur ihre Pflicht erfüllt hätten, zubilligte, sie hätten dies »in anständiger Weise« tun können, bewies er, daß er den Charakter des Krieges an der Ostfront und die Komplizenschaft der Wehrmacht im Rassenkrieg im Osten und im Holocaust nicht begriffen hatte. Im Nürnberger Prozeß war nachgewiesen worden, daß sich die Führung der Wehrmacht des rassistischen Charakters des Krieges im Osten und der sogenannten Endlösung der Judenfrage sehr wohl bewußt gewesen war. Merkwürdig war auch die Furcht vor der Entstehung eines neuen Nationalismus im Falle einer tiefgreifenden und unterschiedslosen Säuberung, da zumindest in Westdeutschland eine solche umfassende Säuberung nicht im Gang war. Sowohl der Nürnberger Prozeß als auch die Entnazifizierungsmaßnahmen in der amerikanischen und britischen Besatzungszone gingen sogar bei jenen, die nachweislich Mitglieder von als »verbrecherisch« eingestuften Organisationen wie der SS gewesen waren, vom Grundsatz der individuellen Schuld aus. Als Adenauer nun erklärte, das allgemeine Prinzip für die Behandlung früherer Nationalsozialisten müsse sein: »Strafe für den, der schuld hat, aber Belehrung und Aufklärung für die weiten Kreise unseres Volkes, die ohne eigene Schuld planmäßig irregeleitet worden sind«, schien es nur so, als würde er seiner eigenen Aussage über das Ausmaß des Einflusses von autoritärem Nationalismus und Rassismus in der deutschen Vergangenheit widersprechen. Denn tatsächlich nutzte er die schiere Tiefe dieser Tradition als Argument dagegen, die schlafenden, aber weitverbreiteten Geister der Vergangenheit aufzuwecken.

Schumachers Vorwurf, ehemalige Nationalsozialisten und antidemokratische Konservative strömten in die CDU, die zu einer Partei geworden sei, die sich dem Schutz der besitzenden Klasse verschrieben habe, wies er vehement zurück, ebenso wie die Behauptung, das Großkapital habe den Nationalsozialismus an die Macht gebracht:

> ... den Nationalsozialismus hat das Großkapital nicht geschaffen. Der Nationalsozialismus war nicht ihre Erfindung, das läßt sich klar und eindeutig beweisen. Der Nationalsozialismus war vom ersten Augenblick an scharf gegen die Juden eingestellt. Im Großkapital aber waren Juden durchaus maßgebend. Glaubt einer, daß diese maßgebenden jüdischen Herren ihren Todfeinden, nämlich den Nationalsozialisten, zur politischen Macht verholfen haben? Nein, das hieße doch die Intelligenz und Klugheit dieser Herren gewaltig unterschätzen.

Nicht das Großkapital, sondern die Spitzen des deutschen Militärs seien die »Erfinder« des Nationalsozialismus gewesen. Die Militärs hätten die Macht der Worte »national« und »sozialistisch« im deutschen Volk erkannt, sie zu einem Wort verbunden und damit eine »neue Art von Sozialismus, den Nationalsozialismus«, geschaffen. Er, Adenauer, verurteile die Kreise in Wirtschaft und Militär, welche die NSDAP finanziert hätten, scharf, wende sich aber auch gegen die Auffassung, der Sozialismus sei ein »Heilmittel für das deutsche Volk«, während Kapitalismus und Bürgertum für den Nationalsozialismus verantwortlich seien.

Während sich heute der Terminus »Nationalsozialismus« allgemein durchgesetzt hat, beschäftigte in der Nachkriegszeit alle politischen Führer die Frage, welche Begriffe zur Beschreibung der jüngsten deutschen Vergangenheit verwendet werden sollten. Ob jemand von »Nazis«, »Faschisten«, dem »Dritten Reich«, »Nationalsozialismus« oder sehr selten einfach von den »Deutschen« sprach, verriet viel über seine politische Orientierung. Die Worte »Nazismus« und »Nazi« benutzte Adenauer nie; statt dessen sprach er vom »Nationalsozialismus«, eine Bezeichnung, zu der Ulbricht und Schumacher nie oder nur selten griffen. Letztere bemühten sich eifrig, den Begriff des »Sozialismus« von seinem Mißbrauch durch die Nationalsozialisten zu trennen, während Adenauer stets vom »Nationalsozialismus« sprach, um seine Überzeugung zu betonen, daß Nationalismus und Sozialismus zwei vorherrschende deutsche Traditionen darstellten, die von den Nationalsozialisten geschickt verknüpft worden waren. Seiner Meinung nach bedeutete der Sozialismus, wie demokratisch er auch sein mochte, keinen Bruch mit der Sprache und staatsgläubigen Praxis des Nationalsozialismus. Während Schumacher erklärte, die SPD sei die einzige Partei, die sich in den vorangegangenen acht Jahren beständig für die Demokratie in Deutschland eingesetzt habe, assoziierte Adenauer sie mit dem »alten preußischen Geist, dem rücksichtslosen undemokratischen Streben nach der alleinigen Macht ..., wie es nur je das preußische Junkertum besessen hat«. Materialismus und Klassenkampf hätten sich beide auf die dubiose Tradition der Staatsgläubigkeit und des Antiindividualismus gestützt, die zum Aufstieg des Nationalsozialismus geführt habe. Deshalb laute die Frage nach der deutschen Zukunft, ob in Deutschland die christliche oder die marxistische und materialistische Auffassung herrschen solle. Grundsätzlich habe das deutsche Volk »trotz der Untaten des Nationalsozialismus einen Anspruch darauf, nicht allein nach dieser Epoche seiner Geschichte beurteilt zu werden«. Adenauer hoffte auf ein dezentralisiertes, westlich und europäisch ausgerichtetes Deutschland, das sich mit Frankreich ausgesöhnt und von seinen militaristischen, autoritären, entchristianisierenden Traditionen Abschied genommen haben würde. Für ihn war dieses von Kommunisten und Sozialdemokraten als Heimstatt der Reaktion verteufelte dezentralisierte Deutschland das notwendige Hindernis, an dem jeder Versuch, einen neuen autoritären Staat zu errichten, scheitern würde.[32]

Die wichtigsten historischen und praktischen Schlußfolgerungen, die Adenauer aus seiner Auseinandersetzung mit dem Nationalsozialismus gezogen hatte, waren die Notwendigkeit der moralischen, politischen, strategischen und wirtschaftlichen Westintegration eines neuen deutschen Staats und die unabdingbare Übernahme der Last der nazistischen Judenverfolgung durch das neue Deutschland. Allerdings waren diese beiden politischen Orientierungen nicht immer leicht miteinander zu vereinbaren. Wie gesehen, brachen die Christdemokraten mit dem antiwestlichen deutschen Nationalismus und ersetzten die Rechtfertigung eines autoritären Staats durch die Betonung der individuellen Freiheiten. Doch die westdeutsche Zugehörigkeit zu einem gegen die Sowjetunion gerichteten Bündnis so kurze Zeit, nachdem Hitler gegen den »jüdischen Bolschewismus« zu Felde gezogen war, mußte Vergleiche zwischen vergangenem und gegenwärtigem Antikommunismus provozieren. Über derlei Nebenwirkungen der Verwestlichung dachte Adenauer nicht nach. Für ihn war die Westbindung Deutschlands etwas uneingeschränkt Gutes und Notwendiges.

Er wollte das Beste aus dem machen, was er vorgefunden hatte, das heißt aus dem deutschen Volk, wie es war, nicht, wie er es sich wünschte. Den Racheengel oder nationalen Moralapostel zu spielen, lag ihm nicht. Ihm ging es darum, Deutschland fest in eine Reihe westlicher übernationaler Institutionen einzubinden, denn seiner Überzeugung nach hatte das deutsche Schwanken zwischen Ost und West zweimal zum Krieg geführt. Deshalb mußte diese Unentschiedenheit beendet und Deutschland unauflöslich mit dem Westen verbunden werden. Dies war Adenauers wichtigste politische Schlußfolgerung aus der NS-Zeit. Für ihn bedeutete Vergangenheitsbewältigung vor allem die moralische und strategische Integration in den Westen. Die Einbeziehung der Deutschen in ein westliches Bündnis und – im Inneren – die Einbindung von Deutschen, die sich auf Abwegen befunden hatten, in eine Nachkriegsdemokratie hatten in seinen Augen Vorrang vor Erinnerung und Gerechtigkeit.[33] Diesen Schluß hatte Adenauer als Geostratege gezogen, und weil er wußte, daß der Nationalsozialismus die breite Unterstützung der Deutschen genossen und Residuen zurückgelassen hatte, die nicht über Nacht verschwinden würden. Westdeutschland in ein westliches Bündnis einzubinden war für ihn ebenso wie für die Alliierten ein Verteidigungsmittel sowohl gegen die Wiederkehr des Nationalsozialismus als auch gegen die sowjetische Präsenz.

Als Vorsitzender der CDU in der britischen Zone bestritt Adenauer den ersten Wahlkampf in Deutschland seit 1933. Seine Reden im Frühjahr und Sommer 1946 waren Variationen dessen, was er im März in der Kölner Universität gesagt hatte. Größte Aufmerksamkeit, erklärte er, müsse man der »Ausmerzung des nationalsozialistischen und des militaristischen Geistes« widmen. Aktive Nationalsozialisten und Militaristen seien aus ihren Stellungen zu entfernen, und wer Verbrechen begangen habe, müsse vor deutschen Gerichten zur Rechenschaft gezogen werden: »Das Elend, das sie über Deutschland gebracht haben, schreit zum Himmel!« Aber man wolle »nur den treffen, der wirklich schuldig« sei, die Mitläufer solle man – wiederum: »endlich« – in Ruhe lassen.[34] Am 5. Mai 1946 wandte er sich in Wuppertal am Ende seiner Standardrede der Frage der Entnazifizierung zu. »Schluß jetzt für die Mitläufer«, verlangte er in bekannter Weise und fuhr dann mit einem verblüffenden Vergleich zwischen NS-Zeit und Besatzungszeit fort:

> Es ist unmöglich, daß das deutsche Volk genau wie in den vergangenen 12 Jahren geschieden wird in einen besseren und in einen schlechteren Teil. Wo soll da die Einigkeit im deutschen Volk bleiben (starker Beifall). Ich selbst habe 12 Jahre lang unter dem Nationalsozialismus zu dem schlechten Teil gehört; ich durfte mich nicht rühren, ich durfte nicht arbeiten, ich bin dreimal verhaftet worden, ich war zweimal im Gefängnis, ich war einige Zeit im Konzentrationslager. Ich weiß, was das ist. Aber aus Unrecht plus Unrecht wird niemals Recht. Und was damals geschehen ist, das wollen wir jetzt nicht nachmachen (sehr starker Beifall)! Ich wiederhole darum: Strafe für den Schuldigen, Verzeihung und Wiedereingliederung für den Verführten oder den Mitläufer, der nichts Böses getan hat … Wir haben bedingungslos kapituliert, aber, meine Damen und Herren, mit dieser bedingungslosen Kapitulation ist nicht Recht und Gerechtigkeit und Barmherzigkeit aus der Welt geschwunden, darf es nicht sein. Nach menschlichem und nach göttlichem Recht hat der Sieger Pflichten, und nach menschlichem und nach göttlichem Recht hat auch der Besiegte Rechte (starker Beifall). Die Pflichten des Siegers und die Rechte des Besiegten beruhen auf der

göttlichen Barmherzigkeit und auf der göttlichen Gerechtigkeit, und niemand wird die Gebote der göttlichen Gerechtigkeit ungestraft verletzen dürfen.[35]

Die Ungerechtigkeit, auf die Adenauer anspielte, war das Entnazifizierungsverfahren in der britischen und amerikanischen Zone, die er unter dem Beifall seines Publikums offenbar mit den Repressionen unter dem NS-Regime gleichsetzte. Gleichzeitig zog er die Religion heran, um den Vorzug von Vergebung und Barmherzigkeit vor der Gerechtigkeit hervorzuheben. So behauptete er, lange bevor er wissen konnte, wer Kriegsverbrechen oder Verbrechen gegen die Menschlichkeit begangen hatte und wer nicht, die amerikanischen und britischen Besatzer verletzten die Gebote der göttlichen Gerechtigkeit. Es war eine merkwürdige Vorstellung von moralischer Erneuerung. Adenauer versuchte seine Zuhörer nicht davon zu überzeugen, daß in Nürnberg der Gerechtigkeit Genüge getan werde, noch erklärte er, wie er verhindern wollte, daß in einer von ihm gebildeten Regierung frühere NSDAP-Mitglieder vertreten sein würden. Aus seinen Äußerungen konnte man schließen, daß außer den am schwersten Belasteten jeder als Mitarbeiter willkommen war. Die Entnazifizierung, warnte er die Alliierten, stärke nationalistische Gefühle. Wie die Wuppertaler Rede bewies, konnte auch er gelegentlich auf der Klaviatur der Ressentiments einer besiegten Nation spielen.

Eine Woche später, am 12. Mai 1946, kam Adenauer auf einer Kundgebung in Düsseldorf auf das Thema der Entnazifizierung zurück. Die Mehrheit der Deutschen, sagte er, sei erschüttert über das Ausmaß der NS-Verbrechen und wisse um die schwere Bürde der Schuld, die sie in Zukunft zu tragen habe, vertraue aber insofern auf die Alliierten, daß sie nicht ohne Hoffnung sein werde und die wirklich Schuldigen sich vor deutschen Gerichten verantworten müßten. Doch, fragte Adenauer dann: »Wo sind unsere Kriegsgefangenen …?« Welche Pläne gebe es für die Erziehung der Deutschen zur Demokratie und für den politischen und wirtschaftlichen Wiederaufbau? Wann werde eine Friedenskonferenz stattfinden? Zustimmend zitierte er einen Leitartikel der englischen Zeitung *The Observer,* der warnend darauf hingewiesen hatte, daß fehlende Entwicklungsmaßnahmen im Nachkriegsdeutschland ein Wiederaufleben des Nationalsozialismus begünstigen würden. Ohne einen Plan für den wirtschaftlichen Wiederaufbau, so Adenauer weiter, werde das alte NS-Argument, »die britische Plutokratie und der russische Bolschewismus« zerstörten nicht nur Hitlerdeutschland, sondern auch die deutsche Nation, neue Anhänger finden. Unter der fehlenden politischen Verantwortlichkeit und der ausbleibenden wirtschaftlichen Erholung litten die antinazistischen Parteien, etwa die CDU. Die »einzige wirksame Denazifizierung« bestünde darin, ihnen echte Verantwortung zu übergeben und den Prozeß der Machtübergabe an eine demokratisch gewählte Regierung zu beschleunigen.[36]

Am folgenden Tag kam Adenauer in Pulheim bei Köln erneut auf die Kriegsgefangenen zu sprechen. Da sich um jeden der sechs Millionen Kriegsgefangenen mindestens zwei Verwandte sorgten, bedeute dies, daß »18 Millionen Deutsche« die Last der NS-Vergangenheit trügen. Unter »sehr starkem Beifall« forderte er die Sowjetunion deshalb auf: »Gebt uns unsere Kriegsgefangenen zurück!« Die Kommunisten sollten ihren Einfluß geltend machen, damit die Sowjetunion sie so bald wie möglich nach Hause entließ. Im ersten Nachkriegsjahrzehnt hielt das Schicksal der Kriegsgefangenen in der Sowjetunion die Erinnerung an die NS-Zeit und den Zweiten Weltkrieg lebendig, wenngleich nicht auf eine Art und Weise, die zum Nachdenken über das führte, was Deutschland der Sowjetunion während des Krieges angetan hatte. Weiter verlangte Adenauer, daß die »Kriegsverbrecher möglichst schnell und möglichst schwer bestraft werden sollen«; das »Verfahren in Nürnberg« dauere nun »schon viel zu lange«. Wer Verbrechen begangen habe, solle abgeurteilt werden. Aber Parteimitglieder, die sich keiner Verbrechen schuldig gemacht hätten, solle man »doch jetzt endlich in Ruhe und Frieden ihrer Arbeit nachgehen lassen«. Die Alliierten seien lange genug in Deutschland, um zu wissen, »daß nicht alle Deutschen, ja nicht einmal die Hälfte, nationalsozialistische Verbrecher waren«. Sie sollten »endlich Vertrauen zu uns haben, wie wir auch umgekehrt dann den Alliierten Vertrauen entgegenbringen müssen«. Nichts wünschten sich die Deutschen mehr, als in Frieden zu leben, zu arbeiten und »wieder als gleichberechtigtes Mitglied ... in den Kreis der Nationen eintreten« zu können.[37] In einem Land, das, mit Adenauers Worten, viele »nationalsozialistische Verbrecher« in seiner Mitte hatte, mußte es jedoch schwerfallen, das dafür nötige Vertrauen zu gewinnen.

In einer Rede auf einer CDU-Versammlung in Köln bekräftigte Adenauer am 24. Juli 1946, die Entnazifizierung »dauert viel zu lange«. Die »Obernazis« lasse man ungeschoren, während die »armen Teufel gehängt werden«.[38] Am 11. August wiederholte er auf einem CDU-Parteitag seine Forderung, »Mitläufer nun endlich mal zur Ruhe kommen« zu lassen. Zur Illustration erzählte er von einem Beamten, der seine Stellung verloren habe, weil er ein »einfaches Kartenmitglied« der NSDAP gewesen sei. Der Mann leide jetzt Hunger, und seine Kinder seien an Tuberkulose erkrankt. Das seien »unhaltbare Zustände. Das geht nicht.« Seiner Ansicht nach war es für die Errichtung der Demokratie im nachnazistischen Deutschland erforderlich, die »ehemaligen aktiven Mitglieder der Wehrmacht«, Offiziere ebenso wie einfache Soldaten, einzubeziehen, denn »wenn sie nichts anderes getan haben, als anständig als Soldat ihre Pflicht zu tun«, könne »man sie nicht als Menschen 2. Klasse behandeln«.[39] Diese Auffassung von Ehre und Pflichterfüllung in der Wehrmacht sollte ein verbreiteter deutscher Mythos bleiben. In München-Gladbach, wie Mönchengladbach bis 1950 hieß, äußerte Adenauer am 2. Juni Zweifel daran, daß die Vergangenheit jemals überwunden werden könne, »wenn wir sehen, daß von seiten der Alliierten dem Nationalismus und dem Militarismus im deutschen Volk in einer Weise Vorschub geleistet worden ist, wie Hitler und Konsorten es niemals haben tun können«. Dafür erhielt er »starken Beifall«.[40] Mit anderen Worten, die Entnazifizierung war die Ursache des Nachkriegsnationalismus, und die Deutschen zu zwingen, sich der Vergangenheit zu stellen, würde alles nur noch schlimmer machen.

Am 24. Juli nahm Adenauer in Köln vor dem Vorstand der rheinischen CDU zu dem Vorschlag von KPD und SPD Stellung, einen Gedenktag für die Opfer des Nationalsozialismus zu benennen. Er hielt ihn für »gerechtfertigt«, allerdings nur, wenn auch an einem »besonderen Tage der Kriegsopfer« gedacht würde, »d.h. derjenigen, die auf dem Felde oder in der Heimat als Opfer des Nationalsozialismus ihr Leben gelassen haben«. Leider neigten jedoch viele Deutsche dazu, den Ursprung aller gegenwärtigen und zukünftigen Schwierigkeiten »nicht dort zu suchen, wo sie gesucht werden müssen, nämlich bei den Urhebern des Krieges, sondern bei denjenigen, die jetzt sich abmühen, möglichst die Schäden wieder auszugleichen«.[41] Aus diesem Grund und um die Aussichten auf Frieden zu verbessern, stimmte er dem Vorschlag zur Schaffung eines Gedenktages zu. Schon unmittelbar nach Kriegsende hatte Adenauer die deutschen Soldaten zu den Opfern des Nationalsozialismus gezählt, und bei den Wahlkampfauftritten von 1946 wies er zwar auf die Leiden von deutschen Kriegsgefangenen und Vertriebenen hin, aber kaum darauf, was diese Deutschen anderen angetan hatten. Seine Wähler waren so mit ihren eigenen Problemen beschäftigt, daß sie nur wenig über die von der Wehrmacht in Europa, besonders in Osteuropa angerichtete Hölle nachdachten. Am 13. April 1947 warb er wiederum in der Kölner Universität um Verständnis für jene, die von den Nationalsozialisten verführt worden waren. Immerhin könnte die Tatsache, daß sogar die Alliierten Verträge mit Hitler geschlossen und die Völker der Welt ihre Sportler zu den Olympischen Spielen nach Berlin gesandt hatten, ehemaligen NSDAP-Mitgliedern als eine »gewisse Entschuldigung« dienen.[42] Die Erinnerung an die Beschwichtigungspolitik der dreißiger Jahre und der Hinweis auf die von den Demokratien geteilten Illusionen durchbrachen die ausschließliche Beschäftigung mit den deutschen Fehlern.

Adenauers Alter und seine betont unmilitärische Haltung standen in scharfem Kontrast zum nationalsozialistischen Ideal männlicher Aggressivität. Als exemplarischer Bürger betrachtete er den faschistischen Körperkult mit unverhohlenem Abscheu. Als Realpolitiker schloß er seine Rede auf dem CDU-Parteitag in Köln im August 1946 mit einer Bemerkung über die »Männerpolitik«. Eine Frau habe zu ihm gesagt, der männliche »Traum von Macht und Gewalt« habe »nichts wie Schutt und Asche« hinterlassen. Daran sei »viel Wahres«. Frauen neigten eher zu Diskussion und Ausgleich, während Männer mehr zur Gewalt tendierten. Doch was man jetzt in Deutschland und Europa brauche, »ist nicht Gewalt, sondern das ist Ausgleich«. Sein Publikum quittierte es mit Bravorufen und Beifall.[43] Obwohl Adenauer die Wiederbewaffnung Westdeutschlands durchführen würde, tat er es ohne das kulturelle Gepäck der männlichen Anmaßung, die durch den verlorenen Krieg in Mißkredit geraten war. Zwischen Adenauer und der Prahlerei der in ihren jungen oder mittleren Jahren stehenden Nationalsozialisten lagen Welten. Als Patriarch der alten Schule betrachtete er Frauen als Repräsentanten von Anstand und Menschlichkeit in einer von jungen Verbrechern zerstörten Welt. Wenn er an die gefallenen Soldaten erinnerte, dann aus Sicht der leidgeprüften Familien und nicht als Ansprache an Möchtegernhelden, die den nächsten Krieg nicht erwarten konnten, oder als Ausdruck einer Militanz wie jener der »antifaschistischen Widerstandskämpfer« in Ost-Berlin. Sein Image als starker, aber freundlicher Patriarch brach mit vergangenen Vorstellungen, die Führung mit männlicher Aggressivität verknüpften.

Adenauers frühe Nachkriegsreden enthielten eine Mischung aus Einsicht und Abwehr, Ehrlichkeit und Rechtfertigung. Je tiefer er den Nationalsozialismus in der deutschen Geschichte und Gesellschaft verwurzelt fand, desto mehr fürchtete er, eine harte Besatzungspolitik könnte die alten Geister des Nationalismus oder sogar des Nationalsozialismus zu neuem Leben erwecken. Deshalb sah er den besten Weg, den Nationalsozialismus zu überwinden, darin, die direkte Auseinandersetzung mit ihm zu vermeiden, während gleichzeitig den deutschen Politikern immer mehr Verantwortung übertragen wurde. Wirtschaftlicher Wiederaufbau und politische Legitimität waren die richtige Medizin, nicht weitere Säuberungen. So ging die demokratische Erneuerung Hand in Hand mit dem

Totschweigen und Vergessen der dunklen Vergangenheit. Zuviel Erinnerung hätte eine immer noch zerbrechliche öffentliche Psyche aus dem Gleichgewicht gebracht.

Durch den Kalten Krieg und die antisowjetische Politik, deren Augenmerk mehr auf das Verhalten der Sowjetunion nach 1945 als auf die nazistische Kriegführung zwischen 1941 und 1945 gerichtet war, wurde diese Haltung bestärkt, aber nicht geschaffen. Wie sein Gegenspieler Ulbricht erinnerte sich Adenauer genau daran, wieviel Unterstützung der Nationalsozialismus bei den Deutschen gefunden hatte, und nach 1945 ging es ihm darum, dessen Wiederaufleben zu verhindern. Doch während Ulbricht dieses gefährliche Volk nur durch eine Diktatur zähmen zu können glaubte, hielt Adenauer die Errichtung einer Demokratie für möglich, vorausgesetzt, sie wurde durch eine Periode des Schweigens über die Verbrechen der NS-Vergangenheit eingeleitet. Eine Demokratie der Deutschen bedeutete, wie er es im Sommer 1946 ausgedrückt hatte, Deutschland »endlich« die Qual des exzessiven Nachdenkens über die jüngste Vergangenheit zu ersparen. In dieser Situation konnte mehr Demokratie weniger Entnazifizierung, weniger Säuberungen und Gerichtsverfahren gegen die Schuldigen an Holocaust und Kriegsverbrechen sowie weniger Reflexion über diese Geschichte seitens der politischen Führung bedeuten. Adenauer führte die Deutschen aus der Wüste ins versprochene Land der Demokratie, und zwar eher mit dem Takt der Alten Welt als mit der Entrüstung des Alten Testaments. Auch deshalb, weil er den Konflikt zwischen dem Volkswillen und einer scharfen Konfrontation mit den Verbrechen der NS-Vergangenheit erkannt hatte, wurde er zur repräsentativen Gestalt einer ganzen Epoche.

Viele Jahre später brachte es Herbert Blankenhorn, Adenauers wichtigster außenpolitischer Berater, in einem Interview mit der Journalistin Inge Deutschkron auf den Punkt: »Dr. Adenauer hat jahrelang nichts zum Thema Juden gesagt, weil er das deutsche Volk in seiner Gesamtheit für die Demokratie gewinnen wollte. Hätte Herr Adenauer schon 1949 gesagt, was wir in der Vergangenheit getan haben, dann wäre doch das deutsche Volk gegen ihn gewesen.«[44] Vermutlich nicht das ganze Volk, aber gewiß ein wesentlicher Teil der für die CDU-Mehrheit wichtigen Wählerschaft. In einer Demokratie war dies natürlich das entscheidende Argument, denn es bedeutete, daß die Erinnerung an die NS-Verbrechen Adenauers Wahlaussichten geschmälert hätte. Andere Politiker, die offener über dieses Thema sprachen, gingen unter anderem aus diesem Grund als Verlierer aus Wahlen hervor oder blieben Führer von kleinen Parteien. Im Folgenden wenden wir uns Theodor Heuss, der die jüdische Frage im Regierungslager zur Sprache brachte, sowie Kurt Schumacher und Ernst Reuter zu, die das politisch schädliche Argument vertraten, Grundlage der Demokratie könne und müsse nicht weniger, sondern mehr Erinnerung an die dunklen Kapitel der NS-Vergangenheit sein. Obwohl sie in den Jahren 1945 bis 1949 nicht für die Mehrheit sprachen, hinterließen alle drei ein wertvolles Erbe, das schließlich auch breitere Anerkennung fand. Daß sie in der Minderheit blieben, unterstreicht zudem den Zusammenhang zwischen Demokratisierung und mangelnder Diskussion der NS-Verbrechen in der Ära Adenauer.

Theodor Heuss, eine der großen Gestalten des Liberalismus in Westdeutschland, war bis 1959 der erste Präsident der Bundesrepublik. In Württemberg in einer den liberalen demokratischen Traditionen von 1848 verpflichteten Familie aufgewachsen, hatte er von 1902 bis 1905 an den Universitäten von Berlin und München Nationalökonomie und Kunstgeschichte studiert, bevor er 1905 Redakteur bei der von Friedrich Naumann herausgegebenen Wochenschrift *Die Hilfe* wurde. 1912 kehrte er als Chefredakteur der *Neckar-Zeitung* ins heimische Heilbronn zurück und redigierte von 1913 bis 1918 gleichzeitig die Kunst- und Kulturzeitschrift *Der März*. 1918 ging er wieder nach Berlin, wo er bei der Wochenzeitschrift *Deutsche Politik* und beim Deutschen Werkbund arbeitete. 1924 bis 1928 und 1930 bis 1933 gehörte er als Abgeordneter der Deutschen Demokratischen Partei und nach deren Zusammenschluß mit dem Jungdeutschen Orden der Deutschen Staatspartei dem Reichstag an, wo er sich besonders für Kulturpolitik und Verfassungsfragen interessierte. Gleichzeitig hielt er an der Deutschen Hochschule für Politik Vorlesungen über die Geschichte deutscher Parteien und Verfassungen, über deutsche Geschichte im 19. Jahrhundert sowie die politische Entwicklung Deutschlands während und nach dem Ersten Weltkrieg. 1933 setzten die Nationalsozialisten seiner politischen Karriere ein vorläufiges Ende und schlossen die Hochschule, so daß Heuss mit einem Schlag beide Betätigungsfelder verlor.

Nach 1933 gehörte Heuss' 1932 erschienene Schrift *Hitlers Weg* zu den öffentlich verbrannten Werken. In diesem Buch hatte Heuss Hitlers *Mein Kampf* und Alfred Rosenbergs *Mythus des zwanzigsten Jahrhunderts*, die Schriften von Gottfried Feder und das Programm der NSDAP untersucht, um die »ideengeschichtlichen Hintergründe« des Nationalsozialismus aufzuhellen. Heuss war sich im klaren darüber, daß Hitler die »Legalität« suchte und die Instrumente der demokratischen Institutionen nutzte, um die Demokratie zu zerstören. Die Wissenschaft der Nationalsozialisten sei die Rassenkunde, die »für die Festigung des politischen Gefühls eine ähnliche Rolle wie die wissenschaftliche Seite des Marxismus« spiele. An die Stelle von Klasse und Klassenkampf hätten die Nationalsozialisten »Blut und Rasse« gesetzt. Aber in beiden Fällen sei das »psychologische Schema der Vereinfachung, selbst der moralisierenden Typenbildung ... das gleiche«. Wie die Befürworter des Klassenkampfs lebten die Rassenpolitiker »mit einer ähnlichen Fiktion, der nordischen Rasse und ihrem Monopol des Schöpferischen«, nur daß die Nationalsozialisten den marxistischen historischen Materialismus durch einen »biologischen Naturalismus« ersetzt hatten.

Gegen die Rassenideologie und Pseudowissenschaftlichkeit der Nationalsozialisten wandte er ein, sie zimmerten sich »aus hundert körperlichen Merkmalen ... einen rassischen Idealtyp« und überschritten dann die Schwelle der empirischen Darstellung, indem sie moralische und geistige Bewertungen vornähmen. Die Vorstellung einer einheitlichen, unvermischten deutschen Rasse verwarf

Heuss: »Deutschland, ja daß die Bevölkerung von fast ganz Europa ein Mischprodukt darstellt, die Typen und Elemente durch Familien und Landschaften wirbelnd.« Darüber zu spekulieren, daß der Bruder, die Mutter andere rassische Merkmale aufweisen, sei »doch ein kindisches Verfahren«. Angesichts der Vermischung der europäischen Völker in Jahrhunderten des Auswanderns, Reisens und Austauschs liege der »Unfug des Unternehmens« der nazistischen Rassentheorie auf der Hand. Für die Mischung aus naturalistischem Denken in der Rassentheorie und politischem Lobpreis der nordischen Rasse hatte er nur Verachtung übrig; sie sei »nichts anderes als eine billige Romantik, der sich häufig genug die Minderwertigkeitsgefühle als einer Hilfstellung bedienen«.

Was Hitler in *Mein Kampf* über die Juden geschrieben habe, sei in bezug auf ihren wirtschaftlichen Einfluß »verzerrt und kenntnislos«. Die gesamte Kontroverse um die Juden sollte »für uns andere ein Anlaß der Scham« sein. Es beschmutze »uns alle«, wenn die Nationalsozialisten die Ehre der jüdischen Kriegsteilnehmer in den Dreck zögen und jüdische Friedhöfe entweihten. Heuss kritisierte das angebliche »Reinigungsbedürfnis«, das zu den nationalsozialistischen Übergriffen auf in jüdischem Besitz befindliche Zeitungen geführt hatte, und verwarf »jenen endlosen Katalog der eignen Tugenden und der fremden Laster«. Das aus Hitlers Gegenüberstellung von Ariern und Juden hervorgehende Geschichtsbild sei falsch, weil es auf zu groben Ideen, auf Wunschvorstellungen und Haßgefühlen beruhe und »weil seine Grundthese von dem ›schicksaligsten Besitz‹, dem Blut, den politisch konstituierenden Kräften« nicht gerecht werde. Ob man wirklich bereit sei, »diesen Weg zu Ende zu denken«? Was würde mit den überall in Europa lebenden Deutschstämmigen geschehen, wenn sich der »nationalistische Chauvinismus« Hitlers Rassentheorie zum Vorbild nehmen und den »deutschen Minderheiten die öffentlichen Rechte rauben« würde. Aufgrund der Siedlungsgeschichte des deutschen Volks in ganz Europa wäre die »›bluthafte‹ nationalsozialistische Staatstheorie für die Deutschen, als Volkstum begriffen, gefährlicher und zerstörender als für die Juden«.

Geburtsstätte des Nationalsozialismus war Heuss zufolge »nicht München, sondern Versailles«. Für die Verbreitung des Nationalsozialismus unter den ehemaligen Soldaten seien besonders die Dolchstoßlegende und die Angriffe auf die »Novemberverbrecher« – die Teilnehmer an der Novemberrevolution von 1918, die den Kaiser vertrieben und die Republik ausgerufen hatten – von Bedeutung gewesen. Diese Legenden seien »ein Unglück« gewesen, denn sie hätten die Deutschen verleitet, nach Sündenböcken zu suchen, statt über ihre Lage nachzudenken und ihre Probleme zu erkennen: »Der verwundete Nationalstolz bedarf eines Gegenübers, an dem er sich messen kann; schweigend und sicher in sich zu ruhen ist ihm nicht gegeben.« Wer nicht mit Hitler übereinstimme, den erkläre er zum Volksfeind, und das mache die »Auseinandersetzung so hoffnungslos und unfruchtbar«.[45] *Hitlers Weg* war eine der wichtigsten liberalen antinazistischen Schriften jener Zeit. Heuss sah klar, daß die Rassenpolitik der Nationalsozialisten eine Kette schrecklicher Ereignisse in Gang setzen würde, die auf die Deutschen selbst zurückfallen mußten, und daß die Dolchstoßlegende eine wesentliche Voraussetzung für Hitlers Erfolg gewesen war. Nach 1945 sollten sein Realitätssinn und die Ablehnung des Antisemitismus, die ihm die Einsicht in die Andersartigkeit der zweiten Nachkriegszeit erleichterten, Grundzüge seiner politischen Äußerungen bleiben.

Im Reichstag hatte er 1932 darauf aufmerksam gemacht, daß die Politik der Nationalsozialisten, wenn sie von anderen Ländern übernommen werden würde, zur Folge hätte, daß Millionen außerhalb Deutschlands lebende Deutsche in Gefahr gerieten, weil die Deutschen selbst Verfolgung und Vertreibung aus rassischen und ethnischen Gründen legitimiert hätten. Die nazistischen Vorstellungen von einer autarken Wirtschaft bezeichnete er als »theoretischen Unsinn«, und die SA war in seinen Augen ein »Instrument der Einschüchterung, der einfachen Terrorisierung, ein fortgesetzter Appell an den ängstlichen Spießbürger«.[46] Doch seine antinazistische Haltung wurde schwer kompromittiert, als er am 1. März 1931 zusammen mit den anderen vier Abgeordneten der Deutschen Staatspartei für das Ermächtigungsgesetz stimmte, das Hitler mit einer diktatorischen Machtfülle ausstattete. Insofern war auch Heuss ein Vertreter des deutschen politischen Establishments, das Hitler und den Nationalsozialismus unterschätzte. Bis ihn die Gestapo 1936 zum Rücktritt zwang, gab er *Die Hilfe* heraus. Danach verhielt er sich politisch unauffällig. 1941 begann er unter einem Pseudonym für die *Frankfurter Zeitung* zu schreiben. Zwischen 1942 und 1944 stand er in engem Kontakt mit Carl Goerdeler, einer der führenden Gestalten des Widerstandes. Wäre der Staatsstreich vom Juli 1944 geglückt, wäre er Pressesprecher der neuen Regierung geworden. Im August 1945 verhandelte er mit den amerikanischen Besatzungsbehörden über die Lizenz für eine der ersten Zeitungen, die nach dem Zweiten Weltkrieg neu herauskommen sollte.[47]

Im ersten Nachkriegswahlkampf in Baden-Württemberg wurden Heuss und andere Weimarer Politiker wegen ihrer Zustimmung zum Ermächtigungsgesetz angegriffen. Als sich im neugewählten Landesparlament ein Untersuchungsausschuß mit dem Vorgang beschäftigte, zeigte sich Heuss in seiner am 12. Februar 1947 abgegebenen Aussage vor dem Ausschuß keineswegs zerknirscht. Vielmehr wies er auf die Unsicherheit des Augenblicks und die Vorteile des Rückblicks hin und betonte, die wenigen Stimmen der Deutschen Staatspartei seien für den Ausgang der Abstimmung unwichtig gewesen.[48] Als er 1963 kurz vor seinem Tod seine Memoiren schrieb, gab er jedoch zu, »Dummheit« sei ein viel zu schwaches Wort zur Charakterisierung seiner Zustimmung zum Ermächtigungsgesetz. Schon im März 1933 sei ihm bewußt gewesen, »daß ich dieses ›Ja‹ nie mehr aus meiner Lebensgeschichte auslöschen könne«. Dennoch beharrte er wie 1947 darauf, die Annahme des Ermächtigungsgesetzes habe »für den praktischen Weitergang der nationalsozialistischen Politik keinerlei Bedeutung gehabt«.[49] Bedenkt man, wie sehr die Nationalsozialisten darauf bedacht waren, bei der Zerstörung der demokratischen Institutionen den Anschein der Legalität zu wahren, muß man das von Heuss vorgebrachte Argument als dubios bezeichnen. Für seine Kritiker war er ein typischer Vertreter des westdeutschen »Philosemitismus«, einer politisch inkonsequenten Beschäftigung mit der jüdischen Frage, die mithelfen sollte, die deutsche Souveränität und den »guten Namen« der Deutschen wiederherzustellen und ihre Integration ins westliche Bündnis zu erreichen. Für seine Bewunderer war er eine Stimme des Gewissens, die Themen diskutierte, die sein pragmatischer Zeitgenosse Adenauer nicht ansprechen mochte.[50]

Unmittelbar nach Kriegsende notierte Heuss, diese Niederlage unterscheide sich völlig von der im Jahr 1918. Der »einzige ehrliche Zug« dieser Kapitulation sei die Tatsache, daß die Generale Jodl und Keitel selbst die Kapitulationsurkunde unterzeichnet und diese unerfreuliche Aufgabe nicht wie ihre Vorgänger von 1918 auf die Politiker abgewälzt hätten. Sowohl das deutsche Militär als auch die NSDAP seien für alle sichtbar geschlagen worden. Dabei sei der Untergang der Wehrmacht von der Partei schon vorbereitet worden, denn der militärischen sei die von Hitler und Himmler herbeigeführte moralische Katastrophe vorausgegangen. Dennoch sah Heuss einen Silberstreifen am Horizont. Man müsse der »feindlichen Heerführung fast dankbar sein, daß *sie* in ihrer Härte dafür sorgt, daß diesmal – bis auf weiteres – eine Dolchstoßlegende kaum erblühen kann«. Deshalb seien »Mitschuld und Mitverantwortung der führenden Generalität ... weder zu leugnen noch zu beschönigen«. Außerdem hätten die Nazifizierung der militärischen Führung und ihr sklavischer Gehorsam gegenüber Hitler, den sie sogar noch beibehalten habe, nachdem klargeworden sei, daß ein militärischer Sieg nicht mehr zu erreichen war, Ansehen und Legitimität der Generale untergraben. Die Lage unterscheide sich stark von der im Jahr 1918, als das Kriegsende in der deutschen Öffentlichkeit Zweifel zurückgelassen habe und die militärische Führung unbeschadet aus dem Krieg hervorgegangen sei, während die zivile Führung mit dem Makel der Verantwortung für die Niederlage behaftet gewesen sei. Diesmal werde es keine Illusionen und Legenden über das Kriegsende oder den Verlust des Krieges an der Heimatfront geben.[51] Ende Mai kam er auf dieses Thema zurück, indem er schrieb:

> Der schnelle und vollkommene Sieg der alliierten Frühjahrsoffensive 1945 bewahrte Deutschland vor den Gefahren eines möglichen inneren Bürgerkrieges. So peinlich für das deutsche Geschichtsbewußtsein die völlige militärische Kapitulation bleiben mag, sie ist für die seelisch-politische Entwicklung *notwendig* gewesen. Daß die ersten militärischen Autoritäten sie selber vollziehen mußten und vollzogen haben, befreit die weitere deutsche Zukunft von der Möglichkeit einer lügenhaften inneren Propaganda, wie sie die Zeit nach 1918 (Dolchstoßlegende) vergiftet hat. Das ist im Unglück ein Gewinn. Der Nationalsozialismus ging mit daran zugrunde, daß ihm der Mut zur Wahrheit fehlte. Dieser muß für die Deutschen wieder zurückgewonnen werden.

Heuss sollte diese entscheidende Bemerkung in den folgenden Jahren häufig wiederholen: Nach 1945 hatten die politischen Führer nicht die Last der Schuld am verlorenen Krieg zu tragen, denn es war unübersehbar, daß die Schuld am Krieg und seinem Ende einzig und allein bei Hitler und den Nationalsozialisten lag. Die Endgültigkeit des Kriegsendes trug ebenso wie die Tatsache, daß die Nationalsozialisten die Wahrheit nicht mehr verschleiern konnten, zur Klarheit der Erinnerung an die Geschichte der NS-Zeit bei. Wenn Heuss von Mut sprach, meinte er nicht die Bereitschaft, sich gedankenlos zu opfern, sondern die Fähigkeit, der Wahrheit ins Gesicht zu sehen. Die Neudefinition von Sprache und Bedeutung des Patriotismus war einer seiner Hauptbeiträge zur Erneuerung der politischen Kultur in Deutschland.

Außerdem forderte er seine Landsleute auf, in eine intellektuelle und moralische Auseinandersetzung mit den Folgen der nationalsozialistischen Herrschaft einzutreten. Zwar habe der Nationalsozialismus den »deutschen Namen beschmutzt«, aber das deutsche Volk, das »zahllose Tragödien miterlebt« habe, brauche keine Belehrung über die Schandtaten des Hitlerregimes. Er erinnerte daran, daß Konzentrationslager und Folter zuerst von Deutschen erlitten worden seien. Erst später sei »diese Form zur Vernichtung der deutschen und dann der fremden Juden und der Angehörigen fremder Nationen infernalisch entwickelt« worden. Obwohl die meisten politischen Opfer Sozialisten und Kommunisten gewesen seien, habe der Widerstand »nicht nur kommunistische Märtyrer«. Auch Angehörige der Kirchen und von nichtsozialistischen Parteien, die Verschwörer vom Juli 1944, Militärs, Gewerkschafter, Konservative und Sozialdemokraten, Akademiker, Landeigentümer und Arbeiter hätten zum Widerstand gehört. Heuss fürchtete, daß weder in Deutschland selbst noch im Ausland die Breite des Widerstands angemessen gewürdigt wurde.

Sorgen bereitete ihm auch der Umgang mit dem Nationalsozialismus nach 1945. Im Gegensatz zu Adenauers Forderung, die Mitläufer in Ruhe zu lassen, verlangte er neben der Aburteilung der bekannten Führungsgestalten auch eine »drastische und nicht zu späte Bestrafung jener mittleren Parteifunktionäre, die das Volk terrorisiert haben«. Andererseits warnte er wie Adenauer davor, daß die Bestrafung jedes Mitglieds der Hitlerjugend neue Ursachen der Radikalisierung schaffen würde. Gleichzeitig hätten die Deutschen jedoch eine besondere Verantwortung dafür, die NS-Verbrechen zu dokumentieren, solange die Erinnerung noch frisch sei:

> Die entscheidenden Auseinandersetzungen mit dem Nationalsozialismus als bösem Zwischenstück der deutschen Geschichte bleibt eine deutsche Aufgabe. Für die Gegenwart bedeutet der Ruin der Städte, die Not der Kriegsversehrten, die Schmach der Konzentrationslager »Abrechnung« genug. Aber wir Deutschen haben auch an die kommenden Generationen zu denken. Wir müssen jetzt schon den Kampf gegen irgendeinmal aufwuchernde Hitlerlegenden vorbereiten. Wieviel Material ist schon vernichtet worden, was dokumentarisch der deutschen Nachwelt die Ruchlosigkeit oder verbrecherische Dummheit der nationalsozialistischen Führungsschicht und ihrer Organe zeigen könnte. Fast möchte man wünschen, daß selbst durch den fremden Rundfunk die Deutschen, solange ihre Erinnerung

> noch frisch ist, aufgerufen werden, Tatsachen dieser Zeit niederzuschreiben, Urkunden für die Alliierten, wovon diese genug erhalten werden. Auch dies wird ein sehr notwendiger Beitrag sein, die Aufgabe und sonderliche Lage der Deutschen im geographischen und im geistigen Raum Europas neu zu fundieren.[52]

Während seiner gesamten anschließenden politischen Laufbahn hielt Heuss an der Grundüberzeugung fest, daß es Aufgabe der Deutschen sei, sich der NS-Vergangenheit zu stellen, und daß ehrliche Erinnerung die Grundlage für die moralische und politische Stellung Deutschlands im Nachkriegseuropa bilde.

In einer Zeit, als der deutsche Widerstand für Millionen Deutsche im Geruch des Verrats stand, bezeigte Heuss seine Hochachtung vor jenen, die das NS-Regime aktiv bekämpft hatten. Im November 1945 rühmte er in Stuttgart in einer Gedenkrede für die »Opfer in dem inneren Kampf dieser zwölf Jahre« die Märtyrer des deutschen antinazistischen Widerstands und warnte davor, die Schrecken der jüngsten Vergangenheit zu vergessen. Das deutsche Volk habe es den Nationalsozialisten leicht gemacht, es in seine Ketten zu zwingen. Aber »es darf es sich nicht leicht machen, die bösen Dinge wie einen wüsten Traum hinter sich zu werfen«. Den Einwand, daß die Verschwörer vom Juli 1944 Opportunisten gewesen seien, die erst in letzter Minute gehandelt hätten, wies er zurück. Das »geschichtlich Wichtigste an diesem Vorgang« sei die »Begegnung der jungen aktivistischen Sozialdemokraten ... mit dem, wenn Sie das pathetische Lutherwort gestatten, ›christlichen Adel deutscher Nation‹« gewesen. Gegen ihre Absicht hätten die Nationalsozialisten die Solidarität unter den Verfolgten gefördert. In den Konzentrationslagern hätten Kommunisten und religiöse Gefangene, Pazifisten und Offiziere, Freidenker und Katholiken, Sozialdemokraten und Grundbesitzer gelernt, sich trotz ihrer Unterschiede gegenseitig als menschliche Wesen zu respektieren. Viele seien einen furchtbaren Tod gestorben. Aber mit ihrem Sterben wollten sie »über den Tod hinaus Deutschland einen politischen

Dienst leisten, daß das andere Deutschland in seinen Blutzeugen sichtbar bleibe«. Anschließend verknüpfte Heuss die Aufgabe der Erinnerung mit jener, den entehrten deutschen Namen wieder reinzuwaschen:

> Die innerdeutschen politischen Opfer und an ihrer Seite die hunderttausende, ja Millionen Fremder, die zu Tode gequält worden sind, die sprechen von dem, was das schwerste und teuerste Opfer des Nationalsozialismus geworden ist: die Ehre des deutschen Namens, die in den Dreck sank. Indem wir das aussprechen, zornig, bedrückt, beschämt, wehrlose Zeitgenossen dieser trübsten Periode deutscher Geschichte gewesen zu sein, empfinden wir die Pflicht, uns und den Namen unseres Volkes wieder zu reinigen.
>
> Das Gedächtnis derer, die schuldlos litten, die tapfer starben, wird uns in den dunklen Jahren, durch die wir gehen werden, mit stillem, ruhigem Schein die Wegleuchte sein.[53]

Heuss ehrte die Opfer des Nationalsozialismus, bezog Inspiration aus ihrem Kampf und verknüpfte die Wiederherstellung des guten deutschen Namens mit dem Versprechen der Solidarität mit jenen, die der Nationalsozialismus dem Vergessen hatte anheimgeben wollen. Außerdem drückte er sein Bedauern über den nicht wiedergutzumachenden Verlust aus. Während die Führer der großen politischen Blöcke in den ersten Nachkriegsjahren mit Vorliebe eine hellere Zukunft beschworen, blickte Heuss voller Trauer zurück. Weil er in der liberalen Politik aktiv blieb und schließlich zum ersten Präsidenten der Bundesrepublik wurde, gingen auch dieser ernüchterte Liberalismus, dieses Gefühl für einen tragischen Verlust, dieses Wissen darum, daß ein Teil von Deutschland unwiederbringlich zerstört worden war, dieser Kontrapunkt zu den aufbauenden Reden über die Zukunft von Klassenkampf, Sozialismus und Demokratie oder eine christliche religiöse Erneuerung, diese trauernde Ernsthaftigkeit als fester Bestandteil in die westdeutsche politische Kultur ein.

Anfang September 1945 erhielt Heuss gemeinsam mit dem Sozialdemokraten Klaus Knorr und dem Kommunisten Rudolf Agricola eine der ersten von den amerikanischen Besatzungsbehörden erteilten Zeitungslizenzen, und bis 1949 verbreitete Heuss seine Ansichten über Nachkriegspolitik und NS-Vergangenheit in den Leitartikeln seiner in Heidelberg erscheinenden *Rhein-Neckar Zeitung*. In der ersten Ausgabe riefen die Herausgeber die Leser auf, über den moralischen und sittlichen Zusammenbruch nachzudenken, der den Aufstieg des Nationalsozialismus zur Macht und seine Verbrechen ermöglicht habe: »In diesen Gefilden der moralisch-sittlichen Welt geschah der furchtbare Abfall, ja der Verrat der Deutschen an sich selbst, lange bevor der Krieg ihn offenbarte. In diesen Gefilden ist er nicht zuletzt zu sühnen und zu überwinden.«[54] In Deutschland mit seinem Erbe von besiegten Freiheitsbewegungen, wo es nicht einmal eine Entsprechung für den englischen Begriff »fairness« gebe, werde es die politische »Erziehung« und »Umerziehung« schwer haben. Dennoch glaubte Heuss, daß die Demokratie nicht nur ein Import sei. Man müsse die »Menschenwürde wieder zu sehen und zu achten lernen«.[55] Dies sei Erziehung zur Demokratie. Nach zwölf Jahren eines von den Nationalsozialisten aufgezwungenen Provinzialismus sei es für die Deutschen Zeit, über sich selbst nachzudenken und wieder mit der Außenwelt und ihren Werten in Verbindung zu treten. Obwohl Ausländer den Nationalsozialismus vernichtet hätten, sei die »Auseinandersetzung mit ihm und seinem Erbe eine deutsche Aufgabe«, die nur durch Anschluß an die unterdrückten und jetzt wiederbelebten demokratischen Traditionen Deutschlands erfüllt werden könne.[56]

Am 12. September 1945 begann Heuss einen Leitartikel unter der Überschrift »Das Ende der deutschen Wehrmacht« mit dem Satz: »Die deutsche Armee ist von den alliierten Armeen besiegt worden, das deutsche Heer vor der NSDAP vernichtet.« Dann stellte er erneut fest, daß diesmal nicht wie 1918 eine Dolchstoßlegende im Umlauf sei. Dazu sei die Katastrophe zu eindeutig. Zweifel daran, daß Deutschland den Krieg im Felde verloren habe, seien ausgeschlossen. General Keitel, einer der Unterzeichner der Kapitulation, sei ein typischer Vertreter jener Karrieristen und Opportunisten in der Wehrmacht, die ihr militärisches Urteil der Ideologie und Politik der Nationalsozialisten untergeordnet hätten. Die deutsche Militärtradition von Gneisenau, Moltke und Schlieffen sei ausgestorben, und die Deutschen müßten sich jetzt mit den Folgen dieser Entwicklung auseinandersetzen.[57]

Wie alle lizenzierten Zeitungen der Besatzungszeit berichtete die *Rhein-Neckar Zeitung* ausführlich über die Nürnberger Prozesse, die Heuss als bedeutsam für die »innere seelische und politische Auseinandersetzung« mit der Vergangenheit einschätzte. Enttäuschend fand er, daß sie nicht von Deutschen geführt wurden, worin sich die Entmachtung ausdrücke, »in welche wir durch die Nationalsozialisten geführt wurden«. Die Deutschen hätten ebenso wie der Rest der Welt ein Interesse daran, daß der Gerechtigkeit Genüge getan werde: »Wir müßten die Ankläger sein, wir müßten die Richter stellen!« Doch während Italien selbst mit Mussolini abgerechnet habe, hätten die Deutschen »für derlei eine geringe Eignung«; auf jeden Fall hätten sie »die Gelegenheit verpaßt und können sie nicht mehr nachholen«.[58] Am ersten Jahrestag der Kapitulation schrieb Heuss, der Nürnberger Prozeß habe die »Bestätigung sehr bitterer Wahrheiten« über das NS-Regime gebracht, mit denen die Deutschen sich auseinandersetzen müßten. Die »moralisch-politische Bilanz« sei nicht so leicht auszugleichen: »Die Konten sind aufgeschrieben, und ihre Abrechnung ist hart und schwer. Darüber gibt es keine Illusionen.«[59]

Wie Heuss an frühere moralische Traditionen anknüpfen wollte, wurde in einem Aufsatz von 1946 mit dem Titel »Bindung und Freiheit« deutlich, in dem er selbständiges Denken, individuelle moralische Verantwortung und neuerlichen Anschluß an das Abendland und die Christenheit einforderte. Unter ersterem verstand er die »Einheit des germanisch-römischen Kulturkreises«, von Antike und Christentum, der Zehn Gebote und der Bergpredigt, aus denen die »Verpflichtungen für den einzelnen, für die Gruppe, für ein Volk, für die Völker« folgten. Wie Adenauer sah auch Heuss eine Verbindung zwischen Materialismus und pseudowissenschaftlichem nazistischen Rassismus. Kommunistischer und sozialistischer Materialismus galten ihm gleich viel, und die marxistische Ansicht, daß der Nationalsozialismus das Produkt des Kapitalismus sei, hielt in seinen Augen nicht stand. Statt dessen betonte er die Besonderheiten der deutschen Geschichte und fragte: »Wäre Hitler nur eine Funktion des privat-monopolistischen Kapitalismus, warum konnte er dann nicht in England, in Amerika erscheinen?« Schließlich habe England einen »älteren Kapitalismus als Deutschland, Amerika einen jüngeren, aber kompakteren, und doch hatten sie beide weder eine marxistische Bewegung noch irgendeine Tendenz zur plebiszitären Diktatur«. Grund dafür sei, daß sie, »was uns fehlt, eine Geschichte der Freiheit hinter sich haben«. Die Geschichte der deutschen Freiheitskämpfe sei eine »Geschichte von Niederlagen. Daran kranken wir.«[60]

Im März 1946 kam Heuss in Berlin auf einer Veranstaltung des kommunistisch dominierten Kulturbundes, zu der er von dessen Vorsitzendem Johannes R. Becher eingeladen worden war, auf diese Themen zurück. Der Nationalsozialismus, sagte er, sei möglich gewesen, weil in Deutschland die »Geschichte der Freiheitskämpfe ... eine Geschichte der Niederlagen geworden und geblieben ist«. Russen, Franzosen, Engländer und Amerikaner hätten alle ihre Revolutionen gehabt, nur die Deutschen hätten den Kampf um die Freiheit immer wieder verloren, zuerst im Bauernkrieg, dann am Ende der Befreiungskriege 1815, in den Revolutionsjahren 1830 und 1848 sowie in den sozialistischen Auseinandersetzungen des späten 19. und frühen 20. Jahrhunderts. Den Deutschen fehle die Erfahrung eines »elementaren Liberalismus«, einer toleranten, freiheitlichen Geisteshaltung. Sie müßten jetzt zum Humanismus und zu den Traditionen des Abendlandes zurückkehren und sich bis in ihre Sprache hinein säubern und entnazifizieren. Der alliierte Sieg habe die Rückkehr der unterlegenen *anderen Deutschländer* der Vergangenheit möglich gemacht.[61] Heuss wiederholte 1947 auf einer Veranstaltung der ostdeutschen Liberal-Demokratischen Partei (LDP) in Eisenach dieses Bild einer Geschichte ohne erfolgreichen Freiheitskampf. Jetzt müßten die Deutschen liberale Werte und Freiheit in ihrem Land heimisch machen.[62] Erzählungen von antifaschistischem Heldentum bot Heuss seinen Zuhörern nicht. Eine optimistische historische Teleologie paßte nicht in seinen Nachkriegsliberalismus. Statt dessen verwies er auf die Vielschichtigkeit der deutschen Vergangenheit und betonte, man dürfe sich nicht nur an den Abgrund des Nationalsozialismus erinnern, sondern müsse sich auch die anderen, besseren, wenn auch stets besiegten *Deutschländer* vergegenwärtigen. Bei Hölderlin fand er die passende Bezeichnung für seine Haltung zu Vergangenheit und Gegenwart: »heilige Nüchternheit«. Die Deutschen seien ein »illusionsloses« Volk geworden, das »durch die Schule der Skepsis hindurchgegangen« sei. Das Fehlen von Illusionen und die beibehaltene Skepsis würden ein wichtiges Gegenmittel zum Massenfanatismus der NS-Zeit bilden.[63]

Während Kommunisten und Sozialdemokraten den 8. Mai 1945 ausschließlich als Tag der Befreiung vom Nationalsozialismus betrachteten, markierte er für Heuss sowohl die Befreiung als auch eine politische Katastrophe. Er kritisierte die sowjetische Politik, fügte aber rasch hinzu, daß es Hitler gewesen sei, der das »deutsche Lebensschicksal verspielte und die russische Macht nach Deutschland brachte«. Hitler trage die Verantwortung dafür, daß jetzt ein großer Teil Deutschlands »im Machtbereich der Russen liegt«.[64] Aber die Kette der Ereignisse hatte nicht am 8. Mai 1945 begonnen. Die Katastrophe des Nationalsozialismus war ein Teil der deutschen Geschichte, und Heuss gestand ein, daß er trotz seiner Gegnerschaft zum Nationalsozialismus in diese historischen Kontinuitäten einbezogen war. Im Gegensatz zu Adenauer, der 1945 öffentlich seinen Stolz auf das deutsche Volk bekundet hatte, und zu Ulbricht, der 1948 vom heldenhaften Kampf gegen die amerikanischen Kolonisatoren sprach, sind in Heuss' Äußerungen aus diesen frühen Jahren keine Anzeichen dessen zu finden, was er wahrscheinlich als verfrühten und unschicklichen Ausdruck von nationaler Begeisterung empfand. Im September 1949 dachte er in einem seiner letzten unterzeichneten Leitartikel der *Rhein-Neckar Zeitung* vor seinem Amtsantritt als Bundespräsident über das Thema von Erinnerung und Vergessen der NS-Vergangenheit nach:

> Die menschliche Natur besitzt die Gnade, vergessen zu können. Wie würde ein einzelner, wie würde ein Volk leben können, wenn das Bewußtsein immerzu von erlittenem Schmerz, erfahrener Enttäuschung, begleitet würden! Also mag es in das Grab des Vergessenseins wegsinken. Aber was Gnade ist, kann auch zum Mißbrauch dieser Gunst werden, und viele Deutsche, in den Nöten dieser Gegenwart, die eine lange notvolle Gegenwart bleiben wird, werfen gerne das Erinnern an die Quelle des Elends hinter sich. Das ist ein zu bequemes Verfahren. Wenn der Blick auf einen geschichtlichen Termin sinnvoll ist, dann doch nur, wenn er das Wissen um Zusammenhänge erneuert. In den Septemberbeginn von 1939 war jener Maitag von 1945 schon eingeschrieben, wo wir »erlöst und vernichtet in einem« aus dem längst jeden Sinnes beraubten Krieg heraustraten, um nach einem Frieden zu greifen, der unseren Händen immer wieder entschwindet.

Geschichte, in diesem Fall das Verständnis für die zeitliche Abfolge der Ereignisse, die mit der deutschen Aggression im Jahr 1939 begonnen hatten, lasse sich nicht von der Erinnerung an das besondere Datum der deutschen Kapitulation am 8. Mai 1945 trennen. Bitten um Gnade und Vergebung könnten leicht zu Formen der Rechtfertigung werden. Wenn die Deutschen eine bessere Zukunft aufbauen wollten, müßten sie sich an die Vergangenheit erinnern und der Versuchung widerstehen, die Zusammenhänge zu vergessen, die zum 8. Mai 1945 geführt hatten. Ohne Verständnis der politischen Geschichte und ihrer zeitlichen Kausalketten könne Erinnerung selbst zu einer Form der Rechtfertigung werden.[65]

In seiner Antrittsrede als Bundespräsident am 12. September 1949 bemerkte Heuss, es gebe Zeiten, in denen der einzelne fähig sein müsse, die vergangenen Leiden und Enttäuschungen zu vergessen und sein Leben fortzusetzen. Dann fuhr er fort:

Und auch für die Völker ist es eine Gnade, vergessen zu können. Aber meine Sorge ist, daß manche Leute in Deutschland mit dieser Gnade Mißbrauch treiben und zu rasch vergessen wollen. Wir müssen das im Spürgefühl behalten, was uns dorthin geführt hat, wo wir heute sind. Das soll kein Wort der Rachegefühle, des Hasses sein. Ich hoffe, daß wir dazu kommen werden, nun aus dieser Verwirrung der Seelen im Volk eine Einheit zu schaffen. Aber wir dürfen es uns nicht so leicht machen, nun das vergessen zu haben, was die Hitlerzeit uns gebracht hat.[66]

Mit dieser Bemerkung und seinen späteren Äußerungen bekräftigte Heuss, daß er als erster Präsident der Bundesrepublik Deutschland die Erinnerung an das wachhalten würde, was viele Nachkriegsdeutsche lieber vergessen hätten, und im folgenden Jahrzehnt sollten sich all jene an ihn wenden, die an die dunkle Vergangenheit erinnern wollten. Aus seiner Kanzlei waren in den fünfziger Jahren immer wieder kritische Töne zu hören.

Die Führung der Sozialdemokraten erwartete, von einer Welle des Abscheus gegen Nationalsozialismus und Kapitalismus in die Regierung getragen zu werden. Für Kurt Schumacher war die offene Diskussion der NS-Vergangenheit eine moralische und politische Notwendigkeit. Mehr als jeder andere prägende Politiker der Nachkriegszeit in Ost- und Westdeutschland bot er den Deutschen die Gelegenheit, die Vergangenheit, einschließlich der jüdischen Katastrophe, auf konkrete und nicht nur symbolische Art und Weise zu bewältigen. Die andere sozialdemokratische Führungsgestalt war Ernst Reuter, der als Bürgermeister von West-Berlin während der Berliner Blockade und des beginnenden Kalten Krieges internationale Berühmtheit erlangte. In dieser Zeit hob er stets hervor, daß er die Kommunisten jetzt aus denselben Gründen bekämpfe wie vorher die Nationalsozialisten. Doch als die Bundesdeutschen wählen konnten, zogen sie Adenauers Christdemokraten dem »anderen Deutschland« von Schumacher und Reuter vor. Trotzdem sollte die demokratische Linke nachhaltigen und wachsenden Einfluß auf die Politik der Erinnerung in der Bundesrepublik ausüben.

Der am 13. Oktober 1895 im westpreußischen Culm, dem heutigen Chelmno, geborene Schumacher hatte durch eine schwere Kriegsverletzung im Dezember 1914 seinen rechten Arm verloren. Nach seiner Genesung arbeitete er als Beamter in Berlin, legte an der dortigen Universität eine Dissertation über die Staatsidee der deutschen Sozialdemokratie vor, in der er seine lebenslangen marxistischen und demokratischen Vorstellungen ausdrückte, und war von 1920 bis 1930 politischer Redakteur der in Stuttgart erscheinenden SPD-Zeitung *Schwäbische Tagwacht.*[67] Als Abgeordneter im württembergischen Landesparlament, dem er von Mai 1924 bis Januar 1931 angehörte, vertrat er, obwohl er sowohl die Kommunisten als auch die Nationalsozialisten als Gefahr für die Weimarer Republik betrachtete, die Ansicht, daß die Hauptgefahr von der radikalen Rechten drohe.

1928 bis 1932 war er zudem Reichstagsabgeordneter. Die einzige Rede, die er im Reichstag hielt, war am 23. Februar 1932 eine Erwiderung auf Goebbels' Vorwurf, die SPD sei eine »Partei der Deserteure«. Schumacher entgegnete scharf, das deutsche Volk werde Jahrzehnte brauchen, um sich von den durch die politische Sprache der Nationalsozialisten verursachten moralischen und intellektuellen Verletzungen zu erholen. Dann fuhr er fort:

> Die ganze nationalsozialistische Agitation ist ein dauernder Appell an den inneren Schweinehund im Menschen ... Wenn wir irgend etwas beim Nationalsozialismus anerkennen, dann ist es die Tatsache, daß ihm zum erstenmal in der deutschen Politik die restlose Mobilisierung der menschlichen Dummheit gelungen ist ... Abschließend sage ich den Herren Nationalsozialisten: Sie können tun und lassen, was sie wollen, an den Grad unserer Verachtung werden sie niemals heranreichen.[68]

Diese Attacke trug Schumacher nicht nur landesweite Bekanntheit, sondern auch den Haß der Nationalsozialisten ein. Was die Kommunisten betraf, so schloß er trotz seiner tiefen Skepsis ihnen gegenüber ein politisches Bündnis gegen die Nationalsozialisten nicht aus. Am 1. Februar 1933, zwei Tage nach Hitlers Ernennung zum Reichskanzler, rief er die Kommunisten auf, sich einer gemeinsamen Front gegen die Nationalsozialisten anzuschließen. In der Stunde der Gefahr tue »nicht Bruderkampf, sondern Klassenkampf ... not«. Auch die verbittertsten Anhänger der KPD müßten inzwischen »begriffen haben, daß die sonst so bespöttelte Freiheit, daß die Demokratie und die sozialen Errungenschaften verteidigt werden müssen. Die neue Epoche des Kampfes gegen den Faschismus sollte auch ein neues Verhältnis zwischen uns und den Kommunisten einleiten.«[69]

Nach dem 30. Januar 1933 hoffte Schumacher kurzzeitig, die nazistische Unterdrückung würde zum Volksaufstand führen. Doch statt dessen wurde die KPD verboten, und Ende März lebte er selbst halb im Untergrund. Da er das Gefühl hatte, seine Genossen nicht im Stich lassen zu dürfen, entschied er sich gegen die Flucht außer Landes. In der kurzen Periode im Frühjahr 1933, bevor er verhaftet wurde, lieferte er Beiträge für antinazistische Pamphlete, die von der nach Prag ausgewichenen Parteiführung herausgegeben wurden. In einem von ihnen schrieb er unter dem Titel »Revolution gegen Hitler«, weil der »Faschismus national zum Untergang führen muß«, sei »der Sturz des Regimes die oberste Pflicht, um der Rettung von Volk und Land willen«. Das NS-Regime handle gegen die nationalen Interessen des deutschen Volks, während die Sozialdemokraten und eine antifaschistische Revolution sich mit ihnen im Einklang befänden. Sogar noch in diesem Aufruf zur Revolution warf er den Kommunisten vor, die Einheit der Arbeiterklasse zu verhindern und so den Kampf gegen Hitler zu schwächen. Darüber hinaus warnte er vor ihren diktatorischen Ambitionen: »Das kann nicht das Ziel des großen Freiheitskampfes gegen den faschistischen Staat sein, daß an Stelle des faschistischen das bolschewistische Arbeiterzuchthaus gesetzt wird.«[70] Die Ablehnung jeglicher Diktatur, ob nun nazistischer oder kommunistischer Provenienz, blieb eine Konstante von Schumachers Überzeugungen. Er wurde zu dem, was im Nachkriegsdeutschland ein »kämpferischer Demokrat« genannt werden sollte, das heißt, er vertrat als demokratischer Linker einen »antitotalitären Konsens« sowohl gegen die antidemokratische Rechte als auch gegen die antidemokratische Linke.

Seine offene Opposition gegen den Nationalsozialismus hatte leidvolle Folgen. Nach seiner Verhaftung am 6. Juli 1933 kam er in die Konzentrationslager Heuberg und Kuhberg, bevor er im Juli 1935 nach Dachau verlegt wurde, wo man ihn festhielt, bis er im März 1943 aufgrund seines schlechten Gesundheitszustands und von Appellen aus dem Ausland freigelassen wurde. Danach lebte er bei seiner Schwester in Hannover, wo er seine Gesundheit wiedererlangte und sich jeder politischen Aktivität enthielt. Obwohl er an der Planung der Verschwörung vom 20. Juli 1944 nicht beteiligt gewesen war, kam er wieder in Haft und wurde ins KZ Neuengamme bei Hamburg gesteckt. Nach seiner Entlassung im April 1945 verhielt er sich unauffällig, und mit Hilfe der amerikanischen Armee, die Hannover am 10. April befreite, überlebte er die restlichen Wochen bis zur endgültigen Niederlage des NS-Regimes.[71]

Zwei Tage vor der Kapitulation hielt er vor Hannoveraner SPD-Mitgliedern unter dem Motto »Wir verzweifeln nicht!« eine Rede, die das erste Zeugnis der politischen Kultur des neuen Deutschland darstellt. Er beschäftigte sich ausführlich mit dem Ort des Nationalsozialismus in der deutschen Geschichte und den Aussichten für eine Erneuerung von deutscher Gesellschaft, Politik und Kultur. Ausgangspunkt seiner Überlegungen war der deutsche Imperialismus der siebziger Jahre des 19. Jahrhunderts, als die Ideen von Recht und Menschlichkeit einem *»blinden Glauben an die allein bestimmende Rolle der Gewalt«* Platz gemacht hätten. Im Vergleich mit den Kolonialmächten England und Frankreich schnitt das deutsche Kaiserreich aus seiner Sicht schlecht ab, denn mit seiner kriegerischen Neigung sei die deutsche Praxis »brutaler und eindeutiger als bei den Besitzfanatikern irgendeines anderen Landes« gewesen. Obwohl demokratische Sozialisten sich »mit keiner Art von Imperialismus befreunden« könnten und Deutschland vor 1914 nicht der einzige imperialistische Staat gewesen sei, habe die Hauptschuld am Ausbruch des Ersten Weltkriegs doch bei diesem gelegen. An dem »großen, jetzt ausklingenden Weltvernichtungskrieg« trügen die »Nazis und die hinter ihnen stehenden Wirtschaftskräfte« die Alleinschuld. Der deutsche Imperialismus unterscheide sich von allen »parallelen Erscheinungen sonst in der Welt« dadurch, »daß er von vornherein mit den Mitteln brutalster Machtandrohung und in angreiferischer Haltung gegenüber jedermann aufgetreten ist«. Hintergrund dieser Aggressivität nach außen sei das heimische Bündnis zwischen Stahl und Getreide, das heißt zwischen der Schwerindustrie und den im Junkertum verwurzelten »Kräften des preußisch-deutschen Militarismus«, das eine aus radikalem Nationalismus und Antisemitismus zusammengesetzte »bedrohliche und bösartige Geisteshaltung« hervorgebracht habe. Die Nationalsozialisten hätten diese Entwicklung fortgeführt und vertieft, bis sie in der Katastrophe endete. Mit anderen Worten, der Nationalsozialismus war nach Schumachers Verständnis eines der möglichen Resultate des Sonderweges, durch den sich Deutschland von den anderen kapitalistischen Mächten des Westens abgesondert hatte.

Darüber hinaus, fuhr Schumacher fort, sei das deutsche Volk in der Diskussion einer militaristischen Außenpolitik »geistig und seelisch wehrloser als andere Völker«. Während Amerikaner, Briten und Franzosen »erfolgreiche Kämpfe um politische Freiheiten« geführt hätten, sei die deutsche Geschichte eine »reine Fürsten-, Militär- und Obrigkeitsgeschichte« geblieben. Er erinnerte an die Niederlage des Liberalismus 1848 und die der Sozialdemokratie in den Jahren vor dem Ersten Weltkrieg, an die Ausbreitung des Nationalismus in Mittelstand und Unterklasse und an den Zusammenhang von äußerer Expansion und Widerstand gegen die Demokratisierung im Innern. In Deutschland habe die Demokratie eine »andere klassenpolitische Bedeutung« als in den angelsächsischen Demokratien und in Westeuropa. Unter den Bauern, in alter und neuer Mittelschicht, unter Kleinunternehmern, Angestellten in Handel und Industrie sowie Beamten, die den Zielen der Arbeiterklasse allesamt ablehnend gegenübergestanden hätten, habe der Imperialismus eine Massenbasis gefunden.

Obwohl der Nationalsozialismus breite Unterstützung erhalten hatte, bestritt Schumacher dessen Behauptung, revolutionär und sozialistisch zu sein. Für Hitler und die Nationalsozialisten hatte er moralisch und geistig nur Abscheu übrig. Als Diener der Besitzenden hätten sie weder selbständige Ideen noch ein fundiertes Programm besessen. Aufgrund ihrer »Kenntnislosigkeit und Unlogik« sei es unmöglich gewesen, eine geistige Auseinandersetzung mit ihnen zu führen. Damit unterschätzte er allerdings die Wirksamkeit der NS-Ideologie. Da er sie vor allem als Maske ökonomischer Interessen verstand, erklärte er, das Verlangen nach Macht und Ausbeutung sei der wahre Grund hinter dem Gerede über ein neues »Naturgesetz des Blutes« gewesen. Deshalb stand die Rassenideologie, obwohl er die Judenverfolgung erwähnte, nicht im Mittelpunkt seiner Analyse, noch hatte er in vollem Ausmaß begriffen, welche Bedeutung sie für die NS-Führung gehabt hatte.

Nach Schumachers Ansicht trugen Schwerindustrie, Waffenproduzenten, Militaristen, feudale Relikte und die Oberschicht im allgemeinen die Verantwortung für den Nationalsozialismus und seine Verbrechen. Durch ihre Rolle beim Aufstieg der Nationalsozialisten hätten die deutschen Kapitalisten ihr moralisches Versagen und miserables politisches Urteilsvermögen bewiesen und sich als mögliche Träger politischer Verantwortung disqualifiziert. Obwohl »wir demokratischen Sozialisten«, fuhr Schumacher fort, das deutsche Volk »vor 1933 in aller Klarheit und Eindringlichkeit« gewarnt hätten, habe es »aus Kurzsichtigkeit und Mangel an politischer Vorstellungskraft diese Warnungen nicht ernst genug genommen«. Aber auch in anderen Ländern seien sie nicht gehört worden. Da die alten Eliten in seinen Augen durch ihre Verstrickung mit dem NS-Regime belastet waren, mußte die Führungsrolle nach dem Krieg von Rechts wegen der Sozialdemokratie zufallen, deren Einschätzung des Nationalsozialismus von Anfang an richtig gewesen war.

Die Vorstellung einer Kollektivschuld des deutschen Volks lehnte Schumacher ab. Im Chor jener, die das »Verschulden des deutschen

Volkes« im Mund führten, entdeckte er auch frühere Anhänger des deutschen Militarismus. Ihr Schuldbekenntnis sei zwar willkommen, aber nur solange sie »für sich und ihre Kreise« sprächen und »nicht die Schuld auf Menschen und Richtungen ausdehnen, die stets in Todfeindschaft zu den Nationalsozialisten gestanden haben. Wenn diese Exmilitaristen nämlich vom Verschulden des ganzen deutschen Volkes sprechen, dann beginnt schon die große Lüge und das unehrliche Verstecken hinter einem breiteren Rücken.« Aus seiner Sicht verlangte sowohl die Gerechtigkeit als auch die künftige Demokratisierung die Zurückweisung der Kollektivschuldthese und die Zumessung individueller Verantwortung. Andererseits übertrieb er das Gewicht des antinazistischen Widerstandes nicht. Die NS-Diktatur habe bei vielen Deutschen einen moralischen Niedergang bewirkt. Wenn frühere NS-Anhänger oder Mitläufer auf die Enthüllung des vollen Ausmaßes der Verbrechen des NS-Regimes mit der Erklärung reagierten, sie hätten von diesen Dingen nichts gewußt, dann sei dies »ohne moralischen und politischen Wert«. Möglicherweise hätten sie nicht alles gewußt, »aber sie haben genug gewußt«. Vor allem hätten sie »mit eigenen Augen gesehen, wie bestialisch gemein man die Juden gepeinigt, beraubt und verjagt hat«, und dazu »nicht nur geschwiegen, sondern ihnen wäre es sogar lieber gewesen, wenn Deutschland mit einem Sieg im Zweiten Weltkrieg ihnen ihre Ruhe und noch so einen kleinen Profit daran garantiert hätte«. Dieser »bequeme Egoismus« sei Schuld genug; doch die wahre Schuld sei politischer Natur:

> *Die Mitschuld großer Volksteile an der Blutherrschaft der Nazis liegt in ihrem Diktatur- und Gewaltglauben!* Getilgt kann diese Schuld nicht werden, gemindert muß sie werden durch die ehrliche Einsicht, daß nie mehr ein unkontrolliertes und unkontrollierbares Regime in Deutschland herrschen darf. Weil die Deutschen sich die Kontrolle über ihre Regierung haben entziehen lassen, deswegen kontrollieren uns heute andere. Diese politische Einsicht ist die Voraussetzung der geistigen und moralischen Umkehr.

Für Schumacher bedeutete Vergangenheitsbewältigung vor allem, eine neue deutsche Diktatur zu verhindern. Während die Kommunisten bereit waren, einem gefährlichen Volk mit einer Diktatur beizukommen, und Adenauer die Demokratie mit der Beschränkung der Diskussion über die schmerzliche Vergangenheit erkaufen wollte, vertrat Schumacher die Ansicht, daß die Demokratie aus der intensiven Debatte über diese schwierige Vergangenheit erwachsen müsse. Seine Hoffnung ruhte auf der Wiederbelebung der deutschen Sozialdemokratie. Verglichen mit 1918 hätten die Sieger gewiß den »Glauben an die eigene politische Erneuerungskraft des deutschen Volkes verloren«. Dennoch dürfe man nicht verzweifeln: »*Wir setzen alle Kräfte ein für ein neues Leben mit einem neuen Inhalt.*« Auf diese Weise gab Schumacher nicht nur eine Interpretation der Vergangenheit und eine Leitlinie für die Zukunft vor, sondern meldete auch den moralischen Anspruch auf die Führungsrolle in einer neuen Demokratie an. Tatsachen und Handlungen, sagte er, gruppierten sich um die großen politischen Ideen: »Diese Ideen und ihre Träger sind da!« Seiner Ansicht nach bot die Anknüpfung an intakte Traditionen wie die der Sozialdemokratie die Grundlage für eine demokratische Zukunft.

Schumachers Kritik am Kommunismus bedeutete nicht, daß er die Kritik am Kapitalismus aufgegeben hatte. Die vorangegangenen siebzig Jahre deutscher Geschichte, sagte er, hätten klargestellt, »daß es der Klassenkampf des deutschen Großbesitzes gewesen sei, der das Unheil über die Welt gebracht hat«. In Deutschland sei eine grundlegende Änderung der politischen Geisteshaltung »*nur möglich auf der Basis der Änderung der wirtschaftlichen Machtverhältnisse*«. Aus den »bitteren Erfahrungen« in der Weimarer Republik hätte man gelernt, daß es Demokratie nur geben könne, »*wenn gewisse sozialistische Voraussetzungen erfüllt sind*«. Ein demokratisches Deutschland müsse ein sozialistisches Deutschland sein. Trotz solcher Forderungen nach tiefgreifenden Veränderungen in Wirtschaft und Gesellschaft war Schumacher zugleich ein Befürworter der Restauration, in seinem Fall des Anschlusses der sozialdemokratischen Tradition nach 1945 an jene der Weimarer Republik und des antinazistischen Widerstandes.[72]

Im Sommer 1945 schlug Schumacher Richtlinien für den Umgang der Sozialdemokraten mit anderen Parteien vor. Dabei stellte er den »Klassencharakter des Nazismus« in den Mittelpunkt der Auseinandersetzung mit der Vergangenheit. Aus diesem Grund bedeute Vergangenheitsbewältigung die Schaffung eines Deutschland, das Sozialismus und Demokratie miteinander verbinde. Sowohl die Diktatur als auch der Kapitalismus seien durch die NS-Zeit diskreditiert worden. Wiederum wandte er sich gegen die »gefährliche reaktionäre These von der Schuld des gesamten deutschen Volkes am Faschismus und am Krieg«. In Erinnerung an die Diktatur forderte er die Westmächte auf, die Entwicklung in der sowjetischen Besatzungszone genau im Auge zu behalten. Die Sieger von 1945 sollten den »Kardinalfehler von 1918« vermeiden und deutsche Demokraten nicht als »schuldige Feinde« behandeln. Selbst angesichts der NS-Verbrechen sollte man von den Deutschen nicht verlangen, das *»Recht der nationalen Selbstbehauptung«* aufzugeben oder die Teilung des Landes hinzunehmen.

Veränderungen in der Wirtschaft, so Schumacher weiter, seien eine notwendige, aber keine hinreichende Bedingung der Demokratie. Auch die Staatsbürokratie müsse reformiert werden. Ihre angebliche »Objektivität« jenseits der Klassenkonflikte sei eine »mehr oder weniger bewußte Irreführung der Urteilslosen« gewesen. Fachkenntnis dürfe nicht als Vorwand dienen, um die Eliten in Wirtschaft und öffentlichem Dienst unangetastet zu lassen, denn in beiden Bereichen sei »immer noch ein großer Teil der Kräfte vorhanden, die den Nationalsozialisten einst in den Sattel geholfen haben und die darum im tiefsten Grunde fast noch schuldiger sind als ihre Werkzeuge«. Auch in Schumachers niedriger Meinung von den bürgerlichen Parteien und den Kirchen schlug seine Bitterkeit über die NS-Zeit durch; sie seien »alle belastet durch eine mehr oder weniger starke Verfilzung mit dem Nationalsozialismus«. Zwar hätten die Kirchen ihre Märtyrer im Kampf gegen den Nationalsozialismus, aber sie hätten hauptsächlich gegen die Angriffe auf sich selbst protestiert, nicht gegen die Verfolgung anderer. Im deutschen Liberalismus sah er nicht mehr als eine Mischung aus Opportunismus und Wirtschaftsinteressen, und die Bauern hielt er ebenfalls für Feinde der Demokratie. Kurz, die Demokratie im Nachkriegsdeutschland sei um nichts stärker als die Sozialdemokratie selbst.

Darüber hinaus sei der Nationalsozialismus nicht einfach nur eine Sache der Vergangenheit. Von der unteren Mittelschicht und den Arbeitern, die unter dem NS-Regime erwachsen geworden und in die NSDAP eingetreten seien und jetzt ohne Arbeit daständen, gehe ebenso wie von den Besitzenden und dem Militär der NS-Zeit eine große politische Gefahr aus. Der verspätete Widerstand in Militär, Industrie und Grundbesitzerklasse könne die von denselben Kreisen begangenen oder mit herbeigeführten Verbrechen nicht aufwiegen. Von ihrer Beteiligung an der Verschwörung vom 20. Juli 1944 werde zuviel hergemacht. Die Spannungen innerhalb des Offizierskorps seien erst ausgebrochen, als die NSDAP das Militär zu übernehmen versucht habe:

> Vorher haben auch die Offiziere des 20. Juli weder gegen die Hitler-Politik noch gegen die Konzentrationslager, noch gegen die Judenpogrome, noch gegen die Demoralisierung und Bestialisierung der deutschen Nation, noch gegen die barbarische Kriegführung protestiert. Erst die Angst, im eigenen militärischen Sektor in den Hintergrund gedrängt zu werden, hat sie mobilisiert.
>
> Im Grunde ist die *Revolte vom 20. Juli bei ihren reaktionären Teilnehmern nicht aus irgendeinem Gefühl der Verantwortung gegenüber dem deutschen Volk oder gegenüber der Welt* entstanden. Es war die *Sorge um das Schicksal ihrer Klasse und ihres Besitzes,* die diese Leute veranlaßt hat, den Versuch des Eingreifens und damit der Rettung ihrer Güter und ihrer sozialen Stellung zu unternehmen.
>
> Dieselbe Sorge hat auch die Generale getrieben, die sich in

dem Bund »Freies Deutschland« Ende 1942 in Moskau zusammengefunden haben. Alles Gerede von der Demokratie und von der Freiheit ist blanke Opportunität.

Diesen Opponenten, die erst Widerstand geleistet hätten, als der Nationalsozialismus keine Zukunft mehr hatte, stellte Schumacher jene gegenüber, die von Anfang an gegen den Nationalsozialismus gekämpft hätten, auch als er sich auf dem Höhepunkt seiner Erfolge befunden habe.

Für seine ablehnende Haltung gegenüber einer Volksfront mit den Kommunisten war vor allem die Erinnerung an das Ende der Weimarer Republik ausschlaggebend. Im Hinblick auf die seiner Ansicht nach überzogenen sowjetischen Reparationsforderungen erklärte er, man wolle Reparationen leisten, »aber wir wollen keinen Selbstmord begehen«. Das Unrecht von heute könne nicht mit dem Unrecht von gestern entschuldigt werden, und die nazistische Raubpolitik dürfe »kein Vorbild für die Politik der Vereinten Nationen« sein. Daß die Kommunisten zu Demokraten geworden waren, glaubte er nicht, und die im KPD-Aufruf vom Juni 1945 enthaltene Interpretation der NS-Vergangenheit hielt er für falsch. Die KPD sei die »einzige Partei in Deutschland, die sich zu der Schuld des gesamten deutschen Volkes am Nationalsozialismus und damit am Kriege bekennt«. Diese These, »die jeden Nazi und Kapitalisten mitschuldig spricht, um ihn zu entschuldigen«, sei unhaltbar und sogar eine »durchaus reaktionäre Formel, die den politischen Aufstieg eines neuen, gesäuberten deutschen Volkes hindert«. Diese »naive Zerknirschungspropaganda« habe hauptsächlich den Zweck, die sowjetischen Reparationsforderungen zu rechtfertigen.

Auch das kommunistische Eingeständnis eigener Fehler und Irrtümer konnte Schumacher nicht beeindrucken. Das einzige, was die Kommunisten bedauern würden, sei, daß ihre Methoden vor 1933 keinen Erfolg gehabt hätten. Ein »echtes Schuldbekenntnis, von dem aus sich alle anderen Feinde des Nationalsozialismus zu einer Überprüfung der eigenen Politik in diesem selbstkritischen Sinne veranlaßt sehen könnten«, sei in dem Aufruf nicht enthalten. Dieses könne nur darin bestehen, »daß sie ihre große Schuld am Aufkommen des Faschismus in ihrer Bekämpfung der Demokratie, in ihrem Gerede von den ›Sozialfaschisten‹, in ihrer Erklärung der Sozialdemokratie zum Hauptfeind, in ihrer Lehrmeinung, daß in Deutschland erst durch die Herrschaft des Faschismus eine ›objektiv revolutionäre Situation‹ entstehen könne, vor der deutschen Öffentlichkeit eingestehen würden«. Aber davon sei »mit keiner Silbe die Rede«.[73]

Schumacher sprach nur öffentlich aus, was Pieck und Dimitroff 1935 in Kominternsitzungen in Moskau hinter verschlossenen Türen eingestanden hatten. Hätten sich die Kommunisten in Ost-Berlin in den ersten Monaten nach Kriegsende in der Öffentlichkeit so ehrlich geäußert, wie sie es untereinander taten, hätte Schumacher vielleicht eher an die Ernsthaftigkeit ihres Eingeständnisses geglaubt. So aber wurde die Nachkriegspolitik von ihrer mangelnden Offenheit und von Schumachers Erinnerungen an den kommunistischen Antifaschismus in der Weimarer Zeit geprägt. Sein Wissen um die kommunistische Politik in der Vergangenheit nährte die Skepsis gegenüber dem kommunistischen Volksfrontangebot nach dem Krieg. Wie er es im Februar 1946 ausdrückte, waren »mit der Diktatur der Nazis Idee und Praxis jeder Diktatur zusammengebrochen«.[74] Nach seiner Ansicht sollte die Erinnerung an eine Diktatur nicht eine neue rechtfertigen, sondern als Gegenmittel gegen sie dienen.

In seinen Reden auf dem vom 9. bis 11. Mai 1946 bei Hannover stattfindenden ersten Parteitag der SPD lenkte Schumacher die Aufmerksamkeit der Delegierten wiederholt auf die NS-Vergangenheit. Zur Eröffnung des Parteitages sagte er:

> Unser erster Gedanke gilt unseren Toten. Den Opfern des Faschismus in unserem eigenen Volk. Den Toten des Freiheitskampfes der unterdrückten Völker. Dem Millionenheer der Kriegsopfer aller Nationen. Den Frauen und Kindern, die durch Bombenkrieg, Hunger und Krankheit dahingerafft wurden.

> Den Juden, die dem bestialischen Rassenwahn der Hitlerdiktatur zum Opfer fielen. Allen, ohne Unterschied der Nation und Rasse, die ihr Leben verloren haben im Kampf gegen Diktatur, Unterdrückung und Eroberungswahn.

Nachdem er der Opfer aus den Reihen der Sozialdemokratie gedacht hatte, fuhr er fort:

> Aber die Opfer sind nicht vergessen. Wir werden den Toten des deutschen Freiheitskampfes, den Blutzeugen für die Existenz eines anderen, besseren Deutschlands ein Ehrenmal errichten. Sie werden fortleben in unseren Herzen, in unseren Gedanken und in unseren Werken.
>
> Jeder unserer Kameraden, der in diesen dunkeln und schweren Jahren an unserer Seite fiel, lebt in uns weiter. Ob als »Hochverräter« gehängt, ob als »gefährlicher Marxist« zu Tode gefoltert, ob als »Schwächling« auf der Flucht erschossen oder als »Verräter« aus dem Hinterhalt niedergeknallt, jeder einzelne steht vor unserem geistigen Auge und vor unserem Gewissen als Mann und Kämpfer, als Mahnung und als Aufruf an uns Lebende.

Wenn die Geschichte dieser Zeit geschrieben werde, würde man auch »die Namen unserer Toten nennen« und sich an die »große sittliche Idee« der Widerstandsbewegung erinnern: »Die Persönlichkeit zählt, nicht der Rang.« Das Vermächtnis derer, die im Kampf gegen den Nationalsozialismus ihr Leben gegeben hätten, bestehe in »Kampf und Arbeit, damit die unsterblichen Ideen der Freiheit, der Menschenwürde, der Gerechtigkeit und des Friedens Wirklichkeit werden«.[75] Nach Schumachers Verständnis trug die SPD aber nicht nur die Last der Trauer um die gefallenen Helden des antifaschistischen Widerstandes, sondern hatte auch die Chance, dafür zu sorgen, daß ihr Tod nicht umsonst gewesen war. Daß er auf bessere Zeiten hoffte, war der Erinnerung an die Toten geschuldet, nicht der Vision einer glücklichen Zukunft. Obwohl die

Sozialdemokratie als politische Partei unversehrt aus den Trümmern des Krieges hervorgegangen war, hatte sie doch den im Marxismus wurzelnden evolutionären Optimismus verloren, mit dem ihre Vorgänger 1914 in den Ersten Weltkrieg gezogen waren. Zum ersten Mal in ihrer Geschichte wurden eine tragische Sensibilität und die Erinnerung an vergangene Katastrophen zu den treibenden Kräften des sozialdemokratischen Engagements.

In seinem Hauptreferat auf dem Parteitag erinnerte Schumacher daran, wer von Anfang an gegen den Nationalsozialismus opponiert hatte und wer erst auf den antinazistischen Zug aufgesprungen war, als sich das Blatt gegen das Regime wendete. Angesichts des in Deutschland verbreiteten Opportunismus und Zynismus machte er darauf aufmerksam, daß das deutsche Volk »noch nicht in das Stadium der Selbstbesinnung und der inneren Einkehr eingetreten« sei. Es trauere mehr darüber, »daß der Krieg verlorenging«, als darüber, daß er »möglich war und geführt wurde«. Heute sei die »Demokratie noch nicht sehr viel stärker ... als die Sozialdemokratische Partei«. Alle anderen hätten »erst das Kriegspotential und die Suprematie der angelsächsischen Waffen gebraucht, um ihr Herz für die Demokratie zu entdecken«. Die Sozialdemokraten hätten das nicht nötig gehabt: »Wir würden Demokraten sein, auch wenn die Engländer und Amerikaner Faschisten wären.« Den »neuen Nationalismus« der SED verurteilte er. Mit seiner Mischung aus Sozialismus und Nationalismus komme er dem »gefährlichen Vorbild des Nationalsozialismus« nahe: »Ob Sie dies dann Nationalsozialismus oder Nationalkommunismus nennen, ist im Effekt dasselbe.« Seit mehr als achtundzwanzig Jahren seien die deutschen Kommunisten politischen Fehleinschätzungen erlegen, »und sie sind dieser schönen Tradition, alles falsch zu machen, ... treu geblieben«. Da die Besitzenden durch ihre Verstrickung ins NS-Regime kompromittiert seien und die kommunistische Bewegung der Demokratie weiterhin feindlich gegenüberstehe, werde die Sozialdemokratie der *»entscheidende Faktor Deutschlands, oder aus Deutschland wird ein Nichts, und Europa wird ein Herd der Unruhe und Fäulnis«*.[76] Am Schluß des Parteitages erinnerte Schumacher die Delegierten noch einmal daran, »daß es in all den Jahren der geistigen Umgestaltung des deutschen Volkes zum Bösen und in der Periode der Hitler-Diktatur immer auch ein anderes Deutschland gegeben hat«.[77] Aus seiner Sicht war dieses »andere Deutschland« identisch mit der Sozialdemokratischen Partei.

Obwohl Schumacher aufgrund seiner marxistischen Anschauungen die Bedeutung der nazistischen Ideologie unterschätzte, war er der erste deutsche Politiker, der nach dem Krieg das Thema der Vernichtung des europäischen Judentums hervorhob. In einer Ansprache vor dem Parteivorstand erklärte er am 11. Januar 1947, er bedauere, daß viele Deutsche immer noch in einer »Welt des Wahns« lebten und »ihren historischen Schuldanteil einfach zu verdrängen« versuchten. Schuld und Sühne seien Realitäten, und es sei darauf zu drängen, »daß endlich die grundsätzliche Einkehr und Umkehr sichtbar werden«. Denen, die den »ganzen jüdischen Komplex ignorieren« wollten, bescheinigte er »grundsätzliche Stupidität«. Aber die Schuld am Ausbleiben einer umfassenden Diskussion liege nicht allein bei den Deutschen. Die Alliierten selbst hätten die »große Auseinandersetzung unmöglich gemacht«. Während also Adenauer forderte, die Mitläufer »endlich« in Ruhe zu lassen, verlangte Schumacher von den Nachkriegsdeutschen, sie müßten sich »endlich« mit der jüdischen Katastrophe auseinandersetzen. In dieser frühen Periode war Schumacher der einzige führende Politiker in den Westzonen, der ein Thema anschnitt, das viele Deutsche am liebsten unter den Teppich gekehrt hätten. Zur deutschen Jugend in einem Geist von Freundschaft und Kameradschaft zu sprechen bedeute nicht, »daß sie von vornherein die Absolution des Vergessens bekommen muß«. Jung zu sein heiße »in diesem Fall nicht völlige Schuldlosigkeit, sondern die Möglichkeit eines besseren Verstehens und Verzeihens«. Jene jungen Leute, die einer solchen Auseinandersetzung auswichen, seien eine »Gefährdung der Zukunft«.[78]

Schumachers öffentliche Äußerungen zur Judenverfolgung waren um so bemerkenswerter, als diese Verfolgung jede taktische Notwendigkeit, sie zu erwähnen, beseitigt hatte: Es gab praktisch keine jüdischen Wähler mehr. Trotzdem war er der erste führende Politiker im Nachkriegsdeutschland, der spezifisch auf die Belange der jüdischen Überlebenden einging. In einem Interview mit Karl Marx, dem Herausgeber des *Jüdischen Gemeindeblatts* in der britischen Zone, der späteren *Wochenzeitung der Juden in Deutschland*, gab Schumacher im Februar 1947 zu, daß die Deutschen das ganze Ausmaß der jüdischen Katastrophe noch nicht begriffen hätten. Der nach dem Krieg notwendige Prozeß der »moralischen Reinigung« sei durch Hunger, Kälte, Elend und die Sorge ums nackte Überleben verzögert und verwässert worden. Hinzu käme die Vertreibung von Millionen Deutschen aus ihrer bisherigen Heimat in Mittel- und Osteuropa. Aber daß sich das Leid des eigenen Volks bei vielen Menschen vor den Gedanken an die durch das NS-Regime verursachten Leiden anderer Völker gedrängt habe, ändere, wie Schumacher versicherte, nichts daran, »daß die Verbrechen gegen die Juden und gegen die Menschlichkeit überhaupt ernstlich bedauert werden«.

Er versprach, daß die SPD den Antisemitismus bekämpfen und sich hinter die jüdischen Wiedergutmachungsforderungen stellen werde. »Die politisch und rassisch Verfolgten«, sagte er, »können auf die Unterstützung der SPD in der Frage einer gerechten Wiedergutmachung rechnen«. Auf diese politische Linie sollte man sich in allen Besatzungszonen verpflichten. Seiner Ansicht nach war es im Interesse sowohl der emigrierten Juden als auch der Deutschen, »ein Zusammenleben auf allen Gebieten zu fördern«. Durch eine solche »Symbiose« würde der Eindruck aufgehoben, das Nachkriegsdeutschland sei mit Hitlerdeutschland identisch. Vor dem Aufstieg Hitlers hätten Deutsche und Juden eine Einheit gebildet. Freiheit und Gerechtigkeit für jeden deutschen Staatsbürger, ungeachtet seiner Rasse und Religion, seien eine »unerläßliche Voraussetzung für die Wiederbelebung Deutschlands und seine Einordnung in die Welt«. Marx bemerkte, Schumacher habe, »wie wir, zwölf Jahre gelitten … Von diesem Mann wissen wir, daß wir Vertrauen zu ihm und seiner Politik haben können.«[79]

Die Solidarität zwischen jüdischen Überlebenden und SPD

blieb in den nächsten Jahrzehnten ein konstanter Faktor der westdeutschen Politik. In einer Rede auf dem zweiten Parteitag der SPD in Nürnberg setzte sich Schumacher am 29. Juni 1947 als erster deutscher Politiker öffentlich für Wiedergutmachungszahlungen an jüdische Überlebende ein. Einleitend erklärte er:

> Erstaunt sind wir aber darüber, Genossen und Genossinnen, daß die Teile der Menschheit, die am stärksten vom Dritten Reich verfolgt waren, heute so wenig Hilfe und Verständnis bei der Welt draußen finden. Von uns, den politischen Kämpfern gegen das Dritte Reich, will ich nicht reden. Aber sprechen wir einmal über den Teil der Menschheit, der zu allem tatsächlich durch die Furchtbarkeit der Schläge, die er empfing, noch das Symbolhafte des ganzen Leids auf sich nehmen mußte, sprechen wir einmal von den *Juden* in Deutschland und der Welt.

Es sei bedauerlich, daß sich die Alliierten noch nicht auf eine einheitliche Politik in der Frage der Wiedergutmachung an jüdischen Überlebenden geeinigt hätten. Deshalb sei es die Aufgabe der SPD, »hier den Mund zu öffnen und zu erklären: *Das deutsche Volk ist zur Wiedergutmachung und Entschädigung verpflichtet.*« Die SPD verlange die Bestrafung jener, die sich an der Verfolgung beteiligt hätten, verdamme jede antisemitische Propaganda und garantiere die Einhaltung der Menschenrechte in Deutschland. Stets sei sie die »aktivste Bekämpferin des Rassenwahns« gewesen, doch jetzt müsse sie in dieser Hinsicht noch entschlossener auftreten, denn sie »steht und fällt mit der Idee von Gleichheit alles dessen, was Menschenantlitz trägt«.[80] Logische Folge dieses Prinzips war die Unterstützung jener, die am meisten unter seiner Verletzung gelitten hatten. Bedauerlicherweise und zum Teil aufgrund von Adenauers zentraler Rolle im Entscheidungsprozeß über die Wiedergutmachungsfrage in den frühen fünfziger Jahren verschwand die von Schumacher und den Sozialdemokraten geforderte beständige Solidarität mit den Juden aus dem öffentlichen Bewußtsein.

In seiner Rede auf dem SPD-Parteitag griff Schumacher außerdem den »kommunistischen Totalitarismus« an und machte damit die Hoffnung der Kommunisten zunichte, das Feld des Antifaschismus für sich allein beanspruchen zu können. Adenauers konservativen Antikommunismus konnten die Kommunisten mit Geringschätzung abtun, aber die Attacke von seiten der demokratischen Linken mußten sie ernster nehmen, und zwar gerade weil Schumacher die Auseinandersetzung mit der NS-Vergangenheit betrieb und dem Nachkriegskapitalismus kritisch gegenüberstand. Schumachers Antikommunismus hatte nichts mit der Verdrängung der NS-Vergangenheit zu tun. Im Gegenteil, während die Kommunisten sich als Antipoden der Nationalsozialisten ausgaben, wies Schumacher auf die beiden gemeinsame Neigung zur Diktatur hin. Der Totalitarismus des Dritten Reichs habe die Deutschen »schwächer und ärmer an Geist und Gesinnung gemacht, aber so arm und so schwach sind sie nicht geworden, daß sie nicht erkennen würden, daß sich hier jetzt dasselbe abspielt, was sich zwölf Jahre hindurch [während der NS-Zeit] abgespielt hat«. Er kritisierte Ulbricht nicht, um Hitler vergessen zu machen; vielmehr implizierte die prinzipielle Gegnerschaft gegen den Nationalsozialismus seinem Verständnis nach die Ablehnung jeder anderen Form der Diktatur. Darüber hinaus störte ihn die in Ost-Berlin herrschende Mischung aus Nationalismus und Kommunismus. Die Kommunisten würden »dieselbe Sprache wie das Dritte Reich, wie das Kaiserreich, wie das Reich Bismarcks« benutzen, während die Sozialdemokraten den Nationalismus ablehnten, »sei es der Nationalismus der Kommunisten, sei es der alte Nationalismus der Besitzbürger«.[81]

Schumachers Nürnberger Rede gehörte zu den formativen Äußerungen des »antitotalitären Konsenses« in Westdeutschland. In einem Atemzug hatte er an die jüdische Katastrophe erinnert, sich für die Wiedergutmachung stark gemacht, stolz seine sozialistischen Überzeugungen bekräftigt und den Totalitarismus sowohl in der NS-Vergangenheit als auch in der kommunistischen Gegenwart verurteilt. Seine Kritik an der in Ostdeutschland entstehenden Diktatur beruhte auf Erinnerung, nicht auf Verdrängung der NS-Vergangenheit.

Nach dem Krieg war er bemüht, den Haß und das Mißtrauen zu überwinden, die das NS-Regime hinterlassen hatte, und die sozialdemokratischen Verbindungen zu politischen Verbündeten wiederherzustellen. Im September 1947 besuchte er auf Einladung zweier Gewerkschaften, dem Jüdischen Gewerkschaftskomitee (JLC) und dem Amerikanischen Gewerkschaftsbund (AFL), als erster führender deutscher Politiker die USA. Diese frühe Reise war ein Zeichen für das Weiterbestehen der während des Zweiten Weltkrieges entstandenen Solidarität zwischen emigrierten deutschen Sozialdemokraten und führenden amerikanischen Juden. Das JLC war 1934 in New York als antinazistische Dachorganisation zumeist osteuropäischer jüdischer Gewerkschaften gegründet worden. 1940/41 hatte es durch Kontakte zu Beamten des US-Außenministeriums und Appelle an Präsident Roosevelt persönlich Notvisa für damals in Frankreich lebende deutsche und österreichische Sozialdemokraten erhalten können. Die über 800 bewilligten Visa ermöglichten mehr als 1 500 Menschen die Emigration in die Vereinigten Staaten, darunter prominente Sozialisten und Arbeiterführer aus Deutschland, Österreich, Frankreich, Belgien, der Sowjetunion und Osteuropa. Zu den Deutschen, denen das JLC half, gehörten Hans Vogel, Mitglied des Exilvorstandes der SPD, Erich Ollenhauer, von 1939 bis 1945 Vorsitzender der Exil-SPD und später der westdeutschen SPD, Friedrich Stampfer und Fritz Heine, der sich nach dem Krieg an der Neugründung der SPD beteiligen sollte.[82] Auch finanziell griff das JLC den Emigranten unter die Arme. Im Gegensatz zur Geschichte der gebrochenen Solidarität, die sich in Ost-Berlin abspielte, erinnerten sich die westdeutschen Sozialdemokraten an die Unterstützung im Exil und unterhielten nach dem Krieg weiterhin enge Beziehungen zu amerikanischen Gewerkschaften, einschließlich jüdischer.

Schumachers erste Auslandsreise hatte mit London und Stockholm zwei Stätten des sozialdemokratischen Exils gegolten. Der Besuch in die USA vom 21. September bis zum 30. Oktober 1947 war sein dritter Auslandsaufenthalt. Eingefädelt hatte ihn Rudolf Katz, der im Exil in New York Redakteur bei der sozialdemokratischen *Neuen Volkszeitung* gewesen war und Anfang der fünfziger Jahre Vizepräsident des Bundesverfassungsgerichts werden sollte. Im Dezember 1946 hatte er nach einer Sitzung mit Schumacher und anderen Mitgliedern des SPD-Vorstandes in Hannover an Jay Lovestone geschrieben, den Chef der internationalen Abteilung des AFL, um die Möglichkeit eines Besuchs Schumachers in den USA auszuloten. Nachdem dieser in England und Schweden gewesen sei, schrieb er, wäre es »angebracht, daß er auch, und zwar so bald wie möglich, Freunde der deutschen sozialdemokratischen Bewegung in den USA besucht«. Katz schlug deshalb vor, das JCL solle Schumacher einladen und die nötigen Reisepapiere besorgen. In einer neuen deutschen Regierung werde Schumacher mit Sicherheit eine wichtige Position einnehmen. Fragen hinsichtlich der »deutschen Gewerkschaften, der jüdischen Probleme, der jüdischen Flüchtlinge und der jüdischen Reparationsforderungen könnten in den USA offen mit ihm diskutiert werden«. Als guter Sozialdemokrat sei er »in seinen Überzeugungen ein ausgesprochen international gesinnter Mann« und nehme eine »sehr projüdische Haltung« ein.[83] Katz war sich im klaren darüber, daß das JLC eine gute Adresse war, um Kontakte zwischen der deutschen Sozialdemokratie und der amerikanischen Arbeiterbewegung anzubahnen, und Schumachers »sehr projüdische Haltung« war entscheidend für die Erneuerung solcher Kontakte. Schumacher war sich darüber hinaus bewußt, daß sein Eintreten für jüdische Belange notwendig war, um die »Mauer des Schweigens« um das Programm der SPD zu durchbrechen, die dessen breiterem Verständnis und der Beschäftigung mit diesen Themen im Weg stand.[84]

Seine USA-Reise demonstrierte, daß die während des Krieges entstandene Solidarität zwischen amerikanischen Juden und emigrierten deutschen Sozialdemokraten im Gegensatz zu dem, was Merker und Zuckermann in Ost-Berlin erleben mußten, über das Kriegsende hinaus Bestand hatte. Für Sozialdemokraten hatte New York eine ähnliche Rolle gespielt wie Mexiko-Stadt für Kommunisten. Dort hatte die intensivste Debatte und der lebendigste Austausch zwischen deutschen politischen Emigranten, jüdischen Emigranten und amerikanischen Juden stattgefunden. In einem an Adolph Held, einem führenden JLC-Mitglied, gerichteten Brief vom 17. Juli 1947 drückte Schumacher seine Dankbarkeit für das vom JLC bewiesene Verständnis gegenüber deutschen Sozialdemokraten aus. Heute wisse man, daß das JLC sowohl dem Widerstand in Deutschland als auch den exilierten Sozialdemokraten mit Rat und Tat beigestanden habe. Besonders hob er die »großzügige Rettungsaktion« hervor, die nach der deutschen Invasion in Frankreich 1940 »in der Hauptsache vom Jewish Labor Committee« durchgeführt worden sei. Führende SPD-Mitglieder würden dieser Aktion ihr Leben verdanken. Dafür danke er »allen Freunden und Kollegen im Jewish Labor Committee und in der amerikanischen Gewerkschaftsbewegung«.[85]

In einem Schreiben an Erich Ollenhauer, damals stellvertretender SPD-Vorsitzender, berichtete Schumacher über ein Treffen mit amerikanischen Gewerkschaftern, darunter Held und Abraham Cahan, der Herausgeber des *Jewish Daily Forward*, und deutschen Emigranten, dem er »große Bedeutung« beimaß: »Die kritische Aussprache und Fragestellung ging auf den Kern der Dinge und war menschlich und politisch von einem sehr noblen und einsichtsvollen Geist getragen.«[86] Die JLC-Führer hätten ihm rundheraus gesagt:

> Ihr Deutschen ... habt sechs Millionen Juden vertilgt; zwischen einem jüdischen und einem deutschen Sozialisten stehen diese sechs Millionen Tote. Zehntausende von Deutschen waren bei diesem Massenmord direkt beschäftigt, Hunderttausende von Deutschen wußten von den Rauchschloten in Auschwitz und anderen Lagern, Millionen Deutsche marschierten durch Polen, das in ein deutsches nationales Schlachthaus verwandelt worden war. Kein Laut deutscher Menschlichkeit ließ sich vernehmen. Nichts von einem halben Jahrhundert sozialdemokratischer Erziehung war da zu spüren. In Norwegen, Frankreich, Tschechoslowakei, Griechenland, Polen und Jugoslawien war Wider-

stand, aber nicht in Deutschland. Die Juden in den Ghettos und in den Todeslagern erhoben sich, wo waren da die Sozialdemokraten?

Darüber hinaus spreche seit Kriegsende nichts dafür, daß die Deutschen sich gewandelt hätten. Statt dessen mache sich der Antisemitismus wieder bemerkbar. »Heißt das nicht«, hätten die JLC-Vertreter gefragt, »daß Hitlers Geist noch heute in Deutschland herrscht?« Darauf habe er, Schumacher, geantwortet, die Sozialdemokraten spürten die Schuld, die auf dem deutschen Volk laste. Deshalb forderten sie die härteste Bestrafung für jene, die Verbrechen an Juden begangen hatten, setzten sich für die Kriminalisierung des Antisemitismus ein und hätten viele Schriften verteilt, in denen der Antisemitismus verurteilt werde.[87]

Das sprach seine Gesprächspartner an. Für Cahan repräsentierte Schumacher »einen der besten Typen der Menschlichkeit«. In der Diskussion hatte Schumacher die engen Bande zwischen den demokratischen Sozialisten in Deutschland und den Vereinigten Staaten hervorgehoben, auf die gemeinsame Ablehnung von Nationalsozialismus und Kommunismus hingewiesen und vor den auch nach dem Ende des Hitlerregimes weiterbestehenden Gefahren des Antisemitismus in Deutschland und Europa gewarnt. Reparationen sollte man seinem Vorschlag zufolge *»nach Größe und Echtheit des Unheils klassifizieren, die das Dritte Reich angerichtet hat«*. Wenn *»irgendwo in der Welt ein Anspruch auf Reparation«* bestehe, dann aufgrund des *»tragischen Unheils, das dem jüdischen Volke angetan wurde«*. Diesem gegenüber habe das *»ganze deutsche Volk, der Unschuldige wie der Schuldige, eine Reparationsverpflichtung«*.[88] Dem Wiederaufleben des Antisemitismus in Gestalt eines wie auch immer gearteten deutschen Nationalismus müsse vorgebeugt werden. Eine demokratische und sozialistische Bewegung in Deutschland müsse sich daher vom Geist der Gleichheit aller Menschen leiten lassen, und bei der Durchsetzung dieser Ziele könne Amerika Deutschland unterstützen. In einem Interview mit der in New York erscheinenden deutsch-jüdischen Wochenzeitung *Auf-*

bau äußerte sich Schumacher darüber, wieviel die Deutschen von der Judenverfolgung gewußt hatten – »Viel gewiß. Keineswegs alles« –, über die gegenseitige Unverträglichkeit von Demokratie und Antisemitismus, über seine Beobachtung, daß Juden in Konzentrationslagern härter behandelt worden waren als politische Häftlinge, sowie über die Natur und Tiefe des Antisemitismus im Nachkriegsdeutschland.[89] Seine Treffen mit jüdischen Gewerkschaftern in New York hinterließen einen Eindruck dauerhafter Solidarität, Hochachtung und Unterstützung.

Am 14. Oktober hielt Schumacher auf dem Jahreskongreß des AFL eine Rede, die ihm nach dem Bericht einer amerikanischen Gewerkschaftszeitung »stürmische Ovationen« einbrachte, obwohl er Deutsch sprach und sich regelmäßig unterbrechen mußte, damit AFL-Sekretär George Meany die englische Übersetzung vortragen konnte.[90] Seine Zuhörer teilten seine Ablehnung des Kommunismus, und so traf er bei ihnen auf offene Ohren, als er feststellte: »Noch ist die große Frage der Zeit nicht beantwortet, ob wir in Europa ein Zeitalter der Freiheit erreichen oder in ein System der Sklavenarbeit versinken.« Dankbar erinnerte er an die Hilfe, die den Sozialdemokraten nach dem Krieg vom AFL zuteil geworden war, was insbesondere angesichts der »enormen Mittel« des kommunistischen Apparats und seines »unbeschränkten Einsatzes von Massen« von Bedeutung gewesen sei. Die Unterstützung der »freiheitlichen Kräfte in der Arbeiterbewegung« sei eine Voraussetzung für den »Erfolg im Kampf gegen die kommunistische Gleichschaltung Deutschlands und Europas«. Nachdem er die materiellen Leiden und das Elend im Nachkriegsdeutschland beschrieben hatte, bemerkte er, daß es noch keine staatlichen Stellen gebe, die das klärende Wort über das Zustandekommen der Judenverfolgung, »dieses ehrlosesten und barbarischsten Exzesses des Dritten Reiches«, abgeben könnten:

> Darum erklärt die Sozialdemokratische Partei Deutschlands, daß *das deutsche Volk zur Wiedergutmachung und Entschädigung an die Juden verpflichtet ist.* Die Sozialdemokraten sind für die

Bestrafung aller derer, die sich an den Verfolgungen beteiligt und sich durch sie bereichert haben. Sie sind für ein Verbot aller antisemitischen Propaganda und Aktionen, für die Herstellung entzogener Rechte und Gewährleistung der Menschenrechte, für eine internationale Garantie für die Juden. Die Sozialdemokratie tritt dem Rassen-Antisemitismus mit der gleichen Härte und Unerbittlichkeit gegenüber wie dem Totalitarismus. Hier gilt es mit allem Nachdruck den Anfängen zu wehren. Mit demselben Ernst, mit dem wir wollen, daß die deutschen nicht ein Volk zweiter Klasse und geringeren Rechts werden sollen, treten wir auch für die Gleichheit der Juden mit allen anderen Völkern der Erde ein. In diesem Sinne ist die jüdische Sache in einem neuen Deutschland auch die deutsche Sache, die Sache der Gleichberechtigung aller.

Gleichzeitig verurteilte er den »bolschewistischen Totalitarismus«. Der Kommunismus sei »den Deutschen ein fremdes System zu fremdem Nutzen. Wir wollen keine Diktatur. Wir haben den Totalitarismus auf eigenem Boden erlebt.«[91] *Justice* zufolge erhielten am Ende der Rede sowohl Schumacher als auch Meany »tumultartigen Applaus«.[92]

Mit dieser Rede agierte Schumacher als Vorreiter des antitotalitären Konsenses der westdeutschen Sozialdemokratie. Es war eine prinzipielle Verteidigung einer der Demokratie verpflichteten Arbeiterbewegung im Gegensatz sowohl zur nazistischen Diktatur der Vergangenheit als auch der kommunistischen Diktatur, die er in Ost-Berlin entstehen sah. Seine Ablehnung des Kommunismus bedeutete jedoch keine Verdrängung der NS-Vergangenheit. Im Gegenteil traten Schumacher und die Sozialdemokraten am beharrlichsten für die Auseinandersetzung mit der Vergangenheit und die Anerkennung der deutschen Verantwortung gegenüber den jüdischen Überlebenden ein. Von den Kommunisten jener Zeit und später auch von westdeutschen Linken wurde die westdeutsche Wiedergutmachungspolitik als zynischer Trick der konservativen Restauration abgetan. In Wirklichkeit waren weder verschlagene Kapitalisten noch profilierungssüchtige Politiker oder unverbesserliche Nationalsozialisten, sondern die Führer der demokratischen Linken die ersten und eifrigsten Befürworter der Wiedergutmachung gewesen.

Die aus der Zeit von Krieg und Exil herrührenden herzlichen Beziehungen zwischen deutschen Sozialdemokraten und amerikanischer Arbeiterbewegung, einschließlich des JLC, wurden in einem Brief deutlich, den der zwei Wochen zuvor zum Hamburger Bürgermeister gewählte Max Brauer am 5. Dezember 1946 an Adolph Held geschrieben hatte. Als einer jener Sozialdemokraten, die mit Hilfe des JLC aus dem von den Nationalsozialisten beherrschten Europa nach New York hatten fliehen können, wandte er sich an Held, um ihm persönlich und dem gesamten JLC Dank zu sagen für die während der gesamten Zeit der NS-Diktatur gewährte Unterstützung und um seine Hoffnung auszudrücken, »daß aus dieser Zusammenarbeit während der Diktatur und des Krieges in der kommenden Periode des Friedens und des Wiederaufbaus eine enge und freundschaftliche Beziehung entstehen wird«.[93] Die Verbindungen zwischen der Gründergeneration der westdeutschen SPD, auch jener ihrer Angehörigen, die nicht im New Yorker Exil gewesen waren, und im In- und Ausland lebenden Juden bildeten einen tiefen, dauerhaften und immer noch zu wenig gewürdigten Aspekt des politischen Lebens der Bundesrepublik. In diesem Fall blieben die während des Kampfs gegen den Nationalsozialismus entstandene Solidarität zwischen Deutschen und Juden und die Erinnerung an sie in der politischen Kultur der Nachkriegszeit erhalten.

Während Adenauer es für das beste hielt, die schlafenden Geister der NS-Vergangenheit nicht zu wecken, bevorzugte Schumacher die direkte Konfrontation mit ihnen. Sie waren beide Antikommunisten, Schumacher, falls dies möglich war, sogar noch leidenschaftlicher als Adenauer, denn er kannte die Kommunisten besser als dieser. Außerdem waren sie beide Anhänger der Westorientierung Deutschlands, wenn auch auf unterschiedliche Art und Weise. Während Adenauer eine Rechristianisierung der deutschen Politik anstrebte, bezog sich Schumacher auf das Vermächtnis der Französischen Revolution, die parlamentarische Tradition Englands und eine dem Marxismus innewohnende »westliche« Traditionslinie. Schumacher wurde berühmt für seinen geopolitischen Neutralismus und den Widerstand gegen ein westliches Militärbündnis. Doch insofern Verwestlichung die Schaffung und Stärkung der liberalen Demokratie bedeutete, war er ein mindestens ebenso eifriger Verfechter der Westorientierung wie Adenauer.[94] Differenzen bestanden dagegen in der Frage, wie während des Aufbaus der Demokratie die NS-Vergangenheit bewältigt werden sollte. Eine Reihe von freien Wahlen in den Westzonen endete 1949 mit der Wahl Adenauers zum ersten Bundeskanzler der neuen Bundesrepublik Deutschland. Damit hatten dessen nachdrückliches Eintreten für die soziale Marktwirtschaft und ein westliches Bündnis zur Eindämmung der Sowjetunion sowie sein taktvolles Schweigen über die NS-Vergangenheit den Sieg über Schumachers unbequeme Erinnerungen davongetragen.

Wie der schnelle Wechsel der Bündnisse im Osten lenkte der Kalte Krieg im Westen die Aufmerksamkeit von den NS-Verbrechen ab. Auf ideologischer Ebene glich die Ablehnung des Kommunismus und der Sowjetunion, wenn sie auch völlig andere Gründe hatte, der früheren Ablehnung eines Feindes, den Millionen Deutsche während des nazistischen Krieges gegen den »jüdischen Bolschewismus« zu hassen gelernt hatten. Darüber hinaus wurde die Entscheidung, die Deutschen nicht mehr als Feinde, sondern als Verbündete zu behandeln, zu einem Zeitpunkt getroffen, als die große Mehrheit der Beteiligten an Genozid und Kriegsverbrechen noch nicht der Gerechtigkeit zugeführt worden war, was Konflikte mit der vor allem von den jüdischen Überlebenden wachgehaltenen Erinnerung an den Holocaust heraufbeschwören mußte.[95] Wurde für den raschen Aufbau des westdeutschen Staats die Sachkenntnis einiger belasteter Fachleute gebraucht, so bot der Kalte Krieg den Nachkriegsdeutschen die Gelegenheit, die Verdrängung der NS-Verbrechen in den Mantel eines auf gespenstische Weise vertrauten

Kampfs gegen den Kommunismus zu hüllen. Doch damit ist der westdeutsche Antikommunismus nur zum Teil erklärt, denn es fehlt noch seine stärkste Quelle, nämlich der Antikommunismus der sozialdemokratischen Linken. Schumacher war nicht der einzige linke Politiker, der durch seine Erinnerungen an die NS-Verbrechen in seiner Ablehnung der kommunistischen Nachkriegsdiktatur bestärkte wurde. Auch Ernst Reuter, der sich in Berlin im Brennpunkt des Kampfs mit den Kommunisten befand, stützte sich auf die düsteren Erinnerungen an das NS-Regime.

Reuter hatte seine politische Laufbahn in der KPD begonnen, war aber bald in die SPD gewechselt. 1926 bis 1931 gehörte er dem Berliner Magistrat an; danach war er bis 1933 Bürgermeister von Magdeburg, wo er von den Nationalsozialisten festgenommen und in ein Konzentrationslager gesperrt wurde, aus dem er 1934 aufgrund der Appelle von Freunden und Anhängern in England entlassen wurde. Die restlichen Jahre der NS-Herrschaft verbrachte er im Exil in Ankara. Nach dem Krieg kehrte er nach Berlin zurück, wo er an der Neugründung der SPD beteiligt war.[96] Von 1948 bis zu seinem Tod 1953 war er Oberbürgermeister beziehungsweise (seit 1951) Regierender Bürgermeister von West-Berlin. Da sich viele von Reuters öffentlichen Stellungnahmen auf den Ost-West-Konflikt um Berlin beziehen, ist es besonders interessant, was dieser Antikommunist des Kalten Krieges über die aus der NS-Vergangenheit zu ziehenden Lehren zu sagen hatte, zumal seine Ablehnung der sowjetischen Politik wie bei Schumacher eine logische Folge und kein Gegensatz zu seiner Opposition gegen das NS-Regime war.

In Reuters Verständnis umfaßte die Erinnerung an die NS-Zeit und den Zweiten Weltkrieg auch die in den dreißiger Jahren betriebene Beschwichtigungspolitik gegenüber dem Nationalsozialismus. 1947 wies er in einer Rede vor Berliner SPD-Funktionären die deutschen Klagen über die alliierte Besatzung zurück, indem er daran erinnerte, daß sich die Nationalsozialisten in den dreißiger Jahren auch über ausländische Einmischung beklagt hätten, obwohl die Vorgeschichte des Zweiten Weltkriegs deutlich zeige, »daß die Deutschland umliegenden Länder, weil sie den Frieden um jeden Preis wollten, es ängstlich vermieden haben, gegen Deutschland Kriegspläne zu schmieden«. In den ersten Jahren hätte sogar eine »entschlossene gemeinsame Führung der Außenpolitik durch die jetzigen Siegermächte das damalige Kartenhaus des Hitlerfaschismus … zum Einsturz bringen können«. 1936, nach Hitlers Einmarsch ins Rheinland, wäre der Preis einer militärischen Intervention im Vergleich mit der durch sie vermiedenen Katastrophe gering gewesen. Aber im Gegensatz zur damaligen NS-Propaganda habe es »keinen teuflischen Plan der Einkreisung Deutschlands« gegeben: »Es gab keine plutokratischen Mächte, die von dem Willen beseelt gewesen wären, Deutschland zu vernichten. Es gab nur die deutsche Kriegsmaschinerie selber, die in die Hand eines wahnsinnigen Steuermanns geraten war«, und ihre Bedienung, die deutschen Generale, die »sich ihr willig zur Verfügung stellten und die zu spät erkannten, wohin sie geführt wurde«. Genauso gebe es auch nach 1945 kein gegen Deutschland gerichtetes Komplott. Im Gegenteil, die Welt habe die »Bestie zerschlagen, und wir haben zu bezahlen, was Hitler über uns und unser Volk gebracht hat«. Weiter sagte er:

> Daß wir hier in diesen Trümmern dieser schaurigen Ruinenstadt hungern und frieren, das verdanken wir unserm »Führer«! Wir können die Millionen nicht wieder zum Leben erwecken, die seinem Mordwahn zum Opfer gefallen sind. Wir können das meiste von dem Schrecklichen, was er in allen Ländern angerichtet hat, nicht wiedergutmachen. Aber wir müssen, ob wir wollen oder nicht, für ihn büßen. Der Leidensweg, der uns noch für lange Zeit bevorsteht, ist die unvermeidliche Folge der nicht zu bestreitenden Tatsache, daß große Massen unseres Volkes in einer politischen Kurzsichtigkeit ohnegleichen nicht gewußt haben und nicht haben wissen wollen, wie die Kräfte in der Welt wirklich verteilt sind; und was noch viel schlimmer ist, daß sie leider auch Recht und Unrecht nicht sichtlich haben voneinander scheiden können. Eine jahrelange, die Gehirne vernebelnde

Propaganda hat das ihrige dazu beigetragen, diesem Blutregiment die Möglichkeit zu geben, bis zum bitteren Ende aushalten zu können. Manchmal, ich leugne es nicht, denke selbst ich, daß vielleicht dieses bittere Ende notwendig war, um endlich ein für allemal den chauvinistisch verhetzten und für die wirklichen Kräfte in der Welt ahnungslosen Massen unseres Volkes und insbesondere des deutschen Kleinbürgertums, auf das sich der Hitlerismus stützte, klarzumachen, wohin ein Volk kommt, das aufhört, Recht von Unrecht zu unterscheiden, das immer nur sich allein sieht und niemals begreift, daß es nur einen Teil der Welt darstellt.

Es sei oft gesagt worden, den Deutschen mangle es an Realitätssinn, sie flüchteten sich in Wunschdenken und neigten zu Selbstmitleid und unvernünftigen Anforderungen an andere. Er könne nicht leugnen, sagte Reuter, »daß in diesen Vorwürfen ein berechtigter Kern steckt«. Oft denke er, den Deutschen sei die »Größe der Katastrophe, in die Deutschland hineingeraten ist, immer noch nicht klar geworden«. Er könne verstehen, daß die Opfer des Nationalsozialismus von Haß auf die Deutschen erfüllt seien, und fühle sich »nicht berechtigt, etwa einem jüdischen Flüchtling, dessen ganze Familie in Hitlers Gaskammern umgekommen ist, Vorhaltungen über die christliche Feindesliebe zu machen«. Statt dessen sollten die Deutschen sich auf die »erste Voraussetzung unserer politischen Erneuerung« konzentrieren, die »innere moralische und politische Erneuerung. Kein Satz ist gefährlicher als der Satz: ›Erst kommt das Essen und dann die Moral.‹« Die Deutschen hungerten und frören, weil sie der falschen Lehre gefolgt seien, die sich in diesem Satz ausdrücke. Jetzt müßten sie bereit sein, Wiedergutmachung für die von ihnen angerichteten Schäden zu leisten. Sie müßten erkennen, daß sie den Krieg verloren und die Konsequenzen zu tragen hätten. Je nüchterner man das erkenne, »desto besser für uns. Je weniger wir darüber jammern und mit unseren Klagen die Luft erschüttern, um so eher wird man uns respektieren.«[97] Statt nationalistische Ressentiments zu hegen, mußten die Nachkriegsdeutschen begreifen, daß sie die Schuld für ihre elenden Lebensumstände allein bei sich selbst zu suchen hatten. Zu vergessen, daß die Ursachen der gegenwärtigen Umstände im NS-Regime lagen, und den Alliierten die Schuld zu geben hatte keinen Sinn. Der aktuellen Politik war am besten gedient, indem man sich die Kausalkette vor Augen hielt, die zur Nachkriegssituation geführt hatte, und die hatte nicht, wie nationalistische Demagogen behaupteten, 1945, sondern 1933 begonnen. Für Reuter war die Erinnerung an die NS-Vergangenheit ein Gegenmittel gegen nationales Selbstmitleid und eine Voraussetzung der moralischen, politischen und wirtschaftlichen Erneuerung.

Als Oberbürgermeister von Berlin stand Reuter im Zentrum des sozialdemokratischen Widerstands gegen die Kommunisten. Bestärkt wurde er darin wie Schumacher durch die Erinnerungen an die NS-Vergangenheit. »Der totalitäre Staat der hinter uns liegenden Vergangenheit«, schrieb er in einem Artikel von 1947, »kann nur durch ein freiheitlich-demokratisches Regime abgelöst werden.« Er warnte vor dem »Abenteuer eines neuen totalitären Versuches« unter kommunistischen Auspizien. Trotz des sowjetischen Drucks in Berlin war er überzeugt, daß sich das deutsche Volk »nicht mehr einem ihm von außen kommenden Versuch, in neuer Farbe die alten Methoden zu importieren, beugen« werde: »Nicht die totalitäre Einheitspartei mit ihrem Propagandarummel ..., sondern der Freiheits- und Unabhängigkeitswille wird sich durchsetzen.«[98] Während die Kommunisten sich als »Antifaschisten« für das Gegenteil der Nationalsozialisten hielten, betonte Reuter die gemeinsame diktatorische Haltung beider Bewegungen. Als er 1949 in einer Rede vor der Jahreskonferenz der amerikanischen Bürgermeister in Washington über die Berliner Blockade und die Luftbrücke sprach, stellte er erneut einen Zusammenhang zwischen der Opposition zum NS-Regime und den Nachkriegsereignissen her. Wieder einmal versuche eine Diktatur das deutsche Volk zu unterdrücken und seinen »moralischen und politischen Widerstandswillen zu brechen«, und dieses Mal »müssen wir für unsere Freiheit einstehen«. Er selbst sei ein Mann, »der stets gegen jede Diktatur aufgestanden ist und der gemeinsam mit seinem Volk gegen jede Diktatur aufstehen wird«, bis das Ziel von Frieden und wahrer Freiheit erreicht sei.[99] Einen doppelten Maßstab lehnte er ab. Wenn man sich in Berlin nicht der kommunistischen Politik entgegenstellte, hatte man die Lehren aus der ersten deutschen Diktatur nicht begriffen.

Während der Berliner Blockade ging Reuter einmal sogar so weit zu sagen, im Widerstand gegen den sowjetischen Druck auf die Stadt werde »dieser Makel« – die Schuld der NS-Vergangenheit – »von dem deutschen Volk abgewaschen«, denn es habe sich gezeigt, »daß dieses deutsche Volk etwas gelernt hat« und anfange, »ein freies, wirklich mündiges, politisch reifes Volk zu werden«.[100] Damit mißdeutete er jedoch die Auswirkungen von nicht miteinander zusammenhängenden politischen Entscheidungen. Tatsächlich war es der Kalte Krieg, durch den der Antikommunismus den Vorrang vor der Entnazifizierung erhielt.[101] Das Auseinanderbrechen der alliierten Koalition, der Beginn des Kalten Krieges und die vermeintliche Notwendigkeit eines loyalen westdeutschen Verbündeten führten dazu, daß sich das Schwergewicht der alliierten Politik, insbesondere der amerikanischen, von der Entnazifizierung auf den Antikommunismus des Kalten Krieges verlagerte. Sozialdemokratische Spitzenpolitiker wie Schumacher und Reuter verbanden die Ablehnung des Kommunismus mit der Absicht, die NS-Vergangenheit aufzuarbeiten. Doch im politischen Spektrum rechts von ihnen bedeutete das Entstehen des Kalten Krieges eine Stärkung jener, die es vorzogen, die NS-Vergangenheit zu vergessen und sich statt dessen auf die sowjetische Bedrohung zu konzentrieren.

Aber Kalter Krieg, Antikommunismus und Wechsel der Bündnisse waren nicht der Hauptgrund für die Verdrängung der NS-Vergangenheit in den Westzonen. Der tiefere Grund lag im demokratischen Prozeß allgemeiner freier Wahlen, in denen sich ein Volkswille ausdrückte, der Politiker, die sich für eine härtere Entnazifizierungspolitik einsetzten, nicht bestätigte. Mehr Demokratie zu wagen bedeutete, Wählern eine Stimme zu geben, die sich vehement gegen eine öffentliche Diskussion der NS-Vergangenheit wehrten. Die Feindseligkeit gegenüber dem Kommunismus und der Sowjetunion konnte sich in Westdeutschland sowohl auf überkommene Ressentiments der Vergangenheit als auch auf die Wut über die sowjetische Besatzungspolitik stützen. Zwar verknüpften führende Sozialdemokraten die Ablehnung der sowjetischen und ostdeutschen Politik mit dem Eintreten für die Fortführung der Entnazifizierung. Aber sie bildeten die Ausnahme. 1949 entschieden sich die Wähler, wenn auch mit äußerst knapper Mehrheit, für Adenauer, der unmißverständlich seinen Widerwillen gegen eine umfassende juristische Aufarbeitung der NS-Verbrechen ausgedrückt hatte. Zusammen mit dem neuen Präsidenten der Bundesrepublik, Theodor Heuss, hatte Adenauer jetzt die Gelegenheit festzulegen, wie eine demokratische deutsche Regierung mit der NS-Vergangenheit umgehen sollte. Im Folgenden soll dargelegt werden, wie sie diese Gelegenheit nutzten und mit der in der Besatzungszeit offenbar gewordenen Spannung zwischen Erinnerung und Demokratie fertig wurden.

Sühne, Wiedergutmachung und verzögertes Recht

Westdeutschland
1949–1963

In den ersten Jahren der Bundesrepublik vertraten die demokratische Linke und die demokratische Rechte unterschiedliche Auffassungen in bezug auf das Verhältnis von Demokratie und Erinnerung. Während Adenauer implizit argumentierte, für die Schaffung einer funktionierenden Demokratie seien weniger Erinnerung und Gerechtigkeit hinsichtlich der Verbrechen der NS-Zeit sowie mehr Integration der auf Abwege Geratenen erforderlich, vertrat Schumacher die gegenteilige Ansicht, daß es zur neuen Demokratie gehören müsse, Bilanz zu ziehen und die Schuldigen vor deutsche Gerichte zu bringen. Beide sahen die deutsche Vergangenheit in düsterem Licht. Doch Adenauer suchte die Unterstützung der konservativen Wähler, von denen eher als von Schumachers Wählerschaft angenommen werden konnte, daß sie durch ihre Verstrickungen in den Nationalsozialismus belastet waren. Es ist kaum überraschend, daß »Integration« das Schlüsselwort der Christdemokraten war, während die demokratische Linke die Gerechtigkeit in den Mittelpunkt stellte.

Auch hinsichtlich der Beziehung von Westorientierung und Erinnerung hatten beide politische Lager unterschiedliche Auffassungen. Adenauers Sicht der deutschen Geschichte war sogar noch negativer als Schumachers, was einer der Gründe dafür war, daß er die Bundesrepublik fest in ein westliches Bündnis einbinden wollte. Damit sollte der deutsche Sonderweg beendet und das Wiederaufleben des Nationalsozialismus oder anderer nationalistischer Strömungen verhindert werden, wogegen ein geeintes, aber »neutrales« Deutschland, das wiederum zwischen Ost und West geschwankt hätte, sehr wahrscheinlich eine weitere Katastrophe für

Deutschland und Europa heraufbeschworen hätte. Im Unterschied dazu glaubte Schumacher, daß Deutschland in Gestalt der Sozialdemokratie bereits eine starke eigene westliche Tradition besaß. Darüber hinaus war sein Bild des Westens von säkularer Modernität geprägt und gegenüber den religiösen Traditionen, einschließlich der christlichen, eher kritisch eingestellt, während Adenauer ein gegen den »atheistischen Kommunismus« kämpfendes christliches Abendland vorschwebte. Schumacher bemängelte, daß es belasteten Eliten der NS-Zeit aufgrund der Art, wie die Westbindung unter Adenauer betrieben wurde, möglich war, in der Bundesrepublik erneut zu Macht und Ansehen zu gelangen. Die Befürchtung, daß die Westintegration auf Kosten der klaren Erinnerung an die NS-Verbrechen und der raschen Aburteilung der Täter vonstatten gegangen sei, schuf eine dauerhafte Kluft zwischen Rechten und Linken in der westdeutschen Politik. Indem sich die westdeutschen Politiker für Adenauers Weg entschieden, erreichten sie zwar weit weniger, als Gerechtigkeit und Moralität verlangten, aber immer noch mehr als ihre Gegenspieler in Ost-Berlin, denn sogar in der Hauptphase des Schweigens und der Demokratisierung durch Integration fanden die NS-Verbrechen einen Platz in den Äußerungen westdeutscher Politiker, auch wenn sie kein herausragendes oder allgegenwärtiges Thema darstellten. Aber sie fanden im Lauf der Zeit zunehmend Beachtung, und in den sechziger Jahren schließlich wurde das Verhältnis von Erinnerung und Demokratie neu bestimmt: Mehr Demokratie zu wagen bedeutete jetzt nicht weniger, sondern mehr politische Diskussion über den Holocaust und andere Verbrechen der NS-Zeit.

Obwohl Adenauer die Judenverfolgung nicht ständig erwähnte, ging die besondere Aufmerksamkeit für diesen Aspekt der nationalsozialistischen Unterdrückung mit seiner Grundauffassung von der notwendigen Westbindung Deutschlands nach 1945 einher. Während die antidemokratische Rechte, einschließlich der Nationalsozialisten, die Juden mit der verachteten Modernität des Westens identifiziert hatten, umfaßte Adenauers westdeutscher Konservatismus sowohl politische als auch ökonomische Modernität und schätzte den Beitrag, den Juden zu ihr leisteten. Für Adenauer waren die Juden ein untrennbarer Teil des »Abendlandes«, des bürgerlichen Europas und Deutschlands, während Nationalsozialismus und »atheistischer Kommunismus« die nihilistische Revolte gegen diese Ordnung repräsentierten.

Belegt wird diese Auffassung vom evidenten westlichen Charakter der Juden durch Adenauers Nachkriegskorrespondenz mit Dannie Heinemann, einem seiner ältesten Freunde und seinem engsten jüdischen Freund. Kennengelernt hatten sie sich schon vor dem Ersten Weltkrieg; später hatten sie bei verschiedenen öffentlichen Projekten in Köln zusammengearbeitet. Nachdem sie seit Juli 1945 einige Briefe gewechselt hatten, kam es im Frühjahr 1949 zum ersten Wiedersehen nach dem Krieg.[1] Heinemann verfügte über wertvolle Kontakte zu Politik und Wirtschaft in den USA. Am 13. Mai 1949 beschrieb er Adenauer in einer Einschätzung mehrerer führender deutscher Politiker und Geschäftsleute als jemanden, »der, wenn auch entschieden antinazistisch eingestellt (er war selbst ein Opfer des Regimes), zutiefst deutsch und voller Trauer ist, nicht nur über die Jahre seines eigenen Leidens, sondern auch über die gegenwärtige Prüfung des deutschen Volkes«.[2] Die gegenwärtige Prüfung des jüdischen Volkes kam in der Korrespondenz zwischen Adenauer und Heinemann nicht zur Sprache. In einem langen Brief vom 15. November 1950 drückte Adenauer seine »ernste Sorge« über die sowjetische Bedrohung Europas und den »mangelnden Widerstandswillen und die mangelnde Einsicht in die Gefährlichkeit der Lage« aus.[3] Am 14. Dezember leitete Heinemann den übersetzten Brief an amerikanische Politiker weiter, unter anderen an General Eisenhower, »der sehr beeindruckt war und um zusätzliche Kopien bat«.[4]

Adenauer traf in dem Schreiben die bemerkenswerte Feststellung, im deutschen Volk sei aufgrund der Behandlung, die ihm »nach dem Zusammenbruch« durch die westlichen Alliierten zuteil geworden sei, das Ansehen alles Militärischen »weitgehend vernichtet«. Um der »defaitistischen Stimmung« nach dem nordkoreanischen Angriff auf Südkorea entgegenzuwirken, sollte so bald wie möglich ein Atlantikvertrag unterzeichnet werden. Die Deutschen würden die zur Verteidigung der Freiheit nötigen Opfer aber nur bringen, wenn sie von ihrer Freiheit überzeugt seien. Darum müßten die Alliierten in einer »sichtbaren und die breiten Massen überzeugenden Weise« signalisieren, »daß dem deutschen Volk seine Freiheit in kürzester Frist wiedergegeben wird«. Die mit dem Vorrang des Besatzungsrechts vor dem deutschen Gesetz gerechtfertigte Auslieferung von mutmaßlichen deutschen Kriegsverbrechern an Frankreich habe »viel böses Blut« erzeugt. Außerdem würden die Sozialdemokraten die antimilitaristische Stimmung mit einigem Erfolg für ihre Zwecke nutzen. Kurz, der »Krieg, der Nationalsozialismus, die Behandlung aller militärischen Fragen seit 1945 durch die Westalliierten in Deutschland haben eben eine sehr ungünstige Atmosphäre« für den westlichen Widerstand gegen den sowjetischen Druck geschaffen.[5]

Nachdem Adenauer bereits kritisiert hatte, die westliche Besatzungspolitik untergrabe die Demokratisierungsbemühungen, fügte er jetzt hinzu, die Erinnerung an das, was die Deutschen im Krieg getan hatten, und das alliierte Bestreben, diese Erinnerung wachzuhalten, förderten eine »ungünstige Atmosphäre« für die deutsche Wiederbewaffnung. Der Hinweis auf französische Kriegsverbrecherprozesse läßt vermuten, daß 1950 für Adenauer Freiheit für Deutschland einschloß, der Entnazifizierung ein Ende zu setzen. Dannie Heinemann stellte seinen Freund deswegen nicht zur Rede, schrieb aber am 27. März 1951 an den US-Hochkommissar John McCloy, Adenauers tiefes Deutschsein sei mit einer »begrenzten Kenntnis fremder Länder« verknüpft, weshalb es ihm möglicherweise etwas schwerfalle »wahrzunehmen, daß die Völker westlich des Rheins von den guten Absichten Deutschlands nicht so schnell zu überzeugen sind, egal, welche Regierung im Amt ist«.[6] Vor dem Hintergrund des erzwungenen Provinzialismus des NS-Regimes mußte Adenauer erst lernen, daß die Integration in ein westliches Bündnis nicht allein oder vor allem auf der Grundlage des Vergessens der Verbrechen der NS-Zeit geschehen konnte. Zum Preis für die moralische und diplomatische Wiedereingliederung in den Westen gehörte auch das öffentliche Bekenntnis zu Erinnerungen, die Adenauer als Quelle einer defätistischen Haltung im Kalten Krieg ausgemacht hatte.

Hauptthemen im ersten Bundestagswahlkampf im Sommer 1949 waren die Alternative zwischen sozialistischer oder marktwirtschaftlicher Wirtschaftspolitik sowie die Frage, wie eng sich die Bundesrepublik im Kalten Krieg an die amerikanische Politik binden sollte. Zusammen mit der bayerischen CSU gewannen Adenauers Christdemokraten 139 Sitze im ersten Bundestag; die von Heuss und Thomas Dehler angeführte FDP kam auf 52 Sitze, Schumachers SPD auf 131 und die KPD auf 15.[7] Trotz der Unangreifbarkeit von Adenauers eigener antinazistischer Haltung war jede Stimme für ihn eine Stimme für das Ende von Entnazifizierung, Strafverfolgung früherer NS-Funktionäre und Säuberung von Staat und Wirtschaft von ehemaligen Mitgliedern der NSDAP. Darüber hinaus repräsentierte sein Koalitionspartner, die FDP, eine Klientel aus Justiz und öffentlichem Dienst, die keine weiteren Entnazifizierungsverfahren und Prozesse gegen mutmaßliche Kriegsverbrecher wollte. Im Ergebnis hatte die Bundestagswahl von 1949 zu einer soliden Mehrheit für das Vorhaben geführt, die Demokratie im Nachkriegsdeutschland ohne tiefgreifende Bewältigung der Verbrechen der NS-Vergangenheit aufzubauen.

In seiner ersten, am 20. September 1949 abgegebenen Regierungserklärung bedauerte Adenauer, daß Deutschland und das deutsche Volk trotz großer Fortschritte seit 1945 weder frei noch anderen gleichgestellt und nun auch geteilt seien. Er stellte sich ausdrücklich hinter die Beamtenschaft. Unter zustimmenden Rufen aus der Mitte und von der rechten Seite des Hauses erklärte er, die Entnazifizierung habe »viel Unglück und viel Unheil« mit sich gebracht. Wie schon im Frühjahr und Sommer 1946 führte er aus, die »wirklich Schuldigen an den Verbrechen« sollten »mit aller Strenge« bestraft werden, aber die Deutschen dürften nicht in »zwei Klassen von Menschen« geschieden werden, »die politisch Einwandfreien und die Nichteinwandfreien«. Diese Unterscheidung müsse »baldigst verschwinden«.

Das Justizministerium, kündigte er an, werde die NS-Verbrechen mit Nachdruck verfolgen. Applaus erhielt er aber erst, als er sagte, seine Regierung werde die »Frage einer Amnestie« prüfen, unter die auch jene fallen könnten, die aufgrund in der Besatzungszeit durchgeführter alliierter Militärgerichtsverfahren ihrer Verurteilung entgegensähen, und hinzufügte: »Wenn die Bundesregierung so entschlossen ist, dort, wo es ihr vertretbar erscheint, Vergangenes vergangen sein zu lassen, in der Überzeugung, daß viele für subjektiv nicht schwerwiegende Schuld gebüßt haben, so ist sie andererseits doch unbedingt entschlossen, aus der Vergangenheit die nötigen Lehren gegenüber allen denjenigen zu ziehen, die an der Existenz unseres Staates rütteln, (Bravo! und Sehr gut!) mögen sie nun zum Rechtsradikalismus oder zum Linksradikalismus zu rechnen sein. (Lachen und Zuruf von der KPD)«. Wie er zu der Aussage kam, daß »viele« gebüßt hätten, welche konkrete Bedeutung diese Buße hatte und woher er wußte, daß ihre Schuld »nicht schwerwiegend« gewesen war, erläuterte Adenauer nicht. Immerhin würde niemand im Gefängnis sitzen, wenn man Kriminelle amnestieren würde, nur weil sie ihre Reue ausgedrückt haben. Wie Ulbricht legte auch Adenauer das Schwergewicht nicht auf *vergangene Taten,* sondern auf die *gegenwärtige Haltung* gegenüber der neuen Regierung. Aus dem Zusammenbruch der Weimarer Republik zog er die Lehre, eine neue Demokratie müsse sowohl den Radikalismus von rechts als auch den von links bekämpfen, obwohl der »Linksradikalismus«, also die in Westdeutschland weiter existierende KPD, keine ernsthafte Gefahr für die neue Demokratie darstellte. Insbesondere im Kontext der mangelnden Begeisterung für die Strafverfolgung des »Rechtsradikalismus« der Vergangenheit sandte Adenauer mit seiner Warnung ein enttäuschendes Signal aus. Der Vorrang der Integration vor der Gerechtigkeit war offensichtlich.

Eines der Hauptthemen dieser und späterer Reden Adenauers war das Versprechen, daß der Nationalsozialismus in Westdeutschland nicht zurückkehren werde. Zum Antisemitismus hatte er zwei Sätze zu sagen: »Wir verurteilen diese [antisemitischen] Bestrebungen auf das schärfste. Wir halten es für unwürdig und für an sich unglaublich, daß nach all dem, was sich in nationalsozialistischer Zeit begeben hat, in Deutschland noch Leute sein sollten, die Juden deswegen verfolgen oder verachten, weil sie Juden sind.« Für jemanden, der 1946 erklärt hatte, der Nationalsozialismus sei in Deutschland weit verbreitet und tief verwurzelt, ist es erstaunlich, daß er sich drei Jahre später das Weiterbestehen des Antisemitismus in Deutschland nur noch schwer vorstellen konnte. Wesentlich mehr Aufmerksamkeit widmete er in seiner Regierungserklärung den deutschen Kriegsgefangenen in der Sowjetunion und den aus Ost- und Mitteleuropa Vertriebenen. Zum Schluß drückte er seine Entschlossenheit aus, die deutsch-französischen Konflikte des vergangenen Jahrhunderts zu überwinden, und dankte den USA für ihre Unterstützung seit dem Ende des Krieges. Schließlich wiederholte er, die ganze Arbeit seiner Regierung werde »getragen sein von dem Geist christlich-abendländischer Kultur« und der Achtung des einzelnen, auf der sie beruhe.[8]

Am nächsten Tag antwortete Kurt Schumacher als Vorsitzender der SPD-Fraktion auf die Regierungserklärung. Einerseits warnte er vor der Entstehung eines *»autoritären Besitzverteidigungsstaats«* in Westdeutschland und bemängelte Adenauers spärliche Bemerkungen über die Arbeiter und die Gleichheit der Frauen. Andererseits attackierte er die Kommunisten und versprach, die SPD werde sich der von den »nationalrevolutionären Parolen des Ostens« ausgehenden Gefahr für die deutsche Einheit entgegenstellen. Außerdem kritisierte er, daß Adenauer kein Wort über den antinazistischen Widerstand und die Opfer des Faschismus verloren habe. Man könne nicht gegen den Nationalsozialismus sein, »ohne der Opfer des Nazismus zu gedenken« oder indem man eine Hierarchie unter ihnen einführe. Insbesondere dürfe man sich nicht, wie es Adenauer getan habe, einseitig auf Kriegsgefangene, Witwen und Vertriebene konzentrieren, während die Verfolgung der Juden und der politischen Gegner des NS-Regimes kurz abgetan werde. Schumacher glich dieses Ungleichgewicht aus:

> Zu matt und zu schwach ist gewesen, was gestern die Regierungserklärung über die *Juden* und über die furchtbare Tragödie der Juden im Dritten Reich gesagt hat. Resignierte Feststellungen und der Ton des Bedauerns helfen hier nichts. Es ist nicht nur die Pflicht der internationalen Sozialisten, sondern es ist die Pflicht jedes deutschen Patrioten, das Geschick der deutschen und der europäischen Juden in den Vordergrund zu stellen und die Hilfe zu bieten, die dort notwendig ist. (Beifall bei der SPD). Die Hitlerbarbarei hat das deutsche Volk durch die Ausrottung von sechs Millionen jüdischer Menschen entehrt. An den Folgen dieser Entehrung werden wir unabsehbare Zeiten zu tragen haben. Von 600000 deutschen Juden leben heute im Gebiet aller vier Zonen nur 30000, meist ältere und kranke Personen. Auch sie erleben immer wieder beschämende und entwürdigende Vorfälle. In Deutschland sollte keine politische Richtung vergessen, daß jeder Nationalismus antisemitisch wirkt und jeder Antisemitismus nationalistisch wirkt. Das bedeutet nämlich die freiwillige Selbstisolierung Deutschlands in der Welt. (Zustimmung bei der SPD). Antisemitismus ist das Nichtwissen von den großen Beiträgen der deutschen Juden zur deutschen Kultur und bei der Erkämpfung der deutschen Freiheit und der deutschen Demokratie. Das deutsche Volk stände heute besser da, wenn es diese Kräfte des jüdischen Geistes und der jüdischen Wirtschaftspotenz bei dem Aufbau eines neuen Deutschlands in seinen Reihen haben würde. (Beifall bei der SPD).[9]

Selbst zu diesem frühen Zeitpunkt hatte der Führer der demokratischen Linken mit weitaus deutlicheren Worten als Adenauer über den Holocaust und die den Nachkriegsdeutschen auferlegten moralischen Verpflichtungen, einschließlich der Wiedergutmachung, gesprochen. Den vom Büro des US-Hochkommissars für Deutschland (HICOG) durchgeführten Meinungsumfragen zufolge war schonungslose Offenheit über die Verbrechen des Nationalsozialismus in der jungen Bundesrepublik nicht sonderlich beliebt. Im November 1949 lehnten nur 30 Prozent der Bundesbürger den Nationalsozialismus rundum ab, während ihn 59 Prozent als »gute Idee, die schlecht ausgeführt wurde«, betrachteten. In acht zwischen Mai 1951 und Dezember 1952 erhobenen bundesweiten Meinungsumfragen fanden 41 Prozent der Befragten an den nazistischen Ideen mehr Gutes als Schlechtes; umgekehrt sahen es 36 Prozent. Gerade einmal 4 Prozent glaubten, daß alle Deutschen eine »gewisse Schuld für das Verhalten Deutschlands während des Dritten Reichs« trügen, und nur 21 Prozent verspürten eine »Verantwortlichkeit für die Beseitigung dieses Unrechts«. In diesem offenbar von keinen allzu großen Schuldgefühlen geprägten Klima bewies Schumacher mit seiner Bundestagsrede sowohl Mut als auch die Tiefe seiner Überzeugungen.

Andererseits geht aus den HICOG-Umfragen hervor, daß Adenauer für die Mehrheit sprach, wenn er anstelle der juristischen Verfolgung und Bestrafung eine Amnestie befürwortete. Zwischen 1946 und 1949 hatte sich die Stimmung in Westdeutschland zuungunsten von Entnazifizierung, Nürnberger Prozessen und weiteren Verfahren vor deutschen Gerichten gegen mutmaßliche NS-Verbrecher gedreht. Der Anteil derjenigen, die die Nürnberger Prozesse für ungerecht hielten, war von 6 auf 30 Prozent gestiegen. Darüber hinaus fand die Forderung nach Beendigung aller Verfahren aufgrund von Handlungen während des Krieges immer mehr Anhänger. Mitte 1952 fanden nur noch 10 Prozent der Westdeutschen das alliierte Vorgehen gegen Kriegsverbrecher richtig, während 59 Prozent es ablehnten; in ihren Augen waren die Urteile ungerecht oder zu hart. Auf die Frage, was mit den vorhandenen Häftlingen geschehen solle, befürwortete rund die Hälfte der Befragten ihre Freilassung; die andere Hälfte sprach sich für eine Überprüfung der Urteile durch alliierte oder deutsche Gerichte aus. Die Nürnberger Prozesse galten als »politische« Verfahren, das heißt als Siegerjustiz, und die Befragten glaubten nicht, daß es eine Gefahr für den neuen demokratischen Staat darstelle, wenn frühere Nationalsozialisten in einflußreichen Stellungen gelangten. Im November 1952 verwarfen 58 Prozent der Westdeutschen jede Beschränkung für ehemalige NSDAP-Mitglieder. Im Sommer desselben Jahres hatten sich 42 Prozent sogar der Meinung angeschlossen, wegen Kriegsverbrechen von den Alliierten verurteilte Generale besäßen Erfahrungen und Fähigkeiten, aufgrund deren sie in einer neuen deutschen Armee Verwendung finden könnten. Wie desillusioniert die Deutschen auch in bezug auf den Nationalsozialismus gewesen sein mögen, ihr Hauptanliegen bestand darin, die NS-Vergangenheit ruhen zu lassen, statt die NS-Verbrecher ihrer gerechten Strafe zuzuführen.[10]

Einige Wochen nach Adenauers Regierungserklärung zeichnete der Herausgeber der *Allgemeinen Wochenzeitung der Juden in Deutschland,* Karl Marx, ein pessimistisches Bild der politischen Landschaft in Deutschland. Es sei eine Illusion zu glauben, die Deutschen wären in nur fünf Nachkriegsjahren zu guten Demokraten geworden. Weder Hunger noch Währungsreform, noch militärische Besetzung hätten einen Wandel herbeigeführt. Er befürchtete, daß die westlichen Demokratien nach 1945 wiederum wie in den dreißiger Jahren die »Linie des geringsten Widerstands« verfolgten. Dann fuhr er fort:

> In Deutschland ringt eine demokratische Minderheit mit den wiedererstarkenden Kräften des Nationalsozialismus und einer politisch indifferenten Masse, die den Glauben an die Demokratie noch nicht erlangt hat. Von großem Einfluß ist auf diese Masse der Magnetismus der Macht. Jede Schwäche oder als Schwäche ausgelegte Haltung der Besatzungsmächte, verbunden mit der Wiederbesetzung der Schlüsselpositionen durch ehemalige Nationalsozialisten, hat ihre unmittelbaren Rückschläge. Man darf nicht vergessen, daß die große Mehrheit der höheren Beamten und die überwältigende Mehrheit der Richter und Staatsanwälte sich aus früheren Nationalsozialisten zusammensetzt. Daher ist ein vernünftiges Friedensabkommen über Deutschland nicht denkbar ohne Garantien gegen die Diskriminierung der Demokraten, der Bekämpfer des Nationalsozialismus und der Opfer des Systems der Gewalt.

Die Besatzungsmächte seien von entscheidender Bedeutung für den »Schutz für die bewährten Bekämpfer des Nationalsozialismus innerhalb Deutschlands«. Da »bereits wieder Vorschläge, wie die Amnestierung der Kriegsverbrecher«, gemacht würden, fragte Marx die Westmächte, ob ihnen klar sei, daß »derartige Schritte eine Desavouierung der Menschen innerhalb Deutschlands darstellen, die endlich versucht haben, für die Demokratie zu kämpfen« und die alliierten Entnazifizierungsmaßnahmen zu unterstützen. Eine Amnestie würde die »Grundlage des Nürnberger Urteils« zerstören und die Ansätze einer demokratischen Erneuerung zersetzen. Damit würde man »auf die Position des Friedens von München« zurückkehren, »auf die realpolitische Konzeption des Jahres 1938«, das heißt auf die Beschwichtigungspolitik.[11]

Auch Adenauer zog häufig den Vergleich mit München heran, um seine Politik der Westintegration und der Eindämmung der Sowjetunion zu untermauern. Marx dagegen sah die Parallele in der westlichen Toleranz hinsichtlich Adenauers Widerstreben gegen die Säuberung seines eigenen Staatsapparats. Aus seiner Perspektive waren die Alliierten nicht nur die Befreier, sondern eine Kraft, deren Anwesenheit für einen längeren Zeitraum vonnöten war, um die Sicherheit und die politischen Rechte von Juden und Gegnern des Nationalsozialismus in Westdeutschland zu garantieren. Äußerer Druck war unerläßlich, wenn die Entnazifizierung weitergehen sollte. Ironischerweise schufen Antikommunismus und Eindämmung der Sowjetunion eine populäre politische Legitimation für die weitere westliche Militärpräsenz. Doch Marx' Hoffnung auf eine als Teil des Prozesses der Westintegration durchgeführte tiefgreifende Säuberung blieb unerfüllt.

Mit seinen Ansichten über die durch den Holocaust entstandenen Verpflichtungen unterschied sich Schumacher nicht nur von Adenauer, sondern auch von den Kommunisten. Während die Solidarität zwischen Kommunisten und Juden in Ostdeutschland Anfang der fünfziger Jahre zerbrach, blieb sie zwischen Sozialdemokraten und Juden in Westdeutschland bestehen. Im November 1950 fragte der New Yorker *Jewish Daily Forward* Schumacher in einem Interview, ob die Aufstellung einer deutschen Armee die Demokratie gefährden würde, worauf Schumacher seine Sorge darüber ausdrückte, daß die »jetzige Regierung« weder die Erkenntnisse noch den Willen besitze, den »Interessenten aus den Kreisen der früheren Generalität und des alten Berufssoldatentums zu widerstehen«. Außerdem sei seine Meinung über die Mitglieder der Regierung Adenauer »nicht gerade hoch«. Zur Zeit mache sich das »durchschnittliche Kabinettsmitglied ... über die Judenfrage wenig Gedanken und steht ihr kühl und passiv gegenüber«. Die praktischen Sorgen hätten das »lebendige Gefühl für die Größe des Unrechts in den Hintergrund« gedrängt. Von Bundespräsident Heuss meinte Schumacher jedoch, »daß in ihm die notwendige moralische und sachliche Anteilnahme an dem an den Juden begangenen Unrecht lebendig ist«.

Auf die Frage, ob die Deutschen von Reue und einem Gefühl für die notwendige Sühne erfüllt seien, antwortete Schumacher, die Mehrheit sei sich des Ausmaßes der Judenverfolgung bewußt. Doch im Augenblick seien den Nachkriegsdeutschen die Sorgen des Alltags, die Vertreibung von dreizehn Millionen Deutschen aus dem Osten und die Unterdrückung in der sowjetischen Zone wichtiger. Andere sträubten sich gegen das Wissen, weil sie sich dadurch »in die Sünden des Nazismus mit hineinverstrickt« fühlten; deshalb versuchten sie, das Ausmaß der Schrecken zu verringern. Eine dritte kleine Gruppe, die von der überwältigenden Mehrheit der Deutschen abgelehnt würde, sei den alten nationalsozialistischen Überzeugungen treu geblieben. Ob es jemals möglich sein werde, die tiefe Kluft zwischen Juden und Deutschen zu überwinden, wurde Schumacher gefragt. Das hänge letzten Endes von den Juden ab, denen Unrecht angetan worden sei, erklärte er und fuhr fort:

> Man kann das jüdische Volk nur mit Recht darauf hinweisen, daß Teile des deutschen Volkes gegen das Hitlerregime gekämpft und selbst das schwerste Unrecht, einschließlich des Verlustes von Leben und Freiheit, erlitten haben. Es ist Voraussetzung für

> die Begütigung und Besänftigung dieser jüdischen Empfindungen, daß dieser Teil des deutschen Volkes die politische Führung, Erziehung und Formung der deutschen Nation in die Hand bekommt. Wenn aber das jüdische Volk sieht, daß diejenigen Kreise, die alles mitgemacht und ohne innere Empörung geduldet haben, oder gar Kreise, die mehr oder weniger aktiv an dem Unrecht, das am jüdischen Volke begangen wurde, beteiligt gewesen sind, in Deutschland Einfluß haben, dann ist die Zukunft sehr trübe und dunkel. Der stärkste aller Faktoren in der geschichtlichen Entwicklung ist die Zeit. Was sie heilen kann und in welchem Umfang sie zu heilen vermag, ist dabei noch ungewiß. Jedenfalls muß es das Bestreben des deutschen Volks sein, durch seine politische und moralische Haltung ein langsames Entgegenkommen zu erleichtern.

Für Schumacher konnte die Demokratie im Nachkriegsdeutschland nicht stärker sein als die Sozialdemokratie. Dasselbe galt seiner Ansicht nach für die Vergangenheitsbewältigung: Ihr Schicksal war eng verknüpft mit dem politischen Geschick der Sozialdemokratie und der Ausschaltung der alten Eliten, die an den NS-Verbrechen beteiligt gewesen waren oder sie geduldet hatten. Schließlich sei es die Sozialdemokratie gewesen, die stets für eine »Politik der moralischen und materiellen Wiedergutmachung« an den Juden eingetreten sei. Dann betonte er erneut, wie erfreut er über den herzlichen Empfang gewesen sei, den ihm die jüdischen Gewerkschafter bei seinem Besuch in den USA bereitet hätten. Die Vertiefung der Beziehungen zwischen Deutschen und Juden werde »immer abhängig sein von der Stärke und der Bedeutung der humanen und demokratischen deutschen Linken, d.h. der Sozialdemokratie und der Gewerkschaften«.[12] In Schumachers Augen war die SPD, nicht die KPD oder die CDU, die natürliche, historische Heimat und der beständige Partner der Juden.

Die Frage, wie man mit durch ihre NS-Vergangenheit Belasteten umgehen sollte, betraf zwar hauptsächlich die Rechte, beschäftigte aber auch die SPD. Sogar Schumacher sprach sich im Interesse der

Stärkung der neuen Demokratie für die Eingliederung aus, als er sich im Oktober 1951 darüber äußerte, ob SPD-Funktionäre Kontakte zu früheren Angehörigen der Waffen-SS unterhalten dürften. Die SPD, schrieb er, weise die Vorstellung einer Kollektivschuld zurück, wenngleich er nicht die Absicht habe, »an die Stelle der Kollektivschuld eine ebenso unmögliche Kollektivunschuld zu setzen«. Die 900000 Männer der Waffen-SS seien nicht mit der SS identisch. Im Gegensatz zu letzterer mit ihren Sondervernichtungseinheiten sei erstere »für Kriegszwecke geschaffen worden«, und viele junge Männer seien gegen ihren Willen zum Beitritt gezwungen worden. Inzwischen würden die meisten von ihnen wie Parias behandelt, weil man sie für die Verbrechen der SS verantwortlich mache. Deshalb sei es notwendig, »der großen Masse der früheren Angehörigen der Waffen-SS den Weg zu Lebensaussicht und Staatsbürgertum freizumachen«. Ein »kompakter Komplex von rund 900000 Menschen ohne soziale und menschliche Aussicht« sei zusammen mit ihren Familien »schon zahlenmäßig keine gute Sache für eine junge, von größten Spannungen der Klassen und Ideen zerpflügte Demokratie«. Wer sich keiner Verbrechen schuldig gemacht habe, sollte wieder eingegliedert werden. Die »überwiegende Mehrheit« habe die NS-Ideologie hinter sich gelassen. Andererseits befürchtete Schumacher, diese jungen Männer könnten ein Reservoir rechter antidemokratischer Ressentiments werden. Besonders besorgniserregend fand er die Organisationen, in denen sich 320000 bis 350000 ehemalige Angehörige der Waffen-SS zusammengeschlossen hatten. Die ganze Angelegenheit, fuhr er fort, sei »gerade darum so bedrückend, wenn man sieht, wie schlimmste, bewußte kaltschnäuzige Nutznießer der zwölfjährigen Diktatur sich heute in Staat und Wirtschaft überall herumspreizen«. Darüber hinaus spielten auch »manche alliierte Kräfte eine unrühmliche Rolle«, die »ohne jede Hemmung« frühere Angehörige der Waffen-SS, ungeachtet dessen, ob sie in der Vergangenheit Verbrechen begangen hatten oder nicht, für gegenwärtige militärische Zwecke verpflichteten. In einer Periode, in der die »Kräfteverhältnisse in Deutschland noch ungeklärt« seien, müßten die demokratischen Politiker, um die von verbitterten Veteranen der Waffen-SS ausgehende Gefahr zu verringern, mit ihnen sprechen und ihnen den Wiedereinstieg ins Zivilleben erleichtern.[13] Fairneß wurde so eher zum Begriff für die Amnestierung früherer Angehöriger der Waffen-SS als zum Ausdruck größerer Anstrengungen bei der Säuberung von belasteten Eliten.

Durch die Haft im KZ Dachau gesundheitlich angegriffen, verstarb Schumacher am 20. August 1952. Mit ihm verloren die deutsche Demokratie und die kleine jüdische Gemeinde den prominentesten und leidenschaftlichsten Fürsprecher einer tiefgreifenden politischen Auseinandersetzung mit der NS-Vergangenheit. Hendrik van Dam, ein führendes Mitglied des Zentralrats der Juden in Deutschland, schrieb in einem Artikel auf der Titelseite der *Allgemeinen Wochenzeitung der Juden in Deutschland:* »Wir haben in Dr. Schumacher einen echten Freund verloren«, der sich der Sache der Opfer des Nationalsozialismus angenommen habe. Er habe ihre Wünsche und Enttäuschungen verstanden, »weil er zu ihnen gehörte als einer der Helden des Widerstands, als ein Märtyrer der Gerechtigkeit«. Anschließend zitierte van Dam in voller Länge die oben angeführte Passage aus Schumachers erster Bundestagsrede und merkte an, solche Ansichten seien nicht populär. Schumacher sei zwar ein Mann des Volkes gewesen, »aber kein Sklave der Popularität«. Als »deutscher Staatsmann, der frei von jeder Schuld war«, habe er die historische Verantwortung erkannt, »die sich aus dem Massenverbrechen des Dritten Reiches ergab«. Zweifellos habe er sein Volk geliebt, »aber aus dieser Liebe heraus wollte er es unter das moralische Gesetz stellen, vor dem ein Kulturvolk in der Geschichte bestehen muß«.[14] Anteil an Schumachers Tod nahmen auch amerikanische Gewerkschafter, mit denen er seit seiner USA-Reise von 1947 in Verbindung geblieben war. So schickte David Dubinsky, Vorsitzender der International Ladies' Garment Workers Union, Erich Ollenhauer ein Beileidstelegramm, in dem er seinen »tiefen Kummer über das Hinscheiden von Kurt Schumacher« ausdrückte. Die Welt trauere »um diesen unwiederbringlichen Verlust für die menschliche Freiheit sowie die Sache der Demokratie und sozialen Gerechtigkeit in Deutschland, für die er in seinem beherzten Kampf gegen Naziterror, Kommunismus, Antisemitismus und jede Reaktion so leidenschaftlich focht«.[15]

Von den Kommunisten wurde Schumacher gehaßt, weil er ihre Volksfronttaktik nach 1945 scheitern ließ. Konservative mißtrauten ihm, weil er entschlossen war, die Kontinuität der Eliten vor und nach 1945 zu brechen. Für die Amerikaner war er wegen seines geopolitischen »Neutralismus« in der Außenpolitik verdächtig. Die Wähler wollten ihn nicht, weil er sie stets an die Vergangenheit erinnert hätte, die zu vergessen ihnen Adenauer ermöglichte. Dennoch hob er sich durch die Verknüpfung des Antikommunismus mit der Entschlossenheit, die Demokratisierung mit der deutlichen Erinnerung an die NS-Verbrechen zu verbinden, nicht nur in Dubinskys Augen von den anderen führenden deutschen Politikern der Nachkriegszeit ab. An diesem Maßstab gemessen, war Kurt Schumacher die überragende moralische Gestalt der Gründergeneration der Bundesrepublik. Sein Tod war in der Tat ein unwiederbringlicher Verlust.

In der vorherrschenden Stellung der Wiedergutmachungsfrage in den ersten Jahren nach dem Krieg spiegelten sich sowohl die dringlichen menschlichen Bedürfnisse der Überlebenden des Holocaust als auch die engen politischen Grenzen der Bewältigung der NS-Vergangenheit in Deutschland wider. Mangels juristischer Verfolgung und Säuberung von belasteten Eliten hatte die Wiedergutmachung einen größeren Teil der Vergangenheitsbewältigung zu übernehmen, als sie erfüllen konnte. Für die Politiker war es einfacher, finanzielle Angebote zu machen, als Recht durchzusetzen oder belastete Eliten auszuschalten. Dennoch war der Widerstand selbst dagegen erheblich. In der nichtkommunistischen Emigration war Wiedergutmachung schon während des Krieges ein herausragendes Thema gewesen, und nach 1945 hatten die westlichen Alliierten, besonders die USA, in ihren Zonen die Entschädigungsforderungen von jüdischen Gruppen und politischen Gegnern des

NS-Regimes unterstützt. Zur selben Zeit waren die Widerstandsorganisationen in den Westzonen aufgrund des Konflikts zwischen Kommunisten und Nichtkommunisten auseinandergebrochen. Im Mai 1945 entschied die SPD, ihre Mitglieder dürften nicht mehr der von den Kommunisten dominierten VVN angehören, was deren Vorherrschaft weiter verstärkte. 1950 gründeten ehemalige VVN-Mitglieder den nichtkommunistischen Bund der Verfolgten des Naziregimes (BVN). Im selben Jahr schloß die Bundesregierung VVN-Mitglieder vom öffentlichen Dienst aus. In Ostdeutschland rückte die Verfolgung von »Antifaschisten«, das heißt der Kommunisten, ins Zentrum der Aufmerksamkeit, während das Thema der Judenverfolgung an den Rand gedrängt wurde. Umgekehrt konzentrierte sich die Wiedergutmachungsdebatte in Westdeutschland auf die Judenverfolgung und die nichtkommunistischen Gegner des NS-Regimes.[16]

Adenauers erste öffentliche Erklärung zum Holocaust und zu anderen Verbrechen des NS-Regimes erfolgte denn auch im Kontext der Wiedergutmachungsdebatte. Wer gehofft hatte, er würde die Gelegenheit einer Rede im Bundestag aus Anlaß des Nationalen Gedenktages des deutschen Volkes am 7. September 1950 nutzen, um auf diesen Aspekt der nationalen Geschichte einzugehen, sah sich enttäuscht. Außer der Bemerkung, daß »wir alle« – das heißt die politische Führung, einschließlich der Opposition – bestrebt gewesen seien, »das deutsche Volk aus dem tiefen Abgrund, in den es gestürzt war«, zu befreien, sagte Adenauer kein Wort über die NS-Zeit. Statt dessen beschäftigte er sich mit dem Wiederaufbau nach dem Krieg.[17] Am 12. März 1951 ließ die israelische Regierung den vier Besatzungsmächten eine Note über den moralischen Imperativ der Wiedergutmachung durch die beiden deutschen Staaten zukommen. In dem Schreiben wurde knapp, aber mit anschaulichen Details an den Genozid am europäischen Judentum erinnert. Die Israelis schrieben, daß zwar die Toten nicht wieder lebendig und die Leiden nicht ungeschehen gemacht werden könnten, das deutsche Volk aber geraubtes jüdisches Eigentum zurückerstatten und die Überlebenden unterstützen müsse.

Gefordert wurden Reparationen in Höhe von 1,5 Milliarden Dollar, die sich aus den Kosten der Ansiedlung von 500 000 europäischen Auswanderern in Israel ergaben. Eine moralisch und juristisch annehmbare Vereinbarung müsse mindestens diese Summe enthalten. Es sei undenkbar, Deutschland wieder als gleichberechtigtes Mitglied in die Gemeinschaft der Nationen aufzunehmen, »solange diese grundlegende Wiedergutmachung nicht getroffen worden ist«.[18]

Weder die Sowjetunion noch die DDR erwiderten die israelische Note. Adenauer gab seine historische Antwort am 27. September 1951 im Bundestag. Die Schlüsselpassage lautete:

> Die Bundesregierung und mit ihr die große Mehrheit des deutschen Volkes sind sich des unermeßlichen Leides bewußt, das in der Zeit des Nationalsozialismus über die Juden in Deutschland und in den besetzten Gebieten gebracht wurde. Das deutsche Volk hat in seiner überwiegenden Mehrheit die an den Juden begangenen Verbrechen verabscheut und hat sich an ihnen nicht beteiligt. Es hat in der Zeit des Nationalsozialismus im deutschen Volk viele gegeben, die mit eigener Gefährdung aus religiösen Gründen, aus Gewissensnot, aus Scham über die Schändung des deutschen Namens ihren jüdischen Mitbürgern Hilfsbereitschaft gezeigt haben. Im Namen des deutschen Volkes sind aber unsagbare Verbrechen begangen worden, die zur moralischen und materiellen Wiedergutmachung verpflichten, sowohl hinsichtlich der individuellen Schäden, die Juden erlitten haben, als auch des jüdischen Eigentums, für das heute individuell Berechtigte nicht mehr vorhanden sind. Auf diesem Gebiet sind erste Schritte getan. Sehr vieles bleibt aber noch zu tun. Die Bundesregierung wird für den baldigen Abschluß der Wiedergutmachungsgesetzgebung und ihre gerechte Durchführung Sorge tragen. Ein Teil des identifizierbaren jüdischen Eigentums ist zurückerstattet worden; weitere Rückerstattungen werden folgen.

Adenauer bot Gespräche mit jüdischen Repräsentanten und Vertretern Israels an, um diese Frage zu lösen und »damit den Weg zur seelischen Bereinigung unendlichen Leides zu erleichtern«. Dies sei »vornehmste Pflicht des deutschen Volkes« und trage dazu bei, den »Geist wahrer Menschlichkeit« wiederzubeleben.[19] Von dieser Anerkennung der aus der NS-Vergangenheit folgenden Lasten und Verpflichtungen ist Adenauer nie abgewichen. Der Gegensatz zur Leugnung dieser Verpflichtungen durch Moskau und Ost-Berlin hätte nicht krasser sein können. Trotzdem neigte Adenauer zu verstörender Weitschweifigkeit, wenn es darum ging, die Mehrheit der Deutschen von jeder Schuld freizusprechen, während er die Verbrechen des NS-Regimes vergleichsweise knapp abhandelte.[20] Indem er passivisch von einem Leid sprach, das »über die Juden gebracht wurde«, vermied er es zudem, die Täter beim Namen zu nennen, und die Formulierung von den »im Namen des deutschen Volkes« begangenen Verbrechen hatte die vielleicht beabsichtigte Wirkung, diese Taten von den in der NS-Zeit lebenden Deutschen zu trennen. Beides, die Anerkennung der Lasten und Verpflichtungen wie der Versuch, den Schlag für die nationale Psyche abzumildern, sollte auch später alle Äußerungen Adenauers über die NS-Vergangenheit charakterisieren.

Die sozialdemokratische Erwiderung auf Adenauers Regierungserklärung trug Paul Löbe vor. Deutschland, sagte er, habe die »sittliche Verpflichtung, sich mit ganzer Kraft um eine Aussöhnung mit dem Staat Israel und den Juden in aller Welt zu bemühen«. Deshalb unterstütze die SPD Adenauers Schritt, hätte es aber begrüßt, »wenn er schon früher und mit noch größerer Entschiedenheit getan worden wäre«. Wo der Bundeskanzler vage geblieben war, wurde Löbe konkret, indem er die Verbrechen benannte: »Die verbrecherischen Machthaber der nationalsozialistischen Gewaltherrschaft haben die jüdischen Deutschen und die Juden in Europa unmenschlich verfolgt und sechs Millionen Menschen – Männer, Frauen, Kinder und Greise – nur wegen ihrer jüdischen Abstammung ermordet.« Wollte Adenauer den »Weg zur seelischen Bereinigung« erleichtern, so versicherte Löbe: »Wir wollen dieses unermeßliche Leid nicht vergessen.« Und er sprach von Juden, »die gleich uns als Deutsche geboren sind« und denen »wir uns ... unlösbar verbunden« wüßten. Der Beitrag von Felix Mendelssohn, Heinrich Heine, Walther Rathenau und zahlreichen Nobelpreisträgern sei nicht aus der deutschen Kultur fortzudenken. Jeder Deutsche sei verpflichtet, Wiedergutmachung für die NS-Verbrechen zu leisten und den Rassismus in Vergangenheit und Gegenwart zu bekämpfen. Von jedem seien Opfer gefordert. Die Wiedergutmachung sei das »Maß für die Erneuerung des Rechts in Deutschland«.[21] Für Löbe war die Wiedergutmachung wie für Schumacher nur ein Teil einer wesentlich umfangreicheren Auseinandersetzung mit der NS-Vergangenheit.

Vor dem Hintergrund von Adenauers Abneigung gegen forcierte juristische Aktivitäten in bezug auf Kriegsverbrechen spielte die Wiedergutmachung bei der Definition der Vergangenheitsbewältigung eine zentrale Rolle. Auf diese Weise konnte er seine konservativen Wähler darüber beruhigen, daß dies nicht der erste Schritt in Richtung auf eine tiefgreifendere juristische, politische und gesellschaftliche Auseinandersetzung mit den NS-Verbrechen sein würde. Dennoch sah er sich im Kabinett und in seiner Partei mit beachtlichem Widerstand konfrontiert. Finanzminister Fritz Schäfer bezweifelte, daß die Bundesrepublik in der Lage war, die Zahlungen zu leisten, und die CDU dehnte den Begriff der Opfer des Nationalsozialismus so weit aus, daß er auch die Deutschen, die unter dem Krieg gelitten hatten, umfaßte. Der Koalitionspartner FDP war ebensowenig begeistert darüber. Verkehrsminister Hans-Christoph Seebohm verstieg sich sogar dazu, die moralischen Ansprüche der Vertriebenen auf eine Stufe mit denen der Juden zu stellen. Unterstützung erhielt Adenauer jedoch von Schumacher und anderen führenden Sozialdemokraten wie Erich Ollenhauer, Carlo Schmid und Jakob Altmeier, einigen gemäßigten CDU-Politikern wie Franz Böhm und Eugen Gerstenmaier und Bundespräsident Heuss.[22]

Als die israelisch-deutschen Verhandlungen über die Wiedergutmachung aufgenommen wurden, drückte die SPD die Hoffnung aus, die Gespräche würden »beweisen, daß das ganze deutsche Volk das Recht der Juden auf Entschädigung und Wiedergutmachung anerkennt und daß dies zu wirksamer Hilfe sowohl für Israel als auch für die Juden, die auf der Flucht vor dem Naziterror woanders ein neues Heim gefunden haben, führen wird. Wir hoffen außerdem, daß die Verhandlungen den Weg zur Aussöhnung zwischen Juden und Deutschen zeigen werden.« Gerade weil es unmöglich sei, einen Ausgleich für die Untaten des Hitlerregimes zu bieten oder die materiellen Schäden in vollem Umfang wiedergutzumachen, sei es »um so wichtiger, daß wir in dem Maße, wie es unsere Mittel erlauben, den Beweis unseres guten Willens antreten«. Dies sei »nicht nur eine materielle, sondern auch eine moralische Verpflichtung«. Die SPD habe die »Verantwortung der Deutschen für die jüdischen Opfer der Nazigreuel« stets bekräftigt. Schumacher habe hervorgehoben, daß die »Anerkennung des Rechts der Juden auf materielle und moralische Wiedergutmachung« einen bedeutenden Platz im Programm der SPD einnehme. Deshalb müsse in Deutschland alles unternommen werden, »um sämtliche Anzeichen und Handlungen des Antisemitismus auszumerzen«, antisemitische Demonstrationen zu verhindern und sicherzustellen, daß »alle Personen, deren Namen auf der schwarzen Liste derjenigen erscheint, die unter dem nationalsozialistischen Regime Straftaten begangen haben, von öffentlichen Posten ausgeschlossen werden«.[23] Ohne die Unterstützung der SPD hätte Adenauer das Wiedergutmachungsabkommen nicht durch den Bundestag bekommen.

Aus Verärgerung über Adenauers Verzögerung der Einigung über ein angemessenes Abkommen traten im Mai 1952 seine eigenen Verhandlungsführer, Franz Böhm und Otto Küster, beide CDU-Mitglieder, aus der deutschen Delegation aus. Adenauer drängte Böhm jedoch, seinen Rücktritt nicht wahrzumachen, und akzeptierte seine Bedingungen als Grundlage der weiteren Verhandlungen. Sie bildeten dann auch den Kern des Luxemburger Wiedergutmachungsabkommens vom 10. September 1952.[24] Böhm blieb im Bundestag und in der Presse ein scharfer Kritiker von Verzögerungen und abschlägigen Bescheiden bei der Behandlung von Wiedergutmachungsansprüchen. Im Januar 1955 beschrieb er die Atmosphäre, in der das Wiedergutmachungsabkommen behandelt wurde, mit sarkastischen Worten:

> So ist niemand am Nationalsozialismus, an der Machtübernahme und an den Schrecken der zwölf Jahre schuld. Das deutsche Volk, einig in seinen Stämmen, steht fassungslos vor dem, was da angerichtet worden ist, und kann es sich schlechterdings nicht erklären, wie das alles hat geschehen können.
>
> Ähnlich verhält es sich mit der Wiedergutmachung. Schuldige an der Verfolgung hat es nicht gegeben, und wo steht geschrieben, daß Unschuldige eine Schuld wiedergutmachen sollen? Das ist »mit dem deutschen Rechtsempfinden nicht in Einklang zu bringen«.

Den deutschen Richtern warf er vor, die engste Interpretation anzuwenden, um Wiedergutmachungsansprüche abzulehnen, und jede Verbindung zwischen vergangener Ungerechtigkeit und gegenwärtigem Leid zu leugnen. Schuld daran sei eine »Jurisprudenz der vertrockneten Gehirne und verschrumpften Herzen« oder aber »arger Wille und Verlogenheit«. Hinzu komme, daß die Bundesregierung sich drücke und die Bundesländer zum »Knausern« verführe, statt ihre Aufsichtspflicht zugunsten großzügiger Wiedergutmachungsentscheidungen wahrzunehmen.[25]

In diesem Klima war Adenauer klar, daß moralische Argumente allein bei der CDU-Führung nicht ausreichten. Im September 1952 wandte er sich in einer Rede an den Bundesparteiausschuß der CDU, um ihn für das Wiedergutmachungsabkommen zu gewinnen. Zu seinem »großen Bedauern« müsse er feststellen, daß in der westdeutschen Gesellschaft immer noch antisemitische Tendenzen vorhanden seien und sich auch in der CDU »gewisse Neigungen« antisemitischen Charakters bemerkbar machten. Die Bundesrepublik, betonte er, habe rechtliche und moralische Verpflichtungen gegenüber Israel. Obwohl »wir, ich meine auch jetzt unseren Kreis« – in der CDU –, nicht an den Greueln gegen Juden teilgenommen hätten, sei doch ein »erheblicher Teil des deutschen Volkes« nicht nur beteiligt gewesen, sondern habe sich auch »daran nachher bereichert«. An diesen Tatsachen könne man nicht vorübergehen. Es sei »eine der vornehmsten moralischen Verpflichtungen des deutschen Volkes«, klarzumachen, »daß es nicht einverstanden ist mit dem, was in den Jahren des Nationalsozialismus dem Judentum angetan worden ist«. Der Bundestag habe sein Bedauern über die NS-Verbrechen ausgedrückt, aber Worte seien billig; ihnen müßten Taten folgen. Wenn die Westdeutschen sich weigerten, Wiedergutmachung zu leisten, würde es Zweifel daran wecken, ob sie mit dem, was den Juden angetan worden sei, tatsächlich nicht einverstanden seien. Insofern sei die Wiedergutmachung ein Signal für die Welt, die sich in dieser Frage unschlüssig sei.

Darüber hinaus führte Adenauer die Interessen der Bundesrepublik und andererseits »die Macht der Juden«, sie zu beeinträchtigen, ins Feld. Wenn sein eigenes Kabinett sich in dieser Frage gegen ihn stellen würde, wäre es eine »außenpolitische Katastrophe« mit weitreichenden Auswirkungen auf die Bemühungen der Bundesrepublik, internationale Glaubwürdigkeit zu erlangen. Man müsse sich darüber im klaren sein, »daß die Macht des Judentums auf wirtschaftlichem Gebiet außerordentlich stark ist nach wie vor«. Daher sei die »Versöhnung mit dem Judentum sowohl vom moralischen Standpunkt wie vom politischen Standpunkt, wie auch vom wirtschaftlichen Standpunkt ein unbedingtes Erfordernis für die Bundesrepublik«. Damit griff Adenauer, nachdem er noch kurz zuvor das Weiterbestehen des Antisemitismus in Westdeutschland bedauert hatte, selbst auf einen Standardmythos zurück – die Macht der Juden. Tatsächlich besaßen die Juden 1952 in den USA nur geringen und in Deutschland praktisch überhaupt keinen Einfluß. Von Macht ganz zu schweigen, war das Überleben Israels vielmehr weit davon entfernt, gesichert zu sein. Trotzdem deutete Adenauer Besorgnis über das Ausmaß an, in dem die angebliche Macht der Juden die USA, insbesondere Hochkommissar

John McCloy, beeinflußte. Er zitierte eine ungenannt bleibende, »sehr maßgebende amerikanische Stelle«, die ihm gesagt habe, eine westdeutsche Vereinbarung mit Israel und jüdischen Organisationen wäre ein »politisches Ereignis, das in die gleiche Reihe gestellt werden kann« wie die Verträge über die Souveränität der Bundesrepublik und ihren Beitritt in die Europäische Verteidigungsgemeinschaft (EVG). Deshalb sei es wichtig, die »Widerstände auch in unseren eigenen Reihen« zu überwinden, denn eine Einigung mit den Juden sei »moralisch, politisch und wirtschaftlich eine absolute Notwendigkeit«.[26] Diesmal hob Adenauer also das Eigeninteresse stärker hervor als die moralische Verpflichtung, so daß die Wiedergutmachung als Teil des Preises erschien, den die Bundesrepublik für den Beitritt zum westlichen Bündnis zu zahlen hatte. Auf jeden Fall überwies sie zwischen 1954 und 1991 rund 110 Milliarden Deutsche Mark als Wiedergutmachung an jüdische Überlebende.[27]

McCloy, der 1951 einigen verurteilten NS-Kriegsverbrechern Strafreduzierungen gewährt hatte, drängte nun, mit den Worten von Thomas Schwartz, entschlossen »um so energischer auf eine großzügige Wiedergutmachung gegenüber den Juden und dem Staat Israel«. Eine solche großzügige Politik hielt er für notwendig, um die liberale und jüdische öffentliche Meinung in den USA davon zu überzeugen, daß ein neues Deutschland entstanden sei, das bestrebt war, die NS-Verbrechen zu sühnen. Adenauer schrieb er, eine ablehnende Haltung gegenüber einem Wiedergutmachungsabkommen könne »hinsichtlich der Aussöhnung Deutschlands mit dem jüdischen Volke, die für Deutschlands Zukunft und internationale Stellung so bedeutsam ist, schwerwiegende Folgen haben«, mit anderen Worten, sie könnte seine Integration in den Westen gefährden.[28] Doch wie McCloy wußte, konnte amerikanischer Druck auch die negative Folge haben, eine nationalistische Reaktion in Westdeutschland auszulösen. Mit Blick auf die Eindämmung der Sowjetunion brauchten die USA Westdeutschland als Verbündeten mehr als die Bundesrepublik Wiedergutmachungszahlungen an die Juden. Eine Verweigerung der Wiedergutmachung hätte die liberale und jüdische Öffentlichkeit in den USA vor den Kopf gestoßen, aber es ist kaum vorstellbar, daß die Architekten des Kalten Krieges deshalb darauf verzichtet hätten, die Bundesrepublik ins westliche Bündnis einzubeziehen. Bei der westdeutschen Entscheidung spielte sicherlich das Eigeninteresse ebenso eine Rolle wie das Gefühl für die moralische Verpflichtung. 1951 besaßen jüdische Empfindlichkeiten und liberale öffentliche Meinung in den Erwägungen der politischen Entscheidungsträger der USA weit weniger Gewicht als Überlegungen zum Gleichgewicht der Mächte, für das die Integration der Bundesrepublik ins westliche Bündnis erforderlich war. Hätten Juden in dieser Zeit die Macht gehabt, die ihnen so oft von ihren Feinden nachgesagt wurde, hätte die Regierung Adenauer wesentlich mehr tun müssen, als einer finanziellen Wiedergutmachung zuzustimmen.

Adenauer nahm für sich in Anspruch – und David Ben-Gurion und Nahum Goldmann pflichteten ihm darin bei –, daß seine religiösen und moralischen Überzeugungen ein entscheidender Faktor für die Annahme und Verwirklichung des Wiedergutmachungsabkommens gewesen seien. Als es am 18. März 1953 vom Bundestag ratifiziert wurde, war es jedoch die demokratische Linke, nicht Adenauers Koalition, die einmütig hinter dem Abkommen stand. Von den 360 anwesenden Abgeordneten sprachen sich 239 für das Abkommen aus, 35 lehnten es ab, darunter alle 13 KPD-Abgeordneten. Aus den Fraktionen der Regierungskoalition aus CDU, CSU, FDP und Deutscher Partei (DP) stimmten 106 Abgeordnete mit Ja, aber 86 Vertreter von CSU, FDP und DP enthielten sich der Stimme. Nur die SPD-Fraktion stimmte geschlossen für das Abkommen. Von 1953 bis 1965 lieferte die Bundesrepublik im Rahmen der Vertragsverpflichtungen für den Aufbau der Infrastruktur wichtige Güter wie Schiffe, Maschinen, Eisenbahnzüge, Autos, medizinische Ausrüstungen und Telefontechnologie nach Israel. Diese Lieferungen machten zehn bis fünfzehn Prozent des israelischen Imports aus. Laut Angaben der Bundesrepublik beliefen sich die Wiedergutmachungszahlungen an individuelle Opfer der politischen, rassischen und religiösen Verfolgung durch den Nationalsozialismus bis 1971 auf 40,4 Milliarden D-Mark, bis 1986 auf 77 Milliarden, bis 1995 auf 96 Milliarden und insgesamt auf eine Summe von 124 Milliarden D-Mark.[29]

Eine ähnlich beeindruckende Bilanz gab es auf juristischem Gebiet nicht. Im Gegenteil, verzögerte Rechtsprechung und insofern Verweigerung von Recht und Gerechtigkeit waren das größte Manko von Adenauers Weg in die Demokratie. Daß er der Integration von Millionen früherer Nationalsozialisten und anderer durch ihr Verhalten im Dritten Reich Belasteter den Vorrang gab vor der juristischen Verfolgung derjenigen, die Kriegsverbrechen und Verbrechen gegen die Menschlichkeit begangen hatten, hatte ironischerweise die Konsequenz, daß dem Vorwurf der Kollektivschuld, den die Alliierten nie erhoben hatten, Vorschub geleistet wurde. Denn wenn die Deutschen nicht kollektiv schuldig waren und die Mitgliedschaft in der NSDAP nicht verbrecherisch gewesen war, warum sollten sich dann die Millionen, die kein Verbrechen begangen hatten, der öffentlichen Diskussion über jene Tausende enthalten, die es getan hatten? Und warum sollten sie es zulassen, daß ehemalige Vertreter des nationalsozialistischen Regimes erneut verantwortliche Stellungen bekleideten? Waren die Fähigkeiten der Diener des Dritten Reichs derart unerläßlich und unersetzbar, daß demokratischer Staat und Marktwirtschaft nicht ohne sie aufgebaut werden konnten?

In gewisser Hinsicht stimmte Adenauer mit Ulbricht überein, daß – abgesehen von den krassesten Fällen – die gegenwärtigen politischen Ansichten mehr wogen als die vergangenen Taten. Am 11. Mai 1951 nahm der Bundestag Artikel 131 des Grundgesetzes an, der hundertfünfzigtausend Personen, die bei Kriegsende Beamte oder Angehörige der Streitkräfte gewesen waren und seitdem ihre Stellungen verloren hatten, einen Pensionsanspruch und die mögliche Wiedereinstellung in den alten Stellungen zubilligte. Gleichzeitig beendete der Bundestag die Untersuchung der Regierungsbürokratie und sprach sich für die Wiedereinstellung jener aus, die aufgrund negativer Entnazifizierungsentscheidungen in der Besatzungszeit ihre Posten eingebüßt hatten.[30] Was die Deutschen das »Recht auf politische Fehler« nannten, wurde nun auch ehemaligen Beamten des NS-Regimes zugestanden, ob sie nun desillusioniert oder einfach nur opportunistisch waren. Jenen, die während des Krieges aus der Wehrmacht desertiert waren, wurde nicht soviel Großzügigkeit zuteil, obwohl die Wehrmachtführung in Nürnberg für schuldig befunden worden war, Kriegsverbrechen geduldet und befohlen zu haben. Der politische Preis des Artikels 131 waren ständige Skandale wegen der NS-Vergangenheit hoher Beamter, vor allem in Justiz und diplomatischem Dienst, und die sich daran entzündende politische Unzufriedenheit der Jugend. Je weniger frühere Beamte des Dritten Reichs bereit waren, offen über ihr damaliges Verhalten zu sprechen, desto stärker gerieten sie bei ihren Kritikern in den Verdacht, etwas Schlimmeres als Irrtümer der Jugend zu verbergen.

Mehr als jede andere Personalentscheidung während Adenauers Amtszeit als Bundeskanzler demonstrierte die Ernennung von Hans Globke zum Ministerialdirektor (1949) und Staatssekretär (1953) im Bundeskanzleramt – und das Festhalten an ihm – die Politik der Demokratisierung durch Integration. Keine andere Personalentscheidung rief so viel Kritik hervor und fügte Adenauers moralischem Ansehen derartigen Schaden zu. Globke war in der Weimarer Republik seit 1922 Mitglied der Zentrumspartei gewesen und seit 1929 Beamter im preußischen Innenministerium. Nach 1933 wechselte er ins Reichs- und Preußische Ministerium des Innern, und ab 1936 arbeitete er am amtlichen Kommentar zu den Nürnberger Rassegesetzen mit. Er selbst und seine Verteidiger behaupteten, sein Kommentar habe in einigen Fällen geholfen, Kinder aus Ehen zwischen einem jüdischen und einem nichtjüdischen Elternteil zu schützen, und habe außerdem die Emigration vieler Juden aus Deutschland erleichtert. Seine Kritiker wenden dagegen ein, der Kommentar habe zur rassistischen, antijüdischen Gesetzgebung beigetragen. Sicher konnte Globke 1936 noch nicht wissen, daß die Judenverfolgung im Massenmord enden würde.[31] Aber einzuräumen, er sei zwar an der rassistischen Gesetzgebung beteiligt, aber kein Verfechter des Genozids gewesen, legt einen erstaunlich niedrigen Maßstab an, insbesondere wenn man bedenkt, daß es sich um einen der engsten Vertrauten Adenauers handelte. Einige Angehörige des antinazistischen Widerstandes erklärten, Globke sei ein Gegner des NS-Regimes gewesen, während er selbst anführte, er sei auf seinem Posten geblieben, um Schlimmeres zu verhüten. Für Adenauers Kritiker war es hingegen unverständlich, daß er keinen weniger belasteten Beamten hatte finden können. Sein halsstarriges Festhalten an Globke deutete jedenfalls darauf hin, daß die Eliten von öffentlichem Dienst und Justiz tatsächlich zum großen Teil durch ihr Verhalten im Dritten Reich belastet waren.

Globkes Ernennung war in Westdeutschland von Anfang an umstritten. Wenn Adenauer eine skeptische Welt davon überzeugen wollte, daß ein neues Deutschland entstand, warum hatte er dann Globke ausgewählt und hielt trotz der öffentlichen Kritik an ihm fest? Adenauers Biographen Henning Köhler und Hans-Peter Schwarz deuten an, daß Globke in der Phase des Aufbaus der neuen Regierung und der Besetzung der Ministerien für Adenauer gerade wegen seiner Verstrickung und Vertrautheit mit Politik und Personal des NS-Regimes von unschätzbarem Wert gewesen sei. Globke, der ein ausgezeichnetes institutionelles Gedächtnis für die Lebensläufe gegenwärtiger und früherer Beamter besaß, sei ein »wandelndes Lexikon« der NS-Bürokratie gewesen.[32] Für die Auswahl der Mitarbeiter der neu aufzubauenden Ministerien war dieses Wissen gut zu gebrauchen. Adenauers eigener Aussage nach versetzte es ihn in die Lage, qualifizierte Personen zu finden, die sich keiner Kriegsverbrechen und Verbrechen gegen die Menschlichkeit schuldig gemacht hatten. Von seinen Kritikern wurde ihm dagegen vorgehalten, Globke neige als Belasteter dazu, Ausnahmen zu machen. Darüber hinaus war seine Ernennung als bekräftigendes Signal dafür zu verstehen, daß für Adenauer – wie für Ulbricht – gegenwärtige Haltung und Sachkenntnis schwerer wogen als Recht und Erinnerung. Wenn Globke in unmittelbarer Umgebung des Bundeskanzlers arbeiten konnte, welche Begründung gab es dann noch für eine Säuberung auf den unteren Ebenen?

Im Juni 1951 wiesen sowohl ein Leitartikel der *Allgemeinen Wochenzeitung der Juden in Deutschland* als auch der Zentralrat der Juden in Deutschland das Argument zurück, Globkes Bemühungen hätten jüdische Leben gerettet.[33] In der Erklärung des Zentralrats heißt es:

1. Es war, ist und bleibt die Auffassung der jüdischen Gemeinschaft, daß jeder Funktionär des Hitler-Reiches, der, gleich welchen Ranges, an der Schaffung, Auslegung und Durchführung der nationalsozialistischen Rassegesetze und den sich aus diesen ergebenden Verfolgungsmaßnahmen aktiv mitwirkte, das Sittengesetz verletzt und die moralischen Grundlagen des menschlichen Zusammenlebens geschändet hat. Ein Jurist, der sich dazu erniedrigte, barbarische Unrechtsnormen pseudowissenschaftlich zu bearbeiten, hat den Anspruch verwirkt, im hohen Dienste des Rechts tätig zu sein.
2. Es ist uns unbekannt, daß durch irgendwelche Kommentare zu den Nürnberger Rassegesetzen je jüdische Menschenleben gerettet worden sind. Bekannt ist uns dagegen wohl, daß diese Gesetze zum verbrecherischen Mord an sechs Millionen Männern, Frauen und Kindern geführt haben, deren Vergehen in den Augen der nationalsozialistischen Machthaber einzig und allein darin bestand, als Juden geboren worden zu sein.[34]

Adenauer ignorierte die Proteste und blieb bei seinem Kurs der Demokratisierung durch Integration von belasteten Beamten. Für Globkes Ernennung zahlte er einen politischen Preis, indem er die Kritik Israels sowie liberaler und jüdischer Organisationen in den USA auf sich zog und der Ostberliner Propagandakampagne eine Angriffsfläche bot. Aber seine wichtigste Klientel, die westdeutschen Wähler, nahmen Globkes Rolle ohne Protest hin. Im September 1950 kommentierte die *Allgemeinen Wochenzeitung der Ju-*

den in Deutschland bitter, die Entnazifizierung habe der »Renazifizierung« Platz gemacht, und drängte darauf, daß »endlich einmal Ernst gemacht wird mit der Reinigung des Beamtenapparates von nationalsozialistischen Fossilien und alle den Elementen«, die für den Zweiten Weltkrieg und den nazistischen Massenmord verantwortlich seien. Dem »Entdemokratisierungsskandal«, der es »opportunistischen und antidemokratischen Elementen« gestattet habe, wieder in verantwortliche Stellungen zu gelangen, müsse ein Ende gesetzt werden.[35] Doch Adenauers Mehrheit war groß genug, um der gemeinsamen Opposition von Juden, Liberalen, Sozialdemokraten, Gewerkschaften sowie kritischen Journalisten und Intellektuellen standzuhalten. Jüdische Schwäche, nicht jüdische Macht war das Kennzeichen dieser Periode.

Problematischer war angesichts der Notwendigkeit, der Welt ein Gesicht der Erneuerung zu zeigen, die Präsenz früherer Beamter des NS-Regimes im Auswärtigen Dienst. Zum ersten großen Skandal wegen der Tätigkeit von »Ex-Nazis« in Bonn kam es im Herbst 1951, als Adenauer und sein wichtigster außenpolitischer Berater, Herbert Blankenhorn, ein neues Außenministerium und diplomatisches Korps aufbauten. Im Sommer 1951 hatte der französische Hochkommissar berichtet, daß 62 von 100 Angehörigen des westdeutschen diplomatischen Korps von Entnazifizierungskammern als Mitschuldige eingestuft worden seien; 43 seien SS-Mitglieder gewesen, und 17 hätten dem Sicherheitsdienst (SD) oder der Gestapo angehört. Ab Oktober beschäftigte sich ein Untersuchungsausschuß des Bundestages mit dem Thema, der ein Jahr später nach der Untersuchung von einundzwanzig Beamten empfahl, vier von ihnen zu entlassen und sieben nur befristete Arbeitsverträge zu geben.[36] Der außenpolitische Sprecher der SPD-Bundestagsfraktion, Fritz Erler, erklärte im Bundestag, die Verwendung derart vieler ehemaliger Nationalsozialisten »an einer politisch so exponierten Stelle« sei »für unseren Staat ungesund« und untergrabe die Anstrengungen, Vertrauen für die Bundesrepublik zu gewinnen.[37] Adenauer erwiderte, ein Auswärtiger Dienst benötige Mitarbeiter, die dessen Geschichte kannten, Fremdsprachen beherrschten und wüßten, wie Diplomatie betrieben werde. Gereizt hielt er seinen Kritikern entgegen: »Wir sollten jetzt endlich mit dieser Naziriecherei Schluß machen. Denn verlassen Sie sich darauf: wenn wir damit anfangen, weiß man nicht, wo es aufhört.« Diesen Kurs solle man »im Interesse des Ansehens der Bundesrepublik im Ausland« nicht weiter verfolgen.[38] Nach Ansicht der SPD wurde das Ansehen der Bundesrepublik allerdings wesentlich mehr dadurch geschädigt, daß sich Adenauer weigerte, die belasteten Beamten aus dem diplomatischen Dienst zu entfernen.

Beim Aufbau der Bundeswehr wurden solche Skandale aufgrund von Adenauers und Heuss' Ablehnung des preußischen Militarismus und der alliierten Mitwirkung bei der Wiederbewaffnung vermieden. Dennoch demonstrierte Adenauer im April 1951 erneut seine Blindheit hinsichtlich der Rolle der Wehrmacht im Dritten Reich, als er im Bundestag sagte, die Zahl der deutschen Soldaten, die Verbrechen begangen hätten, sei »so außerordentlich gering und so außerordentlich klein«, daß die Ehre der Wehrmacht keinen Schaden genommen habe.[39] Später dehnte er diese Erklärung auf die Mitglieder der Waffen-SS aus, wenn auch nur insofern, als diese »ausschließlich als Soldaten ehrenvoll für Deutschland gekämpft« hätten.[40] Damit griff er die verbreitete Ansicht auf, der zufolge die deutschen Streitkräfte für die verbrecherischen Exzesse des Zweiten Weltkrieges nicht verantwortlich seien, und bekräftigte sie, obwohl er sich damit im Widerspruch zu den Urteilen von Nürnberg befand, die von vielen Deutschen als Siegerjustiz abgetan wurden.[41] An die Spitze der Bundeswehr wurden Offiziere aus dem Umkreis der Verschwörung vom 20. Juli 1944 berufen. Dennoch entstand 1955 und 1956 in Westdeutschland und den USA einige Aufregung um das Vorhaben, früheren Angehörigen der Waffen-SS und sogar der regulären SS den Eintritt in die Bundeswehr zu gestatten, wenn sie bestimmte Kriterien in bezug auf Alter, Rang, freiwillige oder erzwungene Rekrutierung und demokratische Haltung erfüllten. Obwohl die Zahl der Betroffenen klein war, löste die Zugehörigkeit ehemaliger SS-Männer zur Bundeswehr im In- und Ausland Proteste aus. Unter den Bedingungen einer offenen politischen Diskussion sollten die bei der Schaffung der Institutionen des neuen Staats auftretenden Kontinuitäten und Diskontinuitäten in bezug auf das alte Regime noch öfter auf sich ziehen.

Nach 1949 bekamen die Westdeutschen die Chance, die von den Alliierten in Nürnberg begonnene Arbeit fortzusetzen und auszuweiten. In der Besatzungszeit hatten Heuss und andere von der Notwendigkeit gesprochen, NS-Verbrecher vor deutsche Gerichte zu stellen. Doch weder Adenauer noch Heuss nutzten die neugewonnene Souveränität, um dieses Ziel des deutschen antinazistischen Widerstandes zu verwirklichen. Statt dessen schlossen sie sich dem verbreiteten Wunsch nach einer Amnestie der von den Alliierten Angeklagten und zum Teil bereits Verurteilten an. Neue Ermittlungen und Gerichtsverfahren initiierten sie nicht. Zwar mußten unverbesserliche Nationalsozialisten wie jene, die 1951 mit der Sozialistischen Reichspartei kurzzeitig für Aufsehen sorgten, mit Kritik und Repression rechnen; wer aber bereit war, die neue Demokratie zu akzeptieren, der wurde integriert, während die juristische Aufarbeitung der Vergangenheit ausblieb.[42] Letzteres war ein schwerer Schlag für die Hoffnung auf Gerechtigkeit. 1951 sprachen die *Allgemeine Wochenzeitung der Juden in Deutschland* und führende Sozialdemokraten wie Carlo Schmid voller Bitterkeit darüber, daß die Kollektivschuldthese durch einen neuen Mythos der kollektiven Unschuld und Unverantwortlichkeit ersetzt worden sei.[43]

Die neue Regierung sah sich mit der Frage konfrontiert, was sie mit den rund fünftausend Personen anfangen sollte, die von den Alliierten wegen Kriegsverbrechen und Verbrechen gegen die Menschlichkeit verurteilt worden waren. Einige der prominentesten von ihnen warteten im Gefängnis Landsberg auf ihre Hinrichtung. Doch in der deutschen Gesellschaft wuchs der Druck derer, die Milde und Straferlaß verlangten, während die Fähigkeit der Alliierten, diesem Druck standzuhalten, infolge der Verlagerung des Schwergewichts von der nationalsozialistischen Vergangenheit auf die antikommunistische Gegenwart des Kalten Krieges nachließ. Bis 1949 hatten die Siegermächte über vierhundert Kriegsverbrecher exekutiert. Die Verfasser des neuen Grundgesetzes der Bundesrepublik hatten die Todesstrafe jedoch unter Hinweis auf die Praxis im Dritten Reich für abgeschafft erklärt. Falls die Westalliierten nach 1949 in Westdeutschland Hinrichtungen durchgeführt hätten, wäre es ein Affront gegen die deutsche Souveränität gewesen. Hinzu kam, daß führende katholische wie protestantische Geistliche, statt die Bestrafung des Bösen zu fordern, an der Spitze der Bewegung gegen Kriegsverbrecherprozesse standen.

John McCloy, der damals für seine extreme Milde gegenüber den bereits Verurteilten kritisiert wurde, machte Adenauer darauf aufmerksam, daß die Angeklagten schuldig seien, und fügte an anderer Stelle hinzu, eine Amnestie würde »als eine Aufgabe der in den [Nürnberger] Prozessen etablierten Prinzipien betrachtet«. Dies könne den Eindruck erwecken, daß »für jene Verbrechen hinreichend gesühnt worden ist [und] daß es dem deutschen Volk nun gestattet werden sollte, sie zu vergessen«.[44] Trotzdem drängte der Bundeskanzler am 16. November 1950 auf einer Sitzung mit den Hochkommissaren der Westalliierten darauf, alle Kriegsverbrecherprozesse zu beenden und sämtliche Todesstrafen in Freiheitsstrafen umzuwandeln. Ehemalige deutsche Offiziere warnten davor, daß die Unterstützung für die Wiederbewaffnung untergraben würde, wenn man die Landsberger Gefangenen hinrichte. Sogar Schumacher erklärte, Hinrichtungen würden die deutsche Souveränität verletzen. Inge Scholl, deren Schwester und Bruder als Mitglieder der Widerstandsgruppe »Weiße Rose« von den Nationalsozialisten ermordet worden waren, schloß sich ihm an, und der Münchner Weihbischof Johannes Neuhäusler verwies zur Begründung seiner Bitte um Gnade darauf, daß Westdeutschland jetzt gemeinsam mit den USA und den anderen Westmächten einen Verteidigungsblock gegen den Bolschewismus bilde.[45]

Am 31. Januar 1951 gewährte McCloy neunundsiebzig der neunundachtzig Landsberger Gefangenen Umwandlungen, Gnadenerlasse und Strafminderungen. Fünf Todesurteile wurden bestätigt, vier weitere in eine lebenslange Freiheitsstrafe umgewandelt. Bis 1958 wurden sämtliche noch in amerikanischer Haft befindlichen Kriegsverbrecher freigelassen. Die liberale Öffentlichkeit in den USA, Frankreich und Großbritannien reagierte empört auf die in den Augen der Kritiker unpassende Eile, mit der McCloy Deutschland rehabilitierte und wiederbewaffnete, bevor die Arbeit von Gerechtigkeit, Erinnerung und Bestrafung getan war.[46] In Deutschland sprachen sich weder Adenauer und Heuss noch Schumacher in dieser Debatte für die Verurteilungen aus, noch beharrten sie auf der Notwendigkeit von sofortigen weiteren Prozessen vor deutschen Gerichten. Die fehlende Unterstützung seiner Entscheidungen durch führende westdeutsche Politiker kommentierte der verärgerte McCloy mit der Bemerkung, diese hätten nicht begriffen, daß »wir uns in einer Situation befinden, wo das Mitgefühl nicht so sehr den Tätern, sondern vielmehr deren Opfern gelten sollte«.[47] Tatsächlich könnte die halsstarrige Haltung Adenauers und der meisten anderen politischen Führer der Bundesrepublik, wie Thomas Schwartz meint, »sehr wohl dazu beigetragen haben«, McCloy in seiner Ansicht zu bestärken, daß es notwendig sei, Westdeutschland fest in den Westen einzubinden und sich jeder Lösung zu widersetzen, »die dem Land die Freiheit gegeben hätte, zu seinem alten Nationalismus und Autoritarismus zurückzukehren«.[48] Seine Landsberger Entscheidungen stellten ein Zugeständnis an die verbreitete deutsche Neigung dar, in bezug auf Kriegsverbrechen und Verbrechen gegen die Menschlichkeit die Vergangenheit vergangen sein zu lassen. Deren Ursache waren sie nicht.

Die politische Führung der Bundesrepublik hörte auf eine »Amnestielobby«, die von der Regierung verlangte, McCloy zur Umwandlung der Strafen der bereits verurteilten Landsberger Häftlinge zu drängen. Wie einer der amerikanischen Ankläger in Nürnberg, Robert Kempner, notierte, hatte die Amnestierung sowohl kurz- als auch langfristige Konsequenzen. Zum einen seien Anfang der fünfziger Jahre mehrere Dutzend »notorischer Mörder« freigelassen worden; zum anderen hätten diese Entscheidungen äußerst negative Auswirkungen auf spätere Prozesse vor deutschen Gerichten gehabt, in denen ehemals hochrangige Nationalsozialisten, die 1951 begnadigt worden waren, gegen solche von niedrigerem Rang aussagten, die weniger Schuld trugen. Deshalb seien nur schwer Verurteilungen zu erreichen gewesen.[49] Der Einleitung neuer Verfahren wegen Kriegsverbrechen und Verbrechen gegen die Menschlichkeit war dieses Klima nicht förderlich. Mit anderen Worten, gerade in der Periode, als die Erinnerung noch frisch war und Prozesse hätten geführt werden sollen, wurde die Durchsetzung des Rechts aufgrund des Vorrangs der Westintegration und der Verdrängung der Vergangenheit verzögert und in allzu vielen Fällen ganz verweigert.

Durch einen 1958 in Ulm geführten Prozeß gegen eine Einsatzgruppe der SS wurde die westdeutsche Öffentlichkeit zum ersten Mal mit dem Preis für Integration und Amnestiepolitik konfrontiert. Ein früherer Polizeichef, der gemäß Artikel 131 des Grundgesetzes wieder ins Amt gelangt war, wurde des Mordes an viertausend Juden angeklagt, für schuldig befunden und zu einer langen Haftstrafe verurteilt. Jetzt meldeten sich Journalisten, liberale Politiker, Rechtsanwälte und Intellektuelle zu Wort und forderten eine systematische Untersuchung und juristische Verfolgung von nationalsozialistischen Kriegsverbrechen und Verbrechen gegen die Menschlichkeit. Damit ging die Ära der auf Verdrängung und Integration beruhenden Demokratisierung zu Ende, und eine neue, von intensiverer juristischer Aufarbeitung der NS-Verbrechen geprägte Periode begann. Am 5. Oktober 1958 gründeten die Justizminister der Bundesländer die in Ludwigsburg ansässige Zentrale Stelle der Landesjustizverwaltungen zur Aufklärung nationalsozialistischer Gewaltverbrechen. Zugleich verlagerte sich das Schwergewicht der Aufmerksamkeit von den »Kriegsverbrechen« auf die »Verbrechen gegen die Menschlichkeit« und den Genozid, das heißt auf die Taten der SS und ihrer Einsatzgruppen hinter der Front und in den Vernichtungslagern. Anfang der sechziger Jahre wurden den deutschen Behörden Dokumente des amerikanischen Nationalarchivs in Washington und des Berlin Document Center zugänglich gemacht, und die Ermittlungen der Ludwigsburger Zentralstelle und die auf ihnen beruhenden Prozesse trugen entscheidend zur Erweiterung des Wissens über die NS-Gewaltverbrechen bei.[50] Daß sich ab 1958 eine Behörde um die juristische Verfolgung der während der NS-Zeit begangenen Verbrechen kümmerte, war eine positive Entwicklung, doch neun Jahre waren verschenkt worden, in denen die Erinnerung verblaßt war, Zeugen verzogen oder gestorben und Täter geflohen waren, ihre Spuren verwischt, die Identität gewechselt und ein Leben außerhalb von Gefängnismauern genossen hatten.

Die Westintegration der Bundesrepublik blieb Adenauers bedeutendste und dauerhafteste Leistung. Nur durch sie konnte seiner Ansicht nach das Wiederaufleben von Nationalismus und Nationalsozialismus verhindert werden. Seine Kritiker warfen ihm vor, daß sein Antikommunismus und die von ihm verwendete Rhetorik des Kalten Krieges daneben zur Folge gehabt habe, daß das Augenmerk von der NS-Vergangenheit abgelenkt und statt dessen auf die aktuelle sowjetische Bedrohung gerichtet wurde. Doch Adenauer konnte die Politik des Kalten Krieges mit dem Hinweis auf entscheidende Lehren aus der NS-Zeit rechtfertigen. So wie der Nationalsozialismus nihilistisch und antichristlich gewesen sei, so stünde im Kalten Krieg das christliche Abendland einer von antichristlichem Geist beseelten Sowjetunion gegenüber.[51] Das NS-Regime war eine Form totalitärer Herrschaft gewesen; die gegenwärtige totalitäre Gefahr ging jedoch von der Sowjetunion aus. In seiner am 8. November 1950 abgegebenen zweiten Regierungserklärung befaßte sich Adenauer mit dem Charakter »totalitärer Staaten«, die im Unterschied zu demokratischen Staaten Freiheit und Recht mißachteten: »Sie kennen nur einen maßgebenden Faktor: das ist die Macht.«[52] Der Vergleich der nazistischen Bedrohung der dreißiger und der sowjetischen der Zeit nach dem Zweiten Weltkrieg sollte ein ständig wiederkehrendes Muster seiner öffentlichen Äußerungen bleiben und erhielt einen festen Platz in der politischen Kultur des westdeutschen Konservatismus.

Im Oktober 1950 sagte Adenauer auf dem ersten Bundesparteitag der CDU in Goslar, die Westmächte hätten mehrere Jahre gebraucht, bis sie das Ausmaß der kommunistischen Bedrohung erkannt und sich der Lehren erinnert hätten, »die sie in den Jahren vor Ausbruch des 2. Weltkrieges bei den Verhandlungen mit dem totalitären Hitlerregime bekommen haben«. Auch damals hätten die Demokratien versucht, einen Diktator »auf die Bahn der normalen friedlichen Zusammenarbeit mit anderen Völkern« zu bringen. Diese »falsche Einschätzung eines totalitären Regimes« hätten Österreich und die Tschechoslowakei mit dem Verlust ihrer Freiheit bezahlt, und »ein furchtbarer Krieg war schließlich das Ende dieser ganzen Art der Verhandlung mit Hitler«. Jetzt endlich hätten die Westmächte auch in bezug auf die Sowjetunion begriffen, »daß ein totalitärer Staat nur eine Sprache kennt, die Sprache der Macht«, und daß man mit ihm »nur dann zu einem vernünftigen Ergebnis kommt, wenn man bei der Verhandlung mindestens so stark ist wie er«.[53]

Während die Linke antimilitaristische und häufig pazifistische Lehren aus den beiden Weltkriegen zog, konzentrierte sich Adenauer auf die Notwendigkeit, eine Wiederholung der von den Demokratien in den dreißiger Jahren begangenen Fehler zu vermeiden. Aus Sicht der Konservativen kreisten die Schlußfolgerungen aus der NS-Zeit um die Gefahren der Beschwichtigungspolitik. Pflichtete die antifaschistische Linke dem noch insoweit zu, daß die Beschwichtigungspolitik der dreißiger Jahre und der Mangel an Entschlossenheit Hitlers Aggression Tür und Tor geöffnet hatten, so fiel es ihr schwer, diese Lehre auf die Konfrontation des Westens mit der Sowjetunion anzuwenden. Für Adenauer war die von seinen Kritikern als Wiederaufleben des deutschen Militarismus verurteilte Außenpolitik der Westintegration und Wiederbewaffnung dagegen das logische Resultat seines Nachdenkens über die »Lehren von München«. Der Unterschied zwischen der Linken und Rechten war in der Bundesrepublik nicht nur der zwischen jenen, die sich an die NS-Vergangenheit erinnerten, und jenen, die sie vergessen wollten, sondern auch der zwischen unterschiedlichen Interpretationen der Ereignisse der NS-Zeit.

Vor diesem Hintergrund fällt auf, daß Adenauer die Diskussion der Beschwichtigungspolitik der dreißiger Jahre selten mit einem Hinweis auf die NS-Verbrechen der vierziger Jahre verband. Tatsächlich war seine Chronologie gelegentlich ausgesprochen vage und lückenhaft, so in der Goslaer Parteitagsrede, in der er die vorangegangenen vier Jahrzehnte der internationalen Politik als eine »von Sturm, von einer atemberaubenden Schnelligkeit der Entwicklung« geprägte Epoche beschrieb, in der durch die beiden Kriege »ungeheure Kräfte ... entfesselt worden« seien und Europa »maßgebend für die Geschicke der Welt« gewesen sei. »Und jetzt?« fragte er. »Deutschland in zwei Teile gewaltsam zerrissen, politisch und wirtschaftlich schwer geschädigt, außenpolitisch ein Vakuum.« Frankreich, Italien und England seien geschwächt, so daß nur zwei Supermächte übriggeblieben seien, die Sowjetunion mit »Vermassung«, totalitärer Herrschaft, »Sklaverei, Konzentrationslagern, Verfolgung des Christentums« und die Vereinigten Staaten als Repräsentant von »Freiheit, Würde und Schutz der Einzelperson«.[54] Verblüffend an dieser Darstellung war das Verschwinden Deutschlands aus der internationalen Geschichte zwischen 1914 und 1945. Über Europa war einfach nur ein »Sturm« hinweggefegt und hatte »ungeheure Kräfte« entfesselt.

Eine der bemerkenswertesten öffentlichen Äußerungen Adenauers über den Nationalsozialismus ist eine Rede, die er am 30. Juni 1952 in der Universität von Frankfurt am Main hielt, deren Rektor damals Max Horkheimer war, der weltberühmte Vordenker der sogenannten Frankfurter Schule. Adenauer versicherte seinen Zuhörern, die Deutschen seien ein »dynamisches Volk«, und beim wirtschaftlichen und politischen Wiederaufbau sei seine Dynamik durchaus am Platz. Aber sie berge auch *»große Gefahren«* in sich. Der dynamische Mensch »vergißt zu leicht« und zu gern, »besonders, wenn die Vergangenheit nicht ganz so ist, wie er es jetzt gern haben möchte«. Darin liege eine »sehr große Gefahr, denn die Vergangenheit ist eine Realität«. Sie lasse sich »nicht aus der Welt schaffen, und sie wirkt fort, auch wenn man die Augen schließt, um sie zu vergessen«. Für eine bessere Zukunft zu arbeiten sollte nicht bedeuten, »den Gedanken an die Vergangenheit einfach auszulöschen, sondern den Versuch zu machen, aus der Vergangenheit für die Zukunft zu lernen«. Von seinen Erklärungen zur Wiedergutmachungsfrage aus dem Herbst 1951 abgesehen, war dies das Konkreteste, was Adenauer während seiner Kanzlerschaft über die NS-Vergangenheit gesagt hat.

Wichtig sei, fuhr er fort, sich zu fragen, wie der Nationalsozialismus »überhaupt möglich war«, und dann alles dafür zu tun, daß eine Wiederholung ausgeschlossen sei. Dynamik ohne »den Blick in die Vergangenheit und … den Blick in die Umwelt« sei *»sehr gefährlich«*. Die Deutschen müßten sich bemühen, das Mißtrauen der anderen zu erkennen und zu überwinden, und das könnten sie nur durch eine klare, beständige Außenpolitik tun, die keinen Anlaß zu neuem Mißtrauen gebe. Nur Taten könnten den Argwohn der anderen zerstreuen. Worte reichten nicht aus. Nichts rufe mehr Mißtrauen hervor als »Unklarheit der Politik«. Die Bundesrepublik könne die Welt beruhigen, indem sie sich als guter Verbündeter erweise, womit vor allem die Außenpolitik gefordert sei. Passend zur von Horkheimer und der Frankfurter Schule mit ihrer Kritik an der Massenkultur geprägten Universität, warnte Adenauer vor den Gefahren von Vermassung, Konformität und Gleichmacherei. Weder der italienische Faschismus noch der deutsche Nationalsozialismus wären möglich gewesen, »wenn nicht eine gewisse Anfälligkeit breiter Volksschichten, auf die eigene Persönlichkeit zu verzichten, vorhanden gewesen wäre«. Um dem Trend zu Materialismus und Massengesellschaft entgegenzuwirken, brauche man »Gebildete«, nicht bloß Experten und Spezialisten.[55]

Ein Jahr zuvor hatte Adenauer im Gegensatz zu seinen ersten Nachkriegsreden gesagt, das deutsche Volk sei »in seiner überwiegenden Mehrheit ein Gegner des Nationalsozialismus« gewesen, und militärische Katastrophe und Nachkriegsleid hätten dazu beigetragen, ihm »die Augen über den Nationalsozialismus und seine Folgen zu öffnen«.[56] Dennoch zeugt die Vorsichtigkeit seiner öffentlichen Äußerungen vom Grad seiner Sorge über den latenten Nationalsozialismus in Teilen der Massengesellschaft der Nachkriegszeit. Seinem Verhalten nach zu urteilen, bestand das Mittel, mit dem das Wiederaufleben des Nationalsozialismus – oder einer ähnlichen Bewegung – verhindert werden konnte, darin, so wenig wie möglich über ihn zu sprechen. Als Theodor W. Adorno, die zweite Führungsgestalt der Frankfurter Schule, 1959 sagte, im Haus des Henkers sollte man nicht über das Seil sprechen, drückte er eine Befürchtung aus, die gelegentlich auch in Adenauers Reden zum Vorschein kam. Offen über die Verbrechen der Vergangenheit zu reden konnte Leidenschaften aus dieser gefährlichen Zeit aufwühlen. Adenauers Hauptlehren aus der NS-Vergangenheit bezogen sich jedenfalls auf die Machtpolitik und die Ähnlichkeit der totalitären Herrschaft in Deutschland und der Sowjetunion. Der Holocaust und die mit ihm verbundenen Verbrechen waren in seiner Darstellung der NS-Zeit Randerscheinungen.

Bei den in der Frühzeit der Bundesrepublik abgehaltenen Gedenkfeiern für die Opfer des NS-Terrors fiel Adenauer durch Abwesenheit auf. Er hielt keine einzige Rede aus solchem Anlaß. Verglichen mit den ostdeutschen Zeremonien fanden die westdeutschen Gedenkfeiern in kleinem Rahmen statt. Anstelle von Tausenden fanden sich Hunderte von Überlebenden ein, zu denen sich eine kleine Zahl von Politikern, Intellektuellen, Theologen und Journalisten gesellte. Bedeutendste Redner auf diesen Veranstaltungen waren Heuss, Reuter und der stellvertretende SPD-Fraktionsvorsitzende und Vizepräsident des Bundestages, Carlo Schmid. Sie brachten eine alternative Darstellung des NS-Regimes an die Öffentlichkeit, die dessen Verbrechen in den Mittelpunkt des politischen Nachdenkens rückte. Am 10. September 1950 sprach Reuter in Plötzensee, wo die Nationalsozialisten ihre politischen Gegner hinrichten ließen, über die NS-Vergangenheit:

> An dieser Stelle verneigen wir uns in Ehrfurcht vor den Opfern, die hier gefallen sind, Angehörigen aller Nationen, vergessen wir es nicht, Angehörigen nicht nur unseres eigenen Volkes ... nur, wer es selbst erlebt hat, kann wissen, was solche Pein und solche Qual bedeutet. Nur wer selbst unter dem Schrecken gestanden

hat, weiß, was Schrecken ist, aber auch nur der kann in sich die Kraft finden zu sagen: Bis zum Ende unseres Lebens, so lange in uns ein Atemzug lebendig ist, wollen wir dafür kämpfen, daß solcher Schrecken nicht mehr möglich ist.

Aus der Erinnerung an die Schrecken und die Ungerechtigkeit der Vergangenheit bezog Reuter den Antrieb dafür, ihre Wiederholung zu verhindern. Auf den sowjetischen Druck auf West-Berlin anspielend, bedauerte er, daß die Deutschen wieder »vor der gleichen Gefahr stehen« – der »Herrschgier« und dem »bestialischen Unterdrückungswillen« –, ganz gleich, wie die Banner und Fahnen auch aussehen mochten. Er sprach als einer von denen, die »dem Tode ins Angesicht geschaut« hatten und innerlich mit den Opfern des Nationalsozialismus verbunden gewesen waren. Die glücklichsten Stunden seines Lebens habe er zusammen mit anderen Häftlingen im KZ verbracht:

In den Stunden, wenn wir, alleine gelassen von unseren Peinigern, an die Zukunft dachten und mit reinem Gewissen an das denken konnten, was wir in der Vergangenheit getan hatten. Vielleicht hatten wir nicht genug getan, vielleicht waren wir zu schwach gewesen, aber immer waren unsere Hände rein geblieben und unser Gewissen rein, und wir hatten nichts zu bereuen, und wir wußten, daß einmal die Zeit kommen würde, die uns, den Menschen einer besseren Zukunft, recht geben würde. Und in Erinnerung an diese Stunden wiederhole ich auch heute die Mahnung dieser Toten. Sie möge in uns allen lebendig sein.[57]

Diese Rede überzeugt durch die Frische und Genauigkeit der Erinnerung an die dunklen Stunden, in denen Reuter trotzdem wußte, daß seine Zeit kommen würde, und jetzt, da sie gekommen war, waren diese Momente für ihn eine beständige Quelle der Anregung. Dennoch fehlte seinen Nachkriegsüberzeugungen jenes optimistische Zutrauen in die historische Dialektik, das für die deutschen Sozialdemokraten so charakteristisch gewesen war. Ihn bewegte die »Mahnung dieser Toten«, alles zu tun, um die Wiederholung solchen Schreckens zu verhindern.[58]

Nicht immer jedoch nannte Reuter in seinen öffentlichen Äußerungen über die NS-Verbrechen die jüdischen Opfer beim Namen. So sagte er in einer Rede zum 9. November 1951, dem dreizehnten Jahrestag der »Kristallnacht«, an diesen Tag müsse man sich erinnern, »wenn auch die Jahre, die darauf folgten, so voll von ungeheurem und entsetzlichem Geschehen waren, daß beinahe das Erinnerungsvermögen des Menschen zu eng ist, um alles in dem Zusammenhang sich gewärtig zu halten«. Mit diesem »Tag der Schande für Deutschland« habe ein »neues Kapitel des Unrechts im Namen Deutschlands« begonnen, das zu Krieg, Mord und Vernichtung geführt habe. Diese Schrecken müßten »immer wieder in Erinnerung zurückgerufen werden ..., damit unser Gelöbnis ›Nie wieder!‹ nicht in seiner Unbedingtheit verblaßt«. In der »Kristallnacht« habe ein »Vernichtungswüten« begonnen, »das sich dann Jahr für Jahr steigerte, bis es Völker und Erdteile in Flammen setzte, um schließlich Deutschland und das deutsche Volk in einen fast hoffnungslosen Abgrund versinken zu lassen«. Die Deutschen, besonders jene, die zu Selbstmitleid neigten oder sich als unschuldige Opfer betrachteten, erinnerte er daran, daß ihre gegenwärtige Lage als Glied einer Kausalkette verstanden werden müsse, die zu Daten zurückführe wie dem 9. November 1938:

> Damals richtete sich dieser organisierte Terror der Nazibanden gegen wehrlose deutsche Männer und Frauen, deren Verbrechen allein darin bestand, daß ihr Glaubensbekenntnis den Gewalthabern des »Dritten Reiches« sie als eine Minderheit zum leichten Ziele einer hemmungslosen Hetz- und Propagandalüge machte. Daß dieses Verbrechen begangen wurde in Deutschland, hier auch in unserem Berlin wie in anderen deutschen Städten, ist für uns auch heute noch eine beschämende Mahnung. Wir wollen und müssen die schreckliche Vergangenheit überwinden, nicht nur äußerlich, sondern vor allem in uns selbst. Aber wir dürfen nicht vergessen, was geschehen ist, weil

wir alle Kraft daran setzen müssen, daß Ähnliches nie wieder sich ereignen darf und kann.

Die Trümmer des Krieges könne man wegräumen, neue Häuser und Straßen bauen und die Städte schöner gestalten, als sie vorher gewesen seien. Aber die »Hunderttausende und Millionen von Menschen«, die von den Nationalsozialisten ermordet worden seien, könnten nicht ersetzt werden. Was das »verruchte System« des NS-Regimes getan habe, sei eine »Sünde wider den Geist, wider die Ideen des Rechts und der Menschlichkeit« gewesen, deren Spuren »in Geist und Herz der Menschen heute noch tiefer sitzen, als wir selber glauben und wissen«. Aus dem Nachdenken über den 9. November 1938, diesen »Tag der Schande und der Schmach«, entspringe das Gelöbnis, das Gift, das ihn möglich gemacht habe, völlig auszutilgen. Die Ausrottung der Überreste der NS-Ideologie und die Erinnerung an die Kausalkette, die zur mißlichen Nachkriegslage der Deutschen geführt hatte, waren in Reuters Augen entscheidende Grundlagen der neuen Demokratie. Doch in dieser Mahnung an die Kraft der Erinnerung wurde weder der Antisemitismus noch die jüdische Identität der Opfer erwähnt, die er mit einer nichtssagenden Verallgemeinerung als »wehrlose deutsche Männer und Frauen« bezeichnete.[59]

Ein häufiger Gegenstand von Reuters Kritik war die westdeutsche Neigung zu Selbstmitleid und Ressentiments, am deutlichsten in einem im November 1952 in der Zeitschrift *Der Monat* erschienenen Aufsatz mit dem Titel »Flucht in die Selbsttäuschung«, in dem er die in Deutschland und Europa anzutreffende Tendenz zurückwies, die USA für Probleme verantwortlich zu machen, die selbstverschuldet waren. Staat dessen sollten die Europäer überlegen, »welche Fehler wir gemacht haben, welche Geisteshaltung uns in diese Katastrophen hineingetragen hat«, damit die Fehler der Vergangenheit überwunden werden könnten. Leider könne man nicht sagen, »daß die europäischen Völker hierbei schon ernste Fortschritte gemacht haben. Das Gespenst der Ressentiments geht immer noch um.« Weiterhin stellten die Vertreter der alten Vorurteile die europäische *Kultur* der neuen, künstlichen amerikanischen *Zivilisation* gegenüber. Aber sie hätten im Grunde »nichts anderes als larmoyante Selbsttäuschung über eigene Fehler« zu bieten. Die »Neigung, immer im anderen die Schuld zu suchen«, statt die Verantwortung für die eigenen Handlungen zu tragen, sei »unsere schwerste Belastung«.[60]

Wenngleich Reuter nicht immer so offen über Antisemitismus und Genozid gesprochen hat wie Schumacher, gab es eine Gelegenheit, bei der er sich diesem Thema direkt stellte. Am 19. April 1953 hielt er aus Anlaß des zehnten Jahrestages der Zerstörung des Warschauer Ghettos seine leidenschaftlichste Rede über den Genozid am europäischen Judentum, die zu den bewegendsten und eindrucksvollsten Äußerungen dieser Art in der deutschen politischen Kultur nach dem Krieg gehört:

> Heute vor zehn Jahren, am 19. April 1943, begann in Warschau auf Befehl Hitlers der Angriff auf das Ghetto mit dem Ziel, dieses Ghetto – wie es in der totalitären Sprache heißt – zu liquidieren. Und es begann in der Geschichte dieser grauenhaften Jahre, die zwar hinter uns liegen, jedoch heute noch wie ein Alpdruck auf unserer Seele lasten, etwas, was die Welt noch nicht erlebt hatte: Die Opfer Hitlers weigerten sich, sie standen zusammen, und sie kämpften bis zum letzten Atemzuge. Sie verteidigten ihr Leben, aber sie verteidigten, indem sie ihr Leben bis zum Letzten opferten, mehr als nur eine kurze Spanne ihres Lebens, sie verteidigten ihre Ehre, sie verteidigten ihr Recht, sie verteidigten all das, was jedem von uns in diesem Raum heilig ist: das Recht eines jeden Menschen, frei zu sein, frei zu leben und sein Haupt frei zum Himmel zu erheben.
>
> … Wir leben in einer Zeit, die dazu neigt, allzu schnell zu vergessen. Aber wir wollen in dieser Stunde doch sagen, daß es Dinge gibt, die wir niemals vergessen dürfen, die wir niemals vergessen wollen: Wir dürfen als Deutsche … nicht vergessen, was in unserem, dem deutschen Namen, Schandbares geschehen ist.

Wie seine Zuhörer, »auch unsere jüdischen Freunde«, lehne er die Idee der Kollektivschuld ab. Trotzdem gebe es eine »Verantwortung aller Deutschen« dafür, wiedergutzumachen und zu überwinden, »was in ihrem Namen geschehen ist«, nicht nur in den zwölf Jahren der NS-Herrschaft, »sondern auch in einer langen historischen Vergangenheit«. Während die in Deutschland lebenden Deutschen nicht gewußt hätten, was in Warschau vor sich ging, hätten jene, die »draußen lebten, draußen leben mußten oder draußen leben konnten«, von all dem gewußt. Ihm selbst, Reuter, sei 1943 in Ankara bewußt gewesen, daß der Angriff auf das Warschauer Ghetto »nur ein kleines Glied in einer großen Kette eines furchtbaren Vernichtungsfeldzuges war, den das nationalsozialistische Regime gegen die Juden in Deutschland, gegen die Juden in allen europäischen Völkern und Ländern, deren sie Herr werden konnten, unternahm und mit einer wissenschaftlich-technischen Präzision bis zum grauenhaften Ende führte«. Er habe Tag für Tag die furchtbaren Meldungen im Radio gehört und sei von der Frage gequält worden, ob »unser deutsches Volk jemals wieder diese Schande abwaschen« könne und ob jene, denen dies angetan wurde, zwar nicht vergessen, aber doch vergeben könnten. Die Erinnerung an die Vergangenheit sei unerläßlich, garantiere aber allein keine bessere Zukunft. Bis zum Ende seines Lebens, sagte Reuter, werde er die »Schreie in der Nacht, die Schreie meiner zu Tode geschlagenen Kameraden niemals vergessen«. Deshalb habe er sich »wie alle anderen, die das erlebt haben, geschworen: Wir müssen unser ganzes Leben dieser Aufgabe widmen, diese [Schreie] für alle Zukunft unmöglich zu machen«. Es dürfe »nicht wieder sein, daß Menschen und Völker, daß Rassen und Konfessionen mit diesem Wahnsinn aufeinander losgehen«. Diese sehr persönlichen Erinnerungen bildeten den Antrieb für sein künftiges politisches Handeln.

Ein weiteres Thema der Gedenkrede für das Warschauer Ghetto waren die »Tendenz zur Rationalisierung« und die Ausbreitung der Technik, die einen »Größenwahnsinn« bestärkten, der die »Welt in das ungeheuerlichste Unglück hineingestürzt« habe. Die Menschheit müsse umkehren »von diesem Wege des Wahnsinns, der Machtgier, des Machthungers, des Geltungsbedürfnisses, des Herrscherwahnsinns« und lernen, daß es auf diesem Weg »niemals eine Befreiung, eine innere Lösung geben kann«. Was die Deutschen brauchten, sei eine »innere Wiedergeburt der geistigen, der politischen und der sittlichen Grundlagen unseres ganzen wirtschaftlichen, öffentlichen und politischen Lebens«. Das Wiedergutmachungsabkommen mit Israel begrüßte Reuter. Doch »echte Wiedergutmachung, die Wiedergutmachung, die allein für unsere jüdischen Mitbürger zählen kann, ist die innere Wiedergutmachung und ist die innere Wiedergeburt unseres Volkes«, seine Abkehr vom Rassismus. Echte Wiedergutmachung bedeute, ein freies Deutschland zu schaffen, in dem jeder mit derselben Achtung behandelt werde. Um dies zu erreichen, müsse Deutschland ein »friedliches Glied der Gemeinschaft aller freien Völker« werden. Es genüge nicht zu sagen, daß auch die anderen Schuld auf sich geladen hätten. Wenn die anderen Fehler gemacht hätten, »dann können wir diese Fehler nur heilen, wenn wir unsere eigenen Fehler heilen«. Die »tragische Geschichte« Deutschlands und die »Wurzeln des Übels in der Vergangenheit« zu erkennen gehöre zum Prozeß der inneren Wandlung, den die Deutschen durchmachen müßten, wenn sie ein freies Volk werden wollten. Erinnerung und kritische Reflexion würden die neue Demokratie stärken.

Anschließend gedachte Reuter des deutsch-jüdischen Philosophieprofessors Hermann Cohen, der in seiner geistigen Entwicklung die »tiefsten Spuren zurückgelassen« habe. Er wisse, »was das jüdische Gedankengut in unserem Volk bedeutet hat« und daß jüdische und deutsche Traditionen in Deutschland stärker miteinander verschmolzen gewesen seien als in jedem anderen Land. Von dieser Vergangenheit wisse die Nachkriegsjugend nichts. Ihr müsse deshalb die deutsche Geschichte nahegebracht werden, nicht nur die von Musik und Literatur, sondern auch die des jüdischen Anteils »in der ganzen geistigen Struktur unseres Volkes« und der Wechselwirkung von jüdischen und deutschen Traditionen. Die Toten könnten nicht zurückgebracht werden, und die Vergangenheit könne nicht ungeschehen gemacht werden, aber die Deutschen müßten bestrebt sein, alles zu überwinden, »was als Böses aus diesem [NS-]Regime übriggeblieben ist«. Die Erfüllung dieser Aufgabe werde mehr als eine Generation dauern, aber »mit Hilfe unserer jüdischen Landsleute« müsse sie erfüllt werden.

Reuter schloß mit dem Hinweis auf den Zusammenhang zwischen den Verpflichtungen der Erinnerung und den Pflichten von Gegenwart und Zukunft. Die Deutschen müßten ein »genaues Bild dieses furchtbaren Geschehens« der Zerstörung des Warschauer Ghettos im Gedächtnis behalten, es aber auch hinter sich lassen, indem sie »einen neuen Weg mühsam, langsam und mit viel Geduld gehen«. Gerade weil man nicht vergessen wolle, müsse man die »Kraft gewinnen, das Vergangene zu überwinden und die neue Zukunft aufbauen«. Reuter hoffte, daß in diesem zukünftigen Deutschland neue Stimmen der Toleranz und Kooperation heranwachsen würden. Die intellektuelle und moralische Erneuerung sei notwendig, damit die Toten des Warschauer Ghettos nicht umsonst gestorben seien, »denn sie haben an unser Gewissen gerührt, und unser Gewissen hat uns nicht schlafen lassen und wird uns nicht schlafen lassen, bis wir dieses große schönere Ziel erreicht haben«.[61]

Als einer der ersten, wenn nicht der erste unter den führenden westdeutschen Politikern verstand Reuter das jüdische Martyrium als Inspiration für eine demokratische Erneuerung in der Bundesrepublik. Seine Auffassung der Beziehung zwischen öffentlicher Erinnerung an die vergangenen Verbrechen und dem Aufbau der Nachkriegsdemokratie stand in scharfem Kontrast zu Adenauers Praxis. Nach Reuters Verständnis stärkte die Erinnerung an die Opfer des Nationalsozialismus und den Widerstand gegen das NS-Regime die demokratische Erneuerung. Damit drückte er eine von der in der Adenauer-Ära vorherrschenden Ansicht über die Beziehung von Erinnerung und Demokratie abweichende Minderheitsmeinung aus. Nachdem 1952 in Westdeutschland ein Volkstrauertag bestimmt worden war, wurden die Unterschiede zwischen Tätern, Mitläufern und Opfern oft genug verwischt. Tatsächlich zählten manche westdeutsche Politiker auch die an der Front gefallenen Soldaten der Wehrmacht, die Opfer der alliierten Bombenangriffe auf deutsche Städte und die aus ihrer Heimat Vertriebenen zu den »Opfern des Faschismus«. Reuter dagegen richtete das Augenmerk unablässig auf die Opfer von Verfolgung und Terror der Nationalsozialisten.[62]

Am 20. Juli 1953, kurz vor seinem Tod, hielt er bei der Enthüllung des Denkmals für die Opfer des fehlgeschlagenen Staatsstreichs vom Juli 1944 seine letzte Rede über die NS-Vergangenheit. Den Putschversuch bezeichnete er als erstes Anzeichen dafür, daß der Freiheitswille in Deutschland nicht gänzlich verschwunden war. Jene, die damals aus einem inneren Pflichtgefühl heraus ihr Leben aufs Spiel gesetzt und verloren hätten, seien aus allen politischen Lagern gekommen. Hätten sie Erfolg gehabt, wären Millionen von Deutschen und Nichtdeutschen am Leben geblieben. Mit »tiefem Respekt« verneige er sich vor jenen, »deren Namen in die stolze Geschichte unseres Vaterlandes« eingehen werde, »weil diese Namen verbunden sind mit einer heroischen, tapferen, echt vaterländischen Tat«. Die »einzige Ehre«, welche die Deutschen diesen Männern erweisen könnten, sei der Vorsatz, »mit aller Kraft das Werk zu vollenden, das unvollendet heute noch vor uns liegt«. Während viele Westdeutsche die Verschwörer immer noch als Verräter ansahen und die Kommunisten, wie in gewissem Grad auch Schumacher, ihr Handeln als das letzte Aufbäumen des deutschen Konservatismus betrachteten, würdigte Reuter ihren Mut und ihr Opfer als entscheidenden Anstoß für die nach dem Krieg vollzogene Abkehr vom Nationalsozialismus. Außerdem sah er eine Verbindung zwischen dem 20. Juli 1944 und dem 17. Juni 1953. An beiden Tagen hätten die Deutschen der Welt den Willen gezeigt, »daß wir Deutschen frei sein wollen«. Er wisse, »daß dieser 17. Juni genau so erst ein Anfang ist, wie der 20. Juli ein Anfang gewesen ist«. Was diese beiden Ereignisse verbinde, sei der »feste Wille, nicht unterzugehen als Volk, ... der feste Wille, frei zu werden«. Mit dem Vergleich zwischen dem deutschen Widerstand gegen die NS-Diktatur und dem Arbeiteraufstand gegen die kommunistische Diktatur artikulierte Reuter einen Grundbestandteil des »antitotalitären Konsenses« der Ablehnung jeder Diktatur, rechter wie linker. Aber er verstand diesen Konsens nicht als Nullsummenspiel der geteilten Erinnerung, in dem die Ablehnung der kommunistischen Diktatur die Erinnerung an die NS-Zeit aufhob, sondern als Einheit zweier sich gegenseitig verstärkender Aspekte. Entscheidend war für ihn die Gegnerschaft gegen die Diktatur, ob es sich nun um eine kommunistische oder um eine nazistische handelte.[63]

Die Sozialdemokratie war nach 1945 als intakte politische Kraft zurückgekehrt, aber sie hatte sich auch verändert. Reuter und Schumacher fanden in vergangenem Leid und Widerstand Quellen von Erneuerung und künftiger Wiedergeburt. Ihre Visionen von Demokratie und politischer Freiheit wurden von nächtlichen Schreien geprägt, nicht von einer zuversichtlichen historischen Dialektik. Mit ihrem Bemühen, die Entstehung von Blindstellen und den doppelten Maßstab einer geteilten Erinnerung zu vermeiden, waren diese »kämpferischen Demokraten« Ausnahmeerscheinungen. Sie lehnten die kommunistische wie die nationalsozialistische Diktatur ab, ohne beide gleichzusetzen oder die eine zu verurteilen, um die andere zu entschuldigen oder deren Verbrechen zu verharmlosen.

Von Anfang an war die Nachkriegserinnerung von Versuchen begleitet, die Leiden und Opfer unterschiedlicher Gruppen, einschließlich der Deutschen, gegeneinander aufzurechnen und zu gewichten. Carlo Schmid gehörte zu jenen Politikern, die den Bestrebungen, die Deutschen als Opfer mit den Juden und anderen Opfern der Nationalsozialisten auf eine Stufe zu stellen, entgegentraten und sich energisch für die Wiedergutmachung an jüdische Überlebende einsetzten. Voraussetzung der Wiedergutmachung war in der Bundesrepublik ebenso wie in der DDR die Beantwortung der Frage, wer als Opfer des Nationalsozialismus angesehen und welchen dieser Opfer ein moralischer Anspruch auf Wiedergutmachung zugebilligt werden sollte. Die Debatte über diese Fragen zwang die Beteiligten, Unterscheidungen zwischen Art und Ausmaß der Leiden in der NS-Zeit zu treffen. Im Februar 1951 erklärte Schmid im Bundestag:

> Gewiß, der Opfer des Dritten Reiches sind viele, man kann sagen: fast alle, die übriggeblieben sind, gehören dazu. Man sollte es sich aber nicht zu leicht machen und vergessen, daß es unter ihnen Unterschiede gibt. Man beginnt dies zu vergessen. Es ist doch allmählich so geworden, daß auch der ehemalige SS- und SD-Mann sich als Opfer des Nationalsozialismus zu betrachten beginnt *(Unruhe bei der SPD)* und daß man die durch die Spruchkammern Verurteilten als Denazifizierungsgeschädigte bereits unter die Opfer des Nationalsozialismus zu rechnen beginnt!

Man dürfe nicht vergessen, wer die »besonderen Opfer des Nationalsozialismus« gewesen seien. Den Opferbegriff zu verallgemeinern gehe einher mit der Verschleierung der besonderen Vernichtung des jüdischen Volks. Dann fuhr Schmid fort:

> Unter dem, was uns das Naziregime auferlegt hat, sind die an den jüdischen Mitmenschen begangenen Verbrechen das schrecklichste, nicht nur wegen des Umfangs dieser Morde, nicht nur, weil es sich hier um Millionen Opfer handelt, nicht nur wegen der methodischen Erbarmungslosigkeit der Vergasungen in Auschwitz und Maidanek, nicht nur, weil diese Schlächtereien auch Frauen und Kinder trafen, sondern weil dieses ganze Dritte Reich doch im Grunde, in seinem Kern, aufgerichtet wurde, um Juden zu vernichten! *(Lebhafte Zustimmung)* Das Dritte Reich war doch sehr viel mehr antisemitisch als etwa »prodeutsch« – man schämt sich, das Wort auszusprechen – integriert!

Obwohl viele Deutsche ihr Leben riskiert hätten, um Juden zu helfen, seien Millionen mehr Mitglieder der NSDAP gewesen. Zwar hätten nur wenige die Einzelheiten über Auschwitz gekannt, aber die Schuld der vielen liege darin, daß sie die Nationalsozialisten nicht aufgehalten und die Judenverfolgung nicht von Anfang an unterbunden hätten. Wegen dieser Sünden der Unterlassung und der Duldung seien die Deutschen moralisch zur Wiedergutmachung an den Juden verpflichtet, ohne von den Empfängern Versöhnung zu erwarten. Wiedergutmachung müsse geleistet werden, »ohne zu fragen, wie der Gläubiger sich menschlich zu uns zu verhalten wünscht«.[64]

Eine apolitische Reue, die keinen Unterschied zwischen Täter und Opfer mache, wies Schmid zurück. Statt eine höhere Moral zu verkörpern, trete in einer solchen Haltung mangelndes Nachdenken über das Verhältnis von Politik und Moral sowie über die Natur des NS-Regimes zutage. Im Gegensatz zu jenen, die den Holocaust an den Rand der Erinnerung an die NS-Vergangenheit rükken wollten, beharrte Schmid darauf, daß die Judenverfolgung im Zentrum des NS-Regimes gestanden habe und daß die Deutschen dies damals auch so verstanden hätten. In seinen Augen war es daher moralisch unannehmbar und historisch falsch, alle Opfer gleichzusetzen. Wer dies tat, offenbarte ein gestörtes, apologetisches Verständnis des NS-Regimes. In einer Rede, die er am 6. März 1955 in Frankfurt am Main vor der Gesellschaft für christlich-jüdische Zusammenarbeit hielt, fragte er, ob nicht jeder die biblische Frage vernehme: »Kain, wo ist dein Bruder? Rufen uns nicht in dieser Stadt aus jeder Gasse, von jedem Platze aus dieses Wort die Schatten jener zu, die einst dort wohnten, bis man sie in die Gaskammern von Auschwitz führte? Und rufen sie uns dieses Wort nicht auch zu für jene Millionen anderer Juden und Nicht-Juden, die wie sie gemordet worden sind?« Es gebe viele, fuhr er fort, die glaubten, die Bedeutung einer »Woche der Brüderlichkeit«, zu deren Beginn er sprach, bestehe darin, »doch endlich zu vergessen« und »wieder in vergebender Freundschaft« aufgenommen zu werden. Die Vertreter dieser Richtung sagten:

> Das Leben gehe doch weiter – und überhaupt: es sei doch auch sonst in der Welt massenweise Böses geschehen! Sei denn die

> Bombardierung unserer Städte nicht auch eine entsetzliche Sache gewesen? Seien also die anderen nicht ebenso schlimm wie wir? Ich will in dieser von Bomben zerfetzten Stadt, unter deren Trümmern Tausende erstickt und verbrannt sind ... sagen: Es ist ein anderes, ob Wunden geschlagen werden, ob Leben zerstört wird im Zuge ... kriegerischer Handlungen, bei denen es die einen trifft, die anderen nicht, wie die Bomben eben fallen, oder ob man eine Gruppe von Menschen bewußt, um sie vom Erdboden verschwinden zu lassen, der Ausrottung widmet, wie man es mit den Juden getan hat.

Die Juden seien »nicht als Opfer unglücklicher Kriegsläufte gefallen«, sondern man habe ihnen das Menschsein aberkannt und sie zu Unmenschen erklärt, die ausgerottet werden könnten wie Ungeziefer. Dies sei das »eigentliche und das Unmenschlichste an diesem Verbrechen – und davon können Verbrechen anderer uns nicht reinigen«. Auch die Wiedergutmachung nicht. Zudem gehe manche deutsche Behörde derart formaljuristisch, herzlos, kurz, »buchstabenfetischistischer als Shylock« an die Wiedergutmachung heran, daß die Deutschen »sehr viel Grund zur Scham« hätten. Die Kollektivschuldthese lehnte Schmid jedoch ab, ebenso wie »mit der gleichen Entschiedenheit ... die Legende von der Kollektivunschuld«:

> Und ich wende mich dagegen, daß wir nicht zu haften hätten für das, was in unserem Namen getan worden ist, weil wir in der großen Masse unseres Volkes dabei nicht mitgewirkt, ja nicht einmal im einzelnen davon gewußt hätten ... Wir haben, was in unserem Namen getan worden ist, zum mindesten nicht zu verhindern versucht! Es sind in unserem Volke viel zu wenig aufgestanden, um zu verhindern, was an Furchtbarem geschah, als daß uns die Haftung abgenommen werden könnte.
>
> Wer zu einem Volke gehört, darf nicht nur den guten Tropfen genießen wollen – er muß auch den bitteren aus dem Kelche des Verhängnisses trinken wollen ... Wo war denn der Aufschrei, der die Wände des Schreckens aufgerissen hätte?

Den Sinn der biblischen Frage umkehrend, sagte Schmid, die Deutschen dürften sich nicht als schuldlos betrachten, nur weil sie persönlich kein Verbrechen begangen hätten. Sie dürften nicht wie Kain antworten: »Soll ich meines Bruders Hüter sein?« Vielmehr laute das erste Gebot der Brüderlichkeit: »... immer und immer nach dem Bruder fragen! Wer aber fragt, der erfährt auch, der weiß auch, wo auch immer die Buchenwald, Auschwitz, die Waldheim der Zeit liegen!«[65] Wie Reuter betrachtete Schmid die öffentliche Erinnerung an die Verbrechen der Vergangenheit als notwendig, um den für Aufbau und Bestand der neuen Demokratie unerläßlichen Sinn für Moral, zivile Verantwortlichkeit und politisches Engagement zu stärken.

Theodor Heuss' einzigartige Leistung als Bundespräsident besteht darin, daß er die Erinnerung an die Verbrechen der NS-Zeit zu einem konstitutiven Bestandteil der nationalen politischen Erinnerung gemacht hat. Von wahltaktischen Überlegungen befreit, entwickelte er sein Amt zu einem politischen Zentrum von nationaler Erinnerung und liberalem Denken. Für seine Kritiker war dies die kultivierte Tünche über dem Scheitern der Entnazifizierung in der Ära Adenauer. Doch in seinen Reden und der umfangreichen Korrespondenz mit jüdischen Überlebenden, Widerstandskämpfern sowie in- und ausländischen Intellektuellen bereitete Heuss bei den westdeutschen politischen und intellektuellen Eliten den Boden für eine künftige breitere Diskussion und aktiveres Handeln. Er weckte die liberalen Kräfte und ehrte diejenigen, die in der deutschen Geschichte für Demokratie und Menschenrechte eingetreten waren. Gewiß hätte er mehr tun können, aber andere an seiner Stelle hätten weniger getan.

Im Dezember 1949 sprach er auf Einladung der Gesellschaft für christlich-jüdische Zusammenarbeit über den »Mut zur Liebe«. Es sollte eine seiner bekanntesten Reden bleiben, da er mit der Betonung der Liebe im Gegensatz zur Gerechtigkeit dem nächsten Jahrzehnt den Leitgedanken vorgab. In Gegenwart von Kirchenführern, Politikern und Hochkommissar McCloy wies er in der vom

Rundfunk übertragenen, später auch in Kinowochenschauen verbreiteten Ansprache den Gedanken der Kollektivschuld als Spiegelbild der nationalsozialistischen Judenverfolgung zurück. Ebenso wie die bloße Tatsache, Jude zu sein, in den Augen der Nationalsozialisten das »Schuldphänomen in sich eingeschlossen« habe, würden die Deutschen durch die Anklage der Kollektivschuld als Gruppe behandelt. Man sollte diesen Begriff durch den der »Kollektivscham« ersetzen. »Das Schlimmste, was Hitler uns angetan hat«, sagte Heuss, »ist ..., daß er uns in die Scham gezwungen hat, mit ihm und seinen Gesellen gemeinsam den Namen Deutsche zu tragen.« Dann fuhr er fort:

> Wir dürfen nicht einfach vergessen, dürfen auch nicht Dinge vergessen, die die Menschen gerne vergessen möchten, weil das ihnen angenehm ist. Wir dürfen nicht vergessen die Nürnberger Gesetze, den Judenstern, die Synagogenbrände, den Abtransport von jüdischen Menschen in die Fremde, in das Unglück, in den Tod. Das sind Tatbestände, die wir nicht vergessen sollen, die wir nicht vergessen dürfen, weil wir es uns nicht bequem machen dürfen. Das Schauerliche an diesen Vorgängen, von denen wir offen sprechen, ist dies: Es handelt sich nicht um den aufgestörten Fanatismus der Pogrome, von denen wir ehedem in den Zeitungen lasen, daß in Rußland, in Rumänien dieses oder jenes geschehen sei, sondern es handelt sich um die *kalte Grausamkeit der rationalen Pedanterie.* Das war der sonderlich deutsche Beitrag zu diesem Geschehen. Und das Schrecklichste ist, daß dieser Vorgang sich nicht sozusagen emotional vollzog, was ja auch schlimm genug ist, sondern sich der Paragraphen bediente und eine Weltanschauung für lange Zeit sein sollte. Was war denn das für eine Weltanschauung? Das war der *biologische Materialismus,* der keine moralischen Kategorien kannte, aber die vertreten wollte, und der nichts wußte davon, daß es individuelle Wertsetzungen zwischen Mensch und Mensch gibt.

An dieser Darstellung der Judenverfolgung fällt auf, daß Heuss zwar die »*kalte Grausamkeit der rationalen Pedanterie*« und den »*biologischen Materialismus*« bezeugte, den Antisemitismus in Deutschland aber nicht erwähnte.

Um sein Bild der Beziehungen zwischen Deutschen und Juden zu erläutern, zog er sein eigenes Leben als Beispiel heran. Von den »vier oder fünf nächsten Freunden in meinem Leben« seien »zwei oder drei« Juden gewesen. Aber er sei nicht mit ihnen befreundet gewesen, weil sie Juden waren, sondern »weil der Funke der menschlichen Liebe zwischen uns sprang«. Man müsse mit den »globalen Wertungen des Menschen« aufhören und, statt von einem Deutschen, Franzosen oder Juden zu sprechen, »im Verhältnis Mensch zu Mensch eine freie Bewertung des Menschentums zurückgewinnen«. Der Nationalsozialismus habe den einzelnen vor allem als Angehörigen einer Gruppe behandelt. Was das sogenannte »jüdische Problem« in Vergangenheit und Gegenwart betreffe, so hätten die Nationalsozialisten nichts gewußt von der »bunten Farbigkeit, von der Spannung im Jüdischen selber«. Für Heuss bestand das Gegenmittel gegen den nazistischen Rassismus nicht in einer philosemitischen Hagiographie der jüdischen Gruppenleistungen, sondern darin, die Achtung vor dem einzelnen wiederherzustellen und damit Schluß zu machen, ihn als Manifestation von Gruppeneigenschaften zu betrachten.

Wie auch bei anderen Gelegenheiten hob Heuss hervor, Deutschland habe »durch diesen [NS-]Wahn unendlich viel verloren«. Er verwies auf Briefe, die ihm deutsch-jüdische Flüchtlinge aus aller Welt geschrieben hätten, deren Gedanken nach Deutschland zurückwanderten, die aber auch empört und schmerzlich berührt seien, wenn dort die Gräber ihrer Eltern geschändet würden. Letzteres kommentierte Heuss mit der Bemerkung, jede dieser Friedhofsschändungen sei »für Deutschland in seinem Kampfe um seine Stellung unter den Nationen eine verlorene Schlacht«. Wer die NS-Vergangenheit zu vergessen versuche, wegsehe, wenn jüdische Friedhöfe geschändet würden oder sich sogar daran beteilige, untergrabe die Ordnung der Bundesrepublik. Doch er verband den Aufruf, sich an die Vergangenheit zu erinnern, nicht mit einer Wiederholung seiner Forderung vom Sommer 1945, deutsche Gerichte sollten die von den Alliierten begonnene Arbeit der Gerechtigkeit fortführen.[66]

Als ehemaliger Hochschullehrer sprach Heuss in den frühen Jahren der Bundesrepublik häufig an Universitäten, um den akademischen Nachwuchs zu drängen, sich der Vergangenheit zu stellen. Bei einem dieser Auftritte sagte er am 1. November 1949, das NS-Regime habe von der Jugend Tapferkeit und Kameradschaft verlangt, und jetzt fordere auch er sie zur Tapferkeit auf, aber er meine jene, welche die »Wirklichkeit erkennt und vor ihr nicht erliegt: die harte Wirklichkeit«. Heute bedeute Kameradschaft, Beziehungen und Freundschaften aufzubauen, ohne auf soziale Herkunft und Karriereziele zu achten. Starken Beifall fand sein Appell, daß akademische Ausbildung nicht nur Berufsvorbereitung sein solle, sondern der Suche nach der Wahrheit dienen müsse. Die schwierigste Aufgabe der Deutschen bestehe darin, *»ein neues Nationalgefühl zu bilden«*, das nur »auf dem Boden einer *bedingungslosen Wahrhaftigkeit* gegenüber der eigenen Geschichte« entstehen könne. Selbstkritik sei »nicht Selbstzerstörung, sondern ist der Weg zur Läuterung«. Auch dies wurde mit starkem Beifall aufgenommen.[67]

Die Verknüpfung der Sprache des Patriotismus und ihrer Begriffe von Tapferkeit, Ehre und Freundschaft mit der Erinnerung an die NS-Zeit gehört zu Heuss' bedeutendsten Leistungen. Am 16. Dezember 1949 stellte er in einer Rede vor Studenten der Universität Heidelberg den Illusionen der heimkehrenden Generation von 1919 die desillusionierten Deutschen von 1949 gegenüber. Wenngleich er vor Zynismus und Lähmung aufgrund mangelnder Visionen warnte, begrüßte er das Fehlen der »Romantik des Heldenersatzes«, und seine Erleichterung darüber, daß zwischen den Ruinen keine studentischen Aufmärsche stattfanden, wurde mit anhaltendem Beifall quittiert. Studenten und Gelehrte, fuhr er fort, hätten die Aufgabe, die deutschen Traditionen der Vergangenheit wiederzuentdecken und umzuformen. Von den Universitäten erwarte er, daß sie die Achtung der Wahrheit und des »freien Menschentums« förderten. Wenn sie ihre Desillusionierung produktiv nutzten, könnten Akademiker beim Aufbau einer freien Gesellschaft eine wichtige Rolle spielen.[68]

Aus Anlaß des Nationalen Gedenktages des deutschen Volkes am 7. September 1950 forderte Heuss seine Landsleute auf, die »totale Katastrophe« stets im Gedächtnis zu behalten, denn die »Gnade des Vergessenkönnens, ohne die der Einzelne, ohne die ein Volk nicht leben könnten, wird mißbraucht vom Vergessen*wollen,* das so bequem ist und die Maßstäbe des Urteils verschiebt«.[69] Welche Katastrophe er meinte, konkretisierte Heuss nicht, noch erklärte er, welche Maßstäbe beiseite geschoben wurden. An diesem Gedenktag richtete er die Aufmerksamkeit statt dessen auf die Schwierigkeiten und Aussichten der deutschen Gegenwart. Diese öffentliche Zurückhaltung war jedoch kein Zeichen für mangelndes Interesse. Heuss führte eine umfangreiche Korrespondenz mit führenden Vertretern des deutschen und deutsch-jüdischen intellektuellen Lebens im In- und Ausland, unter anderem mit Theodor W. Adorno, Leo Baeck, Martin Buber, Max Horkheimer, Alfred Döblin, Thomas Mann und Karl Marx, dem Herausgeber der *Allgemeinen Wochenzeitung der Juden in Deutschland.*[70] Ein großer Teil dieser Korrespondenz betraf seine Bemühungen, die Traditionen der jüdischen Kultur in Deutschland wiederzubeleben. Seit Beginn seiner Präsidentschaft gab Heuss jedes Jahr eine an die Jüdische Gemeinde in Deutschland gerichtete Erklärung zu Rosch ha-Schana, dem jüdischen Neujahrsfest, heraus,[71] und die von Briefpartnern in der Bundesrepublik und im Ausland erhobene Forderung, der Last der NS-Vergangenheit mehr Aufmerksamkeit zu schenken, fand bei ihm ein offenes Ohr. Als Adenauer 1951 die Bereitschaft der Bundesrepublik bekanntgab, den Juden Wiedergutmachung anzubieten, schrieb Jacob Blaustein, der Präsident des New Yorker Amerikanischen Jüdischen Komitees, an Heuss, die Erklärung des Bundeskanzlers erinnere an dessen »eigenen lebenslangen Dienst an den diesem Schritt zugrundeliegenden Prinzipien«.[72]

Doch Heuss' Auseinandersetzung mit der NS-Vergangenheit hatte auch ihre Grenzen, denn selbst er plädierte für Milde gegenüber Industriellen, Soldaten und früheren Beamten, die in der Besatzungszeit von alliierten Gerichten verurteilt worden waren. Am 16. Januar 1951 schrieb er an US-Hochkommissar McCloy und im nächsten Monat an General Thomas T. Handy, den Oberbefehlshaber der amerikanischen Streitkräfte in Europa, um sie um Gnade für die in Landsberg einsitzenden Häftlinge zu bitten. Während viele der Verurteilten eine schwere Bestrafung verdient hätten, schrieb er an McCloy, gebe es auch einige Fälle, in denen der Nachweis der individuellen Schuld »durchaus fragwürdig« sei und neue Argumente in Erwägung gezogen werden sollten. Seine Sorge sei, daß durch die Hinrichtung von Landsberger Häftlingen »unsere gemeinsamen Besprechungen zur Eingliederung der Bundesrepublik in eine europäische und atlantische Gemeinschaft empfindlich gestört würden«.[73]

In einer förmlichen, gelegentlich sogar scharfen Erwiderung wies McCloy eine Woche darauf die Warnungen – oder Drohungen – zurück, die Integration der Bundesrepublik in ein westliches Bündnis würde durch die Bestrafung der verurteilten Kriegsverbrecher gefährdet. Wie schon Adenauer erinnerte er auch Heuss daran, daß die Landsberger Entscheidungen das Ergebnis langer, sorgfältiger Überlegungen seien, die er gemeinsam mit einigen »sehr hervorragenden« amerikanischen Beratern angestellt habe. Seit er in Deutschland sei, habe er auf keinen Gegenstand »soviel Zeit und so viele Gedanken verwendet wie auf diesen«. Er sei »sehr froh«, daß er eine »Basis für sehr weitgehende Gnadenakte« gefunden habe, aber es gebe »einige Verbrechen, deren Ausmaß und Ungeheuerlichkeit der Idee der Gnade hohnsprechen«. Zu diesen Verbrechen zähle der »Mord an Zehntausenden von wehrlosen Frauen und Kindern unter Umständen, denen wir ohne die zeitgenössischen Berichte der Täter selbst und ihre eigenen Geständnisse keinen Glauben schenken würden«. Das deutsche Volk könne »die Interessen solcher Verbrecher unmöglich mit seinen eigenen verknüpfen«. Auch mehrere Anträge, die mit dem Hinweis auf die

»Hitze des Gefechts« mildernde Umstände geltend machen wollten, habe er nach reiflicher Überlegung abgelehnt. Außerdem habe er internationale Verpflichtungen in bezug auf an Nichtdeutschen und außerhalb Deutschlands begangene Verbrechen zu erfüllen. Er habe »Ansehen und Autorität der internationalen Gerichtshöfe«, insbesondere der Nürnberger Urteile, zu wahren. Von Regierung und Öffentlichkeit der Bundesrepublik würde er sich ein »breiteres Verständnis der von vielen in Landsberg repräsentierten Verbrechen« wünschen, denn die um Gnade ersuchenden Briefe, die er von Deutschen erhalte, verrieten eine »abgrundtiefe Ignoranz sowohl der Anklagen als auch der Natur des Schuldbeweises, der im Hinblick auf sie ausschlaggebend ist«.[74]

Trotz dieser scharfen Erwiderung sprach sich Heuss in den folgenden acht Jahren seiner Präsidentschaft nie nachdrücklich für ein energischeres Vorgehen deutscher Gerichte aus. Aber er rückte die Vernichtung des europäischen Judentums ins Zentrum der Erinnerung an die NS-Vergangenheit. Die bedeutendste Rede zu diesem Thema hielt er Ende November 1952 anläßlich der Einweihung eines Mahnmals im ehemaligen KZ Bergen-Belsen. In derselben Woche wurden in Prag die Verurteilten des Slansky-Prozesses hingerichtet, und in Ost-Berlin wurde Paul Merker verhaftet. Die Feier in Bergen-Belsen spiegelte die Realität der geteilten Erinnerung wider, denn sie war erkennbar ein westliches Ereignis. Anwesend waren neben deutschen Spitzenpolitikern Vertreter der Regierungen Großbritanniens, der Vereinigten Staaten, Dänemarks, Belgiens, der Niederlande, der Schweiz, Schwedens, Frankreichs, Jugoslawiens und Israels sowie der jüdischen Gemeinden in Deutschland, Europa und den USA. Die kommunistischen Länder waren nicht vertreten. M. S. Henderson, der für den britischen Hochkommissar für Deutschland sprach, hob die Herrschaft des Rechts hervor.[75] Für den Jüdischen Weltkongreß sprach Nahum Goldmann. Die Reden wurden vom Rundfunk übertragen.

Die fünfundsechzig an der Einweihungsfeier teilnehmenden Juden repräsentierten sowohl sich selbst als auch jüdische Organisationen,[76] darunter die israelische Regierung, den WJC, die Jüdische

Palästinaagentur, das Gemeinsame Amerikanische Spendenkomitee und die Jüdischen Gemeinden in Deutschland. Ihre Anwesenheit bildete einen scharfen Kontrast zu der in dieser Zeit in Ostdeutschland durchgeführten antikosmopolitischen Säuberung. Daß die Feier mit jüdischer Beteiligung stattfand, während die Ostblockländer fehlten, war ein Symbol für die geteilte, partielle und politisch geprägte Natur der deutschen Nachkriegserinnerung. Deutlich wurde dies auch in den westdeutschen Redebeiträgen, die der jüdischen Katastrophe einen zentralen Platz einräumten, während sie in den offiziellen ostdeutschen Darstellungen des Antifaschismus nur am Rande vorkam. Umgekehrt fand das Kernstück der ostdeutschen Erinnerung, die Erzählung von Tragödie und Triumph an der Ostfront und vom Martyrium des kommunistischen antinazistischen Widerstandes, in Bergen-Belsen kaum Erwähnung. Dennoch hatte man die Gedenkworte des Mahnmals auch in Tschechisch, Polnisch und Russisch in Stein gehauen, ebenso wie in Englisch, Holländisch, Flämisch, Französisch, Dänisch, Jiddisch, Hebräisch und Deutsch sowie – für die Opfer unbekannter Nationalität – in Latein.[77]

Jüdische Überlebende hatten sich seit 1945 zu Gedenkfeiern in ehemaligen Konzentrationslagern zusammengefunden. 1952 schloß sich ihnen zum ersten Mal das Staatsoberhaupt der Bundesrepublik an. In Gegenwart von Heuss und der anderen Gäste berichtete Nahum Goldmann auf eindringliche Weise vom jüdischen Leid, von dem »tiefen Schmerz, der Trauer um die Millionen, die als Opfer des nationalsozialistischen Terrors gelitten haben und gefallen sind«. Er fuhr fort:

> Niemand hat so furchtbar für die Hitlerperiode zahlen müssen wie wir Juden. Ein Drittel unseres Volkes wurde mit teuflischem Raffinement und mit wissenschaftlicher Gründlichkeit ausgerottet. Die Weltgeschichte kennt auch andere Fälle der Ausrottung und Vernichtung ganzer Gruppen. Was die Vernichtung der europäischen Juden durch das Hitlerregime kennzeichnet und sie zu einem einzigartigen, grauenhaften Geschehnis

macht, ist die kalte Berechnung, die systematische Gründlichkeit, die organisierte Planung dieses Ausrottungsprozesses. Was im Verlaufe von Jahren geschah, war nicht der Ausbruch wilden Hasses, ungezügelter Mordlust oder besinnungslose Massenhysterie, es war eine ausgedachte, in allen Einzelheiten berechnete, mit kalter Gründlichkeit geplante und durchgeführte Mordaktion. Dies gibt ihr ihren einzigartigen, grauenhaften Charakter und macht sie zu einer einmaligen Tragödie, auch in der Geschichte unseres an Tragödien reichen Volkes. Wir haben in dieser Dekade ein Drittel unserer Gemeinschaft verloren, ein Verlust, der nie wieder gutgemacht werden kann, und es ist selbstverständlich, daß in erster Reihe unserer Gedanken und Gefühle in dieser Stunde zu diesen sechs Millionen umgekommenen Juden gehen, die gelitten haben wie selten Menschen in der Geschichte, die Qualen durchgemacht haben, an die man kaum denken kann, und in den Gaskammern und anderen Vernichtungsinstitutionen des nazistischen Regimes ein Ende gefunden haben, für das es keine Analogien in der Weltgeschichte gibt. Sprechend im Namen der Weltjudenheit wiederhole ich in dieser Stunde unser Gelöbnis, diese Toten nie zu vergessen, die Erinnerung an diese Märtyrer, die für nichts anderes in den Tod gegangen sind als für die Tatsache, daß sie Juden waren, für ewig in unseren Herzen und den Herzen unserer Kinder und Kindeskinder zu tragen, und mit dem unauslöschlichen Gedächtnis, welches das Kennzeichen unseres Volkes ist, das Andenken an diese jüdischen Opfer des Naziterrors für immer in unserer Geschichte zu verewigen. Die Zehntausende, die an dieser Stätte begraben sind, symbolisieren für uns alle die Millionen, die in Auschwitz, Treblinka und unzähligen anderen Stätten, in Warschau und in Wilna und Bialistok ihr tragisches Ende gefunden haben.

Goldmann stellte die Erinnerung an die Auslöschung des europäischen Judentums mit beispielloser Direktheit in den Mittelpunkt einer nationalen Gedenkfeier im Nachkriegsdeutschland. Darüber hinaus betonte er, der mit Adenauer über das Wiedergutmachungsabkommen verhandelt hatte, daß der Verlust des europäischen Judentums nie wieder gutgemacht werden könne. Was immer die Deutschen von der NS-Vergangenheit erinnern mochten und was nicht, das »Weltjudentum« würde die Erinnerung an den Holocaust für alle Zeiten wachhalten. Während die Deutschen vielleicht vergessen wollten, würden und könnten es die Juden nicht.

Diese Rede war die vollständigste Darstellung des Holocaust, die im ersten Nachkriegsjahrzehnt auf einer politischen Gedenkveranstaltung in Westdeutschland vermittelt wurde. Hätte Goldmann sie in Ost-Berlin gehalten, wäre er möglicherweise im Gefängnis gelandet. Denn der Präsident des WJC, der ein perfektes Bild des von den Kommunisten verachteten jüdischen Kosmopoliten abgab, lenkte die Aufmerksamkeit auf die östliche Geographie der jüdischen Katastrophe. Sein Gedenken an den Holocaust paßte nicht in die Grenzen der geteilten Erinnerung. Indem er der Millionen gedachte, die an Orten, die jetzt »hinter dem Eisernen Vorhang« lagen, ermordet wurden, in Auschwitz, Treblinka und »unzähligen anderen Stätten«, durchbrach er die Schranken des Denkens des Kalten Krieges. Zur selben Zeit, als Stalinisten wie Hermann Matern die Juden als Träger westlichen Einflusses denunzierten, wies Goldmann darauf hin, daß die Geographie der Erinnerung nicht so leicht mit den Frontlinien des Kalten Krieges in Übereinstimmung zu bringen war. Drei Tage nach der Urteilsverkündung im Slansky-Prozeß und am Beginn der antikosmopolitischen Säuberung in Ost-Berlin dachte er an die nationalsozialistische Barbarei an der Ostfront des Zweiten Weltkriegs zurück. Solches Gedenken war in den antikommunistischen Äußerungen dieser Zeit nicht eben verbreitet. Der Holocaust blieb ein unbequemer, beklemmender und häufig störender Bestandteil der Erinnerung der westdeutschen Eliten an den Zweiten Weltkrieg. Obwohl er sich größtenteils in Osteuropa abgespielt hatte, fand er hier im Westen in der dunkelsten Phase des Kalten Krieges zum ersten Mal angemessenen öffentlichen Ausdruck. Doch selbst Goldmann machte den impliziten Zusammenhang zwischen dem nationalsozialistischen Vorgehen gegen die Juden und dem allgemeinen Krieg an der Ostfront nicht explizit.

Bedeutend war seine Rede auch deshalb, weil er als Inspiration für die Überlebenden den Heldenmut und das Martyrium der Juden in Erinnerung rief. Obwohl die Nationalsozialisten alles versucht hatten, war die jüdische Geschichte 1945 nicht zu Ende gewesen. Der Nationalsozialismus war tot, aber das Judentum lebte. Wie Goldmann betonte, hatten die Geschichte des jüdischen Volks und der Holocaust als »unvergeßliche und grausige Warnung« vor den Gefahren von übertriebenem Nationalgefühl und Rassismus eine »allgemeine Bedeutung für die Menschheit«, besonders für die Deutschen. Was Hitler den Juden angetan habe, habe er in geringerem Ausmaß auch anderen angetan. Hätte seine Herrschaft angedauert, wären andere Völker den Juden auf ihrem Leidensweg gefolgt. »Ich weiß«, sagte Goldmann, »daß es viele Deutsche gibt, symbolisiert durch den Präsidenten der deutschen Bundesrepublik, der mit uns ist, die diese Warnung voll verstehen und alles tun wollen, um ihrem Volk eine zweite Erfahrung, wie es die Hitler-Periode war, zu ersparen.« Aber es gebe auch solche, »die diese Warnung nicht hören wollen, die sich die Augen verschließen wollen vor der grauenhaften Tatsache der Ausrottung der Juden«. In allen Nationen seien Menschen zu finden, die zu extremem Nationalismus und Rassismus neigten. Das Mahnmal in Bergen-Belsen solle deshalb als »ewige und stündliche Warnung« dienen. Hitler habe nicht nur sechs Millionen Juden ausgerottet, »er hat sechs Millionen Menschen vernichtet und viele Millionen nichtjüdischer Menschen dazu ... So legitim der Volksgedanke auch ist, hundertmal legitimer, größer und fruchtbarer ist der Gedanke der Verbundenheit aller Völker, der Menschheitsgedanke!« Diese Verknüpfung der Besonderheit der jüdischen Katastrophe mit dem Universalismus des westlichen Humanismus machte Goldmanns Rede zu einer spezifisch deutsch-jüdischen Äußerung. Aus beidem, den alle Völker verbindenden Gemeinsamkeiten und dem besonderen Leid der Juden, die mehr gelitten hatten als alle anderen und dies niemals vergessen würden, ergab sich für Goldmann die Aufgabe, den »Sünden und Leidenschaften des Rassedünkels« zu widerstehen und sich für den Frieden sowie den Glauben an eine einige Menschheit und die Möglichkeit einzusetzen, die Vergangenheit zu überwinden und eine bessere Welt aufzubauen.[78]

Heuss' Rede in Bergen-Belsen wurde durch ihren Titel berühmt: »Diese Scham nimmt uns niemand ab!« Es war die eindringlichste öffentliche Auseinandersetzung mit den Verbrechen der NS-Zeit von seiten eines Vertreters der westdeutschen Staatsführung. Verbreitung fand sie durch die Übertragung im Rundfunk, durch ausführliche Presseberichte und die Veröffentlichung im *Bulletin* des Bundespresseamtes. Manfred George, der Herausgeber des New Yorker *Aufbau*, druckte sie auf der Titelseite ab und schrieb ebenso wie Roger Baldwin, der Vorsitzende der in New York ansässigen Internationalen Liga für Menschenrechte, Heuss einen Brief, um ihm seine Anerkennung für seine bewegenden Worte auszudrükken.[79]

Es wäre ein Akt der Feigheit gewesen, begann Heuss, die Einladung, bei der Gedenkfeier in Bergen-Belsen zu sprechen, abzulehnen. Die Deutschen müßten sich der Wahrheit stellen, zumal auf einem Boden, der von menschlicher Feigheit verwüstet worden sei. Denn angesichts von schutzloser Armut, Krankheit und Hunger sei die »bare Gewalttätigkeit ... in einem letzten Winkel immer feige«. Wer an diesem Ort als Deutscher sprechen wolle, der müsse sich die »innere Freiheit zutrauen, die volle Grausamkeit der Verbrechen, die hier von Deutschen begangen wurden, zu erkennen. Wer sie beschönigen oder bagatellisieren wollte oder gar mit der Berufung auf den irregegangenen Gebrauch der sogenannten ›Staatsraison‹ begründen wollte, der würde nur frech sein.« Von Bergen-Belsen habe er selbst zum ersten Mal 1945 in der BBC gehört. Dachau, Buchenwald, Oranienburg und Theresienstadt seien ihm schon vorher ein Begriff gewesen. Von Mauthausen, »wo sie meinen alten Freund Otto Hirsch ›liquidiert‹ hatten, den edlen und bedeutenden Leiter der Reichsvertretung deutscher Juden«, habe er von dessen Gattin erfahren, »die ich zu stützen und zu beraten suchte«. Doch diese Bemerkungen sollten »keine Krücke sein für diejenigen, die gern erzählen: Wir haben von alledem nichts gewußt. Wir haben von den Dingen gewußt.« Aus den Schreiben der protestantischen und katholischen Bischöfe hätten die Deutschen es gewußt. Aber die »Phantasie, die sich aus der bürgerlichen und christlichen Tradition nährte, umfaßte nicht die Quantität dieser kalten und leidvollen Vernichtung«.

Den von vielen Deutschen nach dem Krieg vorgebrachten Hinweis auf das, was »die anderen« in den westlichen Internierungslagern von 1945/46, in den Lagern in der sowjetischen Besatzungszone und den Schauprozessen von Waldheim getan hatten, ließ er nicht gelten. Solche Versuche, die eigene Schuld zu relativieren, lehne er ab. Gewalt und Ungerechtigkeit eigneten sich nicht für eine »wechselseitige Aufrechnung«. In Bergen-Belsen seien viele Menschen aus anderen Ländern und auch viele Deutsche gestorben. Dieser Ort habe eine tiefe Bedeutung, von der Nahum Goldmann gesprochen habe, denn die Ermordeten seien keine abstrakte Gruppe gewesen, sondern »Menschen wie du und ich, sie hatten ihre Eltern, ihre Kinder, ihre Männer, ihre Frauen«.

Es gebe viele, die fragten, ob es nicht besser wäre, »wenn Ackerfurchen hier liefen, und die Gnade der sich ewig verjüngenden Fruchtbarkeit der Erde verzeihe das Geschehene«. Manche hätten das Argument angeführt, »daß dieser Obelisk [das Mahnmal von Bergen-Belsen] ein Stachel sein könnte, der Wunden, die der Zeiten Lauf heilen solle, das Ziel der Genesung zu erreichen nicht gestatte«. Dem hielt Heuss entgegen:

»Wir wollen davon in allem Freimut sprechen. Die Völker, die hier die Glieder ihres Volkes in Massengräbern wissen, gedenken ihrer, zumal die durch Hitler zu einem volkhaften Eigenbewußtsein schier gezwungenen Juden. Sie werden nie, sie können nie vergessen, was ihnen angetan wurde; die Deutschen dürfen nie vergessen, was von Menschen ihrer Volkszugehörigkeit in diesen schamreichen Jahren geschah.« Auf den Einwand, ob er nichts vom neuen Unrecht der Siegermächte und vom »Fortbestehen der Lagermißhandlung, des Lagersterbens in der Sowjetzone« wisse, erwiderte er: »Ich weiß davon und habe nie gezögert, davon zu sprechen. Aber Unrecht und Brutalität der anderen zu nennen, um sich darauf zu berufen, das ist das Verfahren der moralisch Anspruchslosen, die es in allen Völkern gibt, bei den Amerikanern so gut wie den Deutschen oder den Franzosen und so fort.«

Heuss war sich im klaren darüber, daß die Juden niemals vergessen würden, ganz gleich, woran sich die Deutschen erinnerten oder nicht erinnerten. Deshalb war jeder deutsche Versuch zu vergessen nicht nur moralisch unhaltbar, sondern auch zum Scheitern verurteilt. Obwohl er sich der deutschen Leiden im Krieg bewußt war, kritisierte er doch, was Adorno später die neurotische Qualität des Nachkriegsgedächtnisses der Deutschen nennen sollte, die sich immer dann zeige, wenn die NS-Verbrechen zur Sprache kämen und sie das Thema zu wechseln versuchten. Dagegen bestand Heuss auf der Bewahrung der Erinnerung:

> Mir scheint, der Tugendtarif, mit dem die Völker sich selber ausstaffieren, ist eine verderbliche und banale Angelegenheit. Er gefährdet das klare, anständige Vaterlandsgefühl, das jeden, der bewußt in seiner Geschichte steht, tragen wird, das dem, der die großen Dinge sieht, Stolz und Sicherheit geben mag, ihn darum aber nicht in die Dumpfheit einer pharisäerhaften Selbstgewißheit verführen darf. Gewalttätigkeit und Unrecht sind keine Dinge, die man für eine wechselseitige Kompensation gebrauchen soll und darf. Denn sie tragen die böse Gefahr in sich, im seelischen Bewußtsein sich zu kumulieren; ihr Gewicht wird zur schlimmsten Last im Einzelschicksal, ärger noch, im Volks- und Völkerschicksal. Alle Völker haben ihre Rachebarden oder, wenn diese ermüdet sind, ihre Zweckpublizisten in Reserve.

Heuss hoffte auf einen Patriotismus, der selbstsicher genug war, um sich auf ehrliche Weise mit der dunklen Vergangenheit auseinanderzusetzen. Ein »anständiges Vaterlandsgefühl« berief sich nicht auf bequeme Mythen und Ressentiments gegenüber anderen. Deshalb wollte Heuss die Sprache des Patriotismus nicht dem

Ressentiment und der Verdrängung überlassen, sondern versuchte sie in den Dienst der Erinnerung zu stellen. In Bergen-Belsen, fuhr er fort, sollten die letzten greifbaren Juden ausgelöscht werden. Mit Sicherheit sei das, »was zwischen 1933 und 1945 geschah, das Furchtbarste, was die Juden der Geschichte gewordenen Diaspora erfuhren«. Aber dabei sei etwas Neues geschehen. Die Juden hätten die Verfolgung aus wirtschaftlichen Ressentiments und religiösem Fanatismus gekannt, doch die nationalsozialistische Verfolgung sei ein »Durchbruch des biologischen Naturalismus der Halbbildung« gewesen, der zur »Pedanterie des Mordens als schier automatischem Vorgang« geführt habe: »Dies gerade ist die tiefste Verderbnis dieser Zeit. Und dies ist unsere Scham, daß sich solches im Raum der Volksgeschichte vollzog, aus der Lessing und Kant, Goethe und Schiller in das Weltbewußtsein traten. Diese Scham nimmt uns niemand, niemand ab.« Damit trat Heuss der Vorstellung, die Geschichte sei ein direkter Weg von Luther zu Hitler, mit einem moralischen und einem historischen Argument entgegen. Gerade weil die Deutschen die moralischen Mittel und die vielfältigen historischen Traditionen besessen hätten, um den Genozid zu verhindern, sie aber nicht genutzt habe, könne ihnen niemand die Scham abnehmen, zumal sie selbst und nicht nur oder vor allem kritische Ausländer begriffen hätten, daß der Nationalsozialismus eine Abkehr von der zivilisierten Moralität darstellte, die auch Bestandteil der deutschen Geschichte sei. Für Heuss war der moralische Imperativ der Erinnerung an die Verbrechen der NS-Zeit keine von den Siegern und Besatzern auferlegte Last, sondern eine kategorische Forderung der besseren Traditionen eines immer noch existierenden »anderen Deutschland«.

Auch auf seine persönlichen Erinnerungen an die NS-Zeit griff Heuss zurück, indem er zum Beispiel von einem NS-Funktionär aus seiner Heimatstadt berichtete, der am dortigen Denkmal für die Gefallenen des Ersten Weltkriegs die jüdischen Namen entfernen und durch Namen von Schlachten ersetzen ließ. Unter den gelöschten Namen seien auch die einiger seiner Jugendfreunde gewesen, erzählte Heuss. Er erwähne diese Episode, um seine Zuhörer daran zu erinnern, daß die »Ehrfurcht vor dem Tode« abgenommen habe, während die Nationalsozialisten schon an einen neuen Krieg dachten. Ein »zynischer Bursche« würde sagen, die Opfer von Bergen-Belsen seien doch »bloß« Polen, Russen, Franzosen, Belgier, Norweger, Griechen und andere gewesen. Gegen solche rassistische Gefühllosigkeit wehrte sich Heuss, wie gesehen. Die Toten seien »Menschen wie du und ich«. Einige von ihnen waren sogar seine Freunde gewesen. Die Trauer um ihren Verlust war kein Gefallen, den man den Juden schuldete, auch kein Akt geschickter Öffentlichkeitsarbeit. Für Heuss war die Trauer um das vernichtete deutsch-jüdische Deutschland, in dem er aufgewachsen war, sowohl ein moralischer Imperativ als auch Ausdruck des Gefühls für den Verlust, den er persönlich und den sein Land erlitten hatte.

Einen versöhnlichen Schluß vermied Heuss. Gewiß, es habe deutsche Ärzte und Krankenschwestern gegeben, die sich im Frühjahr und Frühsommer 1945 aus dieser Scham und einem Gefühl für Moral und Pflicht heraus um die Gesundheit der Überlebenden von Bergen-Belsen gekümmert hätten, häufig unter Gefahr für ihr eigenes Leben. Darin liege ein Trost. Doch es reiche kaum aus, um mit einem erhebenden Gedanken zu schließen. Im Gegensatz zu Rousseaus Annahme, der Mensch sei gut, habe man gelernt, »daß die Welt komplizierter ist als die Thesen moralisierender Literaten«. Der Begriff der Menschheit sei eine Abstraktion, während das Menschsein, die Menschlichkeit vom individuellen Verhalten gegenüber anderen abhänge. Letzten Endes sei der einzelne entscheidend: »... es kommt auf dich an, daß du ihre Sprache, daß du diese ihre besondere Sprache verstehst, um deinetwillen, um unser aller willen!«[80]

Mit dieser Rede stellte Heuss den Diskurs von Vaterland, Patriotismus, Ehre, Tapferkeit und Moralität in den Dienst der Erinnerung an die NS-Vergangenheit, und obwohl er dicht vor der Analyse der Bedeutung des Antisemitismus haltmachte, gedachte er doch der »Pedanterie des Mordens als schier automatischem Vorgang«, das heißt der Todeslager, einem Grundbestandteil der von den führenden Politikern der Bundesrepublik vertretenen Darstellung der NS-Vergangenheit. Den konservativen Kräften der Bundesrepublik schrieb Heuss ins Stammbuch, daß er jenen entgegentreten würde, welche das Vergessen mit dem nationalen Interesse oder der nationalen Ehre gleichsetzen wollten oder von neuem versuchten, den patriotischen Diskurs für ihre Zwecke zu mißbrauchen. Eine Sache der nationalen Ehre war für ihn die Erinnerung an die schwierige Vergangenheit, nicht deren Verdrängung. Damit initiierte er eine oftmals unpopuläre, aber nie ganz verschwundene Komponente der bundesrepublikanischen Identität.

In der zweiten bedeutenden Rede, die Heuss in den fünfziger Jahren über die NS-Vergangenheit hielt, beschäftigte er sich mit dem deutschen Widerstand, insbesondere mit dem Vermächtnis der Verschwörer vom 20. Juli 1944. Auch in der Erinnerung an den deutschen Widerstand spiegelte sich die Spaltung des Kalten Krieges wider, denn aus dem kommunistischen Kult des »antifaschistischen Widerstandskämpfers« waren die Männer des 20. Juli 1944 weitgehend ausgeschlossen. Aber auch in Westdeutschland war die Erinnerung an die Verschwörer, die erfolglos versucht hatten, Hitler zu töten, nicht sehr beliebt. Für viele Westdeutsche standen sogar die Handlungen der konservativen Vertreter des antinazistischen Widerstands im Geruch des Hochverrats.[81] In diesem Klima gab Heuss einen Brief, den er am 19. Juli 1952 an die Witwe eines der Beteiligten geschrieben hatte, zur Veröffentlichung frei. Darin unterstrich er das von den Verschwörern bewiesene Verantwortungsgefühl »vor Gott und vor dem Volk«. Auch er habe im Gefolge des Putschversuchs viele Freunde und Verwandte verloren und schreibe nicht als Bundespräsident, sondern als Überlebender. Indem sie sichtbar gemacht hätten, daß es das »andere Deutschland« gebe und daß es bereit sei, sich für seine Prinzipien zu opfern, hätten die Verschwörer »mit ihrem Sterben über den Tod hinaus Deutschland einen politischen Dienst« erwiesen. Durch die Erinnerung an ihr Handeln würden bei den Deutschen »vor allem die Nachdenklichkeit, der Anstand, die sittliche Selbstbesinnung« gestärkt.[82]

Am zehnten Jahrestag des Anschlags auf Hitler hielt Heuss eine Rede in der Freien Universität in West-Berlin. Wie gewohnt konsultierte er vorher eine Reihe von Intellektuellen und Gelehrten. Am 9. Juli bat Hans Bott, Ministerialdirektor im Bundespräsidialamt, Max Horkheimer brieflich um Anregungen dafür, wie des Jahrestages seiner Ansicht nach am besten gedacht werden solle.[83] Drei Tage später schickte Horkheimer eine bemerkenswerte Antwort an Bott. Im Hinblick auf die verbreitete Meinung, die Ehrung der Verschwörer vom 20. Juli 1944 habe der konservativen Restauration in der Bundesrepublik gedient, ist die Ansicht eines der prominentesten linken Intellektuellen Deutschlands über deren Vermächtnis für die neue Demokratie von besonderem Interesse. In Deutschland, schrieb Horkheimer, werde »viel zu wenig all derer gedacht, die während der Jahre des Grauens den Namen der Menschheit gerettet haben«. Die zu oft vergessenen Angehörigen des deutschen Widerstands verdienten »größere Liebe«. Auch wenn man ihre politischen Überzeugungen nicht teile, drücke »ihre Tat doch die Sehnsucht des Ganzen aus«. Horkheimer fuhr fort:

> Wenn das neue Deutschland im Zeichen solcher Ereignisse wie des 20. Juli seine Bürger erzieht, und nicht bloß im abstrakten Respekt für die Demokratie als solche, so wäre viel gewonnen. Die Demokratie als solche ist bekanntlich ein recht vager Begriff, der zu Freiheit und Gerechtigkeit nicht automatisch in Beziehung steht. Es bedarf der Spontaneität des einzelnen, die sich in formalen Prinzipien nicht erschöpft. Einer der wenigen Überlebenden des 20. Juli hat einmal im Gespräch auf die Frage, wie er es vermochte, an dem Unternehmen teilzunehmen, während er wissen mußte, daß ihn im Fall des Mißlingens Schlimmeres als der Tod erwarte, geantwortet: weil das Bestehende so unerträglich war, daß alles, jede Qual und jede Marter, ihm vorzuziehen gewesen wäre. In diesem Geist des bestimmten Nein, für das gar nicht einmal artikulierte Ziele und Programme eine so entscheidende Rolle zu spielen brauchen, und der von Realpolitikern

allzu gern nebelhaft und weltfremd gescholten wird, steckt genau jene konkrete Beziehung auf die Möglichkeit des Besseren, von der seine Verwirklichung abhängt.[84]

Horkheimer glaubte, daß die Erinnerung an den deutschen Widerstand bei der Wiederherstellung der demokratischen Werte in der Bundesrepublik eine Rolle spielen müsse, und teilte mit Heuss das Ziel der Neubelebung des autonomen Individuums, das fähig und bereit ist, im Namen von Moralität, liberaler Demokratie und politischer Gerechtigkeit dem Druck der Zeit zu widerstehen.[85] Diese Werte suchte er als Rektor der Universität Frankfurt der nach dem Krieg herangewachsenen Studentengeneration zu vermitteln.[86]

»Vom Recht zum Widerstand« war die Rede überschrieben, die Heuss am zehnten Jahrestag des versuchten Staatsstreichs in Berlin hielt. Er stellte die Verschwörung vom 20. Juli 1944 in eine lange Tradition versäumter Gelegenheiten in der deutschen Geschichte – von der Revolution von 1848 über die Weimarer Republik bis zu den intellektuellen Leistungen einer deutsch-jüdischen Synthese. Doch das Scheitern habe diesen Versuchen nichts von ihrer Würde genommen. In einer Zeit, in der Feigheit, Grausamkeit und Ehrlosigkeit den deutschen Namen befleckten, hätten die Männer des 20. Juli »im Wissen um die Gefährdung des eigenen Lebens den Staat der mörderischen Bosheit zu entreißen und ... das Vaterland vor der Vernichtung zu retten« versucht. Damit habe der deutsche Widerstand ein neues Kapitel in der Geschichte des deutschen Patriotismus geschrieben. Bindeglied der Verschwörer sei die grundlegende Moral gewesen. In Anlehnung an Luthers berühmte Schrift von 1520 bezeichnete Heuss sie als »christlichen Adel deutscher Nation«, der sich mit Arbeiterführern, Sozialisten, Gewerkschaftern, Beamten und Soldaten zusammengeschlossen habe. Viele würden es bequem finden, über solche Themen zu schweigen, er aber sei nicht für solche Bequemlichkeit, sondern halte es »für einen *Gewinn,* wenn jetzt in ernsten Auseinandersetzungen Historiker, Theologen, Juristen, Soldaten sich darum bemühen, die Fragen in ihrer *geistigen* Tiefe auszuschöpfen«. Daß unter dem NS-

Regime Ungerechtigkeit und Grausamkeit geherrscht hätten, sei der politischen und militärischen Führung spätestens 1934 vor Augen geführt worden, als die Generale von Schleicher und von Bredow ermordet worden seien, und der Wehrmachtführung müsse der Vorwurf gemacht werden, keinen Protest eingelegt zu haben. Die Vorstellung eines »bedingungslosen *Gehorsams*« im Militär wies er zurück und betonte statt dessen die Bedeutung des individuellen Gewissens. Für ihr Vermächtnis an die Nation schulde man den Beteiligten vom 20. Juli 1944 Dank: »Die Scham, in die Hitler uns Deutsche gezwungen hat, wurde durch ihr Blut vom besudelten deutschen Namen wieder weggewischt.« Gehorsam bedeute nicht, Recht und Moral aufzugeben.[87]

Heuss sah seine Aufgabe als Bundespräsident nicht darin, populäre Stimmungen wiederzugeben, sondern darin, den Deutschen Führung und Anstoß zu geben. Sein Beitrag zum öffentlichen Diskurs über die NS-Vergangenheit markierte die Grenzen der offiziellen Anerkennung der Last der Vergangenheit. Als interner Kritiker erinnerte er die Deutschen sanft, aber beharrlich an Geschehnisse, die viele lieber vergessen hätten, und an die eigenen demokratischen Traditionen, die viele hatten abreißen lassen. Er stand für Ernsthaftigkeit, Mäßigung, Nachdenklichkeit und Ablehnung jeglicher nationalistischer Demagogie. 1955 erklärte er, er halte das Wort vom »deutschen Wunder« für »dumm, ja für hassenswert, in seiner Repetition aber für höchst bedenklich«. Hinter dem sogenannten Wunder stünden »ein paar ganz einfache, sehr natürliche und gar nicht wunderbare Tatsachen«, nämlich Arbeitsamkeit und die »Rückkehr zur gesunden Nüchternheit, nachdem man jahrelang durch Reden betrunken gemacht war«.[88] Heuss erinnerte sich noch gut an die verdinglichende, mystifizierende Sprache der Nationalsozialisten und beschwor seine Landsleute, mit den Füßen auf dem Boden der Tatsachen der politischen und ökonomischen Realitäten zu bleiben.

Am 12. September 1959 hielt Heuss in seiner Abschiedsrede als Bundespräsident positiv fest, daß sein Ausscheiden aus dem Amt in Übereinstimmung mit der Verfassung gemäß dem demokratischen Prinzip des »Herrschaftsauftrags auf Frist« geschehe. Unter den Leistungen der Bundesrepublik im ersten Jahrzehnt ihres Bestehens betonte er besonders den Wiederaufbau, die wirtschaftliche Erholung und die »Wiedergutmachung an dem schmachvollen Widerrecht, das so viele, zumal auch jüdische Menschen im ganzen hitlerischen Machtbereich erleiden mußten«. Wiederum verwahrte er sich gegen den Begriff des »Wunders« zur Kennzeichnung der wirtschaftlichen Erholung in Westdeutschland in den fünfziger Jahren. Vielmehr seien »ganz einfache und ganz nüchterne Dinge« passiert. Als »schauderhaftestes Erbe der Hitler-Politik« nannte er die Teilung des Landes und die Errichtung einer Diktatur in der Ostzone. Von den führenden westdeutschen Politikern nannte er nur Ernst Reuter, der die freie Welt in der Auseinandersetzung um Berlin an die Wichtigkeit der Selbstbestimmung erinnert habe. Seinem eigenen Bekunden zufolge verließ Heuss sein Amt mit einem lebendigen Gefühl »innerer Freiheit«, dem »köstlichsten Besitz, den Gott dem Menschen als Möglichkeit geschenkt hat und den als Aufgabe zu begreifen seine Würde bestimmt«.[89]

Heuss' Hinterlassenschaft war sowohl inhaltlicher als auch formaler Art. Wie gesehen, drängte er seine Landsleute, die Last der »Kollektivscham« für die NS-Vergangenheit zu akzeptieren, erinnerte sie andererseits aber auch an die vielfältigen menschlicheren Kontinuitäten der deutschen Geschichte und half so mit, den Stolz und das Selbstwertgefühl einer Gesellschaft wiederherzustellen, der es an beidem mangelte. Im Bewußtsein seiner eigenen Fehleinschätzung am Ende der Weimarer Republik strahlte er die Demut und Weisheit desjenigen aus, der um seine eigene Fehlbarkeit weiß. Sein Stil stellte das Gegenteil der militanten Selbstsicherheit Ulbrichts und Grotewohls dar. Gerierten diese sich als Erben eines moralisch einwandfreien heroischen Antifaschismus und glaubten sich deshalb von der durch die Taten anderer Deutscher angehäuften Schuld frei, so betonte Heuss die andauernde Kollektivscham der Nachkriegsdeutschen über den Nationalsozialismus. Er vertrat eine gemäßigte Alternative zu Adenauers Zurückhaltung in bezug auf die öffentliche Erinnerung an die NS-Zeit. Während uneinsichtige Nationalisten in der Bundesrepublik von angeblich lähmenden Auswirkungen des Nachdenkens über die NS-Vergangenheit sprachen, definierte Heuss Stärke, Integrität und individuelles Gewissen als Fähigkeit, sich der Vergangenheit zu stellen. Im Gegensatz zum verdinglichenden, mystifizierenden Diskurs der apolitischen deutschen Tradition forderte er die junge Generation von Intellektuellen und Wissenschaftlern auf, die Erinnerung mit der Geschichte zu verknüpfen und die kausalen Zusammenhänge aufzudecken, die zum moralischen Zusammenbruch geführt hatten. Aber so scharf seine moralischen Maßstäbe in mancher Hinsicht auch waren, sie veranlaßten ihn nicht, das Gewicht seines Amts einzusetzen, um die Verzögerung und Vermeidung der Strafverfolgung im ersten Jahrzehnt der Bundesrepublik anzuprangern.

Kurz vor seinem Ausscheiden aus dem Amt schrieb er Nahum Goldmann aus Anlaß eines bevorstehenden WJC-Treffens einen Brief, in dem er erklärte, es sei »moralisch nicht erlaubt«, zu verharmlosen oder zu vergessen, was den Juden angetan worden sei. Aber es sei unbedingt erforderlich, die Beziehungen zwischen Deutschen und Juden auszubauen. Er erinnerte daran, daß er 1949 nicht nur von »Kollektivscham« gesprochen habe, sondern auch von dem »Mut zur Liebe«, den man im Verhältnis zwischen Deutschen und Juden wiederfinden müsse, sowie davon, »was aus jüdisch-deutscher Symbiose in den letzten anderthalb Jahrhunderten an fruchtbaren Leistungen hervorgegangen« sei. Er hege den starken Wunsch, daß nach dem Ende seiner Amtszeit eine »verruchte Vergangenheit nicht als drückender Schatten die Auflichtung zu einer besseren, zu einer guten Zukunft verwehre«.[90]

Dieser Brief beleuchtet einen wichtigen Punkt, in dem sich die Erinnerung der Generation von Heuss und Goldmann von der ihrer Nachfolger unterschied. Die Gründer der Nachkriegsordnung waren im vornazistischen, deutsch-jüdischen Deutschland aufgewachsen und hatten den Nationalsozialismus miterlebt. Im Lauf der Zeit sollte sich die öffentliche Diskussion über die Vergangenheit unvermeidlicherweise weniger auf persönliche Erinnerungen und stärker auf vermittelte Geschichte stützen. Was Heuss angeht, so befand er sich mit seiner doppelten Perspektive, die das Schlimmste wie das Beste der deutschen, jüdischen und deutsch-jüdischen Geschichte erfaßte, im Einklang mit Goldmanns Auffassungen: Beide erinnerten sich sowohl an die deutsch-jüdische Welt, die zerstört worden war, als auch an den Akt der Zerstörung, und im Unterschied zu den nachfolgenden Generationen beruhte ihre Erinnerung auf persönlichen Erlebnissen.[91] Heuss' Nachfolger im Amt des Bundespräsidenten wurden jedoch von seinen Ansichten beeinflußt. Er hatte seine Aufgabe als Staatsoberhaupt unter anderem darin gesehen, die furchtbaren Erinnerungen der Nation zu bewahren, und die Achtung und Zuneigung, die ihm in der Bundesrepublik entgegengebracht wurden, erschwerten es seinen Nachfolgern, in bezug auf die NS-Vergangenheit in Schweigen und Selbstrechtfertigung zurückzufallen. Aber erst Richard von Weizsäcker sollte sich in den achtziger Jahren ähnlich intensiv mit den NS-Verbrechen auseinandersetzen, wie es Heuss getan hatte.

Heuss' unmittelbarer Nachfolger, Heinrich Lübke, der das Amt bis 1969 innehatte, erklärte in einer frühen Rede vor der Gesellschaft für christlich-jüdische Zusammenarbeit, die Aussöhnung zwischen Deutschen und Juden setze voraus, daß sich die Deutschen mit dem vollen Ausmaß der jüdischen Katastrophe konfrontierten und ihr Bestmögliches taten, um sie zu sühnen. Lübke sprach über den rassistischen Antisemitismus und den »Wahnsinn der Judenvernichtung«. Doch in seiner Rede war ein anderer Ton zu spüren. Nur »wenige Rädelsführer«, erklärte er, hätten sie »bewußt gewollt und organisiert«, aber »unter Mißbrauch des Namens des ganzen deutschen Volks betrieben«. Unglücklicherweise sei auf diese Weise außerhalb Deutschlands der Eindruck entstanden, alle Deutschen seien daran beteiligt gewesen. Hatte Schumacher die Anklage der Kollektivschuld zurückgewiesen, um die Aufmerksamkeit auf die Verantwortlichen zu lenken, so leistete Lübke dem neuen Mythos einer angeblich äußerst kleinen Zahl von Tätern Vorschub und schwächte damit das von Heuss hervorgehobene Gefühl von kollektiver Scham und Verantwortung.

Nachdem er den von der ostdeutschen Regierung erhobenen Vorwurf, die Bundesrepublik sei eine »Neuauflage des Dritten Reiches«, mit dem Hinweis auf deren Weigerung, Wiedergutmachung zu leisten, abgewehrt hatte, fuhr Lübke in einem bei Heuss undenkbaren fordernden Tonfall fort: »Wir Deutschen dürfen nicht vergessen, was geschehen ist. Wir erhoffen uns als Beitrag der Juden zur Wiedergutmachung, daß sie unseren guten Willen nicht ohne Antwort lassen. Er bliebe unfruchtbar und würde mit der Zeit erlahmen, wenn wir nicht fühlen, daß auch auf der anderen Seite das Vertrauen wächst.« Die Deutschen wollten als Gegenleistung »Anerkennung, Ermunterung und Erwiderung«. Im Gegensatz dazu hatten Heuss und Adenauer die Wiedergutmachungsvereinbarungen als Sühne für vergangenes Unrecht betrachtet, nicht als Versuch, »guten Willen auf der anderen Seite« zu erreichen. Anschließend hob Lübke die Gemeinsamkeiten von Christen und Juden hervor und warnte die Gesellschaft für christlich-jüdische Zusammenarbeit, sie würde an Wirkung einbüßen, »wenn sie sich heute nur als Vereinigung gegen das Wiederaufleben des Nationalsozialismus verstünde und nicht auch die Abwehr gegen den Kommunismus in ihren Aufgabenkreis einbezöge«. Täte sie dies nicht, geriete sie »in Gefahr, zu einem Veteranenverband von Verfolgten zu werden«. Den Deutschen konzedierte Lübke eine »Doppelrolle« als Verfolger und Opfer. Nur eine »kleine Minderheit« sei tatsächlich an den Verbrechen beteiligt gewesen.[92]

Lübke artikulierte die Ungeduld jener Westdeutschen, die genug von der NS-Vergangenheit gehört hatten, die nicht von den Taten einer »kleinen Minderheit« belastet werden wollten und vom Bundespräsidenten erwarteten, daß er weniger von dem sprach, was die Deutschen anderen angetan hatten, und mehr davon, wie sie selbst von den Nationalsozialisten und den Siegermächten zu Opfern gemacht worden waren. Darüber hinaus war es angesichts der umfassenden Berichterstattung über die antijüdischen Säuberungen in Ost-Berlin in der *Allgemeinen Wochenzeitung der Juden in Deutschland* und in den liberalen westdeutschen Tageszeitungen vermessen, die Juden aufzufordern, sie sollten ihre antikommunistische Einstellung auffrischen. Tatsächlich geizten die westdeutschen Liberalen in den fünfziger Jahren nicht mit Kritik am Kommunismus.

Es gab eine große Diskrepanz zwischen dem westdeutschen Diskurs der Reue und der Akzeptanz der Verpflichtung zur Wiedergutmachung einerseits und dem Mangel an juristischer Aufarbeitung der NS-Vergangenheit andererseits. So war es nicht überraschend, daß nicht nur die Kommunisten in Ost-Berlin, sondern auch westliche Kritiker das westdeutsche Wiedergutmachungsabkommen vor diesem Hintergrund als den »politischen und finanziellen Preis für die definitive Westintegration der Bundesrepublik« betrachteten.[93] Sicherlich war die Wiedergutmachung im Vergleich mit der juristischen Aufarbeitung der Weg des geringeren Widerstandes, und gewiß war sich Adenauer im klaren darüber, daß sie das Ansehen der Bundesrepublik in Israel und den Vereinigten Staaten heben würde. Doch man sollte auch nicht vergessen, daß in jener von Grund auf konservativen Ära des Kalten Krieges zwischen der Sowjetunion und dem Westen Vergangenheit und Gegenwart der Juden nur eine Fußnote der Hauptereignisse darstellten. Die USA hatten nicht vorgehabt, der Bundesrepublik die Mitgliedschaft in der NATO zu verweigern, wenn sie es ablehnte, eine Wiedergutmachungsvereinbarung zu treffen. Von außen gesehen, mochten Wiedergutmachungszahlungen und bewegende Reden über den Holocaust das Geringste sein, was die westdeutsche Regierung tun konnte, aber in der Bundesrepublik gab es viele Wähler, die eine weitaus vergeßlichere und hartherzigere Politik befürwortet hätten. Adenauer hat die Anerkennung, die ihm zuteil geworden ist, verdient. Aber mehr, als es bisher geschehen ist, muß auch Schumacher und seinen Mitstreitern von der demokratischen Linken Anerkennung gezollt werden. Ohne ihr Drängen und ihre Initiative wäre eine westdeutsche Demokratie mit wesentlich kürzerem Gedächtnis, wesentlich weniger Gerechtigkeit und wesentlich weniger Mitgefühl für die Überlebenden entstanden. Ebenso wie sich die demokratische Linke in den frühen Jahren am intensivsten mit der NS-Vergangenheit auseinandergesetzt hatte, warnten Ende der fünfziger Jahre SPD-Politiker ihre westdeutschen Landsleute davor, daß die in der Adenauer-Ära betriebene Verzögerung der juristischen Behandlung der NS-Verbrechen zu einem moralischen und rechtsstaatlichen Skandal von ungeahnten Ausmaßen zu werden drohe. Wir wollen uns jetzt dem daraus resultierenden Wandel im Verhältnis von Erinnerung und Demokratie zuwenden, der in den sechziger Jahren in der westdeutschen Politik zutage trat.

Politik und Erinnerung seit den sechziger Jahren

In diesem Kapitel soll keine vollständige Geschichte, sondern nur ein Überblick über die Politik der Erinnerung in der Bundesrepublik seit den sechziger Jahren und später im vereinigten Deutschland gegeben und ihr Platz im historischen Kontext der Gründungstraditionen der beiden deutschen Staaten bestimmt werden. Das Jahr 1968 und die linke Opposition der sechziger Jahre stellten eine Zäsur im westdeutschen Nachdenken über die NS-Vergangenheit dar. Aber wie die vorangegangenen Kapitel gezeigt haben, erfassen die bekannten Dichotomien, mit denen die Adenauer-Ära und die Periode seit den sechziger Jahren unterschieden werden, nur einen Teil der seit Kriegsende betriebenen Politik der Erinnerung. Sie werden weder der Bedeutung des Diskurses der politischen und intellektuellen Elite der unmittelbaren Nachkriegszeit gerecht, noch beleuchten sie das zweideutige Erbe des Anspruchs der Generation der sechziger Jahre, sich der von den Älteren verdrängten Vergangenheit gestellt zu haben. Dennoch enthalten sie eine grundlegende Wahrheit: Seit den sechziger Jahren nimmt die Diskussion der NS-Vergangenheit in der westdeutschen Politik und Gesellschaft breiteren Raum ein und wurde die in der Adenauer-Ära vorherrschende Beziehung zwischen Demokratie und Erinnerung in Zweifel gezogen und revidiert. Sowohl Sozialdemokraten als auch Neue Linke vertraten die Auffassung, daß die Demokratie mehr Erinnerung und mehr Gerechtigkeit erfordere. Während sich beide politischen Gruppen einerseits von Schumachers erbittertem Antikommunismus abwandten, stärkten sie andererseits die westdeutsche Demokratie, wie er es im Frühjahr und Sommer 1945 gefordert hatte.

Anzeichen der Veränderung in den politischen Institutionen der Bundesrepublik waren vier Bundestagsdebatten über die Verlängerung der Verjährungsfrist von NS-Verbrechen, Prozesse gegen das Personal von Todeslagern vor westdeutschen Gerichten, Willy Brandts Ostpolitik und Helmut Schmidts offene Reden über Auschwitz und die nationalsozialistische Judenverfolgung, Helmut Kohls modifizierte Anknüpfung an Adenauers Haltung im Zusammenhang mit dem Besuch von US-Präsident Reagan auf dem Soldatenfriedhof in Bitburg sowie Bundespräsident Richard von Weizsäckers Erneuerung der auf Heuss zurückgehenden Tradition der Erinnerung in seiner Rede zum 8. Mai 1985. In den sechziger Jahren stellte die Neue Linke die von Schumachers Generation von Sozialdemokraten vertretenen Ansichten zu jüdischen Themen in Frage. Zwei Jahrzehnte später versuchten Konservative im Zuge des sogenannten Historikerstreits, den Stellenwert, den die NS-Verbrechen seit den sechziger Jahren im offiziellen westdeutschen Diskurs erlangt hatten, zu reduzieren.

Die Untersuchungen der Ludwigsburger Zentralstelle zur Aufklärung der NS-Gewaltverbrechen und der Jerusalemer Eichmann-Prozeß von 1961 machten auf eine beunruhigende Tatsache aufmerksam: Ohne eine Verlängerung der zwanzigjährigen Verjährungsfrist für Mord würden Zehntausende mutmaßlicher Beteiligter an Kriegsverbrechen und Holocaust allein aufgrund des Vergehens der Zeit der Bestrafung entgehen. Deshalb befaßte sich der Bundestag 1960, 1965, 1969 und 1979 mit dieser Frage und rückte damit sowohl die Verbrechen der NS-Vergangenheit als auch das Ausmaß des Versagens der Justiz in den fünfziger Jahren ins Zentrum der westdeutschen Politik.

Die Zahl der noch vor Gericht zu bringenden Verdächtigen war groß. Ende der fünfziger Jahre schätzten westdeutsche Staatsanwälte und Wissenschaftler, daß etwa 100 000 Personen auf die eine oder andere Weise an der Vernichtung des europäischen Judentums beteiligt gewesen waren.[1] Vom 8. Mai 1945 bis Mitte der achtziger Jahre wurden 90 921 Personen wegen Kriegsverbrechen und Verbrechen gegen die Menschlichkeit vor alliierte und westdeutsche Gerichte gestellt; 6479 von ihnen wurden verurteilt. 12 Verurteilte wurden hingerichtet, 160 erhielten lebenslange Freiheitsstrafen, 6192 mußten für lange Zeit ins Gefängnis, 160 zahlten Geldbußen, und gegen einen Jugendlichen wurde eine Verwarnung ausgesprochen. 83140 Fälle wurden wegen Unschuld, nicht erhobener Anklage oder Tod des Beschuldigten ohne Verurteilung abgeschlossen. Von den 6479 Verurteilungen waren 80 Prozent (5487) zwischen 1945 und 1951 von den westlichen Besatzungsmächten ausgesprochen worden, wobei das Jahr 1948 mit 1819 Urteilen den Höhepunkt der Strafverfolgung der NS-Verbrechen dargestellt hatte.[2] Zum Zeitpunkt der Verjährungsdebatte von 1965 wurde immer noch in 13892 Fällen ermittelt, während 542 Ermittlungen eingestellt worden waren, weil die Verdächtigen sich im Ausland aufhielten oder ihr Aufenthaltsort unbekannt war. 41212 Fälle waren ohne Verurteilung abgeschlossen worden.[3] Bis 1986 stieg diese Zahl auf 83 140.[4] Trotz der Anstrengungen der westdeutschen Staatsanwälte gingen Tausende mutmaßlicher Mörder straffrei aus.

Nach der Gründung der Bundesrepublik fanden vor deren Gerichten Prozesse wegen Verbrechen statt, die bei der Festigung der NS-Herrschaft in den dreißiger Jahren, dem Novemberpogrom von 1938 und den Euthanasieexperimenten sowie im Rahmen der Tätigkeit der SS-Einsatzgruppen und des Massenmords an Juden in Ghettos und Lagern begangen worden waren. Waren 1950 noch 800 Personen angeklagt worden, so sank diese Zahl 1951 auf knapp über 200, 1952 auf knapp unter 200 und 1953 auf rund 125. Zwischen 1954 und 1964 kam es jährlich zu 25 bis 50 Verurteilungen.[5] Die Ludwigsburger Zentralstelle eröffnete zwischen 1958 und 1986 4954 Ermittlungen, von denen bis Ende 1985 4853 abgeschlossen waren, während 101 weiter verfolgt wurden.[6] Insgesamt sprachen westdeutsche Gerichte zwischen 1951 und 1986 992 Schuldsprüche aus. Die Prozesse machten die interessierte Öffentlichkeit mit den Einzelheiten der NS-Verbrechen bekannt und führten einigen der Täter der Gerechtigkeit zu. Doch Tausende von Personen, denen ebenfalls der Prozeß hätte gemacht werden müssen, wurden nie mit der vollen Macht des Gesetzes konfrontiert.

In Ostdeutschland verurteilten die sowjetischen Besatzungsbehörden zwischen 1945 und 1949 12500 Personen wegen in der NS-Zeit begangener Verbrechen. Da sie auch politischen Opponenten das Etikett des NS-Verbrechers aufdrückten, ist diese Zahl jedoch mit Vorsicht aufzunehmen. Auch die Urteilssprüche in den Waldheimer Prozessen standen auf zweifelhaftem rechtlichen Boden.[7] Nach 1950 behaupteten die ostdeutschen Behörden, der Gerechtigkeit sei im großen ganzen Genüge getan worden; die meisten Nationalsozialisten seien sowieso in den Westen gegangen. Ob aus Mangel an Verdächtigen oder, was wahrscheinlicher ist, aus Mangel an juristischem Eifer, jedenfalls sank die Zahl der Verurteilungen in der DDR rapide: von 331 im Jahr 1951 auf 140 im Jahr 1952, 85 im Jahr 1953, 35 im Jahr 1954 und 23 im Jahr 1955. Von 1956 bis 1964 wurden, bei einem Minimum von einem einzigen Schuldspruch, jährlich höchstens zehn Personen verurteilt. Insgesamt wurden zwischen 1951 und 1964 329 NS-Verbrecher abgeurteilt, 286 vor und 46 nach 1956.[8] Das Verhältnis der Anzahl der Verurteilungen in West- und Ostdeutschland von drei zu eins entspricht etwa dem der Bevölkerungen, was darauf schließen läßt, daß die DDR trotz ihrer antifaschistischen Selbstlegitimation bei der Verfolgung von NS-Straftaten, wenn möglich, sogar noch weniger Initiative an den Tag legte als die Bundesrepublik. Mit anderen Worten, in beiden deutschen Staaten wurden viele tausend Personen, die wegen der Beteiligung an Mordtaten hätten verurteilt werden müssen, nie vor Gericht gestellt, so daß nur eine kleine Minderheit der Täter bestraft wurde.

In allen vier Verjährungsdebatten des Deutschen Bundestages war es vor allem die SPD, die sich für die weitere Strafverfolgung von NS-Verbrechen einsetzte. Die erste Debatte begann am 23. März 1960 mit dem Antrag der SPD-Fraktion, für Verbrechen, die mit einer Strafe von mehr als zehn Jahren Freiheitsentzug geahndet wurden, den Beginn der Verjährungsfrist vom 8. Mai 1945 auf den 15. September 1949, den Gründungstag der Bundesrepublik, zu verlegen.[9] Am nächsten Tag versicherte Justizminister Fritz Schäfer im Plenum des Bundestages, alle bedeutenden Fälle von Massenmord seien untersucht worden. Daß es immer noch Täter gab, die gefunden und vor Gericht gestellt werden mußten, bestritt er. Der SPD-Antrag wurde abgelehnt. Dennoch war es den Sozialdemokraten gelungen, das Versagen der deutschen Justiz der fünfziger Jahre zu einem politischen Thema zu machen.[10]

Die nächste Debatte im Jahr 1965 war wesentlich ausführlicher.[11] In der Zwischenzeit hatten der Frankfurter Auschwitzprozeß von 1964 sowie Verfahren gegen Angehörige von SS-Einsatzgruppen und Wachmannschaften der Vernichtungslager Belzec, Treblinka, Sobibor, Chelmno und Maidanek die westdeutsche Öffentlichkeit mit zusätzlichen Einzelheiten über den Holocaust und die Todeslager in Polen bekannt gemacht. Obwohl die Zustimmung wiederum bei der SPD am größten war, unterstützten diesmal auch gemäßigte CDU-Abgeordnete und das Justizministerium der Regierung Ludwig Erhards den Antrag auf Verlängerung der Verjährungsfrist. Nachforschungen in deutschen, amerikanischen, polnischen und sowjetischen Archiven veranlaßten den Justizminister in seinem am 24. Februar 1965 abgegebenen Bericht an den Bundestag zu der Aussage, die Möglichkeit könne nicht ausgeschlossen werden, daß auch nach dem 8. Mai 1965, also zwanzig Jahre nach Kriegsende, bislang unbekannte Verbrechen und Täter entdeckt würden.[12]

In der Debatte wandte sich Ernst Benda, der ehemalige Vorsitzende der Deutsch-Israelischen Gesellschaft und spätere Präsident des Bundesverfassungsgerichts, als CDU-Abgeordneter gegen Vertreter seiner eigenen Fraktion, die befürchteten, weitere Gerichtsverfahren würden die Ehre der Nation beeinträchtigen. Zur Ehre der Nation gehöre die Vorstellung, daß die Deutschen kein Volk von Mördern seien. Die Gegner der Fristverlängerung aus FDP und CDU argumentierten, mit diesem Schritt würde rückwirkendes Recht geschaffen, das Erinnerungsvermögen von Zeugen und Opfern werde mit der Zeit schwächer, und einige Zeugen seien mittlerweile gestorben oder nicht mehr bereit auszusagen. Von seiten der SPD, die das Vorhaben befürwortete, wurde darauf hingewiesen, daß angesichts der Einzigartigkeit und des Ausmaßes der in Frage stehenden Verbrechen politische und moralische Erwägungen im Vordergrund stehen und rein rechtliche Überlegungen zurücktreten müßten. Es gehe schließlich nicht um einen politischen Fehler, sondern um Mord. Für die FDP, deren Klientel viele Angestellte und Beamte umfaßte, die in den Ministerien des Dritten Reichs gearbeitet hatten, lehnte deren früherer Vorsitzender Thomas Dehler die Verlängerung der Verjährungsfrist ab, weil dies ein Sondergesetz für bestimmte Verbrechen wäre, was die Anstrengungen untergraben würde, das Recht nach der Willkür während der NS-Zeit auf ein festes Fundament zu stellen.[13]

Leidenschaftlichster Fürsprecher des Antrags war der Sozialdemokrat Adolf Arndt, der in den dreißiger Jahren als Rechtsanwalt in Berlin Juden und anderen zur Flucht aus Deutschland verholfen hatte und jetzt mit anschaulichen blutigen Einzelheiten die Verbrechen der NS-Zeit heraufbeschwor. Dies seien keine Kriegsverbrechen gewesen, die in der Hitze des Gefechts begangen worden seien: »Das hat mit Krieg gar nichts zu tun, das war eine eiskalt unter Einsatz der ganzen Staatsmaschinerie geplante, überlegte Mordaktion.« Mit anderen Worten, das Verbrechen war Völkermord, ein Verbrechen gegen die Menschlichkeit. In der Debatte von 1965 nahmen der Genozid und Verbrechen gegen die Menschlichkeit einen größeren Raum ein als das Kriegsverbrechen der Verschwörung zur Vorbereitung eines Angriffskriegs, das in den Nürnberger Prozessen im Vordergrund gestanden hatte. Arndt sprach außerdem von der »geschichtlichen und moralischen Schuld« der Deutschen aufgrund ihrer Gleichgültigkeit gegenüber den antijüdischen Maßnahmen des NS-Regimes und dem ausgebliebenen Protest gegen sie. Jenen jungen Leuten, die jede Verantwortung ablehnten, weil sie damals Kinder oder noch nicht einmal geboren waren, hielt er entgegen: »Ein Volk lebt doch nicht punktuell, es lebt doch als Geschlechterfolge, und man kann doch nicht sagen: Ich war noch nicht geboren, dieses Erbe geht mich gar nichts an.« Für die Opfer, für die Ehre all derer, die in »unbekannten Massengräbern« lägen, sei es notwendig, die schwere Last auf sich zu nehmen und »dem

Gebirge an Schuld und Unheil, das hinter uns liegt, nicht den Rükken zu kehren«.[14]

Der SPD-Fraktionsvorsitzende, Fritz Erler, ging auf die moralische Verantwortung des einzelnen in einer Diktatur ein und erklärte, die Notwendigkeit der Befragung des individuellen Gewissens im Angesicht einer Diktatur gelte nicht nur für die NS-Vergangenheit, sondern auch für die ostdeutsche Gegenwart. Jeder einzelne gehöre zur »ganzen deutschen Geschichte« und trage daher eine »Verantwortung dafür, daß die Schrecken der Vergangenheit sich nicht wiederholen dürfen« und kein neues Unrechtssystem in Deutschland entstehe. Deshalb müsse auch eine »schonungslose Auseinandersetzung mit dem Ulbricht-Regime« geführt werden, »weil uns in diesem Regime erneut ein Stück böser deutscher Vergangenheit der totalitären Gewaltherrschaft ins Auge blickt«.[15] In der sozialliberalen Ära der siebziger Jahre sollte eine solche Verknüpfung der Ablehnung der nationalsozialistischen Diktatur mit der Kritik des SED-Regimes als Relikt des zunehmend als veraltet geltenden Antikommunismus des Kalten Krieges betrachtet werden.

Am 25. März 1965 stimmte der Bundestag mit großer Mehrheit für die Verlegung des Beginns der Verjährungsfrist von 1945 auf 1949, wodurch die weitere juristische Verfolgung von NS-Straftaten bis zum 31. Dezember 1969 ermöglicht wurde. 341 Abgeordnete stimmten für die Gesetzesänderung, 96 dagegen, 4 enthielten sich der Stimme, wobei sich die Mehrheit aus 173 Stimmen der CDU/CSU, 165 der SPD und 3 der FDP zusammensetzte. Gegen die Verlängerung der Verjährungsfrist und damit gegen weitere Ermittlungen und Prozesse wandten sich 37 Abgeordnete der CDU/CSU-Fraktion und die restlichen 59 Angehörigen der FDP-Fraktion.[16] Außer der SPD-Fraktion, die fast geschlossen für die Verlängerung der Verjährungsfrist gestimmt hatte (bei einer Stimmenthaltung), hatte auch ein großer Teil der Fraktion von CDU/CSU den Antrag angenommen. Die Neinstimmen waren vom rechten Flügel der CDU/CSU, insbesondere von der CSU, sowie von der FDP gekommen.

Als im Frühjahr 1969 die dritte Verjährungsdebatte stattfand, regierte in Bonn die Große Koalition. Der sozialdemokratische Justizminister, Horst Ehmke, brachte den Antrag ein, für Mord und Völkermord jede Verjährung auszuschließen, und begründete ihn damit, daß der »Prozeß der Freisprechung« des deutschen Volks »von dem falschen Vorwurf der Kollektivschuld« nur gelingen könne, »wenn wir die Mörder in diesem Volk stellen und zur Verantwortung ziehen ... Es hieße, die These von der Kollektivschuld nachträglich rechtfertigen, würde man sich – und sei es unbewußt – mit den NS-Verbrechern solidarisieren und aus diesem Grunde ... einen Schlußstrich unter ihrer Strafverfolgung fordern.«[17] Die Mehrheit des Bundestages lehnte den Vorschlag der völligen Streichung der Verjährungsfrist jedoch ab und billigte statt dessen ihre Verlängerung auf dreißig Jahre, so daß NS-Verbrecher bis zum 31. Dezember 1979 vor westdeutschen Gerichten angeklagt werden konnten.[18]

Die vierte und letzte Debatte fand 1979 statt. Diesmal lehnte die Mehrheit der konservativen Abgeordneten die Aufhebung der Verjährungsfrist ab. Für die CDU erklärte Alois Mertes, der Vorschlag beschwöre einen »Konflikt zwischen zwei gleichrangigen moralischen Werten und Zielen« von Recht und Gesetz herauf, nämlich den zwischen Vergeltung und Rechtsfrieden. Die Einwände vorwegnehmend, betonte er, seine Ablehnung habe nichts mit »Amnestie, mit Begnadigung, mit Verzeihen, mit Verharmlosen, mit Vergessenwollen« der Verbrechen der NS-Zeit zu tun. Statt dessen führte er als Grund die Schwierigkeit an, nach so langer Zeit noch verläßliche Beweise und Zeugenaussagen zu erhalten. Dann stellte er den bisherigen Resultaten der westdeutschen Rechtsprechung die Politik des »Unrechtsregimes der DDR« gegenüber, das mit »pharisäischer Doppelmoral ... die israelfreundliche Politik Bonns als faschistisch verleumdet und das der Wiedergutmachungsleistung eines Konrad Adenauer nichts Vergleichbares an die Seite stellen kann«. Als ausgewiesener Gegner des Antisemitismus und Befürworter enger deutsch-israelischer Beziehungen wiederholte Mertes Adenauers frühere Warnung, »einseitige Sühneforderungen«, in diesem Fall die Verlängerung der Verjährungsfrist, würden zu einer »Verhärtung« der deutschen Haltung führen und ein Wiederaufleben des rechten Nationalismus begünstigen.[19]

Für die SPD erklärte Herta Däubler-Gmelin, ein Auslaufen der Verjährungsfrist würde 1979 dasselbe bedeuten wie 1965 und 1969, daß nämlich »Nazimörder«, denen es gelungen war, sich der Strafverfolgung zu entziehen, von der Furcht vor der Entdeckung befreit würden. Dies wäre ein »unerträglicher Zustand«. Es sei offensichtlich, daß die 1965 und 1969 gehegten Hoffnungen auf rechtzeitige Tätigkeit der Justiz sich nicht erfüllt hätten. In vielen Fällen sei noch zu ermitteln. Auf den Einwand, nach so langer Zeit könnten die Rechte der Beschuldigten verletzt werden, entgegnete Däubler-Gmelin, der Rechtsfrieden wäre wesentlich stärker gestört, »wenn ein Mörder lediglich wegen des Verjährungseintritts nicht mehr zur Verantwortung gezogen werden kann, und das, obwohl seine Tat offenbar ist und obwohl die Nachweisbarkeit seiner Täterschaft gar kein Problem darstellen würde«. Dieser Ruf der Opfer von einst dürfe »nicht ungehört verhallen«.[20] Damit knüpfte die SPD-Rechtsexpertin an die Haltung an, die seit Schumacher zum sozialdemokratischen Kanon gehörte. Auch die FDP-Politikerin Hildegard Hamm-Brücher, ein Protegé von Theodor Heuss, sprach sich für die Abschaffung der Verjährungsfrist aus. Sie kritisierte, daß die Westdeutschen in den ersten Nachkriegsjahren »nicht entschieden genug an die Wurzeln des Übels herangegangen« seien und der »rasche materielle Aufbau den mühsamen und schmerzlichen Prozeß der überfälligen Katharsis unerlaubt abgekürzt, ja verdrängt« habe. Ebenso bedauerlich fand sie, daß es in den fünfziger Jahren, außer unter »wenigen Politikern, Wissenschaftlern, Theologen und Schriftstellern«, keine öffentliche Diskussion über die jüngste Vergangenheit gegeben hatte. Die seit den sechziger Jahren geführte breitere Auseinandersetzung mit dem NS-Regime hob sie dagegen als positive Entwicklung hervor.[21]

Am 3. Juli 1979 stimmte der Bundestag mit 253 gegen 228 Stimmen für die Aufhebung der Verjährungsfrist für Mord und Völkermord. Mit Ja abgestimmt hatten 38 Abgeordnete der CDU/CSU, 219 der SPD und 15 der FDP, mit Nein 2 Abgeordnete der SPD, 24 der FDP, darunter Außenminister Hans-Dietrich Genscher, und 207 der CDU/CSU, einschließlich Helmut Kohls.[22] Aus dem Vergleich mit den Abstimmungsergebnissen von 1965 und 1969 ergibt sich, daß die konservative Ablehnung der Abschaffung der Verjährungsfrist zugenommen hatte, während in der FDP die Zustimmung gewachsen war. Eifrigster Verfechter weiterer Ermittlungen und Gerichtsverfahren blieb aber die SPD. Zusammengenommen waren die Verjährungsdebatten wichtig, weil sie die weitere Strafverfolgung von NS-Tätern ermöglichten und der Öffentlichkeit deren Verbrechen sowie das juristische Fiasko der fünfziger Jahre vor Augen führten.

Ludwig Erhard, unter Adenauer Wirtschaftsminister und von 1963 bis 1966 dessen Nachfolger im Amt des Bundeskanzlers, nahm in bezug auf die Verbrechen der NS-Vergangenheit dieselbe Haltung ein wie sein Vorgänger. Er sprach selten über sie und konzentrierte sich statt dessen auf die Schaffung guter Beziehungen zu Israel. In Feierstunden wie der zur Wiedereinweihung der im Pogrom von 1938 zerstörten Wormser Synagoge verurteilte er den Antisemitismus und drückte seine »Trauer und Scham über diese Untaten« aus.[23] Wie andere Angehörige der Gründergeneration der Bundesrepublik bewahrte auch Erhard persönliche Erinnerungen an das vom Nationalsozialismus zerstörte deutsch-jüdische Deutschland. In einer am 30. April 1964 gehaltenen Gedenkrede zum hundertsten Geburtstag des deutsch-jüdischen Volkswirtschaftlers und Soziologen Franz Oppenheimer erinnerte er sich voller Zuneigung an seinen Doktorvater an der Universität von Frankfurt, den »verehrten, bewunderten und geliebten Lehrer ..., der ... zugleich ein väterlicher Freund war«. In seinem Arbeitszimmer habe lange Zeit nur ein Bild gestanden, das von Oppenheimer, der »im reinsten und edelsten Sinne deutschen Geist und deutsche Kultur« verkörpert habe.[24] Daß er nicht nur Scham und Schuld über die NS-Verbrechen empfand, sondern auch ein Gefühl des persönlichen Verlusts in bezug auf die zerstörte deutsch-jüdische Welt, verband ihn mit den anderen führenden Politikern seiner Generation.

Im Frühjahr 1965 beschloß Erhard, diplomatische Beziehungen zu Israel aufzunehmen, worauf, wie schon erwähnt, neun arabische Staaten die Beziehungen zur Bundesrepublik abbrachen.[25] Während eines Besuchs in Jerusalem im November 1967, als er nicht mehr im Amt war, unterstrich er, die Entscheidung sei aus »menschlicher Gesinnung und politischer Moral« erfolgt, und fügte hinzu: »In uns Älteren wird immer die tiefe Erschütterung über geschehene Schandtat und grenzenloses Leid lebendig bleiben.«[26] Wegen der Diskrepanz zwischen der Unterstützung Israels und der mangelnden Strafverfolgung von NS-Verbrechen ist die westdeutsche Politik gegenüber Israel damals und später häufig als Bemühen interpretiert worden, auf diese Weise das moralische Ansehen zu gewinnen, das Bonn sich weigerte, durch schärferes juristisches Vorgehen zu erlangen. Nach Ulbrichts Reise nach Kairo und Ägyptens indirekter Anerkennung der DDR war die Aufnahme diplomatischer Beziehungen zu Israel sicherlich auch eine Folge des im Rahmen des Kalten Kriegs geführten Wettstreits mit Ostdeutschland. Gegen das vereinfachende Bild der westdeutschen Israelpolitik als Vergangenheitsbewältigung zum Niedrigpreis sprechen jedoch sowohl die ablehnende Haltung eines Teils der westdeutschen Industrie mit Interessen in der arabischen Welt als auch das frühe, nachdrückliche Eintreten der SPD für enge Beziehungen zu Israel.

Der Chef der von 1966 bis 1969 regierenden Großen Koalition, Kurt Georg Kiesinger, war der erste und einzige Bundeskanzler, der Mitglied der NSDAP gewesen war. Seit 1933 Parteimitglied, hatte er während des Krieges im Außenministerium in der Abteilung für Rundfunkpropaganda gearbeitet. Nach 1945 gehörte er zum gemäßigten Flügel der CDU in Südwestdeutschland und war einer der wenigen Christdemokraten, die forderten, den Status quo in Osteuropa anzuerkennen. Er unterhielt gute Beziehungen zu Außenminister Willy Brandt und zu Carlo Schmid, dem Minister für Angelegenheiten des Bundesrats. Brandt erhielt in der Großen Koalition Zugang zur Macht und Kiesinger eine Art stillschweigender Absolution. Unter ihrer Regierung wurde die Neue Ostpolitik in Gang gesetzt und ein innenpolitischer Reformkurs eingeschlagen, aber sie sah sich auch mit dem Beginn einer radikalen linken außerparlamentarischen Protestbewegung konfrontiert.

In Gestalt von Willy Brandt kam schließlich das »andere Deutschland« an die Macht, das im Innern mehr Demokratie wagen und in der Außenpolitik ein neues Verhältnis zu Osteuropa finden wollte. Beide Initiativen beruhten auf einem Verständnis von demokratischer Politik und Erinnerung, das stark von dem der Ära Adenauer abwich. Brandt, von 1964 bis 1987 Vorsitzender der SPD, war der erste aktive Teilnehmer am antinazistischen Widerstand und Rückkehrer aus dem politischen Exil, der zum Bundeskanzler gewählt wurde, ein Amt, das er 1969 bis 1974 innehatte, nachdem er in den Wahlen von 1961 und 1965 als SPD-Spitzenkandidat gescheitert und 1966 bis 1969 Außenminister der Großen Koalition gewesen war. Unterstützung für seine Politik der Erinnerung fand Brandt bei Bundespräsident Gustav Heinemann.[27] Während Adenauer Demokratisierung mit minimaler Diskussion der NS-Verbrechen verbunden hatte, verstand Brandt die öffentliche Erinnerung als Teil seines Vorhabens, mehr Demokratie zu wagen. Im Unterschied zu den Konservativen, die entweder die Aussöhnung mit dem Westen in den Vordergrund gerückt oder vorgebracht hatten, die Erinnerung an NS-Terror und Genozid würde das Ansehen der Bundesrepublik schädigen, waren Brandt und sein außenpolitischer Berater Egon Bahr der Überzeugung, daß öffentliches Nachdenken über die deutsche Kriegführung an der Ostfront notwendig sei, um Vertrauen zu gewinnen und die Beziehungen zu Osteuropa und der Sowjetunion zu normalisieren. Das konservative Schweigen über die NS-Zeit schaffe Mißtrauen. Um es zu zerstreuen und auf Vereinbarungen mit der Sowjetunion über die Beendigung oder Milderung der deutschen Teilung hoffen zu können, sei Erinnerung eine unerläßliche Voraussetzung.[28]

Brandts Ostpolitik markierte eine Wende sowohl in der Politik als auch in der politischen Kultur. Sich an die Verbrechen der NS-Zeit zu erinnern, erforderte einen wesentlich schärferen Bruch mit der Vergangenheit, als er in der Adenauer-Ära vollzogen worden war. Wie Brandt es 1962 ausdrückte, hatte man im »offiziellen Bonn ... nicht immer eine geschickte Hand gehabt, wenn es darum ging, sich von Leuten zu distanzieren, die nun einmal im Ausland als Repräsentanten einer vergangenen Epoche deutscher Geschichte und nicht als Repräsentanten demokratischer Gegenwart empfunden werden«.[29] Wenn Adenauer vom Leid in Osteuropa sprach, meinte er vor allem die Folgen der sowjetischen Herrschaft seit 1945. Brandt dagegen schrieb, er vergesse nie, »daß es Hitlers ›Großdeutschland‹ war, das vor allem über den Osten Europas so unsagbares Leid gebracht hat«. Seine Ostpolitik verlängerte die Perspektive der politischen Erinnerung wieder über die erste Phase des Kalten Krieges hinaus bis zum Machtantritt der Nationalsozialisten 1933 und zu den deutschen Angriffen auf Polen 1939 und die Sowjetunion 1941. Solche Erinnerung, hoffte er, könnte die »Unterbilanz des Vertrauens« überwinden, die Deutschland infolge der »verbrecherischen Handlungen« in der NS-Zeit, »für die es in der Neuzeit keine Parallele gibt« und die »den deutschen Namen vor aller Welt geschändet« hätten, zu verzeichnen habe.[30]

Der Westen konnte starke, auch von Brandt und der SPD getragene Argumente gegen die sowjetische Politik in Osteuropa ins Feld führen, doch jetzt sagten die Befürworter der Ostpolitik im Grunde, der Antikommunismus des Kalten Krieges und seine Erinnerungen seien sowohl geographisch verkürzt als auch vom Eigeninteresse chronologisch verzerrt. Geographisch verkürzt war er, weil er allzu leicht die Tatsache übersah, daß die Rote Armee ohne die deutsche Invasion von 1941 vier Jahre später nicht in Mitteleuropa gestanden hätte, und die chronologische Verzerrung ergab sich daraus, daß er sich auf die sowjetische Politik nach 1945 konzentrierte, ohne die vorangegangene deutsche Aggression in ähnlichem Ausmaß zu beachten. In der erhitzten Atmosphäre der Polarisierung von Links und Rechts in der westdeutschen Politik fiel es Brandt und Bahr schwer, die Erinnerung an die NS-Vergangenheit mit der Kritik an den kommunistischen Regime zu koppeln. Ein Ergebnis der Verlagerung des Schwergewichts der Politik der Erinnerung war daher die Aufweichung des sozialdemokratischen

Antikommunismus. Andererseits drücke Brandt mit seinem Kniefall am Mahnmal für die im Warschauer Ghetto getöteten Juden als erster westdeutscher Bundeskanzler derart öffentlich Reue und Buße für das aus, was die Deutschen den Völkern Osteuropas und der Sowjetunion im Zweiten Weltkrieg angetan hatten.[31] So wie Adenauers Anerkennung der aus dem Genozid an den Juden erwachsenen deutschen Verpflichtungen 1951 ein Schritt zur Integration der Bundesrepublik ins westliche Bündnis war, so war Brandts öffentliche Auseinandersetzung mit der NS-Vergangenheit eine entscheidende Voraussetzung für diplomatische Erfolge in Moskau und Osteuropa. Hatte Adenauer versucht, Franzosen, Amerikaner, Israelis und Juden überall auf der Welt zu beruhigen, so versuchte Brandt jetzt, die Staaten und Völker Osteuropas und der Sowjetunion davon zu überzeugen, daß die Bundesrepublik nicht das auf Wiedererlangung der verlorenen Gebiete erpichte faschistische Regime war, als das die kommunistische Propaganda sie seit zwanzig Jahren darstellte.[32]

Obwohl Helmut Schmidt, Brandts Nachfolger von 1974 bis 1982, dessen Ansichten über die Sowjetunion mit der Skepsis des Realisten begegnete, setzte er die Ostpolitik fort und leistete wichtige Beiträge zur westdeutschen politischen Erinnerung. Am 23. November 1977 sprach er als erster Bundeskanzler in Auschwitz-Birkenau. »Die Verbrechen des Nazifaschismus«, sagte er, »die Schuld des Deutschen Reiches unter Hitlers Führung begründen unsere Verantwortung. Wir heutigen Deutschen sind als Personen nicht schuldig, aber wir haben die politische Erbschaft der Schuldigen zu tragen, hierin liegt unsere Verantwortung.« Im Mittelpunkt seiner Äußerungen standen die Beziehungen zwischen Deutschland und Polen. Er hoffe, daß die Polen, »weil sie am meisten zu leiden hatten«, verstünden, daß Hitlers erste Opfer Deutsche gewesen seien, und sich daran erinnerten, daß es einen antinazistischen Widerstand gegeben habe, in dem Deutsche, »wenn auch in tragischer Vergeblichkeit, versucht haben, der mörderischen Tyrannei über Europa ein Ende zu machen«. Den Deutschen stehe es nicht zu, Auschwitz als ein Mahnmal zu bezeichnen, »das zur Versöhnung mahne«. Das könnten nur die sagen, »deren Mitbürger hier gelitten haben. Wir wissen aber eines, daß die Wege zur Versöhnung Auschwitz nicht ausklammern können, und wir wissen, daß die Wege zur Verständigung hier in Auschwitz nicht enden dürfen.«[33] Schmidts Worte waren ein beredter Ausdruck der westdeutschen Reue und Buße. Doch im Hinblick auf ihren Zweck, die Normalisierung der deutsch-polnischen Beziehungen, blendete er merkwürdigerweise die Tatsache aus, daß Auschwitz-Birkenau vor allem ein Todeslager war, in dem die Nationalsozialisten anderthalb bis zwei Millionen Juden ermordet hatten.

Am 9. November 1978, dem vierzigsten Jahrestag des antijüdischen Pogroms von 1938, ging Schmidt auf die Judenverfolgung ein. Tatsächlich war es die offenste, direkteste Rede, die ein Bundeskanzler bis dahin über den NS-Angriff auf das deutsche Judentum und das Versäumnis der deutschen Bevölkerung, gegen die Verfolgung zu protestieren, gehalten hatte. Der 9. November 1938, sagte er, bleibe »Ursache für Bitterkeit und Scham«, und nachdem er die Gewalttaten, Brandstiftungen und Verhaftungen dieses Tages beschrieben hatte, erinnerte er daran, »daß gleichwohl sich dies alles vor den Augen einer großen Zahl deutscher Mitbürger ereignet hat, ... die meisten Menschen furchtsam schwiegen; daß auch die Kirchen furchtsam schwiegen – obgleich doch Synagoge und Kirche dem gleichen Gott dienen und im Geist desselben Testaments verwurzelt sind«. Als Gründe nannte er die Schwäche der demokratischen Überzeugungen im Mittelstand und den »klaffenden Gegensatz zwischen wirtschaftlich-technischer Modernität und politisch-gesellschaftlicher Reaktion des kaiserlichen Deutschland«. Haß auf die Demokratie habe in den Juden den Hauptsündenbock gefunden. Zwar hätten Hitler und seine Handlanger den Krieg begonnen und den Holocaust ausgeführt, aber dazu seien sie nur in der Lage gewesen, weil die Unterstützung der Demokratie und die Achtung der Menschenwürde in Deutschland »generationenlang vorher nicht ausgereicht« habe. Man müsse über diese Ereignisse nachdenken, »um zu lernen, wie Menschen miteinander umgehen sollten und wie miteinander nicht umgehen dürfen«. Obwohl die 1978 lebenden Deutschen »als Personen zu allermeist unschuldig« seien und nicht in den »Schuldturm der Geschichte« geworfen werden sollten, könnten auch junge Deutsche »noch mitschuldig werden, wenn sie ihre aus dem damaligen Geschehen erwachsene heutige und morgige Verantwortung nicht erkennen«.[34] Gefordert waren also selbständiges Denken, Achtung vor anderen, Abkehr von der Suche nach Sündenböcken, Ablehnung von Extremismus und Gewalt sowie Annahme der Verantwortung für das eigene Handeln. Wie die Gründer der Bundesrepublik suchte Schmidt politische Gründe für die nationalsozialistische Judenverfolgung, um ihre Wiederholung zu verhindern und ein friedliches, liberales, demokratisches Deutschland und Europa zu stärken.

Nach Heuss' Rede vom 20. Juli 1954 war das Gedenken an den deutschen Widerstand zu einem Standardthema seiner Amtsnachfolger geworden. 1964 rühmte Heinrich Lübke die Verschwörung von 1944 als »Symbol der Selbstachtung unseres Volkes und ... Beginn seiner Rehabilitierung in der Völkerfamilie«. Man dürfe jedoch nicht verschweigen, daß viele »indoktrinäre Kommunisten sowie Vertreter obrigkeitsstaatlicher Auffassungen, die wir heute nicht mehr teilen, Opfer der politischen Verfolgung wurden«.[35] Gustav Heinemann betrachtete den Widerstand als Warnung vor den Gefahren unkritischen Gehorsams und als Anregung für den Protest und das abweichende Denken der sechziger Jahre.[36] Sein Nachfolger Walter Scheel, der 1974 bis 1979 im Amt war, hob darüber hinaus die Rolle von Kommunisten im deutschen Widerstand hervor.[37] 1979 wählte die Mehrheit von CDU und CSU gegen die Stimmen von SPD und FDP den aus ihren Reihen stammenden Bundestagspräsidenten Karl Carstens zum Bundespräsidenten. Der Widerspruch gegen seine Kandidatur hatte sich an seiner früheren Mitgliedschaft in der NSDAP entzündet. Doch auch dieser ehemalige Nationalsozialist würdigte jetzt den 20. Juli 1944 als ein »herausragendes Datum in der deutschen Geschichte«, als den Tag, »an dem Deutsche den Versuch unternahmen, Hitler zu töten und damit Deutschland und Europa von der Tyrannei des Nationalsozialismus zu befreien«. Dieses Datum rufe nicht nur die Verbrechen des Nationalsozialismus in Erinnerung, sondern verknüpfe auch die Gegenwart mit den Traditionen von Freiheit, Menschenwürde und Moralität in der deutschen Geschichte.[38] Sogar im öffentlichen Diskurs der westdeutschen Konservativen war das Gedenken an den Widerstand zu einem Element der Suche nach Vorgängern des »anderen Deutschland« in der deutschen Vergangenheit geworden.

Obwohl sich diese Studie auf die führenden Politiker konzentriert, sind an dieser Stelle einige Worte über das Verhältnis der Neuen Linken zur jüdischen Frage angebracht. Die Debatten der sechziger und siebziger Jahre wiesen interessante Parallelen und Unterschiede zu den Kontroversen über die Judenfrage in den ersten Jahren in Ostdeutschland und in der Frühphase der westdeutschen Sozialdemokratie auf. Durch die Neubelebung des Marxismus in den sechziger Jahren wurde die Diskussion ebenso wie in den dreißiger Jahren auf den Zusammenhang von Kapitalismus und Faschismus verengt. Themen wie Antisemitismus, NS-Ideologie und Holocaust wurden entweder völlig außer acht gelassen oder der Analyse der ökonomischen und sozialen Konflikte untergeordnet. Sogar jene Spielarten des Marxismus, die sich mit dem Antisemitismus befaßten, insbesondere die Kritische Theorie der Frankfurter Schule, neigten dazu, die Aufmerksamkeit von den Besonderheiten der deutschen Geschichte auf allgemeinere Themen wie Modernität, Dialektik der Aufklärung oder instrumentelle Vernunft zu verlagern. Diese marxistische Präsenz, das beinahe völlige Fehlen jüdischer Themen und der israelische Sieg im Sechstagekrieg von 1969 hatten zur Folge, daß sich einige Linke von dem in den fünfziger und frühen sechziger Jahren gezeigten starken sozialdemokratischen Engagement für Israel und jüdische Belange abwandten.[39]

Der sich am Sechstagekrieg entzündende Generationenkonflikt in der Linken löste eine über ein Jahrzehnt anhaltende linke Debatte über die jüdische Frage aus. Als der konservative Verleger und

Antagonist der Neuen Linken, Axel Springer, die militärische Leistung Israels lobte, bestand der politische Reflex der jungen Linken darin, ihrerseits zu Gegnern der Freunde ihres örtlichen Widersachers zu werden. Infolge des Sieges von 1967 und der engen Bindung Israels an die USA betrachteten manche junge Linke den israelischen Staat als ein weiteres Glied in der Kette des amerikanischen Imperialismus. Als Antwort darauf warnten Angehörige der jetzt »älteren« Generation von Linken, etwa der Schriftsteller Günter Grass und der Philosoph Ernst Bloch, ein abstrakter, ahistorischer Antiimperialismus könne zum Vehikel des »Antijudaismus« werden. Dennoch kamen Teile der Neuen Linken wie die ostdeutschen Kommunisten seit den fünfziger Jahren zu dem Schluß, die Auseinandersetzung mit der faschistischen Vergangenheit erfordere die Ablehnung Israels und des Zionismus. Ihren traurigen Höhepunkt erreichten diese Denkströmung und das aus ihr folgende Handeln, als westdeutsche und palästinensische Terroristen im Sommer 1976 eine auf dem Flug von Paris nach Tel Aviv befindliche Maschine der Air France nach Entebbe in Uganda entführten und einer der westdeutschen Radikalen mit vorgehaltener Waffe jüdische von nichtjüdischen und israelische von nichtisraelischen Passagieren trennte.[40]

Solche Handlungen und Ideen lösten in der Linken und in der deutschen und jüdischen Öffentlichkeit eine heftige Debatte über das Verhältnis von Politik, Geschichte und Erinnerung aus. Manche jungen jüdischen Intellektuellen in Westdeutschland gaben empört bekannt, sie würden aus Abscheu vor dem, was sie als linken Antisemitismus betrachteten, nach Israel emigrieren.[41] Andere blieben und kritisierten in Wochenzeitungen wie der *Zeit* und Zeitschriften wie *Tribüne, Links* und *Pflasterstrand* die antiisraelischen und antisemitischen Ressentiments der westdeutschen Linken. Im Gegensatz zur Lage in Ostdeutschland nach dem Winter 1952/53 blieben der Antisemitismus und die Ursachen des Holocaust in den siebziger und achtziger Jahren Themen der linken Debatte in der Bundesrepublik.

Wie gesehen, fand in den ersten Jahren in beiden deutschen

Staaten unter den Opfern des NS-Regimes ein Kampf um Anerkennung statt, der sich oft als Nullsummenspiel erwies. Nach der Ausstrahlung des Fernsehdramas *Holocaust* in der Bundesrepublik und der Bundestagsdebatte über die Verjährung von NS-Verbrechen im Jahr 1979 wurde der Holocaust in Westdeutschland häufiger zum Thema des politischen Diskurses, und es dauerte nicht lange, bis der emotional wirkungsvolle Begriff »Holocaust« in die Sprache der zeitgenössischen Politik Eingang fand. So benutzten die Atomwaffengegner in den erbittert geführten Diskussionen über die Aufstellung amerikanischer Raketen in der Bundesrepublik Begriffe wie »europäischer Holocaust« und »nukleares Auschwitz«, um die Folgen des von beiden Supermächten angeblich vorbereiteten Atomkriegs auszumalen, dessen Opfer vor allem Europa und dort hauptsächlich die beiden deutschen Staaten gewesen wären. Die in diesen Vergleichen linker Aktivisten der Friedensbewegung implizit enthaltene Leugnung der Einzigartigkeit des Holocaust sollte später im sogenannten Historikerstreit von 1985/86 in den Schriften konservativer Kritiker explizit angesprochen werden.

Wie sein bewunderter Vorgänger Konrad Adenauer wollte auch Helmut Kohl diejenigen Deutschen, die fehlgegangen waren, in die westdeutsche Demokratie und die Nation, die fehlgegangen war, ins westliche Bündnis integrieren. Doch wenn Kohl die CDU/CSU wieder an die Macht führen wollte, war angesichts des Generationswechsels und des seit den sechziger Jahren vollzogenen Linksrucks eine Wiederholung von Adenauers öffentlicher Zurückhaltung in bezug auf die NS-Vergangenheit nicht ratsam. Aber es war möglich, den Schlag abzumildern. Im April 1976 bemerkte Kohl, seit drei Jahren Vorsitzender der CDU, auf einer Veranstaltung der Jungen Union, die jüngste deutsche Geschichte schließe das »Schreckliche von Auschwitz, Majdanek und Treblinka mit ein, ... aber auch den Grafen Stauffenberg und die Männer und Frauen des 20. Juli – des Aufstandes gegen die Hitlerbarbarei – mit ein«. Man müsse jedoch nicht nur den Faschismus bekämpfen, sondern auch »jenen kommunistischen Totalitarismus, der mitten in Deutschland in der DDR jeden Tag erneut die Menschen unterjocht«.[42] Es war etwas anderes gewesen, als ein früherer Insasse des KZ Dachau wie Kurt Schumacher den kommunistischen Totalitarismus verurteilt hatte, aber in den siebziger Jahren wurden Sozialdemokraten, die an Schumachers vehemente Kritik der kommunistischen Regime anknüpfen wollten, von anderen überstimmt, die in der Anwendung des Begriffs »Totalitarismus« auf diese Regime eine Gefahr für die Ostpolitik und den Frieden erblickten. Kohls Kritik am doppelten Maßstab der Linken in bezug auf die Menschenrechte und seine Attacke gegen die kommunistischen Staaten wären allerdings wirkungsvoller gewesen, hätten er und seine Partei 1979 die Abschaffung der Verjährungsfrist für Mord und Völkermord unterstützt.

Als Kohl im Januar 1984 nach Israel reiste, war er erst der zweite Bundeskanzler, der dorthin eingeladen worden war. In Israel drückte er der von Adenauer begründeten Tradition entsprechend Reue über die an den Juden begangenen NS-Verbrechen aus, gab ihr aber einen verblüffenden neuen Akzent. Nach dem Hinweis, er selbst sei bei Kriegsende erst fünfzehn Jahre alt gewesen, sprach er von einem Generationswechsel, der in Deutschland und Israel stattfinde. Die junge deutsche Generation begreife die »Geschichte Deutschlands nicht als Last, sondern als Auftrag für die Zukunft« und sei »bereit, Verantwortung zu tragen. Aber sie weigert sich, sich selbst kollektiv für die Taten der Väter schuldig zu bekennen. Wir sollten diese Entwicklung begrüßen.«[43] Weder die Israelis noch einer der westdeutschen Verbündeten hatte den Westdeutschen jemals eine Kollektivschuld unterstellt, noch nicht einmal jenen, die im Krieg Erwachsene gewesen waren. Meinte Kohl also, letztere seien tatsächlich an den NS-Verbrechen kollektiv schuldig gewesen, während die nachfolgenden Generationen durch die Gnade der späten Geburt nicht von dieser Schuld belastet seien? War die Zurückweisung von nie erhobenen Vorwürfen ein Ausdruck des alten Wunschs, »endlich« einen Schlußstrich unter die Vergangenheit zu ziehen?

Die Episode von Bitburg deutete darauf hin, daß Kohl genau dies gemeint hatte. Allerdings war das Verlangen, das Andenken der deutschen Soldaten zu ehren, die im Zweiten Weltkrieg gekämpft hatten, zum Teil dem Vermächtnis Adenauers geschuldet, der schon 1951 von der unbeschadeten Ehre der Wehrmacht gesprochen hatte. Indem Kohl den amerikanischen Präsidenten bat, einen Kranz zu Ehren der auf dem Militärfriedhof von Bitburg beigesetzten deutschen Soldaten niederzulegen, suchte er sich der amerikanischen Billigung der konservativen deutschen Haltung zu versichern. Er hoffte, die im westlichen Bündnis entstandenen engen Beziehungen im allgemeinen und den kürzlich ausgestandenen Nachrüstungsstreit im besonderen nutzen zu können, um eine Zeremonie der Aussöhnung zwischen Siegern und Besiegten des Zweiten Weltkriegs zu inszenieren. In Ronald Reagan fand er einen amerikanischen Präsidenten, der nicht weniger bereit war, eine verzerrte, geteilte Erinnerung an den Zweiten Weltkrieg in den Dienst des Kalten Krieges zu stellen. Reagan willigte ein, bei seinem Besuch in Westdeutschland kein Konzentrationslager aufzusuchen, um nicht alte Wunden aufzureißen und den Deutschen unnötige Schuldgefühle aufzubürden; keiner von ihnen sei während des Krieges erwachsen oder auf irgendeine Weise an ihm beteiligt gewesen; nur wenige würden sich überhaupt noch an ihn erinnern.[44] Statt dessen würde er an der Feier in Bitburg teilnehmen.

In den USA löste Reagans Zustimmung nicht nur bei jüdischen Organisationen und Kriegsveteranen einen Sturm der Entrüstung aus. Dreiundfünfzig Mitglieder des Senats drängten den Präsidenten, den Besuch in Bitburg abzusagen und statt dessen an einer »Veranstaltung zum Gedenken an den Holocaust« teilzunehmen. Dieser Protest verärgerte wiederum die westdeutschen Konservativen.[45] Kohl schrieb an Reagan, die Absage des Besuchs in Bitburg hätte »ernste psychologische Auswirkungen auf die freundschaftlichen Gefühle des deutschen Volks für die Vereinigten Staaten von Amerika und die Regierung Reagan«. Reagan blieb bei seiner Entscheidung, zumal ihn Kohl angerufen hatte, um ihm mitzuteilen, er habe die Wahl, nach Bitburg zu gehen oder den Besuch abzusagen und den Sturz der Bundesregierung mitzuerleben.[46] Im Bundestag schmetterte die Regierungskoalition aus CDU/CSU und FDP mit 262 gegen 155 Stimmen einen SPD-Antrag ab, in dem die Organisation von Reagans Besuch bedauert wurde. Ein Antrag der Grünen, der die Absage der Feier auf dem Bitburger Soldatenfriedhof forderte, da sie eine »Ehrung einer verbrecherischen Organisation« – der Waffen-SS – darstelle, wurde mit 398 zu 24 Stimmen abgelehnt.[47]

Ob aus Berechnung oder Unwissenheit, jedenfalls schuf Kohl mit dem Besuch in Bitburg ein weiteres Nullsummenspiel der Nichtanerkennung in der Geschichte der geteilten Erinnerung, in dem »jüdische« gegen »deutsche« Leiden aufgerechnet wurden, und benutzte erneut den Vorwand der Solidarität des westlichen Bündnisses, um die Interpretation der NS-Vergangenheit zu manipulieren. Im Gegensatz zu John McCloy in den frühen fünfziger Jahren versäumte es Reagan leider, den Bundeskanzler daran zu erinnern, daß die deutsch-amerikanischen Beziehungen weder auf der Verdrängung der NS-Vergangenheit noch auf der sentimentalen Fiktion einer Opferrolle von Wehrmacht und SS beruhten und beruhen dürften. Die Folge war, daß er sich in die absurde Situation begab, Soldaten zu ehren, die für das nationalsozialistische Deutschland gekämpft hatten, um einem Alliierten in einem atlantischen Bündnis zu helfen, dessen Ursprünge in den Krieg gegen eben diesen Nationalsozialismus zurückreichten. In dem Jahrzehnt vor Bitburg war Kohl ein beharrlicher Kritiker der Tendenz gewesen, die moralischen und politischen Unterschiede zwischen der Sowjetunion und dem Westen zu verwischen. Nun jedoch enthielt das Symbol von Bitburg auch eine Rückprojektion moralischer Gleichheit in die Vergangenheit. Denn wenn Angehörige der Waffen-SS unschuldig gewesen waren, welchen bedeutenden Unterschied gab es dann noch zwischen Tätern und Opfern des NS-Regimes? Offenbar war es in beiden Teilen Deutschlands üblich, die aktuelle Politik des Kalten Krieges in die Ära des Nationalsozialismus und des Zweiten Weltkrieges zurückzuprojizieren.

Am 21. April 1985 machte Kohl den vom geplanten Besuch in

Bitburg angerichteten Schaden durch eine Rede auf einer Gedenkfeier des Zentralrats der Juden in Deutschland aus Anlaß des vierzigsten Jahrestages der Befreiung des KZ Bergen-Belsen zumindest teilweise wieder gut. Beredt und eindringlich sprach er über die Notwendigkeit, die Erinnerung an die »systematische Unmenschlichkeit der NS-Diktatur« wachzuhalten, das »dunkelste, das schmerzhafteste Kapitel in der deutschen Geschichte«. Er erwähnte die Verfolgung von Zigeunern und Geisteskranken, die drei Millionen sowjetischen Soldaten, die in deutscher Kriegsgefangenschaft gestorben waren, das in Mittel- und Osteuropa verursachte Leid, die zwanzig Millionen Sowjetbürger, die im Krieg umgekommen waren, aber auch jene Deutschen, die am Ende des Krieges die Vergeltung für die Verbrechen der Nationalsozialisten erlitten hatten: »Für die Untaten der NS-Gewaltherrschaft trägt Deutschland die Verantwortung vor der Geschichte. Diese Verantwortung äußert sich auch in nie verjährender Scham.« Dann rühmte er Adenauer, David Ben-Gurion, Nahum Goldmann und die Wiedergutmachungsvereinbarungen. Er erinnerte an Goldmanns Hinweis auf die »gegenseitige schöpferische Beeinflussung von Juden und Deutschen« und kündigte an, die Erforschung der jüdischen Geschichte in Deutschland fördern zu wollen.[48] Obwohl Kohl mit dieser Rede die etablierte Tradition des westdeutschen Gedenkens fortsetzte, wurde sie in der Aufregung um Bitburg kaum wahrgenommen.

Die angebliche Macht der jüdischen Lobby in den USA blieb wirkungslos.[49] Am 5. Mai 1985 legte Präsident Reagan zuerst in Bergen-Belsen und dann in Bitburg Kränze nieder. Kohl bezeichnete das Ereignis als »Bekräftigung und eine weithin sichtbare und empfundene Geste der Aussöhnung zwischen unseren Völkern«.[50] Wie das Gedenken an Angehörige der Waffen-SS die Aussöhnung zwischen den USA und der Bundesrepublik stärken konnte, war allerdings schwer vorstellbar, es sei denn, man hielt das Vergessen der Tatsachen des Zweiten Weltkriegs für einen untrennbaren Bestandteil der Aussöhnung. Bitburg rief unter anderem deshalb soviel Widerspruch hervor, weil damit eine völlig unhaltbare Alternative angeboten wurde: entweder Erinnerung an den Holocaust und den von Wehrmacht, SS und Waffen-SS geführten Rassenkrieg oder Feier des westlichen Bündnisses und Verdrängung der Realitäten der NS-Zeit in den Nebel einer manipulativen Rührseligkeit. Wenn der Besuch in Bitburg einen Ausdruck von Freundschaft darstellte, war der Hinweis auf den Unterschied zwischen Tätern und Opfern dann ein Ausdruck antideutscher Ressentiments? Kohls Politik und die Unterstützung, die sie erfuhr, schienen die symbolische Bestätigung einer ungebrochenen Kontinuität zwischen dem Krieg der Wehrmacht gegen die Sowjetunion und dem anschließenden Kalten Krieg zu sein. Aber war dies nicht genau das, was die kommunistische Propaganda jahrzehntelang über die »Nazis in Bonn« gesagt hatte?

Reagans Äußerungen in Bitburg zeichneten sich durch Ignoranz, Sentimentalität und Zynismus aus. Was SS, Waffen-SS und Wehrmacht während des Krieges in Europa getan hatten, erwähnte er mit keinem Wort. Statt dessen sagte er: »Wir, die wir Feinde waren, sind jetzt Freunde – wir, die wir bittere Gegner waren, sind jetzt die stärksten Verbündeten.« Mit dieser gefährlichen Halbwahrheit wurden die Beziehungen zwischen Amerika und jenen Deutschen ignoriert, die wie Adenauer, Reuter, Brandt, Heuss und Schumacher selbst »bittere Gegner« der Nationalsozialisten und nicht der Alliierten gewesen waren. Darüber hinaus präsentierte sie einen der bedauerlichsten Aspekte der Entstehung des westlichen Bündnisses, nämlich das Ausbleiben einer tiefgreifenden Säuberung des westdeutschen Establishments im ersten Nachkriegsjahrzehnt, als große Leistung.[51] Reagan schien die kommunistische Behauptung zu bestätigen, die westlichen Alliierten hätten sich nach 1945 mit ehemaligen Nationalsozialisten zusammengetan, um ein neues antisowjetisches Bündnis zu schaffen, das deshalb auf dem schwankenden moralischen Fundament von Verdrängung und verhinderter Gerechtigkeit ruhe. In der Geschichte des Kalten Krieges hat kein amerikanischer Präsident die Beziehung zwischen Erinnerung und Politik so gründlich mißverstanden wie Ronald Reagan in Bitburg.

In der Adenauer-Ära nutzte Theodor Heuss das Amt des Bundespräsidenten, um den Versuchen entgegenzuwirken, ein verzerrtes Bild der Vergangenheit in den Dienst der Politik zu stellen. Jetzt, in der Ära Kohl, war es Richard von Weizsäcker, der dieses Amt nutzte, um die bedrängte Tradition des westdeutschen politischen Rückblicks mit neuem Leben zu erfüllen. Im Jahrzehnt nach Bitburg versuchte eine Strömung des westdeutschen Konservatismus, zuerst im Hochgefühl des Wahlerfolgs und dann vom Sieg im Kalten Krieg und der friedlichen Einigung Deutschlands beflügelt, in der westdeutschen und später der gesamtdeutschen Öffentlichkeit das Thema des Holocaust und der Verbrechen der NS-Zeit zu verdrängen, zu relativieren und zu verkleinern. Diese Versuche wurden jedoch jedesmal von Vertretern der auf Heuss und Schumacher zurückgehenden Tradition vereitelt. Darüber hinaus endeten mit dem Zusammenbruch der DDR vier Jahrzehnte eines selbstgerechten, irreführenden »Antifaschismus«, was dem Nachdenken über die NS-Vergangenheit neue Energien zuführte. Die deutsche Vereinigung bedeutete, daß die Erinnerung an den Nationalsozialismus aufhörte, eine Waffe im Wettstreit der beiden deutschen Staaten zu sein. Sie blieb zwar gespalten, aber entlang der politischen Fronten innerhalb eines einzigen Gemeinwesens, und entgegen anfänglich geäußerter Befürchtungen nahmen der Holocaust und die Verbrechen der NS-Zeit im politischen Diskurs des geeinten Deutschland sogar mehr Raum ein als vorher.

Die Wiederaufnahme der von Heuss begründeten präsidialen Tradition begann mit Richard von Weizsäckers berühmter Rede in der Feierstunde des Bundestages zum vierzigsten Jahrestag des Endes des Zweiten Weltkriegs am 8. Mai 1985. Auf der Ebene der nationalen Politik war es die bedeutendste Rede über die Verbrechen der NS-Zeit, seit Heuss im November 1952 in Bergen-Belsen gesprochen hatte. Nur drei Tage nach Bitburg gehalten, fehlte ihr jede Sentimentalität und manipulative Public-Relations-Attitüde. In mancher Hinsicht war es merkwürdig, daß gerade Weizsäcker die Deutschen drängte, sich der Wahrheit über die Verbrechen der NS-Vergangenheit zu stellen. Nachdem er 1938 bis 1945 in der

Wehrmacht gedient hatte, war er bei einem der Nürnberger Nachfolgeprozesse als Verteidiger seines Vaters, Ernst von Weizsäcker, aufgetreten, der wegen seiner Handlungen als Staatssekretär im Außenministerium des Dritten Reichs vor Gericht stand. Der CDU trat Richard von Weizsäcker 1954 bei, und von 1969 bis 1981 gehörte er als Vertreter ihres gemäßigten Flügels dem Bundestag an. Anschließend war er Regierender Bürgermeister von West-Berlin, bis er 1984 zum Bundespräsidenten gewählt wurde. Neben dieser Karriere war er in der evangelischen Kirche engagiert und 1964 bis 1970 und noch einmal 1977 Präsident des evangelischen Kirchentages gewesen.

Hauptthema seiner Rede war die Notwendigkeit, »der Wahrheit, so gut wir es können, ins Auge zu sehen, ohne Beschönigung und ohne Einseitigkeit«. Was immer die Deutschen vor dem 8. Mai 1945 geglaubt hätten, danach sei klar gewesen, daß sie den »unmenschlichen Zielen einer verbrecherischen Führung gedient« hätten. Insofern markiere dieses Datum nicht nur die Niederlage des nationalsozialistischen Deutschland, sondern auch den »Tag der Befreiung ... von dem menschenverachtenden System der nationalsozialistischen Gewaltherrschaft«. Mit Blick auf diejenigen seiner Landsleute, die den 8. Mai 1945 als Beginn von Flucht und Vertreibung sowie der Diktatur im Osten betrachteten, betonte Weizsäcker, die Ursache der Nachkriegsprobleme der Deutschen läge »im Beginn jener Gewaltherrschaft, die zum Krieg führte. Wir dürfen den 8. Mai 1945 nicht vom 30. Januar 1933 trennen.« Auch sollte die Erinnerung an das Leid der einen Gruppe nicht auf Kosten anderer gehen; statt dessen sei »aller Toten des Krieges und der Gewaltherrschaft« zu gedenken. Die Opfer zählte er in folgender Reihenfolge auf: sechs Millionen Juden, »unsäglich viele Bürger der Sowjetunion«, Polen, deutsche Soldaten und bei Bombenangriffen, in Kriegsgefangenschaft oder während der Vertreibung umgekommene Deutsche, Sinti und Roma, Homosexuelle und Geisteskranke, wegen ihres Glaubens oder ihrer politischen Überzeugung Ermordete, Geiseln, Angehörige der Widerstandsbewegungen »in allen von uns besetzten Staaten« und die »Opfer des deutschen Widerstandes, in der Arbeiterschaft und bei Gewerkschaften, des Widerstandes der Kommunisten«. Es war die vollständigste Liste von Opfern des Nationalsozialismus, die jemals ein Bundespräsident angeführt hatte, und sie überbrückte die Frontlinien des Kalten Krieges, von denen die Erinnerung in Bitburg verzerrt worden war.

Weizsäckers Sichtweise ließ kein tröstliches Ende zu, weder den triumphierenden Sozialismus, den Ulbricht 1961 in Sachsenhausen beschworen hatte, noch die Aussöhnung früherer Gegner, die Reagan und Kohl in Bitburg zelebriert hatten. Erinnerung beinhalte die Fähigkeit, um das »unübersehbar große Heer der Toten« und die Leiden der Überlebenden zu trauern. Wie Heuss gab Weizsäcker eine zutiefst unhegelianische Darstellung von unheilbarem Leid und nicht wiedergutzumachender Tragik. Auch das Leid der Frauen, das in den meisten Erinnerungen an die NS-Vergangenheit entweder gar nicht oder in Form heroischer Archetypen vorkam, würdigte der Bundespräsident. Ihre »Entsagung und ihre stille Kraft« vergäße die »Weltgeschichte nur allzu leicht«, doch sie seien diejenigen gewesen, die »in den dunkelsten Jahren das Licht der Humanität vor dem Erlöschen bewahrt« hätten.

Dann kam er auf die jüdische Katastrophe zu sprechen und auf die Frage, was die Deutschen gewußt hatten und was nicht. »Am Anfang der Gewaltherrschaft«, bemerkte er, »hatte der abgrundtiefe Haß Hitlers gegen unsere jüdischen Mitmenschen gestanden.« Wenngleich die Geschichte kaum eines Landes frei von Gewalt sein dürfte, sei der Völkermord an den Juden »beispiellos in der Geschichte«. Zwar habe die »Ausführung des Verbrechens ... in der Hand weniger« gelegen und sei vor der Öffentlichkeit verborgen worden, »aber jeder Deutsche konnte miterleben, was jüdische Mitbürger erleiden mußten, von kalter Gleichgültigkeit über versteckte Intoleranz bis zu offenem Haß«. Wer, fragte Weizsäcker, »konnte arglos bleiben« nach der Judenverfolgung der dreißiger Jahre? »Wer seine Ohren und Augen aufmachte, wer sich informieren wollte, dem konnte nicht entgehen, daß Deportationszüge rollten.« Dann fuhr er fort:

> Die Phantasie der Menschen mochte für Art und Ausmaß der Vernichtung nicht ausreichen. Aber in Wirklichkeit trat zu den Verbrechen selbst der Versuch allzu vieler, auch in meiner Generation, die wir jung und an der Planung und Ausführung der Ereignisse unbeteiligt waren, nicht zur Kenntnis zu nehmen, was geschah.
>
> Es gab viele Formen, das Gewissen ablenken zu lassen, nicht zuständig zu sein, wegzuschauen, zu schweigen. Als dann am Ende des Krieges die ganze unsagbare Wahrheit des Holocaust herauskam, beriefen sich allzu viele von uns darauf, nichts gewußt oder auch nur geahnt zu haben.

Diese Zurückweisung der Beteuerung, nichts gewußt zu haben, stand in scharfem Kontrast zur Symbolik von Bitburg, in der sogar Angehörige der SS als Opfer des NS-Regimes erschienen. Statt distanzierend von Verbrechen, die »im Namen Deutschlands« begangen worden seien, zu sprechen, benutzte Weizsäcker die erste Person Plural. Trotzdem blieb seine Darstellung ohne Subjekt, eine Geschichte von Verbrechen ohne konkrete Täter.

Wenn er eine kollektive Verantwortung anerkannte, bedeutete dies nicht die Akzeptanz einer Kollektivschuld. »Schuld oder Unschuld eines ganzen Volks gibt es nicht«, stellte er fest. »Schuld ist, wie Unschuld, nicht kollektiv, sondern persönlich.« Die Jungen könnten keine Schuld gestehen »für Taten, die sie gar nicht begangen haben. Kein fühlender Mensch erwartet von ihnen, ein Büßerhemd zu tragen, nur weil sie Deutsche sind.« Aber sie hätten eine Verantwortung, »die Erinnerung wachzuhalten«, denn wer »vor der Vergangenheit die Augen verschließt, wird blind für die Gegenwart. Wer sich der Unmenschlichkeit nicht erinnern will, der wird wieder anfällig für neue Ansteckungsgefahren.« Die Erinnerung an die Vergangenheit sei sowohl eine moralische Verpflichtung als auch eine politische Notwendigkeit, und ungeachtet des Erinnerungsvermögens der Deutschen erinnere sich das jüdische Volk und werde sich immer erinnern: »Wir suchen als Menschen Versöhnung … Gerade deshalb müssen wir verstehen, daß es Versöhnung ohne Erinnerung nicht geben kann.« Die Aussöhnung mit dem jüdischen Volk müsse durch die Erinnerung an den Holocaust hindurchgehen.

Wie die Nachrüstungsdebatte gezeigt hatte, waren in der westdeutschen politischen Kultur die Lehren aus dem Genozid von Auschwitz und der Beschwichtigungspolitik von München bis auf wenige Ausnahmen säuberlich zwischen links und rechts aufgeteilt. Weizsäcker brachte beide Erinnerungsstränge zusammen. Obwohl er Hitler als »treibende Kraft« auf dem Weg in die Katastrophe hervorhob, wies er auch auf das Unvermögen der Westmächte, ihn zu stoppen, und auf den Nichtangriffspakt mit der Sowjetunion von 1939 hin. Doch während manche westdeutsche Politiker diese historischen Tatsachen benutzt hatten, um anderen die Schuld zuzuschieben, betonte Weizsäcker, durch das Versagen anderer Mächte werde die »deutsche Schuld am Ausbruch des Zweiten Weltkrieges nicht verringert«. Auch die Teilung Deutschlands führte er auf die Politik des Dritten Reichs zurück. Zwar hätten die Ereignisse nach 1945 die Teilung Europas und Deutschlands zementiert, aber »ohne den von Hitler begonnenen Krieg wäre sie nicht gekommen«.

Die Rede bezeugte, wie wirkungsvoll Brandts Infragestellung der politischen Kultur der Adenauer-Ära gewesen war. Indem Weizsäcker die Zusammengehörigkeit von 8. Mai 1945 und 30. Januar 1933 unterstrich, ordnete er die Nachkriegsgeschichte in eine längere chronologische Kausalkette ein. Angesichts des Ausmaßes, in dem er die Grenzen der geteilten Erinnerung des westdeutschen Konservatismus überschritt, erlaubte er sich allerdings einen seltsamen Lapsus, indem er eine Parallele zwischen der »Willkür der Zerstörung« während des Krieges und der »willkürlichen Verteilung der Lasten danach« zog. Weder der nationalsozialistische Angriff auf das europäische Judentum noch der rassisch motivierte Überfall auf die »Untermenschen« in Osteuropa und der Sowjetunion, noch der Haß auf die Volksdeutschen und die an ihnen geübte Vergeltung in den letzten Monaten des Krieges und den ersten Monaten und Jahren nach seinem Ende waren

»willkürlich«. Beides war, wie Heuss es 1932 in *Hitlers Weg* vorausgesehen hatte, eine Folge der antisemitischen und rassistischen Politik des NS-Regimes. Insgesamt gesehen, hatte Weizsäcker mit seiner Rede jedoch eine bemerkenswerte Anstrengung unternommen, »der Wahrheit … ins Auge zu sehen«.[52]

Mit seinen Bemerkungen trat Weizsäcker jenen entgegen, die die NS-Zeit hauptsächlich durch die Brille des Kalten Krieges oder der Ressentiments eines neuen deutschen Nationalismus sahen. Er benannte die Opfer und schloß auch die kommunistischen Angehörigen des antinazistischen Widerstandes ein; er gab zu, daß viele Deutsche vom Völkermord gewußt und zu viele, selbst aus seiner eigenen Generation, geschwiegen oder sich geweigert hatten, mehr über das zu erfahren, was vor sich ging; er bezeichnete die »Machtergreifung« der Nationalsozialisten und den Zweiten Weltkrieg als die Ursachen der Nachkriegsteilung Europas und Deutschlands, und er nannte den 8. Mai 1945 einen Tag der Befreiung. Damit stieß er manche westdeutsche Konservative vor den Kopf.[53] Ansonsten fand die Rede, zumal sie nur wenige Tage nach Bitburg gehalten worden war, sowohl in Westdeutschland als auch im Ausland ein positives Echo.

1986/87 kam es aufgrund von Bestrebungen der intellektuellen Rechten, das Gewicht des Holocaust im nationalen politischen Diskurs zu verringern, indem dessen Einzigartigkeit in Frage gestellt wurde, zum sogenannten Historikerstreit, der bereits Gegenstand einer Vielzahl von Kommentaren geworden ist. Im Oktober 1988 kritisierte Weizsäcker diejenigen, die Auschwitz mit dem Gulag und anderen Fällen rücksichtsloser Vernichtung von Menschenleben verglichen oder gleichsetzten. So wie er nach Bitburg die Hauptthemen der auf Heuss zurückgehenden Erinnerungstradition wieder aufgegriffen hatte, so betonte er jetzt: »Auschwitz bleibt singulär. Es geschah im deutschen Namen durch Deutsche. Diese Wahrheit ist unumstößlich. Und sie wird nicht vergessen.«[54] Erneut verteidigte er wie schon am 8. Mai 1985 das von Heuss hinterlassene Vermächtnis gegen konservative Bestrebungen, es zu verdrängen und zu ersetzen.

Am 9. November 1988, dem fünfzigsten Jahrestag der »Kristallnacht«, dem nationalsozialistischen Pogrom gegen deutsche Juden, sagte Bundeskanzler Kohl in einer Rede vor Angehörigen der Jüdischen Gemeinde von Frankfurt am Main, spätestens im November 1938 müsse jedem bewußt geworden sein, »daß der Antisemitismus zum Kern der nationalsozialistischen Ideologie gehörte: daß er also nicht bloß ein Herrschaftsinstrument unter vielen war – und schon gar nicht eine eher zufällige Nebenerscheinung der Diktatur«. Es bleibe eine »Ursache tiefer Scham«, daß die Mehrheit der Bevölkerung aus fehlender Zivilcourage, Angst oder Gleichgültigkeit geschwiegen habe. Er hob die bedeutende Rolle der jüdischen Kultur und Tradition in der abendländischen Geschichte und die gemeinsame jüdische und christliche Gegnerschaft gegen den Totalitarismus hervor und bezeichnete die Anwesenheit von Juden in der Bundesrepublik als »kostbares«, aber auch »zerbrechliches Geschenk«. Er sei sich bewußt, »daß ihr Vertrauen leicht zu erschüttern ist: durch die Gemeinheit von ewig Gestrigen – und manchmal auch durch die Gedankenlosigkeit von Wohlmeinenden«.[55] Vielleicht war die letzte Bemerkung ein versteckter Verweis auf sein eigenes Auftreten in Bitburg. Doch abgesehen von einigen Zwischenrufen, die ihm die Bitburger Zeremonie vorhielten, folgte ihm der größte Teil der Zuhörer mit wohlwollendem Interesse.

Die Schwierigkeiten der öffentlichen Erinnerung an die NS-Vergangenheit traten erneut auf dramatische Weise zutage, als Philipp Jenninger, Präsident des Bundestages und Vertreter des gemäßigten Flügels der CDU, in einer Feierstunde des Bundestages eine unbedachte Rede über das Pogrom von 1938 hielt, die für ihn zur politischen und persönlichen Katastrophe geriet. Zunächst gab er eine detaillierte historische Darstellung des Pogroms, das den Beginn der »systematischen Vernichtung der Juden in Deutschland und in weiten Teilen Europas« markiert habe. Er erwähnte die Passivität und Gleichgültigkeit der Deutschen: »Alle sahen, was geschah, aber die allermeisten schauten weg und schwiegen. Auch die

Kirchen schwiegen.« Dann sprach er vom »Faszinosum«, das die Gestalt Hitlers in den dreißiger Jahren gewesen sei. Seine Absicht war zu vergegenwärtigen, warum ein böser Mann wie Hitler derart populär sein konnte, aber seine politischen Gegner mißverstanden den Versuch der historischen Erklärung als Rechtfertigung. Als er den Teil seiner Rede, in dem er die verbreitete antijüdische und pronazistische Mentalität von 1938 rekonstruierte – die er ganz offensichtlich abschreckend fand –, beendete, verließen fünfzig Angehörige der Fraktionen von SPD und Grünen aus Protest den Saal.

Deshalb konnten sie seine fundierte Erörterung der Geschichte des deutschen Antisemitismus, der Radikalisierung dieser Tradition durch Hitler und ihrer Anwendung im Holocaust nicht mehr hören, auch nicht seine Kritik an der nach dem Krieg in Westdeutschland zu beobachtenden allzu eifrigen, heuchlerischen Identifikation mit den Opfern. Ebensowenig bekamen sie mit, wie sich dieser gemäßigte Konservative der Auffassung anschloß, »daß die Planung des Krieges im Osten und die Vernichtung der Juden unlösbar miteinander verbunden gewesen waren, daß das eine ohne die andere nicht möglich gewesen wäre«. Als einer der ersten, wenn nicht der erste führende deutsche Politiker brachte Jenninger öffentlich den nationalsozialistischen Angriff auf die Sowjetunion und den Krieg an der Ostfront mit dem Holocaust in Verbindung. Damit brach er mit einem der Hauptelemente der geteilten Erinnerung der Ära des Kalten Krieges, nämlich der Trennung des Holocaust vom rassistischen Charakter des nationalsozialistischen Angriffs auf den »jüdischen Bolschewismus«. Seiner Ansicht nach schloß der Widerstand gegen sowjetischen Druck in den achtziger Jahren eine klare öffentliche Anerkennung des Zusammenhangs zwischen Antikommunismus sowie Antisemitismus und Rassismus als den zentralen Bestandteilen der NS-Ideologie nicht aus.

Darüber hinaus verabschiedete sich Jenninger von tröstlichen Geschichten über den deutschen Widerstand. »Am Ende«, konstatierte er, »standen die Juden allein. Ihr Schicksal stieß auf Blindheit und Herzenskälte.« Versuche, die historische Wahrheit in Frage zu stellen, Zahlen zu bezweifeln oder Tatsachen zu leugnen, bezeichnete er als »ganz sinnlos«, denn an Auschwitz würden sich die Menschen »bis an das Ende der Zeiten als eines Teils unserer deutschen Geschichte erinnern«. Für nicht weniger sinnlos hielt er die Forderung, »mit der Vergangenheit ›endlich‹ Schluß zu machen«, denn »die Erinnerung wachzuhalten und die Vergangenheit als Teil unserer Identität als Deutsche anzunehmen – dies allein verheißt uns Älteren wie den Jüngeren Befreiung von der Last der Geschichte«.[56]

Die mißgünstige Reaktion auf Jenningers Rede war derart heftig, daß er gezwungen war, als Bundestagspräsident zurückzutreten. Seine linken Kritiker warfen ihm vor, durch Gefühllosigkeit und mangelnde Kenntlichmachung der historischen Rekonstruktion von ihm nicht geteilter Haltungen eine Rechtfertigung für sie geliefert zu haben. Es war eine merkwürdige Reaktion, denn Jenninger hatte mit seiner Darstellung eines nazifizierten Deutschland und eines alleingelassenen Judentums nur wiederholt, was Historiker nachgewiesen hatten. Zudem hatte er durch den Hinweis auf den Zusammenhang zwischen Holocaust und Krieg an der Ostfront jedem Versuch vorgebeugt, das Ansehen der Wehrmacht zu retten. Doch seine Einschätzung der verbreiteten Unterstützung des Nationalsozialismus in den dreißiger Jahren konterkarierte linke Visionen eines von der Bevölkerung getragenen antifaschistischen Widerstandes, während Konservative möglicherweise durch die Betonung der Verbindungen von Wehrmacht und Holocaust daran gehindert wurden, sich hinter Jenninger zu stellen. Immerhin hatte er vieles gesagt, was, wie Adenauer und Kohl erkannt hatten, Unionswähler nicht hören wollten.

Verjährungsdebatten im Bundestag, Prozesse wegen Verbrechen gegen die Menschlichkeit, Kritik an der Verzögerung und Vermeidung juristischer Aufarbeitung in der Adenauer-Ära durch die Neue Linke, Kontroversen um die Neue Linke und den Nahen Osten, Ostpolitik, die Ausstrahlung des amerikanischen Fernsehdramas *Holocaust,* Bitburg, der Historikerstreit sowie Weizsäckers und Jenningers Reden machten den Holocaust und die Verbrechen der NS-Vergangenheit zu einem häufigen Thema der öffentlichen Diskussion innerhalb und außerhalb der politischen Institutionen der Bundesrepublik. So sah sich eine Adenauers Haltung folgende Regierung einer Gesellschaft gegenüber, die zunehmend die von Heuss und Schumacher vorgegebenen gegenteiligen Ansichten über das Verhältnis von Demokratie und Erinnerung aufgriff. In dieser Hinsicht hatte sich Westdeutschland als Gesellschaft und politisches Gemeinwesen verändert.

In der DDR hatte der Wind der Veränderung nicht mit derselben Kraft geweht. Der Holocaust hatte in der öffentlichen Erinnerung den Platz behalten, der ihm während der antikosmopolitischen Säuberung der fünfziger Jahre zugewiesen worden war, und so wie die Unterdrückung der Bedeutung des Holocaust ein Kapitel der Konsolidierung der Diktatur ausgemacht hatte, so war das Wiederauftauchen des Themas in den achtziger Jahren untrennbar mit der Infragestellung der ostdeutschen Diktatur und ihrer antifaschistischen Legitimationsformeln durch die Dissidenten verknüpft.

1976 hatte Erich Honecker, nachdem er 1971 Ulbrichts Nachfolge angetreten hatte, wie dieser die Macht der Ämter des Staatsoberhaupts und des Generalsekretärs der SED auf sich vereinigt. Er regierte die DDR bis zu ihrem Zusammenbruch im Herbst 1989. Wie bereits gesehen, unterhielt Ostdeutschland in der Honecker-Ära herzliche Beziehungen zu den arabischen Staaten und besonders zur PLO. Von wenigen umstrittenen Ausnahmen abgesehen, behandelten ostdeutsche Historiker die jüdische Katastrophe allenfalls am Rande.[57] 1987 nahm die DDR, vielleicht in der Hoffnung auf eine Verbesserung der Beziehungen zu den USA, mit dem Jüdischen Weltkongreß Verhandlungen über mögliche ostdeutsche Entschädigungen für Juden deutscher Herkunft auf und gestattete die Einsetzung eines neuen Rabbi in Ost-Berlin.[58] Doch die Fundamente des ostdeutschen Antifaschismus blieben unangetastet. Bis zu ihrem Untergang unterhielt die DDR keine diplomatischen Beziehungen zu Israel, zahlte keine Wiedergutmachung an einzelne Juden oder Israel, blieb ein loyaler Verbündeter der PLO und der arabischen Staaten und behandelte den Holocaust als

Randerscheinung. Als der Marxismus-Leninismus der Nachkriegsjahre fadenscheinig wurde, versuchte sich das Regime an ältere, nichtkommunistische Kontinuitäten, darunter Figuren wie Luther und Bismarck, anzulehnen, wodurch nationalistische Gefühle gestärkt wurden, die früher in marxistisch-leninistischer Terminologie ausgedrückt worden waren.[59]

Die ersten Abweichungen vom offiziellen Antifaschismus wurden von Dissidenten in den achtziger Jahren geäußert. Am 8. Mai 1985, demselben Tag, als Weizsäcker in Bonn sprach, gaben Markus Meckel und Martin Gutzeit, zwei führende Vertreter der ostdeutschen evangelischen Friedensbewegung, eine dem offiziellen antifaschistischen Kanon widersprechende Erklärung zur Bedeutung dieses Tages heraus. Statt die Schuld oder Verantwortung für die Verbrechen der NS-Zeit ausschließlich den Westdeutschen aufzubürden, gestanden sie ein: »Die Schuld der anderen, auch der Väter, ist uns nicht fremd.« Trotz des offiziellen Antifaschismus, fuhren sie fort, habe es die DDR versäumt, über die eigene Schuld nachzudenken. Gewiß hätten viele ihrer führenden Politiker im antinazistischen Widerstand gekämpft, doch die »große Mehrheit der Menschen, die dann Bürger der DDR wurden«, hätten das NS-Regime durch ihr »Stillhalten und Schweigen« mitgetragen. Ungeachtet des antifaschistischen Charakters der Regierung sei auch bei den Ostdeutschen »nationalsozialistisches Gedankengut unverarbeitet in den Köpfen« geblieben. Die Entnazifizierung sei ein »nur äußerlich vollzogener, durch den Wechsel der politischen Machtverhältnisse bestimmter Prozeß« gewesen, der keine »wirkliche Bewältigung eigener schuldhafter Vergangenheit« geleistet habe.

Die eigentliche Sprengkraft des Texts lag jedoch in der Betonung des Zusammenhangs von Erinnerung und Demokratie: »Bewältigung der Vergangenheit enthält die Verpflichtung, gegen das System von Angst und Bedrohung auch innerhalb der Gesellschaft, gegen Unrecht und Machtmißbrauch aufzutreten«, wofür Zivilcourage, die Übernahme politischer Verantwortung und Achtung vor Recht und Würde aller Menschen, unabhängig von Weltanschauung, Rasse und Geschlecht, nötig seien.[60] Kurz, Vergangenheitsbewältigung rechtfertigte nicht die Errichtung einer zweiten Diktatur über ein gefährliches Volk. Vielmehr verlangte sie die Ablehnung jeder Diktatur und die Verwirklichung der Menschenrechte und der Demokratie. Im Verständnis von Meckel und Gutzeit stärkte der Protestantismus, der in der deutschen Geschichte so viel zur autoritären Herrschaft beigetragen hatte, nunmehr die den offiziellen kommunistischen Antifaschismus untergrabenden demokratischen Lehren. Auf diese Weise wandten sie den Diskurs der Vergangenheitsbewältigung gegen dessen offizielle Sprecher. Zwischen 1933 und 1945 war die Unterstützung des Nationalsozialismus unter Protestanten stärker gewesen als unter Katholiken. Doch nun, in den achtziger Jahren, setzten sich in beiden deutschen Staaten protestantische Stimmen, Weizsäcker im Westen und Dissidenten im Osten, für eine rückhaltlose Auseinandersetzung mit der NS-Vergangenheit ein.

Zur Marginalisierung der Judenfrage zu Beginn der ostdeutschen Diktatur paßte es, daß der erste Akt der ersten frei gewählten Regierung der DDR darin bestand, die vierzigjährige kommunistische Leugnung der Verantwortung für den Holocaust und seine Konsequenzen zu beenden. Am 12. April 1990 billigte die Volkskammer mit 379 Stimmen – bei 21 Enthaltungen – eine Erklärung, in der die gemeinsame Verantwortung für die NS-Verbrechen akzeptiert und die Bereitschaft zu Wiedergutmachungszahlungen und zur Aufnahme diplomatischer Beziehungen zu Israel ausgedrückt wurde.[61] Zwei Tage später stellte eine Schlagzeile der *Frankfurter Rundschau,* der westdeutschen Tageszeitung, die am ausführlichsten über die Säuberung in den fünfziger Jahren berichtet hatte, die Verbindung zwischen Demokratisierung und Diskussion über den Holocaust klar: »Volkskammer bekennt Schuld am Holocaust: Erste frei gewählte DDR-Regierung im Amt«.[62] In der Erklärung der Volkskammer heißt es:

> Wir, die ersten frei gewählten Parlamentarier der DDR, bekennen uns zur Verantwortung der Deutschen in der DDR für ihre Geschichte und ihre Zukunft und erklären einmütig vor der Weltöffentlichkeit:

> Durch Deutsche ist während der Zeit des Nationalsozialismus den Völkern der Welt unermeßliches Leid zugefügt worden. Nationalismus und Rassenwahn führten zum Völkermord, insbesondere an den Juden aus allen europäischen Ländern, an den Völkern der Sowjetunion, am polnischen Volk und am Volk der Sinti und Roma.
>
> Diese Schuld darf niemals vergessen werden. Aus ihr wollen wir unsere Verantwortung für die Zukunft ableiten.
>
> Das erste frei gewählte Parlament der DDR bekennt sich im Namen der Bürgerinnen und Bürger dieses Landes zur Mitverantwortung für Demütigung, Vertreibung und Ermordung jüdischer Frauen, Männer und Kinder.
>
> Wir bitten die Juden in aller Welt um Verzeihung für Heuchelei und Feindseligkeit der offiziellen DDR-Politik gegenüber dem Staat Israel und für die Verfolgung und Entwürdigung jüdischer Mitbürger auch nach 1945 in unserem Lande.
>
> Wir erklären, alles uns mögliche zur Heilung der seelischen und körperlichen Leiden der Überlebenden beitragen zu wollen und für eine gerechte Entschädigung materieller Verluste einzutreten.[63]

Die Erklärung der Volkskammer brach vollständig mit der Auffassung, Westdeutschland allein habe die Last der Verbrechen der NS-Zeit zu tragen, und diese seien ein marginales Geschehnis in der Geschichte von Nationalsozialismus und Zweitem Weltkrieg. Verflogen waren die Arroganz und der Mangel an historischem Gewissen, mit denen die ostdeutsche Führung Israels bewaffnete Feinde unterstützt hatte. Ausgelöscht war das vierzigjährige Erbe in marxistisch-leninistische Slogans gehüllter antisemitischer Schlüsselworte und der Behauptung, in einem antifaschistischen Regime könne es keinen Antisemitismus geben. Und während ihrer kurzen Amtszeit von April bis Oktober 1990 hielt die demokratisch gewählte DDR-Regierung Wort. Schon im Januar und März kam der spätere Außenminister Markus Meckel in Kopenhagen mit israelischen Diplomaten zusammen. Israel bestand als Vorbedingung für die Aufnahme diplomatischer Beziehungen darauf, daß die DDR-Regierung die Verantwortung für die NS-Verbrechen gegen die Juden anerkannte. Dazu gehörten die Neufassung eines Teils der Schulbücher und Lehrpläne, Wiedergutmachungsverhandlungen und die Beendigung der einseitigen Politik zugunsten der arabischen Staaten, angefangen mit dem Stop der »Ausbildung von Terroristen für die Kriegführung gegen Israel«. In einem von Meckel überreichten Brief an den israelischen Ministerpräsidenten Yitzhak Shamir sagte DDR-Ministerpräsident Hans Modrow die Erfüllung der meisten dieser Forderungen zu.[64]

Doch dies war nur ein kurzes Zwischenspiel. Mit der Vereinigung Deutschlands im Herbst 1990 ging die Ära der geteilten Erinnerung zu Ende, und obwohl der Zusammenbruch des kommunistischen Antifaschismus ein großes Hindernis für die Erinnerung an die NS-Vergangenheit beseitigt hatte, brachte die Vereinigung unter westdeutschen Bedingungen die Möglichkeit einer neuen Runde der Amnesie mit konservativem Vorzeichen mit sich. Unter Intellektuellen war eine junge Rechte herangewachsen, die sich selbst als »Generation von 1989« stilisierte, Adenauers Westbindung und die Linken der »Generation von 1968« angriff und den »Sühneritualen« der Bonner Republik ein Ende setzen wollte.[65] Auf den Straßen gingen Neonazis und Skinheads mit Gewalt sowohl gegen Ausländer als auch gegen Juden vor, was die Befürchtung hervorrief, im vereinigten Deutschland könnten die rassistischen Gespenster der Vergangenheit erneut zum Leben erweckt werden. Tatsächlich wurden von 1991 bis zum Herbst 1993 offiziell 4 500 Gewalttaten rechtsextremer Gruppen gegen Immigranten und Juden registriert, die zu 26 Morden und 1 800 Verletzungen führten. Auch mehrere Synagogen waren Ziele rechter Gewalt.[66] Tausende von Deutschen demonstrierten gegen die Welle der Gewalt. Doch die Furcht vor dem neuen Deutschland fand neue Nahrung, als linke Aktivisten als Reaktion auf Saddam Husseins Drohung, Israel anzugreifen, und den irakischen Einmarsch in Kuwait unter der Losung »Kein Blut für Öl« auf die Straße gingen.

In diesem Klima hielt Bundestagspräsidentin Rita Süssmuth aus Anlaß des fünfundfünfzigsten Jahrestags des Pogroms vom 9. November 1938 die erste große Rede über die NS-Vergangenheit nach der Vereinigung. Sie verknüpfte die Erinnerung an diese Zeit mit der Verteidigung der Menschenrechte in der Gegenwart. Wie viele westdeutsche Politiker vor ihr beschrieb sie die Einzelheiten des Pogroms, verwies auf antisemitische und antidemokratische Traditionen in Deutschland und sprach über den ausgebliebenen Widerstand gegen die Judenverfolgung. Der »kaltblütig durchorganisierte und systematisch betriebene Völkermord an den Juden« in Auschwitz sei der »tiefste Einschnitt in unserer Geschichte«, der das Bild der Menschheit und den Blickwinkel, aus dem die Deutschen ihre Geschichte betrachteten, auf Dauer verändert habe.

Nach dem Hinweis, daß der 9. November 1989 der Tag gewesen sei, an dem die Berliner Mauer gefallen sei, erklärte Süssmuth, das Ende der deutschen Teilung sei auch der »Beginn eines gemeinsamen Erinnerns«, nicht, wie viele gefürchtet hätten, der Anfang einer neuen Ära von Vergessen und Nationalismus. Gemeinsames Erinnern würde dazu beitragen, sich gegen Intoleranz und Gewalt zu wappnen. Die jüngsten Übergriffe auf Ausländer, Immigranten, jüdische Bürger und Friedhöfe riefen Scham und Wut hervor, aber der Protest Tausender Deutscher gegen Ausländerhaß und Gewalt sei ein Hoffnungszeichen. Jeder müsse sich Antisemitismus, Ausländerhaß und einem »verfälschenden Umgang mit der Geschichte« entgegenstellen. Genauso wie die Bürger der DDR mit Mut den Kampf um die Freiheit gewonnen hätten, sei im geeinten Deutschland Mut erforderlich, um »Menschenwürde und Demokratie zu verteidigen«. Dann fuhr sie fort: »Erinnerung an das Negative der eigenen Vergangenheit schwächt nicht, wie wir befürchten, sondern befreit aus der Belastung, verwandelt Schwäche in Stärke, führt nicht gegeneinander, sondern zueinander. Wachsames Erinnern ist der Schutz der Freiheit. Vergessen wir Unfreiheit, Verfolgung und Vernichtung, bringen wir die Freiheit selbst in Gefahr … Mit der wiedererlangten Freiheit und Einheit der Deutschen hört das Erinnern nicht auf.«[67] Während die Erinnerung politisch umstritten bleiben sollte, markierte Süssmuths Rede den Beginn einer »gemeinsamen«, »unverfälschten« Erinnerung an NS-Vergangenheit und Holocaust im geeinten Deutschland. Um sie zu formen und ihre Lehren für die Verteidigung von Menschenrechten und Demokratie in der Gegenwart zu nutzen, bezog sie sich sowohl auf die Tradition der offiziellen Erinnerung in Westdeutschland als auch auf die der ostdeutschen Dissidenten.

Bei den Feierlichkeiten zum fünfzigsten Jahrestag des Endes des Zweiten Weltkriegs im Frühjahr 1995 suchten deutsche Politiker und Tausende weiterer Teilnehmer ehemalige Konzentrationslager auf, um der Verbrechen der NS-Zeit zu gedenken und für die Menschenrechte in der Gegenwart einzutreten.[68] Im ehemaligen KZ Bergen-Belsen kamen am 27. April Ignatz Bubis und andere Vertreter des Zentralrats der Juden in Deutschland, der frühere israelische Ministerpräsident Chaim Herzog, der neue Bundespräsident Roman Herzog, Bundeskanzler Kohl, Rita Süssmuth, die Vorsitzenden der Bundestagsfraktionen und viertausend Gäste, darunter fünfhundert ehemalige Insassen, zu einer Feierstunde zusammen. Roman Herzog, der am Beginn seiner Präsidentschaft davon gesprochen hatte, daß die Deutschen »unverkrampft« mit der NS-Vergangenheit umgehen sollten, kehrte bei dieser Gelegenheit zur Tradition von Theodor Heuss zurück. Alles, was die Jugend an ihre Verantwortung für Demokratie, Freiheit und Menschenwürde erinnere, so Herzog, sei richtig, während alles, »was am Ende nur in Alibi-Effekten versandet«, falsch sei.[69]

Ausdruck der Gereiztheit der intellektuellen und politischen Rechten über die Äußerungen im Frühjahr 1995 waren mehrere politische Zeitungsanzeigen, die Politikern und liberalen Medien vorwarfen, zu vergessen, daß der 8. Mai 1945 nicht nur ein Tag der Befreiung gewesen sei, »sondern zugleich auch der Beginn von Vertreibungsterror und neuer Unterdrückung im Osten und den Beginn der Teilung unseres Landes«.[70] Am 8. April 1995 erwiderte Bubis, es sei ein Skandal anzunehmen, die Teilung Deutschlands und die Vertreibung von Deutschen aus ihrer Heimat in Mittel- und Osteuropa hätten mit dem 8. Mai 1945 begonnen. Vielmehr sei beides die logische Konsequenz aus der nationalsozialistischen Machtergreifung am 30. Januar 1933 gewesen.[71] In einer anderen Anzeige am 27. April beklagten die konservativen Initiatoren, den 8. Mai 1945 allein als Tag der Befreiung zu feiern, sei ein Zeichen von »Meinungsterror der ›political correctness‹« im geeinten Deutschland.[72]

Bundeskanzler Kohl hielt sich zurück, um kein zweites Bitburg zu provozieren. »Vielfältige Erinnerungen werden wach«, sagte er. »Für all diese Erinnerungen und Gefühle gibt es keinen gemeinsamen Nenner.« Er begnügte sich mit allgemeinen Bemerkungen über die Notwendigkeit, das Leid von Deutschen und anderen im Gedächtnis zu behalten. Die »entscheidende Lektion« des 20. Jahrhunderts sei das Gebot, eine auf der »uneingeschränkten Achtung der persönlichen Menschenrechte und auf dem Völkerrecht« gegründete Friedensordnung herbeizuführen.[73] Zum Verdruß der nationalistischen Rechten reichte selbst die kombinierte Auswirkung von dreizehn Jahren Kanzlerschaft Helmut Kohls, westlichem Sieg im Kalten Krieg und deutscher Vereinigung nicht aus, um den Holocaust und die anderen Verbrechen der NS-Zeit in die erwünschte Vergessenheit versinken zu lassen. Statt dessen hatte diese schwierige Erinnerung durch den Zusammenbruch des kommunistischen Antifaschismus und wohl auch durch die Befreiung »antifaschistischer« Einstellungen von ihrer offiziellen kommunistischen Interpretation sowie die neu belebte Fortsetzung der westdeutschen Tradition der Vergangenheitsbewältigung einen womöglich noch prominenteren Platz im nationalen politischen Diskurs erhalten.

Nach den Reden, der Teilnahme an Gedenkfeiern und den Presseberichten zu urteilen, beschäftigten sich die Deutschen im Frühjahr 1995 mehr denn je mit den Verbrechen der NS-Vergangenheit.[74] Tausende nahmen an Veranstaltungen in ehemaligen Konzentrationslagern teil und besuchten die in Museen in Berlin, Hamburg, Köln, Kiel, Hannover und anderen Städten gezeigten Ausstellungen über den Nationalsozialismus. Auf dem Gelände der ehemaligen Zentralen von SS und Gestapo in Berlin wurde ein neues Museum über die »Topographie des Terrors« eingerichtet. Führende deutsche Unternehmen wie Daimler-Benz, Volkswagen und die Deutsche Bank beauftragten Historiker mit einer Untersuchung der Zwangsarbeit und der Profite aus gestohlenem jüdischen Eigentum.[75] Sogar im konservativen Bayern erklärte Ministerpräsident Edmund Stoiber im KZ Dachau vor fünftausend Menschen, darunter zweitausend früheren Gefangenen, es gebe keinen Weg, »unter dieses dunkelste Kapitel der deutschen Geschichte einen Schlußstrich zu ziehen«.[76] Bei einem Gedenkgottesdienst erklärte ein ehemals führender Vertreter der evangelischen Kirche in Ostdeutschland im Rückblick auf die Verhältnisse in der DDR: »Wir können uns nicht aus der Mitverantwortung für jene Zeit stehlen, so wie es unter realsozialistischer Herrschaft in der DDR üblich war, indem wir zwischen den Nationalsozialisten und dem deutschen Volk unterscheiden.«[77]

Zentrale politische Äußerung zum fünfzigsten Jahrestag des Kriegsendes war eine Rede, die Bundespräsident Herzog in Anwesenheit von Vertretern Großbritanniens, Frankreichs, der Vereinigten Staaten und Rußlands im Berliner Reichstag hielt. Deutschland, so Herzog, habe den »furchtbarsten Krieg entfesselt, den es bis dahin gegeben hatte«, und schwer unter seinen Folgen gelitten. Auf das deutsche Leid aufmerksam zu machen solle jedoch nicht dazu dienen, »die Schuld der deutschen Machthaber hinter dem Bild des allgemeinen Ruins verschwinden ... zu lassen. Den Holocaust an den Unschuldigen vieler Völker haben Deutsche begangen – darüber brauchen wir heute wohl nicht noch einmal zu diskutieren.« Die Deutschen wüßten sehr gut, daß das NS-Regime für den Holocaust und die Verheerung Europas verantwortlich gewesen sei. In Westdeutschland habe es nach 1945 nicht an Versuchen gefehlt, das Schlimmste zu beschönigen oder zu leugnen, aber das »Grundgefühl war doch, je länger desto klarer, die Kollektivscham, wie es Theodor Heuss so treffend genannt hat«. Nachdem Herzog in den Wochen zuvor in Warschau, Jerusalem und Bergen-Belsen über Krieg und Holocaust gesprochen hatte, konzentrierte er sich jetzt auf die Nachkriegszeit als eine zur Festigung der deutschen Demokratie führenden Erfolgsgeschichte. Er rühmte den Marshallplan, die Westintegration, die »starke Hand der Besatzungsmächte« und die schrittweise Entstehung einer Tradition der Achtung vor den Menschenrechten. Heute, 1995, stütze sich die deutsche Demokratie sowohl auf die Lehren, welche die Westdeutschen seit 1948 gelernt hätten, als auch auf die ostdeutsche Revolution von 1989. Insofern bedeute der 8. Mai 1945 »vor allem einen Tag ..., an dem ein Tor in die Zukunft aufgestoßen wurde«, zum Teil durch die »Rückkehr zu den besseren geistigen Traditionen Europas und, wie das Werk Kants zeigt, auch Deutschlands«. Doch sogar in dieser Erfolgsgeschichte räumte Herzog dem Holocaust die zentrale Rolle ein. Der Erfolg der deutschen Demokratie beruhte auf dem Nachdenken über eine diktatorische Vergangenheit.[78]

Am 9. Mai 1995 schlug Ignatz Bubis vor, entweder den 20. Januar, den Tag der Wannseekonferenz, oder den 27. Januar, den Jahrestag der Befreiung von Auschwitz-Birkenau, zum Gedenktag für die Opfer von nationalsozialistischer Verfolgung und Völkermord zu erklären.[79] Gut drei Wochen später, am 1. Juni, entschied sich der Bundestag für den 27. Januar.[80] Am 19. Januar 1996 hielt Herzog im Bundestag zum Tag des Gedenkens an die Opfer des Nationalsozialismus eine Rede, die erneut belegte, daß ein immer schärferes und detaillierteres Bild der Verbrechen der NS-Zeit jetzt zur nationalen politischen Erinnerung des geeinten Deutschland gehörte. Wie Heuss, Weizsäcker, Süssmuth und andere vor ihm stellte er sich denjenigen entgegen, die das Vergangene vergessen wollten. Erinnerung der schändlichen Vergangenheit, sagte er, schwäche die Nation keineswegs, sondern liege in deren Interesse, denn man könne aus ihr lernen: »Die Erinnerung gibt uns Kraft, weil sie Irrwege vermeiden hilft.« Im Gegensatz zu früheren Anstrengungen, das Ausmaß der Beteiligung am nationalsozialistischen Morden zu reduzieren, sprach Herzog davon, daß sich »viele Deutsche schuldig gemacht« hätten. Das Leid der Juden und der anderen Opfer sei »im Rundfunk zu hören und in den Zeitungen zu lesen« gewesen, »und das konnte jedermann wissen, der Augen zum Sehen und Ohren zum Hören hatte«. Der Terror sei nicht auf die ersten

Monate des Regimes oder die Konzentrations- und Vernichtungslager beschränkt gewesen: »Die allmähliche Eskalation der Gemeinheit fand ... öffentlich statt und konnte in den Gesetzblättern nachgelesen werden.« Herzog erinnerte an den Ausschluß von Juden aus dem öffentlichen Dienst, den Boykott jüdischer Rechtsanwälte, Ärzte und Geschäftsleute, die Nürnberger Rassengesetze und die Vorschrift, die bestimmte, daß Juden den Davidsstern zu tragen hatten, »der sie nicht nur als ›Untermenschen‹ qualifizierte, sondern sie im Alltag auch jeder Gemeinheit und jedem Übergriff des Pöbels preisgab«. Auch auf die »Nadelstiche und Demütigungen« ging er ein, auf »die fortschreitende Einengung des Wohnraums und der Bewegungsmöglichkeiten, den Ausschluß der Kinder aus den Schulen, das Verbot des Theater- und Kinobesuchs, das Verbot, öffentliche Verkehrs- und Informationsmittel, ja sogar Parkbänke zu benutzen, die Wegnahme von Schreibmaschinen, Radios, Schmuck, Pelzen, ja selbst von Haustieren«.

Der Bundespräsident, der sein Amt mit einer »gelasseneren« Sicht auf die Vergangenheit angetreten hatte, überraschte seine Kritiker mit der Genauigkeit und Leidenschaftlichkeit seiner Verurteilung von Rassenideologie und Massenmord der Nationalsozialisten. Mehr noch, er wies darauf hin, daß die nationalsozialistische Rassenideologie »wohldosiert in das öffentliche Bewußtsein« eingedrungen sei, das, derart beschädigt, die Augen schloß und nicht wissen wollte, was geschah. Diese Betonung der Ideologie deutete an, daß die Verbrechen der NS-Vergangenheit nicht ganz so unbegreiflich waren. Wenn dies zutraf, war die Erinnerung unabdingbare Voraussetzung für die Verhinderung künftiger Verbrechen. Der 27. Januar, so Herzog, habe den Zweck, die Aufmerksamkeit auf die Opfer einer Ideologie zu lenken, die »vom ›nordischen Herrenmenschen‹ und von den ›Untermenschen‹ und ihrem fehlenden Existenzrecht« handle. Außerdem solle er den Deutschen, besonders der Jugend, ermöglichen, die Gefahren von Totalitarismus und Rassismus zu erkennen und ihnen so früh wie möglich zu widerstehen. Es sei die »kollektive Verantwortung« der Deutschen, die Erinnerung zu bewahren, um das Böse zu überwinden und den Wert von Demokratie, Rechtsstaatlichkeit, Menschenrechten und Menschenwürde zu begreifen. Jeder »länger bestehende demokratische Rechtsstaat« sehe sich mit dem Problem konfrontiert, daß seine Bürger Freiheit und Recht als selbstverständlich hinnehmen und »zuwenig Gespür für die Gefahren von Willkür und Unfreiheit« entwickeln. In Deutschland sei das Problem der Erinnerung besonders bedeutsam, »denn hier und von hier aus sind die Scheußlichkeiten begangen worden, deren wir uns heute erinnern«, und die »Generation der Zeitzeugen, die für sich die Konsequenzen aus jenen Erfahrungen gezogen hatte«, trete jetzt von der politischen Bühne ab.[81]

Mit dem Verlauf der Zeit und der Ablösung der Gründergeneration wurde die Erinnerung an die NS-Zeit für Gesellschaft und Demokratie Deutschlands nicht unwichtiger, sondern wichtiger. Aber wie Heuss und Schumacher als erste festgestellt hatten, war die Erinnerung an die Verbrechen der Vergangenheit nicht mit der Anklage einer Kollektivschuld gleichzusetzen. Vielmehr war sie entscheidend für die Aufrechterhaltung der für den Bestand der liberalen Nachkriegsdemokratie notwendigen Normen des Rechts und der individuellen moralischen Verantwortlichkeit. Mittlerweile waren diese Überzeugungen fest in den offiziellen Kanon und die nationale Erinnerung des deutschen politischen Establishments eingeprägt. Doch auch das Wiederaufleben des deutschen Nationalismus, von Neonazismus und Ausländerfeindlichkeit auf den Straßen und des Wunschs, einen Schlußstrich unter die NS-Vergangenheit zu ziehen, sind bleibende Aspekte der politischen Landschaft im Deutschland der neunziger Jahre. Aber alle Versuche, den Holocaust und die anderen Verbrechen der NS-Zeit aus dem nationalen Gedächtnis zu löschen, sind fehlgeschlagen. Die schwierigen Erinnerungen an das NS-Regime bleiben ein konstitutives und wirkungsvolles Element der zentralen politischen Darstellungen der Geschichte der deutschen Nation.

Schlussbetrachtung

Warum gab es in den beiden deutschen Staaten nach 1945 überhaupt ein politisches Gedenken an den Holocaust und die Verbrechen der NS-Zeit? Warum teilte sich die Erinnerung entlang der politischen Bruchlinien, und warum wurde die »Judenfrage« in Ostdeutschland unterdrückt, während in Westdeutschland einigen jüdischen Anliegen Verständnis entgegengebracht wurde? Welcher Zusammenhang bestand zwischen Erinnerung an die NS-Vergangenheit einerseits sowie Diktatur und Demokratie andererseits? Auf welche Weise wirkten überkommene Traditionen bei der Gestaltung der politischen Erinnerung an die NS-Vergangenheit in beiden Teilen Deutschlands mit äußeren Faktoren zusammen?

Drei Ursachen waren für Entstehung und Teilung der Nachkriegserinnerung verantwortlich: der alliierte Sieg und die Besatzung, die vielfältige Restauration des »anderen Deutschland« und die der Gründergeneration gemeinsame persönliche Erfahrung von Solidarität und Verfolgung. Der Sieg der Alliierten und ihre Besatzungspolitik – Vernichtung der NSDAP, Enthüllung der NS-Kriegsverbrechen in Nürnberg und anderen Prozessen, Inhaftierung und in einigen Fällen Hinrichtung der Täter dieser Verbrechen – löschten das antisemitische und antidemokratische Denken nicht aus, eliminierten aber den Nationalsozialismus als politische Kraft. Das Nürnberger Interregnum war nach dem Krieg der Höhepunkt der Durchsetzung von Gerechtigkeit durch Recht. Danach stellte in beiden Teilen Deutschlands kein führender Politiker in Frage, daß solche Verbrechen begangen worden waren. Statt dessen stritten sie darüber, was den Massenmord verursacht hatte, welchen Platz die akzeptierten Tatsachen in der öffentlichen Darstellung einnehmen sollten, welchen Opfern des Nationalsozialismus im öffentlichen Gedenken Vorrang einzuräumen war und wie solche Schrecken in Zukunft verhindert werden konnten.

Der alliierte Sieg ermöglichte die vielfältige Restauration der im Dritten Reich unterdrückten politischen Traditionen des »anderen Deutschland«, denn sogar dort, wo ihre Kontrolle über die Besiegten in Ost wie West total war, manifestierte sich diese Macht nicht darin, ihnen fremde Interpretationen aufzuzwingen, sondern in der Ausschaltung des Nationalsozialismus und der Förderung anderer, bisher *regionaler* deutscher politischer Traditionen. Als deren Repräsentanten spielten die führenden Politiker eine zentrale Rolle dabei, ihren Landsleuten die Verbrechen der NS-Zeit, einschließlich des Holocaust, vor Augen zu führen. Wie gesehen, unterschieden sie sich sowohl durch den Grad ihrer Bereitschaft, über diese Themen zu sprechen, als auch darin, inwieweit sie den Genozid am europäischen Judentum in den Mittelpunkt ihrer Überlegungen rückten. Dennoch teilten von Ulbricht bis Adenauer alle Gründerväter der Nachkriegsordnung einen tiefen, nachhaltigen Haß auf den Nationalsozialismus.

Nicht weniger entscheidend war die persönliche Erfahrung der Verfolgung in der NS-Zeit. Wenngleich in unterschiedlichem Ausmaß, hatten doch alle Angehörigen der politischen Gründergenerationen aufgrund ihrer Gegnerschaft zum Nationalsozialismus gelitten. Die Nationalsozialisten hatten sie aus dem öffentlichen Leben, politischen Ämtern und Anstellungen vertrieben. Bei Adenauer und Heuss folgte die »innere Emigration«, ein vergleichsweise mildes Schicksal, obwohl es Adenauer und seiner Frau Verhaftung beziehungsweise Gestapoverhör nicht ersparte. Für Tausende von Kommunisten und Sozialdemokraten bedeutete es Festnahme, Folter und sogar den Tod oder aber die Flucht ins Ausland. Wie die Nachkriegsäußerungen von Franz Dahlem, Paul Merker, Ernst Reuter und Kurt Schumacher zeigen, waren diese nichtjüdischen deutschen Politiker durch ihre eigene Verfolgung sensibilisiert für die an den deutschen und europäischen Juden begangenen Verbrechen. Es gab keinen Zweifel daran, daß die deutschen politischen

Gegner des Nationalsozialismus alles tun würden, um nach dem Krieg das Gedächtnis an die von ihnen erlittene und miterlebte Ungerechtigkeit und Verfolgung wachzuhalten.

Das Exil formte das Nachkriegsgedächtnis auf zweierlei Weise. Erstens ermöglichte es den führenden Vertretern des »anderen Deutschland« das Überleben, so daß sie in der Lage waren, ihren Landsleuten zu berichten, was mit ihnen und ihren Kameraden geschehen war. Zweitens trafen die deutschen politischen Emigranten im Exil auf jüdische und nichtdeutsche Opfer des Nationalsozialismus, ob es sich nun um Osteuropäer und Sowjetbürger oder um jüdische Flüchtlinge in New York und Mexiko handelte. Kommunisten und Sozialdemokraten fanden zuerst Asyl in Prag und Paris, später in Moskau, New York und Mexiko-Stadt oder in Ankara, Stockholm und London. Die dortigen Erfahrungen nahmen ihren Nachkriegserinnerungen Provinzialität, Egozentrik und Selbstmitleid und schärften ihren Blick für das, was die Deutschen unter dem NS-Regime anderen angetan hatten. Aus Moskau zurückkehrende Kommunisten hatten vor allem die Leiden und den Sieg der Sowjetunion vor Augen, während die Emigranten in New York und Mexiko durch die Umstände ihres Exils zu tieferem Nachdenken über die Verfolgung des europäischen Judentums veranlaßt worden waren. Als Gegnern des Nationalsozialismus lag den Emigranten daran, nach ihrer Rückkehr dessen Verbrechen bekanntzumachen. Nach 1945 lautete die Frage deshalb weniger, ob man sich an die Verbrechen erinnern würde; vielmehr ging es darum, welcher Opfer gedacht werden sollte und ob die jüdische Katastrophe einen angemessenen Platz in der nationalen Erinnerung erhalten würde. Wenn man die nachfolgende Geschichte der Erinnerung an die NS-Zeit in den beiden deutschen Staaten verstehen will, muß man die Erfahrung des Exils in Moskau, New York und Mexiko berücksichtigen.

Aber nicht nur die Horizonterweiterung durch Auslandsreisen spielte eine Rolle. Viele politische Gegner des Nationalsozialismus hatten eine tiefe persönliche Beziehung zum deutsch-jüdischen Deutschland der Zeit vor dem Machtantritt der Nationalsozialisten. Das Persönliche war in der Tat politisch. Deutsche Juden waren ihre Freunde, Verwandten, Lehrer, Kameraden und Kollegen gewesen. Zutage trat die Erinnerung an die deutsch-jüdische Gemeinsamkeit in Paul Merkers Rückblick auf die Weimarer Republik und den antinazistischen Untergrund in Berlin, in Franz Dahlems Augenzeugenbericht über den Massenmord in Mauthausen, in Ernst Reuters Erinnerung an die Schreie im nationalsozialistischen Gefängnis, in Konrad Adenauers lebenslanger Freundschaft mit Dannie Heinemann, in Theodor Heuss' bitterem Gedenken an seine von den Nationalsozialisten ermordeten oder ins Exil getriebenen jüdischen Freunde, in Kurt Schumachers Erfahrung der gemeinsamen Verfolgung in Dachau, in der Dankbarkeit emigrierter Sozialdemokraten gegenüber dem Jüdischen Gewerkschaftskomitee und dem Amerikanischen Gewerkschaftsbund für ihre Rettung aus Vichy-Frankreich und in Ludwig Erhards Erinnerung an seinen Doktorvater Ernst Oppenheimer. Für diese Politiker der Gründergeneration waren die Verbrechen der NS-Zeit und die Vernichtung des europäischen Judentums Grund für Schuldgefühle und Scham, aber auch für Wut über die Ungerechtigkeit, die sie selbst und andere zu erdulden gehabt hatten. Tausende ihrer Landsleute zogen wegen ihrer Beteiligung an NS-Verbrechen oder des Wissens um sie das Schweigen vor. Dagegen besaßen die Gründer beider deutscher Staaten in der Erfahrung der eigenen und der Beobachtung der fremden Verfolgung einen gemeinsamen Nenner. Dies führte nach dem Krieg zum öffentlichen Ausdruck ihrer Solidarität mit den Opfern des Nationalsozialismus. Die *Art* dieser Solidarität – wen sie *einschloß* und wen sie *ausschloß* – variierte allerdings je nach ihrem politischen Standort erheblich. Bei Schumacher und Merker führte die Erinnerung an die Verfolgung zu umfassender Solidarität mit den Juden, während für Ulbricht und die ostdeutsche Führung die Sowjetunion sowohl Hauptopfer des Nationalsozialismus als auch Hauptquelle der Erlösung von ihm war.

Auch die vielfältige Restauration vergangener Traditionen trug zur Teilung der Nachkriegserinnerung bei. In der Unterdrückung und Marginalisierung der Erinnerung an den Holocaust in Ostdeutschland spiegelte sich die untergeordnete Rolle der jüdischen Frage in der kommunistischen Ideologie vor 1933 und im kommunistischen Exil in Moskau wieder. Von Marx' früher Schrift zur Judenfrage über Stalins Pamphlet über die nationale Frage bis zur instrumentalistischen Verurteilung des Antisemitismus als einem Werkzeug des Kapitalismus durch die Komintern hatte die marxistische und kommunistische Theorie jüdische Angelegenheiten stets in die Perspektive des Klassenkampfs gestellt. Die Kommunisten in Deutschland und anderen Ländern glaubten, daß sowohl die jüdische Frage als auch die jüdische Religion mit der Überwindung von Klassengesellschaft und Kapitalismus, in denen sie angeblich ihre Wurzeln hatten, verschwinden würden. Diese in ihren Augen zweitrangigen Fragen bedurften keiner besonderen Betrachtung. Erstaunlich ist, wie wenig die Schrecken des Zweiten Weltkriegs und der Holocaust diese überkommene Auffassung veränderten. Walter Ulbricht und seine Genossen und Nachfolger waren überzeugt, ihre Gegnerschaft zum und Verfolgung durch den Nationalsozialismus entbinde sie von jeder Verantwortung für die NS-Verbrechen.

War die SPD vor 1933 die leidenschaftlichste Verteidigerin der Demokratie und der jüdischen Minderheit in Deutschland gewesen, so wurde sie während des Dritten Reichs und nach 1945 die wichtigste politische Kraft, die sich für die Auseinandersetzung mit Holocaust und NS-Verbrechen einsetzte. Von August Bebel bis Schumacher hatten die Führer der deutschen Sozialdemokratie stets die Auffassung vertreten, der Kampf für Gleichheit und demokratische Rechte für alle Bürger bedinge die kategorische Ablehnung des Antisemitismus. Im Exil in Stockholm, London und besonders in New York vertiefte sich die bereits vorhandene Solidarität zwischen deutschen Sozialdemokraten und deutschen Juden aufgrund der gemeinsamen politischen Ansichten sowie durch die moralische und praktische Unterstützung in dunkler Zeit. In scharfem Gegensatz zur Entwicklung in Ostdeutschland blieben diese Verbindungen zwischen Deutschen und Juden auch nach dem Krieg bestehen. In den fünfziger Jahren war die SPD der entschiedenste Befürworter einer schärferen juristischen Auseinandersetzung mit der NS-Vergangenheit sowie von Wiedergutmachungszahlungen an jüdische Überlebende und engen Beziehungen zu Israel. Aufgrund der herausragenden Stellung Adenauers ist die zentrale Rolle der Sozialdemokraten bei der Einführung der Erinnerung an den Holocaust in die westdeutsche Politik aus dem Blickfeld geraten. Darüber hinaus belegen Schumachers nach dem Krieg sowohl in Deutschland als auch auf seiner Amerikareise von 1947 gehaltene Reden, was David Dubinsky nach seinem Tod bemerkte, daß nämlich seine Feindschaft gegenüber dem Kommunismus ihn nicht davon abhielt, mit gleichem Nachdruck Nationalsozialismus und Antisemitismus zu verurteilen. Im Gegenteil, für Schumacher war die Demokratisierung Deutschlands untrennbar mit Erinnerung und Gerechtigkeit verbunden.

Als eine der bemerkenswertesten Veränderungen der sozialdemokratischen Tradition nach 1945 vollzog sich in dieser Periode der Restauration die Ablösung des ebenso berühmten wie angefeindeten dialektischen Optimismus durch ein tiefes tragisches Bewußtsein. Ernst Reuter und andere führende Sozialdemokraten hatten zu viele Niederlagen erlebt und zu viele Katastrophen gesehen, um an die von den demokratischen Marxisten vor 1914 gepflegte säkulare Theodizee anknüpfen zu können. Daher wurde Reuters politisches Engagement nach dem Krieg weniger von einem sozialistischen Optimismus in bezug auf eine unweigerlich kommende glückliche Zukunft getragen, als vielmehr von der Erinnerung an die Schreie in der Nacht, und als Schumacher seine Genossen im Mai 1945 beschwor, nicht zu verzweifeln, berief auch er sich auf das Leid und den Heroismus der Vergangenheit, um den Anspruch auf eine bessere Zukunft zu untermauern. Während bei den Kommunisten die antijüdischen und nationalistischen Ressentiments der marxistischen Tradition in den Vordergrund traten, beharrten die Sozialdemokraten darauf, daß ein demokratisches und sozialistisches Deutschland den Antisemitismus mit aller Kraft bekämpfen und der Judenverfolgung einen zentralen Platz in der Erinnerung an die NS-Vergangenheit einräumen müsse.

Adenauer und die Christdemokraten hinterließen in dieser Hinsicht ein zwiespältiges Vermächtnis. Angesichts des Ausmaßes der Massenunterstützung für Hitler stand Adenauer der neueren deutschen Geschichte äußerst kritisch und pessimistisch gegenüber. Ihm gebührt das Hauptverdienst daran, daß die antiwestlichen Strömungen des deutschen Konservatismus verdrängt wurden und an die westliche Entwicklung anschließende Werte wie individuelle Würde, natürliche Rechte und Kritik am autoritären Staat in den Vordergrund traten. Westorientierung hieß für ihn, die Bundesrepublik in einem westlichen Bündnis zu verankern, die Aussöhnung mit Frankreich zu erreichen und das Schwanken Deutschlands zwischen Ost und West zu beenden. Zu seinen, wie er es ausdrückte, »vornehmsten« Leistungen gehörte, daß er im September 1951 gegen Widerstand aus den eigenen Reihen die Verpflichtung zur finanziellen Wiedergutmachung an jüdischen Überlebenden und Israel anerkannte, sowie seine Unterstützung für den jüdischen Staat. Daß ein konservativer Bundeskanzler solche Zusagen machte, verschaffte ihnen eine breitere öffentliche Zustimmung, als sie erhalten hätten, wenn sich nur die Linke für sie eingesetzt hätte. Der Zusammenhang zwischen Adenauers Option für den Westen und seinen Ansichten über jüdische Angelegenheiten war eine entscheidende, wirkungsvolle Ursache für die Entstehung der geteilten Erinnerung. Während die reaktionären Antimodernisten der Weimarer Republik und des Dritten Reichs die Juden mit der verachteten Moderne assoziiert hatten, umfaßte Adenauers westdeutscher Konservatismus sowohl politische als auch ökonomische Modernität. In seinen Augen gehörten die Juden zum »Abendland«, wogegen Nationalsozialismus und »atheistischer Kommunismus« die nihilistische Revolte gegen dessen Existenz verkörperten. Die Erinnerung an die Judenverfolgung ging Hand in Hand mit seiner Vorstellung einer christdemokratischen Wiedereingliederung Deutschlands in Westeuropa.

Obwohl Adenauer den Antisemitismus zutiefst verachtete, zog

er dessen christliche Ursachen nicht in seine Betrachtungen ein, ebenso wie er sich trotz seiner unbezweifelbaren demokratischen Haltung nicht näher mit der deutschen Kriegführung an der Ostfront beschäftigte. Wenn er den Totalitarismus von NS-Vergangenheit und kommunistischer Gegenwart verurteilte, hätte er durchaus genauer erläutern können, worin sich der Antikommunismus des Kalten Krieges vom nazistischen Krieg gegen den »jüdischen Bolschewismus« unterschied. Auch seine bereits früh geäußerte Anerkennung der »Anständigkeit« der deutschen Soldaten trug kaum zum öffentlichen Nachdenken über diese Einschätzung bei. Sein düsteres Bild der deutschen Geschichte und das Bewußtsein des Ausmaßes der Unterstützung des NS-Regimes durch die Bevölkerung veranlaßten ihn im Zusammenhang mit wahltaktischen Überlegungen, die »Integration« ehemaliger Unterstützer und »Mitläufer« des Nationalsozialismus über die Erinnerung an die NS-Verbrechen und ihre juristische Aufarbeitung zu stellen. Die Entscheidung für diesen Weg fiel noch vor Beginn des Kalten Krieges. Schon im Frühjahr 1946, als er unmöglich wissen konnte, wer Verbrechen begangen hatte und wer nicht, verlangte er, die einfachen Mitglieder der NSDAP »endlich« in Ruhe zu lassen. Später hielt er trotz der Kritik, die ihm von seiten der Presse und der oppositionellen SPD entgegen schlug, eine belastete Gestalt wie Hans Globke als einen seiner engsten und einflußreichsten Vertrauten im Amt. Die Zweideutigkeit seines Vermächtnisses ist unverkennbar. Mit Äußerungen über die Verbrechen der NS-Vergangenheit hielt er sich zurück, und wenn er sie doch einmal ansprach, trennte er die Erinnerung von den Imperativen der Gerechtigkeit. Als er die moralische Verpflichtung zur Wiedergutmachung anerkannte, geschah dies im Rahmen einer allgemeinen Politik des Verschweigens der Verbrechen der NS-Zeit, und daß er zu einem Zeitpunkt, als die Erinnerung noch frisch war und in Tausenden von Fällen noch ermittelt werden mußte, nicht Durchsetzung des Rechts forderte, sondern eine Amnestie und Nachsicht befürwortete, war eine der Hauptursachen für das juristische Fiasko der fünfziger Jahre und sein größter moralischer und politischer Fehler.

Theodor Heuss teilte Adenauers Überzeugung, daß Deutschland nach 1945 entschieden mit dem Antagonismus gegenüber dem Westen brechen müsse, insbesondere was den Liberalismus betraf. Mehr als Adenauers politischer Katholizismus bestimmte Heuss' Liberalismus den Beginn der offiziellen Erinnerung an die Verbrechen der NS-Vergangenheit in Westdeutschland. Wie Adenauer war er ein Verfechter der Westorientierung, aber in einem säkularen und sehr politischen Sinn. Er kritisierte die in der gebildeten deutschen Mittelschicht verbreitete Verachtung für Politik und politische Geschichte und, ganz im Geist der anglo-amerikanischen Darstellungen des Nürnberger Prozesses, die deutsche Neigung, politische Überlegungen über die konkrete moralische und politische Verantwortung durch philosophische Tiefgründigkeit zu ersetzen. Mit seinen Äußerungen über die NS-Vergangenheit versuchte er seine desillusionierten Zuhörer anzuregen, mehr über Kausalität, Tatsachen und Geschichte nachzudenken als über Schicksal, Wesen und Sein. Eine bestimmte Politik habe zu Verbrechen und in die Katastrophe geführt, und nur durch eine andere Politik, nicht durch Rückzug ins Private oder Zynismus, könne eine anständige Zukunft aufgebaut werden.

Von 1949 bis 1959, als viele Deutsche die NS-Vergangenheit verdrängten, nutzte Heuss das Amt des Bundespräsidenten, um die Erinnerung an die Verbrechen der NS-Zeit in den westdeutschen politischen Rückblick einzubeziehen. Frei von wahltaktischen Erwägungen sprach er von »Kollektivscham« über die NS-Zeit, vom kostbaren Vermächtnis des deutschen Widerstandes und vom Mord am deutschen und europäischen Judentum. Dabei entwand er der nationalistischen Rechten die Sprache von Patriotismus, Mut, Ehre und Pflicht und stellte sie in den Dienst eines liberalen, über den Nationalismus hinausgewachsenen, nachdenklichen, demokratischen Deutschland. In der Bereitschaft, die Last der NS-Vergangenheit auf sich zu nehmen, sah er ein Zeichen von Mut, Verantwortung und Patriotismus, während er deren Verdrängung als Ausdruck von Feigheit und Betrug an den besten, wenngleich häufig unterlegenen politischen Traditionen Deutschlands verstanden wissen wollte. In einer Zeit, in der viele Deutsche die Verschwörer vom 20. Juli 1944 als Hochverräter betrachteten, rühmte Heuss ihren Heldenmut als Gründungsmoment eines neuen, anderen und wesentlich besseren Deutschland. Gegen nationales Selbstmitleid angehend, drängte er die Westdeutschen, die Kausalkette ihrer Erinnerungen an die deutschen Leiden im Krieg und in der Nachkriegszeit bis zum Beginn der NS-Herrschaft im Jahr 1933 zurückzuverfolgen. Um so enttäuschender war es, daß dieser Verfechter der politischen Erinnerung die Möglichkeiten seines Amts nicht nutzte, um gegen die Verzögerung und Vermeidung der juristischen Auseinandersetzung in der Adenauer-Ära zu protestieren.

Am 8. Mai 1945 war weder die in Westdeutschland gepflegte Erinnerung an den Holocaust noch deren Unterdrückung in Ostdeutschland eine ausgemachte Sache. In der Situation der frühen Nachkriegszeit erschien das umgekehrte Resultat eher als wahrscheinlich. Immerhin waren die Kommunisten bei allen Fehlern, die sie haben mochten, Antifaschisten. Die Nationalsozialisten hatten den »jüdischen Bolschewismus« angegriffen. So war es niemandem zu verdenken, wenn er hoffte, daß die gemeinsame Erfahrung von Verfolgung und Kampf in den Jahren 1941 bis 1945 die »Bolschewiken« veranlassen würde, weiterhin ihre Solidarität mit den Juden auszudrücken und die antisemitischen Züge der marxistischen und sowjetischen Traditionen zu begraben. Die Tatsache, daß die Kommunisten weniger oft von den sechs Millionen ermordeten Juden sprachen als von den über zwanzig Millionen sowjetischen Soldaten und Zivilisten, die durch den Krieg ihr Leben verloren hatten, konnte kaum als Zeichen von Antisemitismus oder antijüdischer Feindseligkeit angesehen werden. Da die Sowjetunion selbst ein Bündnis mit dem Westen eingegangen war, glaubten Rückkehrer aus dem westlichem Exil wie Paul Merker und Leo Zuckermann, die während des Krieges in Mexiko entstandene Solidarität mit den Juden würde in die kommunistische Ideologie und Politik einfließen, zumal Tausende ehemaliger Insassen der Konzentrationslager den Holocaust bezeugen konnten. Daß es in Moskau ein Jüdisches Antifaschistisches Komitee gab und die

Sowjetunion anfänglich für die Errichtung eines jüdischen Staats in Palästina eintrat, ließ den Schluß zu, daß solche Hoffnungen nicht realitätsfern waren.

Die kommunistische Debatte über den Stellenwert der jüdischen Katastrophe in der politischen Erinnerung fand während des Nürnberger Interregnums zwischen dem Ende des Zweiten Weltkriegs und dem Beginn des Kalten Kriegs statt. Bei den deutschen Kommunisten standen ebenso wie bei den sowjetischen Besatzern Leid und Triumph der Sowjetunion sowie die Erzählungen über das kommunistische Martyrium im Mittelpunkt der Nachkriegserinnerung. Viele von ihnen sahen im Holocaust einen störenden Konkurrenten um die raren Ressourcen der Nachkriegsanerkennung. Die Bevorzugung kommunistischer »Kämpfer« vor jüdischen »Opfern«, die Konzentration auf die Leiden und den befreienden Sieg der Sowjetunion auf Kosten des Holocaust sowie die offizielle Verzögerung und schließliche Zurückweisung der Forderung nach Wiedergutmachungszahlungen an jüdische Überlebende waren für die Hoffnungen jüdischer Kommunisten und ihrer nichtjüdischen Mitstreiter kaum ermutigend. Vor der antikosmopolitischen Säuberung versuchten einige Veteranen des kommunistischen Widerstands dennoch, den Juden einen prominenten Platz im Kreis derjenigen einzuräumen, die in Gedenkfeiern geehrt wurden. Zumindest öffentlich griffen die Kommunisten die Sprache der Volksfrontzeit auf und gaben sogar zu, in der Vergangenheit Fehler gemacht zu haben. Paul Merker und Leo Zuckermann bekleideten einflußreiche Positionen im entstehenden kommunistischen Apparat. Noch im Frühjahr 1948 konnte Paul Merker im *Neuen Deutschland* den Kampf für einen jüdischen Staat in Palästina würdigen, und in Leo Zuckermanns Versicherung, er und andere jüdische Kommunisten würden niemals gegen die »Befreier von Maidanek und Auschwitz« kämpfen, drückte sich die Hoffnung aus, das Gedenken würde nicht geteilt werden und die Erinnerung an den Holocaust sei mit der Anerkennung der Leiden der Völker Osteuropas und der Sowjetunion sowie der Opfer und des Heldenmuts der Roten Armee in Einklang zu bringen.

Wenngleich die These der vielfältigen Restauration vor allem die Bedeutung der überkommenen Traditionen hervorhebt, erleichtert sie auch das Verständnis dafür, wie äußere Faktoren die nationalen Darstellungen geprägt und der Wechsel der internationalen Bündnisse die Erinnerung an die NS-Vergangenheit beeinflußt haben. Besonders in den ersten Jahren bestand die Macht der Sieger weniger darin, einen völligen Neuanfang zu unternehmen, als vielmehr in der Ausschaltung des Nationalsozialismus und der Stärkung anderer Elemente früherer deutscher Traditionen. Die Verdrängung des Holocaust und die Unterdrückung einer mitfühlenden Behandlung jüdischer Belange in Ostdeutschland waren untrennbar mit dem Vergessen des Kriegsbündnisses der Sowjetunion mit den Westmächten, der marxistisch-leninistischen Geschichtsphilosophie und dem sowjetischen Triumphalismus sowie dem Aufkommen des Kalten Krieges verknüpft. Im Osten bedeutete die Einbeziehung in ein Bündnis gegen den »westlichen Imperialismus«, daß die Erinnerung an das Kriegsbündnis quer zur neuen, umgekehrten Frontlinie des Kalten Krieges lag. Bestenfalls peinlich, war sie im schlimmsten Fall Anlaß für den Verdacht auf Untreue und Verrat. Wegen des gemeinsamen Kampfs gegen den Nationalsozialismus brachte die Erinnerung an den Zweiten Weltkrieg sowohl im Osten als auch im Westen die Gefahr mit sich, die Trennlinie zwischen Kommunisten und Antikommunisten zu verwischen. Stalin und die Stalinisten wollten die aus dem Westen kommende gefährliche Idee der Demokratie ausschließen, und im selben Maß, wie die Erinnerung an die in der Kriegszeit geübte Solidarität mit dem Westen zum Tabu wurde, konzentrierten sich die Kommunisten immer mehr auf die herausragende Rolle der Roten Armee beim Sieg über den Nationalsozialismus. Der 8. Mai 1945 wurde zum überragenden hegelianischen Augenblick in der Geschichte, der das kommunistische Dogma mit der Aura des Sieghaften umgab. Der Holocaust, eine ungemilderte Katastrophe, paßte nicht in die vom offiziellen Antifaschismus verbreitete Geschichte von Sieg und Befreiung. Während die jüdische Katastrophe im fernen Mexiko in den Mittelpunkt des kommunistischen

Diskurses gerückt war, wurde die kommunistische Erinnerung nach 1945 von der Geschichte des sowjetischen Leidens und Siegens dominiert. Die während des Nürnberger Interregnums in Ostdeutschland vollzogene Marginalisierung der Judenfrage und ihre Unterdrückung durch die antikosmopolitische Säuberung von 1950 bis 1956 zerstörte das öffentliche Mitgefühl für die Juden, das vor 1945, wenn auch nur am Rande, ein dissonanter Bestandteil des deutschen Kommunismus gewesen war.

In der Sowjetunion, Osteuropa und Ostdeutschland überlagerten und verstärkten die marxistisch-leninistischen Attacken auf den westlichen Imperialismus alte nationalistische antiwestliche Ressentiments. Beide Traditionen assoziierten die Juden, ungeachtet der Tatsache, daß die Mehrheit der im Holocaust umgekommenen Juden aus Osteuropa und der Sowjetunion stammten, mit dem verachteten »kosmopolitischen«, kapitalistischen Westen. Kein Wunder, daß aus dem westlichen Exil heimkehrende Kommunisten, Juden wie Nichtjuden, mit Mißtrauen betrachtet wurden. Politische Meinungsunterschiede gipfelten in dem Vorwurf von Untreue und Verrat. Ihnen wurde vorgehalten, sie hätten fälschlicherweise an die Ernsthaftigkeit der von Amerikanern und Briten geäußerten antinazistischen Überzeugungen geglaubt und sich mit dem Virus der bürgerlichen Demokratie infiziert. Während des Krieges waren Merkers mexikanische Bemühungen um die Judenfrage von amerikanischen Geheimdiensten entweder ignoriert oder als Ausfluß einer irreführenden kommunistischen Volksfrontpolitik betrachtet worden, die, wie J. Edgar Hoover es ausdrückte, politisch »Harmlose« ins kommunistische Lager ziehen sollte. In der Frühzeit des Kalten Krieges wurde Merker von seinen Genossen aus dem Politbüro dagegen vorgeworfen, er habe die positiven Äußerungen über die westliche Demokratie, die während des Krieges zum Grundbestand des kommunistischen antifaschistischen Diskurses gehört hatte, tatsächlich geglaubt. Der antisemitische Aspekt der Säuberung wurde offensichtlicher, als das Politbüro Merkers Eintreten für jüdische Belange in Mexiko dem Einfluß von Reichtum und Macht des Judentums zuschrieb. Die kommunistische Feindseligkeit gegenüber den Juden war kein Produkt des Kalten Krieges, der jedoch die Zweideutigkeit der Behandlung der jüdischen Frage in der kommunistischen Tradition beendete, indem er der vorherrschenden Ansicht zur Monopolstellung verhalf. Die Rückprojektion der Spannungen des Kalten Krieges in die Geschichte des Zweiten Weltkrieges führte entweder zum Verschweigen des Schicksals der Juden oder zur ihrem Ausschluß aus den Reihen der fortschrittlichen, leidenden Menschheit und ihrer Versetzung in den Kreis der diese unterdrückenden Ausbeuter und Imperialisten.

Im Osten hatten das Ende des Nürnberger Interregnums und der Beginn des Kalten Krieges ebenso wie im Westen eine beschränkte geteilte Erinnerung an Krieg und Holocaust zur Folge, und nach der Gründung der beiden deutschen Staaten beeinflußten deren jeweilige internationale Interessen, wenn auch auf unterschiedliche Art und Weise, die nationale Erinnerung. In der DDR bestärkten die Bemühungen um internationale Anerkennung sowohl als loyales Mitglied des Warschauer Pakts als auch als Freund des »nationalen Befreiungskampfs« in der Dritten Welt die vorherrschenden Auffassungen des deutschen Kommunismus. Weder die Solidarität mit der Sowjetunion in Europa noch die mit dem Antiimperialismus in der Dritten Welt erforderte schmerzliche Reflexionen über den Holocaust und den deutschen Antisemitismus. Im Gegenteil, beide außenpolitischen Orientierungen schienen Ost-Berlin auf magische Weise von der Last der deutschen Geschichte zu befreien und darüber hinaus älteren antiwestlichen und antijüdischen Ressentiments einen moralischen Glorienschein zu verleihen. Paul Merker und Leo Zuckermann hatten Walter Ulbricht und Otto Grotewohl vor Augen geführt, daß es für eine kommunistische Regierung mehr als einen Weg gab, ihre antifaschistische Haltung in der Außenpolitik umzusetzen. Aber Ulbricht, Grotewohl und später Honecker wählten einen anderen, von grotesker Ironie geprägten Weg, indem sie den Antifaschismus mit der Unterdrückung der Erinnerung an den Holocaust im Innern und der Feindschaft gegenüber dem jüdischen Staat im Äußern vereinbar machten. Obwohl sich die DDR damit als treuer Satellit Moskaus erwies, hatte diese Politik auch starke lokale Wurzeln. In bezug auf die Diplomatie des Warschauer Pakts bleibt zwar noch viel Forschungsarbeit in den Archiven zu tun, aber die ostdeutsche Unterstützung der sowjetischen Attacken auf den Zionismus, einschließlich der Hilfe für Staaten und Bewegungen, die im bewaffneten Konflikt mit Israel standen, fand in aller Öffentlichkeit statt. Es ist generell so, daß nationale Identität und politische Erinnerung die Definition des nationalen Interesses bestimmen. Im Fall der DDR baute das Engagement in der internationalen Politik auf dem Resultat der antikosmopolitischen Säuberung auf und bestätigte es zugleich.

Das ostdeutsche Regime war nicht antisemitisch wie das der Nationalsozialisten. Der Haß auf das jüdische Volk gehörte nicht zu seinen Grundprinzipien. Aber es zeigte auch nicht die Herzlichkeit und das Mitgefühl, das nach dem Holocaust von jeder deutschen Regierung erwartet werden durfte. Dieser Widerspruch zwischen antifaschistischer Legitimation und antijüdischer Politik stellte einen zu selten beachteten Grundzug der ostdeutschen Geschichte dar. Daß die ostdeutsche Führung bereit war, die Sprache des traditionellen europäischen Antisemitismus zu verwenden, zeigte sich in den Verschwörungsvorwürfen während der antikosmopolitischen Säuberung und in der Weigerung, der Erinnerung an den Holocaust den gebührenden Platz im öffentlichen Gedenken einzuräumen, Entschädigungen an jüdische Überlebende zu zahlen, in den fünfziger Jahren eine angemessene juristische Aufarbeitung der NS-Verbrechen durchzuführen und sich aktiver Parteilichkeit zugunsten von Israels bewaffneten Feinden im Nahen Osten zu enthalten. Durch die antikosmopolitische Säuberung vom Winter 1952/53, die Verhaftung Paul Merkers, die Ausschaltung jener Juden und ihrer Gesinnungsgenossen, die sich für die Wiedergutmachung einsetzten und die gegen Israel gerichtete Politik ablehnten, sowie die Flucht Leo Zuckermanns und der Führung der winzigen Jüdischen Gemeinde wurden die solidarischen Bindungen zerrissen, die sich während des Krieges zwischen Kommunisten und einigen Juden entwickelt hatten. Wer als Jude im ostdeutschen Regime verblieb, tat es unter den Bedingungen einer Assimilation, die wesentlich mehr Selbstverleugnung verlangte, als deutsche Juden vor 1933 akzeptiert hatten. Diese Ereignisse stellen zentrale Episoden der Geschichte der ostdeutschen Bewältigung der NS-Vergangenheit dar.

Verglichen mit der Regierungspolitik und den jüdischen Erfahrungen in Ostdeutschland erscheint die oft gescholtene Ära der jüdischen Assimilation im Deutschland des neunzehnten und frühen zwanzigsten Jahrhunderts wie das goldene Zeitalter jüdischer Eigenständigkeit und Identitätswahrung. Die nicht mehr von demokratischen Institutionen und politischem Pluralismus gezügelte aufklärerische Wut auf das Anderssein trug wesentlich zur Unterdrückung der Erinnerung an den Holocaust und zu anderen antijüdische Aspekten der ostdeutschen Politik bei. Insofern kann die ebenso berühmte wie problematische These der Dialektik der Aufklärung von Theodor Adorno und Max Horkheimer die antijüdische Ideologie und Praxis der selbsternannten Erben der radikalen Aufklärung in den kommunistischen Parteien und Regierungen des 20. Jahrhunderts zumindest teilweise erklären. Wie die antikosmopolitische Säuberung und die nachfolgende Entwicklung in Ostdeutschland zeigten, gab es im kommunistischen Traum einer totalen Rationalität keinen Platz für jüdisches Anderssein.

Wieso entstand dann in Westdeutschland Mitgefühl mit den Juden? In scharfem Kontrast zur ostdeutschen umfaßte die westdeutsche Politik Wiedergutmachungszahlungen an jüdische Überlebende, enge Beziehungen zu Israel, mehrere Parlamentsdebatten über die juristische Aufarbeitung der NS-Vergangenheit, eine zunächst auf die Elite beschränkte, dann aber allgemeine Diskussion über Holocaust und Antisemitismus und eine Strafverfolgung von NS-Verbrechen, die bei aller Unangemessenheit und Verspätung immer noch intensiver ausfiel als die des antifaschistischen Nachbarn im Osten. Diejenigen, die vor allem die Kluft zwischen den offiziellen Sonntagsreden und dem Mangel an Gerechtigkeit in den fünfziger Jahren sahen, hatten eine mißgünstige Erklärung für das westdeutsche Engagement für jüdische Angelegenheiten parat, und Ost-Berlin drückte sie besonders kraß aus: Danach waren die herausragende Stellung des Holocaust in der westdeutschen Erinnerung und Adenauers Bereitschaft, die daraus erwachsenen Lasten zu tragen, einer anscheinend unzerstörbaren jüdischen Macht und dem Einfluß westdeutscher Politiker zu verdanken, die das Mitgefühl für die Juden einsetzten, um die moralische Rehabilitierung ihres Landes und dessen Integration ins westliche Bündnis zu erreichen. Für die Kritiker war der westdeutsche »Philosemitismus« nichts anderes als ein konservativer Trick, der Gerechtigkeit durch erhabene Gefühle ersetzte und den Diskurs der Sühne benutzte, um dem Nachkriegskapitalismus und den belasteten Eliten eine unverdiente Absolution zu verschaffen. Dies war ein bitterer ironischer Aspekt des ausgebliebenen Bruchs mit der NS-Vergangenheit und der während des Kalten Krieges beibehaltenen Weigerung, anzuerkennen, was die Nationalsozialisten den nichtjüdischen Opfern in Osteuropa und der Sowjetunion angetan hatten.

Solche Erklärungen verwechselten jedoch Wirkung und Ursache. Darüber hinaus deuten die in dieser Studie vorgelegten Dokumente auf eine andere, zwingendere Erklärung für den Stellenwert der jüdischen Dimension in der westdeutschen Erinnerung und Politik. Wichtigster Aspekt dieser Erklärung sind die Erfahrungen und Überzeugungen der Gründergeneration der westdeutschen Politiker. Vor allem Schumacher, aber auch Heuss und Adenauer glaubten, die Nachkriegsdeutschen seien verpflichtet, die aus dem Genozid am europäischen Judentum folgende moralische Verantwortung und Last zu tragen. Da Adenauer zum Kanzler gewählt wurde und nicht Schumacher, wird die Rolle der Sozialdemokraten in bezug auf die Wiedergutmachung und die Beziehungen zu Israel häufig unterschätzt. Dabei trat die Linke nicht nur für eine rasche juristische Aufarbeitung und eine durchgreifende Säuberung des westdeutschen Establishments ein, sondern war auch der eifrigste Befürworter von Wiedergutmachung und engen Beziehungen zu Israel. In der Besatzungszeit und den ersten Jahren der Bundesrepublik appellierten westliche Repräsentanten, vor allem amerikanische, sowie Vertreter Israels, westliche Liberale und private jüdische Organisationen an deutsche Politiker, ebenfalls diesen Standpunkt einzunehmen. Diese Aufforderung hätte auch auf taube Ohren und harte Herzen stoßen können; im Nachkriegsdeutschland herrschte an beidem kein Mangel, und in der politischen Landschaft der fünfziger Jahre, die vom Kalten Krieg und von den moralischen Kompromissen geprägt war, die sich aus dem Wunsch der Westmächte ergaben, die Bundesrepublik in ein neues westliches Bündnis einzubeziehen, stellten Holocaust, Wiedergutmachung an jüdischen Überlebenden und rasche Strafverfolgung Randthemen dar. Die Überzeugungen der demokratischen Politiker der Gründergeneration waren unerläßlich für die Verwirklichung auch nur des Minimalprogramms von Wiedergutmachung und öffentlicher Erinnerung, das in den frühen Jahren durchgeführt wurde. Sie glaubten einfach, daß es moralisch richtig war. Westdeutsche wie Schumacher und Heuss, die in der Adenauer-Ära am nachdrücklichsten an den Holocaust erinnerten, taten dies mehr aus einem moralischen Verantwortungsgefühl heraus als aus politischer Berechnung. Während Adenauer der Wiedereingliederung kompromittierter Eliten Vorrang vor der lebendigen Erinnerung und raschen Strafverfolgung der NS-Verbrechen gab, begründeten Schumacher und Heuss eine Tradition der öffentlichen Erinnerung, durch die der Holocaust auf Dauer einen Platz in den maßgeblichen Darstellungen der NS-Zeit erhielt.

Internationale Politik und die Verfolgung nationaler Interessen hatten im Westen ebensoviel Einfluß auf die Erinnerung an die NS-Vergangenheit wie im Osten. Für die Bemühungen um Strafverfolgung und Erinnerung der NS-Verbrechen bedeutete der Wechsel vom Nürnberger Interregnum zum Kalten Krieg einen Rückschlag. Während die Kommunisten das Kriegsbündnis mit dem Westen vergessen wollten, erleichterte es der Kalte Krieg den Konservativen in Westdeutschland, die vom NS-Regime in Osteuropa und der Sowjetunion begangenen Verbrechen zu übersehen.

Das Argument, zuviel Erinnerung an die NS-Vergangenheit würde den westdeutschen Willen, dem sowjetischen Druck zu widerstehen, schwächen oder lähmen, spielte im westdeutschen Konservatismus von Adenauer bis Kohl stets eine Rolle und noch mehr bei Politikern, die rechts von ihnen standen. Obwohl der Antikommunismus des Kalten Krieges einen bequemen Vorwand für das öffentliche Schweigen über die NS-Vergangenheit bot, war er nicht seine Ursache. Wie gesehen, gab es in den fünfziger Jahren für Politiker, die offen über die Verbrechen der NS-Zeit sprachen und eine rasche Strafverfolgung verlangten, keine Wählermehrheit.

Während die nachteilige Auswirkung des Antikommunismus des Kalten Krieges auf die westdeutsche Erinnerung an die NS-Vergangenheit häufig besprochen wurde, haben die Historiker seltener bemerkt, daß die Eindämmungspolitik bedeutete, sich Regimen entgegenzustellen, die eine den jüdischen Überlebenden schädliche Politik verfolgten. Adenauer hatte beklagt, die Erinnerung an Nationalsozialismus und Krieg würde ein ungünstiges Klima für die Eindämmung schaffen. Anscheinend sollte die Integration ins westliche Bündnis die Befreiung von der Last der Vergangenheitsbewältigung mit sich bringen, und tatsächlich fiel sie in die Periode von öffentlicher Zurückhaltung und verzögerter Gerechtigkeit. Doch im Gegensatz zum ostdeutschen schloß das westdeutsche Bestreben nach internationaler Anerkennung eine zunehmend breitere öffentliche Erinnerung an die Verbrechen der NS-Vergangenheit ein. Erst Schumacher, dann Heuss und schließlich auch Adenauer begriffen, daß das öffentliche Eingeständnis der Wahrheit über diese Verbrechen nicht nur eine moralische, sondern auch eine praktische Voraussetzung der internationalen Anerkennung war. Bonns Außenpolitik hatte insofern eine zweischneidige Auswirkung auf die nationale Erinnerung, die in den gegensätzlichen Gedenkfeiern von Bergen-Belsen 1952 und Bitburg 1985 zutage trat: Sie stärkte sowohl die Tradition der öffentlichen Erinnerung als auch den Druck, »endlich« einen Schlußstrich unter die Vergangenheit zu ziehen.

Entscheidenden Einfluß auf die politische Erinnerung in den

beiden deutschen Staaten hatte die Option für Diktatur beziehungsweise Demokratie. In Ost-Berlin bekräftigten die Erinnerung an den Antikommunismus der deutschen Wähler vor 1933 und das Wissen um die anhaltende Unterstützung für den Nationalsozialismus bis 1945 die leninistische Tradition und Stalins Entschluß, eine zweite deutsche Diktatur zu errichten, um ein gefährliches Volk unter Kontrolle zu halten. Die Unterdrückung der Erinnerung an den Holocaust und der Judenfrage waren nur eine Episode, wenn auch eine wichtige, in der Geschichte der Konsolidierung der ostdeutschen Diktatur. Obwohl laut marxistisch-leninistischer Theorie eine winzige Clique von Nationalsozialisten, Industriellen und Militärs die Masse der leidenden Deutschen unterdrückt hatte, handelten die Kommunisten, als hätten sie die Verbitterung und das Mißtrauen, das sie zu Beginn des Krieges über die Komplizenschaft von »Millionen und aber Millionen« geäußert hatten, nie wirklich überwunden. Die Erinnerung an den Nationalsozialismus diente so der Legitimation einer »antifaschistischen« Diktatur über ein Land mit einer faschistischen Vergangenheit.

Sowohl für deutsche Demokraten als auch für die westlichen Siegermächte war die liberale Demokratie das auf der Hand liegende, unerläßliche Gegenmittel gegen die NS-Diktatur und der wichtigste Schutz vor einer Wiederholung der Verbrechen der NS-Zeit. Von Adenauer bis Schumacher waren die »kämpferischen Demokraten« der frühen Jahre zutiefst überzeugt, daß die Zerstörung der Weimarer *Demokratie* und die Errichtung der nationalsozialistischen *Diktatur* es Hitler ermöglicht hatten, den Zweiten Weltkrieg anzuzetteln und den Holocaust durchzuführen. Diese Ansicht über den Zusammenhang von Demokratie, Frieden und Menschenrechten war begründet. Dennoch wurde durch die Entscheidung für die Demokratie ein erhebliches Hindernis für Erinnerung und Gerechtigkeit geschaffen, da sie die westdeutschen Wähler, die durch eine offene und frühe Auseinandersetzung mit der NS-Zeit viel zu verlieren hatten, in den politischen Prozeß einbezog. Adenauer und Schumacher vertraten gegensätzliche Auffassungen darüber, wie die Demokratisierung vollzogen werden sollte. Ersterer versprach den Wählern, die Vergangenheit ruhen zu lassen, während der zweite glaubte, die Demokratie verlange die Abrechnung mit der NS-Vergangenheit. In dem Argument, Schweigen und verzögerte Rechtsprechung seien Vorbedingungen für die Entstehung der Demokratie, verschmolzen die Interessen der begrenzten Wählerschaft der CDU mit den allgemeinen Interessen der Demokratisierung. So wurden Wähler integriert, von denen Adenauer fürchtete, sie könnten sonst das Reservoir einer neuen antidemokratischen Rechten bilden. Auf diese Weise sicherte er zugleich die Mehrheit der Christdemokraten und die Anerkennung der zerbrechlichen jungen Demokratie bei jenen mit einem »allzu wachen Bewußtsein« der Verbrechen der Vergangenheit. Letzten Endes schloß er einen Handel mit den belasteten Deutschen ab: Er hielt sich in bezug auf die NS-Vergangenheit zurück, und sie akzeptierten die neue Demokratie oder versuchten zumindest nicht, sie zu zerstören.

Die Mischung aus Wiedergutmachung und guten Beziehungen zu Israel einerseits und nachlässiger Strafverfolgung von Kriegsverbrechen und oberflächlicher Säuberung der westdeutschen Eliten andererseits war kaum das Resultat einer überwältigenden jüdischen Macht oder des Einflusses cleverer westdeutscher Kapitalisten. Vielmehr markierte sie die äußerste Grenze dessen, was eine stark konservative westdeutsche Wählerschaft in den fünfziger Jahren zu akzeptieren bereit war. Statt für den Konflikt, den eine Politik der Erinnerung und Gerechtigkeit ausgelöst hätte, stimmte die Mehrheit in offenen, freien Wahlen für Konsens und Schweigen und dafür, einen Schlußstrich unter die Vergangenheit zu ziehen. John McCloys Erfahrungen mit den Landsberger Entscheidungen machten deutlich, daß die USA, wenn sie die Politik des Nürnberger Interregnums in den fünfziger Jahre weiterverfolgt hätten, das Recht gegen den Willen der demokratisch gewählten Regierung in Bonn hätten durchsetzen müssen. Im Nachkriegsjahrzehnt bedeutete, mehr Demokratie zu wagen, weniger Erinnerung und Gerechtigkeit.

Aber im Gegensatz zur Diktatur im Osten bedeutete die Errichtung der Demokratie im Westen auch, daß die Entscheidungen der frühen Jahre nicht endgültig waren. Während die Ostdeutschen die politische Erinnerung mit einigen geringfügigen Modifikationen auf dem Stand der fünfziger Jahre einzufrieren vermochten, förderten in Westdeutschland politische Freiheit und offene Rede die Kritik an den Versäumnissen der Adenauer-Ära und führten zu einer Vertiefung des Wissens über die NS-Zeit. Nachdem Schumacher die Bundestagswahl von 1949 verloren hatte, verschwand die Diskussion über den Holocaust und die NS-Vergangenheit, auch wenn sie marginal blieb, nicht völlig aus der westdeutschen Politik. In der DDR dagegen hatten Merkers Verhaftung und die Säuberung von 1952/53 nachhaltigere Konsequenzen. Da die Unterdrückung der jüdischen Frage ein wichtiges Kapitel in der Konsolidierung der ostdeutschen Diktatur war, erscheint es folgerichtig, daß erst die Bewegung für Demokratie und politische Freiheit sie in den späten achtziger Jahren erneut thematisierte. Im April 1990 drückte das erste demokratisch gewählte Parlament der DDR sein Bedauern sowohl über die Verbrechen der NS-Vergangenheit als auch über die Politik des SED-Regimes aus. Es war eine verblüffende Bestätigung dafür, daß eine ehrliche Auseinandersetzung mit der NS-Vergangenheit untrennbar mit der Entwicklung der Demokratie in Deutschland verbunden war. Merker und Zuckermann hatten fälschlicherweise geglaubt, diese Botschaft könne unter dem kommunistischen Regime formuliert werden; möglich wurde dies jedoch erst nach dessen Zusammenbruch.

In Westdeutschland setzte die Erinnerung an die NS-Vergangenheit zwar nicht erst in den sechziger Jahren ein, aber in ihnen begann sich die Beziehung zwischen Erinnerung und Demokratie zu wandeln. Diese Entwicklung macht einen Teil der Bedeutung von Willy Brandts Wahl zum Bundeskanzler und der unter seinem Nachfolger Helmut Schmidt bis 1982 regierenden sozialliberalen Koalition aus. Zum ersten Mal hatte sich eine Wählermehrheit zugunsten von mehr öffentlicher Erinnerung und Gerechtigkeit in bezug auf die NS-Verbrechen gefunden. So wie Schumacher 1945 bis 1952 die jüdische Frage in den Vordergrund gerückt hatte, lenkten Brandt und Schmidt in der Periode der Neuen Ostpolitik die Aufmerksamkeit auf die Ostfront des Zweiten Weltkriegs. Die Sozialdemokraten waren die entschiedensten Kritiker der Machtstellung der belasteten Eliten und die stärksten Befürworter der Verlängerung der Verjährungsfrist für Kriegsverbrechen und Verbrechen gegen die Menschlichkeit. Bis ihre Splittergruppen in Terrorismus, marxistisch-leninistische Dogmen über den Faschismus und manchmal auch Antisemitismus abglitten, trug auch die Neue Linke zur Ausweitung der öffentlichen Diskussion bei. Ihre Auseinandersetzung mit der NS-Vergangenheit in den sechziger Jahren hatte allerdings mehr mit der Kritik an Kapitalismus und Antikommunismus zu tun als mit der konkreten Beschäftigung mit dem Holocaust. Nach einem Muster, das in anderen westlichen Demokratien wiederholt werden sollte, wurde gleichzeitig die Tradition der Kritik »kämpferischer Demokraten« an den kommunistischen Regimen außer Kraft gesetzt. Sowohl westdeutsche Konservative als auch die abnehmende Zahl von Sozialdemokraten, die Schumachers leidenschaftliche Kritik am Kommunismus teilten, wiesen mit Recht auf den doppelten Maßstab westdeutscher Liberaler und Linker hin. Diejenigen, die in Westdeutschland die Auseinandersetzung mit der Vergangenheit anmahnten, richteten ihren kritischen Blick allzu selten auf den ostdeutschen Antifaschismus. Da sich Adenauer und seine Nachfolger einer intensiveren Beschäftigung mit der NS-Vergangenheit in Westdeutschland versagt hatten, fehlte es dem konservativen Vorwurf des doppelten Maßstabs allerdings an Durchschlagskraft.

Obwohl die ostdeutschen Kommunisten Thomas Mann als Meister des literarischen Realismus schätzten, wiesen sie seine berühmte Aussage zurück, daß es keine zwei Deutschlands, ein gutes und ein böses, gebe, sondern nur eines, das seine Tugenden in den Dienst des Bösen gestellt habe. Paul Merker hatte seine Genossen aufgefordert, kritisch über ihre eigenen Fehler und Versäumnisse nachzudenken, insbesondere im Hinblick auf den Antisemitismus und die Erinnerung an den Holocaust. Statt dessen verstanden sich

Ulbricht und seine Mitstreiter als das gute, edle Deutschland, das sich dem in Bonn an der Macht befindlichen bösen entgegenstellte. Untermauert wurde diese Selbstentlastung durch die kommunistische Analyse des NS-Regimes, der zufolge die Ursachen der NS-Diktatur nicht in den Besonderheiten der deutschen Geschichte, sondern in einer allgemeinen Krise des Kapitalismus zu suchen waren. Zur Bewältigung der »faschistischen« Vergangenheit war es daher nur nötig, den Kapitalismus zu stürzen und die Junker zu enteignen. Darüber hinaus rechtfertigte es diese Theorie sogar, Staaten zu unterstützen, die sich im Krieg mit Israel befanden, und Wiedergutmachung an jüdischen Überlebenden zu verweigern. Ein Übermaß an Ideologie verhalf zu einer billigen und armseligen Vergangenheitsbewältigung. In Westdeutschland blieb die Erinnerung an die Verbrechen der NS-Zeit und den Holocaust, von wenigen gemäßigten Konservativen wie Franz Böhm in den fünfziger und Richard von Weizsäcker in den achtziger Jahren abgesehen, Sache der in der Tradition von Heuss beziehungsweise Schumacher stehenden Liberalen und Sozialdemokraten. Wie Nahum Goldmanns im November 1952 in Bergen-Belsen gehaltene Rede verdeutlichte, überschritt die Erinnerung an die Vernichtung des europäischen Judentums die Geographie des Kalten Krieges, indem sie die Aufmerksamkeit auf den nationalsozialistischen Angriff auf den »jüdischen Bolschewismus« lenkte, das heißt auf die Kausalkette, die 1933 oder mit der Invasion der Sowjetunion 1941 begann und dazu führte, daß die Rote Armee in Berlin stand. Damit traten die östliche Geographie des Zweiten Weltkriegs und die Rolle, die der Antisemitismus im nationalsozialistischen Antikommunismus gespielt hatte, in den Vordergrund. Jenen antikommunistischen westlichen Politikern, deren Engagement im Kalten Krieg auf Erinnerungen beruhte, die häufig erst 1945 mit dem »Ausverkauf« von Jalta einsetzten, waren solche zeitbezogenen, geographischen und kulturellen Einsichten, vorsichtig ausgedrückt, nicht sonderlich willkommen. Zur Erinnerung an den Holocaust gehörten notwendigerweise auch die Verbrechen im Osten, also Ereignisse und Orte wie die Tätigkeit der SS-Einsatzgruppen,

Auschwitz-Birkenau und Treblinka, mit denen die westdeutschen konservativen Wähler sich nicht näher beschäftigen wollten. Im Gegenteil, je wichtiger das westdeutsche Bollwerk für die westliche Eindämmungspolitik wurde, desto größer wurde der Anreiz, dem Wunsch der Bevölkerung entgegenzukommen und so wenig wie möglich über die Verbrechen der NS-Vergangenheit zu sprechen.

Der Holocaust war eine Tragödie ohne Erlösung. Er paßte nicht zu optimistischen Geschichtstheorien und der Wiederaufbaupolitik nach dem Krieg, ganz gleich, ob der erste sozialistische Staat in Deutschland oder ein »Wirtschaftswunder« angestrebt wurden. In Ost wie West war in den Gedanken jener, die nur eine helle Zukunft vor sich sahen, kein Platz für die böse Vergangenheit. Nachdem durch die Säuberungen Anfang der fünfziger Jahre die eigenen Minderheitenmeinungen ausgeschaltet worden waren, bestand die kommunistische Erinnerung nur noch aus salbungsvollem Gedenken an Helden und Märtyrer, das die vergangenen Leiden als Vorspiel der Nachkriegserlösung erscheinen ließ, sowie aus dem Aufruf, gegen die »Faschisten« in Bonn zu kämpfen. Während Adenauer und Heuss 1945 sowohl als Niederlage als auch als Befreiung der Deutschen verstanden, war es für die Kommunisten ein ungetrübter hegelianischer Augenblick, der die Voraussagen der marxistisch-leninistischen Dialektik und die Macht der Sowjetunion bestätigte. Symbolisiert wurde dieser Gegensatz durch die Gedenkfeiern 1952 in Bergen-Belsen und 1961 in Sachsenhausen. Eine Photographie, die Theodor Heuss und Nahum Goldmann auf der Gedenkfeier in Bergen-Belsen zeigt, faßt die wesentlichen Elemente des westdeutschen politischen Diskurses über Scham und Reue bezüglich der NS-Zeit zusammen. Auf Heuss' Gesicht liegt ein ernster Ausdruck, und daß Goldmann neben ihm steht, deutet an, welche Bedeutung der Erinnerung an den Massenmord am europäischen Judentum zumindest von diesem Bundespräsidenten beigemessen wurde. Im Vergleich dazu scheint Ulbricht auf dem Foto von der Einweihungsfeier der Mahn- und Gedenkstätte Sachsenhausen an der Spitze der SED-Führung wie Phönix aus der Asche des Konzentrationslagers hervorzutreten. Er trauert nicht, sondern schreitet im Wissen darum, daß eine Geschichte von Leid und Martyrium mit Erlösung und Sieg geendet hat, zuversichtlich in die Zukunft.

Die Unterdrückung der kommunistischen Minderheitstradition der Erinnerung und Solidarität Anfang der fünfziger Jahre bestimmte die ostdeutsche politische Erinnerung, bis die Ostdeutschen 1989 die Erinnerung an die Spitze ihrer Tagesordnung setzten. Gleichzeitig schlug in den achtziger Jahren in Westdeutschland und dann wieder während der nationalen Euphorie der Vereinigung Deutschlands der Versuch fehl, die Erinnerung an den Holocaust aus dem politischen Gedächtnis zu verdrängen. Im Lauf der Zeit nahm die Erinnerung an den Holocaust sogar immer mehr Raum in der westdeutschen öffentlichen Diskussion ein. Die von Schumacher und Heuss begründete Tradition der Vergangenheitsbewältigung wurde wichtiger, als sie in der Adenauer-Ära gewesen war. Hätte man sich während des Nürnberger Interregnums oder 1949 bei der Gründung der beiden deutschen Staaten für Schumachers oder Merkers Weg entschieden, hätten die fünfziger Jahre durchaus eine Zeit ehrlicher Erinnerung und rechtzeitiger Gerechtigkeit sein können. Aber weder die Traditionen der deutschen Eliten noch die Wünsche der Bevölkerung noch die internationale Politik begünstigten eine solche Entwicklung. Statt dessen wurde in beiden deutschen Staaten die Erinnerung geteilt und die Durchsetzung des Rechts verzögert und allzu oft verweigert. Damit brachen die Kommunisten das in ihrer Solidarität mit dem jüdischen Volk während des Krieges enthaltene Versprechen, wohingegen die westdeutschen Demokraten die Auffassung vertraten, nach dem Holocaust sollte jede deutsche Regierung die aus ihm erwachsene Verpflichtung anerkennen. Die westdeutsche Erinnerung hätte stärker und die Strafverfolgung schneller und umfassender sein können, aber beides war immer noch ausgeprägter als im selbsternannten antifaschistischen Staat im Osten. Zwar waren die Anstrengungen der Bundesrepublik, sich mit den Verbrechen der NS-Vergangenheit auseinanderzusetzen, im entscheidenden Jahrzehnt, den fünfziger Jahren, nicht angemessen, aber es wurde eine

Saat ausgebracht, die schließlich zu einer breiteren und lebhafteren öffentlichen Erinnerung heranwachsen sollten.

Wie so oft wurden auch in diesem Fall die für den Historiker interessantesten und bedeutendsten Fragen bereits von Zeitgenossen aufgeworfen. Einige der scharfsichtigsten deutschen Zeitzeugen von Krieg, Holocaust, Nürnberger Interregnum und fünfziger Jahren begriffen, daß die Frage, ob und wie sie sich an die NS-Zeit und die Judenverfolgung erinnerten, für Art und Aussichten von Diktatur und Demokratie in Deutschland nach Auschwitz von großer Bedeutung waren. Die vorliegende Geschichte des Verhältnisses von Erinnerung, Demokratie und Diktatur in der Besatzungszeit, in der Ära der beiden deutschen Staaten und der des geeinten Deutschland bestätigt diese Einschätzung. Jene Politiker, die ihre Landsleute aufforderten, der Wahrheit ins Auge zu sehen, haben Fragen gestellt, die für jedes Land, das Diktatur, Verbrechen und Katastrophe hinter sich hat, wichtig sind. Sie haben ein oft unpopuläres, unbequemes, anspruchsvolles, ja kostbares Erbe hinterlassen.

Anmerkungen

Abkürzungen

AdsD	Archiv der sozialen Demokratie
AICGS/GHI	American Institute for Contemporary German Studies/German Historical Institute, Washington, D. C.
BA/Koblenz	Bundesarchiv, Koblenz
DARDDR	*Dokumente der Außenpolitik der Regierung der Deutschen Demokratischen Republik*
GMMA	George Meany Memorial Archives, Silverspring, Maryland
IRR	Investigative Records Repository
LBI	Leo Baeck Institute, New York
MfSZ	Ministerium für Staatssichereit, Zentralarchiv (beim Bundesbeauftragten für die Unterlagen der ehemaligen Deutschen Demokratischen Republik, Berlin)
NA	National Archives, Washington, D. C.
RG	Record Group
SBZ	Sowjetische Besatzungszone
SAPMO	Stiftung der Parteien und Massenorganisationen der DDR im Bundesarchiv, Berlin
SOPADE	Deutschland-Berichte der Sozialdemokratischen Partei
StBKAH	Stiftung Bundeskanzler-Adenauer-Haus, Bad Honnef-Rhöndorf
ZPA	Zentrales Parteiarchiv der SED
ZPKK	Zentrale Parteikontrollkommission der SED

1 Vgl. Herf, »Multiple Restorations«; »Divided Memory, Multiple Restorations«.

2 In seinem Bericht über den Zweiten Weltkrieg an der Ostfront beschreibt der sowjetische Journalist Vasilij Grossman die Entstehung und bittere Enttäuschung der während des Krieges gehegten Hoffnung, daß die aus gemeinsamem Leiden und Kampf geborene Solidarität zwischen Kommunisten und Juden auch die Nachkriegswelt prägen würde (vgl. Grossmann, *Leben und Schicksal).* Einige von Grossmans Kriegsberichten, einschließlich des ersten Augenzeugenberichts über Treblinka, sind abgedruckt in Grossman, *Années de guerre.*

3 Lübbe, »Der Nationalsozialismus im deutschen Nachkriegsbewußtsein«, S. 585; vgl. Bark/Gress, *A History of Western Germany;* Brochhagen, *Nach Nürnberg;* Schwartz, *Die Atlantik-Brücke.*

4 In einer jüngst erschienenen Studie zieht der Historiker Norbert Frei den Schluß, Anfang der fünfziger Jahre sei die Unterstützung für eine schnelle Amnestie mutmaßlicher und sogar verurteilter Kriegsverbrecher in der westdeutschen Gesellschaft so groß gewesen, daß man darin ein »indirektes Eingeständnis der gesamtgesellschaftlichen Verstrickung in den Nationalsozialismus« sehen könne *(Vergangenheitspolitik,* S. 399).

5 Vgl. Herf, »German Communism, the Discourse of ›Antifascist Resistance‹, and the Jewish Catastrophe«.

6 Adorno, »Was bedeutet: Aufarbeitung der Vergangenheit«, S. 558.

7 Walter Dirks, »Der restaurative Charakter der Epoche«, in: *Frankfurter Hefte* 9/1950; vgl. Eugen Kogon, »Die Aussichten der Restauration. Über die gesellschaftlichen Grundlagen der Zeit«, in ebd. 3/1952.

8 Nipperdey, »1933 und die Kontinuität der deutschen Geschichte«.

9 Koselleck, *Futures Past.*

10 Einzelnen NS-Intellektuellen gelang mit einer Mischung aus Opportunismus, tiefer Desillusionierung und »Entradikalisierung« allerdings der Wiedereinstieg ins professionelle intellektuelle Leben, mitunter als geläuterte Vertreter der liberalen Demokratie (vgl. Muller, *The Other God That Failed).*

1 Thälmann wurde 1944 in Buchenwald hingerichtet. Ulbrichts sozialistisches Engagement hatte vor dem Ersten Weltkrieg begonnen. 1918 war er Mitglied eines Soldatenrats und in Leipzig Mitbegründer der Kommunistischen Partei, deren ZK er seit 1923 angehörte. Ab 1928 saß er im Reichstag. 1933 zur Emigration gezwungen, war er zuerst in Paris und Prag tätig, bevor er 1938 nach Moskau ging. 1943 bis 1945 war er die führende Gestalt des NKFD in Moskau. 1945 kehrte er als Leiter der KPD-Gruppe für Berlin nach Deutschland zurück, wo er zur beherrschenden Figur der SED wurde, seit 1946 als Stellvertretender Vorsitzender und von 1950 bis zu seinem Rücktritt 1971 mit verschiedenen Titeln (Generalsekretär, Erster Sekretär, Vorsitzender) als deren Chef. Vgl. Barth u.a., *Wer war Wer in der DDR*, S.750.

2 Am 11. Februar 1930 sagte Thälmann im Reichstag, in Deutschland herrsche der Faschismus (Thälmann, *Im Kampf gegen den deutschen und den amerikanischen Imperialismus*, S.75–98); vgl. »Programmerklärung zur nationalen und sozialen Befreiung des deutschen Volkes«, Berlin, 24. August 1930, abgedruckt in: *Revolutionäre deutsche Parteiprogramme.*

3 »Resolution über den Kampf gegen den Faschismus«, in: *Die Rote Fahne*, 15. Juni 1930, zit. in Winkler, *Der Weg in die Katastrophe*, S.157.

4 »Wendung der KPD?«, in: Sozialdemokratische Partei-Korrespondenz 12/1931, zit. in Winkler, *Der Weg in die Katastrophe*, S.444f.

5 Zit. in Winkler, *Der Weg in die Katastrophe*, S.754; vgl. Timmermann, »Die Faschismus-Diskussion in der Kommunistischen Internationale«.

6 Im Oktober 1932 versicherte das KPD-Politbüro, der »revolutionäre Aufschwung« in Deutschland finde »seinen Ausdruck in dem stürmisch wachsenden Widerstand des Proletariats und der Werktätigen gegen Faschismus und Kapitaloffensive« (»Resolution der Parteikonferenz der KPD über das 12. Plenum des EKKI und die Aufgaben der KPD«, 15.–17. Oktober 1932, abgedruckt in Flechtheim, *Die Kommunistische Partei Deutschlands in der Weimarer Republik*, S.285–294).

7 Pieck, *We Are Fighting for a Soviet Germany*, S.30. Die Schrift wurde nicht in Piecks in der DDR erschienene Werkausgabe aufgenommen.

8 »Programmerklärung zur nationalen und sozialen Befreiung des deutschen Volkes«, in: *Revolutionäre deutsche Parteiprogramme,* S. 120–122, 124.

9 Ein früher Ausdruck solcher Ressentiments findet sich in: *Der Jud ist schuld ...? Diskussionsbuch über die Judenfrage,* Basel 1932, S. 272–286. Verfasser dieser nie weit verbreiteten Schrift, der einzigen eingehenden Studie über die jüdische Frage, die vor 1933 erschienen ist, war ein anonymes Mitglied der Parteiführung. Vgl. Silberner, *Kommunisten zur Judenfrage,* S. 279–286.

10 Josef Stalin, »Marxismus und nationale Frage«, in ders., *Werke,* Bd. 2, Berlin 1950, S. 272, 301.

11 Wilhelm Pieck, »Der Vormarsch zum Sozialismus. Bericht, Schlußwort und Resolution zum 1. Punkt der Tagesordnung des Kongresses: Rechenschaftsbericht über die Tätigkeit des Exekutivkomitees der Kommunistischen Internationale«, in: *VII. Weltkongreß der Kommunistischen Internationale,* S. 40.

12 Walter Ulbricht, »Der VII. Weltkongreß der Komintern und die Kommunistische Partei Deutschlands«, September 1935, in ders., *Zur Geschichte der deutschen Arbeiterbewegung,* Bd. 2, S. 71.

13 Wilhelm Pieck, »Der neue Weg zum gemeinsamen Kampf für den Sturz der Hitlerdiktatur. Referat und Schlußwort auf der Brüsseler Konferenz der Kommunistischen Partei Deutschlands (Oktober 1935)«, Straßburg 1935. Obwohl es sich um eine der bedeutendsten Reden aus Piecks politischer Laufbahn handelte, wurde sie in der DDR erst wieder 1972 in Bd. 5 seiner *Gesammelten Reden und Schriften* veröffentlicht; darin die Zitate auf S. 183–185, 187, 198f. In der zweibändigen Ausgabe von Piecks Reden und Aufsätzen von 1951 war die Rede nicht enthalten, da die Volksfrontpolitik nicht ins Umfeld des Kalten Krieges paßte.

14 »Das Programm der Kommunistischen Partei zum Sturz des Hitlerregimes. Die Brüsseler Parteikonferenz der KPD«, in: *Geschichte der deutschen Arbeiterbewegung,* Bd. 10.

15 Pieck, »Der neue Weg«, S. 233–235.

16 Wilhelm Pieck, »Die gegenwärtige Lage und die Aufgabe der Partei«, in: *Geschichte der deutschen Arbeiterbewegung,* Bd. 10, S. 217f. Tatsächlich hatte der Widerstand gegen den Faschismus und daher auch der Antiimperialismus schon vor 1933 häufig nationalistische Züge getragen, etwa in bezug auf den Versailler Vertrag sowie den Dawes-

und den Young-Plan (vgl. »Programmerklärung zur nationalen und sozialen Befreiung des deutschen Volkes«, in: *Revolutionäre deutsche Parteiprogramme*, S. 120).

17 »Gegen die Schmach der Judenprogrome! Erklärung des Zentralkomitees der KPD«, in: *Die Rote Fahne. Sonderausgabe gegen Hitlers Judenprogrome*, Nr. 7, November 1938, S. 1; vgl. Wilhelm Pieck, »Nicht nur Entrüstung, sondern Taten! Gegen die Judenprogrome«, in ders., *Reden und Aufsätze*, Bd. 1.

18 Vgl.: »Der Kampf zum Sturze der faschistischen Diktatur und für die Verhinderung des Krieges durch die Schaffung der Aktionseinheit der Arbeiterklasse und aller Antifaschisten, 1933–1939«, in Ulbricht, *Zur Geschichte der deutschen Arbeiterbewegung*, Bd. 2; *Geschichte der deutschen Arbeiterbewegung*, Bd. 10.

19 Wilhelm Pieck, »Unser Volk gegen die barbarischen Judenprogrome«, in: *Die Rote Fahne. Sonderausgabe gegen Hitlers Judenprogrome*, Nr. 7, November 1938, S. 2. Eine geringfügig erweiterte Fassung erschien am 24. November 1938 in der in Basel publizierten kommunistischen Exilzeitschrift *Rundschau über Politik, Wirtschaft und Arbeiterbewegung*. Diese Fassung wurde unter dem Titel »Nicht nur Entrüstung, sondern Taten! Gegen die Judenpogrome« in den ersten Band von Piecks *Reden und Aufsätzen* aufgenommen.

20 Walter Ulbricht, »Die Pogrome – eine Waffe der faschistischen Kriegspolitik«, in: *Die Rote Fahne. Sonderausgabe gegen Hitlers Judenprogrome*, Nr. 7, November 1938, S. 2. Diese instrumentalistische Sicht des Antisemitismus fand Eingang in die spätere DDR-Geschichtsschreibung (vgl. Dawidowicz, *The Holocaust and the Historians)*.

21 Ein anderes Kapitel der kommunistischen Geschichte, das in den Nachkriegsdarstellungen des antifaschistischen Widerstandes nicht eben hervorgehoben wurde, war der Hitler-Stalin-Pakt von 1939. Zur Haltung der KPD vgl.: »Aus der Erklärung des Zentralkomitees der Kommunistischen Partei Deutschlands zum Abschluß des Nichtangriffspaktes zwischen der Sowjetunion und Deutschland«, in Ulbricht, *Zur Geschichte der neuesten Zeit*, S. 330–333; Duhnke, *Die KPD von 1933 bis 1945;* Thompson, *The Political Odyssey of Herbert Wehner.*

22 Ulbricht, *Zur Geschichte der neuesten Zeit*, S. 5.

23 Walter Ulbricht, »Die antifaschistische Opposition in Deutschland«,

Januar 1939, in ders., *Geschichte der deutschen Arbeiterbewegung,* Bd. 2, S. 213–219.

24 Vgl. Walter Ulbricht, »Der Eroberungskrieg des faschistischen deutschen Imperialismus und die Zerschlagung der Hitlerarmee durch die Sowjetarmee«, in ders., *Zur Geschichte der neuesten Zeit,* S. 8.

25 Ebd., S. 9f.

26 Ebd., S. 16f.; vgl. ders., »Worin besteht die Wendung in der Kriegslage nach der Niederlage der deutschen Armeen bei Stalingrad?«, Februar 1943, in ders., *Zur Geschichte der deutschen Arbeiterbewegung,* Bd. 2.

27 Ulbricht, *Zur Geschichte der neuesten Zeit,* S. 28f., 39. Zum jüdischen und jüdisch-kommunistischen Widerstand vgl. Eschwege, »Resistance of German Jews against the Nazi Regime«.

28 Vgl.: »An die Juden der ganzen Welt« (Erklärung des II. Kongresses von Repräsentanten des jüdischen Volkes, Moskau, 24. Mai 1942), in: *Freies Deutschland,* Juni 1942; vgl. Redlich, *Propaganda and Nationalism in Wartime Russia.*

29 Wilhelm Pieck, »Appell zur Einigung und Aktivität für den Sturz Hitlers« (deutsche Rundfunkansprache, Moskau, 8. April 1942), in ders., *Gesammelte Reden und Schriften,* Bd. 6, S. 90; vgl.: NL Wilhelm Pieck, 36/417, SAPMO, ZPA.

30 Wilhelm Pieck, »Anklage gegen die Hitlerclique« (deutsche Rundfunkansprache, Moskau, 26. Juli 1942), in ders., *Gesammelte Reden und Schriften,* Bd. 6, S. 102, 104f.

31 Wilhelm Pieck, »Wie muß dem Krieg ein Ende gemacht werden?« (deutsche Rundfunkansprache, Moskau, 1. September 1942), in ders., *Gesammelte Reden und Schriften,* Bd. 6, S. 106.

32 Wilhelm Pieck, »Gegen die Hitlerbarbarei« (deutsche Rundfunkansprache, Moskau, 15. September 1942), in ders., *Gesammelte Reden und Schriften,* Bd. 6, S. 108–111; vgl. ders., »Der Hitlerfaschismus und das deutsche Volk, 1942«, in ebd.

33 »Manifest an die Wehrmacht und an das deutsche Volk«, in Ulbricht, *Zur Geschichte der neuesten Zeit,* S. 356f. Zur Ansicht des NKFD-Vorsitzenden Erich Weinert über die Möglichkeit der nationalen Rettung durch einen antinazistischen Aufstand siehe: *Deutsche wohin?,* S. 15–24; Barth u. a., *Wer war Wer in der DDR,* S. 778.

34 Erich Weinert, »Nationalkomitee ›Freies Deutschland‹, Anweisungen Nr. 2«, in: SAPMO, ZPA, NL Wilhelm Pieck, 36/577. Die Schriften und Rundfunkansprachen des NKFD entstanden unter Leitung von

Pieck, Weinert und Anton Ackermann, einem weiteren kommunistischen Emigranten und späteren Mitglied des ZK der SED. Zur antinazistischen Propaganda der Moskauer KP-Funktionäre vgl.: NL Wilhelm Pieck, 36/569, 570, 577 (Frontagitation 1941–1942, Frontagitation 1942–1943, Nationalkomitee ›Freies Deutschland‹ – Aufrufe und Flugblätter [1941–1942, Juli 1943–März 1945]), SAPMO, ZPA.

35 Vgl. Petrick, »*Freies Deutschland*«, S. 268, 270, 287.

36 Vgl. Lothar Lösche, »Millionen Opfer klagen an! Das Todeslager von Auschwitz«, in: *Freies Deutschland,* 21. März 1945, S. 3; »Die braune Schmach von Blut und Rasse«, in ebd., 11. April 1945, S. 3; »Eine Seite aus Hitlers Schuldbuch«, in ebd., 16. Mai 1945, S. 3.

37 »An die Juden der ganzen Welt«, in: *Freies Deutschland,*15. Juni 1942. Die Erklärung wurde für Spendensammlungen im Ausland verwendet. Einige der Unterzeichner, wie Solomon Mikhoels und Schachno Epstein, wurden später im Zuge der antisemitischen Angriffe auf sowjetische Juden zwischen 1948 und 1952 hingerichtet. Vgl. Kochan, *The Jews in the Soviet Union since 1917;* Vaksberg, *Stalin Against the Jews.*

38 »Programm für den Kriegsgefangenenkurs, 1942«, in: SAPMO, ZPA, NL Wilhelm Pieck, 36/582, S. 5f.

39 »Einführungskurs: Kurs elementarer Begriffe zur Entlarvung der Hauptthesen der faschistischen Ideologie«, 1942, in: SAPMO, ZPA, NL Wilhelm Pieck, 36/582, S. 7.

40 »Lehrplan«, November 1944, in: SAPMO, ZPA, NL Wilhelm Pieck, 36/582, S. 166; »4. Thema: Der Vernichtungsfeldzug der Hitlerfaschisten unter dem Banner der ›Rassentheorie‹«, in ebd., S. 170f. Andere Themen waren das Kriegsbündnis zwischen der Sowjetunion, Großbritannien und den USA; Hitlers Drang nach »Lebensraum«; die Industrialisierung Deutschlands; die Grundelemente des Kapitalismus; Marx und Engels; die bürgerliche Revolution von 1848 und der Aufstieg Preußens; der Imperialismus; die Arbeiterbewegung; 1918; die KPD; die Weimarer Republik; die Folgen des Faschismus; die marxistisch-leninistische Staatstheorie; die nationale Frage und die Rolle eines »freien Deutschland« bei der Schaffung einer deutschen Demokratie.

41 Johannes R. Becher, »Zur Rassentheorie des deutschen Faschismus«, in ders., *Publizistik,* Bd. 2, S. 386.

42 1967 übersandte die Kommunistische Partei der Tschechoslowakei

der DDR-Regierung eine Denkschrift Ernst Kaltenbrunners, im Dritten Reich (seit 1943) Chef des Reichssicherheitshauptamtes, vom 27. Oktober 1944 über die Sprachregelung in bezug auf das NKFD. Darin schrieb Kaltenbrunner: »Die Drahtzieher des Komitees sind Juden und Kommunisten, die 1933 nach der Sowjetunion emigriert sind ... Der dem Judentum verfallene Kommunist Weinert zeichnet als Präsident des Komitees. Mit ihm und seinen jüdischen Helfershelfern macht der ehemalige General der Artillerie Walther von Seydlitz als Präsident gemeinsame Sache.« (»Dr. Kaltenbrunner, 27. Oktober 1944«, in: SAPMO, ZPA, NL Walter Ulbricht, 182/892, S.279.)

43 Wilhelm Pieck, »Berlin von Hitler befreit!«, in ders., *Reden und Aufsätze,* Bd. 1, S.423f.

44 »Besprechung mit Dimitroff«, 25. Mai 1945, in: SAPMO, ZPA, NL Wilhelm Pieck, 36/500.

45 Naimark, *Die Russen in Deutschland* (die Verlustzahlen der Schlacht um Berlin auf S.20).

46 ZK der KPD, »Aufruf der Kommunistischen Partei Deutschlands, 11. Juni 1945«, in Ulbricht, *Zur Geschichte der neuesten Zeit,* S.370–372. Unterzeichner waren Wilhelm Pieck, Walter Ulbricht, Franz Dahlem, Anton Ackermann, Gustav Sobottka, Ottomar Geschke, Johannes R. Becher, Edwin Hoernle, Hans Jendretzky, Michael Niederkirchner, Hermann Matern, Irene Gärtner, Bernard Koenen, Martha Arendsee, Otto Winzer und Hans Mahle. Vgl. Weber, *Geschichte der DDR,* S.47–54; Leonhard, *Die Revolution entläßt ihre Kinder;* zum Zusammenwirken von deutschen und sowjetischen Kommunisten vgl. Naimark, *Die Russen in Deutschland,* S.317–401.

47 Vgl. Meuschel, *Legitimation und Parteiherrschaft in der DDR,* S.29–101; Furet, *Das Ende der Illusion.*

48 ZK der KPD, »Aufruf der Kommunistischen Partei Deutschlands, 11. Juni 1945«, in Ulbricht, *Zur Geschichte der neuesten Zeit,* S.373–378.

49 »Verlag Neuer Weg, Plan der in Arbeit und in Vorbereitung befindlichen Verlagserscheinungen, Stand am 12. Dezember 1945«; »Aufstellung der vom 9. Mai 1945 bis 31.11.1947 im Verlag Neuer Weg bzw. im Verlag JHW Dietz Nachf. GmbH erschienenen Titel«, IV 2/9.13/5 Verlag Neuer Weg, SAPMO, ZPA.

50 Ulbricht, *Der faschistische deutsche Imperialismus,* S.99.

51 Ebd., S.100f.

52 Ebd., S.8, 105f.

53 Ebd., S. 13–30; vgl. Turner, *Deutsche Großunternehmer und der Aufstieg Hitlers.*

54 Ulbricht, *Der faschistische deutsche Imperialismus,* S. 21, 24, 107, 109.

55 Walter Ulbricht, »Das Programm der antifaschistisch-demokratischen Ordnung. Rede auf der ersten Funktionärskonferenz der KPD Groß-Berlin, 25. Juni 1945«, in ders., *Die Entwicklung des deutschen volksdemokratischen Staates,* S. 16–21.

56 Ein Ausdruck dieses Mißtrauens war der Aufbau und die beständige Erweiterung der Stasi. Zu Antifaschismus und Legitimation des ostdeutschen Regimes vgl. Deutscher Bundestag, *Bericht der Enquete-Kommission, Aufarbeitung von Geschichte und Folgen der SED-Diktatur;* Meuschel, *Legitimation und Parteiherrschaft in der DDR,* S. 101–116.

57 ZK der KPD, *Vortragsdisposition Nr. 1: Der Sieg des Faschismus in Deutschland und seine Lehren für unseren gegenwärtigen Kampf,* Berlin 1945; *Vertragsdisposition Nr. 2: Der Klassencharakter des Faschismus und die Probleme der Einheits- und Volksfront,* Berlin 1945; *Vertragsposition Nr. 3: Die Kriegsschuld Deutschlands und die Mitschuld des deutschen Volkes,* Berlin 1945.

58 ZK der KPD, *Vortragsdisposition Nr. 12: Der Kampf gegen die Naziideologie,* Berlin 1946.

59 ZK der KPD, *Vortragsdisposition Nr. 20: Der zweite Weltkrieg, die Sicherung des Friedens und die Sowjetunion,* Berlin 1946, S. 7, 9, 10f.

Von der Peripherie ins Zentrum

1 Während der dreißiger und Anfang der vierziger Jahre fanden rund 90000 Personen, zu neunzig Prozent Juden, in Lateinamerika Asyl. Die meisten jüdischen Flüchtlinge aus Europa lebten in Argentinien (35000), Brasilien (16000) und Chile (13000) (Pohle, *Das mexikanische Asyl,* S. 4f., 76–79; vgl. Merker, »Über die ›Bewegung Freies Deutschland‹ in Lateinamerika«.

2 Kießling, *Alemania Libre in Mexiko,* Bd. 1, S. 79, 288.

3 Pohle, *Das mexikanische Exil,* S. 202.

4 Gründer der Zeitschrift in Mexiko waren Leo Katz, Otto Katz, Ludwig Renn, Bodo Uhse, Bruno Frei, Rudolf Feistmann und Theo Balk (Paul Merker an die ZPKK, »Stellungnahme zur Judenfrage«, 1. Juni

1956, in: SAPMO, ZPA, NL Paul Merker, 102/27, S.51). Zu einer Bibliographie der im *Freien Deutschland* erschienenen Artikel und den Beziehungen zur ostdeutschen Literatur vgl. Riedel, *Freies Deutschland;* Kießling, *Alemania Libre;* Pohle, *Das mexikanische Exil.* Zu den jüdischen Kommunisten, die 1940 und 1941 in Mexiko eintrafen, gehörten Anna Seghers, Egon Erwin Kisch, Erich Jungmann, Otto Katz (alias André Simone), Hans Marum, Alexander Abusch und Leo Zuckermann. Nach dem Ausbruch des Krieges kamen mit Leo Katz und Rudolf Feistmann zwei weitere wichtige Teilnehmer an der Diskussion über die jüdische Frage nach Mexiko. Meine Angaben dazu, ob jemand Jude war oder nicht, beruhen sowohl auf eigenen Aussagen der Betroffenen als auch auf in veröffentlichten oder archivierten Texten enthaltenen Hinweisen ihrer politischen Mitstreiter.

5 Pohle, *Das mexikanische Exil,* S.201–216, 245–276; Kießling, *Alemania Libre,* Bd. 1, S.79.

6 Zu den Beziehungen zwischen den Kommunisten und der Menorah vgl. Pohle, *Das mexikanische Exil,* S.311–315.

7 Paul Merker an die ZPKK, »Stellungnahme zur Judenfrage«, 1. Juni 1956, in: SAPMO, ZPA, NL Paul Merker, 102/27, S.52. Daneben gab es noch andere Organisationen von Juden aus Osteuropa und Mexiko der unterschiedlichsten politischen Ausrichtung, von kommunistischen über sozialistische bis zu zionistischen.

8 Das Folgende beruht auf: Paul Merker, »Fragebogen«, 24. Juli 1946; »Mein politischer Lebenslauf«, 1949, und »Kurzbiographie«, 1. Juni 1950, in: SAPMO, ZPA IV 2/11/V/801 Kaderfragen; »Stellungnahme zur Judenfrage«, 1. Juni 1956, in: SAPMO, ZPA, NL Paul Merker, 102/27.

9 Losowski war einer der Führer des Jüdischen Antifaschistischen Komitees. 1952 wurde er zusammen mit vierzehn anderen Mitgliedern des Komitees verhaftet, wegen angeblicher Spionage für die USA verurteilt und hingerichtet (vgl. Vaksberg, *Stalin Against the Jews,* Kap.6 und 8).

10 S. Willner, »Building the Revolutionary Trade Union Movement«, in: *The Communist* 11/1931; »Some Lessons of the Last Miners' Strike«, in ebd. 1/1932.

11 J. Edgar Hoover an Adolf A. Berle, »Paul Merker, alias Paul Merker Zeibig, Communist Activities in Mexico«, 22. September 1943, in: NA RG 319, IRR Paul Merker, Box 151, X8590750. Das FBI scheint erst 1940 von Merkers Amerikaaufenthalt erfahren zu haben.

12 Franz Dahlem gehörte der KPD seit deren Gründung an, war von 1924 bis 1928 Mitglied des Preußischen Landtags und von 1928 bis 1933 des Reichstags. Von 1933 bis 1937 leitete er zusammen mit Ulbricht und Merker das Auslandssekretariat der KPD, bevor er 1937 bis 1939 im Spanischen Bürgerkrieg die Leitung der Politischen Kommission der Internationalen Brigaden übernahm. 1939 bis 1942 war er in Frankreich interniert, und da er nicht aus Frankreich fliehen konnte, wurde er 1942 von der Gestapo verhaftet und ins KZ Mauthausen geschickt, wo er 1945 befreit wurde. Vgl. Dahlem, *Am Vorabend des Zweiten Weltkriegs;* Barth u.a., *Wer war Wer in der DDR,* S. 123 f. Dem Auslandssekretariat der KPD gehörten außerdem Alexander Abusch, Anton Ackermann, Paul Bertz und Lex Ende an.

13 Zit. in Anton Ackermann, »Betrifft: Antisowjetische Äußerungen Paul Merkers«, 29. August 1950, in: SAPMO, ZPA, ZPKK IV 2/4/117, S. 3; vgl. Kießling, *Partner im »Narrenparadies«.* 1939 hatte Ackermann den KPD-Funktionären Pieck und Ulbricht sowie den Komintern-Führern Dimitroff und Gulajew, dem Leiter der Kaderabteilung der Komintern, Merkers »antisowjetische Äußerungen« mitgeteilt, die er 1950 nach der Bekanntgabe von Merkers Kontakten zu dem angeblichen amerikanischen Agenten Noel Field in der zitierten Denkschrift an das ZPKK nur wiederholte. In Gestalt von Ackermanns Schreiben lag Ulbricht, Pieck und wahrscheinlich auch Hermann Matern, der 1941 in Moskau eintraf und später zum Leiter der ZPKK werden sollte, schon 1939 ein jederzeit verwertbarer »Beweis« dafür vor, daß Merker der sowjetischen Politik nicht kritiklos gegenüberstand. Zur zeitgenössischen Reaktion der kommunistischen Parteien auf den Hitler-Stalin-Pakt vgl. Leonhard, *Der Schock des Hitler-Stalin-Paktes.*

14 Merker, »Mein politischer Lebenslauf«, S. 12–30; vgl. Kießling, *Partner im »Narrenparadies«,* S. 21–158.

15 Merker, *Deutschland – Sein oder Nichtsein?,* Bd. 2, S. 36 f.

16 Paul Merker an die ZPKK, »Stellungnahme zur Judenfrage«, 1. Juni 1956, in: SAPMO, ZPA, NL Paul Merker, 102/27, S. 3 f., 24. Ein großer Teil der »Stellungnahme« ist zusammen mit anderen Dokumenten zum Fall Merker abgedruckt in Herf, »Dokument 3: An die Zentrale Kontrollkommission des ZK der SED«, in: »Dokumentation: Antisemitismus in der SED«.

17 Paul Merker, »Zweite Front – jetzt!«, in: *Freies Deutschland*, August 1942; »Nach drei Jahren«, in ebd., September 1942. Zu Merkers in Mexiko entstandenen Schriften vgl. Maas, »›Unerschüttert bleibt mein Vertrauen an den guten Kern unseres Volkes‹«; Herf, »German Communism, the Discourse of Antifascist Resistance, and the Jewish Catastrophe«; Pohle, *Das mexikanische Exil.*

18 Paul Merker, »Die Verantwortung der Deutschen und die Nazigreuel in der Sowjetunion«, in: *Freies Deutschland*, November–Dezember 1942, S. 8f.; ders., »Hitler in der Defensive«, in: *Freies Deutschland*, Januar 1943.

19 Paul Merker, »Die Erklärung von Teheran und die freien Deutschen«, in: *Freies Deutschland*, Januar 1944, S. 6f.

20 Paul Merker, »Die Bewegung Freies Deutschland und der bevorstehende Zusammenbruch der Nazis. Programmatische Darlegungen Paul Merkers in einer Versammlung in Mexiko«, in: *Freies Deutschland*, April 1945, S. 31.

21 Exekutivkomitee des LAK, »Jalta und die freien Deutschen«, in: *Freies Deutschland*, März 1945, S. 5.

22 Paul Merker, »Hitlers Antisemitismus und wir«, in: *Freies Deutschland*, Oktober 1942, S. 9–11. Im *Freien Deutschland* waren vorher bereits zwei Artikel über den Antisemitismus erschienen: Leo Katz, »Antisemitismus als Barometer«, und Ernst Abusch, »Der gelbe Stern und das deutsche Volk«, in: *Freies Deutschland*, Januar 1942.

23 Paul Merker, »Das Echo. Diskussion über ›Hitlers Antisemitismus und wir‹«, in: *Freies Deutschland*, März 1943, S. 33.

24 Paul Merker, »Um die Zukunft Deutschlands. Eine Antwort an Manfred George und Walter Lippmann«, in: *Freies Deutschland*, Oktober 1943, S. 6f.

25 Wilhelm Koenen, »An meinen Bruder in Mexiko«, in: *Freies Deutschland*, September 1945, S. 37–39.

26 Paul Merker, »Demokratische Kräfte in Deutschland? Die Kernfrage nach der militärischen Niederlage Hitlers. An meinen Bruder in London«, in: *Freies Deutschland*, Mai 1945, S. 7.

27 Paul Merker, »Brief an einen Freund. Die Bewegung Freies Deutschland und die Zukunft der Juden«, in: *Freies Deutschland*, April 1944, S. 5–7.

28 Paul Merker, »Die Juden und das neue Deutschland«, in: *Freies Deutschland*, Oktober 1945, S. 7.

29 Paul Merker, »Der kommende Frieden und die freien Deutschen«, in: *Freies Deutschland,* November 1944, S. 8f.

30 Vicente Lombardo Toledano, »Zweierlei Deutsche«, in: *Freies Deutschland,* März 1944, S. 6f.; vgl.: »Ehrung für den antifaschistischen Kämpfer Paul Merker«, in: *Freies Deutschland,* März 1944, S. 32f. Zu Merkers Kontakten mit den mexikanischen Kommunisten und dem KPD-Politbüro in Moskau siehe Pohle, *Das mexikanische Exil,* S. 203–216. Von seiner Korrespondenz mit kommunistischen und linken Emigranten in aller Welt ist nur wenig erhalten (vgl.: »Übergabebescheinigung«, Berlin, 13. Juni 1956, MfSZ, Untersuchungsvorgang 294/52, Paul Merker, Bd. 3, 192/56, S. 153f.).

31 Paul Merker, »Paul Merkers Antwortrede«, in: *Freies Deutschland,* März 1944, S. 34.

32 Vgl. Heinrich Mann, »Paul Merker und sein Buch«, in: *Freies Deutschland,* Oktober 1945; Ernst Bloch an Paul Merker, 15. Juli 1944, und Thomas Mann an Paul Merker, 20. Juni 1944, in: SAPMO, ZPA, NL Paul Merker, 102/31, S. 33, 124. Der Briefwechsel zwischen Merker und Heinrich Mann ist abgedruckt in Kießling, *Alemania Libre,* Bd. 2. Thomas Mann pflichtete in einem Brief von 1945 dem Lob seines Bruders bei (Paul Merker an Wilhelm Pieck, 23. November 1945, abgedruckt in Kießling, *Alemania Libre,* Bd. 2, S. 337f.).

33 Merker, *Deutschland – Sein oder Nichtsein?,* Bd. 1, S. 14, 342.

34 Ebd., Bd. 2, S. 9, 47, 99f.

35 Zu Otto Katz vgl. Draper, »The Man Who Wanted to Hang«; Koch, *Double Lives.*

36 Vgl. Pohle, *Das mexikanische Exil,* S. 311–338.

37 Leo Katz, »Die Juden in der Sowjetunion«, in: *Freies Deutschland,* November 1943, S. 18; »Antisemitismus als Barometer«, in ebd., Januar 1942.

38 »Auskunftsbericht: Betr.: Dr. Leo Zuckermann«, 23. Juli 1951; »Personalbogen«, 1. August 1951; »Dr. Leo Zuckermann, Lebenslauf«, 13. Februar 1950, in: MfSZ 147/51 Leo Zuckermann, S. 6, 13–19.

39 Leo Zuckermann, »Der Rechtsanspruch der deutschen Juden auf Wiedergutmachung«, in: *Freies Deutschland,* September 1944, S. 21.

40 Zit. in Pohle, *Das mexikanische Exil,* S. 333f.

41 Vgl. Alexander Abusch, »Vorwort«.

42 Abusch, *Der Irrweg einer Nation,* S. 195. Bis zur siebenten Auflage war das Buch in 130 000 Exemplaren gedruckt worden. Über

Abusch siehe Pike, *The Politics of Culture,* S. 161, 237–244, Zitat auf S. 242 f.

43 Abusch, *Der Irrweg einer Nation,* S. 198–236, 245–264, Zitate auf S. 245–248, 256.

44 Paul Merker an die ZPKK, »Stellungnahme zur Judenfrage«, S. 63–68; vgl. Janka, *Bis zur Verhaftung;* ders., *Schwierigkeiten mit der Wahrheit.*

45 Die Untersuchungen wurden von der ZPKK durchgeführt. Vgl. Alexander Abusch, »An die ZPKK der SED, z. H. des Gen. Hermann Matern«, 10. Oktober 1950, in: SAPMO, ZPA, ZPKK IV 2/4/111, S. 25–34; ders., »Ergänzungen zu meinen mündlichen Aussagen vom 10.11.1950«, in ebd., S. 42–51; Leo Katz, »Bericht über Paul Merker und seine Tätigkeit in Mexiko: Entstehung der deutschsprachigen Gruppe in Mexiko«, in ebd., IV 2/4/117, S. 307–313; Rudolf Neumann und Hilde Neumann an die ZPKK, »Betr. Emigration in Mexiko«, 30. August 1950, in ebd., IV 2/4/112, S. 5 f.

46 James P. Baxter an Colonel William J. Donovan, »Memorandum«, 26. September 1941, in: NA RG 226, OSS Box 226, E 146, Hefter 1665.

47 Vgl.: J. Edgar Hoover an William J. Donovan, »Mexico Subversive Activity«, in: NA RG 226, OSS Box 54, E 17; »Nazi Sympathizers in the Mexican Gouvernment«, 31. Oktober 1941; »Report on Espionage and Fifth Column Activities in Mexico«, 6. Januar 1942; »Pro-Axis and Anti-Axis Forces in Mexico«, 3. Mai 1942.

48 J. Edgar Hoover an Colonel William J. Donovan, 17. Januar 1942, NA RG 226, OSS Box 42, E 16, 9821. In Toledanos Memorandum wurden zweiundzwanzig Namen mit Adressen und Telefonnummern genannt, Befehlsketten, Arbeitsweise und Organisationsstrukturen beschrieben und berichtet, daß »sowohl die Gestapo als auch der Spionageapparat [in Mexiko] ... jetzt in Absprache mit den japanischen Diplomaten und Konsuln« vorgingen. Der »amerikanische kommunistische Funktionär« könnte Eugene Dennis gewesen sein, der zweite Mann in der KP der USA, der als Verbindungsmann zum amerikanischen Nachrichtendienst fungierte. Zur Verbindung zwischen KP und Nachrichtendienst während des Zweiten Weltkrieges vgl. Klehr/Haynes, *The Secret World of American Communism.*

49 J. Edgar Hoover an Colonel William J. Donovan, »The Nazi Party in Mexico, Articles Published in *El Popular* und Edited by Lombardo Toledano«, 23. Februar 1942, in: NA RG 226, OSS Box 326, E 14. Auch dem Marineattaché an der US-Botschaft in Mexiko fiel Toledano auf

(vgl.: Bericht, U. S. Naval Attaché, Mexico City, an Intelligence Division, Office of Chief of Naval Operations, 24. Oktober 1941, in: NA RG 226, OSS 7127, Mikrofilm M1499, Rolle 22).

50 Vgl.: »Instructions from Moscow to Communist Organizations of Mexico«, 30. Juli 1941, in: NA RG 226, OSS Box 06, E 146, Hefter 1661.

51 Phillip Horton an Mr. Wiley, »German Political Refugees in Mexico«, 4. November 1942, in: NA, OSS Akten der Foreign Nationalities Branch, 1942–1945, INT–13G–426. Auch Leo Zuckermann erregte die Aufmerksamkeit des amerikanischen Nachrichtendiensts (vgl. H. Gregory Thomas an Captain Henry De Vries, »Memorandum«, 28. Dezember 1942, in: NA RG 226, OSS Box 06, Eintrag 106, Hefter 39, Mexiko).

52 Ludwig Renn und André Simone (Otto Katz) schrieben direkt an George Messersmith, den US-Botschafter in Mexiko, um ihm »mit großer Freude« mitzuteilen, »daß hier eine antinazistische Bewegung ›Freies Deutschland‹ gegründet worden ist mit dem Ziel, alle antinazistischen Deutschen in Mexiko zu vereinen, um den Alliierten die größtmögliche Hilfe angedeihen zu lassen und Hitlers Fünfte Kolonne in diesem Land zu bekämpfen« (Ludwig Renn und André Simone an George Messersmith, 28. März 1942, in: NA, OSS Akten der Foreign Nationalities Branch, 1942–1945, INT–13G–426).

53 H. Gregory Thomas an Allen W. Dulles, »Office Memorandum«, 15. Juli 1942, in: NA RG 226, OSS Box 06, Eintrag 106, Hefter 39. Thomas zufolge war dem OSS die Ankunft aus italienischen, baskischen und spanischen Quellen bereits Wochen zuvor bekannt gewesen.

54 Navy Department, Office of Naval Intelligence, »Subject, Merker, Paul«, 24. Dezember 1942, in: NA RG 319, IRR Paul Merker, Box 151, X 859750.

55 Vgl. zum Beispiel: »The German American Emergency Conference and the Freies Deutschland Movement«, 2. Februar 1943, in: NA, OSS Akten der Foreign Nationalities Branch, 1942–1945, INT–33GE–7, S. 2; »The Free Germans and the Allied Information Office«, 7. Februar 1944, in ebd., INT–13G–984, S. 2.

56 J. Edgar Hoover an Adolf A. Berle, »Subject Paul Merker, alias Paul Merker Zeibig, Communist Activities in Mexico«, 22. September 1943, in: NA RG 319, IRR Paul Merker, Box 151, X 859750. Am 3. Juli 1943 hatte Hoover an Generalmajor George V. Strong, den stell-

vertretenden Stabschef im Kriegsministerium, ein Memorandum über Merker gesandt, aus dem hervorgeht, daß das FBI noch im Sommer 1943 nichts von Merkers Aufenthalt in den USA wußte. Er schrieb, das Außenministerium habe »bis zum 19. Mai 1943 keinen Beleg dafür, daß Merker jemals in den Vereinigten Staaten gewesen ist«. Dem FBI war allerdings bekannt, daß amerikanische Kommunisten Briefe an Merkers Adresse in Mexiko schickten. Weiter heißt es: »Diese prüft das FBI, um festzustellen, ob Merker als Vertreter der Kommunistischen Internationale illegal in die Vereinigten Staaten eingereist ist« (in: NA RG 319, IRR Paul Merker, Box 151, X 859750).

57 Marian E. Porter, »Intelligence Report, Subject, Ludwig Renn«, 9. Januar 1946, in: NA RG 319, IRR Paul Merker, Box 151, X 859750.

58 Vgl.: WJC, H232/3, WJC-Büro Mexiko, Paul Merker an Kate Knopfmacher, 6. Mai 1944; WJC, H229/13, Kate Knopfmacher an Dr. Nahum Goldmann, 18. Februar 1943; WJC, Mexiko-Abteilung, Box H231, Kate Knopfmacher, Korrespondenz 1943, American Jewish Archives, Hebrew Union College, Cincinnati, Ohio.

59 Gerhard Jacoby, »Bericht über den ersten Landeskongreß der Bewegung ›Freies Deutschland‹ in Mexiko«, 4. November 1943, in: WJC, H230/Mexico – Jewish Situation Reports, 1943–1950, American Jewish Archives, Hebrew Union College, Cincinnati, Ohio.

60 Dr. Kubowitzki an die Mitglieder des WJC-Exekutivkomitees, 26. November 1943, in: WJC, H230/Mexico – Jewish Situation Reports, 1943–1950, American Jewish Archives, Hebrew Union College, Cincinnati, Ohio.

Das Nürnberger Interregnum I

1 Leo Zuckermann, zum Beispiel, erfuhr, daß über zweiundzwanzig Verwandte, einschließlich seiner Eltern, im Holocaust umgekommen waren (»Auskunftsbericht: Betr. Dr. Leo Zuckermann«, 23. Juli 1951; »Personalbogen«, 1. August 1951; »Dr. Leo Zuckermann, Lebenslauf«, 13. Februar 1950, in: MfSZ, Einzelvorgang 147/61, Leo Zuckermann, S. 6, 13–19.

2 Von den 600 000 Juden, die 1933 in ganz Deutschland gelebt hatten, waren nur 21 454 übriggeblieben, jene nicht mitgerechnet, die in La-

gern für Displaced persons auf die Ausreise nach Israel warteten (Burgauer, *Zwischen Erinnerung und Verdrängung*, S. 356–359).

3 Vgl. die Stichworte »Auswärtiges Amt, Judenverfolgung« und »Judenverfolgung« in: *Der Prozeß gegen die Hauptkriegsverbrecher*, Bd. 23, S. 12, 53–56; Shklar, *Legalism*.

4 »Heute vor vier Jahren. Der schwärzeste Tag deutscher Geschichte«, in: *Deutsche Volkszeitung*, 22. Juni 1945. In der Woche vom 19. bis 25. September erschienen in der Zeitung fünf Artikel über die NS-Verbrechen in der Sowjetunion.

5 »6 Millionen Juden ermordet. Alle Angeklagten für die bestialischen Pogrome verantwortlich«, in: *Deutsche Volkszeitung*, 15. Dezember 1945, S. 2.

6 Welsh, »›Antifaschistisch-demokratische Umwälzung‹«, S. 91 f.; Naimark, *Die Russen in Deutschland*.

7 Welsh, »›Antifaschistisch-demokratische Umwälzung‹«, S. 93; vgl. Fricke, *Politik und Justiz in der DDR*.

8 Naimark, *Die Russen in Deutschland*, S. 473–475.

9 »Denkschrift des UdSSR-Innenministeriums«, in: *Deutschland Archiv* 11/1990; vgl. Welsh, »›Antifaschistisch-demokratische Umwälzung‹«, S. 93.

10 Vgl. von Flocken/Klonovsky, *Stalins Lager in Deutschland*, S. 211–225, mit Thomas Manns kritischem Brief an Ulbricht vom Juli 1950, ebd., S. 226–229; Deutscher Bundestag, »Strafverfolgung durch deutsche Justizbehörden in der sowjetischen Besatzungszone und dem Sowjetsektor von Berlin«, in: *Zur Verjährung nationalsozialistischer Verbrechen*, Teil 1, S. 103–106; *Die Haltung der beiden deutschen Staaten zu den Nazi- und Kriegsverbrechen; Die Bestrafung der Nazi- und Kriegsverbrecher*.

11 Vgl. Schubarth/Pschierer/Schmidt, »Verordneter Antifaschismus«, S. 4.

12 Welsh, »›Antifaschistisch-demokratische Umwälzung‹«, S. 99 f.

13 Franz Dahlem, »Einige Probleme unserer künftigen Arbeit in Deutschland. Rede vor ehemaligen Häftlingen des KZ Mauthausens«, in ders., *Ausgewählte Reden und Aufsätze*, S. 254–259. Zu Mauthausen vgl. Gordon J. Horwitz, *In the Shadow of Death*.

14 Franz Dahlem, »Gelöbnis zur Gedächtniskundgebung für die Opfer des Faschismus«, in: *Deutsche Volkszeitung*, 9. September 1945.

15 »Juden sind auch Opfer des Faschismus. Arbeitsprogramm der anti-

faschistischen Kämpfer«, in: *Deutsche Volkszeitung,* 26. September 1945, S. 1; vgl. Barth u. a., *Wer war Wer in der DDR,* S. 218.

16 Johannes R. Becher, »Deutschland klagt an!«, in: Aufbau 1/1946, S. 12, 17.

17 Walter Ulbricht, »9. November 1918 in Deutschland. Die große Lehre«, in ders., *Die Entwicklung des deutschen volksdemokratischen Staates;* Wilhelm Pieck, »Wortlaut der Rede des Genossen Pieck«, in: *Deutsche Volkszeitung,* 10. November 1945, S. 1.

18 Vgl. Timm, »Der Streit um Restitution und Wiedergutmachung in der Sowjetischen Besatzungszone Deutschlands«.

19 Vgl. Groehler, »Integration und Ausgrenzung«; Dittmar, »DDR und Israel«.

20 Groehler, »Integration und Ausgrenzung«, S. 107–109. Die Zahlen der Anerkannten nahmen im Lauf der Zeit stetig ab (vgl. Burgauer, *Zwischen Erinnerung und Verdrängung*).

21 Alfred Kantorowicz, »Opfer des Faschismus«, in: *Die Weltbühne* 17/1947, S. 733–735.

22 »Juden sind auch Opfer des Faschismus«, in: *Deutsche Volkszeitung,* 26. September 1945, S. 1.

23 Raddatz, *Wer ist Opfer des Faschismus?,* S. 6f., 10f., 14; vgl. Groehler, »Integration und Ausgrenzung«; Goschler, »Paternalismus und Verweigerung«. Raddatz war 1947 bis 1949 Generalsekretär der Vereinigung der Verfolgten des Naziregimes (VVN) und arbeitete später (1953–1960) im Ausschuß für Deutsche Einheit, bis er 1960 verhaftet und aus der SED ausgeschlossen wurde. 1962 stand er gemeinsam mit Heinz Brandt und Wilhelm Fickenscher wegen »Spionage« und »Verletzung des Amtsgeheimnisses« vor dem Obersten Gericht der DDR, das ihn zu siebeneinhalb Jahren Zuchthaus verurteilte. Im Dezember 1964 wurde er amnestiert und arbeitete bis zu seinem Tod in der Deutschen Staatsbibliothek Berlin.

24 Heinz Brandt, »Unsere Stellung zu den Opfern der Nürnberger Gesetzgebung«, zit. von Groehler, »Integration und Ausgrenzung«, S. 110. Brandt war außerdem seit 1945 Leiter der Abteilung für Agitation und Propaganda der Berliner Bezirksleitung der KPD, bis er diesen Posten 1953 verlor. 1958 floh er nach Westdeutschland, wo er als Redakteur der Gewerkschaftszeitung der IG Metall arbeitete. 1961 wurde er von der Stasi in die DDR verschleppt, wo er bis 1964 im Gefängnis saß. Vgl. Brandt, *Ein Traum, der nicht entführbar ist.*

25 Zit. in Groehler, »Integration und Ausgrenzung«, S. 111. Löwenkopf, seit 1908 SPD-Mitglied, hatte sich 1945 in Dresden der KPD angeschlossen. Im Gefolge der Noel-Field-Affäre wurde er 1950 verhaftet und saß drei Monate im Gefängnis. Im Januar 1953 floh er nach Westdeutschland.

26 Ebd., S. 111f.

27 »Deutsche Zentralverwaltung für Arbeit und Sozialfürsorge in der Sowjetischen Besatzungszone Deutschlands, 18.6.1946«, in: SAPMO, ZPA, Sekretariat Lehmann IV 2/2027/29; vgl. Timm, »Der Streit um Restitution und Wiedergutmachung«, S. 127.

28 Dahlem/Raddatz, *Die Aufgaben der VVN*, S. 9–13, 16, 25f.

29 Helmut Eschwege an Paul Merker, 2. Februar 1946, in: SAPMO, ZPA, IV 2/2027/29, S. 3f.

30 »Protokoll 55, Sitzung des Zentralsekretariats, 19.11.1946, Gen. Lehmann/Gen. Merker«; Kurt Nettball an Paul Merker, »Gen. Nettball, Betr.: Bericht über die Lage der jüdischen Bevölkerung«, 25. Januar 1947, in: SAPMO, ZPA, Sekretariat Lehmann IV 2/2027/29 und 30; vgl. Groehler, »Integration und Ausgrenzung«, S. 115.

31 Vgl.: »Wiedergutmachung gegenüber den Verfolgten des Naziregimes, 1945–1950«, in: SAPMO, ZPA, Sekretariat Lehmann IV 2/2027/29–33. Im Feburar 1947 war Merker von seinem Mitarbeiter Kurt Nettball darauf aufmerksam gemacht worden, daß in der sowjetischen Besatzungszone wenig getan worden sei, um den Antisemitismus zu bekämpfen und daß die Forderungen jüdischer Überlebender nach Rückgabe ihres Eigentums noch weit von ihrer Erfüllung entfernt seien (Kurt Nettball an Paul Merker, »Gen. Nettball, Betr.: Bericht über die Lage der jüdischen Bevölkerung«, 25. Januar 1947, in ebd., IV 2/2027/30).

32 Jenny Matern, Deutsche Verwaltung für Arbeit und Sozialfürsorge, »Richtlinien für die Anerkennung und Ausgabe der Ausweise an ›Kämpfer gegen den Faschismus‹ und an ›Opfer des Faschismus‹ in der sowjetischen Besatzungszone Deutschlands«, 14. Januar 1947, in: SAPMO, ZPA, Sekretariat Lehmann IV 2/2027/30, S. 1–4; vgl. Groehler, »Aber sie haben nicht gekämpft«. In Dokumenten wurde anstelle der Bezeichnungen »Jude« oder »jüdisch« häufig der Begriff »rassisch Verfolgter« verwendet. Sogar in der Teilnehmerliste einer Sitzung des Exekutivkomitees der VVN am 2. Februar 1947 bezeichnete man die beiden jüdischen Teilnehmer, Julius Meyer und Leo Löwenkopf, als

»rass[isch].« (»Vorlage an das Zentralsekretariat, Betr.: Enger und erweiterter Vorstand der Vereinigung der Verfolgten des Naziregimes für die sowjetische Besatzungszone«, in: SAPMO, ZPA, Sekretariat Lehmann IV 2/2027/30).

33 »Telegramm des Genossen Löwenkopf aus Dresden vom 30. Mai 1947«, in: SAPMO, ZPA, IV 2/2027/30, S.87.

34 Merker an Ulbricht und Fechner, 4. Juni 1947, in: SAPMO, ZPA, IV 2/2027/30/, S.88. Fechner (1892–1973) war 1946 bis 1953 Mitglied des ZS bzw. ZK der SED und von 1949 bis 1953 Justizminister der DDR. Nach dem Aufstand vom 17. Juni 1953 wurde er wegen seines Eintretens für Reformen aus der Partei ausgeschlossen, verhaftet und wegen angeblicher Staatsfeindlichkeit abgeurteilt. 1956 aus der Haft entlassen, wurde er 1958 rehabilitiert. Vgl. Barth u.a., *Wer war Wer in der DDR*, S.177; Beckert/Fricke, »Auf Weisung des Politbüros«.

35 »Probleme und Grundsätze für die Wiedergutmachung gegenüber Opfern des Faschismus«, 8. August 1947, in: SAPMO, ZPA, Sekretariat Lehmann IV 2/2027/30.

36 Paul Merker/Helmut Lehmann, »Vorlage an die Mitglieder des Zentralsekretariats, Betr.: Gesetz über die Betreuung der Verfolgten des Naziregimes und die Vorbereitung für Wiedergutmachung«, 19. Januar 1948, in: SAPMO, ZPA, Sekretariat Lehmann IV 2/2027/31, S.2f., 6f. Merker hielt den Kontakt zu den Jüdischen Gemeinden in Ostdeutschland aufrecht. Am 15. März 1948 nahm er zusammen mit Leo Zuckermann und Kurt Nettball an einer Konferenz ihrer Vertreter teil, um mit ihnen über die Wiedergutmachung zu sprechen (vgl.: »Betr.: Julius Meyer«, 16. Januar 1953, und »Sitzung des Landesverbandes der Jüdischen Gemeinden in der Deutschen Demokratischen Republik vom 15.3.1948«, in: SAPMO, ZPA, ZPKK IV 2/4/404, S.27, 46–89; Leo Zuckermann, »Restitution und Wiedergutmachung«, in: *Die Weltbühne* 17/1948.

37 Leo Zuckermann, »Restitution und Wiedergutmachung«, in: *Die Weltbühne* 17/1948, S.430–432.

38 Leo Zuckermann an Paul Merker, 30. April 1948, in: SAPMO, ZPA, Sekretariat Lehmann IV 2/2027/31.

39 Paul Merker an Wilhelm Pieck, 4. Mai 1948, in ebd.

40 »Abschrift He. 16.6.48, Berger an Gen. Fechner/Ulbricht«, 14. Mai 1948, in: SAPMO, ZPA, Sekretariat Lehmann IV 2/2027/31; vgl.: Schäfermeyer an Fechner und Ulbricht, »Betr.: Wiedergutmachungs-

gesetz«, 25. Mai 1948, in ebd.; über eine Sitzung am 4. Juni 1948 in Merkers Büro siehe: »Paul Merker, Betr.: Stellungnahme der Partei zur jüdischen Frage«, 4. Juni 1948, in ebd. Berger, ebenfalls Jude und Spanienkämpfer, war in den fünfziger Jahren ironischerweise Verteidiger von Robert Havemann. Zu Melsheimer, der 1955 im Geheimprozeß gegen Merker die Anklage vertreten sollte, vgl. Werkentin, »Richter und Ankläger in vier politischen Systemen«.

41 Leo Zuckermann an Walter Ulbricht, »Betrifft: Schreiben der Abt. Justiz vom 14.5. und 25.5.48 bezügl. Wiedergutmachungsgesetz«, 16. Juni 1948, in: SAPMO, ZPA, Sekretariat Lehmann IV 2/2027/32.

42 Ottomar Geschke an Paul Merker, 18. Februar 1949, in: SAPMO, ZPA, Sekretariat Lehmann IV 2/2027/31.

43 Ein Bericht der ZPKK der SED über ein Treffen von Karl Linweh, dem israelischen Konsul in München, mit Walter Bartel und seine Einladung an Julius Meyer, Heinz Galinski und den Berliner Rabbi Steffan Schwarzschild, Israel zu besuchen, siehe: »Betr.: Julius Meyer« und »Aussprache mit dem Genossen Julius Meyer, Präsident der jüdischen Gemeinde am 6.1.53«, 8. Januar 1953, in: SAPMO, ZPA, ZPKK 2/4/404, S. 26f., 34f.

44 »Anordnung zur Sicherung der rechtlichen Stellung der anerkannten Verfolgten des Naziregimes«, 5. Oktober 1949, in: *Zentralverwaltung sowie die Deutschen Verwaltungen für Inneres, Justiz und Volksbildung,* S. 765.

45 Die DDR-Regierung verwirklichte ihre Drohung, bei politischer Unbotmäßigkeit die Vergünstigungen zu streichen. Allein in Ost-Berlin verloren zwischen 1949 und 1953 über 4 000 der 15 063 VVN-Mitglieder aus politischen Gründen ihren Status als VdN (Groehler, »Integration und Ausgrenzung«, S. 127).

46 Timm, »Der Streit um Restitution und Wiedergutmachung«, S. 137; »Durchführungsbestimmungen zu der Anordnung zur Sicherung der rechtlichen Stellung der anerkannten Verfolgten des Naziregimes«, 10. Februar 1950, in: *Gesetzblatt der Deutschen Demokratischen Republik,* 18. Februar 1950, S. 77.

47 Stefan Heymann, »Begrüßungsfeier in der Weimarhalle«, in: *Befreiungstag Buchenwald,* S. 4. Heymann, KPD-Mitglied seit 1919, war Gefangener in den KZ Kieslau, Dachau, Buchenwald und Auschwitz gewesen. Nach 1945 hatte er der Thüringer Landesleitung der KPD angehört, bevor er 1948 als stellvertretender Leiter der Abteilung Par-

teischulung, Kultur und Erziehung zum ZK der SED wechselte. Ab 1950 wirkte er als Diplomat und Akademiker (Barth u.a., *Wer war Wer in der DDR,* S.308).

48 Stefan Heymann, »Entschließung«, in ebd., S.57–59.

49 Heinz Galinski, in ebd., S.39f.

50 Julius Meyer, in ebd., S.42f.

51 Walter Bartel, in ebd., S.19–35; vgl. Barth u.a., *Wer war Wer in der DDR,* S.38.

52 »Aussprache mit dem Genossen Julius Meier, Präsident der jüdischen Gemeinde am 6.3.53«, S.34; »Sitzung des Landesverbandes der Jüdischen Gemeinden in der Deutschen Demokratischen Republik vom 15.3.1948«, 8. Januar 1948, in: SAPMO, ZPA, ZPKK IV 2/4/404, S.46; »Betr.: Julius Meyer«, 6. Januar 1953, in ebd., S.34f.

53 Paul Merker, »VVN, Liebe Freunde und Kameraden«, in: SAPMO, ZPA, NL Paul Merker, 102/45, S.6f.

54 Paul Merker, »Der Krieg in Palästina«, in: SAPMO, ZPA, NL Paul Merker, 102/45, S.1, 5–8, 10, 12, 31; vgl. ders., »Der neue Staat des jüdischen Volkes entsteht«, in: *Die Weltbühne* 5–6/1948; ders., »Der neue Staat des jüdischen Volkes«, in: *Neues Deutschland,* 24. Februar 1948.

55 Eine eingehende Untersuchung des Antisemitismus in Ostdeutschland würde den Rahmen dieser Studie sprengen. Es sei jedoch darauf hingewiesen, daß einige Arbeiten marxistischer Autoren in dieser Zeit dem Antisemitismus besondere Aufmerksamkeit schenkten (vgl. Kahn, *Antisemitismus und Rassenhetze).*

56 Zit. in Eschwege, *Fremd unter meinesgleichen,* S.63.

57 Kogon, *Der SS-Staat,* S.402, 408, 410.

58 Kogon, »Der politische Untergang des europäischen Widerstandes«, in: *Frankfurter Hefte* 5/1949, S.407–411; vgl. ders., »Politik der Versöhnung«, in ebd. 4/1948, S.321f.

59 Stefan Heymann, »Gibt es eine Krise des antifaschistischen Widerstandes? Eine Antwort an Dr. Kogon«, in: *Die Tat,* 9. Juli 1949, S.1.

60 Leo Zuckermann, »Eine Antwort an die ›Neue Zeitung‹: Wir werden niemals gegen die Befreier von Maidanek und Auschwitz kämpfen«, in: *Die Tat,* 13. Juni 1949.

61 Vgl. Vaksberg, *Stalin Against the Jews,* S.141–182; Kochan, *The Jews in Soviet Russia;* Redlich, *Propaganda and Nationalism in Wartime Russia,* S.149–170.

62 Paul Merker, »Stalin, der Schmied des Bündnisses zwischen Arbeiterklasse und werktätiger Bauernschaft«, in: SAPMO, ZPA, NL Paul Merker, 102/43, S. 256. Merker pries Stalin im pompösen Stil der Zeit als den »Führer der internationalen Arbeiterklasse, den Helfer aller Unterdrückten und Ausgebeuteten der Welt, den unbeugsamen Marxisten-Leninisten, der das Werk Lenins begründete und weiter entwickelte, den größten Staatsmann und Strategen unseres Zeitalters, den unübertroffenen Kämpfer für die Sicherung des Weltfriedens und den besten Freund des deutschen Volkes«.

63 Paul Merker, »Was geht im Westen vor?«, 3. Februar 1950, in: SAPMO, ZPA, ZPKK IV 2/4/117, S. 232, 236 f., 250.

Säuberung vom »Kosmopolitismus«

1 Vgl. Weber, *Geschichte der DDR,* S. 173–244.

2 *Dokumente zur Staatsordnung der Deutschen Demokratischen Republik,* Bd. 1, S. 422.

3 Weber, *Geschichte der DDR,* S. 189 f.

4 »Die gegenwärtige Lage und die Aufgaben der Sozialistischen Einheitspartei Deutschlands«, Bericht des Parteivorstandes an den III. Parteitag der SED, in: *Dokumente der Sozialistischen Einheitspartei Deutschlands,* Bd. 3, S. 105.

5 Vgl. Vaksberg, *Stalin against the Jews,* S. 159–182; Borschtschagowski, *Orden für einen Mord.*

6 »Die Entlarvung des bürgerlichen Kosmopolitismus«, in: *Neue Zeit,* 16. März 1949, S. 4.

7 Walter Ulbricht, »Warum Nationale Front des demokratischen Deutschland? Aus dem Referat auf der Parteikonferenz der SED Groß-Berlin, 17. Mai 1949«, in ders., *Zur Geschichte der deutschen Arbeiterbewegung,* Bd. 3, S. 507 f.

8 Wilhelm Pieck, »Die Nationale Front. Rede auf der 8. Tagung des Deutschen Volksrats in Berlin am 23. Juli 1949«, in ders., *Reden und Aufsätze,* Bd. 2, S. 254.

9 Walter Ulbricht, »Warum Nationale Front des demokratischen Deutschland?«, S. 491.

10 Ernst Hoffmann, »Die Stellung des Marxismus zum bürgerlichen Kosmopolitismus«, in: *Einheit* 7/1949, S. 606 f., 609, 611, 615.

11 Ernst Hoffmann, »Über die Bedeutung der ideologischen Offensive in der Sowjetunion für Deutschland«, in: *Einheit* 8/1949, S.793f.

12 Vgl. Fricke, *Warten auf Gerechtigkeit,* S.62–98; Weber, *Geschichte der DDR,* S.186–245; Staritz, *Die Gründung der DDR.* Neben der für Untersuchungen gegen die Führungsspitze zuständigen ZPKK gab es für die unteren Organisationseinheiten der Partei Kontrollkommissionen auf Länder- beziehungsweise Bezirks- und Kreisebene. Vgl. Frikke, ebd., S.131–133; »Ausführungen zum Beschluß des Parteivorstandes über die Schaffung der Parteikontrollkommission (Beschluß des Parteivorstandes vom 16. September 1948)«, in: *Dokumente der Sozialistischen Einheitspartei,* Bd. 2, S.97.

13 Vgl. Fricke, »Das Zusammenwirken von Politbürokratie, Staatssicherheit und Justiz«, S.167–177.

14 Vgl. Kießling, *Partner im »Narrenparadies«;* Lewis, *Bauer im roten Spiel;* Schmidt, »The Hiss Dossier«.

15 Kießling, *Partner im »Narrenparadies«,* S.263–275.

16 »Erklärung des Zentralkomitees und der Zentralen Parteikontrollkommission zu den Verbindungen ehemaliger deutscher politischer Emigranten zu dem Leiter des Unitarian Service Committee Noel H. Field«, in: *Dokumente der Sozialistischen Einheitspartei,* Bd. 3; vgl.: »Inhaltsverzeichnis: Mappe Paul Merker«, 2. September 1950, und »Bericht des Genossen Paul Merker vom 27. Juli 1950«, in SAPMO, ZPA, ZPKK IV 2/4/117.

17 Fricke, *Warten auf Gerechtigkeit,* S.81.

18 »Erklärung des Zentralkomitees und der Zentralen Parteikontrollkommission zu den Verbindungen ehemaliger deutscher politischer Emigranten ...«, in: *Dokumente der Sozialistischen Einheitspartei,* Bd. 3, S.202, 205, 212. Am 29. August 1950 wiederholte Anton Ackermann, damals Kandidat des Politbüros und Staatssekretär im DDR-Außenministerium, in einem Schreiben an die ZPKK die Geschichte über Merkers angebliche Reaktion, als er in Paris vom Hitler-Stalin-Pakt erfuhr (»Betrifft: Antisowjetische Äußerungen Paul Merkers«, in: SAPMO, ZPA, ZPKK IV 2/4/117).

19 Vgl.: SAPMO, ZPA, ZPKK IV 2/4/117.

20 Paul Merker an Ursula Merker, 5. September 1950, in: SAPMO, ZPA, ZPKK IV 2/4/111. Merkers Töchter versuchten sich selbst zu schützen. Am 18. September 1950 schrieb Ursula Merker an die ZPKK, sie habe erst aus der ZK-Erklärung zur Field-Affäre vom

»verräterischen Verhalten« ihres Vaters erfahren. Die Maßnahmen der Partei seien »nicht nur richtig, sondern notwendig«, denn »dieses Netz des Klassenfeindes« müsse zerrissen werden. Gerade weil es sich um ihren Vater handle, zöge sie »besonders gründlich die Lehren« aus dieser Angelegenheit, die zu »erhöhter Wachsamkeit« gegenüber imperialistischen Spionageaktivitäten aufforderten (Ursula Merker, »Erklärung«, 9. September 1950, in: SAPMO, ZPA, ZPKK IV 2/4/111, S. 326 f.). Im November 1950 versicherte Ruth Merker, die ebenfalls der SED angehörte, der Parteigruppe des Dresdner Betriebes, in dem sie arbeitete, sie habe von den Verbindungen ihres Vaters zu »anglo-amerikanischen Agenten« nichts gewußt. Auch sie hieß die Handlungsweise des ZK gut, verurteilte die Tätigkeit ihres Vaters und zog den Schluß, sie müsse den Marxismus-Leninismus intensiver studieren, »um nicht auf ebensolche gefährliche Wege zu kommen wie mein Vater«. Ihre Erklärung war zwecklos; ihre Betriebsgruppe befand, daß sie nicht im Sekretariat der Dresdner SED bleiben könne, »da sie mit ihrem Vater zusammenwohnt und die Gefahr besteht, von diesem beeinflußt zu werden«, oder dieser womöglich Gelegenheit zu »heimlicher Einsichtnahme in Parteidokumente« erhalte (»Entschließung der SED-Betriebsgruppe des Elektrowerks II, Dresden«, 24. November 1950, in: SAPMO, ZPA, ZPKK IV 2/4/111).

21 »Abusch, Alexander: Auszug aus dem Bericht der ZPKK«, 18. Juli 1950, in: MfSZ 5079/56, Alexander Abusch, Arbeitsvorgang 2282/53, Bd. 1, Teil 1, S. 34.

22 Alexander Abusch an Walter Ulbricht, zwischen 18. Juli und 7. August 1950, in ebd., S. 35.

23 »Alexander Abusch«, 10. November 1950, S. 27–34; »Ergänzungen zu meiner mündlichen Aussage vom 10.11.1950«, S. 42–45; »Skizze der innerparteilichen politischen Diskussionen in Mexiko 1942/45«, S. 47–51, in: SAPMO, ZPA, ZPKK IV 2/4/111.

24 »Betr.: Alexander Abusch, Berlin«, 11. Dezember 1950, in: SAPMO, ZPA, ZPKK IV 2/4/111, S. 54.

25 Paul Merker an Alexander Abusch, 19. März 1951, in: MfSZ 5079/56, Alexander Abusch, Arbeitsvorgang 2282/53, Bd. 1, Teil 1, S. 75.

26 Alexander Abusch an Walter Ulbricht, 12. April 1951, in: MfSZ 5079/53, Alexander Abusch, Arbeitsvorgang 2282/53, Bd. 1, Teil 1, S. 76, 78–81.

27 »Verpflichtung«, 30. Mai 1951, in: MfSZ 5079/53, Alexander Abusch, Arbeitsvorgang 2282/53, Bd. 1, Teil 1, S. 82.

28 »Aktenspiegel«, 23. Juli 1953, in: MfSZ 5079/56, Alexander Abusch, Bd. 1, Teil 1, S. 27f., 31; »Schlußbericht«, 26. Oktober 1956, in ebd., Teil 2, S. 224.

29 »Einschätzung des GI ›Ernst‹«, 18. April 1953, in: MfSZ 5079/53, Alexander Abusch, Arbeitsvorgang 2282/53, Bd. 1, Teil 1, S. 2–5.

30 »Genosse Zuckermann«, 10. November 1950, in: SAPMO, ZPA, ZPKK IV 2/4/112, S. 424–426.

31 Leo Zuckermann an Herta Geffke, 13. November 1950, in: SAPMO, ZPA, ZPKK IV 2/4/112, S. 416.

32 Leo Zuckermann an Walter Ulbricht, 27. November 1950, in: SAPMO, ZPA, Kaderfragen IV 2/22/V 5248.

33 »Aktennotiz: Betr.: Angaben über Zuckermann, Leo«, 14. Juni 1951, in: MfSZ 147/51, S. 5.

34 »Beschluß über Zuckermann, Leo«, 27. Juni 1951, in: MfSZ, Untersuchungsvorgang 147/51, Leo Zuckermann, S. 3f.

35 »Leo Zuckermann, Abschrift: Lebensbericht«, 18. Juli 1951, in: SAPMO, ZPA, Kaderfragen IV 2/11/V 5248, S. 27–30.

36 »Reuscher, Abteilungsleiter, Sicherstellung von Briefen«, 5. August 1951, in: MfSZ 147/51, Leo Zuckermann, S. 10.

37 »Einzelvertrag zwischen Dr. Leo Zuckermann ... Forst Zinna, DVA und dem Ministerium des Innern der Deutschen Demokratischen Republik«, 26. September 1951, in: MfSZ, Untersuchungsvorgang 147/51, Leo Zuckermann, S. 19–23.

38 MfSZ 147/52, Leo Zuckermann, S. 41–43.

39 »Ost-Berlin sucht nach einem Slansky. Emigration im Westen macht verdächtig/Die Knesseth protestiert«, in: *Frankfurter Allgemeine Zeitung*, 27. Dezember 1953, S. 1.

40 »Verfügung über die Einleitung eines Untersuchungsverfahrens, Merker, Paul«, 30. November 1952, in: MfSZ, Untersuchungsvorgang 294/52, Paul Merker, Bd. 1, 192/56, S. 2f.

41 »Festnahmebericht, Bezirksverwaltung Potsdam, Abteilung VIII«, 3. Dezember 1952, in: MfSZ, Untersuchungsvorgang 294/52, Bd. 1, 192/56, S. 6–8.

42 Die Stasi hatte Zuckermann zum letzten Mal am 13. Dezember beobachtet (»Aktennotiz«, 20. Dezember 1952; »Aktenvermerk«, 20. Dezember 1952; »Abschlußbericht«, 15. April 1953, in: MfSZ, 147/53,

Leo Zuckermann, S. 37–41). Zu seiner Flucht vgl. Margolin, »East German Jews Don't Say Good-Bye; They Silently Vanish to the West«, in: *Look,* 10. März 1953, S. 73f.

43 »Lehren aus dem Prozeß gegen das Verschwörerzentrum Slansky«, in: *Dokumente der Sozialistischen Einheitspartei,* Bd. 4, S. 202–204; vgl. Weber, »Schauprozeß-Vorbereitungen in der DDR«.

44 Meuschel, *Legitimation und Parteiherrschaft in der DDR,* S. 112.

45 »Lehren aus dem Prozeß gegen das Verschwörerzentrum Slansky«, in: *Dokumente der Sozialistischen Einheitspartei,* Bd. 4, S. 205–207.

46 »Das Amt Eisler aufgelöst. Auch der Pressechef Albert Norden ohne Funktion«, in: *Frankfurter Allgemeine Zeitung,* 30. Dezember 1952, S. 1.

47 Götz Berger an Hermann Matern, 31. Dezember 1952, in: SAPMO, ZPA, ZPKK IV 2/4/44, S. 56–58; MfSZ, 5079/56, Alexander Abusch, S. 91–93.

48 Otto Winzer an Hermann Matern, 25. März 1953, in: SAPMO, ZPA, ZPKK IV 2/4/112, S. 376.

49 Leo Zuckermann, »Erkenntnis, nicht Mitschuld«, in: SAPMO, ZPA, ZPKK IV 2/1/112, S. 378–380.

50 »Aussprache mit dem Genossen Julius Meyer, Präsident der jüdischen Gemeinde am 6.1.53«, in: SAPMO, ZPA, ZPKK IV 2/4/404, S. 30–35.

51 Julius Meyer, »Sitzung des Landesverbandes der Jüdischen Gemeinden in der Deutschen Demokratischen Republik«, 8. Januar 1953, in: SAPMO, ZPA, ZPKK IV 2/4/404, S. 46f.

52 »Betr. Julius Meyer«, 16. Januar 1953, in: SAPMO, ZPA, ZPKK IV 2/4/404, S. 26f.

53 »Four Jewish Leaders in East Zone Flee«, in: *New York Times,* 16. Januar 1953, S. 3.

54 »Moskau spricht von einem Komplott der Ärzte. Angeblich Anschläge auf hohe Funktionäre. Eine neue antisemitische Welle?«, in: *Frankfurter Allgemeine Zeitung,* 14. Januar 1953, S. 1; »Stalin stellt prominente Ärzte unter Anklage«, in: *Süddeutsche Zeitung,* 14. Januar 1953, S. 1.

55 »Außenminister Dertinger verhaftet«, in: *Frankfurter Allgemeine Zeitung,* 17. Januar 1953, S. 1; »Georg Dertinger als Spion vor Gericht?«, in: *Die Welt,* 17. Januar 1953, S. 1.

56 »Soviet Zone Police Raid Jews' Houses«, in: *New York Times,* 19. Ja-

nuar 1953, S. 5. Im Juli 1953 wurde Jendretzky wegen seiner Unterstützung von Rudolf Herrnstadt und Wilhelm Zaisser aus dem Politbüro ausgeschlossen, später aber wieder rehabilitiert (Barth u. a., *Wer war Wer in der DDR,* S. 340).

57 »German Reds Hint at Mass Spy Trial«, in: *New York Times,* 21. Januar 1953, S. 11.

58 Walter Sullivan, »Jewish Fugitives Reveal Pressures by East Germans. Eight Leaders Say They Were Asked to Back Slansky Case and Denounce Zionism«, in: *New York Times,* 8. Februar 1953, S. 1, 13.

59 »Moskauer Antizionismus in der DDR. Interview mit geflüchteten Leitern der Jüdischen Gemeinden der Sowjetzone«, in: *Die Neue Zeitung,* 24. Januar 1953, S. 1; vgl.: »Soviet Purge Laid to Security Fears. Anti-Semitism Viewed as Move to Block Links to Jews Outside Iron Curtain Countries«, in: *New York Times,* 24. Januar 1953, S. 3.

60 »CIC region Zuckermann, Prof. Dr. Leo, Interrogation Report«, 26. Februar 1953, in: U. S. Army Intelligence and Security Command, Fort Meade, Maryland, Dr. Leo Zuckermann, Fall 92F–95, S. 94–98. Der amerikanische Nachrichtendienst führte bereits seit Zuckermanns Ankunft in Ost-Berlin eine Akte über ihn (vgl. ebd., S. 121–136). Seine Informationen über die DDR waren für die Gegenspionageoffiziere ziemlich enttäuschend: »Zu einem breiten Spektrum von Themen, einschließlich der Möglichkeit des Eindringens unter jüdischem Personal, waren vom Subjekt keine Informationen zu erhalten.«

61 Alexander Abusch, »Bericht über Wienn«, 31. Dezember 1952, in: MfSZ, 5079/56, Alexander Abusch, Arbeitsvorgang 2282/53, Bd. 1, Teil 1, S. 112–114. Der Chauvinismus rangierte in der kommunistischen Liste der ideologischen und moralischen Sünden ganz weit oben. Im 1967 im SED-eigenen Dietz Verlag in Berlin erschienenen *Kleinen Politischen Wörterbuch* wurde er als »reaktionäre bürgerliche Ideologie und Politik« definiert, »die auf offene, direkte und brutale Unterjochung anderer Völker, auf die Entfachung nationaler Feindschaft und nationalen Hasses sowie auf die Unterdrückung der eigenen Nation gerichtet ist« (S. 113). Die Ansichten von Merker und Zuckermann als »jüdisch-chauvinistisch« zu beschreiben, kam ihrem Ausschluß aus den Reihen der fortschrittlichen Menschheit gleich.

62 Alexander Abusch, »Meine Fehler in Mexiko und ihre aktuellen Lehren«, in: MfSZ, 5079/56, Alexander Abusch, Arbeitsvorgang 2282/53, Bd. 1, Teil 1, S. 76–84.

63 »Berlin Jews Assail Stand of East Zone«, in: *New York Times,* 6. Januar 1953, S. 12. Warburg, der als stellvertretender Leiter der Überseeabteilung des Büros für Kriegsinformationen in Washington und Europa gearbeitet hatte, sagte: »Ich habe noch nie vorher von einem Paul Merker gehört.« Auch habe er nichts mit Wiedergutmachungsfragen zu tun. Interessant sei jedoch, »daß die ostdeutsche Marionettenregierung jetzt solche Handlungen als Verbrechen gegen den ostdeutschen Staat betrachtet«. Der Antisemitismus des tschechischen Prozesses und jetzt diese Säuberungen eliminierten »einen der wenigen verbliebenen Unterschiede zwischen Hitlerismus und Stalinismus«.

64 »Former High Aide in Soviet Zone Escapes to Avoid a Purge of Jews in East Germany«, in: *New York Times,* 7. Januar 1953, S. 7.

65 »West Berlin Reports Kremlin Has Ordered a Wide-Ranging Pruge of Jews in East Germany«, in: *New York Times,* 8. Januar 1953, S. 9.

66 »East Germans Oust President of Red Party«, in: *New York Times,* 9. Januar 1953.

67 »Wiedergutmachung als ›Volksverrat‹. Sozialistische Einheitspartei zieht die ›Lehren‹ aus dem Prager Slansky-Prozeß«, und »Schauprozesse nach Prager Exempel. SED: Wiedergutmachung heißt Verschiebung deutschen Volksvermögens«, in: *Allgemeine Wochenzeitung der Juden in Deutschland,* 9. Januar 1953, S. 1. Die *Allgemeine Wochenzeitung* war 1946 in Düsseldorf gegründet worden und in der Folgezeit die klarste und häufig einzige journalistische Stimme in Deutschland, die sich für Wiedergutmachung, Entnazifizierung und die Bewahrung der unangenehmen Erinnerung an die jüdische Katastrophe stark machte.

68 H. Torren, »Geheimwaffe des kalten Krieges. Zu den Vorgängen des Eisernen Vorhanges«, in: *Allgemeine Wochenzeitung der Juden in Deutschland,* 25. Januar 1953, S. 1.

69 In Merkers Stasiakte befinden sich Briefe seiner Frau Margarete vom August 1955, in denen sie darum ersucht, ihren Mann sprechen zu dürfen, den sie, wie es scheint, seit seiner Verhaftung im Dezember 1952 nicht mehr gesehen hatte (Margarete Merker an den Genossen Paul Wandel i. H. ZK der Sozialistischen Einheitspartei Deutschlands, 27. August 1955; Margarete Merker an die Präsidialkanzlei des Präsidenten der Deutschen Demokratischen Republik, 27. August 1955, in: MfSZ, Untersuchungsvorgang 294/52, Paul Merker, 192/56, S. 261 f.).

70 MfSZ, Untersuchungsvorgang 294/52, Paul Merker, Bde. 1–3, 192/56, S. 156–410. Zwei kurze Dokumente in der Akte legen den Schluß nahe, daß das Verhandlungsprotokoll in der Endphase der DDR gestohlen oder vernichtet wurde. In der ersten Notiz wurde unter dem Datum festgehalten, daß »Gerichtsdokumente« und »Beweisdokumente« am 24. November 1989 von einem Mitarbeiter der Hauptabteilung IX/I aus der Akte entnommen worden seien. In der anderen, vom selben Tag stammenden Notiz heißt es, der Verbleib des Protokolls der gerichtlichen Hauptverhandlung sei ungeklärt (MfSZ, Untersuchungsvorgang 294/52, Paul Merker, Bd. 3, 192/56, S. 181 f.).

71 »Vernehmungsprotokoll des Häftlings«, 12. Dezember 1952, in: MfSZ, Untersuchungsvorgang 294/52, Paul Merker, Bd. 2, 196/52, S. 107 f.

72 »Vernehmungsprotokoll des Häftlings«, 16. Januar 1953, in ebd., S. 52 f.

73 »Vernehmungsprotokoll des Häftlings«, 3. März 1953, in ebd., S. 122 f.

74 »Fristverlängerung«, 15. Januar 1954, in: ebd., Bd. 1, S. 18 f. Zu vorherigen Fristverlängerungen vgl.: ebd., S. 14–17. Die letzte wurde am 29. Mai 1954 für vier Monate beantragt (ebd., S. 20). Genehmigt wurden die Fristverlängerungen von Generalstaatsanwalt Melsheimer.

75 Berichte des Zellengenossen, 12., 15. und 19. Januar 1953, in: MfSZ, Untersuchungsvorgang 294/52, Paul Merker, Bd. 4, S. 206–209, 218, 229–234.

76 Bericht des Zellengenossen, 19. Januar 1953, in ebd., S. 207 f. Am 31. Januar 1953 erzählte Merker dem Mithäftling, der Stasivernehmer und »der Russe« seien wütend auf ihn, weil er keine anderen Personen belaste. Sie hätten ihn gefragt: »Na, wollen Sie etwas für die Arbeiterklasse tun und die Wahrheit sagen?« (Bericht des Zellengenossen, 2. Februar 1953, in ebd., S. 156).

77 Bericht des Zellengenossen, 11. März 1953, in ebd., S. 333.

78 Bericht des Zellengenossen, 4. Februar 1953, in ebd., S. 403–406.

79 Paul Merker an die ZPKK, »Stellungnahme zur Judenfrage«, 1. Juni 1956, in: NL Paul Merker, 102/27, SAPMO, ZPA, S. 1.

80 Zu ihnen gehörten Alexander Abusch, Franz Dahlem, Johann Schmidt, Erich Jungmann, Wilhelm Koenen, Gerhart Eisler, Anna Seghers, Georg Stibi, Henny Stibi, Bodo Uhse, Ludwig Renn, Walter Janka, Hans Marum, Rudolf Neumann und Maria Weiterer (»Zeu-

genvorschläge zum Untersuchungsvorgang Paul Merker«, in: MfSZ, Untersuchungsvorgang 294/52, Paul Merker, Bd. 3, 192/56, S. 170–172). Zu Zeugenaussagen gegen Merker von führenden SED-Politikern vgl. ebd.: »Vernehmungsprotokoll des Zeugen Anton Ackermann«, 25. April 1954, S. 429 f.; »Vernehmungsprotokoll des Zeugen Wilhelm Koenen«, 3. Mai 1954, S. 438–440; »Vernehmungsprotokoll des Zeugen Alexander Abusch«, 6. Juni 1954, S. 447–450; »Vernehmungsprotokoll des Zeugen Leo Katz«, 12. Mai 1954, S. 453–455.

81 Hermann Matern, »Über die Auswertung des Beschlusses des Zentralkomitees zu den ›Lehren aus dem Prozeß gegen das Verschwörerzentrum Slansky‹«, 14. Mai 1953, in: *Dokumente der Sozialistischen Einheitspartei,* Bd. 4, S. 394 f. Dahlem wurde 1956 im Unterschied zu Merker voll rehabilitiert, einschließlich der Wiederaufnahme ins ZK und der Veröffentlichung seiner Aufsätze und Memoiren im Parteiverlag (vgl. Barth u. a., *Wer war Wer in der DDR,* S. 123 f.).

82 Zit. in Kießling, »Paul Merkers ›Unverständnis für den Hitler-Stalin-Pakt‹«, S. 143.

83 Wenig später verlor Ackermann selbst als Anhänger der Reformvorschläge von Herrnstadt und Zaisser seine Posten in Politbüro und Außenministerium, konnte aber in einer hochrangigen Stellung im Kulturministerium unterkommen und wurde 1956 rehabilitiert (Barth u. a., *Wer war Wer in der DDR,* S. 14).

84 »Bericht, Anklageschrift gegen Paul Merker«, 14. Februar 1955, in: MfSZ, Untersuchungsvorgang 294/52, Paul Merker, Bd. 3, 192/56, S. 195.

85 Vgl. insbesondere Leo Katz, »Bericht über Paul Merker und seine Tätigkeit in Mexico«, 13. März 1953, in: SAPMO, ZPA, ZPKK IV 2/4/117, S. 307–313; Rudolf und Hilde Neumann an die ZPKK, »Betr.: Emigration in Mexiko«, 30. August 1950, in ebd., IV 2/4/112, S. 5 f.; Zeugenprotokolle von Alexander Abusch, Leo Katz, Klara Quest, Johann Schmidt und Henny Stibi, in: MfSZ, Untersuchungsvorgang 294/52, Paul Merker, Bd. 3, 192/56.

86 Paul Merker an die ZPKK, »Stellungnahme zur Judenfrage«, 1. Juni 1956, in: NL Paul Merker, 102/27, SAPMO, ZPA, S. 65.

87 »Zeugenschaftliche Vernehmung, Jungmann, Erich, Max«, 18. und 19. Februar 1953, in: MfSZ, Untersuchungsvorgang 294/52, Paul Merker, Bd. 2, 192/56, S. 218, 223–226; Barth u. a., *Wer war Wer in der DDR,* S. 346.

88 Leo Katz, »Bericht über Paul Merker und seine Tätigkeit in Mexiko: Entstehung der deutschsprachigen Gruppe in Mexiko«, in: SAPMO, ZPA, ZPKK IV 2/4/117, S.311.

89 »Venehmungsprotokoll, Katz, Leo«, 12. Mai 1954, in: MfSZ, Untersuchungsvorgang 294/52, Paul Merker, Bd. 3, 192/56, S.71.

90 Interview mit Friedrich Katz, Chicago, 24. Januar 1994.

91 »Vernehmungsprotokoll, Schmidt, Johann«, 4. Mai 1954, in: MfSZ, Untersuchungsvorgang 294/52, Paul Merker, Bd. 3, 192/56, S.57f. In Merkers Akte fand sich kein Beleg dafür, daß die Stasi auch Anna Seghers vernahm. Ihre gefestigte literarische Stellung wurde durch die Säuberung nicht beeinträchtigt, und zumindest öffentlich hat sie ihren Einfluß nicht gegen die Säuberung geltend gemacht.

92 »Aktennotiz: Betr.: Genossin Merker«, 18. Mai 1953, in: SAPMO, ZPA, ZPKK IV 2/4/111, S.247.

93 »An die Kreisparteikontrollkommission, Luckenwalde, Betr.: Genossin Merker, Luckenwalde«, 2. Mai 1953, in: SAPMO, ZPA, ZPKK IV 2/4/111.

94 »Begutachtung der Schriften des Merker, Paul«, 13. Dezember 1953, in: MfSZ, Untersuchungsvorgang 294/52, Paul Merker, Bd. 1, 192/56, S.62–65, 67f., 70.

95 Zum Urteil und zu anderen Dokumenten siehe Herf, »Antisemitismus in der SED«; Keßler, *Die SED und die Juden*, S.153–170.

96 Beckert/Fricke, »Auf Weisung des Politbüros«, S.2f.

97 »Oberstes Gericht der DDR, I. Strafsenat, I Zst. (I) 1/55: Im Namen des Volkes in der Strafsache gegen den Kellner Paul Merker«, 29.–30. März 1955, in: MfSZ, Untersuchungsvorgang 294/52, Paul Merker, Bd. 3, 192/56, S. 522–536, abgedruckt in Herf, »Antisemitismus in der SED«, S. 643–650. Die Berufsbezeichnung »Kellner« bezieht sich auf Merkers erlernten und vor der Verhaftung ausgeübten Beruf; er hatte als Leiter einer HO-Gaststätte in Luckenwalde gearbeitet.

98 Beckert/Fricke, »Auf Weisung des Politbüros«, S.26.

99 Paul Merker an Wilhelm Pieck, 14. April 1956, in: NL Paul Merker, 102/27, SAPMO, ZPA, S.2f.

100 Protokolle der Sitzungen der Kommission des ZK zur Überprüfung von Angelegenheiten von Parteimitgliedern, 19. April, 25. April und 3. Mai 1956, in: SAPMO, ZPA, ZPKK IV 2/202/8, Zentralkomitee der SED. Mitglieder der Kommission waren Walter Ulbricht, Her-

mann Matern, Friedrich Ebert, Karl Schirdewan, Ernst Wollweber, Helmut Lehmann, Hans Kiefert und Bruno Haid.

101 Walter Ulbricht an Paul Merker, 31. Juli 1956, in: NL Paul Merker, 102/27, SAPMO, ZPA, S. 84.

102 Paul Merker an Walter Ulbricht, 23. August 1956, in: NL Paul Merker, 102/27, SAPMO, ZPA, S. 98.

103 »Oberstes Gericht der DDR, 1. Strafsenat, 1 Zst. (I) 1/55: In der Strafsache gegen den Merker, Paul Friedrich«, 13. Juli 1956, in: MfSZ, Untersuchungsvorgang 294/52, Paul Merker, Bd. 3, 192/56, S. 206f. Vorsitzender Richter war Walter Ziegler, Staatsanwalt Richard Krügelstein.

104 »Paul Merker, Stellungnahme zur Judenfrage«, 1. Juni 1956, in: NL Paul Merker, 102/27, SAPMO, ZPA, S. 3f., 16, 18f.

105 »Bericht über die Ergebnisse der Tätigkeit der Kommission des Zentralkomitees zur Überprüfung von Angelegenheiten von Parteimitgliedern«, 12. Juli 1956, in: SAPMO, ZPA IV 2/202/9, S. 4.

106 »Nachruf des Zentralkomitees für Genossen Paul Merker« und Kurt Seibt, »Trauerfeier für Paul Merker«, 19. Mai 1969, in: SAPMO, ZPA IV 2/11V 801. In der ostdeutschen Geschichtsschreibung des kommunistischen Exils in Mexiko taucht der Fall Merker nicht auf (vgl. Kießling, *Alemania Libre*). Auch die Memoiren von Zeitgenossen weisen in dieser Hinsicht Lücken auf. Bruno Frei hebt in *Der Papiersäbel* die literarischen und politischen Leistungen der deutschen Emigranten in Mexiko hervor, geht auf die Verfolgung, die seinen früheren Genossen in Ost-Berlin und Prag widerfuhr, aber nicht ein. In einem Kapitel über die »antisemitische Kampagne« in der Sowjetunion in *Sozialismus und Antisemitismus* erwähnt Frei zwar die Ermordung von Solomon Mikhoels, die Hinrichtung von sechsundzwanzig jüdischen Intellektuellen in Moskau im Jahr 1948, die antikosmopolitische Kampagne und das »Ärztekomplott« von 1953, findet aber in einem Kapitel über den Antisemitismus keinen Platz für die Ereignisse in Ost-Berlin und Prag.

107 Paul Merker, »Über die Bewegung ›Freies Deutschland‹ in Lateinamerika«, in Voßke, *Im Kampf bewährt.*

1 Meuschel, *Legitimation und Parteiherrschaft in der DDR*, S.154, 168.

2 Vgl. Hirschmann, *Exit, Voice, and Loyalty;* ders., *Selbstbefragung und Erkenntnis.*

3 »Kundgebung für die Opfer des Faschismus in Berlin vor dem Alten Museum, Sept. 1950«, in: SAPMO, ZPA, Fotoarchiv 713/71N.

4 »Zum Internationalen Gedenktag für die Opfer des faschistischen Terrors, 9. September 1951«, Referentenmaterial der VVN, Berlin 1951, S.3, 8, 13f.; vgl.: »Gedenktag für die Opfer des Faschismus. Deutsche Frauen im Widerstandskampf gegen das Naziregime«, Referentenmaterial der VVN, Berlin 1951; Herf, »German Communism, the Discourse of Antifascism, and the Jewish Catastrophe«.

5 »Internationaler Gedenktag für die Opfer des Faschismus in Berlin, 9. Sept. 1951, auf dem August-Bebel-Platz, Berlin« und »Kundgebung für die Opfer des Faschismus in Berlin vor dem Alten Museum, September 1950«, in ebd., 1270/79.

6 »Walter Bartel spricht auf dem Ravensbrück-Gedenktag, 1952«, in ebd., 1266/79N.

7 Weinberg, *Eine Welt in Waffen*, S.932.

8 »Tag der Opfer des Faschismus am 9. Sept. 1951 in Berlin: Kranzniederlegung durch Vertreter der Jüdischen Gemeinde von Berlin«, in: SAPMO, ZPA, Fotoarchiv, 1274/79N.

9 »Eine Delegation ehemaliger Widerstandskämpfer im ehemaligen KZ Buchenwald, 9. Sept. 1951: Am Ehrenhain Französische Widerstandskämpfer«, in ebd., 399/71.

10 »Friedenskundgebung der Frauen in Ravensbrück am 13.9.1952« und »Friedenskundgebung der Frauen in Ravensbrück am 13. September 1952«, in: ebd., 1267/79N, 80N.

11 »Veranstaltung der VVN zum 14. Jahrestag der Kristallnacht am 9. Nov. 1952 im Haus Vaterland in Berlin«, in ebd., 1337/79N.

12 Die Kommunisten besaßen nicht das Monopol auf solches erlösendes Gedenken (vgl. Langer, *Admitting the Holocaust*).

13 Greenfeld, *Nationalism.*

14 Prominente Gestalten aus dieser Gruppe waren außerdem: Gerhart Eisler, Hermann Axen, Markus Wolf, der Wirtschaftswissenschaftler Jürgen Kuczynski sowie die Schriftsteller Anna Seghers, Stefan Heym und Arnold Zweig. Die meisten von ihnen waren damals Ende Fünf-

zig oder Anfang Sechzig und altgediente Kommunisten, die aus Moskauer oder westlichem Exil nach Deutschland zurückgekehrt waren. Vgl. Thompson, *Jews, Zionism, and Israel,* S. 198–235, obwohl seine Angaben dazu, wer jüdischer Abstammung war und wer nicht, mit Vorsicht zu genießen sind. Wolf war langjähriger Chef des Auslandsnachrichtendienstes der DDR (Hauptabteilung XV beziehungsweise A des MfS) und Stellvertreter Mielkes als Staatssicherheitsminister. ZK-Mitglied Hermann Axen hatte großen Einfluß auf die Außenpolitik der DDR. Vgl. auch die Erinnerungsbücher von Kuczynski *(»Ein linientreuer Dissident«)* und Wolf *(In eigenem Auftrag).*

15 Abusch, *Stalin und die Schicksalsfragen der deutschen Nation,* S. 111.

16 Alexander Abusch, »Das gesellschaftliche Gesetz erkennen«, in ders., *Restauration und Renaissance,* S. 9f., 15f., 31–34, 47–50.

17 »Präambel der Verordnung über die Bildung des Ministeriums für Kultur«, zit. ebd., S. 51.

18 Thompson, »Jews, Zionism, and Israel«, S. 200; Barth u.a., *Wer war Wer in der DDR,* S. 543.

19 Eisler/Norden/Schreiner, *The Lessons of Germany,* S. 187, 209f., 213, 218f.

20 Albert Norden, »Der zweite westdeutsche Separatstaat«, in: *Um die Nation,* S. 119f., 123, 149, 153, 157–160, 163, 173.

21 Albert Norden, »Im Kampf für das Vaterland«, in ebd., S. 262.

22 Vgl. Albert Norden, »Die Nation und wir. Eine historische Betrachtung zum 15. Jahrestag der DDR, August 1964«, in ders., *Die Nation und wir,* Bd. 1. Auch in dieser Schrift hob Norden die Kontinuitäten der Bourgeoisie unter Hitler und in Westdeutschland hervor: »Aber dieser Staat ist eigentlich nichts Neues. Seine Herren selber sehen ihn als Fortsetzung und Restaurierung des alten an.« Der wirkliche Bruch in der deutschen Geschichte sei mit der Gründung der DDR geschehen, die »etwas in der deutschen Geschichte Unerhörtes« darstelle und den in dieser »unübersehbaren Zusammenhang zwischen den demokratischen Volksbewegungen und den Bestrebungen zur Herstellung der einheitlichen Nation« bestätige (ebd., S. 9f.).

23 »Kosmopolitismus – die Ideologie der transatlantischen Räuber«, in ebd., S. 195–197.

24 Zum rechten und nationalsozialistischen »deutschen Antikapitalismus« vgl. Herf, *Reactionary Modernism,* S. 130–216.

25 Albert Norden an Arnold Zweig, 19. Mai 1959, in: NL Albert Norden, 217/14, SAPMO, ZPA, S. 38–40.

26 Otto Grotewohl, »Mahn- und Gedenkstätte Buchenwald«, 13. Januar 1958, in: NL Otto Grotewohl, 90/553, SAPMO, ZPA, S. 95.

27 »Aufruf des Komitees für die Einweihung der Mahn- und Gedenkstätte Buchenwald«, in ebd., S. 46.

28 Otto Grotewohl, »Buchenwald mahnt! Rede zur Weihe der nationalen Mahn- und Gedenkstätte Buchenwald, 14. September 1958«, in ders., *Im Kampf um die einige Deutsche Demokratische Republik,* Bd. 6, S. 7f., 10–13; vgl. ders., »Zur Suezfrage. Erklärung vor ägyptischen Journalisten in Berlin, 14. September 1956«, in ebd., Bd. 4. Angesichts der britischen und französischen Intervention drückte Grotewohl seine Solidarität mit Ägypten aus, vermied aber einen öffentlichen Angriff auf Israel.

29 »Appell von Sachsenhausen«, in: *Neues Deutschland,* 24. April 1961, S. 3.

30 »Walter Ulbricht bei der Einweihung der Gedenkstätte Sachsenhausen: Von der DDR wird stets Frieden ausstrahlen«, in ebd., S. 1, 3.

31 Vgl. Lemke, »Kampagnen gegen Bonn«.

32 In der Bundesrepublik wurde im August 1956 die dort weiterbestehende KPD verboten. Zu diesem Zeitpunkt saßen 27 Kommunisten im Gefängnis; bis Anfang der sechziger Jahre stieg die Zahl auf rund 200, um nach 1964 wieder auf weniger als 100 zu sinken. Dennoch läßt sich dieses bedauernswerte Kapitel des Kalten Krieges in der Bundesrepublik auch nicht annähernd mit der politischen Verfolgung in der DDR vergleichen. Nach Schätzung des deutschen Historikers Falco Werkentin war die Zahl politischer Häftlinge in der Bundesrepublik zwischen 1954 und 1964 mit 171 im Jahr 1961 am größten und 1957 mit 27 am niedrigsten. Die Vergleichszahlen für Ostdeutschland lauten 15 258 kurz vor der Amnestie von 1956 und 2 528 im Jahr 1964. Vgl. Werkentin, »Die Reichweite politischer Justiz in der Ära Ulbricht«, S. 179.

33 Zur Entradikalisierung vgl. Muller, *The Other God That Failed.*

34 Ausschuß für Deutsche Einheit, »Hitlers Sonderrichter – Stützen der Adenauer-Regierung. Überreicht auf der internationalen Pressekonferenz des Ausschusses für Deutsche Einheit am 14. Oktober 1957 in Berlin«, S. 2.

35 Ausschuß für Deutsche Einheit, *Wir klagen an!,* S. 5, 7f.

36 Albert Norden, »Der Schlüssel zum Geheimnis unserer Siege. Diskussionsrede auf dem V. Parteitag der Sozialistischen Einheitspartei Deutschlands vom 10. bis 16. Juli 1958«, in ders., *Die Nation und wir*, Bd. 2.

37 Albert Norden, »Mörder über Westdeutschland. Aus der Rede auf der internationalen Pressekonferenz des Ausschusses für Deutsche Einheit in Berlin«, 21. Oktober 1958, in ders., *Die Nation und wir*, Bd. 2, S. 121, 128, 131.

38 Vgl. Ausschuß für Deutsche Einheit, *Der Oberländer-Prozeß;* ders., *Im Namen der Völker.*

39 Lemke, »Kampagnen gegen Bonn«, S. 169.

40 Albert Norden, »Der Eichmann von Bonn«, 28. Juli 1960, in ders., *Die Nation und wir*, Bd. 2, S. 198, 206 f., 209.

41 Albert Norden, »Im Namen des guten Deutschlands«, in Ausschuß für Deutsche Einheit, *Im Namen der Völker*, S. 10 f., 213–234.

42 *Braunbuch*, S. 7. Zu den ehemaligen Nationalsozialisten gehörten angeblich 21 Minister und Staatssekretäre, 100 Generale und Admirale der Bundeswehr, 828 hohe Justizbeamte, Staatsanwälte und Richter, 245 leitende Beamte und Diplomaten des Auswärtigen Amts und der Bonner Botschaften und Konsulate sowie 297 hohe Beamte von Polizei und Verfassungsschutz.

43 Untersuchungsausschuß freiheitlicher Juristen, *Ehemalige Nationalsozialisten in Pankows Diensten*, S. 3–9.

44 Kappelt, *Braunbuch DDR*, S. 269 f.

45 Untersuchungsausschuß freiheitlicher Juristen, *Ehemalige Nationalsozialisten in Pankows Diensten*, 5. Auflage, S. 4 f., 11, 49.

46 Vgl. Kappelt, *Braunbuch DDR*, S. 207 f.

47 Untersuchungsausschuß freiheitlicher Juristen, *Ehemalige Nationalsozialisten in Pankows Diensten*, 2. Auflage, S. 6, 37. Laut Olaf Kappelt hatte ein in Luxemburg ansässiges »Internationales Komitee für Information und Soziale Aktion« festgestellt, Großmann stehe wegen seiner Tätigkeit in Sachsenhausen unter dem dringenden Verdacht, Verbrechen gegen die Menschlichkeit begangen zu haben (*Braunbuch DDR*, S. 212 f.).

48 Werkentin, »Richter und Ankläger«, S. 4; Barth u. a., *Wer war Wer in der DDR*, S. 494; Kappelt, *Braunbuch DDR*, S. 299 f.

49 »50. Geburtstag von Dr. Melsheimer«, in: SAPMO, ZPA, Bildarchiv 983/670N.

50 »Die gleiche Sprache: Erst für Hitler – jetzt für Ulbricht. Pressekonferenz von Simon Wiesenthal am 6. September 1960 in Wien. Eine Dokumentation der Deutschland-Berichte«, hg. von Rolf Vogel, Bonn 1968, S. 15–17.

51 »Ägypten: Abschluß eines Abkommens über den Handels- und Zahlungsverkehr mit Ägypten«, in: *DARDDR*, Bd. 1, S. 505 f.

52 Vgl. Burgauer, *Zwischen Erinnerung und Verdrängung*, S. 190; Dittmar, »DDR und Israel (II)«, S. 850.

53 Dittmar, »DDR und Israel (I)«, S. 750 f.

54 Otto Grotewohl an Gamal Abd el-Nasser, 24. Juni 1957, in: NL Otto Grotewohl, 90/497, SAPMO, ZPA, S. 70 f. Vgl. auch Grotewohls Brief an Nasser vom 24. Oktober 1958, in dem er den »antiimperialistischen Befreiungskampf der arabischen Völker« pries (ebd., S. 87).

55 »Glückwunschtelegramm des Ministerpräsidenten Otto Grotewohl an den Präsidenten der Vereinigten Arabischen Republik, Gamal Abd el-Nasser, anläßlich des Nationalfeiertages am 23. Juli 1958«, in: *DARDDR*, Bd. 6, S. 481 f.

56 »Erklärung des Ministerpräsidenten der DDR, Otto Grotewohl, über seinen Besuch in der Vereinigten Arabischen Republik«, in: NL Otto Grotewohl, 90/491, SAPMO, ZPA, S. 408 f.

57 Zit. in Deutschkron, *Israel und die Deutschen*, S. 224. Am 3. April 1957 warf Grotewohl Israel auch direkt vor, die westdeutschen Wiedergutmachungsgelder »zur Aufrüstung gegen die arabischen Völker« zu verwenden (zit. in ebd.). Vgl. auch Burgauer, *Zwischen Erinnerung und Verdrängung*, S. 189 f.

58 Gerhard Weiß, Bagdad, 27. Oktober 1958, in: *DARDDR*, Bd. 6, S. 317; vgl. Deutschkron, *Israel und die Deutschen*, S. 224; Dittmar, »Die DDR und Israel (I)«, S. 751.

59 »Glückwunschtelegramm des Präsidenten Wilhelm Pieck an Gamal Abd el-Nasser anläßlich dessen Wahl zum Präsidenten der Vereinigten Arabischen Republik am 21. Februar 1958« und »Glückwunschtelegramm des Ministerpräsidenten Otto Grotewohl an den Präsidenten der Vereinigten Arabischen Republik, Gamal Abd el-Nasser, anläßlich des Nationalfeiertages am 23. Juli 1958«, in: *DARDDR*, Bd. 6, S. 473, 481.

60 Vgl. Deutschkron, *Israel und die Deutschen*, S. 298–326; Vogel, *Der deutsch-israelische Dialog*, Bd. 1, S. 253–305.

61 Walter Ulbricht, »Interview der VAR-Zeitung ›Al Ahram‹«, 23. Februar 1965, in: *DARDDR*, Bd. 13, S. 847f.

62 Walter Ulbricht, Kairo, 24. Februar 1965, in ebd., S. 850.

63 Walter Ulbricht und Gamal Abd el-Nasser, »Gemeinsame Erklärung«, Kairo, 1. März 1965, in ebd., S. 855.

64 »Abkommen zwischen der Regierung der Deutschen Demokratischen Republik und der Regierung der Vereinigten Arabischen Republik über kulturelle und wissenschaftliche Zusammenarbeit vom 1. März 1965«, in ebd., S. 858–863.

65 Walter Ulbricht, »Rundfunk- und Fernsehinterview ... mit Gerhart Eisler«, in ebd., S. 875f.

66 Walter Ulbricht, »Kommuniqué über die Sitzung des Staatsrats der Deutschen Demokratischen Republik am 12. März 1965«, in ebd., S. 881.

67 Lothar Bolz, »Rede des Ministers für Auswärtige Angelegenheiten der DDR«, 24. März 1965, in ebd., S. 887–896.

68 »Interview der Kairoer Zeitung ›Akhbar el Yom‹ mit dem Vorsitzenden des Staatsrats der Deutschen Demokratischen Republik, Walter Ulbricht, über die Beziehungen der DDR zu den arabischen Staaten und die Lösung der deutschen Frage«, 21. August 1965, in ebd., S. 909–914.

69 Walter Ulbricht, »Rede ... in Leipzig am 15. Juni 1967 zu Fragen der Lage im Nahen Osten und zur westdeutschen Expansionspolitik im Rahmen der USA-Globalstrategie«, in: *DARDDR*, Bd. 15.1, S. 515–538.

70 »Erklärung eines Sprechers des Ministeriums für Auswärtige Angelegenheiten der Deutschen Demokratischen Republik am 11. November 1967 zur Reise des früheren westdeutschen Bundeskanzlers Ludwig Erhard nach Israel«, in: *DARDDR*, Bd. 15.2, S. 566. Ostdeutsche Erklärungen zum Sechstagekrieg finden sich ebd., Bd. 15.1. Daß die DDR-Regierung im Zusammenhang mit der westlichen Unterstützung Israels von »Komplotten« sprach, mag der Grund dafür sein, warum der Historiker Walter Laqueur bemerkte, die ostdeutschen antiisraelischen Ausfälle ließen die Sprache der Moskauer *Prawda* »gemäßigt und staatsmännisch« erscheinen (zit. in Dittmar, »Die DDR und Israel (II)«, S. 850).

71 Albert Norden an Werner Lamberz, 9. Juni 1967, zit. in Hartewig, »Jüdische Kommunisten«, S. 218f.

72 Vgl. Dittmar, »Die DDR und Israel (II)«.

73 Peter Florin, Rede vor den Vereinten Nationen, 4. November 1975, in: *DARDDR*, Bd. 23.2, S. 1037–1040. Die Stelle lautet im Zusammenhang: »Wenn jemand auf die aggressiven Positionen der führenden Kreise Israels aufmerksam macht, wird er von den Angeklagten als Antisemit bezeichnet. Als Vertreter eines sozialistischen Staates möchte ich unterstreichen, daß in unserer Gesellschaftsordnung kein Platz und auch keine Basis für Rassenvorurteile, darunter den Antisemitismus, ist. Wir sind Gegner des Antisemitismus und bekämpfen ihn ebenso wie den Zionismus. Israel ist nicht der Staat aller Juden und hat kein Recht, in ihrem Namen zu sprechen. Die jüdischen Menschen der DDR werden als Bürger unseres sozialistischen Staates nicht zulassen, daß irgendein israelischer Aggressor sich anmaßt, in ihrem Namen zu sprechen.«

74 »Mitteilung über den Besuch des Mitglieds des Exekutivkomitees und Leiters der Politischen Abteilung der Palästinensischen Befreiungsorganisation (PLO), Farouk al-Kaddoumi, in der Deutschen Demokratischen Republik«, 9. September 1980, und »Mitteilung über das Gespräch zwischen dem Generalsekretär des Zentralkomitees der SED und Vorsitzenden des Staatsrats der DDR, Erich Honecker, und dem Vorsitzenden des Exekutivkomitees der Palästinensischen Befreiungsorganisation (PLO), Yasser Arafat, in Berlin«, 29. Dezember 1980, in: *DARDDR*, Bd. 28.1, S. 525–530.

75 Zum Beispiel: »Mitteilung über den Empfang einer Militärdelegation der Palästinensischen Befreiungsorganisation (PLO) beim Generalsekretär des Zentralkomitees der SED und Vorsitzenden des Staatsrats der DDR, Erich Honecker«, 17. November 1981, in: *Neues Deutschland*, 19. November 1981, abgedruckt in: *DARDDR*, Bd. 28.1, S. 224f.

76 Harry Ott, »Sondertagung der Vollversammlung der Vereinten Nationen zur Palästinafrage«, 24. September 1982, in: *DARDDR*, Bd. 30, S. 514f.

77 Mann, »Deutschland und die Deutschen«, S. 574.

1 *Documents on Germany*, S. 17f.
2 James F. Byrnes, Rede in Stuttgart, 6. September 1946, in: *Dokumentation zur Deutschlandfrage*, S. 53f.
3 Kater, *The Nazi Party*, S. 262.
4 Vgl. Broszat u.a., *Von Stalingrad bis zur Währungsreform;* Muller, *The Other God That Failed.*
5 Henke, »Die Trennung vom Nationalsozialismus«, S. 3, 21–83; vgl. Vollnhals, *Entnazifizierung.*
6 Vgl. Schick, »Die Internierungslager«; Friedrich, *Die kalte Amnestie.*
7 Henke, »Die Trennung vom Nationalsozialismus«, S. 34, 41, 51f. In der amerikanischen Zone gerieten 3441800 Personen unter Verdacht, von denen drei Viertel amnestiert oder ohne Verurteilung entlastet wurden. Von den 945000 weiterverfolgten Fällen führten nur 10 Prozent zur mündlichen Anhörung. Nur 1654 Personen oder 0,05 Prozent der Gesamtzahl der Verdächtigen wurden in die »Gruppe I« der »Hauptschuldigen« und 22122 oder 0,6 Prozent als »Belastete« eingestuft; in der Folgezeit wurden die meisten von ihnen neu eingeschätzt und kamen in weniger inkriminierende Kategorien.
8 Niethammer, *Die Mitläuferfabrik.*
9 Frank Stern, *Im Anfang war Auschwitz*, S. 79–81, Kap. 1–3, 6, 8.
10 Moses Moskowitz, »The Germans and the Jews. Postwar Report«, zit. in Frank Stern, *Im Anfang war Auschwitz*, S. 100.
11 Vgl. Frank Stern, *Im Anfang war Auschwitz*, S. 118–124.
12 Zit. in ebd., S. 126.
13 Merritt/Merritt, *Public Opinion in Occupied Germany*, S. 32f., 38–40; vgl. Merritt, *Democracy Imposed;* Bergmann/Erb, *Antisemitismus in der politischen Kultur nach 1945;* Weil, »The Imperfectly Mastered Past«.
14 Merritt/Merritt, *Public Opinion in Occupied Germany*, S. 35.
15 In diesen Prozessen wurden 177 Personen angeklagt. 35 wurden für unschuldig befunden, 98 zu langen Gefängnisstrafen und 20 zu lebenslanger Haft verurteilt. Todesstrafen wurden gegen 7 Ärzte, die mörderische Experimente durchgeführt hatten, 3 SS-Offiziere, die Konzentrationslager geleitet hatten, und 14 Mitglieder von Einsatzgruppen verhängt. 12 der Todesstrafen wurde vollstreckt. Vgl. Friedrich, *Die kalte Amnestie*, S. 51–120; Henke, »Die Trennung vom Na-

tionalsozialismus«, S. 72 f.; Buscher, *The U. S. War Crimes Trial program in Germany;* Taylor, *The Anatomy of the Nuremberg Trials.*

16 Götz, *Bilanz der Verfolgung von NS-Straftaten,* S. 29.

17 Marrus, *The Nuremberg War Crimes Trial,* S. 185–216.

18 Vgl. Bark/Gress, *A History of West Germany,* S. 35–39; Naimark, *Die Russen in Deutschland,* S. 91–179.

19 Vgl. Herf, »Belated Pessimism«.

20 Jäger, *Verbrechen unter totalitärer Herrschaft,* S. 14.

21 Köhler, *Adenauer,* S. 268–272; Schwarz, *Konrad Adenauer.*

22 Köhler, *Adenauer,* S. 273–322; Schwarz, *Konrad Adenauer,* S. 182–185, 403–411.

23 Köhler, *Adenauer,* S. 320 f.; Schwarz, *Konrad Adenauer,* S. 403–411.

24 Konrad Adenauer an Simon J. Vogel, 14. März 1948, in Adenauer, *Briefe,* Bd. 2, S. 187. Adenauer verheiratete sich nicht wieder.

25 Vgl. Herf, *War by Other Means,* S. 14–26.

26 Konrad Adenauer, »Ansprache des Oberbürgermeisters Adenauer vor der von der britischen Militärregierung ernannten Stadtverordnetenversammlung«, in ders., *Reden,* S. 79–81.

27 Schwarz, *Konrad Adenauer,* S. 467–478; »Entlassung Adenauers als Oberbürgermeister von Köln«, in Adenauer, *Briefe,* Bd. 2, S. 116–118.

28 Vgl. Poppinga, *Konrad Adenauer.*

29 Konrad Adenauer, »Grundsatzrede des 1. Vorsitzenden der Christlich-Demokratischen Union für die Britische Zone in der Aula der Kölner Universität«, in ders., *Reden,* S. 83–86.

30 Vgl. Herf, »Belated Pessimism«. In der akademischen Debatte der letzten Jahre wurde oft vernachlässigt, daß die kritische Einschätzung des deutschen Sonderwegs in den Nachkriegsjahren gegen konservative Rechtfertigungen und frühe Versuche, den Nationalsozialismus unter eine allgemeine Krise der Modernität zu subsumieren, gerichtet war.

31 Vgl. Herf, »Center, Periphery, and Dissensus«; ders., War by Other Means, S. 14–26.

32 Konrad Adenauer, »Grundsatzrede des 1. Vorsitzenden der Christlich-Demokratischen Union für die Britische Zone in der Aula der Kölner Universität«, in ders., *Reden,* S. 86–88, 92, 98–105.

33 Vgl. Schwartz, *Die Atlantik-Brücke;* Herf, *War by Other Means.*

34 Konrad Adenauer, »Rede«, Bonn, 17. April 1946, in: StBKAH, S. 9; vgl.: »Rundfunkansprache des Oberbürgermeisters a. D. Dr. Konrad Adenauer über das Programm der CDU«, 16. März 1946, in ebd.

35 Konrad Adenauer, »Rede«, Wuppertal, 5. Mai 1946, in ebd., S. 3, 17; vgl. ders., »Rede«, München-Gladbach, 2. Juni 1946, in ebd., S. 11.

36 Konrad Adenauer, »Rede«, Düsseldorf, 12. Mai 1946, in ebd., S. 4.

37 Konrad Adenauer, »Rede«, Pulheim, 13. Mai 1946, in ebd., S. 19, 24; vgl. ders., »Rede«, Mühlheim/Ruhr, 29. September 1946, S. 9, in ebd.; ders., »Rede«, Siegenburg, 3. September 1946, S. 16, in ebd.

38 Konrad Adenauer, »Rede«, Köln, 24. Juli 1946, in ebd., S. 10.

39 Konrad Adenauer, »Rede«, Köln, 11. August 1946, in ebd., S. 12f.

40 Konrad Adenauer, »Rede«, München-Gladbach, 2. Juni 1946, in ebd., S. 19.

41 Konrad Adenauer, »Rede«, Köln, 24. Juli 1946, in ebd., S. 9.

42 Konrad Adenauer, »Rede«, Köln, 13. April 1947, in ebd., S. 11f. Im vollen Wortlaut lautet die Passage: »Das nationalsozialistische Deutschland hat großes Unrecht begangen, aber vielleicht ist es doch für viele Mitläufer der nationalsozialistischen Partei auch in den Augen der Alliierten eine gewisse Entschuldigung, wenn man darauf hinweist, daß die Alliierten mit dieser Verbrecherbande, die sie als solche doch lange erkannt hatten, Staatsverträge geschlossen haben. Vielleicht ist es doch eine gewisse Entschuldigung, daß die anderen Völker ihre Jugend zu den Olympischen Spielen nach Berlin gesandt haben, um dem Oberverbrecher Hitler dort zu huldigen (starker Beifall). Vielleicht darf man in diesem Zusammenhang noch folgendes sagen: wenn die Alliierten nur halb soviel Arbeit daran gesetzt hätten, Hitler kleinzuhalten, wie sie es jetzt gegenüber Franco tun, dann würde es niemals zu dem Kriege gekommen sein (Beifall).«

43 Konrad Adenauer, »Rede«, Köln, 11. August 1946, in ebd., S. 17.

44 Zit. in Deutschkron, »Das Verhalten der bundesdeutschen Politiker ist eine Schweinerei gegenüber NS-Opfern«, S. 62; vgl. Frank Stern, *Im Anfang war Auschwitz*, S. 309.

45 Heuss, *Hitlers Weg*, 1, 31–33, 38, 41–46, 152, 154, 156.

46 Theodor Heuss, »Reichstagsrede gegen den Nationalsozialismus«, in ders., *Politiker und Publizist*, S. 219, 225–227, 229.

47 Theodor Heuss, »Lebenslauf«, in ders., *Aufzeichnungen*, S. 104.

48 Theodor Heuss, »Aussage vor dem Untersuchungsausschuß des Württembergisch-Badischen Landtags über die Abstimmung für das Ermächtigungsgesetz am 23. März 1933«, in ders., *Politiker und Publizist*, S. 316–321.

49 Heuss, *Die Machtergreifung und das Ermächtigungsgesetz*, S. 23, 26.

50 Zur kritischen Sicht vgl. Frank Stern, *Im Anfang war Auschwitz,* S. 248 f.

51 Theodor Heuss, »Das Ende (9.–17. Mai 1945)«, in ders., *Aufzeichnungen,* S. 52 f., 65 f., 73; vgl. Heß, »Erste Wege durch das Ruinenfeld«.

52 Theodor Heuss, »Betrachtungen zur innenpolitischen Lage (30. Mai 1945)«, in ders., *Aufzeichnungen,* S. 78 f., 84 f., 87 f.

53 Theodor Heuss, »In memoriam. Ansprache im Landestheater Stuttgart«, 25. November 1945, in ders., *An und über Juden,* S. 94–97, 100 f.

54 »Der neue Geist. Ein einführendes Wort zu unserem kulturpolitischen Programm«, in: *Rhein-Neckar Zeitung,* 5. September 1945, S. 3.

55 Theodor Heuss, »Politische Erziehung«, in ebd., 17. September 1945, S. 1 f.

56 Theodor Heuss, »Deutsche Presse«, in ebd., 5. September 1945, S. 1.

57 Theodor Heuss, »Das Ende der deutschen Wehrmacht«, in ebd., 12. September 1945, S. 1.

58 Theodor Heuss, »Anklageschrift Nürnberg«, in ebd., 24. September 1945, S. 1.

59 Theodor Heuss, »Kapitulation«, in ebd., 9. Mai 1946, S. 1 f.

60 Theodor Heuss, »Bindung und Freiheit (6.1.1946)«, in ders., *Aufzeichnungen,* S. 172, 175.

61 Theodor Heuss, »Um Deutschlands Zukunft«, in ebd., S. 192 f.

62 Theodor Heuss, »Das deutsche Schicksal und unsere Aufgabe«, in ders., *Politiker und Publizist,* S. 344.

63 Theodor Heuss, »Rede im Parlamentarischen Rat über die Grundlagen einer Verfassung«, in ebd., 351 f.

64 Theodor Heuss, »Vor vier Jahren«, in: *Rhein-Neckar Zeitung,* 7. Mai 1949, S. 2.

65 Theodor Heuss, »Vor zehn Jahren«, in ebd., 3.–4. September 1949, S. 2.

66 Theodor Heuss, »Rede nach der Wahl zum Bundespräsidenten vor Bundestag, Bundesrat und Bundesversammlung«, 12. September 1949, in ders., *Politiker und Publizist,* S. 378 f.

67 Albrecht, »Einleitung«, S. 31–34.

68 Zit. in ebd., S. 70 f.

69 Zit. in ebd., S. 74. Schumacher teilte in diesem Punkt die Ansicht von Friedrich Stampfer, der fast das einzige Mitglied der SPD-Führung war, das sich trotz der kommunistischen Verunglimpfung der Sozialdemokraten als »Sozialfaschisten« für ein Zusammengehen mit jenen

Kommunisten aussprach, welche die Notwendigkeit für gemeinsames Handeln erkannt hatten. Zu Stampfer und der sozialdemokratischen Reaktion auf den Aufstieg der Nationalsozialisten vgl. Winkler, *Weimar,* S.459, 494, 593; Stampfer, *Erfahrungen und Erkenntnisse.* Stampfer war von 1916 bis 1933 Chefredakteur der SPD-Zeitung *Vorwärts,* gehörte von 1920 bis 1933 dem Reichstag und seit 1925 dem Parteivorstand an. Nach 1933 emigrierte er über Prag und Paris in die USA, von wo er 1948 nach Deutschland zurückkehrte.

70 Kurt Schumacher, »Revolution gegen Hitler«, zit. in ebd., S.82f.

71 Albrecht, »Einleitung«, S.84–88.

72 Kurt Schumacher, »Wir verzweifeln nicht!«, in ders., *Reden – Schriften – Korrespondenz,* S.204–206, 209, 211f., 214–218, 222, 232.

73 Kurt Schumacher, »Politische Richtlinien für die SPD in ihrem Verhältnis zu den anderen politischen Faktoren«, in ebd., S.257–259, 263, 271, 275, 277, 279f.

74 »Stellungnahme Schumachers zur bevorstehenden Zwangsvereinigung von Kommunisten und Sozialdemokraten in der Ostzone«, in ebd., S.331.

75 »Eröffnung des Parteitages und ›Ehrung der Opfer des Faschismus‹ durch Schumacher«, 9. Mai 1946, in ebd., S.386.

76 »Hauptreferat Schumachers: ›Aufgaben und Ziele der deutschen Sozialdemokratie‹«, 9. Mai 1946, in ebd., S.389, 394, 409, 418.

77 »Bemerkungen zur allgemeinen Aussprache und Schlußwort Schumachers«, 11. Mai 1946, in ebd., S.421f.

78 »Aus dem Referat von Dr. Kurt Schumacher«, 11. Januar 1947, in: AdsD, NL Kurt Schumacher, 40, S.3.

79 Karl Marx, »Dr. Kurt Schumacher über die Frage des jüdischen Neu-Einbaues in Deutschland«, Beilage zum *Jüdischen Gemeindeblatt für die britische Zone,* 17. Februar 1947, S.1f.

80 »Grundsatzreferat Schumachers auf dem Nürnberger Parteitag der SPD«, 29. Juni 1947, in Schumacher, *Reden – Schriften – Korrespondenz,* S.508f.

81 Ebd., S.512–514.

82 Vgl. Malmgreen, »Labor and the Holocaust«, S.24, 28–30. Obwohl sie dem JLC dankbar waren, entschloß sich ein großer Teil der SPD-Führung, in London zu bleiben, da es in Großbritannien eine starke Labour Party gab und das Land im Krieg mit Hitlerdeutschland stand.

83 Rudolf Katz an Jay Lovestone, 23. Dezember 1946, in: Jewish Labor Committee Collection, Wagner Archives, Tamiment Institute, New York University, I:E: General Files, Box 15, Folder 32, »Germany – Social Democrats«.

84 Vgl.: »German Leader Urges Reparations to Jews«, in: *New York Times*, 26. September 1947, S.24.

85 »Schumacher an Adolph Held (New York): Dank für die Hilfe des Jewish Labor Committee bei der Rettung vom NS-Regime verfolgter Sozialdemokraten«, 17. Juli 1947, in Schumacher, *Reden – Schriften – Korrespondenz*, S.558f.

86 »Schumacher an Erich Ollenhauer aus San Francisco: Bericht über die ersten Wochen des USA-Besuches«, 7. Oktober 1947, in ebd., S.560; »Kundgebung«, in: *Neue Volkszeitung*, 8. November 1947, S.4, in: AdsD, NL Kurt Schumacher, Mappe 42.

87 »Schumacher und die jüdischen Arbeiterführer«, in: *Aufbau*, Oktober 1947, in: AdsD, NL Kurt Schumacher, Mappe 42.

88 »Kundgebung«, in: *Neue Volkszeitung*, 8. November 1947, S.4, in: AdsD, NL Kurt Schumacher, Mappe 42.

89 »Schumacher in einem Interview mit der New Yorker Wochenzeitung ›Aufbau‹: Der Antisemitismus in Deutschland«, Oktober 1947, in Schumacher, *Reden – Schriften – Korrespondenz*, S.988–990.

90 »AFL Stresses Free Labor for World«, in: *Justice*, 1. November 1947, S.4.

91 »Rede Schumachers auf dem Jahreskongreß der AFL in San Francisco«, 14. Oktober 1947, in Schumacher, *Reden – Schriften – Korrespondenz*, S.562, 565f.

92 »AFL Stresses Free Labor for World«, in: *Justice*, 1. November 1947, S.4.

93 Max Brauer an Adolph Held, Hamburg, 5. Dezember 1946, in: Jewish Labor Committee Collection, Wagner Archives, Tamiment Institute, New York University, I:E: General Files, Box 15, Folder 32, »Germany – Social Democrats«.

94 Vgl. Schwarz, *Vom Reich zur Bundesrepublik*.

95 Vgl. Samuel Gringauz (ehemaliger Vorsitzender des Rats der Befreiten Juden in Bayern), »Our New German Policy and the DP's. Why Immediate Resettlement is Imperative«, in: *Commentary* 5/1948, S.508; Frank Stern, *Im Anfang war Auschwitz*, S.145f.

96 Vgl. Fritz Stern, *Der Traum vom Frieden*, S.90–110; Reuter, *Schriften – Reden*, Bde. 2–4.

97 Ernst Reuter, »Referat auf der Funktionärsversammlung der Berliner SPD am 1. März 1947«, in ders., *Schriften, Reden*, Bd. 3, S. 122, 124, 130, 132, 138f.

98 Ernst Reuter, »Aufgaben und Funktion der SPD«, in ebd., S. 152.

99 Ernst Reuter, »Rede auf der Jahreskonferenz der Amerikanischen Bürgermeister in Washington«, 23. März 1949, in ebd., S. 669f. Vgl. Reuters »Ansprache im RIAS zum Beginn der Blockade, 30. Juni 1948«, in ebd., S. 412–414, in der er sagte, die Erfahrung des Hitlerregimes vertiefe die Entschlossenheit, mit der die Nachkriegsdeutschen dem sowjetischen Druck standhielten.

100 Ernst Reuter, »Rede auf einer Kundgebung vor dem Zehlendorfer Rathaus am 27. Juli 1948«, in ebd., S. 449.

101 In amerikanischen Meinungsumfragen waren die Deutschen in den Westzonen wiederholt gefragt worden, ob sie, wenn sie vor der Wahl stünden, eine kommunistische oder eine nationalsozialistische Regierung bevorzugen würden. Im November 1946 hätten 17 Prozent die letztere gewählt. Im Februar 1949, nach vier Jahren Entnazifizierung, drei Jahren Kaltem Krieg und der Berliner Blockade hätten 43 Prozent den Nationalsozialismus vorgezogen, wogegen sich nur 2 Prozent für den Kommunismus entschieden hätten. Solche Zahlen waren ein verheerender Kommentar sowohl zu den negativen Folgen der von der Sowjetunion und der DDR eingeschlagenen Politik auf die öffentliche Meinung im Nachkriegsdeutschland als auch zu den Grenzen der westlichen Entnazifizierungspolitik. Mit den Worten von Richard und Anna Merritt ging der »wachsende Antikommunismus ... auf Kosten der auf kulturelle Veränderung abzielenden Politik«, während die alliierten Besatzungsmächte stärker an einem antisowjetischen Bollwerk als an einer »gründlichen Säuberung von der Vergangenheit« interessiert gewesen seien. Anstelle einer neuen demokratischen Führung hätten die Deutschen neben jenen, die geschickt genug gewesen seien, eklatante Verstrickungen mit der NS-Vergangenheit zu vermeiden, eine »Auswahl von Führern aus der diskreditierten Weimarer Zeit« bekommen (Merritt/Merritt, *Public Opinion in Occupied Germany*, S. 55–58, 295).

1 Konrad Adenauer an Dannie Heinemann, 6. Juli 1945 und 11. April 1947; Dannie Heinemann an Konrad Adenauer, 23. August 1948, in: StBKAH.

2 Dannie Heinemann, »Einführungsschreiben«, in ebd., S. 2.

3 Konrad Adenauer an Dannie Heinemann, 15. November 1950, in ebd.

4 Dannie Heinemann an George Messersmith, 14. Dezember 1950, in ebd.

5 Konrad Adenauer an Dannie Heinemann, 15. November 1950, in ebd., S. 2–4.

6 Dannie Heinemann an John McCloy, 27. März 1951, in ebd.

7 Vgl. Turner, *The Two Germanies,* S. 54–57; Kleßmann, *Die doppelte Staatsgründung.*

8 »Erste Regierungserklärung von Bundeskanzler Adenauer«, 20. September 1949, in Adenauer, *Reden,* S. 153, 163f., 169.

9 »Das Programm der Opposition: Antwort Schumachers auf die erste Regierungserklärung Adenauers im Deutschen Bundestag«, in Schumacher, *Reden – Schriften – Korrespondenz,* S. 691, 697, 699f.

10 Merritt/Merritt, *Public Opinion in Semisovereign Germany,* S. 6–12. Im August 1952 glaubten nur 9 Prozent der Westdeutschen, daß die verurteilten Generale schuldig waren; 63 Prozent hielten sie für unschuldig. Besonders verbreitet war diese Ansicht unter den Gebildeten und Gutinformierten (ebd., S. 184f.).

11 Karl Marx, »Die Linie des geringsten Widerstands«, in: *Allgemeine Wochenzeitung der Juden in Deutschland,* 11. November 1949, S. 1.

12 »Interview des Korrespondenten der New Yorker Tageszeitung ›Jewish Daily Forward‹ mit Schumacher über die Situation der Juden in Deutschland«, November 1950, in Schumacher, *Reden – Schriften – Korrespondenz,* S. 999, 1001–1003; vgl. Shafir, »Die SPD und die Wiedergutmachung gegenüber Israel«.

13 »Schumacher an Liebermann Hersch (Genf): Verteidigung seiner Zusammenkunft mit zwei ehemaligen hohen Offizieren der Waffen-SS«, 30. Oktober 1951, in Schumacher, *Reden – Schriften – Korrespondenz,* S. 895–898. Während der Kontroverse um den geplanten Besuch von US-Präsident Reagan auf dem Soldatenfriedhof Bitburg griff Bundeskanzler Helmut Kohl zu seiner Rechtfertigung Schumachers Argumentation auf. Aber der hatte von der Eingliederung in die

Gesellschaft gesprochen, nicht davon, einen Verbündeten aufzufordern, das Andenken von Soldaten der Waffen-SS zu ehren. Zur Amnestiedebatte vgl. Frei, *Vergangenheitspolitik*.

14 H. G. van Dam, »Ein Freund ist von uns gegangen«, in: *Allgemeine Wochenzeitung der Juden in Deutschland,* 29. August 1952, S. 1.

15 David Dubinsky an Erich Ollenhauer, 21. August 1952, in: GMMA, International Affairs Department, Jay Lovestone Files.

16 Vgl. Goschler/Herbst, *Wiedergutmachung,* S. 195 f. Eine Organisation, die Wiedergutmachung für Opfer von Zwangssterilisation und medizinischen Experimenten einforderte, hatte nur mäßigen Erfolg, und eine bundesweite Interessenvertretung der Sinti und Roma wurde erst 1979 gegründet.

17 Konrad Adenauer, »Zur Feier des Nationalen Gedenktages des deutschen Volkes«, in: *Verhandlungen des Deutschen Bundestages,* Bd. 5, S. 3085 f.

18 »Die Note der israelischen Regierung vom 12. März 1951«, in Vogel, *Der deutsch-israelische Dialog,* Bd. 1, S. 37–39.

19 Konrad Adenauer, »Regierungserklärung zur jüdischen Frage und zur Wiedergutmachung«, in ebd., S. 46 f.

20 Vgl. Frank Stern, *Im Anfang war Auschwitz,* S. 324–326.

21 »Für die Sozialdemokraten sprach der Abgeordnete Paul Löbe«, in Vogel, *Der deutsch-israelische Dialog,* Bd. 1, S. 47 f. Amerikanische Meinungsumfragen ergaben, daß die Wiedergutmachung weniger populär war als die Unterstützung deutscher Witwen und Waisen. Große Zustimmung fanden einer HICOG-Umfrage vom Dezember 1951 zufolge die Hilfe für »Kriegswitwen und -waisen« (96 Prozent), »Personen, die unter Bombenschäden gelitten haben« (93 Prozent) und »Flüchtlinge und Vertriebene« (90 Prozent). Deutlich weniger Bereitschaft gab es für die Unterstützung von »Verwandten von Personen, die wegen der Beteiligung am Attentatsversuch auf Hitler am 20. Juli 1944 hingerichtet wurden« (73 Prozent) und »Juden, die durch das Dritte Reich und den Krieg gelitten haben« (68 Prozent). Während nur 1 Prozent der Befragten gegen die Hilfe für Witwen und Waisen war, sprachen sich 21 Prozent gegen die Unterstützung von Juden aus (Frank Stern, *Im Anfang war Auschwitz,* S. 330; Merritt/Merritt, *Public Opinion in Semisovereign Germany,* S. 146).

22 Vogel, *Der deutsch-isralische Dialog,* Bd. 1, S. 202 f., 205.

23 »German Social Democratic Party Hopes for Reconciliation between

Jews and Germans«, Jewish Labor Committee Collections, Robert F. Wagner Archives, New York University, »Germany, 1948–1956«.

24 Kurt Grossman, »Franz Boehm. An Appreciation«, in: *Congress Weekly*, 23. Mai. 1955, in: LBI, Kurt Grossman Collection, B35/6, Box 33, Folder 11. In Anerkennung seiner Leistungen verlieh der American Jewish Congress Franz Böhm 1954 den Stephen-Wise-Preis.

25 Franz Böhm, »Wie besiegen wir die Trägheit des Herzens? Gedanken zur Wiedergutmachung«, in: *Frankfurter Allgemeine Zeitung*, 13. Januar 1955, S. 2.

26 Konrad Adenauer, »Ansprache vor dem Bundesparteiausschuß der CDU in Bonn (Bundeshaus)«, 6. September 1952, in ders., *Reden*, S. 266f.

27 Wolffsohn, *Eternal Guilt*, S. 84.

28 Schwartz, *Die Atlantik-Brücke*, S. 253, 265.

29 Krekel, *Wiedergutmachung*, S. 40; vgl. Frohn, *Holocaust and »Shilumim«;* Wolffsohn, *Eternal Guilt*, S. 84.

30 Gespeist wurde die Zustimmung zu Artikel 131 unter anderem von der Sorge über eine mögliche Politisierung verbitterter ehemaliger NS-Beamter und von dem Wunsch, Geld zu sparen, denn es wäre wesentlich teurer gewesen, sowohl die Pensionen früherer Beamter als auch einen restlos entnazifizierten öffentlichen Dienst zu bezahlen (vgl. Friedrich, Die kalte Amnestie, S. 272–281).

31 Köhler, *Adenauer*, S. 725–728.

32 Ebd., S. 730f.; Schwarz, *Adenauer. Der Staatsmann;* Osterheld, »Der Staatssekretär des Bundeskanzleramtes«, S. 102.

33 »Dr. Adenauers treuester Beamter«, in: *Allgemeine Wochenzeitung der Juden in Deutschland*, 8. Juni 1951, S. 1.

34 »Zentralrat der Juden in Deutschland antwortet Dr. Adenauer«, in ebd.

35 »Demokratische Reinigung«, in ebd., 29. September 1950, S. 1.

36 Brochhagen, *Nach Nürnberg*, S. 191–193.

37 *Verhandlungen des Deutschen Bundestages*, Bd. 13, 22. Oktober 1952, S. 10728f., 10733.

38 Ebd., S. 10734–10736.

39 Ebd., 5. April 1951, S. 4983.

40 Zit. in Brochhagen, *Nach Nürnberg*, S. 198.

41 Diese apologetische Sicht wurde von der Geschichtswissenschaft zunehmend abgelehnt (vgl. Förster u. a., *Der Angriff auf die Sowjetunion;* Barzov, *Hitler's Army).*

42 Steinbach, *Nationalsozialistische Gewaltverbrechen*, S. 38–50.

43 van Dam, »Neuer Mythos des 20. Jahrhunderts. Kollektive Verantwortungslosigkeit«, in: *Berliner Allgemeine Wochenzeitung der Juden in Deutschland*, 13. April 1951, S. 1.

44 John McCloy an A. J. Muench, 11. Januar 1950; John McCloy an Konrad Adenauer, 24. April 1950, zit. in Schwartz, *Die Atlantik-Brücke*, S. 232.

45 Schwartz, *Die Atlantik-Brücke*, S. 239f.

46 Ebd., S. 243, 246f., 251.

47 John McCloy an Kardinal Joseph Frings, 15. März 1951, zit. in ebd., S. 248.

48 Schwartz, *Die Atlantik-Brücke*, S. 248f.

49 Zit. in Steinbach, *Nationalsozialistische Gewaltverbrechen*, S. 44.

50 Vgl. ebd., S. 46–50; Götz, *Bilanz der Verfolgung von NS-Straftaten*; Rückerl, *NS-Verbrechen vor Gericht*.

51 Konrad Adenauer, »›Deutschlands Stellung und Aufgabe in der Welt‹. Rede auf dem 1. Bundesparteitag der CDU in Goslar«, 20. Oktober 1950, in ders., *Reden*, S. 182.

52 Konrad Adenauer, »Regierungserklärung vor dem Deutschen Bundestag«, 8. November 1950, in ebd., S. 193–200.

53 Konrad Adenauer, »›Deutschlands Stellung und Aufgabe in der Welt‹. Rede auf dem 1. Bundesparteitag der CDU in Goslar«, 20. Oktober 1950, in ders., *Reden*, S. 184f.

54 Ebd., S. 183f.; vgl. ders., »›Deutschland und der Friede in Europa‹. Ansprache vor den Nouvelles Equipes Internationales in Bad Ems«, 14. September 1951, in ebd.

55 Konrad Adenauer, »›Verständigung, Frieden und Freiheit‹. Ansprache in der Frankfurter Universität«, in ebd., S. 255–257.

56 Konrad Adenauer, »›Deutschland und der Friede in Europa‹. Ansprache vor den Nouvelles Equipes Internationales in Bad Ems«, 14. September 1951, in ebd., S. 227.

57 Ernst Reuter, »Rede auf der Gedenkfeier für die Opfer des Nationalsozialismus in der Hinrichtungsstätte Plötzensee am 10. Oktober 1950«, in ders., *Schriften, Reden*, Bd. 4, S. 246–248.

58 Gelegentlich sprach sich allerdings auch Reuter dafür aus, einen Schlußstrich unter die Vergangenheit zu ziehen, so im Fall des Schauspielers Werner Krauss, der für seine Verkörperung antisemitischer Figuren in der NS-Zeit bekannt war. Als Krauss auf Einladung der

Stadtregierung ein Gastspiel in Berlin geben sollte, entgegnete Reuter auf die öffentliche Kritik, daß »nicht für ewig vergangene Schuld als Wertmesser herangeholt werden« dürfe (Frank Stern, *Im Anfang war Auschwitz,* S. 320).

59 Ernst Reuter, »RIAS-Ansprache zum 13. Jahrestag der ›Reichskristallnacht‹ am 9. November 1951«, in ders., *Schriften, Reden,* Bd. 4, S. 474 f.

60 Kurt Schumacher, »Flucht in die Selbsttäuschung«, in ebd., S. 636–638.

61 Kurt Schumacher, »Ansprache auf der Gedenkfeier des Bezirksamtes Neukölln am 10. Jahrestag der Vernichtung des Warschauer Ghettos am 19. April 1953«, in ebd., S. 714–721.

62 Vgl. Goschler/Herbst, *Wiedergutmachung,* S. 217–220.

63 Ernst Reuter, »Rede zur Enthüllung des Denkmals für die Opfer des 20. Juli 1944 im Hof des ehemaligen OKW in der Bendlerstraße am 20. Juli 1953«, in ebd., S. 757–759; vgl. ders., »Rede auf der Trauerkundgebung für die Opfer des 17. Juni vor dem Rathaus Schöneberg am 23. Juni 1953«, in ebd.

64 Carlo Schmid, »Zur Wiedergutmachung«, in ders., *Bundestagsreden,* S. 52 f., 55.

65 Carlo Schmid, *Besinnung. Rede des Vizepräsidenten des Bundestages am 6. März 1955 in der Paulskirche zu Frankfurt am Main zur Eröffnung der »Woche der Brüderlichkeit«,* Frankfurt am Main 1955, S. 6–10.

66 Theodor Heuss, »Mut zur Liebe«, in: NL Theodor Heuss, BA/Koblenz, B122 2886, S. 4 f., 7 f.

67 »Akademische Festrede des Bundespräsidenten Professor Dr. Heuss«, in ebd., S. 11 f.

68 »Ansprache von Bundespräsident Dr. Theodor Heuss am 16. Dezember 1949 vor Studenten der Universität Heidelberg«, in ebd., S. 11.

69 Theodor Heuss, »Zur Feier des Nationalen Gedenktages des deutschen Volkes«, in: *Verhandlungen des Deutschen Bundestages,* Bd. 5, S. 3086.

70 Korrespondenz Heuss–Adorno, in: NL Theodor Heuss, BA/Koblenz, B122 306; Heuss–Baeck, in ebd., B122 2083; Heuss–Buber, in ebd., B122 2056; Heuss–Döblin, in ebd., B122 2057; Heuss–Horkheimer, in ebd., B122 2059, B122 361; Heuss–Thomas Mann, in ebd., B122 195; Heuss–Marx, in ebd., B122 2086.

71 Vgl.: »Glückwünsche des Herrn Bundespräsidenten an die ›Allge-

meine Wochenzeitung der Juden in Deutschland‹ (Düsseldorf) aus Anlaß des jüdischen Neujahrsfestes am 24. September 1949«, in ebd., B122 2086.

72 Jacob Blaustein an Theodor Heuss, 5. Oktober 1951, in ebd., B122 2080/026.

73 Theodor Heuss an John McCloy, 16. Januar 1951, in ebd., B122 644, S. 1 f.; vgl. Korrespondenz Heuss–Handy, in ebd., B122 644, insbesondere Theodor Heuss an Thomas T. Handy, 23. Februar 1951.

74 John McCloy an Theodor Heuss, 24. Januar 1951, in ebd., B122 2082, S. 2.

75 M. S. Henderson, »Speech at Belsen, 30th November 1952«, in ebd., B122 2082, S. 1 f.

76 »Belsen Memorial Dedication Ceremony, Invitation List, I: Jewish«, in ebd., B122 2082, S. 1–4.

77 »Entstehungsgeschichte der Gedenkstätte Bergen-Belsen«, in ebd., B122 2082, S. 1 f. Die Feierlichkeiten in Bergen-Belsen bildeten eine Ausnahme im Westdeutschland der fünfziger Jahre. Zur Opposition auf lokaler Ebene sowie zur öffentlichen Diskussion und zu den Gedenkreden siehe Marcuse, »The Politics of Memory«.

78 Nahum Goldmann, Rede in Bergen-Belsen, 30. November 1952, in: NL Theodor Heuss, BA/Koblenz, B122 2082, S. 1–5.

79 Manfred George an Theodor Heuss, 19. Dezember 1952; Roger Baldwin an Theodor Heuss, 23. März 1953, in ebd., B122 2082.

80 Theodor Heuss, »Diese Scham nimmt uns niemand ab. Der Bundespräsident sprach bei der Weihe des Mahnmals in Bergen-Belsen«, in: *Bulletin*, hg. vom Presse- und Informationsamt der Bundesregierung, 1. Dezember 1952, S. 1655 f.

81 Vgl. Lodge, »A Bacon in the German Darkness«.

82 »Bundespräsident Theodor Heuss an die Witwe eines der Opfer des 20. Juli«, 4. Juli 1952, in: NL Theodor Heuss, BA/Koblenz, B122 2079, S. 3 f.

83 Hans Bott an Max Horkheimer, 9. Juli 1954, in ebd., B122 361.

84 Max Horkheimer an Hans Bott, in ebd., B122 361, S. 1 f.

85 1953 hatte Horkheimer in einem Rundfunkgespräch mit Theodor W. Adorno und Eugen Kogon gesagt, es gebe »leider zu wenig Menschen, die Widerstand leisten können, Widerstand gegen den Druck einer Situation, Widerstand gegen die Vorurteile einer Zeit, Widerstand gegen das, was sie für Erfolg, für Karriere oder sonstige Dinge halten«

(Horkheimer/Adorno/Kogon: »Die Menschen und der Terror«, S. 152).

86 Marion Gid, »Der jüdische Rektor und seine deutsche Universität«, in: *Allgemeine Wochenzeitung der Juden in Deutschland*, 7/1952, S. 3.

87 Theodor Heuss, »Vom Recht zum Widerstand – Dank und Bekenntnis«, in ders., *Politiker und Publizist*, S. 430, 432, 439.

88 Theodor Heuss, »Der deutsche Weg – Rückfall und Fortschritt«, 29. September 1955, Evangelische Akademie Bad Boll, in ebd., B122 2890, S. 5.

89 »Bundespräsident Theodor Heuss verabschiedet sich«, in: *Bulletin*, hg. vom Presse- und Informationsamt der Bundesregierung, 15. September 1959, S. 1694.

90 Theodor Heuss an Nahum Goldmann, 27. Juli 1959, in: NL Theodor Heuss, B122 2080/026.

91 Heuss' Bemühungen fanden in Israel viel Anerkennung. Nach dem Ende seiner Amtszeit wurde er eingeladen, an der Hebräischen Universität in Jerusalem zu sprechen (»Staat und Volk im Werden. Vortrag an der Hebräischen Universität zu Jerusalem am 8. Mai 1960«, in NL Theodor Heuss, 221 23; gehalten hatte Heuss die Rede in Wirklichkeit am 2. Mai). Ernst Simon, ein deutscher Flüchtling, drückte Heuss im Namen der Universität seinen tiefempfundenen Dank aus (»Auszug aus der Ansprache, die Herr Prof. Dr. Ernst Simon anläßlich der Anwesenheit des Altbundespräsidenten Prof. Dr. Heuss in Jerusalem am 2. Mai 1960 gehalten hat«, in ebd.).

92 »Zwei Bundespräsidenten – zwei Reden. Unsere jüngste Vergangenheit mit den Augen von Theodor Heuss und Heinrich Lübke gesehen«, in: *Frankfurter Rundschau*, 7. März 1961, S. 3.

93 Frank Stern, *Im Anfang war Auschwitz*, S. 337.

Politik und Erinnerung seit den sechziger Jahren

1 Steinbach, *Nationalsozialistische Gewaltverbrechen*, S. 51–53.

2 Götz, *Bilanz der Verfolgung von NS-Straftaten*, S. 35f., 149; Rückerl, *Die Strafverfolgung der NS-Verbrechen*.

3 Deutscher Bundestag, *Zur Verjährung der nationalsozialistischen Verbrechen*, Teil 1, S. 109f.

4 Götz, *Bilanz der Verfolgung von NS-Straftaten*, S. 149.

5 Deutscher Bundestag, *Zur Verjährung der nationalsozialistischen Verbrechen,* Teil 1, S. 110.

6 Götz, *Bilanz der Verfolgung von NS-Straftaten,* S. 149.

7 Zu Waldheim vgl. von Flocken/Klonovsky, *Stalins Lager in Deutschland.*

8 Deutscher Bundestag, *Zur Verjährung der nationalsozialistischen Verbrechen,* Teil 1, S. 103–104.

9 »Antrag der Fraktion der SPD«, in ebd., S. 10–13.

10 »Die Debatte im Plenum«, in ebd., S. 15–47.

11 Vgl.: *Verhandlungen des Deutschen Bundestages,* Bd. 58, S. 8788–8790; Jaspers, »Für Völkermord gibt es keine Verjährung«, in ders., *Wohin treibt die Bundesrepublik.*

12 Götz, *Bilanz der Verfolgung von NS-Straftaten,* S. 144.

13 Deutscher Bundestag, *Zur Verjährung der nationalsozialistischen Verbrechen,* Teil 1, S. 163, 177–188, 193–199.

14 »Adolf Arndt (SPD)«, in ebd., S. 209 f., 211 f., 214. Indem Arndt unter dem Applaus aller Parteien erklärte, die Vernichtung des europäischen Judentums habe nichts mit Kriegsverbrechen zu tun, blendete er allerdings den Zusammenhang zwischen dem nationalsozialistischen Angriff auf den »jüdischen Bolschewismus« an der Ostfront und dem Holocaust zu Unrecht aus seinen Überlegungen aus. Vgl. Bartov, *Hitlers Wehrmacht;* Förster u. a., *Der Angriff auf die Sowjetunion.*

15 »Fritz Erler (SPD)«, in ebd., S. 244–246.

16 *Verhandlungen des Deutschen Bundestages,* Bd. 58, S. 8788–8790.

17 In Deutscher Bundestag, *Zur Verjährung der nationalsozialistischen Verbrechen,* Teil 2, S. 381–390.

18 Ebd., S. 436 f.; Götz, *Bilanz der Verfolgung von NS-Straftaten,* S. 144.

19 »Dr. Mertes«, in: *Verhandlungen des Deutschen Bundestages,* Bd. 111, S. 13238 f.

20 »Frau Dr. Däubler-Gmelin«, in ebd., S. 13239–13241.

21 »Frau Dr. Hamm-Brücher«, in ebd., S. 13284.

22 Ebd., S. 13292–13294.

23 Ludwig Erhard, »Trauer und Scham. Ansprache bei der Wiedereinweihung der alten Synagoge zu Worms, 3. Dezember 1961«, in ders., *Gedanken aus fünf Jahrzehnten,* S. 712–716.

24 Ludwig Erhard, »Franz Oppenheimer, dem Lehrer und Freund. Rede zu Oppenheimers 100. Geburtstag in der Freien Universität Berlin, 30. April 1964«, in ebd., S. 863 f.

25 Vgl. Deutschkron, *Israel und die Deutschen,* S.295–317; Gardner Feldmann, *The Special Relationship between West Germany and Israel;* Husemann, »The German-Israeli Relationship«.

26 Zit. in Vogel, *Der deutsch-israelische Dialog,* Bd. 1, S.387.

27 Im Geist des geläuterten und schuldbewußten Protestantismus der fünfziger Jahre hatte Heinemann im Bundestag den Antisemitismus verurteilt und Adenauer dafür kritisiert, daß er das Christentum im Rahmen des Kalten Krieges in den Dienst von Antikommunismus und westdeutscher Wiederbewaffnung stellte (Heinemann, »Zum Antisemitismus und zum deutschen Sendungsbewußtsein. Rede im Deutschen Bundestag in der Debatte über antisemitische Vorfälle, 18.2.1960«, in ders., *Reden und Schriften,* Bd. 2).

28 Brandt, *Friedenspolitik in Europa,* S.37; Garton Ash, *Im Namen Europas.*

29 Willy Brandt, »Wer rastet, der rostet – Dynamische Politik als deutsche Gemeinschaftsaufgabe. Rede vom 27. Mai 1962«, in ders., *Auf der Zinne der Partei,* S.62.

30 Brandt, *Friedenspolitik in Europa,* S.33f., 148.

31 Vgl. Brandt, *Erinnerungen,* S.213–215.

32 Im Mittelpunkt von Brandts Diplomatie stand zwar die Ostpolitik und nicht der Nahe Osten, aber er hegte eine starke Sympathie für Israel und die israelische Arbeiterpartei, und er war der erste Bundeskanzler, der als solcher Israel besuchte (vgl. Vogel, *Der deutsch-israelische Dialog,* Bd. 1, S.349–381, 458–475).

33 Helmut Schmidt, »Ansprache in Auschwitz-Birkenau«, 23. November 1977, in ders., *Der Kurs heißt Frieden,* S.53–55.

34 Helmut Schmidt, »Mahnung und Verpflichtung des 9. November 1938. Ansprachen in der Großen Synagoge Köln am 9. November 1978«, in ebd., S.85–97.

35 Heinrich Lübke, »Symbol der Selbstachtung unseres Volkes«, in Heuss/Lübke/Heinemann/Scheel/Carstens, *Gedanken zum 20. Juli 1944,* S.58.

36 Gustav Heinemann, »Zeugnis des Ringens um Menschenrecht und Menschenwürde«, in ebd.

37 Walter Scheel, »Das demokratische Geschichtsbild«, in ebd.

38 Karl Carstens, »Mahnung und Verpflichtung des 20. Juli 1944«, in ebd.

39 1957 war Erich Ollenhauer, Schumachers Nachfolger im Parteivorsitz

der SPD, als erster westdeutscher Politiker von der israelischen Regierung nach Israel eingeladen worden (vgl. Deutschkron, *Israel und die Deutschen,* S. 143).

40 Kloke, *Israel und die deutsche Linke,* S. 106–132, 168.

41 Vgl. Fleischmann, *Dies ist nicht mein Land;* Broder, *Linke Tabus.*

42 Helmut Kohl, »Wir kämpfen für Freiheit und Menschenrechte. Rede auf der Großkundgebung der Jungen Union anläßlich der Aktion Menschenrechte in Gelsenkirchen am 10. April 1976«, in ders., *Der Kurs der CDU,* S. 156.

43 Helmut Kohl, »Die Antwort des Bundeskanzlers«, in ebd., S. 970f.

44 Vgl. Hartman, *Bitburg in Moral and Political Perspective,* S. XII–XVI.

45 Vgl.: *Frankfurter Allgemeine Zeitung,* 22., 25. und 27. April 1985.

46 Helmut Kohl an Ronald Reagan, 15. April 1985, in Auszügen in Schultz, *Turmoil and Triumph,* S. 545f.; zu Kohls Anruf vgl. ebd., S. 550; »Amerikanische Warnungen«, in: *Frankfurter Allgemeine Zeitung,* 15. April 1985, S. 1f.

47 »Kohl dankt Reagan für die Bereitschaft zu einer Versöhnungsgeste«, in: *Frankfurter Allgemeine Zeitung,* 26. April 1985, S. 1.

48 Helmut Kohl, Rede in Bergen-Belsen, 21. April 1985, in Vogel, *Der deutsch-israelische Dialog,* Bd. 3, S. 1207, 1210, 1212.

49 Was Fritz Ullrich Fack, einen der Herausgeber der *Frankfurter Allgemeinen Zeitung,* dem Flaggschiff des westdeutschen Konservatismus, nicht davon abhielt zu behaupten, eine »mächtige publizistische Maschinerie« der USA habe ein »Zerrbild des häßlichen Deutschen« verbreitet und den Präsidenten zu ihrer »Marionette« zu machen versucht. Auf diese Weise hätten sich »Machtgelüste« mit den »geschäftlichen Interessen einer Unterhaltungsindustrie« verquickt, »der das ›Nazi-Thema‹ allemal willkommen« sei (Fack, »Ein Scherbenhaufen«, in: *Frankfurter Allgemeine Zeitung,* 29. April 1985, S. 1).

50 Helmut Kohl, »Der Dank des Bundeskanzlers«, Bitburg, 5. Mai 1985, in Vogel, *Der deutsch-israelische Dialog,* Bd. 3, S. 1274.

51 »›Wir waren Feinde, wir sind jetzt Freunde‹. Kohl und Reagan in Bergen-Belsen und Bitburg«, in: *Frankfurter Allgemeine Zeitung,* 6. Mai 1985, S. 1f.

52 Richard von Weizsäcker, »Der 8. Mai 1945«, in ders., *Von Deutschland aus,* S. 9–36.

53 Norbert Seitz, »Bemühter Umgang. 50 Jahre 8. Mai – eine deutsche Pathologie«, in: *Süddeutsche Zeitung,* 15. April 1995.

54 Richard von Weizsäcker, »Zum Historikerstreit«, in ders., *Von Deutschland nach Europa,* S. 42.

55 »Die Ansprache des Bundeskanzlers anläßlich des 50. Jahrestages der Pogromnacht. Die Menschen von heute sind nicht besser oder mutiger als damals«, in: *Frankfurter Allgemeine Zeitung,* 10. November 1988, S. 5.

56 Philipp Jenninger, »Die Opfer wissen, was der November 1938 für sie bedeutet hatte. Die Rede des Bundestagspräsidenten im Wortlaut«, in: *Frankfurter Allgemeine Zeitung,* 11. November 1988, S. 6; vgl. Laschet/Malangre, *Philipp Jenninger.*

57 Eine dieser Ausnahmen war Helmut Eschwege, dessen Memoiren *Fremd unter meinesgleichen* ein erhellendes Licht auf das Verhältnis der ostdeutschen Kommunisten zur jüdischen Frage werfen.

58 Wolfsohn, *Eternal Guilt,* S. 44.

59 Vgl. Meuschel, *Legitimation und Parteiherrschaft,* S. 273–305.

60 Meckel/Gutzeit, »Der 8. Mai 1945 – unsere Verantwortung für den Frieden (Februar/April 1985)«, in dies., *Opposition in der DDR,* S. 268, 271 f.

61 »The East germans Issue an Apology for Nazis' Crimes«, in: *New York Times,* 13. April 1990, S. A1, A7.

62 »Volkskammer bekennt Schuld am Holocaust: Erste frei gewählte DDR-Regierung im Amt«, in: *Frankfurter Rundschau,* 14. April 1990, S. 1 f.

63 »Gemeinsame Erklärung der Volkskammer«, in: *Deutschland Archiv* 5/1990, S. 794 f.

64 Asher Wallfish, »E. German Resolution Needs Fleshing Out«, in: Jerusalem Post, 13. April 1990, S. 11; Yehoshua Trigor, »Germany: Jewry Must Have a Say«, in ebd., 1. Mai 1990, S. 4; Wolffsohn, *Eternal Guilt.*

65 Vgl. Zitelmann, *Westbindung;* Backes u. a., *Die Schatten der Vergangenheit;* kritisch dazu: Pflüger, *Deutschland driftet;* Herzinger/Stein, *Endzeit-Propheten.*

66 »Präsidentin Dr. Süssmuth«, in: *Verhandlungen des deutschen Bundestages,* Bd. 171, 9. November 1993, S. 10181.

67 Ebd.

68 »2700 ehemalige Häftlinge in Ravensbrück und Sachsenhausen«, in: *Frankfurter Allgemeine Zeitung,* 18. April 1995, S. 1.

69 »Bei der Gedenkfeier in Bergen-Belsen Warnung vor Vergessen und Verdrängen«, in: *Frankfurter Allgemeine Zeitung,* 28. April 1995, S. 1.

70 »8. Mai 1945 – Gegen das Vergessen«, in: *Frankfurter Allgemeine Zeitung*, 7. April 1995, S. 3; vgl.: »Aufruf: 8. Mai 1945 auch Beginn des Vertreibungsterrors. Streit über Bewertung des Kriegsendes. Konservative wollen in München gedenken«, in: *Süddeutsche Zeitung*, 9. April 1995, S. 3.

71 »Bubis – Konservativer Aufruf zum 8. Mai ›Skandal‹«, in: *Reuter German News Service*, 8. April 1995, S. 2.

72 »8. Mai 1945 – Gegen das Vergessen«, in: *Frankfurter Allgemeine Zeitung*, 27. April 1995, S. 3.

73 »Jedem einzelnen Schicksal schulden wir Achtung«, in: *Frankfurter Allgemeine Zeitung*, 6. Mai 1995, S. 3.

74 Vgl. Stephen Kinzer, »Confronting the Past. Germans Now Don't Flinch«, in: *New York Times*, 1. Mai 1995, S. 6; »Erinnerung kann Wiederholung der Geschichte verhindern«, in: *Frankfurter Allgemeine Zeitung*, 10. April 1995, S. 1 f.

75 Ashley Seager, »Some German Firms Highlight WWII Slave Labor Use«, in: *Reuter Asia-Pacific Business Report*, 1. Mai 1995, S. 4.

76 »Gedenken an die Befreiung des Konzentrationslagers vor 50 Jahren. Stoiber: Dachau mahnt uns zur Wachsamkeit«, in: *Süddeutsche Zeitung*, 2. Mai 1995, S. 2.

77 »Katastrophe und Befreiung. Die historische Zäsur des Jahres 1945«, in: *Frankfurter Allgemeine Zeitung*, 15. April 1995, S. 4.

78 »Der Bundespräsident zum Kriegsende vor 50 Jahren: Am 8. Mai wurde ein Tor in die Zukunft aufgestoßen«, in: *Frankfurter Allgemeine Zeitung*, 9. Mai 1995, S. 6.

79 »Bubis dringt auf Gedenktag für die NS-Opfer«, in: *Süddeutsche Zeitung*, 9. Mai 1995, S. 3.

80 »Auschwitz Anniversary to be German Remembrance Day«, in: *Agence France Presse*, 1. Juni 1995.

81 »Dr. Roman Herzog«, in: »Veranstaltung im Deutschen Bundestag aus Anlaß des Tages des Gedenkens an die Opfer des Nationalsozialismus«, in: *Verhandlungen des Deutschen Bundestages*, Bd. 182, S. 7126–7129.

Quellen und Literatur

Quellen

Deutschland

AdsD:	NL Jakob Altmeier, NL Kurt Schumacher
BA/Koblenz:	NL Theodor Heuss
MfSZ:	Akten über Alexander Abusch, Bruno Goldhammer, Paul Merker, Leo Zuckermann
SAPMO:	*ZPA* – NL Anton Ackermann, NL Franz Dahlem, NL Lex Ende, NL Max Fechner, NL Otto Grotewohl, NL Hermann Matern, NL Ernst Melsheimer, NL Paul Merker, NL Albert Norden, NL Wilhelm Pieck, NL Walter Ulbricht *Bestand: Sozialistische Einheitspartei Deutschlands, ZK* – Kaderfragen, ZPKK, Dietz Verlag, Sekretariat Lehmann: Abteilung Arbeit und Sozialfragen, Generalsekretariat der VVN, Politbüro J IV 2/202, Protokolle der Sitzungen des Politbüros, Verlag Neuer Weg
StBAH:	NL Konrad Adenauer

USA

American Jewish Archives, Hebrew Union College, Jewish Institute of Religion, Cincinnati: Box H231, World Jewish Congress, Mexico Section; Folder H 230, Mexico-Jewish Situation Reports, 1943–1950; Folder H227/6, Mexico, Kate Kopfmacher Correspondence, J1-D, 1942; Folder H229/13, H 233/1, H232/3, H233/4

GMMA, International Affairs Department: Jay Lovestone Files

LBI: Kurt Grossmann Collection

NA: RG 226, Office of Strategic Services, Box 46, 42, 326 (Mexico: Subversive Activity), 327, 329; RG 319, IRR File in Military Reference, Paul Merker, X 8590750, Box 151

United States Army Intelligence and Security Command, Fort Meade, Maryland: Leo Zuckermann, Case no. 92F–95

Robert F. Wagner Labor Archives, Tamiment Institute, New York University, Jewish Labor Committee Collection: I:E: General Files, Box 15, Folder 32 (Germany – Social Democrats)

Veröffentlichte Dokumente

Deutscher Bundestag, 12. Wahlperiode, Drucksache 12/7820: *Bericht der Enquete-Kommission, Aufarbeitung von Geschichte und Folgen der SED-Diktatur in Deutschland,* Bonn 1994

–: *Verhandlungen des Deutschen Bundestages. Stenographischer Bericht,* Bonn: 1. Wahlperiode, Bd. 5: *Feier des Nationalen Gedenktages des deutschen Volkes – Sitzung 108,* 1951; Bd. 13: *Sitzung 228– 239,* 1952; 4. Wahlperiode, Bd. 58: *Sitzung 178–186,* 1965; 8. Wahlperiode, Bd. 111: *Sitzung 163–175,* 1979; 12. Wahlperiode, Bd. 171: *Sitzung 187–200,* 1993; 13. Wahlperiode, Bd. 182: *Sitzung* 79–90, 1996

–: *Zur Verjährung nationalsozialistischer Verbrechen. Dokumentation der parlamentarischen Bewältigung des Problems, 1960–1971, 3 Tle.*, Bonn 1980

Deutsche wohin? Protokoll der Gründungsversammlung des National-Komitees Freies Deutschland und des Deutschen Offiziersbundes, Mexiko (Stadt) 1944

Deutschland-Berichte der Sozialdemokratischen Partei (SOPADE)

Documents on Germany, 1944–1985, hg. vom US-Außenministerium, Washington, D. C., 1986

Dokumentation zur Deutschlandfrage. Von der Atlantik-Charta 1941 bis zur Berlin-Sperre 1961, Hauptbd. 1: *Chronik der Ereignisse von der Atlantik-Charta 1941 bis zur Aufkündigung des Viermächtestatus Berlins durch die UdSSR im November 1958,* hg. von Heinrich von Siegler, Bonn/Wien/Zürich ²1961

Dokumente der Sozialistischen Einheitspartei Deutschlands. Beschlüsse und Erklärungen des Zentralkomitees und seines Politbüros und seines Sekretariats, Bde. 1–6, Berlin 1951–1958

Dokumente zur Außenpolitik der Regierung der Deutschen Demokratischen Republik, Bde. 1–30, Berlin 1955–1985

Dokumente zur Staatsordnung der Deutschen Demokratischen Republik, hg. von Günter Albrecht, 2 Bde., Berlin 1959

Protokoll der Verhandlungen des Ersten Kulturtages der Sozialistischen Einheitspartei Deutschlands, 5.–7. Mai 1948

Der Prozeß gegen die Hauptkriegsverbrecher vor dem internationalen Militärgerichtshof, Nürnberg, 14. November 1945–1. Oktober 1946, 42 Bde., Nürnberg 1947–1948

Revolutionäre deutsche Parteiprogramme. Vom Kommunistischen Manifest zum Programm des Sozialismus, hg. von Lothar Berthold und Ernst Diehl, Berlin 1964

VII. Weltkongreß der Kommunistischen Internationale, Moskau/Leningrad 1935, Mailand 1967

Bücher und Artikel

Abenheim, Donald: *Reforging the Iron Cross. The Search for Tradition in the West German Armed Forces*, Princeton, New Jersey, 1988

Abusch, Alexander: *Der Irrweg einer Nation. Ein Beitrag zum Verständnis deutscher Geschichte*, Berlin [8]1960

–: *Stalin und die Schicksalsfrage der deutschen Nation*, Berlin [2]1952

–: *Restauration oder Renaissance*, Berlin 1954

–: »Vorwort«, in Riedel, *Freies Deutschland*

Adenauer, Konrad: *Briefe*, hg. von Hans-Peter Mensing, Bd. 2: *1947–1949*, Berlin 1984

–: *Reden, 1917–1967. Eine Auswahl*, hg. von Hans-Peter Schwarz, Stuttgart 1975

Adorno, Theodor W.: »Was bedeutet: Aufarbeitung der Vergangenheit«, in ders., *Eingriffe. Neun kritische Modelle*, in ders., *Gesammelte Schriften*, hg. von Rolf Tiedemann, Bd. 10.2: *Kulturkritik und Gesellschaft II. Eingriffe – Stichworte – Anhang*, Frankfurt am Main 1977

Albrecht, Willy: »Einleitung«, in Schumacher, *Reden – Schriften – Korrespondenzen*

Aschheim, Steven E.: *Culture and Catastrophe. German and Jewish Confrontation with National Socialism and Other Crises*, New York 1996

Ausschuß für Deutsche Einheit (Hg.): *Im Namen der Völker, im Namen*

der Opfer. Auszüge aus dem Protokoll des Prozesses gegen Dr. Hans Globke vor dem Obersten Gericht der DDR, Berlin 1963
–: *Der Oberländer-Prozeß. Gekürztes Protokoll der Verhandlungen vor dem Obersten Gericht der Deutschen Demokratischen Republik vom 20.–27 und 29.4.1960,* Berlin 1960
–: *Wir klagen an! 800 Nazi-Blutrichter – Stützen des militaristischen Adenauer-Regimes,* Berlin 1959
Backes, Uwe/Jesse, Eckhard/Zitelmann, Rainer (Hg.): *Die Schatten der Vergangenheit. Impulse zur Historisierung des Nationalsozialismus,* Berlin/Frankfurt am Main 1990
Bahne, Siegfried: »Sozialfaschismus in Deutschland. Zur Geschichte eines politischen Begriffs«, in: *International Review of Social History* (1965)
–: *Die KPD und das Ende von Weimar. Das Scheitern einer Politik, 1932–1935,* Frankfurt am Main 1976
Bark, Dennis L./Gress, David R.: *A History of West Germany,* Bd. 1: *From Shadow to Substance, 1945–1963,* Cambridge, Massachusetts, 1989
Barth, Bernd-Rainer/Links, Christoph/Müller-Enbergs, Helmut/Wielgohs, Jan: *Wer war Wer in der DDR. Ein biographisches Handbuch,* Frankfurt am Main ³1995
Bartov, Omar: *Hitlers Wehrmacht. Soldaten, Fanatismus und die Brutalisierung des Krieges,* Reinbek 1995
Becher, Johannes R.: *Publizistik,* Bd. 2: *1939–1945,* Berlin 1978
Beckert, Rudi/Fricke, Karl Wilhelm: »Auf Weisung des Politbüros, Teil II: Der Fall Max Fechner«, Deutschlandfunk Hamburg, Zur Diskussion/Geschichte aktuell, 9. Januar 1992
Befreiungstag Buchenwald. 9. bis 11. April 1948, Potsdam 1948
Bergmann, Werner/Erb, Rainer (Hg.), *Antisemitismus in der politischen Kultur nach 1945,* Opladen 1990
Bestrafung der Nazi- und Kriegsverbrecher – Gebot der Menschlichkeit und der Sicherung des Friedens, Berlin 1964
Borschtschagowski, Alexander: *Orden für einen Mord. Die Judenverfolgung unter Stalin,* Berlin 1997
Bracher, Karl Dietrich: *Die Auflösung der Weimarer Republik,* Königstein ⁵1978
–: *Die deutsche Diktatur. Entstehung, Struktur, Folgen des Nationalsozialismus,* Berlin 1997
Brandt, Heinz: *Ein Traum, der nicht entführbar ist. Mein Weg zwischen Ost und West,* München 1967

Brandt, Willy: *Auf der Zinne der Partei. Parteitagsreden 1960 bis 1983*, Berlin 1984
–: *Erinnerungen*, Berlin/Frankfurt am Main 1989
–: *Friedenspolitik in Europa*, Frankfurt am Main [3]1971
Braunbuch. Kriegs- und Naziverbrecher in der Bundesrepublik. Staat, Wirtschaft, Armee, Verwaltung, Justiz, Wissenschaft, hg. vom Nationalrat der Nationalen Front des Demokratischen Deutschland, Dokumentationszentrum der staatlichen Archivverwaltung der DDR, Berlin 1965
Brochhagen, Ulrich: *Nach Nürnberg. Vergangenheitsbewältigung und Westintegration in der Ära Adenauer*, Hamburg 1994
Broder, Henryk: *Linke Tabus*, Berlin 1976
Broszat, Martin/Henke, Klaus-Dietmar/Woller, Hans (Hg.): *Von Stalingrad bis zur Währungsreform. Zur Sozialgeschichte des Umbruchs in Deutschland*, München [3]1990
Bundesministerium der Justiz, *Im Namen des Volkes. Über die Justiz im Staat der SED. Wissenschaftlicher Begleitband*, Leipzig 1994
Burgauer, Erika: *Zwischen Erinnerung und Verdrängung. Juden in Deutschland nach 1945*, Reinbek 1993
Buscher, Frank M.: *The U. S. War Crimes Trial Program in Germany, 1946 to 1955*, New York 1989
Carlebach, Julius: *Karl Marx and the Radical Critique of Judaism*, London 1978
Dahlem, Franz: *Ausgewählte Reden und Aufsätze, 1919–1979. Zur Geschichte der Arbeiterbewegung*, Berlin 1980
–: *Am Vorabend des Zweiten Weltkrieges, 1938 bis August 1939. Erinnerungen*, 2 Bde., Berlin 1977
Dahrendorf, Ralf: *Gesellschaft und Demokratie in Deutschland*, München 1965
Dawidowicz, Lucy S.: *The Holocaust and the Historians*, Cambridge, Massachusetts, 1981
Deutscher, Isaac: *Trotzki*, Bd. 3: *Der verstoßene Prophet, 1929–1940*, Stuttgart/Berlin/Köln/Mainz 1972
Deutschkron, Inge: *Israel und die Deutschen. Zwischen Ressentiment und Ratio*, Köln 1970
–: »Das Verhalten der bundesdeutschen Politiker ist eine Schweinerei gegenüber NS-Opfern«, in Dieter Bednarz/Michael Lüders (Hg.), *Blick zurück ohne Haß. Juden aus Deutschland erinnern sich an Deutschland*, Köln 1981

Dittmar, Peter: »DDR und Israel. Ambivalenz einer Nichtbeziehung«, in: *Deutschland Archiv* 7/1977 (Teil I) und 8/1977 (Teil II)
Dokumente des Unrechts, hg. vom Bundesministerium für gesamtdeutsche Fragen, zusammengestellt vom Untersuchungsausschuß freiheitlicher Juristen, Berlin 1952
Draper, Theodor: »The Man Who Wanted to Hang«, in: *Reporter*, 6. Januar 1953
Duhnke, Horst: *Die KPD von 1933 bis 1945*, Köln 1972
Eisler, Gerhart/Norden, Albert/Schreiner, Albert: *The Lessons of Germany. A Guide to Her History*, New York 1945
Erhard, Ludwig: *Gedanken aus fünf Jahrzehnten. Reden und Schriften*, hg. von Karl Hohmann, Düsseldorf 1988
Ernst Thälmann. Bilder und Dokumente aus seinem Leben, hg. vom Marx-Engels-Lenin-Stalin-Institut beim Zentralkomitee der SED, Berlin 1955
Ernst Thälmann. Vorbild der deutschen Jugend, Berlin/Leipzig 1951
Eschwege, Helmut: *Fremd unter meinesgleichen. Erinnerungen eines Dresdner Juden*, Berlin 1991
–: »Resistance of German Jews against the Nazi Regime«, in: *Leo Baeck Yearbook* 14 (1970)
Finzsch, Norbert/Martschukat, Jürgen (Hg.), *Reconstruction und Wiederaufbau in Deutschland und den Vereinigten Staaten von Amerika, 1865, 1945 und 1989*, Stuttgart 1996
Flechtheim, Ossip K.: *Die Kommunistische Partei Deutschlands in der Weimarer Republik*, Offenbach 1948
Fleischmann, Lea: *Dies ist nicht mein Land. Eine Jüdin verläßt die Bundesrepublik*, Hamburg 1980
Flocken, Jan von/Klonovsky, Michael: *Stalins Lager in Deutschland, 1945–1950. Dokumentation – Zeugenberichte*, Berlin/Frankfurt am Main 1991
Förster, Jürgen/Boog, Horst, u.a. (Hg.): *Der Angriff auf die Sowjetunion*, Bd. 4 von: *Das Deutsche Reich und der Zweite Weltkrieg*, Stuttgart 1983
Frei, Norbert: *Vergangenheitspolitik. Die Anfänge der Bundesrepublik und die NS-Vergangenheit*, München 1996
Fricke, Karl Wilhelm: *Politik und Justiz in der DDR. Zur Geschichte der politischen Verfolgung, 1945–1968. Bericht und Dokumentation*, Köln 1979
–: *Warten auf Gerechtigkeit. Kommunistische Säuberungen und Rehabilitierungen. Bericht und Dokumentation*, Köln 1971

–: »Das Zusammenwirken von Politbürokratie, Staatssicherheit und Justiz«, in Bundesministerium der Justiz, *Im Namen des Volkes*

Friedländer, Saul: *Memory, History, and the Extermination of the Jews of Europe,* Bloomington, Indiana, 1993

–: (Hg.): *Probing the Limits of Representation. Nazism and the »Final Solution«,* Cambridge, Massachusetts, 1992

Friedrich, Jörg: *Die kalte Amnestie. NS-Täter in der Bundesrepublik,* Frankfurt am Main 1984

Frohn, Axel (Hg.): *Holocaust and »Shilumim«. The Policy of »Wiedergutmachung« in the Early 1950s,* Washington 1991

Furet, François: *Le passé d'une illusion. Essaie sur l'idée communiste au XXe siècle,* Paris 1995

Gardner Feldman, Lily: *The Special Relationship between West Germany and Israel,* Boston, Massachusetts, 1984

Garton Ash, Timothy: *Im Namen Europas. Deutschland und der geteilte Kontinent,* Frankfurt am Main 1995

Geertz, Clifford: »Ideology as a Cultural System«, in ders., *The Interpretation of Cultures,* New York 1973

Geschichte der deutschen Arbeiterbewegung, hg. vom Institut für Marxismus-Leninismus beim ZK der SED, Berlin, Bd. 4: *Von 1924 bis Januar 1933,* 1966, Bd. 10: *Von Januar 1933 bis August 1939,* 1969

Geyer, Michael/Konrad Jarausch (Hg.), *Central European History* 3–4/1989 (Sonderausgabe), German Histories: Challenges in Theory, Practice, Technique

Geyer, Michael/Boyer, John (Hg.), *Resistance against the Third Reich, 1933–1990,* Chicago, Illinois, 1994

Gilbert, Martin: *Auschwitz und die Alliierten,* München 1982

Gitelman, Zvi: *A Century of Ambivalence. The Jews of Russia and the Soviet Union, 1981 to the Present,* New York 1988

–: /Pinkus, Benjamin, *The Jews of the Soviet Union. The History of a National Minority,* New York 1988

Goschler, Constantin: »Paternalismus und Verweigerung. Die DDR und die Wiedergutmachung für jüdische Verfolgte des Nationalsozialismus«, in: *Jahrbuch für Antisemitismusforschung* 2 (1993)

–: /Herbst, Ludolf (Hg.): *Wiedergutmachung in der Bundesrepublik Deutschland,* München 1986

Gossman, Lionel: *Between History and Literature,* Cambridge, Massachusetts, 1990

Gotto, Klaus (Hg.), *Der Staatssekretär Adenauers. Persönlichkeit und politisches Wirken Hans Globkes,* Stuttgart 1980

Götz, Albrecht: *Bilanz der Verfolgung von NS-Straftaten,* Köln 1986

Greenfeld, Liah: *Nationalism. Five Paths to Modernity,* Cambridge, Massachusetts, 1992

Groehler, Olaf: »Aber sie haben nicht gekämpft«, in: *Konkret* 5/1992

–: »Integration und Ausgrenzung von NS-Opfern. Zur Anerkennungs- und Entschädigungsdebatte in der Sowjetischen Besatzungszone Deutschlands 1945 bis 1949«, in Jürgen Kocka (Hg.), *Historische DDR-Forschung. Aufsätze und Studien,* Berlin 1993

Grossman, Vasilij: *Années de guerre,* Paris 1993

–: *Leben und Schicksal,* Frankfurt am Main/Berlin 1987

Grotewohl, Otto: *Im Kampf um die einige Deutsche Demokratische Republik. Reden und Aufsätze,* Berlin, Bd. 4: *Auswahl aus den Jahren 1954–1956,* 1959; Bd. 6: *Auswahl aus den Jahren 1958–1960,* 1964

Grüber, Heinrich: *Erinnerungen aus sieben Jahrzehnten,* Köln 1968

Die Haltung der beiden deutschen Staaten zu den Nazi- und Kriegsverbrechen, Berlin 1964

Hartewig, Karen, »Jüdische Kommunisten in der DDR und ihr Verhältnis zu Israel«, in Wolfgang Schwanitz (Hg.), *Jenseits der Legende. Araber, Juden, Deutsche,* Berlin 1994

Hartmann, Geoffrey H.: *Bitburg in Moral and Political Perspective,* Bloomington, Indiana, 1986

Hayes, Peter (Hg.), *Lessons and Legacies. The Meaning of the Holocaust in a Changing World,* Evanston, Illinois, 1991

Heinemann, Gustav: *Reden und Schriften,* 2 Bde., Frankfurt am Main 1975–1976

Henke, Klaus-Dietmar: »Die Trennung vom Nationalsozialismus. Selbstzerstörung, politische Säuberung, ›Entnazifizierung‹, Strafverfolgung«, in ders./Hans Woller (Hg.), Politische Säuberung in Europa. Abrechung mit Faschismus und Kollaboration nach dem Zweiten Weltkrieg, München 1991

Herf, Jeffrey: »Antisemitismus in der SED. Geheime Dokumente zum Fall Paul Merker aus SED- und MfS-Archiven«, in: *Vierteljahreshefte für Zeitgeschichte* 4/1994

–: »Belated Pessimism. Technology and Twentieth-Century German Conservative Intellectuals«, in Yaron Ezrahi/Everett Mendelsohn/Howard Segal (Hg.), *Technology, Pessimism, and Postmodernism,* Dordrecht 1994

–: »Center, Periphery, and Dissensus. West German Intellectuals and the Euromissiles«, in Liah Greenfeld/Michel Martin (Hg.), *Center. Ideas and Institutions*, Chicago, Illinois, 1988
–: »Divided Memory, Multiple Restorations. West German Political Reflections on the Nazi Past, 1945–1953«, in Stephen Brockman/Frank Trommler (Hg.), *Revisiting the Zero Hour, 1945. The Emergence of Postwar German Culture*, Washington, D. C., 1996
–: »Dokumentation: Antisemitismus in der SED. Geheime Dokumente zum Fall Paul Merker aus SED- und MfS-Archiven«, in: *Vierteljahreshefte für Zeitgeschichte* 4/1994
–: »German Communism, the Discourse of ›Antifascist Resistance‹, and the Jewish Catastrophe«, in Geyer/Boyer, *Resistance against the Third Reich*
–: »The ›Holocasust‹ Reception in West Germany. Right, Center, and Left«, in: *New German Critique*, 1980, wiederabgedruckt in Anson Rabinbach/Jack Zipes (Hg.), *Germans and Jews since the Holocaust. The Changing Situation in West Germany*, New York 1986
–: »Multiple Restorations. German Political Traditions and the Interpretation of Nazism, 1945–1946«, in: *Central European History* 1/1993
–: Reactionary Modernism. Technology, Culture, and Politics in Weimar and the Third Reich, New York 1984
–: *War by Other Means. Soviet Power, West German Resistance, and the Battle of the Euromissiles*, New York 1991
Herzinger, Richard/Stein, Hannes: *Endzeit-Propheten oder Die Offensive der Antiwestler*, Reinbek 1995
Heß, Jürgen C.: »Erste Wege durch das Ruinenfeld. Theodor Heuss und der Neubeginn der liberalen Rhetorik 1945–46«, in ders./Hartmut Lehmann/Volker Sellin (Hg.), *Heidelberg 1945*, Stuttgart 1996
Heuss, Theodor: *An und über Juden. Aus Schriften und Reden (1906–1963)*, hg. von Hans Lamm, Düsseldorf 1964
–: *Aufzeichnungen, 1945–1947*, hg. von Eberhard Pikart, Tübingen 1966
–: *Hitlers Weg. Eine historisch-politische Studie über den Nationalsozialismus*, Stuttgart 1932
–: *Die Machtergreifung und das Ermächtigungsgesetz. Zwei nachgelassene Kapitel der Erinnerungen, 1905–1933*, hg. von Eberhard Pirker, Tübingen 1967
–: *Politiker und Publizist. Aufsätze und Reden*, hg. von Martin Vogt, Tübingen 1984

–: /Lübke, Heinrich/Heinemann, Gustav W./Scheel, Walter/Carstens, Karl: *Gedanken zum 20. Juli 1944*, Mainz 1984
Himmelfarb, Gertrude: *On Looking into the Abyss. Untimely Thoughts on Culture and Society*, New York 1994
Hirschman, Albert O.: *Selbstbefragung und Erkenntnis*, München 1996
–: *Exit, Voice, and Loyalty*, Cambridge, Massachusetts, 1970
Horkheimer, Max/Adorno, Theodor W./Kogon, Eugen: »Die Menschen und der Terror«, in Horkheimer, *Gesammelte Schriften*, hg. von Alfred Schmidt und Gunzelin Schmid Noerr, Bd. 13: *Nachgelassene Schriften 1949–1972*, hg. von Gunzelin Schmid Noerr, Frankfurt am Main 1989
Horwitz, Gordon J.: *In the Shadow of Death. Living outside the Gates of Mauthausen*, New York 1990
Husemann, Friedrich W.: »The German-Israeli Relationship. A Critical Chronicle of Three Decades«, in Otto R. Romberg/Heiner Lichtenstein (Hg.), *Thirty Years of Diplomatic Relations between the Federal Republic of Germany and Israel*, Frankfurt am Main 1995
Huyssen, Andreas: *Twilight Memories. Marking Time in a Culture of Amnesia*, New York 1995
Jäger, Herbert: *Verbrechen unter totalitärer Herrschaft. Studien zur nationalsozialistischen Gewaltkriminalität*, Frankfurt am Main 1982
James, Harold: »The Pre-History of the Federal Republic«, in: *Journal of Modern History* (März 1991)
Janka, Walter: *Bis zur Verhaftung. Erinnerungen eines deutschen Verlegers*, Berlin 1993
–: *Schwierigkeiten mit der Wahrheit*, Reinbek 1990
Jaspers, Karl: *Die Schuldfrage. Von der politischen Haftung Deutschlands*, München 1987
–: *Wohin treibt die Bundesrepublik?*, München 1988
Kaes, Anton: *Deutschlandbilder. Die Wiederkehr der Geschichte als Film*, München 1987
Kahn, Siegbert: *Antisemitismus und Rassenhetze. Eine Übersicht über ihre Entwicklung in Deutschland*, Berlin 1948
Kappelt, Olaf: *Braunbuch DDR. Nazis in der DDR*, Berlin 1981
Kater, Michael H.: *The Nazi Party. A Social Profile of Members and Leaders, 1919–1945*, Cambridge, Massachusetts, 1983
Keßler, Mario: *Die SED und die Juden. Zwischen Repression und Toleranz*, Berlin 1995

–: »Der Stalinsche Terror gegen jüdische Kommunisten 1937/1938«, in Hermann Weber u. a., *Kommunisten verfolgen Kommunisten*

Kießling, Wolfgang: *Alemania Libre in Mexiko*, Bd. 1: *Ein Beitrag zur Geschichte des antifaschistischen Exils*, Bd. 2: *Texte und Dokumente zur Geschichte des antifaschistischen Exils 1941–1946*, Berlin 1974

–: *Partner im »Narrenparadies«. Der Freundeskreis um Noel Field und Paul Merker*, Berlin 1994

–: »Paul Merkers ›Unverständnis für den Hitler-Stalin-Pakt‹. Gespräche mit dem ›Sowjetfeind‹«, in *Jahrbuch für Historische Kommunismusforschung 1993*, Berlin 1993

Klehr, Harvey/Haynes, John: *The Secret World of American Communism*, New Haven, Connecticut, 1995

Kleßmann, Christoph: *Die doppelte Staatsgründung. Deutsche Geschichte 1945–1955*, Bonn 1986

Kleines Politisches Wörterbuch, hg. von G. König, G. Schütz und K. Zeisler, Berlin 1967

Kloke, Martin W.: *Israel und die deutsche Linke. Zur Geschichte eines schwierigen Verhältnisses*, Frankfurt am Main [2]1990

Koch, Stephen: *Double Lives. Spies and Writers in the Secret Soviet War of Ideas against the West*, New York 1994

Kochan, Lionel (Hg.): *The Jews in the Soviet Union since 1917*, New York [3]1978

Kocka, Jürgen: »Zerstörung und Befreiung. Das Jahr 1945 als Wendepunkt deutscher Geschichte«, in ders., *Geschichte und Aufklärung*, Göttingen 1989

Kogon, Eugen: *Der SS-Staat. Das System der deutschen Konzentrationslager*, Frankfurt am Main (200.–210. Tsd.) 1964

Kohl, Helmut: *Der Kurs der CDU. Reden und Beiträge des Bundesvorsitzenden 1973–1993*, hg. von Peter Hintze und Gerd Langguth, Stuttgart 1993

Köhler, Henning: *Adenauer. Eine politische Biographie*, Frankfurt am Main/Berlin 1994

Koselleck, Reinhart: *Vergangene Zukunft. Zur Semantik geschichtlicher Zeiten*, Frankfurt am Main 1979

Koestler, Arthur: *The Scum of the Earth*, 1941, Neuausgabe London 1991

Krekel, Michael W.: *Wiedergutmachung. Das Luxemburger Abkommen vom 10. September 1952*, Bad Honnef-Rhöndorf 1996

Kuczynski, Jürgen: *»Ein linientreuer Dissident«. Memoiren, 1945–1989*, Berlin 1992

Kurz, Thomas: *»Blutmai«. Sozialdemokraten und Kommunisten im Brennpunkt der Berliner Ereignisse von 1929*, Bonn 1988

LaCapra, Dominick: *Representing the Holocaust. History, Theory, Trauma*, Ithaca, New York, 1994

Langer, Lawrence L.: *Admitting the Holocaust. Collected Essays*, New York 1995

–: *Holocaust Testimonies. The Ruins of Memory*, New Haven, Conn., 1991

Laschet, Armin/Malangre, Heinz (Hg.): *Philip Jenninger – Rede und Reaktion*, Aachen 1989

Lemke, Michael: »Kampagnen gegen Bonn. Die Systemkrise der DDR und die West-Propaganda der SED 1960–1963«, in: *Vierteljahrshefte für Zeitgeschichte* 2/1993

Leonhard, Wolfgang: *Die Revolution entläßt ihre Kinder*, Köln 1955

–: *Der Schock des Hitler-Stalin-Paktes in der kommunistischen Weltbewegung*, Freiburg im Breisgau 1986

Lewis, Flora: *Bauer im roten Spiel. Das Leben des Noel H. Field*, Berlin/Frankfurt am Main 1965

Lindemann, Albert S.: *A History of European Socialism*, New Haven, Connecticut, 1983

Lodge, David Clay: »›A Bacon in the German Darkness‹. The Anti-Nazi Resistence Legacy in West German Politics«, in Geyer/Boyer, *Resistance Against the Third Reich*

Lübbe, Hermann: »Der Nationalsozialismus im deutschen Nachkriegsbewußtsein«, in: *Historische Zeitschrift* 3/1983

Lüdtke, Alf: »›Coming to Terms with the Past‹. Illusions of Remembering, Ways of Forgetting Nazism in West Germany«, in: *Journal of Modern History* (1993)

Maas, Liselotte: »›Unerschüttert bleibt mein Vertrauen in den guten Kern unseres Volkes‹. Der Kommunist Paul Merker und die Exil-Diskussion um Deutschlands Schuld, Verantwortung und Zukunft«, in Thomas Köbner/Gert Sautermeister/Sigrid Schneider-Grube (Hg.): *Deutschland nach Hitler. Zukunftspläne im Exil und aus der Besatzungszeit, 1939–1949*, Opladen 1987

Maier, Charles: »The Two Postwar Eras and the Conditions for Stability in Twentieth-Century Western Europe«, in: *American Historical Review* (1981)

Malmgren, Gail: »Labor and the Holocaust. The Jewish Labor Committee and the Anti-Nazi Struggle«, in: *Labor's Heritage* 4/1991

Mann, Thomas: »Deutschland und die Deutschen«, in ders., *Zeit und Werk. Tagebücher, Reden und Schriften zum Zeitgeschehen,* Berlin 1956

Marcuse, Harold: »The Politics of Memory. Nazi Crimes and Identity in West Germany, 1945–1990«, Occasional Paper, Center for European Studies, Harvard University, 1993

Marus, Michael R.: *The Nuremberg War Crimes Trials 1945–46. A Documentary History,* Boston, Massachusetts, 1997

Matern, Hermann: *Über die Durchführung des Beschlusses des ZK der SED »Lehren aus dem Prozeß gegen das Verschwörerzentrum Slansky«,* Berlin 1953

Meckel, Markus/Gutzeit, Martin: *Opposition in der DDR. Zehn Jahre kirchliche Friedensarbeit – kommentierte Quellentexte,* Köln 1994

Merker, Paul: *Deutschland – Sein oder nicht Sein?,* Frankfurt am Main, Bd. 1: *Von Weimar zu Hitler,* 1973; Bd. 2: *Das Dritte Reich und sein Ende,* 1972

–: *Sozialdemokratismus. Stampfer, Schumacher und andere Gestrige,* Berlin 1949

–: Merrit, Richard L.: *Democracy Imposed. U. S. Occupation Policy and the German Public, 1945–1949,* New Haven, Connecticut, 1995

–: /Merrit, Anna J.: *Public Opinion in Occupied Germany. The OMGUS Surveys, 1945–1949,* Urbana, Illinois, 1970

–: /Merrit, Anna J.: *Public Opinion in Semisovereign Germany. The HICOG Surveys, 1949–1955,* Urbana, Illinois, 1980

Meuschel, Sigrid: *Legitimation und Parteienherrschaft in der DDR,* Frankfurt am Main 1992

Mitscherlich, Alexander und Margarete: *Die Unfähigkeit zu trauern. Grundlagen kollektiven Verhaltens,* München 1971

Mosse, George L.: *Gefallen für das Vaterland. Nationales Heldentum und namenloses Sterben,* Stuttgart 1993

Mühlen, Patrick von zur: *Fluchtziel Lateinamerika. Die deutsche Emigration, 1933–1945. Politische Aktivitäten und soziokulturelle Integration,* Bonn 1988

Muller, Jerry Z.: *The Other God That Failed. Hans Freyer and the Deradicalization of German Conservatism,* Princeton, New Jersey, 1987

Naimark, Norman M.: *Die Russen in Deutschland. Die sowjetische Besatzungszone 1945 bis 1949,* Berlin 1997

Neumann, Franz: *Behemoth. Struktur und Praxis des Nationalsozialismus 1933–1944,* hg. von Gert Schäfer, Köln/Frankfurt am Main 1977
Niethammer, Lutz: *Die Mitläuferfabrik. Entnazifizierung am Beispiel Bayerns,* Berlin 1982
Nipperdey, Thomas: »1933 und die Kontinuität der deutschen Geschichte«, in ders., *Nachdenken über die Geschichte,* München 1986
Norden, Albert: *Die Nation und wir. Ausgewählte Aufsätze und Reden, 1933–1964,* 2 Bde., Berlin 1965
–: *Um die Nation. Beiträge zu Deutschlands Lebensfrage,* Berlin 1952
Osiel, Mark: *Mass Atrocity, Collective Memory and the Law,* New Brunswick/London 1997
Osterheld, Horst: »Der Staatssekretär des Bundeskanzleramtes«, in Gotto, *Der Staatssekretär Adenauers*
Ott, Hugo: *Martin Heidegger. Unterwegs zu einer Biographie,* Frankfurt am Main/New York 1988
Petrick, Birgit: *»Freies Deutschland« – die Zeitung des Nationalkomitees Freies Deutschland (1943–1945). Eine kommunikationsgeschichtliche Untersuchung,* München 1979
Pflüger, Friedbert: *Deutschland driftet. Die Konservative Revolution entdeckt ihre Kinder,* Düsseldorf 1994
Pieck, Wilhelm: *Gesammelte Reden und Schriften,* Berlin, Bd. 5: *Februar 1933 bis August 1939,* 1972; Bd. 6: *1939 bis Mai 1945,* 1979
–: *Reden und Aufsätze. Auswahl aus den Jahren 1908–1950,* 2 Bde., Berlin 1951
–: *We Are Fighting for a Soviet Germany,* New York 1934
Pike, David: *The Politics of Culture in Soviet-Occupied Germany, 1945–1949,* Stanford, Kalifornien, 1992
Pirker, Theo: *Komintern und Faschismus. Dokumente zur Geschichte und Theorie des Faschismus,* Stuttgart 1965
Pohle, Fritz: *Das mexikanische Exil. Ein Beitrag zur Geschichte der politisch-kulturellen Emigration aus Deutschland (1937–1946),* Stuttgart 1986
Poppinga, Anneliese: *Konrad Adenauer. Geschichtsverständnis, Weltanschauung und politische Praxis,* Stuttgart 1975
Prowe, Diethelm: »The New Nachkriegsgeschichte (1945–49). West Germans in Search of Their Historical Origins«, in: *Central European History* (1977)
Rabinbach, Anson: *In the Shadow of Catastrophe. German Intellectuals Between Apocalypse and Enlightenment,* Berkeley, Kalifornien, 1997

–: »Toward a Marxist Theory of Fascism and National Socialism. A Report on Developments in West Germany«, in: *New German Critique* (Herbst 1974)

Raddatz, Karl: *Wer ist Opfer des Faschismus?*, Weimar 1946

Redlich, Shimon: *Propaganda and Nationalism in Wartime Russia. The Jewish Antifascist Committee in the USSR, 1941–1948*, Boulder, Colorado, 1982

Reuter, Ernst: *Schriften, Reden*, hg. von Hans E. Hirschfeld und Hans J. Reichhardt, 4 Bde., Berlin/Frankfurt am Main 1973–1975

Riedel, Volker: *Freies Deutschland, Mexico, 1941–1946. Bibliographie einer Zeitschrift*, Berlin 1975

Romberg, Otto R./Lichtenstein, Heiner (Hg.), *Thirty Years of Diplomatic Relations between the Federal Republic of Germany and Israel*, Frankfurt am Main 1995

Rosenhaft, Eve: *Beating the Fascist? The German Communists and Political Violence, 1929–1933*, Cambridge, Massachusetts, 1983

Rückerl, Adalbert: *NS-Verbrechen vor Gericht. Versuch einer Vergangenheitsbewältigung*, Heidelberg [2]1982

Santner, Eric: *Stranded Objects. Mourning, Memory, and Film in Postwar Germany*, Ithaca, New York, 1990

Schelsky, Helmut: »Über das Restaurative in unserer Zeit«, in: *Frankfurter Allgemeine Zeitung*, 9. April 1955

Scheurig, Bodo: *Verräter oder Patrioten. Das Nationalkomitee »Freies Deutschland« und der Bund Deutscher Offiziere in der Sowjetunion, 1943–1945*, Berlin 1993

–: /Hammerstei, Franz von (Hg.), *Das Nationalkomitee »Freies Deutschland«. Ein verdrängtes Kapitel des deutschen Widerstands*, Berlin 1990

Schick, Christa: »Die Internierungslager«, in Broszat/Henke/Woller, *Von Stalingrad zur Währungsreform*

Schlant, Ernestine/Rimer, J. Thomas: *Legacies and Ambiguities. Postwar Fiction and Culture in West Germany and Japan*, Washington, D. C./Baltimore, Maryland, 1991

Schmid, Carlo: *Bundestagsreden*, Bonn 1966

Schmidt, Helmut: *Der Kurs heißt Frieden*, Düsseldorf 1980

Schmidt, Maria: »The Hiss Dossier«, in: *New Republic*, 8. November 1993

Schubarth, W./Pschierer, W./Schmidt, R.: »Verordneter Antifaschismus und die Folgen. Das Dilemma antifaschistischer Erziehung am Ende der DDR«, in: *Aus Politik und Zeitgeschichte*, 22. Februar 1991

Schumacher, Kurt: *Reden – Schriften – Korrespondenzen, 1945–1952,* hg. von Willy Albrecht, Berlin/Bonn 1985
Schwartz, Thomas A.: *Die Atlantik-Brücke. John McCloy und das Nachkriegsdeutschland,* Frankfurt am Main/Berlin 1992
Schwarz, Hans-Peter: *Adenauer. Der Staatsmann, 1952–1967,* Stuttgart 1991
–: *Konrad Adenauer. Der Aufstieg, 1876–1952,* Stuttgart 1986
–: *Vom Reich zur Bundesrepublik. Deutschland im Widerstreit der außenpolitischen Konzeptionen in den Jahren der Besatzungsherrschaft, 1945–1949,* Berlin ²1980
Shafir, Shlomo: »Die SPD und die Wiedergutmachung gegenüber Israel«, in Goschler/Herbst, *Wiedergutmachung in der Bundesrepublik*
Shklar, Judith N.: *Legalism. Law, Morals, and Political Trials,* Cambridge, Massachusetts, 1964
Silberner, Edmund: *Kommunisten zur Judenfrage. Zur Geschichte von Theorie und Praxis des Kommunismus,* Opladen 1983
Stampfer, Friedrich: *Erfahrungen und Erkenntnisse,* Köln 1957
Staritz, Dietrich: *Die Gründung der DDR,* München 1984
Steinbach, Peter: *Nationalsozialistische Gewaltverbrechen. Die Diskussion in der deutschen Öffentlichkeit nach 1945,* Berlin 1981
Stern, Frank: *Im Anfang war Auschwitz. Antisemitismus und Philosemitismus im deutschen Nachkrieg,* Gerlingen 1991
Stern, Fritz: *Der Traum vom Frieden und die Versuchung der Macht. Deutsche Geschichte im 20. Jahrhundert,* Berlin 1988
Strauss, Herbert A.: »Jews in German History. Persecution, Emigration, Acculturation«, in: *Leo Baeck Yearbook* 28 (1983), Teil 2
Taylor, Telford: *The Anatomy of the Nuremberg Trials,* New York 1992
Thälmann, Ernst: *Ausgewählte Reden und Schriften in zwei Bänden,* Frankfurt am Main 1976
–: *Im Kampf gegen den deutschen und amerikanischen Imperialismus. Drei Reichstagsreden,* Berlin 1954
–: *Im Kampf gegen die faschistische Diktatur. Rede und Schriften des Genossen Ernst Thälmann auf der Parteikonferenz der KPD im Oktober 1932,* Berlin 1932
Thompson, Jerry E.: *Jews, Zionism, and Israel. The Story of the Jews in the German Democratic Republic since 1945,* Ann Arbor, Michigan, 1978
Thompson, Wayne: *The Political Odyssey of Herbert Wehner,* Boulder, Colorado, 1993

Timm, Angelika: »Der Streit um Restitution und Wiedergutmachung in der Sowjetischen Besatzungszone Deutschlands«, in: *Babylon. Beiträge zur jüdischen Gegenwart* 10–11/1992

Timmermann, Barbara: »Die Faschismus-Diskussion in der Kommunistischen Internationale (1920–1935)«, Dissertation, Universität Köln, 1977

Traverso, Enzo: *Die Marxisten und die jüdische Frage. Geschichte einer Debatte (1843–1943)*, Mainz 1995

Turner, Henry A.: Die Großunternehmer und der Aufstieg Hitlers, Berlin 1985

–: *The Two Germanies since 1945*, New Haven, Connecticut, 1987

Ulbricht, Walter: *Die Entwicklung des deutschen volksdemokratischen Staates, 1945–1948*, Berlin ^{2}1959

–: *Der faschistische deutsche Imperialismus (1933–1945) (Die Legende vom »deutschen Sozialismus«)*, Berlin ^{3}1952

–: *Wer ist der Feind der deutschen Nation?*, Moskau 1943

–: *Wir erfüllen Ernst Thälmanns Vermächtnis*, Berlin 1953

–: *Zur Geschichte der deutschen Arbeiterbewegung. Aus Reden und Aufsätzen*, Berlin, Bd. 1: *1918–1933*, Bd. 2: *1933–1946*, ^{2}1953; Bd. 3: *1946–1950*, 1954

–: *Zur Geschichte der neuesten Zeit. Die Niederlage Hitlerdeutschlands und die Schaffung der antifaschistisch-demokratischen Ordnung*, Berlin ^{2}1955

Untersuchungsausschuß Freiheitlicher Juristen (Hg.): *Ehemalige Nationalsozialisten in Pankows Diensten*, Berlin 1958, ^{2}1959, ^{5}1965

Vaksberg, Arkady: *Stalin against the Jews*, New York 1995

Vogel, Rolf (Hg.): *Der deutsch-israelische Dialog. Dokumentation eines erregenden Kapitels deutscher Außenpolitik*, Teil I: *Politik*, 3 Bde., München/New York/London/Paris 1987–1988

Vollnhals, Clemens (Hg.): *Entnazifizierung. Politische Säuberung und Rehabilitierung in den vier Besatzungszonen 1945–1949*, München 1991

Voßke, Heinz (Hg.): *Im Kampf bewährt. Erinnerungen deutscher Genossen an den antifaschistischen Widerstand von 1933 bis 1945*, Berlin 1969

Walter, Hans-Albert: *Deutsche Exilliteratur, 1933–1950*, Stuttgart, Bd. 2: *Europäisches Appeasement und überseeische Asylpraxis*, 1984, Bd. 3: *Internierung, Flucht und Lebensbedingungen im Zweiten Weltkrieg*, 1988; Bd. 4: *Exilpresse*, 1978

Wasserstein, Bernard: *Britain and the Jews of Europe, 1939–1945,* New York 1979
Weber, Hermann: *Geschichte der DDR,* München 1985
–: »Schauprozeß-Vorbereitungen in der DDR«, in ders. u.a., *Kommunisten verfolgen Kommunisten*
–: *Die Wandlung des deutschen Kommunismus. Die Stalinisierung der KPD in der Weimarer Republik,* Frankfurt am Main 1969
–: /Staritz, Dietrich/Bahne, Siegfried/Lorenz, Richard (Hg.), *Kommunisten verfolgen Kommunisten. Stalinistischer Terror und »Säuberungen« in den kommunistischen Parteien Europas seit den dreißiger Jahren,* Berlin 1993
Weber, Max: *Gesammelte Aufsätze zur Wissenschaftslehre,* hg. von Johannes Winckelmann, Tübingen 1988
Weil, Frederick: »The Imperfectly Mastered Past. Anti-Semitism in West Germany Since the Holocaust«, in: *New German Critique,* 1980
Weinberg, Gerhard: *Eine Welt in Waffen. Die globale Geschichte des Zweiten Weltkriegs,* Stuttgart 1995
Weizsäcker, Richard von: *Von Deutschland aus. Reden des Bundespräsidenten,* München 1987
–: *Von Deutschland nach Europa. Die bewegende Kraft der Geschichte,* Berlin 1991
Welsh, Helga A.: »›Antifaschistisch-demokratische Umwälzung‹ und politische Säuberung in der sowjetischen Besatzungszone Deutschlands«, in Klaus-Dietmar Henke/Hans Woller (Hg.), *Politische Säuberung in Europa. Die Abrechnung mit Faschismus und Kollaboration nach dem Zweiten Weltkrieg,* München 1991
Werkentin, Falco: »Die Reichweite politischer Justiz in der Ära Ulbricht«, in Bundesministerium der Justiz, *Im Namen des Volkes*
–: »Richter und Ankläger in vier politischen Systemen – die Karriere des Genossen Generalstaatsanwalts Dr. Ernst Melsheimer«, Norddeutscher Rundfunk Hamburg, 4. Januar 1993
Wiesenthal, Simon: *Die gleiche Sprache – erst für Hitler, jetzt für Ulbricht,* Wien 1968
Winkler, Heinrich August: *Der Weg in die Katastrophe. Arbeiter und Arbeiterbewegung in der Weimarer Republik, 1930 bis 1933,* Berlin 1987
–: *Weimar, 1918–1933. Die Geschichte der ersten deutschen Demokratie,* München 1993

Wolf, Markus: *In eigenem Auftrag. Bekenntnisse und Einsichten,* München 1991

Wolfsohn, Michael: *Eternal Guilt. Forty Years of German-Jewish Relations,* New York 1993

Woller, Hans: *Die Abrechnung mit dem Faschismus in Italien, 1943 bis 1948,* München 1996

Wyman, David S.: *Das unerwünschte Volk. Amerika und die Vernichtung der europäischen Juden,* Ismaning bei München 1986

Young, James E.: *Formen des Erinnerns. Gedenkstätten des Holocaust,* Wien 1997

Zentralverwaltung sowie die Deutschen Verwaltungen für Inneres, Justiz und Volksbildung, Berlin 1949

Zitelmann, Rainer: *Westbindung,* Berlin/Frankfurt am Main 1993

Abkürzungen

AFL	American Federation of Labor (Amerikanischer Gewerkschaftsbund)
BDO	Bund Deutscher Offiziere
BFD	Bewegung Freies Deutschland in Mexiko
BVN	Bund der Verfolgten des Naziregimes
DP	Deutsche Partei
EKKI	Exekutivkomitee der Kommunistischen Internationale
EVG	Europäische Verteidigungsgemeinschaft
GI	Geheimer Informator (der Stasi)
HICOG	High Commissioner for Germany (US-Hochkommissar für Deutschland)
IVVdN	Interessenvertretung ehemaliger Teilnehmer am antifaschistischen Widerstand, Verfolgter des Naziregimes und Hinterbliebener
JLC	Jewish Labor Committee (Jüdisches Gewerkschaftskomitee)
KGB	Komitet Gossudarstwennoi Besopasnosti (Komitee für Staatssicherheit der UdSSR, sowjetischer Geheimdienst seit 1954)
KPD	Kommunistische Partei Deutschlands
KPdSU	Kommunistische Partei der Sowjetunion
LAK	Lateinamerikanisches Komitee der Freien Deutschen, Sitz Mexiko
LDP	Liberal-Demokratische Partei
MfS	Ministerium für Staatssicherheit
MGB	Minsterstwo Gossudarstwennoi Besopasnosti (Ministerium für Staatssicherheit der UdSSR, Vorgängerorganisation des KGB, 1946–1953)

MWD	Ministerstwo Wnutrennych Del (Ministerium des Innern der UdSSR, Vorgängerorganisation des KGB, 1953/54)
NSDAP	Nationalsozialistische Partei Deutschlands
NWDR	Nordwestdeutscher Rundfunk
OdF	Opfer des Faschismus
OMGUS	Office of Military Government for Germany (US-Militärregierung in Deutschland)
ONI	Office of Naval Intelligence
OSS	Office of Strategic Services
PLO	Palestine Liberation Organization (Palästinensische Befreiungsorganisation)
RGI	Rote Gewerkschaftsinternationale
SBZ	Sowjetische Besatzungszone
SD	Sicherheitsdienst der SS
SED	Sozialistische Einheitspartei Deutschlands
SMAD	Sowjetische Militäradministration in Deutschland
UdSSR	Union der Sozialistischen Sowjetrepubliken
VVN	Vereinigung der Verfolgten des Naziregimes
WJC	World Jewish Congress (Jüdischer Weltkongreß)
ZK	Zentralkomitee
ZS	Zentralsekretariat

Danksagung

Zwei Forschungsstipendien der Harry and Lynde Bradley Foundation ermöglichten mir die Forschungsarbeit zunächst am Minda de Gunzberg Center for European Studies der Harvard University, dann an der Paul H. Nitze School of Advanced International Studies der John Hopkins University in Washington. Mein besonderer Dank gilt Hillel Fradkin von der Bradley Foundation sowie Stanley Hoffmann in Harvard und Stephen Szabo von der Paul H. Nitze School. Weitere Lektüre und erste Archivarbeit ermöglichte mir ein Gaststipendium am Wiener Institut für die Wissenschaften vom Menschen und Gespräche mit Peter Demetz, Aaron Rhodes und anderen Gelehrten. Mein besonderer Dank gilt Krzysztof Michalski.

Weitere Forschungsarbeit am German Historical Institute in Washington wurde durch Stipendien der Volkswagenstiftung und des ebenfalls in Washington ansässigen American Institute for Contemporary German Studies ermöglicht. Für ihre Unterstützung danke ich dem damaligen Direktor des German Historical Institute, Hartmut Lehmann, sowie Elizabeth Glaser-Schmidt und Lily Gardner Feldman von der Volkswagenstiftung.

Jürgen Kocka lud mich im Sommer 1993 mit Unterstützung der Max-Planck-Gesellschaft ein, im Forschungsschwerpunkt für Zeithistorische Studien in Potsdam zu arbeiten, wo mir Olaf Groehler, Monika Kaiser, Mario Kessler und Michael Lemke wichtige Einsichten vermittelten. 1993/94 konnte ich dank eines Stipendiums des German Marshall Fund der USA und eines Fulbright Award am Seminar für Wissenschaftliche Politik der Universität Freiburg lehren. Mein Dank gilt vor allem meinem Gastgeber, Ludger Kuhnhardt, und Hugo Ott.

Den ersten Entwurf des Buchs schrieb ich 1994/95 als Resident an der School of Historical Studies des Institute for Advanced Study in Princeton. Ermöglicht wurde dies durch ein Forschungsstipendium der National Endowment for Humanities. Für Anregung und Ermutigung in dieser Zeit danke ich Peter Paret, Neithard Bulst, Christopher Browning, John Horne, Andrew Lees und Peter Schäfer. Wichtige Erkenntnisse verdanke ich Joan Scott, Albert Horschmann und George Kennan.

Ein außerordentlicher Dank gilt den für das Zentrale Parteiarchiv der SED zuständigen Mitarbeitern der SAPMO in Berlin, insbesondere Frau Ruth, Frau Räuber und Frau Ulbrich. Zu Dank verpflichtet bin ich außerdem Klaus-Dieter Henke, Siegfried Sukkot und Rüdiger Stang von der Abteilung Bildung und Forschung der Gauck-Behörde sowie Gary Smith vom Einstein-Forum in Potsdam.

Dankbar bin ich auch den Mitarbeitern der folgenden Institutionen: Stiftung Konrad Adenauer Haus, Rhöndorf; American Jewish Archives, Hebrew Union College, Cincinnati Campus; Leo Baeck Archives, New York; Bundesarchiv, Koblenz; George Meany Memorial Archives, Silver Spring, Maryland; Archiv der Sozialen Demokratie, Bonn; Archiv des U. S. Army Intelligence and Security Command, Fort Meade, Maryland. Bei der Erschließung des Archivs des Jewish Labor Committee in den Robert F. Wagner Archives im Tamiment Institute der New York University war mir Gail Malmgren eine große Hilfe, ebenso wie John Taylor in der Militärischen Abteilung der National Archives. James Heinemann danke ich für den Zugang zur Korrespondenz zwischen seinem Vater, Dannie Heinemann, und Konrad Adenauer.

Wertvolle wissenschaftliche und persönliche Einsichten vermittelten mir Robert Tucker, Theodor Draper, Hans-Peter Schwarz, Daniel Bell, Friedrich Katz, Richard Herzinger, Jacob Heilbronn und Elliot Neamann. Für die Möglichkeit, vor einem sachkundigen Publikum über meine im Entstehen begriffene Studie zu sprechen und/oder für ihre fachlichen Kommentare danke ich James Hershberg, Norbert Finszch, David Bathrick, Volker Berghahn, Ute

Brandes, Detlev Junker, Victoria de Grazia, Konrad Jarausch, Stephen Kotkin, Dominick LaCapra, Catherine LeGouis, Arno Mayer, Allan Megill, Dietrich Orlow, Gerald Siegel, James Wald und Heinrich August Winkler.

Zu großem Dank verpflichtet bin ich dem Preiskomitee des Institute for Contemporary History und der Wiener Library in London, das mir 1996 den Fraenkel Prize für zeitgenössische Geschichte für unveröffentlichte Manuskripte zuerkannte. David Cesarini danke ich für seine Gastfreundschaft anläßlich der Verleihung im Dezember 1996. Frühere Fassungen der unfertigen Studie sind als Artikel in Zeitschriften und Sammelwerken erschienen, deren Herausgebern ich für editorischen Rat und Ermutigung danken möchte: Kenneth D. Barkin von der *Central European History;* George Mosse und Walter Laqueur vom *Journal of Contemporary History,* London; Edith Kurzweil und William Phillips von der *Partisan Review;* John Boyer und Michael Geyer, den Herausgebern von *Resistance against the Third Reich;* Stephen Brockmann und Frank Trommler, den Herausgebern von *Revisiting the Zero Hour;* Manfred Boemke und Janine Micunek, die den Text der vierten Alois-Mertes-Gedächtnisvorlesung herausgegeben haben; Hans Woller von den *Vierteljahresheften für Zeitgeschichte;* und Karl-Heinz Janßen von der *Zeit.*

Für ihre anregenden, kenntnisreichen Kommentare danke ich Sigrid Meuschel, Norman Naimark, Kathrin Epstein und Harold James. Bei Harvard University Press gilt mein Dank besonders Aïda Donald, die das Projekt schon früh unterstützte, und Elizabeth Suttell für ihre ausgezeichnete Betreuung des Texts. Unterstützung fand ich auch bei meinen Kollegen am Contemporary History Institute der Ohio University in Athens, Ohio. Für ihre Hilfe und wertvollen Anmerkungen danke ich Walter Adamson, Steven Aschheim, Karl Bracher, Richard Breitman, Maurice Friedberg, David Landes, Charles Maier, Jerry Muller, Stephen Schuker, Fritz Stern und Bernard Wasserstein. Zu diesem Kreis akademischer Ratgeber gehören darüber hinaus Kollegen aus den Bereichen amerikanische Geschichte (Harvey Klehr, Ronald Radosh und Thomas A. Schwartz), vergleichende Politik und internationale Beziehungen

(Michaela Richter, Michael J. Smith und Tony Smith), Rechtswissenschaft (Mark Osiel) und historischer Soziologie (Leah Greenfeld). Von Herzen verbunden fühle ich mich Joel Brenner und John Wechter für dreißig Jahre der Freundschaft durch dick und dünn.

Besonders zu Dank verpflichtet bin ich den folgenden Freunden und Kollegen, die mir stets mit Rat und Tat zur Seite standen: Gerald Feldman, George Mosse und Anson Rabinbach. In die Freude über die Fertigstellung dieses Buchs mischte sich die Trauer über den Tod zweier Historiker, deren Freundschaft und Unterstützung mit viel bedeutet haben: François Furet und Thomas Nipperdey. Diese Studie beruht auf Nipperdeys These der vielfältigen Kontinuitäten und Zufallsmomente der deutschen Geschichte. Furets Erkenntnisse über den Einfluß der politischen Ideologie sowie den Kommunismus, den Zweiten Weltkrieg, Antifaschismus und jüdischen Frage sind in den vorangegangenen Seiten nicht zu übersehen. Es betrübt mich zutiefst, daß sie den Abschluß eines Projekts, das sie von Anfang an gefördert und dessen Entstehen sie mit regem Interesse begleitet haben, nicht mehr erlebt haben.

Mein Vater konnte 1937 aus Nazideutschland fliehen. Er hat jene, die weniger Glück hatten, niemals vergessen. In gewisser Hinsicht begann die Arbeit an diesem Buch vor mehr als vierzig Jahren, als er mich aufforderte, mich an Dinge zu erinnern, die andere bald vergessen würden.

Mein tiefster Dank gilt meiner Frau, Sonya Michel, und meiner Tocher, Nadja Michel-Herf. Nadja hat meine Abwesenheit aus Forschungsgründen mit Geduld und Humor ertragen und einen kühnen, selbständigen Geist bewiesen, als sie mich 1994 nach Freiburg begleitete. Meine Schuld Sonya gegenüber ist unschätzbar. Selbst Historikerin, die sich mit der Geschichte der amerikanischen Frauen und Sozialgeschichte beschäftigt, las und kommentierte sie mehrere Kapitel mit dem Blick einer sympathisierenden, aber aufrichtigen Kritikerin. Ihr Engagement war eine große Freude für mich und hat die Fertigstellung des Projekts sicherlich beschleunigt. Ich widme dieses Buch in Liebe und Dankbarkeit Sonya, Nadja und meinem Vater.

Personenregister